汉学研究大系　列国汉学史丛书
Series of Chinese Studies

阎纯德　总主编

新汉学计划出版项目资助

汉學

德国汉学
研究史稿（上册）

李雪涛　著

学苑出版社

图书在版编目（CIP）数据

德国汉学研究史稿 / 李雪涛著. -- 北京：学苑出版社，2020.12

（汉学研究大系 / 阎纯德总主编）

ISBN 978-7-5077-6086-6

Ⅰ．①德… Ⅱ．①李… Ⅲ．①汉学－历史－德国 Ⅳ．①K207.8

中国版本图书馆CIP数据核字(2020)第260713号

责任编辑：	杨 雷　张敏娜
出版发行：	学苑出版社
社　　址：	北京市丰台区南方庄2号院1号楼
邮政编码：	100079
网　　址：	www.book001.com
电子信箱：	xueyuanpress@163.com
联系电话：	010－67601101（销售部）　67603091（总编室）
经　　销：	新华书店
印 刷 厂：	北京建宏印刷有限公司
开本尺寸：	710×1000　1/16
字　　数：	615千字
印　　张：	38.375
印　　数：	1500册
版　　次：	2021年11月第1版
印　　次：	2021年11月第1次印刷
定　　价：	150.00元（上下册）

汉学研究大系 编辑委员会

总顾问：袁行霈
顾　问：王晓平　乐黛云　宇文所安（Stephen Owen）
　　　　李明滨　吴志良　严绍璗　张西平　宋绍香
　　　　何培忠　郁　白（Nicolas Chapuis）　孟　白
　　　　倪海东　钱林森　崔希亮　柴剑虹　阎国栋
　　　　熊文华
主　任：刘　利　李宇明
总主编：阎纯德
助　理：陈　晶

列国汉学史丛书 编辑委员会

主　任：刘　利
副主任：韩经太
主　编：阎纯德　吴志良
编　委：安平秋　许光华　李海绩　李雪涛　陈开科
　　　　陈戎女　陈　晶　杨玉英　张国刚　周　阅
　　　　侯且岸　钱婉约　徐志啸　唐　磊

总　序　一

　　经过近 30 年多位学者的辛劳努力，现在我们可以说，国际汉学研究确实已经成长为一门具有特色的学科了。

　　"汉学"一词本义是对中国语言、历史、文化等的研究，而在国内习惯上专指外国人的这种研究，所以特称"国际汉学"，也有时作"世界汉学""国际中国学"，以区别于中国人自己的研究。至于"国际汉学研究"，则是对"国际汉学"的研究。中外都有学者从事国际汉学研究，我们在这里讲的，是中国学术界的国际汉学研究。

　　自从改革开放以来，国际汉学研究改变了禁区的地位，逐渐开拓和发展。其进程我想不妨划分为三个阶段：一开始仅限于对国际汉学界状况的了解和介绍，中心工作是编纂有关的工具书，这是第一个阶段。到了 20 世纪 90 年代，出现国际汉学研究的专门机构，大量翻译和评述汉学论著，应作为第二个阶段。在这两个阶段里，学者们为深入研究国际汉学打好了基础，准备了条件。新世纪到来之后，进入全面系统地研究国际汉学的可能性应该说业已具备。

　　今后国际汉学研究应当如何发展，有待大家磋商讨论。以我个人的浅见，历史的研究与现实的考察应当并重。国际汉学研究不是和现实脱离的，认识国际汉学的现状，与外国汉学家交流沟通，对于我国学术文化的发展以至于多方面的工作都是必要的。我曾经提议，编写一部中等规模的《当代国际汉学手册》，使我们的学者便于使用；如果有条件的话，还要组织出版《国际汉学年鉴》。这样，大家在接触外国汉学界时，不会感到隔膜，阅读外国汉学作品，也就更容易体味了。必须指出的是，国际汉学有着长久的历史，因此现实和历史是分不开的，不了解各国汉学的历史传统，终究无法认识汉学的现状。

　　我们已经有了不少国际汉学史的著作及论文。实际上，公推为中国最早的汉学史专书，是 1949 年出版的莫东寅的《汉学发达史》，尽管是通史体裁，也包含了分国的篇章。这本书最近已有经过校勘的新版，大家容易看到，尽管只是概述性的，却使读者能够看到各国汉学互相间的关系。由此可见，有组织、有系统地考察各国汉学的演进和成果，将之放在国际汉学整体的背景中来考察，实在是更为理想的。

这正是我在这里向大家推荐阎纯德教授、吴志良博士主编的这套"列国汉学史书系"（即"汉学研究大系"）的原因。

阎纯德教授在北京语言大学主持汉学研究所工作多年，是我在这方面的同行和老友，曾给我以许多帮助。他为推进国际汉学研究，可谓不遗余力，所做出的重要贡献是学术界周知的。在他的引导之下，《中国文化研究》季刊成为这一学科的园地，随之又主编了《汉学研究》，列入《中国文化研究汉学书系》，有非常广泛的影响。其锲而不舍的精神，我一直无比敬服。特别要说的是，阎纯德教授这几年为了编著这套"列国汉学史书系"所投入的心血精力，可称出人意想。

在《汉学研究》第八集的《卷前絮语》中，阎纯德教授慨叹："《汉学研究》很像同人刊物，究其原因，是从事这个领域研究的学者太少，尤其是专门的研究者更是少之又少，所以每一集多是读者相熟的面孔。"现在看"列国汉学史书系"，作者已形成不小的专业队伍，这是学科进步的表现，更不必说这套书涉及的范围比以前大为扩充了。希望"列国汉学史书系"的问世成为国际汉学研究这个学科在新世纪蓬勃发展的一个界标，让我们在此对阎纯德教授、这套书的各位作者，还有出版社各位所做出的劳绩表示感谢。

李学勤

2007年4月8日

于清华大学国际汉学研究所

总 序 二

汉学历史和学术形态历史是既抽象又具体的存在,是浩瀚无边的过去、现在和未来。历史会让我们兴奋,也会使我们悲哀,有时还会觉得它仿佛是一个梦。但是,当我们梦醒而理智的时候,便会发现——太阳、地球、人类社会,一切的一切,不管是曾经存在过的恐龙,还是至今还在生生不息的蚂蚁社群,天上的、地下的、看得见的、看不见的,一切都有自己的历史。一切都有过发生,一切都还在发展,可能还会灭亡。

任何事物的发生都有一个有形或无形的孕育过程,"汉学"(Sinology)也是这样,其孕育和成长,就是中国文化与异质文化相互交媾浸淫的历史。这个历史,始于公元一世纪前后汉代所开通的丝绸之路,接下来是七八世纪的大唐帝国、十四五世纪的明代、清末的鸦片战争和五四新文化运动,这种文化的碰撞和交流之潮时起时伏直到今天,还会发展到永远。这是历史,是汉学的昨天、今天和未来,是其孕育、发生和成长的过程显现出的文化精神。但是,昨天有远有近,我们可以寻着蛛丝马迹探讨找回其真;而今天,只是一个过渡,一俟走过,便成为昨天的陈迹。

写作汉学史是一件艰难的劳作,尤其对象是遥远的昨天,尤其是"遗失"在异国他乡的昨天,更非一件易事。时至今日,朦胧面纱下的汉学还不完全为一些学人所认识,因此有必要取下面纱,让人们看个究竟。

中华人民共和国成立最初的 30 年,对于"汉学"讳莫如深,因为"它"被认为是个有害于中国的"坏东西";从 20 世纪 70 年代中期之后,尤其 90 年代以降,"汉学"便逐渐成为学术界耳熟能详的学术名词。中国大陆重提"汉学"至今,汉学就像隐藏在深山里的小溪,经过 30 年的艰辛跋涉,才终于形成一条奔腾的水流,并成为中国文化水系不可或缺的组成部分;尤其是到了 21 世纪最初十年之后,国家领导人也提出倡导研究汉学(中国学)。这是天翻地覆的文化壮举。这个变化是时代和历史变迁带来的结果,也是文化自身发展的规律。

那么，究竟什么是汉学呢？首先，这里的汉学非指汉代研究经学注重名物、训诂——后世称"研究经、史、名物、训诂考据之学"的"汉学"，而是指外国人研究中国历史、语言、哲学、文学、艺术、宗教、考古及社会、经济、法律、科技等人文和社会科学领域的学问，这起码是近300来年世界上的习惯学术称谓。李学勤(1933—2019)教授多次说："'汉学'，英语是Sinology，意思是对中国历史文化和语言文学等方面的研究。在国内学术界，'汉学'一词主要是指外国人对中国历史文化等的研究。有的学者主张把它改译为'中国学'，不过'汉学'沿用已久，在国外普遍流行，谈外国人这方面的研究，用'汉学'比较方便。"①Sinology一词来自外国，它不是汉代的"汉"，也不是汉族的"汉"，不指一代一族，其词根Sino源于秦朝的"秦"(Sin)，所指是中国。为了弄清Sinology的真正含义和译义，我曾向西方多位汉学家征求其看法。他们几乎毫无疑义地认为：Sinology的词根"Sino"，意思是"秦"，所指是中国，源自拉丁词语"Sina"(China，中国)，"logia"为希腊词语，其意为"科学"，或含有考古学或哲学的部分意思；前者所示是"中国"，后者所示是"科学"或"研究"，两者相加，Sinology就是"中国的科学研究"。Sinology一词的诞生，最早应是始于后利玛窦时代，出自某个传教士的智慧——借用汉代和清代的"汉学"。从那时起，西方传教士就将对中国的文化研究称为Sinology(汉学)，研究者称为Sinologist(汉学家)。

如果我们将Sinology在学术上称为"汉学"和"中国学"，名字虽异，但实质上它们是"异名共体"，所表述的内涵完全一样。高利克在回信中说："我认为Sinology(汉学)或Sinologist(汉学家)是用以指称我们所从事的事业之恰当的词语。"

在历史长河里，汉学由胚胎逐渐发育成长。当汉学走过少年时代，在西学东渐和中学西传互示友情之后，中学开始影响西方而成为人类文明史上的伟大事件。中世纪以来，欧洲视中国为"修明政治之邦"，对中国充满了好奇与好感，18世纪"中国热"蜂起欧洲，19世纪初期法国便成为西方汉学的中心，巴黎成为"汉学之都"。戴密微(Paul Demiéville，1894—1979)曾说汉学的先驱是葡萄牙、西班牙和意大利，但是汉学作为学术研究和一种文化形态，举大旗的则是法国人。1814年12月11日，雷慕沙(Jean-

---

① 李学勤《国际汉学漫步·序》，河北教育出版社，1997年。

Pierre Abel-Rémusat,1788—1832)在法兰西学院首开"汉语和鞑靼—满语语言与文学讲座",开启了西方真正的汉学时代。但指代汉学的"Sinologie"(英文"Sinology")一词则出现在17世纪末,应该早过雷慕沙主持第一个汉学讲座100年的时间。从此之后,"Sinology"便成为主导汉学世界的图腾、约定俗成的学术"域名"。在世界文化史和汉学史上,外国人把研究中国的学问称为"汉学",研究中国学问的造诣深厚的学者称为"汉学家"。因此,我认为,我们不必要标新立异,根据西方绝大部分汉学家的习惯看法,"Sinology"发展到如今,这一学术概念有着最广阔的内涵,绝不是汉代和清代独有的"汉学",更不是什么"汉族文化之学",它涵盖中国的一切学问,既有以儒释道为核心的传统文化,也包含"敦煌学""西夏学""突厥学""满学"以及"藏学"和"蒙古学"等领域。由于汉学的发展、演进,以法国为首的"传统汉学"(Sinology)和以美国为首的"现代汉学"("中国学",Chinese Studies),到了20世纪中叶之后,研究内容、理念和方法,已经出现兼容并包状态,就是说Sinology可以准确地包含Chinese Studies的内容和理念;从历史上看,尽管Sinology和Chinese Studies所负载的传统和内容有所不同,但现在却可以互为表达、"雌雄同体"于同一个学术概念了。话再说回来,对于这样一个负载着深刻而丰富历史内涵的学术"域名",我以为还是叫它"汉学"(Sinology)为好,因为Sinology不仅承继了汉学的传统,而且也容纳了Chinese Studies较为广阔而现代的内容。另外,中国人对中国文化的研究应该称为国学,而外国学者研究中国文化的那种学问则称为汉学。汉学是国学有血有肉有灵魂的"影子",而汉学不是国学,是介于中学与西学两者之间、本质上更接近西学的一种文化形态。说它与国学同根而生,说它们是"一条藤上的两个瓜"(许嘉璐语),都不为过,然而瓜的形象与味道却不相同,一个是"东瓜",一个是"西瓜"。我认为这样认识汉学,既符合中国文化的学术规范,又符合世界上的历史认同与学术发展实际。

汉学的历史是中国文化与异质文化交流的历史,是外国学者阅读、认识、理解、研究、阐释中国文明的结晶。汉学是中国文化和外国文化撞击后派生出来的学问,实际上也是中国文化另一种形式的自然延伸。但是,汉学不是纯粹的中国文化,它与中国文化有着密不可分的血缘关系,它既是中外文化的"混血儿",又是可以照见"中国文化"的镜子,是可以攻玉的

"他山之石";"'Sinology'是一门在国际文化中涉及双边或多边文化关系的近代边缘性的学术,它以'中国文化'作为研究的'客体',以研究者各自的'本土文化语境'作为观察'客体'的基点,在'跨文化'的层面上各自表述其研究的结果,它具有'泛比较文化研究'的性质。"①以上两种表述虽有不同,但学理一致,基本可以厘清我们对于 Sinology 的学术定位。

法国汉学家马伯乐(Henri Maspero,1883—1945)说过:"中国是欧洲以外仅有的这样的一个国家:自远古起,其古老的本土文化传统一直流传至今。"法国哲学家弗朗索瓦·于连(François Jullien)也说:"中国文明是在与欧洲没有实际的借鉴或影响关系之下独自发展的、时间最长的文明……中国是从外部审视我们的思想——由此使之脱离传统成见——的理想形象。"②他在《为什么我们西方人研究哲学不能绕过中国》中提出:"我们选择出发,也就是选择离开,以创造远景思维的空间。人们这样穿越中国,也是为了更好地阅读希腊。"为了获得一个"外在的视点",他才从遥远的视点出发,并借此视点去"解放"自己。这便是一个未曾断流、在世界上仅存的几种古老文化之一的中国文明的意义。中国文明是一道奔流不息的活水,活水流出去,以自己生命的光辉影响世界;流出的"活水"吸纳异国文化的智慧之后,形成既有中国文化的因子,又有外国文化思维的一种文化,这就是"汉学"。也就是说,汉学是以中国文化为原料,经过另一种文化精神的智慧加工而形成的一种文化。从某种意义上说,汉学既是外国化了的中国文化,又是中国化了的外国文化;抑或说是一种亦中亦西、不中不西,有着独立个性的文化。汉学作为一门独立的具有跨文化性质的学科,是外国文化对中国文化借鉴的结果。汉学对外国人来说是他们的"中学",对中国人来说又是"西学",它的思想和理论体系仍属"西学"。

我们的汉学研究,是指对外国汉学家及其对中国文化研究成果的再研究,是中国学者对外国学者研究中国文化的反馈,也是对外国文化借鉴的一个方面。凡是对历史或异质文化进行研究,都有一个价值判断和公正褒贬的问题。因此,对于汉学家对中国文化的研究,必得有我们自己的判断,

---

① 严绍璗《我对 Sinology 的理解和思考》,载《世界汉学》2006 年第 4 期。
② [法]弗朗索瓦·于连(François Jullien)《迂回与进入》,三联书店(香港)有限公司,1998 年。

然后做出公正的褒贬。我们说汉学是可以攻玉的"他山之石",但是这句箴言并非只适用于中国人,对外国人也是一样。汉学也像外国的本体文化一样,对我们来说有借鉴作用,对西方来说有启迪作用——西方学者以汉学为媒介来了解中国,汲取中国文化的精华,完善自己的文明。人类由于文化背景差异和文化语境的不同,思维方向和方式也会不同,因而就会得出不同的结论,讲出不同的道理。"西方学者接受近现代科学方法的训练,又由于他们置身局外,在庐山以外看庐山,有些问题国内学者司空见惯,习而不察,外国学者往往探骊得珠。如语言学、民俗学、考古学、人类学、社会学诸多领域,时时迸发出耀眼的火花。"①汉学的学术价值往往不被国人重视,并利用汉学家对于中国文化的一些误读而贬低汉学的价值。其实,这并不公平,有些汉学家对于中国文化确实有其独到的见解,能发中国人未发之音。法国汉学家马伯乐对中国上古文化和上古宗教的研究就有独到的贡献,中国学者称赞他对中国宗教研究有开"先河"之功。他研究中国宗教的宗教社会学之方法,促进和推动了中国学者采用宗教社会学来研究中国宗教,被称为"中国宗教社会学研究的真正创始人"。

  踏着地理学家和探险家斯文·赫定(Sven Hedin,1865—1952)的足迹来到中国的瑞典地质学家、考古学家安特生(John Gunnar Andersson,1874—1960),他对中国的贡献足以说明他也是一位汉学家。1914年,他被中国北洋政府农商部聘任为矿政顾问,他先是从事地质调查,写出《中国的铁矿和铁矿工业》和《华北马兰台地》的调查报告,然后致力于古生物化石的收集和研究。1921年10月,在河南渑池发现仰韶文化,因此被誉为"仰韶文化之父"。他的研究揭开了中国田野考古工作的序幕,改变了中国近代考古的面貌。他有《甘肃考古记》、《中国远古之文化》(*An Early Chinese Culture*,1923)、《黄土的女儿:中国史前史研究》(*Children of the Yellow Earth:Studies in Prehistoric China*)等著作。

  瑞典汉学家高本汉(Bernhard Karlgren,1889—1978)的最高成就是根据研究古代韵书、韵图和现代汉语方言、日朝越诸语言中汉语借词译音构拟汉语中古音,以及根据中古音和《诗经》用韵、谐声字构拟古音,写出著名的学术专著《中国音韵学研究》《汉语中古音与古音概要》《古汉语字典

---

① 季羡林《汉学研究·序》第七集,中华书局,2003年。

重订本》《中日汉字形声论》《论汉语》《诗经注释》《尚书注释》和《汉朝以前文献中的假借字》等。他对汉语音韵训诂的研究是不少中国学者所不及的,并深刻影响了对于中国音韵训诂的研究。20 世纪日本学者津田左右吉(Tsuda Soukichi,1873—1961)关于中国文化的研究著述甚丰,他认为中国文化是一种"人事本位文化",其核心是"帝王文化",其他认识上尽管有偏颇,但也有其独异性和深刻之处。这就是"他山之石"的意义和价值。

当然,不可否认,汉学家对于中国文化的误读或歪曲也是常见的。美国现代汉学(中国学)的奠基人费正清对中国历史尤其近代史的研究独具风采,为美国人民认识中国搭建了一座桥梁;但他在研究上的所谓"冲击—回应"模式,却近乎荒谬,认为是西方给中国带来了文明,是西方的侵略拯救了中国。

综上所述,对于汉学成果的研究,只有冷静、公正、客观、全面,才能在沙中淘得真金,发现真正的"他山之石"。

在中国,汉学的接受与命运,诚实地说,在 20 世纪 80 年代初期之前,基本上是无视它的学术价值,更没人把它看作是中国文化的延伸。此外,由于民族心理上的历史"障碍",我们还曾视汉学为洪水猛兽,甚至觉得它是仇视中国、侮辱中国的一个境外的文化"孽种"。这种"观点",虽嫌偏颇,当然也不是空穴来风。因为自 19 世纪鸦片战争前后,直至 20 世纪40 年代,偌大的中国曾经惨遭蹂躏,其间也不乏为列强殖民政策服务的少数传教士、"旅行家"和"学者"深入中国腹地,以旅行、探险、考古之名而实行社会情报的搜集、盗窃和骗取中国文物。

人类思想的飞翔,是受社会和历史禁锢的,山高水远的阻隔也使得人类互相寻找的岁月特别漫长。交流是人类文化选择的自然形态,汉学就发生在这种物质交流和文化交流之中。

人类在互相寻找的初级阶段,中国和西方试探性的商业交往还很原始,那时的人类,不同的国家、民族和族群处于相对落后和封闭的状态,人类各个角落的不同文化还处于相对不自觉或是相对蒙昧的历史时期。在人类最早的沟通中,中国人走在最前边。公元前 139 年,张骞奉汉武帝之命,越过葱岭,亲历大宛、康居、大月氏、大夏、乌孙、安息等地,直达地中海东岸,先后两次出使中亚各国,历时十多年,开创了古代和中世纪贯通欧亚非的陆路"丝绸之路",为人类交往开了先河,也为汉学的萌发洒下最初的雨露。

在文化史上，以孔孟儒家学说为核心的中国文化最先影响朝鲜半岛，然后才是日本和越南等周边国家。这些周边国家与中国的关系复杂，甚至被说成同种同文，因此可以说它们的文化与中国文化有着很深的"血缘"关系。公元522年，中国佛教渡海东传日本，从那时开始，中国典籍便大量传入日本；但这只是一种"输入"，只是日本创建自己文化的借鉴，并没有形成对于中国文化的深层研究。及至唐代，由于文化上承接了汉朝的开放潮流，那时与异质文化的交流相对更加频繁，商贸往来和文化沟通有了发展，西方和中国周边国家或地域的人士通过陆路和水路进入中国腹地，有的经商，有的留学，长安（今西安）、洛阳、扬州、广州、泉州等城市，都是中外贸易和文化交汇的重要都会。尤其是长安（今西安），是当时世界最大的商业文化之都；而扬州、广州、泉州等，由于东南沿海经济崛起、人口增多、手工业发达、农田水利的改善，为海外贸易发展创造了条件，再由于唐代中期"安史之乱"切断了陆路"丝绸之路"的缘故，曾称为"鲤城""温陵""刺桐城"的泉州，便成为联结亚洲、欧洲和非洲的海上丝绸之路的"东方第一大港"，是那时以丝绸、金银、铜器、铁器、瓷器为主的国际贸易之都。通过频繁的往来和交流，外国人对中国文化的认识越来越多、越来越深，汉学也便在这种交流中不知不觉慢慢衍生。

但是，源远流长的汉学，人们习惯地认为其洪流和网络在西方，西方是汉学的形象代表。这种看法，一是源自近代以来西方强势文化和中国人的崇洋心理；二是西方汉学的某些特征也确实有别于朝鲜半岛、日本和越南的汉学。其实，如果我们从世界汉学历史发展的角度看，日本、朝鲜半岛和越南的汉学要早于西方的汉学，比如日本在十四五世纪已经初步形成了汉学，而那时西方的传教士还没有进入中国。因此，对于汉学的研究，无论是西方还是东方（朝鲜半岛、日本和越南），我们都不能顾此失彼，要以同样的关注和努力而探讨之。当然，汉学的历史藏在文献里，而隐性源头却可能在文献之外。

文化往往伴随经济流动，其交流也会在不自觉或无意识状态下发生。到了明代初年，郑和于1405年，率200多艘舰船的庞大舰队出使西洋，前后7次，历经28年，到过30多个国家，最远抵达非洲东岸和红海口，真正拓展了海上"丝绸之路"。

在公元八九世纪至十六七八世纪期间,关于中国,多见于西方商人、外交使节、旅行家、探险家、传教士、文化人所写的游记、日记、札记、通信、报告之中,这些文字包含着重要的汉学资源,因此这些文献被称为"旅游汉学"。这些人的东来源于文艺复兴,因为思潮的开放影响了欧洲人的思想和生活,他们或通商,或传教,或猎奇,但了解和研究中国文化却是一致的,于是汉学便在葡萄牙、西班牙、意大利、法国、荷兰、英国、德国、俄罗斯等主要的西方国家逐步发展起来。

这类游记和著作较早的,有约在公元851年成书的描述大唐帝国繁荣富强的阿拉伯帝国(大食国)旅行家苏莱曼(Sulayman)的《中国印度见闻录》(又译《苏莱曼东游记》)、威廉·吕布吕基斯(1215—1219)的《远东游记》(1254)、意大利雅各布·德安克纳的《光明城》(*The City of Light*);这类"旅游汉学"著作中,最著名且影响至今的当属《马可·波罗游记》(*The Travels of Marco Polo*,又译《东方见闻录》)。马可·波罗(Marco Polo,1254—1324)于1275年随父亲和叔父来中国,觐见过元世祖忽必烈,1295年回国后出版了这本书,它以美丽的语言和无穷的魅力翔实地记述了中国元朝的财富、人口、政治、物产、文化、社会与生活,第一次向西方细腻地展示了"唯一的文明国家""神秘中国"的方方面面。

大航海凯旋不久,欧洲传教士最初到世界各地传教,在美洲和日本等许多地方遭遇不顺。但是,他们唯独在中国这个以德仁待人的文明国度得到了善待。庞迪我(Diego de Pantoja,1571—1618)在1602年写给西班牙主教的信里说:"中国那么强大,为什么不去征服那些周边小的国家,甚至一任那些小国给它制造麻烦呢?因为中国不想用自己的威力征服别人。这一事实,对欧洲人来说是不可理解的;中国人与他们的皇上并不寻求或梦想超过他们目前的国土疆界来扩大他们的帝国。"利玛窦(Matteo Ricci,1552—1610)说:"在这样一个几乎具有无数人口和无限国土幅员辽阔、各种物产丰富的国家,虽然它有装备精良的陆军和海军,很容易征服临近的国家,但他们的皇上和人民却从来没想过要发动侵略战争,他们很满足于自己已有的东西,没有征服别人的野心。在这方面,他们与欧洲人很不相同,欧洲人常常不满意自己的政府,并贪婪祈求别人享有的东西……我仔细研究了中国四千多年的历史,我不得不承认,我从未见过这类征服的记载,我也没有听说过他们对外侵略、扩张国界。"

从 16 世纪到十八九世纪，在数以千计的散布在中国各地的传教士中，有不少人成为名载史册的汉学先驱，他们为汉学的发展做出了重大贡献。自 1540 年圣伊纳爵·罗耀拉（St. Ignatins de Loyola，1491—1556）、圣方济各·沙勿略（St. Francisco Xavier，1506—1552）等人来华，开始了以葡萄牙、西班牙、意大利传教士为主的第一波耶稣会的传教活动。接着，意大利的范礼安（Alexandre Valignani，1539—1606）、罗明坚（Michel Ruggieri，1543—1607）等著名传教士来华。明朝万历十一年（1583 年），罗明坚又将利玛窦神甫带到中国，从此，耶稣会传教士在中国的宗教活动无论是对于西方还是东方，都开始了一个新的历史时期。

西方众多旅行家、探险家、商人和耶稣会士来华，他们笔下的许多记载和著译，催生了汉学。葡萄牙贝尔西奥（P. Belchior，1519—1571）的《中华王国的风俗与法律》（1554）、葡萄牙多明我会传教士加斯帕尔·达·克鲁斯（Gaspar da Cruz，1520—1570）全面介绍中国的《中国情况详介专著》，最著名的是 1585 年在罗马出版的西班牙胡安·冈萨雷斯·德·门多萨（Juan Gonsales de Mendoza，1545—1618）编著的《中华大帝国史》（*Dell'historia della China*，又译《大中国志》）。这位没有来过中国的传教士汉学家，却根据自己所掌握的有关中国文献写出了第一部真正的汉学著作，名副其实地对中国的政治、历史、地理、文字、教育、科学、军事、矿产、物产、衣食住行、风俗习惯等做了百科全书式的介绍，具有相当的学术价值，以七种文字印行，风靡欧洲。

在这个一百多年的岁月里，前后出版的有金尼阁（Nicolas Trigault，1577—1629）根据利玛窦日记的整理，加上自己的中国见闻合著为《利玛窦中国札记》（*Regni Chinensis Descriptio*，又译《基督教远征中国史》），亚历山大·德·罗德（Alexandre de Rhodes，1591—1660）的《在中国的数次旅行》（1666），比利时南怀仁（Ferdinand Verbiest，1623—1688）的《中国皇帝出游西鞑靼行记》（1684），葡萄牙费尔南·门德斯·托平的（Fernão Mendes Pinto，1509—1583）的《远游记》，法国李明（Louis-Daniel Le Comte，1655—1728）的《关于中国现状的新回忆录》（*Nouveau mémoire sur l'état présent de la Chine*，1696，又译《中国近事报道》）和《中华帝国全志》（《中国通志》），等等。

这些包罗万象的文献，不仅记录了不同时代的中国，还以自己的文化视角开始了中西文化最初的碰撞。作为文献,这些游记、日记、札记、通信和报告,有赞美,有误读,也有批评,但因为其中包含大量中国物质文化及政治、经济、历史、地理、宗教、科举等多方面的文化记载,而成为汉学的重要组成部分,在学术史上有重要价值。

汉学的发生、发展与经济、政治、交通以及资讯分不开。有学者把汉学的历史分为"萌芽""初创""成熟""发展""繁荣"几个时期,也有的分为"游记汉学时期""传教士汉学时期"和"专业汉学时期"三个阶段。但汉学的真正形成是在明末清初兴起的"西学东渐"和"中学西传"的互动之中。

以利玛窦为核心的耶稣会士的历史意义在于他们开始了对中国文化的全面开垦,不仅著书立说,还把《大学》《中庸》《论语》《孟子》等中国文化经典译成西文,不仅开西学东渐之先河,也推动了中学西传,使中国文化对西方科学与哲学产生重要影响,因此这位思想家当仁不让地被视为西方汉学的鼻祖。与其先后到达中国的著名的传教士大都曾著书立说、传播中国文化,对推动西学东渐和中学西传做出了贡献。

在世界汉学史上,除了以上提及的,还有许多汉学家的名字十分响亮,如曾德昭、柏应理、卫匡国、殷铎泽、南怀仁、汤若望、龙华民、罗如望、熊三拔、张诚、白晋、马若瑟、宋君荣、钱德明、翟理斯、安特生、雷慕沙、儒莲、德理文、安东尼·巴赞、蒙田、冯秉正、尼·雅·比丘林、巴拉第·卡法罗夫、瓦西里耶夫、沙畹、伯希和、马伯乐、葛兰言、马礼逊、斯坦因、理雅各、李约瑟、韦利、霍克斯、卫礼贤、福兰阁、孔拉迪、高本汉、卫三畏、费正清、拉铁摩尔、孔飞力、史景迁、狄百瑞、傅高义、齐赫文斯基、季塔连科、戴密微、谢和耐、石泰安、汪德迈、施寒瑞、施舟人、顾彬、宇文所安,等。他们对中国文化的独特理解,铸造成汉学史上的思想学术之碑,开垦了汉学成长的沃土。

"西方的汉学是由法国人创立的。"但是,在欧洲全面研究中国文明的问题上,"法国的先驱是葡萄牙、西班牙和意大利"①。戴密微把以上三个国家誉为汉学的先锋,"他们于 16 世纪末叶,为法国的汉学家开辟了道路,

---

① [法]戴密微《法国汉学研究史》,耿昇译《法国当代中国学》,中国社会科学出版社,1998 年。

而法国的汉学家稍后又在汉学中取代了他们",真正建立了作为学术的汉学传统。就传统汉学而言,法国是汉学家最多的国家之一,还有英国、俄罗斯、美国、日本等国,有许多汉学界的学术巨擘,不断为汉学大厦的崇高而添砖加瓦。

中外文化交流的结果不仅意味着中国文化"外化"的传播,也意味着异质文化对中国文化"内化"的接受。汉学家作为中外文化交流的桥梁和使者,在异质文化的交流中,也是人类和谐与进步的推动者。

汉学诞生在与异质文化碰撞、交流和相互浸淫之中。这个结果无异于一枚果子的成熟,只有"风调雨顺"才能生长得好。和谐、宽容、理解与尊重,是异质文化彼此借鉴的保证。作为文化形态的汉学,其生存和成长离不开良好的国际语境。就中国而言,历史上凡是开放的时代,文化交流就多,汉学就发展;反之,汉学就停滞,这似乎成为一种规律。

作为学术公器的汉学,文化上有其自己的成长过程。汉学是发展的,这一植根于中国文化土壤、生存于异国他乡的文化,同样深受不同时代语境的极大影响。这里所说的语境,既包括中国的历史演变,也包括异国和世界的历史变化;就是说,不同的历史时期,不同的社会、政治、经济、文化背景,在很大程度上左右着汉学的发展方向和内容;换句话说,汉学的形成和发展,不仅受制于中国历史的更迭,也受制于他者社会的变化。这就是以历史悠久的中国文化为研究对象的汉学发展的基本轨迹。

传统汉学以法国为中心,现代汉学兴显于美国。20世纪中期以来,在西方其他国家葆有传统汉学的同时,现代汉学也很繁荣。这个时期的"汉学"涂满了政治色彩,以法国为代表的汉学较多地保持着传统汉学的学术精神,而美国的"中国学"却成了充满政治意识的现代汉学的代表。

19世纪末至20世纪初,美国汉学悄然嬗变为中国学,并以自己独有的个性特点和极强的生命力出现在世人面前。美国的"中国学"所关心的不是中国文化,更不是中国的传统文化,而是中国的政治、经济、军事、教育和社会生活各个层面的问题。这种政治特征,是那个时期美国中国学的基础,这一特征也影响了其他国家汉学的研究方向和内容。

人类文化包含了物质文化和观念文化。物质文化表现在衣食住行生活方面,是一种看得见、摸得着又极易变化的"具象"文化,例如饮食、服饰、住房、音乐、舞蹈等;观念文化是一个民族精神的核心,表现在人的价值观、道德观、家庭观、宗教观等诸多方面,以及对自由、平等、民主的理解,观念文化是一个民族的思维经过高度抽象后形成的思想、观念和精神,它是通过文化的灵魂——哲学、文学、语言、宗教、历史等来表达的。① 观念文化,一俟进入汉学家的研究视野,他们的研究也就进入了对中国文化核心的深层研究。

汉学家从对中国物质文化到观念文化的研究,其研究领域越来越广阔,越来越深厚。现在,汉学不仅包括对中国的哲学、文学、宗教、历史领域的研究,还包括对社会学、政治学和自然科学的研究。传统汉学和现代汉学,它们已经亲密到"异名共体"的地步。二者的差异在于前者是以文献研究和古典研究为中心,包括哲学、宗教、历史、文学、语言等;而以美国为中心的现代汉学(中国学)则以现实为中心,以实用为原则,其兴趣根本不在那些负载着古典文化资源的"古典文献",而重视正在演进、发展着的信息资源。但是,汉学发展到 21 世纪,其研究内容和方式已经出现了融通这两种形态的特点。这种状况既出现在欧洲的汉学世界,也出现在美国的中国学研究之中,可以说世界各国汉学家的研究,都兼有以上两种汉学形态。

汉学(Sinology)对中国研究者来说,被尘封得太久,所以它的空白很多,浩如烟海的资源还有待于深入开掘。这种开掘,不仅可以收获汉学,还可以于无意中发现被历史"放逐"和"遗失"在异国他乡的中国文化。编撰"汉学研究大系"的目的和宗旨,不仅是为了梳理已有的汉学资源,在世界范围内追踪中国文化的传播与研究的历史状况、经验及影响,同时探究汉学的产生、成长、发展与繁荣,还要尽可能厘清这块"他山之石"对于中国文化的作用。当然,"汉学研究大系"还期望对推动中国文化与世界文化当下的交流有所裨益。

"汉学研究大系"包括"列国汉学史丛书""中国文化经典与名人传播与研究丛书""汉学家研究丛书""外国文学与中国丛书""西学中医丛书"等多个"丛书"。作为一个文化工程,其撰写的难度非一般学术著作所能比拟。严绍璗教授谈到 Sinology 的研究者的学识素养时提出四个"必须":第一,必须具有本国的文化素养(尤其是相关的历史、哲学素养);第二,必

---

① 任继愈《汉学发展前景无限》,载《中华读书报》2001 年 9 月 19 日。

须具有特定对象国的文化素养(同样包括历史、哲学素养);第三,必须具有关于文化史学的基本学理素养(特别是关于"文化本体"理论的修养);第四,必须具有两种以上语文的素养(很好的中文素养和对象国的语文素养)。这几点确实都是汉学研究者必须具备的文化和语文素养,否则很难高效进入汉学研究的学术境界。

"列国汉学史书系"的启动始于20世纪90年代,但它的诞生经历了千难万险,如果稍微松懈,必定会死于胎中。2018年10月13日,在北京语言大学校长刘利教授和北京语言大学语言资源高精尖创新中心领导李宇明教授的支持下,开了一次"'汉学研究大系'专家咨询会"。来自北京、天津和南京的学者、在京的汉学家,以及多家新闻媒体的记者参加了本次咨询会。从那时开始,我们将"汉学史书系"裂变为多个"丛书",如此变化,完全是为了能将书系编撰得更科学、更广阔。这个"大系"就像一个"汉学研究超市",如此分法,就是为了便于更多的学者能将自己的作品加入这个"超市"之中,也便于更多的读者走进这个"超市"选购自己需要的精神食粮。

冬天到了之后是春天,接着便是收获的季节。这套富有创意和价值的书系工程几乎涵盖了汉学研究的一切领域,它将对中外文化交流和汉学的发展以及比较研究产生深远影响。

在人类的文化长廊里,无论是中国还是外国,各种书写异国文化的著作琳琅满目,这其中有外国人写中国各类历史的,也有中国人写外国的各类著作。历史,是往事,是记录,是选择,并有相对独立的评论和褒贬。但是,事实上任何一部历史都不是最后的历史,历史随着时光的流逝而演进,修史很难一步到位,它需要一代代的学者"积跬步"才能"至千里",只有"积土成山,积水成渊",才会有"风雨兴""蛟龙生"。学问之事非一夕之功,非得有前赴后继者敢于赴汤蹈火"流血牺牲",才会达至光明顶峰。

开拓者也许会在某个时候将自己的真诚劳作化为欢乐,因为在以后的岁月里,定会有人踏着自己的肩膀攀上高峰,以鸟瞰美丽风光。21世纪是经济的大空间,对汉学来说也是一个"大空间"。但是,要探索这个"大空间",需要有个和谐的"太空站",需要大家联袂共建。当然,世界需要多元文化和谐相处的历史语境,共同创造彼此接近、认识、理解、尊重、沟通、借鉴与融合的机会,这个机会,就是汉学研究发展的机会。

时间在行走,历史在行走。人类创造过历史,书写过历史,但这尚不是最后的历史。汉学有历史,而且还正在创造新的历史,汉学及其研究将以自己的品格和个性在人类文化的世界里放出异彩。

阎纯德

2019 年 3 月 3 日

于北京半亩春秋

目 录

凡例 ………………………………………………………………（Ⅰ）

重构德国汉学史的新尝试——自序 ……………………………（Ⅲ）

上 卷

第一编　分期与书目 ……………………………………………（1）
 第一章　德国汉学史的分期问题及文献举隅 …………………（3）
 第二章　"前汉学"——19世纪以前的德国汉学 ……………（16）
 第三章　德国汉学的滥觞及其在19/20世纪之交的发展 ……（33）
 第四章　普鲁士柏林王室图书馆的中文文献收藏
    ——以19世纪上半叶的两部书目为中心 ……………（54）

第二编　语言、文学与翻译 ……………………………………（119）
 第五章　哲学文本的语文学阐释——甲柏连孜对《太极图说》的
    翻译与阐释 ………………………………………………（121）
 第六章　18—19世纪德国对中国文学的接受——以魏汉茂
    《德国对中国文学的早期认识》为中心的研究 …………（144）
 第七章　卫礼贤《易经》德译本的翻译过程及底本初探 ………（176）
 第八章　卫礼贤《孟子》德译研究举隅 …………………………（190）
 第九章　儒家话语对康德思想的重构——《人心能力论》
    译本初探 …………………………………………………（211）
 第十章　孔舫之中国章回小说的德文译本 ………………………（239）

第三编　范式与机构 ···（253）
　　第十一章　福兰阁及欧洲汉学研究的范式转换 ·······················（255）
　　第十二章　波恩大学汉学系历史回顾——从创立至21世纪初的
　　　　　　　发展 ··（270）

下　卷

第四编　互动与批判 ···（299）
　　第十三章　民国时期德国汉学界与中国学术界之互动
　　　　　　　——以20世纪20—40年代初的北平为中心 ··········（301）
　　第十四章　汉学家霍福民与词学家龙榆生 ····························（347）
　　第十五章　德国汉学对美国汉学之批判举隅 ·························（365）

第五编　专史与回顾 ···（379）
　　第十六章　傅吾康及其在中国的十三年（1937—1950） ·········（381）
　　第十七章　论顾彬《中国文学史》及其中国文学史观 ···········（431）
　　第十八章　20世纪上半叶德国汉学家对中国科技史的研究 ····（464）
　　第十九章　半个世纪以来德国汉学发展之我见——以德国
　　　　　　　中国历史研究为例的几点认识 ·····························（476）

参考文献 ···（485）

人名索引 ···（539）

中文典籍题名索引 ··（565）

凡　　例

1. 书中所有中外人名，原名和生卒年请参阅书后所附"人名索引"。一些海外华裔学者，或民国时期在海外留学的人士，所使用的西文名并非汉语拼音，由于这对研究这一段历史很重要，也尽量在括号中予以标出，如：熊伟（Hsiung Wei, 1911—1994）；日本人名也会在括号中注明日文发音，如：長沢規矩也（Nagasawa Kikuya, 1902—1980）。

2. 有个别在引文中出现的西文人名，由于涉及引文的上下文，常常仅仅引用姓氏，尽管这些人名也被收入了"人名索引"之中，为了保持引文与原出处的一致性，正文中括号中的西文原文没有删除。

3. 一般来讲，西文人名的中文译名仅给出姓氏的译名，对于用中文译名区分不开的西文名字，如：安德烈亚斯·米勒（Andreas Müller, 约 1630—1694）、F. W. K. 穆勒（F. W. K. Müller, 1863—1930），则每次出现都会给出名字，以免混淆。

4. 西文刊名所使用的双引号，则依据不同语言规范而略有不同。如：Otto Franke, „Die sinologischen Studien in Deutschland", in: Ders., *Ostasiatische Neubildungen*, Hamburg: 1911, S. 357—377。而 Wolfram Eberhard, "Contributions to the Astronomy of the San-kuo Period", in: *Monumenta Serica* 2(1936/37), p. 149—164。

5. 西文书名、刊名一律依据西文体例，用斜体标出。举例见上。

6. 西文书名、刊名在正文中出现，一律首先以中文译名的形式出现，在括号中则注明西文原名。如：《华裔学志》（*Monumenta Serica*）。

7. 除了对版本特别说明外，正文的注释第一次出现会注明作者、书名、出版地点、出版社以及出版时间等详细信息。在第二次使用时，一律使用简式，仅注明作者、书名。

8. 注释依据不同语言，按照中、西文不同体例予以做出。

9. 书后的"参考文献"分为两个部分：一、中、日文参考文献；二、西文参考文献。这些参考文献，我认为构成了德国汉学研究史的一种"学习指南"（study guide）。很多的文献，也会为硕士、博士的相关论文选题提供线索。

10. 行文中除了与本书作者有直接关系的学者外，其余在使用其名时，为避免冗长均未加称谓或头衔，请予以谅解。

重构德国汉学史的新尝试
——自序

一

章学诚在强调目录学的重要性时指出：辨章学术，考镜源流。① 这一般也被认为是学术史的功用：通过对不同时代的学术进行考辨，对其源头进行考察甄别，历史地呈现其学术延续的脉络。我想这同样适合对德国汉学史的研究。而对德国汉学的学科史梳理，应当成为德国汉学研究史的重要内容，这涉及研究在历史上德国汉学的传承和发展、理论研究方面的突破等等，从而呈现出各不相同的研究方法、视角以及丰富多样的治学风格。因此，德国汉学史的研究，是以德国汉学家对中国文化的研究为对象的"研究之研究"。

因此从汉学史——学术史的角度对德国汉学进行研究，是有意义的。海外中国学术研究一般被称作"汉学"，也有人主张"域外汉学""海外汉学"的说法，而我在本书中统一称作"国际汉学"，我主要参照的是1951年在佛罗伦萨成立的"国际日耳曼学会"（Internationale Vereinigung für Germanistik, IVG）的说法。这一学会每5年召开一次，至今已经召开了13次的年会（2015年的年会是在上海举办的）。我所谓的"国际汉学"主要涉及中国的人文学科：文学、历史、哲学、宗教、语言、艺术，而作为社会科学的法律、经济等学科，以及作为自然科学的中国科技史等，也是汉学家研究的对象，因此也会涉及。

---

① 章学诚《校雠通义·自序》，见王重民通解《校雠通义通解》，上海：上海古籍出版社，1987年，第1页。

20 世纪 80 年代我在北京外国语学院,即今天的北京外国语大学(以下简称"北外")上大学的时候,除了中文之外,也在德语系读德语(日耳曼学)。中国的日耳曼学当然有其独特的历史和发展,当时所学的内容,除了德语之外,还有德语国家国情、德语语言学、德语文学、德语经济等方面的内容,对于中国日耳曼学者来讲常常做的是德国文学接受史的部分。后来到了波恩大学之后,除了主专业汉学之外,第一副专业是比较宗教学,我的第二副专业依然选了日耳曼学——近代德语文学(Neuere deutsche Literaturwissenschaft, NdL)专业。记得当时在上著名席勒专家于勒斯教授有关布莱希特的《家庭布道词》(Bertolt Brechts Hauspostille, 1927)高级研讨班的课时,他常常会用揶揄的方式来谈美国所谓 German Studies 专家的观点。

好像是在 2006 年的时候,汉堡大学汉学系的傅敏怡教授组织了一场有关汉学专业第一批本科毕业生的座谈会,因为之前按照德国的学制没有本科(Bachelor)。在谈到中国国内"汉学"(Sinologie)的发展时,来自海德堡的瓦格纳教授认为,大部分中国学者根本就无视国外的中国研究成就。他举例说,他不久前就曾参观过一处中国中部某大城市的汉学(国学)研究中心,发现那边没有收藏一本外文的有关中国的图书。他认为这是完全不可想象的。之后,傅敏怡问我的看法。我说,好像德国的日耳曼学者也不会在意英文或汉语的相关研究成就吧。尽管如此,我还是认为在汉学方面,中国国内的学者有必要了解国际汉学研究的成就。如果用新的学术话语来表达的话,那就是通过国际汉学的再研究,我们才能做到"去熟悉化"(defamiliarized),才可能对这段我们曾经熟悉的历史产生新的见解。

二

本书中所选的 19 篇文章所揭示的是德国汉学研究史的 19 个问题,可以分为:分期与书目,语言、文学与翻译,范式与机构,互动与批判,专史与回顾 5 个部分。这样的编排也就决定了本书不同于通史的系统性、全面性,而是以问题为中心来展开论述。论文中既有趋于专精的个案研究,也有贯通、综合的整体性梳理。因为如果没有审慎地深入史料,对汉学家及其著作,乃至其所处的时代做透彻的研究,那么整体性的研究很难成立。

这 19 篇当然可以看作对德国汉学史研究的一种"抽样"(sampling)分

析。在统计学中,抽样是一种推断统计学(statistical inference)的统计方法,它是指从目标总体(population)中抽取一部分个体作为样本(sample),通过观察样本的某一或某些属性,依据所获得的数据对统计总体的未知数量特征做出以概率形式表述的推断。尽管这并不是一部通论性的德国汉学史著作,但通过对所选出的被认为具有代表性的"样本"的分析,目的依然是希望达到对德国汉学史整体特征的认识。

对波恩大学汉学系历史的重点研究,绝不仅仅是因为我曾在那边读过硕士和博士的缘故,更主要的是因为东方语言学院(Seminar für Orientalische Sprachen, SOS)于1959年在波恩大学重建,接续上了1887年出于实用目的在柏林建立的这所包括汉语在内的外国语言培训机构。其实德国汉学之成立,与培训外交译员有着极其密切的关联。早期培养出来的学生,其中很多后来都成了知名的汉学家,如福兰阁、孔舫之等巨擘都曾就读于这所学院。

在个案的研究中我选择了福兰阁和他的小儿子傅吾康作为研究对象。福兰阁从公使馆译员做起,后来成为汉堡大学的教授。他是有意识地运用历史学的方式对中国历史进行全面系统建构的德国汉学家。其实以现代学科对传统中国知识进行重构和重组,这方面比较早的工作基本上都是由西方汉学家来尝试完成的。也正是在福兰阁主导德国汉学的时期,德国汉学研究的主题呈现出了从传统的政治史、制度史转向社会史和经济史的趋向,从而使得很多社会科学的方法被运用到了汉学研究上。除了对汉学研究范式转换所做的贡献之外,福兰阁还耗尽积蓄购买了中国典籍,远渡重洋带回了汉堡,充实了汉堡大学汉学系的图书馆。今天在汉堡大学汉学系的图书馆,依然可以看到康有为签名送给福兰阁的中文图书。为了不让自己的小儿子因服兵役而葬送自己的前程,福兰阁将刚刚从佛尔克那里做完博士论文的傅吾康于1937年送到了北平。在中国生活了13年的傅吾康,迎娶了中国太太胡隽吟,这也使得他的文化身份变得复杂——与中国的关系不再是研究者与研究对象,而成了中国的亲戚。

实际上,真正的汉学知识建构的基础是翻译。早期中国文学的德译基本上是从法文、英文转译而来的,尽管这些作品本身的代表性不一定很强,译文的质量也不一定很高,但却影响了德国文学自身的发展,甚至歌德在此基础之上创立了"世界文学"(Weltliteratur)的观念。卫礼贤对中国经典的翻译,更使得德国乃至欧洲思想界为之一振:布莱希特在流亡途中每天所读的就是卫礼贤翻译的《老子》译本,雅斯贝尔斯的藏书中有卫礼贤的全部译本。本书中既收录了一篇研究卫礼贤《孟子》德译的文章,也收录了我研究卫礼贤与周暹(周叔弢)合作将康德的《人心能力论》(*Von der Macht des Gemüths durch den bloßen Vorsatz seiner krankhaften Gefühle Meister zu sein*)翻译成中文的个案。可以看出,卫礼贤真正架设了一座中德思想和文化之间交流的桥梁。

从时间上来看,德国汉学史从18世纪对中文、满文的图书收藏一直持续到20世纪的下半叶。本书所收录的19篇有关德国汉学研究的文章,大都论述的是1945年以前的德国汉学史之发展。即便有些研究扩展到了20世纪末或21世纪初,也是对德国汉学传统研究的一种自然的延续。1956年龙榆生写下了一首催人泪下的《浪淘沙》,遥寄十余年来杳无音讯的同事和弟子霍福民,而他们真正过从甚密的时代是1940年代在南京的中央大学。顾彬十卷本德文版《中国文学史》(*Geschichte der chinesischen Literatur*)尽管是在21世纪才得以出版的,但却是真正接续着德国汉学史传统的中国文学叙事。

从空间上来看,德国汉学除了发生在欧洲之外,也发生在中国,特别是20世纪30年代的中国。因此这部集子中也收录了我有关这一时期发生在北平的德国汉学与中国学术之间的一段互动史,尽管这篇文章其实只是提纲式的文字,在很多方面都没有真正展开。2018年9月我跟德国马克斯·韦伯基金会(Max Weber Stiftung)和法国远东学院(École française d'Extrême-Orient)共同在北外组织召开了"中国经历与汉学生成:旅居中国的西方学者(从19世纪晚期到20世纪上半叶)"(The China Experience and the Making of Sinology: Western Scholars Sojourning in China (from the late 19th century to 1949))的国际研讨会。汉学成为一个学科或者说成为一个界线明晰的研究领域,其历史并非我们所认为的那么悠久。除去19世纪早期在法国和19世纪下半叶在英美等国的几个有限的教授席位外,事实上一直到20世纪初,在欧洲和北美的大学才开始普遍出现专门研究中国历史和社会的学术机构。尽管当时从欧洲或北美到中国的旅行困难重重,但在清朝的最后几十年和随后的民国早期,还是有许多西方人士到了中国,从事属于知识阶层的各类活动:学习、教学或者进行科学研究工作。一些国家还在中国创建了长期性的研究机构或者学校,实地研究中国的语言和文化,例如北京中法汉学研究所(Centre franco-chinois d'études sinologiques de Pékin, 1940—1953),中德学会(Deutschland-Institut, 1931—1945),华文学校(College of Chinese Studies, 1910—1945)等等。此外,也涌现出了第一批联合研究项目,例如由斯文·赫定和徐炳昶带队,于1927年至1935年间深入中国西北地区进行系列科学考察的科考团队——"中瑞西北科学考察团"(the Sino-Swedish Expedition, 1927—1935)。在晚清、民国时期,受到西方大学模式的影响,中国现代意义上的大学开始成型,这为中国学术圈的繁荣提供了便利,同时也为中国和西方学者的交流对话创造了机遇。

从内容上来讲,德国汉学中有关汉语语言的研究,既是其中很重要的一个分支,同时也是所有汉学研究的基础。由于我还有其他一部有关德国汉语研究的专著将在近期出版,因此在本书中我只选了一篇论述甲柏连孜博士论文的文章。甲柏连孜一生从来没有到过中国,但他有关中国哲学和古代汉语的研究,后世却很难有能望其项背者。前些日子,我收到了江泽建之助老先生从柏林寄来纪念他90岁的《纪念影册》(*Festalbum für Kennosuke Ezawa zum 90. Geburtstag*. Berlin, 2019),他在书中回顾了北外全球史研究院与东西语言与文化研究会(Ost-West-Gesellschaft für Sprach- und Kulturforschung)于2017年4月初共同举办的"作为汉学家和语言学家的甲柏连孜"的研讨会,正是在这次研讨会上,我宣读了这篇有关甲柏连孜博士论文的文章。举办研讨会的同时,我们在北外图书馆还举办了有关甲柏连孜生平的展览。除了图片、图书以及甲柏连孜的眼镜等展品外,我们还专门制作了一个真人大小的甲柏连孜硬纸板像——2.09米的高个子,不仅仅是他的学术研究,他本人在众人面前也是"鹤立鸡群"。

尽管自20世纪以来历史研究流派纷呈,但兰克史学中对文献档案等一手史料的重视,依然是历史研究的根本。因此,对于这些汉学家及其著作的研究,我基本上是从他们的原始文献予以展开的。从另一个方面来看,德国汉学的立场、观点和方法大都源自欧洲,这就要求我们在研究德国汉学史的时候,同时深入地了解近代欧洲思想学术发展的历史,将德国汉学放入当时欧洲思想的脉络中去理解。只有这样,才能得到更为广泛的认识。

三

我在研究德国汉学史时一向特别强调德国汉学研究的跨文化特征,以及德国汉学家与中国学者的互动。这些研究所使用的范畴和术语都取自学术史,但想要达到的目的是结合一手的文献档案,反映 19—20 世纪上半叶德国汉学研究与中国之间的互动关系,以及德国汉学的发生史。

德国汉学史的研究,是学术史的一部分,但并非仅仅属于中国学术史,而是属于中德乃至中欧学术交流史的范畴。尽管德国汉学的研究对象是中国学术,但这些汉学家所使用的方法,所运用的范畴以及他们的学术规范都源自自己的文化传统。因此,德国汉学研究史理应是一种所谓的"entangled history"(纠缠的历史)。其实对德国汉学史的研究,对于破除主流方法论中的民族主义局限性至关重要,简化的民族历史和欧洲中心主义观点对于这样的一种研究完全不适用。在一个永久性的交互过程中,所讨论的对象和对它的看法是相互构成的。一方面的发展可能是另一方面的发展的结果。① 英国历史学家贝利确定了一个具有其他力量的多中心世界体系,例如在世界范围内政治和文化相似结构的发展中,中国和伊斯兰帝国发挥了重要作用。② 因此,以往的认识,即知识的迁移仅仅是从欧洲流向非欧洲地区的观点,不断遭到挑战。

德国汉学肇始之时,中国依然是满族统治的时代,满汉问题本身就构成了复杂的时代背景,普鲁士王室图书馆的汉语和满语图书收藏,也说明这一点。其后的时代,又是一个西方和日本的现代学术思想不断涌入中国的时代。传统与现代、朝贡与公法、内华与外夷等等问题,全都纠缠在一起。对于中国近现代学术史来讲,德国汉学史有着特殊的意义。特别是处于统一的德意志第二帝国、魏玛共和国时期的德国汉学研究,对应的是中国晚清至民国时期的中国学术转型期。也就是说,德国汉学的发展与中国

---

① Cf. Werner, Michael and Zimmermann, Bénédicte, „Vergleich, Transfer, Verflechtung. Der Ansatz der Histoire croisée und die Herausforderung des Transnationalen", In: *Geschichte und Gesellschaft* 28(4), 2002, S. 607—636.

② Cf. Bayly, Sir Christopher Alan, *The birth of the modern world, 1780-1914: global connections and comparisons*. Malden MA: Blackwell Pub, 2004.

现代思想和学术的发端有着直接的关联。

这种纠缠史不仅仅体现在德国和中国学术之间,同样体现在德国汉学与美国汉学之间,在本书中我也选了一篇有关德国汉学对美国汉学批判的文章,以梳理两代德国学者对美国汉学的批判性认识。这也构成了另外一种形态的互动。

四

有时我参加博士生的开题或答辩的时候,会发现很多学生所做的研究并不是汉学史的研究,而是直接对汉学内容的评析。汉学史的研究所涉及的是学术史——对汉学学术本身所进行的反思与总结。就像是"形象学"(Imagologie)在20世纪80年代所经历的研究方向的巨大改变一样,[①]学术史和具体学科研究的区别也在于从知识论的内容——对象研究,转向研究者本身——主体研究。其实我们今天研究不同时代的德国汉学史,我们的兴趣并不一定仅仅在于某一时期的知识论本身,而更多的是学者及时代精神(Zeitgeist)之间的关系。这便能让我们可以不局限于汉学家的学说,而能从一个新的广度与深度来探讨这段汉学史。福兰阁的一系列汉学著作和文章,从其问题意识、选题到研究方法,无一不透露着德意志第二帝国时代的思想脉搏。学术史所要揭示的不仅仅是这些汉学家的理论框架,更重要的是其学术源流,历史文化的背景,以及当时这些学者在特定历史时期的情境和心态。因此,对这一时代汉学家及其学术成就的研究,早已超越了个人精神的基本内容,成为一个时代精神的重要组成部分。德国汉学史所呈现的是百余年来德国政治和人文学术演变的一个缩影。如果从一个历史时段来审视一位汉学家的话,那么他所取得的成就不仅有其内在理路,与其外在的政治社会状况也是密不可分的。从这个意义上来讲,德国汉学史与时代史、思想史、文化史是交织在一起的历史。

---

① "注重'主体'可以说是当代形象学研究对传统所作的最重大变革,它意味着研究方向的根本转变:从原来研究被注视者一方,转而研究注视者一方。"孟华《比较文学形象学论文翻译、研究札记》,收录:孟华主编《比较文学形象学》,北京:北京大学出版社,2001年,第6页。

对德国历史上作为主体的著名汉学家的个案研究，特别是他们与时代的关系，这在中国有着自己的学术史传统。清朝初年黄宗羲等学者撰有《明儒学案》(1676年)和《宋元学案》(1879年)，《明儒学案》记载了明代的210位学者，分别列出了17个学案，依据时代次第展现了学者学术流派的传承关系；而《宋元学案》记载的宋元学者超过2000人，共分87个学案和2个学略。这其实就是对学者主体研究的学术史，只有学者的参与，才是"活"的历史，才能建构起一个个学派的源流及其学术谱系。

在书中我选取了甲柏连孜、卫礼贤、孔舫之、福兰阁、傅吾康、霍夫民、顾彬等著名德国汉学家作为个案进行研究，分别从哲学文本的语文学阐释、翻译与阐释、德国汉学研究的范式转换、德-中学术互动以及不同专门史的研究角度和视角对以上人物进行了剖析。这些个案的研究贯穿着从中国的视角对19—20世纪德国汉学学术变迁的历史思考，希望从中勾勒出一幅这两个世纪特别是20世纪上半叶德国汉学史的某一面向。这些德国汉学家的学术传承、研究方法以及与时代精神的关系，都是需要研究者以当今的问题意识来予以"重构"的。

德国汉学史在德国尽管不怎么受重视，但其实也在不断被重构之中。1997年在柏林召开的"德国汉学协会"(Deutsche Vereinigung für Chinastudien, DVCS)第八届年会的主题便是德国汉学的历史。后来出版了由波鸿大学汉学系的马汉茂教授和汉雅娜合编的《德语中国学——其发展、历史、人物与前瞻》一书。① 传统并不一定更具有深刻的意义，德国汉学的历史也不例外。这便需要我们以今天的眼光和问题意识去跟它对话，以一种批判性的意识去重构这一段的德国汉学史。②

---

① Martin, Helmut und Hammer, Christiane (Hrsg.), *Chinawissenschaften-Deutschsprachige Entwicklungen, Geschichte, Personen, Perspektiven*, Hamburg 1999. 此书中文版《德国汉学：历史、发展、人物与视角》(主编：马汉茂等，李雪涛等译)已由大象出版社(郑州)于2005年12月出版。此书和《中国之匙》《为中国着谜》都是1996—1999年由北威州科学部(Wissenschaftsministerium NRW)赞助的由马汉茂教授主持的"德语区汉学史"项目。

② 相关的论述，详见李雪涛《代序·"误解的对话"——试论汉学研究的阐释学意义》之"九、汉学学术史及'重构'"，收录于李雪涛著《误解的对话——德国汉学家的中国记忆》，北京：新星出版社，2014年，第29—37页。

五

对百余年的德国汉学做学术史的梳理,其前提是重读他们曾经撰写过的各种学术经典。尽管很多汉学家的名著我在留学期间曾经读过,在书中往往还能看到我以前画过的地方和写在书上的批注,但今天读来依然让我产生很多崭新的想法。尽管今天新史学的方法林林总总令人应接不暇,但对于一些重要德国汉学家的著作进行细心的阅读,依然是进行汉学研究史最优先的工作。研究方法再先进,研究角度再独特,如果没有对甲柏连孜、福兰阁、佛尔克、卫礼贤、孔舫之等人原典的阅读,都无法重构这段德国汉学的历史。

2018年我将多年来翻译的一些与德国汉学史、德国东亚研究史相关的文章结集出版,取名《东亚研究与全球建构——德语东亚文化史的几个研究路径》,[①]便是希冀能够从全球史的角度对德国汉学史做一个全新的检讨。

对于大部分德国汉学家来讲,他们会在某一学科或多个学科之中进行有关中国的学术研究,这一般属于学科的内容,而今天我们对德国汉学所取得的成就以及汉学家作为主体的人的研究,这才是作为关系史、交流史、学术史的德国汉学史。20世纪以来,传统史学的许多学术框架都在随着问题意识的改变而改弦更张,从关注局部或民族国家转向关注全球,而这正契合了德国汉学史的转变。我想,这19篇文章至少体现了以下几个特点:

1.跨文化的比较视野。因为德国汉学的研究主体是德国学者,而他们的研究对象又是中国乃至东亚,因此德国汉学家们已经具备了跨文化的比较视野。从我本人的知识构成来讲,也很难归于一种文化。因此不论从德国汉学家的"汉学研究"还是从摆在读者面前的这些"汉学史再研究",都力图打破国家的界限,实现跨民族、跨文化等的比较历史研究观照。

2.整体观。将中国乃至东亚的文化历史置于更加广阔的相互关系的情境中来理解和考察,确保不因由于关注细枝末节而错失对历史的整体

---

① 李雪涛编《东亚研究与全球建构——德语东亚文化史的几个研究路径》,上海:华东师范大学出版社,2018年。

观察。

3.互动观。将德国汉学研究史置于中德乃至亚欧的动态交往的网络体系中加以理解。

4.解构西方中心主义论。正是在对中国历史的建构中,德国历史学家渐渐开始从思想观念、研究视角、历史叙述等层面反思进而解构西方中心论。面对高度发达的中华文明,包括莱布尼茨在内的德国哲学家都不断地思考如何摆脱狭隘的地方主义,并由此出发超越各种地方中心论的思想。

5.跨学科的方法的运用。德国汉学从一开始就不局限于某一领域,今天对它的历史梳理,也必然是在历史学、语文学、人类学、自然科学等其他学科的理论和方法的参与下进行的,这同时也体现了德国汉学史研究的活力和多样性。

在收入本书时,我对每一篇文章都做了认真的修改。这十九篇文章出自不同时期,最早的写于2004—2005年,至今已经十余年了。当时跟今天的情况很不相同,很多的一手文献的资源库在那个时代并没有建成,网上可以找到的资源并不是很多。相比于十几年前,今天的研究环境产生了很大的变化:早期德国汉学的大量文献都已经被数字化了,并且可以通过各种方式很容易获得。因此,很多当时间接通过研究文献获得的资源,今天我都重又利用网上的资源验证了一番。例如我在《前汉学》中曾经提到的魏继晋(字善修)于1748年在北京编写的一份《德-汉词汇表》,这部词汇表与其他多种乾隆年间编纂的《华夷译语》(包括了42种71册的《华夷译语》)已作为《故宫博物院藏乾隆年编华夷译语》(共18卷,北京:故宫出版社,2017年)出版,《额㗋马尼雅语》为其中第16卷。2019年11月8—9日我在北外召开的"四百年来的全球汉语研究——第二届近代东西语言接触研究学术会议(2019)"中,其中一个议题就是讨论"华夷译语"(丁种本)的。

北宋诗人王令在《招学说寄兴叔》中写道:"苟能以攻人之心而攻己心,则过失不胜其攻也。"①今天再来读以前的这些文字,也有同样的感受。

感谢阎纯德教授对我一直以来的关爱。2004年我从德国回到北京之

---

① 王令著,沈文倬校点《王令集》"中国古典文学丛书",上海:上海古籍出版社,2011年,第232页。

后,就认识了阎先生。我很佩服他以一己之力办自己的《汉学研究》,后来开始出版"列国汉学史书系",再到现在的"汉学研究大系"。大概在两三年前,阎先生就希望我将有关德国汉学史研究的论文整理结集出版,我尽管答应下来了,但一直没有行动。近五年来我一直在做有关全球史的研究,这也让我得以从另外一个视角重新审视以往的汉学史研究,因此,此次的结集,并不只是单纯地将以前的文章放在一起重新出版,在谋篇布局上,我是经过慎重考虑的。也希望读者能通过我的"重构",体会到我对德国汉学史的新认识。

李雪涛

2020年元月于北外历史学院

第一编
分期与书目

第一章
德国汉学史的分期问题及文献举隅

一、德国汉学的性质及其与欧洲汉学的关系

这里所谓的"德国"准确地说来是"德语国家"(deutschsprachige Länder)的简略说法,并不仅限于1871年德意志第二帝国成立后的"德国"(Deutschland)。"德国汉学史"中的"德国"既包括1871年俾斯麦建立的统一的德国之前的"德意志",也包括此后的奥地利和瑞士德语区。

当代德国汉学家傅海波在《欧洲汉学史简评》一文中就曾经对欧洲汉学传统与汉学的国家模式提出了一系列的质疑,他写道:

> ……中国学研究中,有没有在汉学形成的阶段、在给定的国家里有政治和社会背景的"国家模式"? 在何种程度上我们可以说有一个"欧洲的汉学传统"? 欧洲学者在确定课题或方法时是不是自由的? 是否有时受策划机构、政府或政党的影响? 政府和大学设立汉学讲座主席位置的动机是什么? 这些问题可以引向深入地理解欧洲汉学的创始和变革。①

由于欧洲学术有着希腊哲学、罗马文化以及基督宗教等共同的根源,尽管在各民族间也存在着一定的差异,但由于在大的研究机构中通常有欧洲各国的学者参加,这确实削弱了国家和民族的特点。举例来讲,1912—

---

① 傅海波《欧洲汉学史简评》,收入《国际汉学》第七辑(2002年4月,郑州:大象出版社),第80—93页,此处引文见第80—81页。

1921年间柏林洪堡大学的首任汉学教授是荷兰人——在此之前出任莱顿大学汉学系教授的高延，作为著名的民族学家与宗教学家，高延除了用荷兰语和英语写作外，他的很多汉学著作是直接用德文撰写的。他曾将中国宗教传统总结为"天人合一"（Universismus），这在德国汉学界引起了极大的反响，以至被认为是德国汉学的"关键词"了。而荷兰莱顿大学早期的汉学席位却是由德国的日本学家、汉学家霍夫曼·约翰·约瑟夫来主持的。这样的现象，在欧洲汉学史上并非偶然。而所谓的"德国特点"朗宓榭在为《德国汉学：历史、发展、人物与视角》一书中文版所写的贺词中认为：

> 有关汉学研究中有没有"德国特点"是一个很难回答的问题。当然跟其他西方国家相比，德国汉学时间上的错后尤其是学科建制上的时间较晚，是一个显而易见的现象。但就德国汉学家的科研重点而言，除了某些带有强烈政治色彩的特点外，很难勾勒出所谓的"德国轮廓"。我们最多可以在中国的研究兴趣中看到德国汉学对中国的思想史尤其是对儒学有一定的侧重。[①]

这当然是重视中国思想史的鲍吾刚学派的看法。不管怎么说，20世纪中叶以前的欧洲汉学尽管有着诸多的共同性，但从中依然可以看出不同的民族和语言传统而产生见仁见智的研究模式和倾向。所谓德国汉学的特点我们可以理解为，是以德国的历史和文化为背景，利用欧洲的历史和人文方法对中国所进行的研究。20世纪下半叶汉学的发展，特别是由于国际学术研究机构的勃兴以及英文作为汉学"唯一"国际学术语言地位的提升，使得每个国家的汉学研究特点正在逐步趋于消失。

二、从欧洲汉学史看德国汉学史分期

（一）欧洲汉学的分期

对于从汉学史发展的脉络总结出汉学史的分期，目前学术界并没有一

---

① 马汉茂等主编，李雪涛等译《德国汉学：历史、发展、人物与视角》，郑州：大象出版社，2005年，第1—2页。

致的看法。早在 19 世纪,在中国传教的德国教士欧德理就曾对欧洲早先学者对中国历史研究任意选取材料的肤浅做法提出过批评,认为这是"业余汉学"(Amateur Sinology)的做法,①从而对欧洲汉学发展的这一时期做了界定。傅海波更是把早期汉学称作"浪漫主义汉学"(romantische Sinologie),这可以笼统地指称 19 世纪及其以前的汉学。这之后是所谓实证主义(posivitistisch)汉学和社会学主义(soziologistisch)汉学。② 而当代学者裴古安则把 15 到 18 世纪间的对中国的报道、翻译、介绍称作"前汉学"(Protosinologie)。③

德国汉学的创立和发展是跟整个欧洲的汉学发展密不可分的,中国学者对整个欧洲汉学的历史划分对德国汉学历史状况的考察也是不无启发的。

1. 二阶段划分法

刘正(1963—)在《图说汉学史》中是"以所在国从汉学·汉字传入到大学中设置汉学讲座为止"为标准,将汉学在西方的传播分为"汉学的受容与展开"及"基督教文化圈所属国汉学发展史"两个阶段。在谈到这一划分的目的时,刘正写道:"我这一划分的目的是把汉学传来和受容过程作为一个整体,把大学和研究所的汉学研究作为一个整体。"④

2. 三阶段划分法

计翔翔(1950—)在《十七世纪中期汉学著作研究》一书的"导论"中认为"西方对中国的认识和研究明显地表现为三阶段":一、前汉学阶段(公元前后至 16 世纪 80 年代);二、早期汉学时期或称古典汉学时期(16 至 18 世纪);三、现代汉学时期或称发达汉学时期(19 世纪以后)。⑤

---

① 见 China Review (1873-1874), S. 1ff, 转引自 Franke, Otto, „Die sinologischen Studien in Deutschland", in: Ders., Ostasiatische Neubildungen, Hamburg: 1911, S. 357-377. 此处引文见第 358 页。

② Franke, Herbert, Sinologie, Orientalistik 1. Teil, Bern: A. Francke AG. Verlag 1953. S. 18.

③ Pigulla, Andreas, „Die Anfänge der historisch orientierten Chinawissenschaften im deutschsprachigen Raum", in: Martin, Helmut und Hammer, Christiane (Hrsg.), Chinawissenschaften – deutschsprachige Entwicklungen, Geschichte, Personen, Perspektiven, Hamburg 1999, S. 117-145. 中文版:裴古安:"德语地区中国学历史取向的起源",收入前揭马汉茂等主编《德国汉学:历史、发展、人物与视角》,第 95—130 页。在此译文中,Protosinologie 一词被译作"早期汉学"(第 96 页),实际上 proto-来自希腊文 πρότος,具有"第一"、"首先"、"最重要的"以及"原本的"含义。

④ 刘正《图说汉学史》,桂林:广西师范大学出版社,2005 年,第 107 页。

⑤ 计翔翔《十七世纪中期汉学著作研究——以曾德昭的〈大中国志〉和安文思的〈中国新史〉为中心》,上海:上海古籍出版社,2002 年,第 10 页。

张西平(1948—)认为西方汉学可以分为三个阶段:一、游记时期汉学(《马可·波罗游记》到1583年耶稣会入华之前);二、传教士汉学(从1583年利玛窦进入中国大陆到19世纪初);三、专业汉学(从1814年雷慕沙在法兰西学院开设汉语课至今)。① 周振鹤(1941—)又将张西平所谓"专业汉学"细分为两个阶段:一、学习介绍型汉学(1814年法兰西学院汉学讲座正式开始至1890年《通报》创刊);二、研究型的汉学(1890年以后)。②

3. 四阶段划分法

阎纯德(1939—)在〈汉学和西方的汉学研究〉一文中用文化形态史观的方法,将西方汉学划分为四个时期,以揭示其萌芽、初创、成熟、繁荣的一般规律:一、萌芽时期(公元前后至15世纪);二、初创时期(16—18世纪);三、繁荣拓展时期(18世纪末至20世纪中叶);四、当代意识和发展趋势(20世纪中叶以后)。③

4. 多阶段划分法

忻剑飞在《世界的中国观》一书中,将西方对中国的认识分为多个时期:一、希罗多德时代的终结——前中国观时期;二、亚历山大东征以后——初步认识中国;三、马可·波罗时代以前——准中国观时期;四、世界走向中国——从传教士中国观到职业中国学;五、走向专业化的中国学——从中国看中国的试图。④ 这实际上只是从广义的汉学(即中国观)视角所做的粗略分期。

莫东寅(1914—1956)在《汉学发达史》中将汉学以中国历史的朝代为参照系分为七个阶段:汉魏六朝时代欧人关于中国之知识(1—7世纪);唐宋时代阿拉伯人关于中国之知识(7—12世纪);蒙古勃兴时代西人关于中国之知识(13世纪);元至明初西人关于中国之知识(14—15世纪);明至清初欧西之中国研究(16—17世纪);清代中叶欧西之中国研究(18世纪);鸦

---

① 张西平、叶向阳《关于海外汉学的对话》,收入:张西平编《他乡有夫子——汉学研究导论》,2005年,第159—168页,此处引文见160—161页。

② 周振鹤《马伯乐对中国历史地理学的贡献》,该文系周振鹤2004年2月27日在北京大学的演讲稿,转引自王毅《亚洲文会与中西文化交流》,见《国际汉学》第十二辑(2005年,郑州:大象出版社),第111—137页,此处引文见133页注61。

③ 收入阎纯德主编《汉学研究》第一集(1996年,北京:中国和平出版社),第1—14页。

④ 忻剑飞《世界的中国观——近二千年来世界对中国的认识史纲》,上海:学林出版社,1991年,"目录"第1—4页。

片战争后汉学之发达(19—20世纪)。① 实际上,莫东寅是将鸦片战争作为欧洲汉学的分水岭,认为18世纪以前的欧洲汉学只是"西方人关于中国的知识",而鸦片战争在客观上讲促成了中西交流的迅速增强,之后的汉学自然属于"鸦片战争后之发达"阶段了。

以上诸家以史料和史论为标准而对西方汉学所作的划分确实能体现汉学在各不同历史时期的特征,但每一个时期并非绝对的、孤立的。例如张西平就曾指出,在1814年以后的"专业汉学"中,依然存在着"游记汉学""传教士汉学",只不过在这一阶段后二者不再作为主流汉学形态而已。

(二)德国汉学的分期

张国刚(1956—)在《德国的汉学研究》一书中对德国汉学作了非常详细的划分,这从本书的目录中可以清楚地看到:一、传教士时代的德国汉学(第二章);二、筚路蓝缕的先驱——19世纪的德国汉学(第三章);四、世纪之交的转折——德国汉学学科的建立(第四章);五、20世纪第二次世界大战之前的德国汉学(第五—九章);六、战后重建、"三分天下"以及"诸侯称霸"局面的形成(第十、十一章);七、"中国热"时代的汉学(第十二章)。②

瑞士汉学家伽斯曼将整个德国汉学史划分为四个时期:一、作为东方学一部分的汉学,19世纪的德国汉学是一个业余汉学家与学者并存的时期;二、20世纪初随着汉堡、柏林等大学汉学系的建立,汉学作为独立的学科从东方学分离出来的时期;三、20世纪上半叶的汉学内部专业化的时期;四、由于其他社会科学方法的介入,汉学在20世纪60年代开始逐渐解体并进入各个专业的时期。③

何寅和许光华在《国外汉学史》中,将汉学笼统地分为三个阶段,具体到德国汉学为:一、汉学在西方的酝酿(至18世纪);二、德国汉学的确立和发展(19世纪至20世纪初);三、德国的中国学(20世纪20年代以来)。④

王祖望在《欧洲中国学》〈德国篇〉中认为德国汉学可以划分为以下四个阶段:一、德国中国学的开端;二、19世纪德国中国学的发展;三、从19世

---

① 莫东寅《汉学发达史》,上海:上海书店,1989年(据北平文化出版社,1949年版影印),见"目录"。

② 张国刚《德国的汉学研究》,北京:中华书局,1994年,见"目录"。

③ Gassmann, Robert H., „Sinologie", in: Martin, Helmut und Eckhardt, Maren (Hrsg.), *Ein Wendepunkt der deutschen Chinawissenschaften*, 1997, S. 29-30.

④ 何寅、许光华主编《国外汉学史》,上海:上海外语教育出版社,2002年,见"目录"。

纪与20世纪交替之际到第二次世界大战期间的德国中国学;四、从第二次世界大战结束以来的这段时间。①

基于以上的考察、分析,笔者以为德国汉学可以做以下的分期:

一、前汉学:19世纪以前的德国汉学;

二、德国汉学的滥觞与酝酿以及汉学在19/20世纪之交的发展;

三、20世纪上半叶的汉学发展;

四、汉学抑或中国学?——20世纪下半叶的汉学发展。

"前汉学"时期汉学研究的主体是传教士(如汤若望)以及与传教士有关的欧洲思想家(如莱布尼茨),也包括出使中国的随从所写的出使报告。作为传教士这些汉学家有着明显的关注范围和研究目标,汉学著作的翻译和研究实际上只是他们传教工作的一部分而已,并非出自严格意义上的汉学兴趣。傅海波甚至认为,19世纪"以前的一两个世纪里,汉学并不存在"。② 这时的汉学著作大都是欧洲的作者从中国文化特别是儒家学说出发,选取中国文化中迎合欧洲理性主义和启蒙思想部分的结果。从研究成就上来看,"前汉学"的研究显然属于业余爱好者水平,他们的研究题目虽然很有意思,但基本上以译介为主,并且大都介绍得比较粗糙,评述又过于简单,因此依然处在探索、介绍阶段。由于没有足够的中文原典可资参考,译本也基本上限于传教士所译的儒家经典。因此这是一个汉学研究仍然没有真正得以展开的阶段。

19世纪是德国汉学滥觞的时期,相对于法、英等国的汉学而言,德国的汉学起步较晚,这一时期的汉学依然是隶属于东方学系和普通语言学系的学科,并且大部分的汉学学者也是出自个人对汉学、满学等的爱好。这一时期的德国大学尚未有能力培养专门的汉学人才。跟已经形成独立学科的东方学其他专业相比,在这一时期的汉学成就仍然缺乏学术规范。中后期以后的大部分学者在转向汉学以前大都接受过西方古典文字学、东方学中的梵文等的专业训练,他们也都自觉不自觉地将这些校勘学、历史比较语言学等的方法移植到了汉学研究方面。

20世纪上半叶是德国汉学真正得以迅速发展的一个重要阶段。由于

---

① 王祖望编著《德国篇》,收入:黄长著、孙越生、王祖望主编《欧洲中国学》,北京:社会科学文献出版社,2005年,第446—651页。

② 前揭傅海波文《欧洲汉学史简评》,见:注1,第81页。傅氏接着写道:"使欧洲了解了中国的知识渊博的罗马天主教传教士从不自认为是汉学家,尽管他们非常了解中国,知道中国发生了什么事。"出处同上。

德意志作为一个民族国家，其起步要比英法晚得多，德国的汉学发展，一直到 20 世纪初才真正进入有组织的专业化阶段。1909 年德意志政府决定在汉堡殖民学院（即后来的汉堡大学）建立汉学系，随后柏林大学、莱比锡大学和法兰克福大学分别于 1912 年、1922 年和 1925 年都建立了汉学系。经过这一系列的在学科和机构建设的发展，到 20 世纪 30 年代，德国已经建成了研究对象相对明确、方法相对成熟、专业人才比较稳定的学科体系，可以说从汉学的教学到研究的数量和质量上来讲，德国汉学在这时已经赶上或超过了其他欧洲国家。直到 20 世纪上半叶，那些在大学汉学系具有开创之功的汉学大家们依然活在世上：高延、夏德、劳费尔、福兰阁、佛尔克。如果我们试图将上述汉学家们的工作和努力归入一个统一的范畴的话，也许可以说，他们都是将历史主义的方法和观念引入了汉学领域：批判式的文本研究以及依据由其他相关学科所制定出的原则而对汉学内容进行诠释。也就是说从这时起人们才真正开始批判性地阅读中国的原典，研究者不再会像是 18、19 世纪的学者那样过分相信文本本身了。

二战之后德国汉学经历了艰难的重建和恢复阶段，之后形成了三足鼎立的局面，以傅吾康为首的北部汉学重镇汉堡和以傅海波为首的南部汉学堡垒慕尼黑构成了西德汉学的两大中心，而地处东德的以叶乃度为首的莱比锡则成了民主德国汉学的中心。1964 年处在西德北威州的鲁尔区波鸿大学（Ruhr-Universität Bochum）基于"区域研究"（area studies）的总体设想，建立了东亚学研究院（Fakultät für Ostasienwissenschaften）。跟以往的汉学系最大的不同点是，这个研究院对东亚研究的阵容、研究方式和设施已经大大超越了传统语言学和历史学的范畴，传统的汉学定义正在逐渐瓦解，取而代之的是更注重现当代中国的"中国学"（Chinawissenschaften）的兴起。并且在东亚学研究院人们不再把东亚学各个专业孤立来看待，而使它们之间的相互渗透和影响成了可能。这样的一个趋势在 70 年代以后也促使了整个德国汉学在研究方法上摆脱了传统语言学和历史学的套路，更加重视吸收运用其他社会科学等人文方法，更多的学者专注于政治、经济、法律这些更具有实际性的研究领域。跟西德汉学平行发展的还有东德汉学。在民主德国，汉学家除了重视语言学的传统之外，由于跟中国的特殊关系而更加注重对现当代中国的研究，并且在很早便将汉学纳入了社会科学的方法范畴。

尽管以上的分期和断代对于德国汉学史来讲并非绝对的，但就汉学在德国发展来言，笔者以为大体上还是能够反映出各个时期的特征来的。

三、文献举隅

有关德国的"前汉学",魏汉茂的《〈中国图志〉——欧洲 16—18 世纪间对中国形象的理解》①对早期德国汉学著作的版本、内容作了非常细致的整理和介绍。裴古安的文章"德语地区中国学历史取向的起源"则对 15—17 世纪(早期形式)以及 18 世纪(启蒙运动)的欧洲中国历史学做了全面梳理,在文后的"参考文献"中作者列举了近百篇对研究前汉学来讲弥为珍贵的原典及参考资料。②

有关 19 世纪的汉学,傅海波曾有专文《19 世纪的汉学》来予以叙述。③ 傅吾康的文章《十九世纪的欧洲汉学》也涉及很多德国汉学的内容,正因为傅氏将德国汉学放到了欧洲汉学发展的大背景下来进行考察,这也更加凸显了德国汉学的特点。④

施翰基在"德国的中国学"⑤一文中,对德国汉学从开端一直到 20 世纪 40 年代做了非常全面的回顾。

有关德国汉学从早期一直到二战后不久的恢复和发展的情况,除了施翰基的论文之外,尚有福兰阁、⑥海尼士、⑦颜复礼⑧以及卫德明⑨的文章,

---

① Walravens, Hartmut, *China illustrata – Das europäische Chinaverständnis im Spiegel des 16. bis 18. Jahrhunderts*. Weinheim: Acta Humaniora, VCH 1987.

② 见前注 5。

③ Franke, Herbert, „Sinologie im 19. Jahrhundert", in: Ladstätter, Otto, Linhart, Sepp(Hrsg.), *August Pfizmaier und seine Bedeutung für die Ostasienwissenschaften*, Wien: Verlag der Österreichischen Akademie der Wissenschaften, 1990. S. 23-39.

④ 傅吾康著,陈燕、袁媛译《十九世纪的欧洲汉学》,收入《国际汉学》第七辑(2002 年 4 月,郑州:大象出版社),第 68—79 页。

⑤ Stange, Hans O. H., „Die deutsche Chinakunde", in: *Deutsche Kultur im Leben der Völker*, Jahrg. 1941, 1. Heft, S. 49-56.

⑥ Franke, Otto, „Die sinologischen Studien in Deutschland", in: *Ostasiatische Neubildungen*, Hamburg: Verlag von C. Boysen, 1911 und „Die Chinakunde in Deutschland", in: *Forschungen und Fortschritte*, 13(1937) 83-88.

⑦ 海尼斯著,王光祈译《汉学》,收入:冯至编《五十年来的德国学术》(四卷)"中德文化丛书之六",上海:商务印书馆 1937 年。德文原版:Haenisch, Erich, „*Sinologie*", in: Harnack, Gustav Adolf von(Hrsg.), *Aus fünfzig Jahren deutscher Wissenschaft. Die Entwicklung ihrer Fachgebiete in Einzeldarstellungen, Festschrift für Friedrich Schmidt-Ott*, Berlin 1930.

⑧ Jäger, Fritz, „Der gegenwärtige Stand der Sinologie in Deutschland", in: *Orientalische Rundschau*, 17(1936), S. 561-563.

⑨ Wilhelm, Hellmut, "German Sinology Today", in: *Far East Quarterly*, 8(1949), pp. 319-322.

这些为我们提供了一个全面的概览。傅海波的《汉学》一书对汉学在 20 世纪上半叶的发展分七章用了 200 余页的篇幅,就汉学史、文献以及汉学在各学科的推进情况,做了全面、系统的介绍。① 有关德国各大学的汉学研究情况,傅海波有《德国大学中的汉学》一书。② 此外傅氏还有一篇介绍西方汉学发展的文章:"西方汉学史论。"③1990 年《欧洲汉学协会通讯》第 3 辑出版了《联邦德国、西柏林以及民主德国的汉学》专号,由施寒微主编,④包括施寒微以及东德著名汉学家葛柳南、梅薏华在内的学者,对东西德的汉学研究做了全面梳理。

对德国汉学史来讲目前最重要的参考文献乃是由马汉茂、汉雅娜合编的《德国汉学:历史、发展、人物与视角》一书。⑤ 本书以 1997 年在柏林召开的"德国汉学协会"(Deutsche Vereinigung für Chinastudien, DVCS)第八届年会会议提交的论文为蓝本,共分六大主题对迄今为止的德国汉学的历史进行了全方位的探讨。这六大主题分别是:一、学术理论、方法以及中国形象;二、汉学史述略;三、二战后东西德汉学的发展;四、人物:接受和影响;五、欧洲的视野;六、图书馆与翻译。正是从以上几个方面本书第一次系统地对德国汉学方法论和知识论的历史做了论述,使我们对德国汉学有了一个整体的把握。特别是有关纳粹时期的流亡汉学、第三帝国时期汉学与政治的关系、东德汉学等都是德国汉学史研究上的最新成就。更难能可贵的是,从这些德国汉学史家的论述中,我们可以清楚地看到德国汉学的知识生产背景,也就是说德国汉学是在怎样的政治和历史条件下产生的,而在一般情况下我们只能看到德国汉学家所得出的结论。

同样是第八届年会的成就,马汉茂和埃克哈德还主编了《中国之

---

① Franke, Herbert, *Sinologie, Orientalistik 1. Teil*, Bern: A. Francke AG. Verlag 1953.

② Franke, Herbert, *Sinologie an deutschen Universitäten*, Wiesbaden: Franz Steiner Verlag 1968.

③ Franke, Herbert, „Zur Geschichte der westlichen Sinologie", in: *Forschung und Information - China*, Berlin: Colloquium Verlag, 1980, S. 9-16.

④ Schmidt-Glingtzer, Helwig(Hrsg.), „Sinologie in der Bundesrepublik Deutschland, Westberlin und in der Deutschen Demokratischen Republik", in: *European Association of Chinese Studies Newsletter*, No. 3, 1990.

⑤ Martin, Helmut und Hammer, Christiane (Hrsg.): *Chinawissenschaften - Deutschsprachige Entwicklungen, Geschichte, Personen, Perspektiven*, Hamburg 1999. 此书中文版(主编:马汉茂、汉雅娜、张西平、李雪涛)已由大象出版社(郑州)于 2005 年 12 月出版。此书和《中国之匙》、《为中国着谜》都是 1996—1999 年由北威州科学部(Wissenschaftsministerium NRW) 赞助的由马汉茂教授主持的"德语区汉学史"项目。

匙——德语地区汉学史原典选集：总论、机构史、汉学家传略以及参考书目》一书。① 这部论文集搜集到了以往3,500多份重要的汉学史研究论文，可以说是在德国首次对汉学史的资料做了比较完整且系统的整理。这一选集中的文章涉及德国汉学史的基本文献、汉学专业的不同历史视角和专业视角。"中国之匙"(Clavis Sinica)本来是 1674 年米勒·安德烈亚斯所曾宣称的在短时间内可以迅速掌握中国文字的一部书的书名，只可惜他一直秘而未宣，最终竟将多年的心血付之一炬。② 而 300 多年后的马汉茂却使同样书名的一部文献汇编成了打开德语世界汉学史研究大门的一把钥匙。

有关德国汉学专门机构的研究近年来有莱布弗丽德的专著《莱比锡大学的汉学》一书。③ 莱比锡的汉学在德语地区可以算是最具有就历史传统的汉学系了，这部著作第一次全面、系统地描述了莱比锡汉学系的历史和发展。作者以丰富的第一手资料以及许多图片对由甲柏连孜、孔好古、海尼士、叶乃度等德国汉学巨头掌管的"莱比锡学派"的历史做了详细梳理和介绍。遗憾的是，作为硕士论文作者并没有将莱比锡的汉学放在整个欧洲乃至世界的范围来考察，仅就德国汉学本身来论述莱比锡汉学的历史似乎过于单薄。④

有关亚洲学在德国的研究有欧彼茨的《联邦德国的亚洲研究》⑤、欧塞得和德林合著的《论东亚学的现代化》⑥以及许翰为的《德国的亚洲学——历史、现状和前景》⑦三部专著，这三部书的优点在于将汉学放在了更广阔

---

① Martin, Helmut und Eckhardt, Maren(Hrsg.), *Clavis Sinica: zur Geschichte der Chinawissenschaften. Ausgewählte Quellentexte aus dem deutschsprachigen Raum. Generelle Darstellungen, Institutionengeschichte, Wissenschaftler-Biographien und Bibliographie*（ Materialien für die 8. Jahrestagung der Deutschen Vereinigung für Chinastudien 24.-26. 10. 1997 in Berlin zum Thema „Chinawissenschaften — Probleme und Perspektiven der deutschsprachigen Entwicklung"), 2. Aufl., Bochum.

② Cf. Walravens, Hartmut, *China illustrata – Das europäische Chinaverständnis im Spiegel des 16. bis 18. Jahrhunderts*. Weinheim: Acta Humaniora, VCH 1987. S. 216-218.

③ Leibfried, Christina, *Sinologie an der Universität Leipzig. Entstehung und Wirken des Ostasiatischen Seminars 1878-1947*, Leipzig: Evangelische Verlagsanstalt, 2003（ Beiträge zur Leipziger Universitäts- und Wissenschaftsgeschichte, Reihe B, Bd. 1).

④ 请参考 Lehner, Georg 的书评，见 *NOAG*（ Nachrichten der Gesellschaft für Natur- und Völkerkunde Ostasiens E.V.) S. 175-176(2004).

⑤ *Die Asienforschung in der Bundesrepublik Deutschland*, Hamburg 1971.

⑥ Osiander, Anji und Döring, Ole, *Zur Modernisierung der Ostasienforschung: Konzepte, Strukturen, Empfehlungen*, Mitteilungen des Instituts für Asienkunde 305, Hamburg, 1999.

⑦ Schütte, Hans-Wilm, *Die Asienwissenschaften in Deutschland. Geschichte, Stand und Perspektiven*. Hamburg: Mitteilungen des Instituts für Asienkunde, Nr. 253. 2002.

的时间和空间来看待,除了一般学者所关心的专业内部的主要发展趋势外,这些学者还考察了亚洲学各学科间(如印度学、日本学、汉学、中亚学、朝鲜学等)的横向联系及其与一般学术史和文化史的关系等。从这个意义上来讲,我们甚至可以说本来并没有汉学的历史,只有亚洲学的历史,因为汉学史仅仅是作为整体的亚洲学史的一部分,尽管汉学史有着其自身的一些特点。

2013 年科隆大学(Universität zu Köln)的克莱默教授主编的一本《汉学与中国学》(*Sinologie und Chinastudien*)的"专业指南"(Studienführer)的书,①主要是让在德国大学中学习汉学、亚洲学以及相关学科的学生对汉学和中国学有一个概览。书中编者除了阐述汉学/中国学研究的目的和特征(第一章)外,重点谈到汉学的基础(语言、知识和教学法,第二章)。全书的重点是以全球史的方式展开的汉学的领域:语文学、精神史与哲学、历史学、文化人类学、社会学和经济学、法学、文学艺术和媒体学(第三章)以及作为形而上学学科的汉学(第四章)。书中的作者基本上都是活跃在德国汉学界的 1960 年代出生的汉学家,包括慕尼黑大学的叶翰(Hans van Ess, 1962—)教授、莱比锡大学的柯若朴教授、洪堡大学的韩克龙教授、苏黎世大学的洪安瑞教授、哥廷根大学的顾安达教授等。

著名汉学家的回忆录本身已经成为德国汉学史的一部分,笔者在这里想要提及的有福兰阁的《来自两个世界的回忆:关于我生活史的旁注》②、卫礼贤的遗孀威廉·萨洛莫编著的《卫礼贤——中国和欧洲间的精神纽带》③以及傅吾康的回忆录《为中国着迷》(共两卷)④。这几位汉学家向我们展示了丰富的、第一手的史料,同时也给我们提供了一些鲜为人知的德国汉学家与中国学术、近现代社会关系的史料。

---

① Kramer, Stefan (Hrsg.), *Sinologie und Chinastudien. Eine Einführung* (= Narr-Studienbücher). Tübingen: Narr Verlag, 2013.

② Franke, Otto, *Erinnerung aus zwei Welten: Randglossen zur eigenen Lebensgeschichte*, Berlin: Walter de Gruyter & Co., 1954.

③ Wilhelm, Salome (Hrsg.), *Richard Wilhelm – Der geistige Mittler zwischen China und Europa*, Düsseldorf/Köln 1956.

④ Franke, Wolfgang, *Im Banne Chinas: Autobiographie eines Sinologen 1912-1950*, Dortmund: project verlag, 1997. 第二部(1950—1998 年)也于 2000 年出版了:*Im Banne Chinas. Autobiographie eines Sinologen 1950-1998*, Dortmund: project verlag, 2000. 中文版:傅吾康著,欧阳甦译,李雪涛等校《为中国着迷:一位汉学家的自传》,北京:社会科学文献出版社,2013 年。在这两部自传中,作者除了向读者展示了他对中国的着迷之外,由于他结交甚广,对大多数现当代著名汉学家均有涉及。

德国汉学除了在方法论上有所贡献之外,在各学科的知识论研究方面也做出过非凡的成就,特别是在20世纪,这方面的研究可以说是汗牛充栋。本文所涉及的主要是对德国汉学史的梳理,德国汉学中的专门史已经超出本文的范围,此不赘述。

四、对德国汉学研究的批评

罗梅君认为,历史事件与当时汉学家的工作环境、欧洲的人文潮流这些因素,都影响到了他们对研究形式和方法的选择。她指出,19世纪末、20世纪初的"文明化"的范式主宰着中国研究,并贯穿于像高延、格罗贝、孔好古等汉学家们的学术作者之中。例如,我们可以清楚地看到,汉学研究在高延那里赤裸裸地服务于德意志官方意识形态的行径。① 据此,罗梅君倡导一种"批判性汉学":

> 批判性汉学的任务不可能是接受居于主导地位的世界观,以及与此相联系的占主导地位的现代化范式与被称为"社会的自身需求"——一种为统治者利益服务的既定目标。更多的是在启蒙意义上,……首先要求一种自身角色的反省,一种批判性的穷原竟委,对现代范式、其世界观和价值观以及否认人类在组成社会时原则上不分贵贱的观念所作的声明等都应刨根问底,其中包括探究中国形象和我们与外国人主要是中国人交往之间的关系。我们应该分析这个问题,并持批判性的态度。②

曾师从福兰阁以社会学、经济学的新视野研究中国唐代史而闻名的白乐日对以往过分强调中国历史、宗教和哲学的做法,对唯独重视文本考据以及语文学疏证的汉学研究传统,提出了尖锐的批评,认为这种研究"变成仅仅是'文献学梳理'的活动,纯粹是个人好奇心的囤积,专心致志于外在的形式和独一无二的事件"。③ 不客气地讲,文献学式的研究方式确实扭

---

① 罗梅君《世界观·科学·社会:对批判性汉学的思考》,收入前揭马汉茂等主编《德国汉学:历史、发展、人物与视角》,第13—29页,此处见20页。

② 引文出处同上,第28—29页。

③ 转引自:詹启华《在倒坍的偶像与高贵的梦想之间:中国思想史领域的札记》,收入:田浩编《宋代思想史》,北京:社会科学文献出版社,2003年,第32页。

曲了人们对德国汉学的整体认识。

实际上,随着德国历史的变迁德国汉学也经历了不同凡响的发展过程,一部德国汉学发展史实际上就是几百年来德国的政治和人文科学演变的缩影图。随着时代的巨变,德国汉学家与他们同时代的知识分子一道经历了德国历史的风云变幻:他们曾为德意志帝国的建立讴歌,曾为纳粹的"理想"奔走,曾为乌托邦式的中国革命而呐喊……。总之,德国汉学家并非游离于当时欧洲思想狂澜之外的另类,他们同样强烈地感受到每个时代的共鸣。汉学家的思想历程固然与自我的知识结构、兴趣取向有关,但同时也是那个时代的思潮所铸就的。况且汉学又绝不仅仅是时代思潮的产物,它也参与到了德国主流思想的改造。68级的学生运动充分显示出了汉学的这样一个功能,这一运动对欧洲知识路向的改变充分说明了,汉学在20世纪最具冲击力的思想的促成方面无疑起到了催化剂的作用。因此,文献学以及语文学式的汉学研究对于整体德国汉学史的研究来讲是远远不够的。

第二章
"前汉学"——19 世纪以前的德国汉学

在本文中,"前汉学"(Protosinologie)一词系指 19 世纪以前的欧洲人(在这里主要是德国人)对中国的描述、对儒家典籍的翻译以及对中国历史和语言文字的探讨。① 因为汉学作为一门学科为欧洲大学所接受和认可,是在 19 世纪以后的事。傅海波认为,法国大革命爆发的 1793 年是"耶稣会士汉学"的终结,②而在 19 世纪"以前的一两个世纪里,汉学并不存在"。③ 因此,所谓的"前汉学"并非 19 世纪以来学术意义上的概念,它所指的更多的是早期德国人(主要是传教士)对中国的认识。

一、中国对德国的早期影响

(一)耶稣会传教士进入中国之前

尽管据说早在 14 世纪初就有方济各会的德国修士在当时的元大

---

① 而当代学者裴古安则把时期界定在 15 到 18 世纪间,见:Pigulla, Andreas, „Die Anfänge der historisch orientierten Chinawissenschaften im deutschsprachigen Raum", in: Helmut Martin und Christiane Hammer(Hrsg.): *Chinawissenschaften — deutschsprachige Entwicklungen, Geschichte, Personen, Perspektiven*, Hamburg 1999, S. 117-145. 中文版:裴古安《德语地区中国学历史取向的起源》,收入马汉茂等主编,李雪涛等译《德国汉学:历史、发展、人物与视角》,郑州:大象出版社,2006 年,第 95—130 页。在此译文中,Protosinologie 一词被译作"早期汉学"(第 96 页),实际上 proto-来自希腊文 πρότος,具有"第一""首先""最重要的"以及"原本的"含义。

② 参考:Franke, Herbert, „Sinologie im 19. Jahrhundert", in: Ladstätter, Otto, Linhart, Sepp(Hrsg.), *August Pfizmaier und seine Bedeutung für die Ostasienwissenschaften*, Wien: Verlag der Österreichischen Akademie der Wissenschaften, 1990. S. 23-39.

③ 傅海波《欧洲汉学史简评》,收入《国际汉学》第七辑(2002 年 4 月,郑州:大象出版社),第 80—93 页,此处引文见第 81 页。傅氏接着写道:"使欧洲了解了中国的知识渊博的罗马天主教传教士从不自认为是汉学家,尽管他们非常了解中国,知道中国发生了什么事。"出处同上。

都——汗八里宣讲《圣经》，在这一时期也有其他的德国传教士来到中国，但他们对后来的德国汉学几乎没有任何影响，也没有留下任何跟中国有关的报道和著作。① 对于德国思想界和文化界真正产生影响的要算《马可·波罗行记》的德译本的出版了。

这部叙述马可·波罗在中国大陆以及蒙古帝国其他部分旅行的游记，早在14世纪就以中古德语出版了，1477年又出版了印刷本的译本，第一次给德国读者留下了关于中国——这一遥远帝国富庶、繁荣的深刻印象。② 此时，令人惊叹的中华文明受到高度赞扬。③ 而当1499年葡萄牙航海家伽马·达绕过好望角经停印度等地，带着大量胡椒、香料再返回到里斯本后，世界历史就此翻开了新的一页。在其后的几个世纪中，大批的传教士、商人、冒险家搭乘商船来到东亚，正是这些人将一个更真实、更直接的中国报道给了欧洲，从此远东和西方的关系便进入了一个新的时期。

第一部具体针对中国历史的报告出自奥古斯丁教士门多萨的笔下。当时被誉为"改革教宗"的格列高利十三世支持在海外的传教活动，特别是在日本、中国、巴西和印度地区。门多萨也正是受这位教宗之托，将欧洲有关中国历史、政治、宗教、风俗、文字、教育的资料编纂成一部题为《中华大帝国史》的巨著。④ 该书出版四年后，德译本便于1589年问世刊行，⑤并很快成为欧洲启蒙运动中知识分子的畅销书，为其后中国热的兴起奠定了基础。尽管在当时欧洲知识界对中国的认识依然是东拼西凑的，但他们已充分意识到了中国同样是一个具有高度文明的国度。

实际上，直到16世纪晚期，仅有少数耶稣会士进入中国，如罗明坚与巴范济于1582年，利玛窦1583年由澳门进入广东肇庆，⑥因此这一时期对中国的介绍不外乎对中国的一般知识介绍，地理学和地图学上对中国不太

---

① Franke, Herbert, *Sinologie an deutschen Universtäten*, Wiesbaden: Franz Steiner Verlag 1968, S. 4.
② Polo, Marc, *Il Milione. Die Wunder der Welt*. Übers. v. Elise Guignard, Zürich: Manesse, 1983.
③ Jandesek, Reinhold, *Das fremde China: Berichte europäischer Reisender des späten Mittelalters und der frühen Neuzeit*, Pfaffenweiler: Centaurus, 1992, S. 31-45.
④ 门多萨著，何高济译《中华大帝国史》，北京：中华书局，1998年。
⑤ Mendoza, Juan Gonzales de, *Die, Geschichte der höchst bemerkenswerten Dinge und Sitten im chinesischen Königreich' des Juan Gonzales de Mendoza. Ein Beitrag zur Kulturgeschichte des ming-zeitlichen China*, hrsg. v. Margareta Griessler, Sigmaringen: Thorbecke, 1992.
⑥ 分别见：费赖之著，冯承钧译《在华耶稣会士列传及书目》，北京：中华书局，1995年，第24、30及32页。

精确的描述,以及早期游记中的中国。

(二)耶稣会传教士时期

天主教的传教士特别是耶稣会士,他们也是跟随着航海家的远洋船队踏上这个鲜为欧洲人所知的中华帝国的。传教士们成为这之后 17 至 19 世纪中国形象在欧洲最具影响的传播者。他们证实了,除宗教方面外,中国文化与欧洲文化同样发达,甚至可能比欧洲文化更为发达的假设。利玛窦将这一在他眼中管理有序的帝国的哲学基础知识传播到了欧洲。他的《中国札记》的德译本于 1617 年出版,[1]在知识界影响非常巨大。然而遗憾的是利玛窦的作为并未能够真正影响中国宫廷的政治生活,不过在他之后来自德国科隆的耶稣会神父汤若望则凭借他的优良的天文知识和军事技术成功地进入了明、清政坛,成为曾经影响过中国政治的少数外国人之一。汤若望熟悉天文、历算,并谙练中文,在这些方面是其他西方传教士所难企及的。他的中文著作也以天文、光学、几何等自然科学者居多,在汉学方面最有影响的是 1665 年在维也纳出版的拉丁文著作《耶稣会传教士汤若望主持下的中国传教史》[2]。由于汤若望亲身经历了明清之变,又在朝廷中身居要职,[3]因此他对这段历史的描写与卫匡国的《鞑靼战纪》[4]成为后来西方汉学家了解明清之变的必读书目,[5]同时也为今天我们了解当时的情况提供了难得的第一手资料。

---

[1] Ricci, Matteo, *Historia von Einführung der Christlichen Religion, in das große Königreich China ...*, Köln: Hierat, 1617.

[2] 拉丁文版:Schall von Bell, Adam, *Historica narratio de initio et progressu missionis societatis Jesu apud Chinenses ac praesertim in regia Pequinensi ex literis R. P. Joannis Adami Schall, ex eadem societate, Supremi ac regii mathematum tribunalis ibidem praesidis. Collecta Viennae Austriae anno 1665, typis Matthaei Cosmerovii, S. C. M. aulae typographi.* 此书后来由曼塞克(Sch. von Mannsegg)译成了德文,于 1834 年在维也纳出版:*Geschichte der chinesischen Mission unter der Leitung des Pater Johann Adam Schall, Priester aus der Gesellschaft Jesu. Aus dem Lateinischen übersetzt und mit Anmerkungen begleitet von Jg. Sch. von Mannsegg, Wien, 1834.*

[3] 明末的时候由于他在自然科学上的成就而为崇祯皇帝所赏识,清兵入关以后,他一直担任北京宫廷中的钦天监监正,并且在清廷中的这一官职一直到 18 世纪末都一直掌握在欧洲耶稣会士的手中。

[4] 拉丁文版:*De bello tartarico historia*, Antverpiæ MDCLIV(1654). 德文版:*Historie von dem Tartarischen Kriege*, Amsterdam MDCLIV(1654). 此书有何高济中译本,收入安文思著,何高济等译《中国新史》,郑州:大象出版社,2004 年,第 189—247 页。

[5] 有关汤若望与明清之变的研究,见魏若望文《汤若望和明清之际的变迁》,收入《国际汉学》第 11 辑(2004 年,郑州:大象出版社),第 132—144 页。

当然,这一时期还有其他德国耶稣会士在中国活动,例如来自巴伐利亚的纪理安、戴进贤等等,他们在历算、天文以及传教学等方面都卓有成就,但在汉学方面的影响甚微。

二、17世纪在欧洲的两位德国巨匠

(一)莱布尼茨

真正对欧洲当时知识界产生影响的中国文献的译本是《中国的哲学家孔子》(*Confucius Sinarum philosophus*)一书,此书是由比利时耶稣会士柏应理编辑并于1687年在巴黎出版的。此书的扉页上所印的汉文标题为"西文四书直解",包括《大学》《中庸》和《论语》的拉丁文译文。由于拉丁文在当时是一统欧洲知识界的学术语言,因此这部书的影响绝不仅仅限于法国和比利时,德国启蒙思想家和唯理主义者莱布尼茨在同年年底便读到了这本拉丁文的译著,①他据此认为,中国已接近了"理性化国家"这一理念。② 在他看来,成熟的人类文明正处在欧亚大陆的两端:中国文化注重实用技术,经验总结,再配以被他称作为"自然神学"(Theologia naturalis)的儒家哲学,可以说是跟有科学理论与天启真理见长的欧洲思想、文化形成了互补。在他看来,一位在欧洲一直企盼的具有普遍慈爱之心的、公正的、有知识和智慧的政治家在中国已经出现了。而他在给欧洲人开出的药方中,盛赞中国的伦理道德,呼吁中国派传教士来欧洲挽救基督教世界道德的没落:

> 不管怎样,我觉得鉴于我们目前面对的空前的道德没落状况,似乎有必要请中国的传教士到欧洲给我们传授如何应用与实践自然神学,就像我们的传教士向他们教授启示神学一样。因此我相信,若不是我们借一个超人的伟大圣德,亦即基督宗教给我们的神圣馈赠而胜过他们,如果推举一位智者来评判哪个民族最杰出,而不是评判哪个

---

① 转引自李文潮等编《莱布尼茨与中国》,北京:科学出版社,2002年,第8页。

② Grimm, Tilemann, „China und das Chinabild von Leibniz", in: Bargenda, Wilhelm, Udo und Blühdorn, Jürgen(Hrsg.): *Systemprinzip und Vielheit der Wissenschaften, Studia Leibnitiana, Sonderheft* 1, Wiesbaden 1969, p. 42.

女神最美貌的话,那么他将会把金苹果判给中国人。①

莱布尼茨对中国的关注与热情始终是他学术思想的重要方面。以与入华传教士的通信、辗转收集到的资料以及自己的研究为基础,1697 年莱布尼茨将他收集到的耶稣会来华传教士所写的五封信以及他的前言"致读者"发表,出版了著名的《中国近事》(Novissima Sinica)一书。

莱布尼茨是将中国放入了世界历史的大背景下来看待的,并且将之作为了欧洲当时现状的参照系。由耶稣会传教士的书信和著作所形成的以颂扬中国文明、赞扬中国伦理为主基调的思潮由于莱布尼茨的《中国近事》的出版而得以登峰造极,在德国乃至整个欧洲知识界都产生了巨大的影响。

(二)基歇尔

真正在汉学界产生巨大影响的是比莱布尼茨稍长的生于德国富耳达(Fulda)的耶稣会士基歇尔。基氏属于巴洛克时期最杰出的通才式的学者,他同时也是现代科学的开创者。他于 1618 年入耶稣会,之后在德国西部各地大学学习。1629 年被任命为维尔茨堡(Würzburg)大学的教授。1632 年由于瑞典人入侵德国,基氏被迫离开德意志。从 1634 年至 1680 年去世,他一直在罗马大学学院(Collegio Romano)进行教学和研究。他在罗马建立了博物馆,并被公认为是发明家和博学的学者。他跟他同时代的伟大人物即使没有直接的接触也有书信的往来。

基歇尔尽管没有到过中国,但作为卫匡国的数学老师,他与许多在中国传教的耶稣会士如卜弥格、白乃心等都建立了非常密切的关系。这些传教士为基歇尔提供了有关中国和远东的难得的第一手资料,也构成了基氏 1667 年在阿姆斯特丹出版的拉丁文著作《中国图说》(China Illustrata)②的核心部分。这部用拉丁文写成的著作,不久就被翻译成多种其他欧洲文字(1668 年荷兰文译本,1669 年英文译本,1670 年法文译本)。这一插入大量

---

① 莱布尼茨著,梅谦立、杨保筠译《中国近事——为了照亮我们这个时代》,郑州:大象出版社,2005 年,第 6 页。

② 拉丁文版:Kircheri, Athanasii e Soc. Jesu China monumentis qua sacris qua profanis, nec non variis naturae & artis spectaculis, aliarumque rerum memorabilium argumentis illustrata, auspiciis Leopoldi primi, Roman. Imper. semper augusti munificentißimi mecænatis. *A solis ortu usque ad occasum laudabile nomen Domini.* Amstelodami : Jan Jansson & Elizeus Weyerstraet MDCLXVII(1667)。

铜版插图的著作汇集了传教士带回欧洲的有关中国、西藏以及远东的文化、政治、风土人情的记录,在欧洲引起巨大轰动。该书分六章向读者介绍了有关中国的知识:1.第一章对1625年在西安出土的"大秦景教流行中国碑"分别从字音、字义进行了解读(共42页);2.第二章介绍了从欧洲到中国的历史旅行路线,特别介绍了从马可·波罗到白乃心、吴尔铎的西藏之行(共38页);3.第三章向欧洲人介绍了中国的宗教来自埃及,经过波斯和印度传到中国(共38页);4.第四章介绍迥异于西方的中国植物志和动物志(共44页);5.第五章介绍了中国建筑和机械技术(共11页);6.第六章向西方人展示中国文学和文字,认为中国文字是会意字。

基氏在介绍景教进入中国的各种渠道时,认为西方的偶像崇拜是经由波斯和印度传到中国的。中国的博物知识、建筑、中国的机械技术以及中国的文字也是通过上述途径传入西方的。法语本的结尾是由白乃心神父对意大利托斯卡纳(Toskana)的大公提问所做答复的全文。作为附录的第324—364页是一部汉-法词典。词典的出处在书中并没有予以说明,而这部词典在拉丁文原文中并不存在。这两部分正如基歇尔在"前言"中所交代的那样,是从"我们的神父们"那里得到的。词典的内容非常新,获得了一致的好评。因为它不仅能"帮助传教士们用以安慰中国人的心灵",也让所有的知识分子乃至那些与中国发生关系的商人从中获益匪浅。在自然科学领域基氏运用了卜弥格的《中国植物志》①的成就,采用了这本书中的图片,甚至将附在图片中的汉字也一并剪贴了下来加以运用。

除了深入详细的介绍之外,书中还有百余幅精美的铜版插图,使得基歇尔的这部著作不仅为当时的学者所看重,也为一般的读者所喜爱。这一里程碑式的杰作,无疑成为推动当时欧洲"中国热"最重要且最有影响的撰述,出版不久就被译成为西方的多种文字。

基歇尔出版了涉及广泛的主题专著,包括埃及学、地质学、医学、数学乃至音乐理论。在第一位识破古埃及象形文字结构并破译罗塞塔石碑的法国学者商博良出现之前的一个半世纪,基歇尔已经试图破译埃及的象形

---

① Boym, Michel, *Flora sinensis, fructus floresque humillime porrigens serenissimo et potentissimo Leopoldo Ignatio, Hungariae regi florentissimo, &c. Fructus saecul promitenti Augustissimos*. Viennae, Austriae, Typis M. Rictij, 1656.

文字。当代学者基特勒将基切尔形容为"教皇的科学灭火队：拥有特殊的命令和特殊的权力，当要进入新的科学领地时，他总是在现场，但也要以教会的名义捍卫"。① 实际上，基歇尔一直领先于他所属的时代，除了中国的学问之外，他的研究特别在声学、天文学、力学和色彩理论方面产生过很大的影响。同时他也是最早怀疑"微生物"（kleines Wesen）对瘟疫蔓延产生影响的科学家之一。

三、18 世纪的两部耶稣会士著作的德译本

（一）《耶稣会士中国书简集》

入华传教士有关中国的著作中种类繁多，其中利玛窦、卫匡国等人的著作对西方的历史学家和学者产生过重要的影响，但真正产生过广泛、持久影响的是于 1702—1776 年间编印的《令人振奋而又好奇的书简集》（*Lettres edifiantes et curieuses*），因为这套丛书所涉及的领域异常广泛。② 这套 34 卷本的书简集是耶稣会士从中国、地中海东部的黎凡特地区、印度、美洲和其他地方向欧洲寄来的大量书信汇编。这一系列书信的出版，为欧洲（尤其是法国）向非欧洲文化（特别是中国文化）敞开了大门。耶稣会传教士深入到了中国社会的各个层面，他们以一手的文献资料对所经历的中国进行了全方位的报道，从政治、经济，到宗教、艺术、语言、伦理、风俗、物产，无论其深度还是广度，都超过了以前的任何有关中国的著作。这些有关中华帝国的政治制度、政府组织形式，有关其语言、习俗的真实报道，直接促成了当时欧洲的"中国热"（chinoiseries）。这套丛书曾风靡当时的整个欧洲，出版之后很快被翻译成西班牙文（16 卷，1753—1757）、意大利文（18 卷，1825—1829）、德文（7 卷，1726—1761）、英文（2 卷，1743）。自 1726 年以来，耶稣会士施多克兰担任耶稣会学院格拉茨天主教图书馆（Katechetische Bibliothek des Jesuitenkollegs）的馆长，正是在这里，他开始翻译这套书简集。这套在德语世界产生巨大影响的书简集的德文书名为《以耶稣会传

---

① Kittler, Friedrich, *Optische Medien. Berliner Vorlesung 1999*. Berlin: Merve Verlag, 2002, S. 88.
② 其中有关中国部分的中文翻译见：杜赫德编，郑德弟、朱静等译《耶稣会士中国书简集——中国回忆录》，郑州：大象出版社，2001—2005 年。

教士的书信报道而展现的新世界》,①于 1728—1761 年间在德国出版。这些以杂志的方式出版的《来自新世界的报道》(*Der Neue Welt-Bott*)对当时德国知识界对中国的认识,产生过不可估量的影响。

(二)《中华帝国全志》

1736 年由法国耶稣会士杜赫德编写的《中华帝国全志》一书,②同样是一部在书斋里编撰的有关中国的百科全书式的巨著。杜赫德实际上是将 17 世纪以来法国来华耶稣会士的报告、书信编辑整理而成此书的。这部著作很快便成为当时欧洲人认识中国的一部大全式手册,并在几十年之内先后被译成了英文(1736, 1738, 1741)、德文(1747—1756)③以及俄文(1774)等多种西方文字。德文版中也包括了一些新材料,如:耶稣会和方济各会就礼仪之争所进行的论争;耶稣会士傅圣泽就中国传教情况一事所做的报告;中国文学;关于中国地理和历史的一些说明;德国医生凯慕夫尔所撰写的日本国志,④这部书几乎塑造了一个世纪的欧洲日本形象。《中华帝国全志》一书中的铜版图一再为当时和后来的书籍所翻印,几乎成为 18 世纪下半叶欧洲了解中国的最重要的源泉。

四、米勒、门采尔——17 世纪德国的汉语语言、文字研究的先驱

17 世纪时德国的大部分处在普鲁士的统治之下,当时勃兰登堡选帝侯

---

① 德文版:Stöcklein, Joseph und Probst, Peter und Keller, Franciscus, *Der Neue Welt-Bott* mit allerhand Nachrichten deren Missionarien Soc. Iesu: *Allerhand So Lehr - als Geistreiche Briefe, Schrifften und Reis-Beschreibungen, Welche von denen Missionariis der Gesellschaft Jesu Aus Beyden Indien, und andern Über Meer gelegenen Ländern Seit An. 1642. biß auf das Jahr 1726 in Europa angelangt seynd. Jetzt zum erstenmal Theils aus Handschrifftlichen Urkunden, theils aus denen Französischen Lettres Edifiantes verteutscht und zusammen getragen von Joseph Stöcklein* (Fortgesetzt von Petrus Probst und Franciscus Keller). Augspurg und Grätz: In Verlag Philips, Martins, und Joh. Veith seel. Erben 1726—1758.

② 法文版:Du Halde, Jean-Baptiste, *Description de la Chine et de la Tartarie chinoise*. La Haye: Henri Scheurleer MDCCXXXVI(1736).

③ 德文版:Du Halde, Johann Baptista, *Ausführliche Beschreibung des chinesischen Reichs und der grossen Tartarey*. Rostock : Johann Christian Koppe 1747-1756.

④ Kämpfer, Engelbert, Engelbert Kämpfers Weyl. D. M. und Hochgräfl. Lippischen Leibmedikus, *Geschichte und Beschreibung von Japan* . Aus den Originalhandschriften des Verfassers herausgegeben von Christian Wilhelm Dohm. Erster Band. Mit Kupfern und Charten. Lemgo, im Verlage der Meyerschen Buchhandlung, 1777; Zweyter und letzter Band. Mit Kupfern und Charten. Lemgo, im Verlage der Meyerschen Buchhandlung, 1779. 请参考:Walravens, Hartmut, *China illustrata – Das europäische Chinaverständnis im Spiegel des 16. bis 18. Jahrhunderts* . Weinheim: Acta Humaniora, VCH 1987. S. 108-110.

威廉·弗里德里希（1640—1688年在位）实际控制着整个普鲁士。在当时影响荷兰、法国等地皇家贵族的"中国风"越刮越热的时候，这位在政治和文化方面极力以法国为榜样的威廉通过荷兰的东印度公司运来了很多稀有的中文书籍。这些珍本自1665年入藏柏林普鲁士皇家图书馆之后，至18世纪初图书馆已经收藏有400余册线装的中国典籍。这样，在弗里德里希一世于1701年加冕普鲁士国王的时候，柏林实际上拥有欧洲大陆最大的中文图书馆。

耶稣会士们有关中国的报告引起当时很多德国知识分子对这个东方文明过度的兴趣和向往，但真正由兴趣出发而对中国进行深入研究的却寥寥无几，这其中就有曾受威廉的委托，收集有关中国的书籍与报道并将其编成目录的米勒·安德烈亚斯。①

（一）米勒

出生于格莱芬哈根（Greifenhagen）的米勒，曾于1646年在罗斯托克（Rostock）等地学习过神学和东方语言。他后来在著名东方学家森纳特的指导下，在威滕堡大学继续学习了东方语言。有10年的时间他曾帮助英国剑桥的一位阿拉伯语专家编辑过一套通用词典。米勒是当时欧洲为数极少的精通多种东方语言的学者，他精通土耳其语、波斯语、叙利亚语，以及阿拉伯语。他的著作中也曾引用过阿拉姆语和科普特语。他也掌握日语、古印第安语、马来语和各种土尔克语。欧洲语言中，除了拉丁语和古希腊语外，他至少还掌握匈牙利语、俄语和希腊语。从英国回来后，米勒有一段时间认真研究了随身携带来的各种东方学的文献。在选帝侯威廉·弗里德里希的建议下，他于1664年成为贝尔瑙大教堂（Bernau）教长。在此期间，他在附近的宫廷图书馆东方部（始建于1661年，即后来的普鲁士国家图书馆）对其中的东方语言的图书进行研究。其后，选帝侯多次委托他购买各种东方语言的著作。后来他为汉字所着迷，后为选帝侯编写了通过荷兰东印度公司征得的300多卷中文图书的目录。② 1667年米勒成为柏林圣尼古拉（St. Nikolai）大教堂的教长，在此期间他继续研究汉字。他特别受到基歇尔《中国图说》的影响，并且阅读了大量的耶稣会士的中国书简。1671

---

① 有关米勒·安德烈亚斯的研究论文请参考：Lach, Donald. F., "The Chinese Studies of Andreas Müller", in: *Journal of the American Oriental Society* 60(1940), pp. 564-575.

② Müller, Andreas, *Catalogus librorum sinicorum Bibliothecae electoralis Brandenburgicae*. Cölln (1683?).

年米勒出版了马可·波罗的游记新拉丁版本(*Il Milione*)。利奥波德一世皇帝(Leopold I., 1640—1705,其中 1658—1705 年在位)于 1682 年命令米勒前往维也纳翻译一些中文文件,但似乎没有成行。

米勒曾宣称他已经找到了在短时间内可以掌握中国文字的钥匙(Clavis Sinica),只是一直秘而不宣,最终竟将多年的心血付之一炬,① 这件事引起了莱布尼茨在《中国近事》中的惋惜。莱布尼茨曾于 1679 年辗转写信给米勒,提出了 14 个有关汉字的具体问题。可惜米勒并没有正面予以回答。② 究竟米勒发现没发现掌握汉字的"钥匙"不得而知,但他所留下的著作中除了上述的目录之外,还有中国历史、③帝王列传、④明代地名词典⑤等"专业汉学"方面的工具书,还编写了第一部《汉满语言手册》⑥,米勒的这些努力为汉学的进一步发展奠定了基础。

(二)门采尔

米勒去世后,另一位对中国文字也很感兴趣的德国学者门采尔⑦接管了米氏在图书馆的工作,管理着选帝侯所收藏的丰富的中文图书。他在这个位置上直到 1701 年去世为止。门采尔是弗尔斯滕瓦尔德(Fürstenwalde)市长的公子,曾在奥德河畔法兰克福大学和东普鲁士柯尼斯堡大学学习医学和自然科学。之后,他前往波兰、荷兰、意大利和马耳他旅行,并于 1654 年在帕多瓦(Padua)大学获得博士学位。回国后,他在柏林定居,并开始行

---

① 见 Walravens, Hartmut, *China illustrata — Das europäische Chinaverständnis im Spiegel des 16. bis 18. Jahrhunderts*. Weinheim: Acta Humaniora, VCH 1987. S. 216-218.

② 参考:李文潮《莱布尼茨〈中国近事〉的历史与意义》,收入:前揭莱布尼茨著《中国近事》,第 107—108 页。

③ Müller, Andreas, *Abdallæ historia sinensis*, … . Berlin 1677. Cf. Walravens, Hartmut, *China illustrata - Das europäische Chinaverständnis im Spiegel des 16. bis 18. Jahrhunderts*. Weinheim: Acta Humaniora, VCH 1987. S. 170.

④ Müller, Andreas, *Basilicon sinense*, … . O. O. u. J. Cf. Walravens, Hartmut, *China illustrata — Das europäische Chinaverständnis im Spiegel des 16. bis 18. Jahrhunderts*. Weinheim: Acta Humaniora, VCH 1987. S. 174.

⑤ Müller, Andreas, *Imperii sinensis nomenclator geographicus* … O. O. u. J. Cf. Walravens, Hartmut, *China illustrata - Das europäische Chinaverständnis im Spiegel des 16. bis 18. Jahrhunderts*. Weinheim: Acta Humaniora, VCH 1987. S. 116.

⑥ Müller, Andreas, *De Sinarum magnaeque tartariae rebus commentatio alphabetica* (um 1690). 德国歌达研究及地区图书馆(Forschungs- und Landesbibliothek Gotha)藏有此书。

⑦ 有关门采尔的生平和著作见:Artelt, Walter, *Christian Mentzel - Leibarzt des großen Kurfürsten, Botaniker und Sinologe*, Leipzig: Johann Ambrosius Barth Verlag, 1940.

医,并于1658年被选帝侯威廉·弗里德里希任命为私人医生和选帝侯顾问。门采尔与比利时来华传教士柏应理建立了密切的联系,后者曾于1687年编写过一本拉丁文的《中国哲学家孔子》的著作。① 与米勒一样,门采尔同样宣布他也发现了中国文字的秘诀。他于1685年出版了《拉丁文-汉字小词典》(Sylloge minutiarum lexycy latibo-sinico-characteristici. Norimbergæ MDCLXXXV[1685])。在这本小词典的前言中,门氏称,实际上在华的传教士比他更有理由编纂一部这样的词典,只是由于他们有更重要的任务去完成,他才当仁不让地从事了这项工作。这部词典主要是依据梅膺祚(字诞生)编于1615年的《字汇》一书。这部在明代非常流行的字书,按楷书的笔画,将《说文》、《玉篇》等中的部首合并为214个,分为12集,收字33,179个。在门氏的字典的第一部分中,他指出了每一个汉字的结构、书写方式、意义以及发音。其后的部分是按照拉丁词的字母顺序排列的:拉丁词汇后是用葡语的形式标出的汉字的发音,最后是书写得非常清楚的汉字。今天看来,大部分的汉字的释文是正确的,但也有一些错误。门氏尽管没有指出他的词典的出处,但可以肯定的是他曾参考过基歇尔的《中国图志》中卜弥格的"大秦景教流行中国碑"的碑文译文及书后所附的汉-法词典。

门采尔还于1696年出版了145页的《简明中国纪年》(Kurtze chinesische Chronologia, Berlin 1696)一书。门氏的这部著作是依据柏应理的《中华帝国历史年表》②为蓝本,增加其他内容编纂而成的。柏应理神父曾一度是门氏的老师,在柏氏回欧洲的日子里,他们之间一直有书信的往来。在东亚学术在欧洲的传播领域,门采尔的贡献绝不仅仅局限于某一方面,作为自然科学院的院士,他跟当时许多著名的和东亚有关的科学家都有书信往来。他本人对中国的植物学、中医都颇有研究。同时他的著作中的各类精美的铜版画,也都非常直观地向欧洲知识界介绍了有关中国的各类知识。

---

① Couplet, Philippe & Intorcetta, Prospero, *Confucius Sinarum philosophus, sive Scientia sinensis latine exposita*. Parisiis: Apud Danielem Horthemels ... 1687.

② Couplet, Philippe, *Tabula chronologica monarchiæ sinicæ juxta cyclos annorum LX*. Parisiis MDCLXXXVI(1686). Cf. Walravens, Hartmut, *China illustrata – Das europäische Chinaverständnis im Spiegel des 16. bis 18. Jahrhunderts*. Weinheim: Acta Humaniora, VCH 1987. S. 176.

五、巴伊尔、魏继晋——18 世纪的两位语言学家

(一)巴伊尔

17 世纪德国学者对汉语言文字的关注和研究主要是建立在猜测的基础之上的,当时缺乏必要的文献资料。18 世纪的状况已经有了很大的改善。出生于东普鲁士科尼斯堡(Königsberg)的巴伊尔早年便到了柏林王室图书馆,读到了门采尔留下来的各种手稿。之后由于在圣彼得堡找到了职位,他成为俄国科学院院士。巴伊尔与当时法国的学者傅尔蒙被认为是当时欧洲最伟大的汉学家。巴伊尔的《中文博览》(*Museum sinicum*, Petropoli: Academia imperatoria MDCCXXX [1730])一书出版于 1730 年,这是一本有关汉语的手册。在序言中巴伊尔总结了至他的时代以来的欧洲汉学史,并着重介绍了他的两个德国前辈米勒和门采尔在汉语和汉字方面的研究成就。这部著作由两卷组成:1) Grammatica Sinica(汉语语法); 2) Lexicon Sinicum latine explicatum(汉语词典)。在本书的第一卷中他主要介绍了汉语和文学,包括汉语语法概述、汉字检索系统概论、对米勒的《中文之匙》(*Clavis Sinica*)的说明等内容。有关中文文法,他所依据的是卫匡国和柏应理的文法书。巴伊尔在解释中文文法时照搬了拉丁文的体系,不仅对词类进行了划分,还给出了所谓动词、名词的变位、变格表。文学方面的内容也主要是依据柏应理写给门采尔的有关中国文学的详细书信编纂而成。巴伊尔特别举了《诗经》中的例子说明了中国诗歌简明扼要的特点。第二卷收录有巴伊尔编辑的一本中文字典以及他选编的一些中文读物,包括汉语字典的 44 个图表,还包含《孔子传》(*Confucii vita*)与《大学》的拉丁文逐字对译本,以及一张欧洲与中国度量衡对照表等等。[1] 尽管《中文博览》一书依然是东拼西凑的结果,但由于方法的进步、资料的完善,巴伊尔的这部著作还是"开创了俄国汉语语言研究的一个伟大传统"。[2] 但当巴伊尔于 1731 年

---

[1] 见 Lundbaek, Knud, *T. S. Bayer* (1694—1738), *Pioneer Sinologist*, Scandinavian Institute of Asian Studies, Monograph Series, No. 54, Demark, 1986, p. 108f. Cf. Walravens, Hartmut, *China illustrata – Das europäische Chinaverständnis im Spiegel des 16. bis 18. Jahrhunderts*. Weinheim: Acta Humaniora, VCH 1987.S. 214-215.

[2] 何莫邪《中国文字系世界原初文字?》,收入《国际汉学》第十三辑(2005 年 11 月)第 131—163 页,此处引文见第 158 页。

将这部著作寄到北京耶稣会时,却遭到该耶稣会会士戴进贤、严嘉乐、巴多明以及宋君荣等人的严厉批评。此外巴伊尔还整理了南怀仁有关满语语法的著作:*Grammaticae Mungalicae pars prima* 。① 后来德国和俄国学者在满学方面之所以能取得巨大的成就,可以说巴伊尔起到了一个先驱者的作用。

(二)魏继晋

在来华耶稣会传教士中来自上西里西亚(Oberschlesien)的魏继晋,对语言颇有天赋,来华不久便能熟练运用满、汉两种语言布道传教。1758 年在德国出版了他的书信集《中国最新的奇异事》(*Allerneueste chinesische Merkwürdigkeiten*, Augsburg und Innsbrugg: Joseph Wolff 1758)。② 他对德国汉学最大的贡献,是于 1748 年在北京编写的一份《德-汉词汇表》。这应当是在乾隆年间,居京诸神父敕撰汉、拉丁、法、意、葡、德六种语言字典中的德文部分。据费赖之《在华耶稣会士列传及书目》载:"其稿藏北京遣使会图书馆。考狄君曾赴馆检阅,未见此本。考狄《书目》,一六二六页。"③1937 年德国汉学家福克司在北平的一家图书馆发现了这个词汇表。有意思的是,表中 2,200 个德文词的发音是用中文汉字标出的。④

这部由魏继晋编纂的汉德词汇表在书上署名为《额^呼马尼雅语》,⑤实际上已经构成了早期双语词典的形态。包括《额^呼马尼雅语》在内的乾隆年间编撰的这些双语词汇表,是《华夷译语》的一种,被法国和日本的学者称作"丁种本"。《额^呼马尼雅语》在内容上是按照汉语的词义系统和事物分类而编撰的,属于清代传统义类辞书之一种。从本质上来讲,《额^呼马尼雅语》是"汉-外词典",只不过将外文排在前面而已。它对 20 门类的汉语词汇的释义采取了不同的方式来处理,其中既有翻译,也有注释、解释、描述,也有故意曲解和误解的例子,同样存在德文释义

---

① Cf. Walravens, Hartmut, *China illustrata – Das europäische Chinaverständnis im Spiegel des 16. bis 18. Jahrhunderts*. Weinheim: Acta Humaniora, VCH 1987. S. 227.

② Cf. Walravens, Hartmut, *China illustrata – Das europäische Chinaverständnis im Spiegel des 16. bis 18. Jahrhunderts*. Weinheim: Acta Humaniora, VCH 1987. S. 202.

③ 费赖之著,冯承钧译《在华耶稣会士列传及书目》,北京:中华书局,1995 年,第 777 页。

④ Fuchs, Walter, „Das erste deutsch-chinesische Vokabular vom P. Florian Bahr", in: *Sinica*, Sonderausgabe 1937 I, S. 68-72.

⑤ 故宫博物院编《故宫博物院藏乾隆年编华夷译语》(共 18 卷),北京:故宫出版社,2017 年。《额^呼马尼雅语》为其中第 16 卷。

方面的一些错误。

六、17世纪出使中国的报告

在早期介绍中国的书籍中,除了耶稣会士有关中国的著作之外,还有那些出使中国的随从所写的出使报告。这些报告都是以亲身的经历写成,再经过欧洲当时的学者、艺术家的加工,配以精美的铜版插图,使这一部分有关中国的书籍在欧洲一时纸贵洛阳。这些对遥远中国的报道,以及出使者们所讲述的有关中国的传说和历险故事激起了当时的欧洲人对于中华帝国的无限遐想。这些报告以其生动的文字和讲究的插图,向欧洲的知识分子描述出了一幅高度发达的异域文化图像。

(一)纽豪夫及其《荷兰东印度公司出使记》

出生于今天德国北部于尔森(Uelsen,当时属于荷兰)的荷兰人纽豪夫幼年时代便有到世界各地游历的愿望。他最初跟随荷兰西印度公司去过巴西,后于1653年又跟随东印度公司去了巴达维亚(Batavia,雅加达的旧称)。后来他从巴达维亚参加了由爪哇的东印度公司总督麦促伊克尔组织的荷兰首次出使中国团,作为使团的总管纽豪夫主要负责一些组织工作。由于工作不是很多,他因此能比较详细地记录下来东印度公司第一次出使中国的情况。《荷兰东印度公司出使记》于1666年在阿姆斯特丹出版了德文版,[1]在德语世界产生了巨大影响。[2]

纽豪夫自己说,出使中国的游记使其心灵受到了极大的震撼。他的这本书是交由自己的兄弟纽豪夫·亨德里克亲自督印的,可见他对这部书的重视程度。正是基于这部著作对中国详细的叙述以及精美绝伦的铜版画,才使得它成为当时有关中国著作的集大成者。同时,由于荷兰跟台湾的特殊关系,书中对荷兰与中国关系的历史描写使它成为一部不可或缺的专著。时至今日纽豪夫的这部著作依然是最受收藏家欢迎且是最为著名的

---

① Neuhof, Johann, *Die Gesandtschaft der Ost-Indischen Gesellschaft*. Amsterdam: Jacob Mörs 1666. Cf. Walravens, Hartmut, *China illustrata – Das europäische Chinaverständnis im Spiegel des 16. bis 18. Jahrhunderts*. Weinheim: Acta Humaniora, VCH 1987. S. 142-144.

② 此书的最新研究成就见: Ulrichs, Friederike *Johan Nieuhofs Blick auf China (1655-1657). Die Kupferstiche in seinem Chinabuch und ihre Wirkung auf den Verleger Jacob von Meurs*. (Sinologica Coloniensia 21) Wiesbaden: Harrassowitz Verlag, 2003.

有关中国的著作之一。书中150幅精湛的铜版插图和地图自18世纪以来一再被重印,并对当时欧洲的中国形象的形成产生过决定性影响。莱布尼茨在1689年草拟的一份有关"Sinica"的图书目录中,除了列举的耶稣会士的著作之外,还特别提到了纽豪夫的这部著作。①

(二)达波尔及其《荷兰东印度公司在大清帝国或曰中华帝国大事记》

荷兰东印度公司第二次(1662年)和第三次(1664年)的中国之行由达波尔在德文版的《荷兰东印度公司在大清帝国或曰中华帝国大事记》(阿姆斯特丹,1676年)中予以了生动的描述。②

荷兰作家达波尔原本是医生,但他对异域风情却非常着迷,搜集到了许多各种铜版画。达氏与当时任阿姆斯特丹的维辰市长交往甚密,市长先生对达氏的收藏情有独钟。达波尔本人并未到过中国,这后两次的中国之行的具体情况乃是由蒙塔努斯向他提供的。由于这两次的出使航线跟纽豪夫所描写的第一次的完全不同,这对当时的地理知识的扩展也是一大贡献。作为该书附录的"大清国志"(Beschreibung von Taising)实际上是一部独立的著作,是从当时不同的有关中国的著作中摘录而成的。至于书中多数插图的来源,至今仍然是一个谜。

插图中最著名的一幅乃是几乎家喻户晓的午门前接受朝贡图。在图的前部分可以看到各式的西式贡品,其中还有一个地球仪。公使(这里指的是荷兰东印度公司第三次中国之行的代表胡恩)在午门外的广场等待中国皇帝或皇帝的代表接见的情形。

(三)伊德斯及其《到中国的三年旅行》

此外,多年来一直在俄国做生意的德国人伊德斯③于1707年在法兰克

---

① 参考:李文潮《编年表:莱布尼茨与中国》,收入:前揭莱布尼茨著《中国近事——为了照亮我们这个时代》,第167页。此外,在汉诺威档案馆中保存的莱布尼茨手稿中(编号:LHXXXVI-II81,第366页)有一张地平风车草图,莱布尼茨专门提到纽豪夫的这部著作。见:李文潮《莱布尼茨〈中国近事〉的历史与意义》,引文出处同上,第120页。

② Dapper, Olfert, *Gedenkwürdige Verrichtung der niederländischen Ost-Indischen Gesellschaft in dem Käiserreich Taising oder Sina*. Amsterdam: Jacob von Meurs 1676. Cf. Walravens, Hartmut, *China illustrata – Das europäische Chinaverständnis im Spiegel des 16. bis 18. Jahrhunderts*. Weinheim: Acta Humaniora, VCH 1987. S. 144-145.

③ 伊德斯的祖籍是荷兰,1630年他移居到当时处于丹麦统治下的德国北部城市Glückstadt。该市系由丹麦国王克里斯蒂安四世(Christian IV.)于1616年建成,之后成了著名的军港。

福出版的《到中国的三年旅行》,①也可以算作在德国汉学史上非常有影响的出使中国的报告了。早在此书以书的形式出版前,莱布尼茨就关注到了伊德斯作为沙皇特使出使中国的事件。1693 年 1 月中下旬,莱布尼茨在给波兰耶稣会士、索比斯基三世的宫廷数学家科翰斯基的一封信中,为这位波兰神父翻译了伊德斯出使中国的德文报告。② 1697 年莱布尼茨在编写《中国近事》一书时,特别将伊德斯的"俄国考察团在中国旅行的报告"作为六个附件之一收入了书中。③

伊德斯在俄国得到了彼得大帝的接见和信任。他曾建议沙皇,由他组织一个沙漠商队去跟中国人做生意。建议得到了沙皇的批准,1692 年 3 月伊德斯在由沙皇的军队护送下前往中国。实际上伊氏本人是负有特殊使命的——他受命搜集有关中国贸易的情报:俄国的何种商品适合中国的胃口以及中国的何种货物适合俄国的需求。沙皇本人则对中国人对于 1689 年中俄双方签署的《尼布楚条约》的态度更为关心,他迫切地想知道中国人是否愿意遵守这项条约。除了这些之外,伊德斯还要求清政府引渡投奔中国的沙皇的反对者以及要为俄国东正教团在北京寻找一块建造教堂的地方。经过 18 个月的长途跋涉,沙漠商队终于在 1693 年 11 月来到了北京。使团不仅在商业方面取得了重大的成就——他们从俄罗斯起程时携带了 21,000 卢布的货物,回去时则获得了近 50,000 卢布的收入,在外交上同样取得了重大的突破:伊德斯本人曾多次获得了康熙帝礼节隆重的接见,俄国获得了去北京进行贸易的权利,规定从事贸易的俄国商人每隔三年到北京一次,人数不得超过 200 人,到北京后被安置在俄罗斯馆等。

《到中国的三年旅行》一书的描写因为是伊德斯的亲见亲闻,因此弥为珍贵。书中还讲述了一位在宫廷中充当皇帝翻译的耶稣会士的故事。从伊氏描述中可以想见到当时在北京的耶稣会驻地的详细情况。

伊德斯著作另一有价值的部分是书中的附录:这是一份由一位高姓的中国人起草,做注的《中华帝国简述》(*Kurze Beschreibung des mächtigen*

---

① Ides, Everard Isbrand, *Dreyjährige Reise nach China*. Frankfurt: Thomas Fritsch 1707. Cf. Walravens, Hartmut, *China illustrata - Das europäische Chinaverständnis im Spiegel des 16. bis 18. Jahrhunderts*. Weinheim: Acta Humaniora, VCH 1987. S. 147-150.

② 参考:李文潮《编年表:莱布尼茨与中国》,收入:前揭莱布尼茨著《中国近事——为了照亮我们这个时代》,第 174—175 页。

③ 见前揭莱布尼茨著《中国近事——为了照亮我们这个时代》,第 44—47 页。

Käyserthums China ）的一系列文章。高氏在其中给出了中华帝国精确的历史地理描述,其中几章还有关于中国宗教、礼仪、风土的描写。

七、前汉学时期的特点

在"前汉学"时期的大部分汉学著作大都是欧洲的作者从中国文化特别是儒家学说出发,选取中国文化中迎合欧洲理性主义和启蒙思想部分的结果。这些思想家对中国的研究显然并非出自今天意义上的汉学兴趣。

这一时期的传教士汉学则不可不谓是对中国社会、历史、语言等的深入研究,但传教士出发点是传播天主教——耶稣会士便认为他们的首要目的便是作"耶稣的勇兵"——,他们有着明显的关注领域和研究目标,汉学著作的翻译和研究只是他们传教工作的一部分而已,并不是严格意义上的"专业汉学研究"。同时也为了刚刚起步的传教事业,传教士们对中国的报道以颂扬中国文明、赞赏中国伦理为主基调。但不可否认的是,他们在向西方传播中国的真实信息方面做出了划时代的贡献。

17—18世纪欧洲汉学的论题基本上都是与基督教神学或直接与《圣经》有关,例如:对中国语言的关注是建立在《圣经》记载中的原初语言基础之上的,而对中国历史的研究则是跟大洪水的记载密切相关。正是由于在中国所发现的新现象不能吻合中世纪以来在欧洲就定了型的传统观念,同样也激发了启蒙时代的思想家们去同信仰主义做斗争。这一时期有多部汉语(特别是汉字)-欧洲语言(拉丁、德、法等)对照的双语词典编纂出版,客观上也为学习汉语、认识中国提供了必要的基础工具。

除了耶稣会士有关中国的著作之外,还有那些出使中国的随从所写的出使报告也从另外的方面塑造了中国形象。这些以亲身经历写成的报告,以其生动的文字和考究的铜版插图,描绘出了一幅令当时的欧洲知识界惊叹不已的中国图景。

而这一时期其余的汉学研究成就今天看来显然属于业余爱好者水平,他们的研究虽然很有意思,但基本上以译介为主,并且介绍常常异常粗糙,评述又过于简单,因此依然处在探索、介绍阶段。由于没有足够的中文原典可资参考,译本也仅限传教士所译的儒家经典,因此在"前汉学"阶段的汉学研究并没有真正得以展开。

第三章
德国汉学的滥觞及其在 19/20 世纪之交的发展

一、19 世纪德国汉学的发展

(一)汉学的滥觞时期

19 世纪是德国汉学滥觞的时期,相对于法、英等国的汉学而言,德国的汉学起步较晚,这一时期的汉学依然是隶属于东方学系和普通语言学系的学科,并且大部分的汉学学者也是出自个人对汉学、满学等的爱好。这一时期的德国大学尚未有能力为德国学术界培养专门的汉学人才。

克拉普洛特[①]

1814 年法国率先在法兰西学院(Collège de France)开设汉语课,由当时年仅 27 岁的雷慕沙任教授。雷氏所担任的教席全称为:"中文及鞑靼文-满文语言与文学教席"(La Chaire de langues et littératures chinoises et tartares-mandchoues)。这一历史事件的产生,可以看作是欧洲汉学作为一个学术研究科目的诞生,尽管当时 Sinology 一词尚未出现。这之后,汉学讲座在法国和欧洲其他国家相继开设。年长雷慕沙 5 岁的德国汉学家克拉普洛特在 1822 年与雷氏在巴黎共同创办了"亚细亚协会"(Société Asiatique),并于 1825 年创办了以亚洲语言文化为对象的专业刊物《亚细亚学报》(*Journal Asiatique-J.A.*)。

作为东方学家、汉学家的克拉普洛特早年曾就学于德累斯顿大学,而

[①] 有关"克拉普洛特"的生平与著作,请参考马军译注的《德国东方学泰斗——克拉普罗特传》一文,收入:阎纯德主编《汉学研究》第三集(1999 年 1 月),北京:中国和平出版社,第 363—387 页。

他的中文和满文是通过自学掌握的。后来由于在德国大学没有找到职位，克氏于1804年应邀前往俄国彼得堡科学院任职。鉴于他1805—1806年出使中国的成功以及对高加索的研究成就，不久即被晋升为枢密官和科学院院士。1807年他出版了俄国皇家图书馆收藏的满文书籍和稿本的目录。之后由于在西方刊印汉字的需要，他曾专程到柏林试制汉字字型。① 1815年克拉普洛特移居巴黎，与雷慕沙一道成为在巴黎的最著名的汉学家。上文提到，在1816年德国波恩大学筹建之时，就已经决定仿效法兰西学院设立汉学教席，只是由于教授人选克拉普洛特滞留巴黎而未得以实现。1822年克氏在巴黎出版了柏林皇家图书馆所藏的汉语、满族语图书目录《汉-满手稿目录》(Catalogue des manuscrites chinois et mandchous)，从这本目录的内容来看，当时柏林王室图书馆(Königliche Bibliothek zu Berlin)所藏的汉语和满语的书籍和稿本数量相当可观。1826年他在巴黎出版了法文版的《亚洲历史概论——从西鲁斯王朝到当代》一书，②并将此书献给了洪堡·亚历山大·冯。据说后来洪堡曾设法在柏林大学为克拉普洛特争取到了一个"东亚语言"的教授席位，但克氏仍然没有就任，因为他还是割舍不掉法国的学术氛围以及他在那边已经取得的成就。此外，克拉普洛特还有一本48页的《汉-拉词汇手稿》(Chinesisch-lateinisches Manuskript)③流传了下来，此手稿扉页上题名为: Onomasticum Sinicum. I., 收录了705个汉字，按照几大类的内容排列。每一个汉字或词的上面都注有相应的拉丁文意义，并在汉字的右侧都注有该汉字的拉丁字母读音。

  作为语言学家的克拉普洛特早在1823年就提出了汉藏语同源的卓越看法，他在《亚洲的各种语言》④一书中认为汉语、藏语和缅甸语同属于"藏缅语系"，而日语、泰语、高棉语等却不属于这一系统。可是他的这一提法当时被学界所耻笑，一直到一个半世纪之后才又为语言学界所重视。至今，克氏的这一观点已成为语言学界的定论。

---

  ① 参考: Klaproth, Julius Heinrich, *Specimen characterum sinicorum jussu Alexandri primi lingo excisorum*. Cura Kulii de Klaproth, Cons. aulic. et academ. Petrop. Soc. ［Petropoli］(Februar) 1811.

  ② Klaproth, Julius Heinrich, *Tableaux historiques de l'Asie depuis la monarchie de Cyrus jusqu'à nos jour* …, Paris: Libraire de Pontieu Royal Galerie de Bois; Stuttgart: Cotta, 1826.

  ③ Cf. Hartmut Walravens, *China illustrata – Das europäische Chinaverständnis im Spiegel des 16. bis 18. Jahrhunderts*. Weinheim: Acta Humaniora, VCH 1987. S. 215-216.

  ④ Klaproth, Julius Heinrich, *Asia Polyglotta*, Paris, 1823.

（二）汉学图书、资料的建设

内曼

在19世纪上半叶，除了柏林的普鲁士皇家图书馆拥有中文藏书外，巴伐利亚国立图书馆的中文书籍也由于汉学家内曼的采购，而使慕尼黑后来也成为汉学的重镇。内曼最初学习过亚美尼亚语，后来成为雷慕沙的弟子。内氏曾对慕尼黑图书馆中仅有的20部中文书进行过编目，认为极有必要扩充那里的中文图书。1829年他搭乘英国的船只到达广州，内氏曾在中国购置12,000册珍贵书籍和手抄本。① 之后他将6,000多册的中文书籍运回德国，其中3,500册交给了慕尼黑图书馆，其余的约2,500册由柏林的图书馆收藏。② 实际上，内曼在广东购进中国图书及其中国研究在此后不久就受到了国内的关注。鸦片战争时，林则徐为了解夷情而组织翻译的《澳门新闻纸》曾有一段有关内曼的记载：

> 纽曼乃系到广东省城游行之人，人所共知，于回到英咭唎之时，即著有一本讲论佛教道理之书，又在耶麻呢著有书两本，此外所著之书亦复不少；曾到麻岭，然麻岭人不十分厚待之，遂往摩匿沼麻洼里阿部落与饱学之人为朋友，将带去许多书籍，同耶麻呢诸国之人互相考究，学所难学之音语，又仿历来各教师之人，著出有些书，说中国地方甚好，与别国不同。又翻译出有一套诗经，只不过系照其原文，并未有译得十分明白。又有力打者，著中国地理志一本，令耶麻呢之人尽皆惊异，书中载说中国乃如极乐之国，又以为中国人所尊崇阴阳之道理乃系著，五千年以来屡代之圣贤，皆以为此理甚正。在纽曼所说中国之书，亦颇与力打之书相仿佛，只在阴阳一节，纽曼所论亦颇明白，所以

---

① 参考：1871年伦敦《亚洲文会会刊》载有他的全部著作的目录。庄超然《国势学与历史书写——论内曼（Karl Friedrich Neumann）的东亚历史研究》（北京外国语大学博士论文，2019年）附录二"内曼1830—1831年中国之行所购书目"，第159—168页，包括中文书名、卷数以及当时的价格三项。

② Cf. Rückert, Ingrid, „Karl Friedrich Neumann, ein vollkommener Freigeist: Werden und Wirken des Gelehrten", in: Yan Xu-Lackner (Hrsg.), *Die Bücher des letzten Kaiserreichs*. Erlangen: FAU Unversity Press, 2012. S. 17-38.有关柏林藏书的书目，见：Walravens, Hartmut, „Karl Friedrich Neumanns (1798-1870) chinesische Büchersammlung in Berlin", in: Kubin, Wolfgang und Li, Xuetao (Hrsg.), *minima sinica* 30.2 (2018), S. 105-140.

纽曼可以算为系耶麻呢诸国之中最饱学之人。①

对内曼(上文中所谓"纽曼")如此深入的介绍在当时一定是从其他文种翻译成中文的。从苏精新近整理出版的《澳门新闻纸》提供的原文,可以知道这篇文章的来源是1840年5月23日《广州新闻报》(The Canton Press)上的一篇题为"德国的中国文献研究"(Study of Chinese literature in Germany)的报道。② 由于内曼是受过严格汉学训练的汉学家,他所挑选的书籍大都是对中国历史、哲学、宗教、语言研究非常有用的典籍类、辞典类的基础性著作,对德国汉学后来在这些方面的发展奠定了坚实的基础。内曼受到其历史时代思想的影响极深,他相信,历史叙述应当适应政治发展的需要。他在1861年出版的《从1840—1860年第一次对华战争到北京条约签订的东亚史》③一书,从地域空间出发具体介绍了东亚各国横向的关系,而不是分别介绍各国历史。由此可见,跟其他的作者相比,内氏更强调东亚内部乃至东亚与西方列强之间的关系。虽然作者也承认中国曾拥有"发达的文化",但这个文化"已经凋零堕落",以至于当今的国际格局只能是中国的"必然宿命"。④ 这实际上跟自赫尔德以来一直流行的将中国看成是停滞的帝国的负面形象的历史观念是一脉相承的。跟赫尔德、黑格尔等德国主流思想家不同的是,内曼当时是慕尼黑国家与民族学、汉语和阿美尼亚语言教授(Professor für Länder- und Völkerkunde sowie Chinesisch und Armenisch),尽管他拥有充分的有关中国的知识,并且具备运用多种亚洲语言能力,但依然无法逃脱当时对中国认识主流思潮的窠臼。

(三)几位著名的汉学家及其成就

1. 帕拉特

19世纪在汉学和满族学方面真正取得巨大学术成就的是帕拉特。帕氏原

---

① 中国史学会主编《鸦片战争(二)》"中国近代史资料丛刊",上海:上海人民出版社,1954年,第474—475页。另见:林则徐全集编辑委员会编《林则徐全集》(第10册·译编卷),福州:海峡文艺出版社,2002年,第274—275页。

② 苏精辑著《林则徐看见的世界:〈澳门新闻纸〉的原文与译文》,桂林:广西师范大学出版社,2017年,第361—363页。

③ Neumann, Karl Friedrich, *Ostasiatische Geschichte. Vom ersten chinesischen Krieg bis zu den Verträgen in Peking*(1840-1860), Leipzig: Engelmann, 1861. 关于诺伊曼,见:Franke, Herbert, *Sinologie an deutschen Universitäten*, Wiesbaden: Franz Steiner, 1968. S. 9.

④ Ebenda, S. 9.

本是一位古希腊-罗马语的语言学家，1829 年在格廷根完成了他用拉丁文撰写的博士论文《依据拉丁文和希腊文史料撰写的埃及史》(*Quaestionum Aegyptiacarum Specimen* . Gottigiae, typis Dieterichianis, 1829. 58 S.)。他的中文和满文的知识也是通过自学而来的，因此他后来也从未在大学里教授过汉学。1830 年他完成了汉学巨著《东亚史》第一、二卷《满族地区的各民族》(*Geschichte des östlichen Asiens* . Erster Theil: *Die Völker der Mandschurey*, 1.—2. Band)，这是第一部有关中国北部各民族的德文著作，对于满族学 20 世纪在德国的蓬勃展开，奠定了基础。1848 年之后帕拉特到了慕尼黑，1860 年他被选为巴伐利亚科学院院士，利用内曼从中国采购的特别是儒家经典原典对中国古代的宗教和实用的学科做了深入的研究。他早期的著作依然是依据欧洲的二手文献写成的，但 1869 年以后他更注重分析中文文献资料，并且在他的论述中引证了很多由他本人翻译成德文的长篇引文。帕拉特的兴趣实际上是以自己独特的方式考察中国文明的起源，他的著作《古代中国人的宗教与崇拜》(*Die Religion und der Cultus der alten Chinesen*, 1862—1864)、《古代中国人的食、衣、住》(*Nahrung, Kleidung und Wohnung der alten Chinesen*, 1868) 以及《古代中国人所从事的活动》(*Die Beschäftigung der alten Chinesen*, 1869) 都是为了分析中国历史中长期存在的一些特殊现象而做的努力，并且都成为这些方面的典范之作。因此傅海波把他称为 19 世纪中叶"德国汉学界最具科学意义"的人物。① 在阐释中国宗教方面，帕拉特认为中国宗教丝毫不具有原始宗教的特点，并指出这是一种与基督教相当的宗教，并进而提出在中国跟在具有启示宗教的欧洲一样，也同样存在着高度的伦理道德，②从而对基督教的道德伦理优越感提出质疑。帕拉特将中国宗教中的自然神灵崇拜和祖先崇拜看作是以往中国曾存在过一神论的痕迹。③ 这显然是莱布尼茨对中国认识传统的延续。帕拉特对当时主流历史学中认为中国乃是"停滞"的帝国的成见予以了抨击：他力主将中国历史纳入世界历史的叙述当中去，针对韦斯主编的 22 卷本《世界史》(*Weltgeschichte*, 1890—

---

① Franke, Herbert, *Sinologie an deutschen Universitäten*, Wiesbaden: Franz Steiner, 1968. S. 10. Ders., *Zur Biographie von Johann Heinrich Plath*, München: Verlag der bayerischen Akademie der Wissenschaften, 1960.

② Plath, Johannes Heinrich, *Die Religion und der Cultus der alten Chinesen*, Bd. I u. II, Münchener Akademie der Wissenschaften, 1862, S. 733ff.

③ Grube, Wilhelm, *Religion und Cultus der Chinesen*, Leipzig: Rudolf Haupt, 1910, S. 23f.

1896)中有关中国的论述,帕拉特主张世界史多轴心的叙述,以涵盖中国的区域意义,并体现中国"发展的丰厚成果"。① 由于他在当时属于汉学家中的"另类",再加上他所发表论著的《会议文编》(*Sitzungsberichten*)每年仅出版三期的体例,这都影响了他在汉学方面的成就的传播。基于这样的原因,他的著述在沉寂了半个多世纪以后,才由莱比锡学派的历史学家孔好古重新予以关注,并且很快便获得了诸如福兰阁、佛尔克等德国汉学大家的推重。②

2. 绍特

这一时期的另一位东方学家、汉学家绍特跟帕拉特同岁,主要在柏林从事中国周边少数民族的研究。绍特原本是神学家,后来兴趣逐渐转移到了东亚和中亚的语言、文化和交通上来。1826 年他完成了博士论文:《论中国语言的特点》(*De indole linguae Sinicae*, Halle, 1826),之后很快便取得了教授资格。自 1838 年起他在柏林大学任编外教授,3 年后被选为普鲁士科学院院士。他的论著颇丰,除了有关中国语言、文学的书籍之外,还有研究北方少数民族的专著:《中国文学的描述性纲要》(*Entwurf einer Beschreibung der chinesischen Literatur*, 1854)、《汉语语言教材》(*Chinesische Sprachlehre*, 1857)、《黑辽契丹,或曰西辽》(*Das Reich Karachitai oder Si-Liao*, 1849)、《试论鞑靼各族的语言》(*Versuch über die tatarischen Sprachen*, 1836)等。从以上论著可以看得出,绍特并没有将汉学孤立地看待,而是把它放在整个亚洲(特别是中亚)的大背景下予以讨论的。此外,绍特还为克拉普洛特的《汉-满手稿目录》作了"续编"——《御书房满汉书广录》。③ 自 1883 年夏季学期开始,绍特在柏林大学率先开设了有关汉语和中国古代哲学的选修课,尽管这一切在当时依然隶属于哲学系,但这对后来在柏林大学建立汉学系却有开创之功。

作为德语世界第一个直接从汉语翻译《论语》的译者,绍特于 1826 年出版了《中国的智者孔夫子及其弟子们的著作》(卷一《论语》)一书。④ 克拉普洛特对于绍氏译文的正确性提出了质疑,1828 年他用笔名威廉·劳特

---

① Weiß, Johann Bapt. von, *Weltgeschichte*, Graz, Leipzig: Styria, 1890-1898³. Bd. 1, S. 166.

② Cf. Franke, Herbert, *Sinologie an deutschen Universitäten*, S. 7.

③ *Verzeichnis der Chinesischen und Mandschu-Tungusischen Bücher und Handschriften der Königlichen Bibliothek zu Berlin*, Berlin 1840.

④ Schott, Wilhelm, *Werke des tschinesischen Weisen Kung-Fu-Dsü und seiner Schüler, Erster Theil, LUN-Yü*, Halle 1826; *Werke des tschinesischen Weisen Kung-Fu-Dsü und seiner Schüler, Zweiter Theil*, Berlin 1832).

巴赫(Wilhelm Lauterbach)出版了《论威廉·绍特博士所谓来自原文的孔子著作译本——一个文学上的欺骗》。① 尽管克拉普洛特的一些指责不无道理,但是对这个译本进行全盘否定显然是太过分了。克氏的著作出版不久,绍特就写了一本回击性的小册子,题为《对一位所谓的威廉·劳特巴赫诽谤性质疑的回应》,②就克氏的质疑和指责进行了回应。③

正是由于克拉普洛特、帕拉特、绍特这些学者从19世纪上半叶开始在汉学的辞书学、图书目录学、语文学以及历史学领域的具有开创性的著述,才为德国现代汉学的创立铺平了道路。

3. 甲柏连孜

比以上诸位在汉学学术领域所取得的成就还要大得多的是语言学家甲柏连孜,他的博士论文是有关周敦颐的《太极图说》的,并于1876年出版了《太极图:周子太极原理图及朱熹的评论》一书。④ 甲柏连孜曾到柏林大学东方语言学院(Seminar für Orientalische Sprachen, SOS)讲授东方语言的课程。萨克森(Sachsen)的文化和公共教育部于1878年6月21日发出的公文:经过莱比锡大学哲学学院的鉴定考试后,甲柏连孜博士于1879年6月1日正式被任命为莱比锡大学东方语言的编外教授,⑤这也是德国汉学的第一个教席。甲氏的最大的贡献是1881年完成的《中文文言文法,或曰不包括通俗风格和当今口语的中文文法》一书。⑥ 这是在德国第一次用语言

---

① Lauterbach, Wilhelm, *Dr. Wilhelm Schotts vorgebliche Übersetzung der Werke des Confucius aus der Ursprache: eine litterarische Betrügerei*(1828).

② Schott, Wilhelm, *Abfertigung der verläumderischen Insinuation eines angeblichen Wilhelm Lauterbach*. Halle, 1828.

③ 有关"四书"拉丁文版本和各种德文版本的考证,请参考: Lühmann, Werner, *Konfuzius in Eutin: Confucius Sinarum Philosophus – Die früheste lateinische Übersetzung chinesischer Klassiker in der Eutiner Landesbibliothek*, Eutin 2003. 地处德国北部石勒苏益格-荷尔斯泰因(Schleswig-Holstein)州的Eutin自中世纪以来就是主教住地,因此在那里的地区图书馆藏有各种儒家经典的译本。

④ Gabelentz, H. G. C. von der, *Thai Kih-thu, des Tschou-tsi Tafel des Urprinzips mit Tschu Hi's Kommentar*, Dresden 1876.

⑤ Universitätsarchiv Leipzig[UAL], Personalakte[PA]487, Dr. Hans Georg Conon von der Gabelentz. 转引自前揭马汉茂等主编《德国汉学:历史、发展、人物与视角》,第426页,注5。

⑥ *Grammatik der Chinesischen Schriftsprache, oder Chinesische Grammatik mit Ausschluss des niedern Stils und der heutigen Umgangssprache*, 此书的中文名为《汉文经纬》,并署名为:"光绪七年,贾柏连孜……"此书于1956年由莱比锡学派的著名汉学家叶乃度(Eduard Erkes, 1891-1958)重新修订增补,以《中国文法》(*Chinesische Grammatik*, 1881. Nachtrag bearbeitet von Eduard Erkes, 1956)的书名重新出版,共600余页。

学的方法对古代汉语进行研究,也是在欧洲语言学史上第一次用崭新的视角来认识一种对欧洲人来说非常独特的印度支那语言的尝试。甲氏在书中强调了汉语作为一种东亚语言的独特性:

> 甲柏连孜是第一个摆脱了他的前辈们影响的人,那些人潜意识中还一直有一种成见,认为每种语言必须用拉丁语的模式来衡量,其语法也要遵照拉丁语来建立,甲柏连孜也是第一个正确对待中南半岛语言特点的人。①

正是由于甲氏建立起了一套不同于拉丁语语法的概念体系,才使得他的这部语法著作成为好几代汉学家学习古代汉语的标准读本。这一里程碑式的著作不仅对德国汉学家的古代汉语的学习,而且对研究工作,都起到了极大地促进作用。甲柏连孜还为德国汉学界培养出了格罗贝、孔好古、海尼士等德国汉学大师级的人物。②

尽管慕尼黑大学的巴伐利亚科学院曾设立过汉语的临时教席,莱比锡也设立过临时教席,但一直到1887年的东方语言学院的建立,才在德国设立了一个教授汉语的永久性教席。

(四)以实用汉学为目的的"东方语言学院"的建立③

(五)新大陆对汉学家的吸引及其他

20世纪最初的几年中,在德国的大学里依然没有建立真正意义上的从东方学系分离出来的汉学系,当然也没能建立独立的从事汉学学术研究的讲座教授席位,而在东方语言学院或在大学东方学系或在普通语言学专业教授汉语的职位也屈指可数。而这一时期,由于汉学的重要性日显,欧美许多国家已经纷纷建立起了汉学系。鉴于这样一种情况,许多德国汉学家也到这些国家的汉学系中任职。1934年贺昌群先生在《悼洛佛尔氏》一文中在论及美国汉学在20世纪的展开时说:

---

① 参考上注叶乃度为《汉文经纬》修订版所作的序,第 VIII 页,转引自前揭马汉茂等主编《德国汉学:历史、发展、人物与视角》,第 427 页。译文依据原文,略有改动。

② 20世纪50年代末叶乃度曾写过"甲柏连孜与孔好古"一文对这两位汉学前辈的贡献作了评述。见:Erkes, Eduard, „Georg von der Gabelentz und August Conrady", in: *Karl-Marx-Universität Leipzig, Beiträge zur Universitätsgeschichte*, Erster Band, Leipzig 1959, S. 439-442.

③ 此一部分请参考《波恩大学汉学系历史回顾——从创立至今的汉学发展》之"五、东方语言学院"。

> 其间足以为斯学生色而放大光明者,二三十年来惟三人耳:一为哥伦比亚教授夏德(F. Hirth),二为加利佛尼亚教授阜克(A. Forke),三即洛佛尔(K. B. Laufer)氏也。此三人者皆条顿种,生于德国,学成于德国。①

可见早期美国学院派汉学的创立得力于德国汉学家的鼎力相助,也可以说是欧洲大陆汉学在北美的延伸。

1. 夏德

夏德早年曾在柏林等大学学习西方古典语言学,他的博士论文是有关古罗马戏剧的。后因为一个偶然的机会于 1870 年考入中国海关,先后在九龙、淡水、镇江、宜昌、重庆等口岸任税务司等职,其间一直致力于中国文物,特别是绘画与陶器以及中西交通方面的研究。1881 年夏德代表"皇家亚洲文会北中国支会"(The North China Branch of the Royal Asiatic Society)在柏林参加了在那里举行的东方学大会,介绍了当时在中国的汉学研究。鉴于他当时在中国的社会地位和学术成就,1886—1887 年曾担任"亚洲文会"的主席。1897 年夏德辞职回国,后经翟理斯等人的推荐,于 1902 年担任美国哥伦比亚大学第一任中国语言文学讲座教授。据说夏氏曾作为胡适在哥大的博士论文指导教授之一而参加过胡适的论文口试。② 夏德在学术上的巨大贡献在早期的有:《大秦全录》(China and the Roman Orient, 1885)以及《论中国艺术的外来影响》(Über fremde Einflüsse in der chinesischen Kunst, 1896)。此外他还同当时的美国驻华公使柔克义合译了南宋赵汝适的《诸蕃志》,题为:《赵汝适:他关于 12 和 13 世纪中国和阿拉伯贸易的著作〈诸蕃志〉》(Chau Ju-Kua: His Work on the Chinese and Arab Trade in the twelfth and thirteenth Centuries, Entitled Chu-fan chih),此书于 1911 年在圣彼得堡出版。夏德于 1917 年返回了德国。

2. 劳费尔

美国优越的汉学研究条件还吸引着其他德国的汉学家,劳费尔(亦译

---

① 收入:贺昌群《贺昌群文集》第三卷(文论及其它),北京:商务印书馆,2003 年,第 552 页。
② 桑兵《国学与汉学——近代中外学界交往录》,杭州:浙江人民出版社,1999 年,第 150 页以下。

作"洛佛尔")也是其中的一位。这位出生于科隆的汉学家曾在柏林和莱比锡专攻东方语言,后于1898年前往美国。劳氏的研究领域除了汉学之外,还有中西交通、藏学、蒙古学和满族学等,曾发表过200多篇(部)学术论文和论著。在当时他被认为是在世的汉学家中知识最渊博者,曾担任过芝加哥菲尔德自然博物馆(Field Museum of Natural History in Chicago)馆长、芝加哥大学教授等职。他的中英文著作中的《汉代中国陶器》(*Chinese Pottery of the Han-Dynasty*, 1909)、《玉》(*Jade*, 1909)、《钻石》(*The Diamond*, 1915)、《中国的墓志铭纪念碑(一)》(*Epigraphische Denkmäler aus China, I*, 1914, 与福兰阁合著)、《中国皮影戏》(*Chinesische Schattenspiele*, 1915, 与格罗贝、夏礼辅合著)等都成为这些学科的奠基之作。尽管劳费尔在美国取得了巨大的成就,但他与美国的学术风气始终卓然不同,最终跳楼自杀。

3. 格罗贝

19世纪在中国文学、民俗学、北方民族文字学方面取得巨大成就的还有在俄国圣彼得堡出生的德国汉学家格罗贝。格罗贝曾担任过柏林民族学博物馆东亚部主任一职,自1885年他还兼任过柏林大学编外教授,讲授汉语、满语和蒙古语。1897—1899年他曾在北京从事民俗研究,撰有《北京民俗学》(*Pekinger Volkskunde*, 1901)一书。由于这部书中的一些部分是当时格罗贝在北京实地考察得来的结果,因此一直到今天这部著作依然是研究北京民俗史的重要参考文献。此外,格氏于1902年编写的《中国文学史》是第一部由专家撰写的这方面的权威著作。① 它比在半个世纪以前绍特撰写的《中国文学描写性纲要》要完备得多。由于格罗贝在书中引用了丰富的中国文学经典原文的译文,读者很容易从中把握中国文学发展的轨迹。半个多世纪以来,这部文学史一直是德国汉学界的唯一的名著。此外,格罗贝还开创了女真文字研究,他从明代的《华夷译语》一书出发,从中挖掘出了有关女真与研究的中文资料。并于1896年发表的"女真语言和文字"(*Sprache und Schrift der Jučen*)一文,对跟后来的满族是同族的女真族的语言和文字做了深入的研究,成为这一学科的奠基之作。② 格罗贝曾将他的藏书全部捐给了莱比锡大学东亚学院,只可惜这批藏书毁于第二

---

① Grube, Wilhelm, *Geschichte der chinesischen Literatur*, Leipzig: C. F. Amelangs Verlag, 1902/1909 Zweite Ausgabe.

② 1908年的《通报》(*T'oung Pao*)上,载有格罗贝论著的全部目录。

次世界大战的战火之中。

(六)在华传教士——实践型的职业汉学家

19世纪的汉学家中除了在德国或美国大学以及研究机构中的学者之外,尚有在中国从事传教、行政方面的专家,他们的成就往往并不在那些"职业汉学家"之下。他们之中最著名的有郭实腊、花之安和穆麟德。

1. 郭实腊

在欧美学界制造中国负面形象者,首推新教传教士郭实腊的著作。郭实腊于1824年受荷兰布道会派遣到暹罗传教,并在那里学会了福建方言。1831年以前他多次在中国东南沿海地区游历,之后北上福州、宁波、上海等地进行调查。1842年郭氏出任《南京条约》的译员和谈判人。郭实腊曾在贩卖鸦片的船上充当翻译,向英国人提供过中国军事实力的决定性情报,并为英国人打开过进口的渠道。① 由于郭实腊是一位狂热的传教者,曾多次推动了德国新教入华传教的工作,他坚信,基督教和西方进步科学是人类的福祉,理应带给世界各地的人们,即使违背他们自身或是他们政府的意愿也在所不辞。郭实腊曾撰写过一部卷帙浩繁的《中华帝国历史》(*Geschichte des chinesischen Reiches*),于1836年首先英文出版,德文版于1847年出版。② 作者以和《圣经》有出入,贬低有关中国古代史料的意义。③ 在书中他摆脱了中国人传统的历史观,使用了欧洲传统的历史三分法,即古代、中古和新时代。他这样做的目的是为了引起广大西方读者对中国的兴趣。④ 从根本上讲,他认为中国文化固然可敬可佩,但在时代更

---

① Gützlaff, Carl, *Über die Handelsverhältnisse im östlichen Asien*, Berlin 1850. Cf. Ballin, Ursula,„Colonial Imperialism and Christian Mission in China. The Cases of the German Missionaries Gützlaff, Anzer and Wilhelm", in: Kuo/Leutner (Hrsg.), *Deutschland und China: Beiträge des Zweiten Internationalen Symposiums zur Geschichte der deutsch-chinesischen Beziehungen Berlin* 1991, München: Minerva Publikation [Berliner China-Studien 21] 1994, S. 191-213. Hier S. 193-197), Scharlau, Windfried,„Der Missionar und Schriftsteller Karl Gützlaff", in: *Gützlaffs Bericht über drei Reisen in den Seeprovinzen Chinas 1831-1833*, Hamburg: Abera [Abera Network Asia-Pasific Edition 1], 1997. Schlyter, Herrmann, *Der China-Missionar Karl Gützlaff und seine Heimatbasis*, Lund: CWK Gleerup, 1976. 在1832到1840年间 Schlyter 认为郭实腊应当是西方世界里中国信息最重要传播者之一。

② Gützlaff, Carl, *Geschichte des chinesischen Reiches von den ältesten Zeiten bis auf den Frieden von Nanking*, hrsg. v. Neumann, Karl Friedrich, Stuttgart und Tübingen: Cotta, 1847. 英文原版为两卷本,出版于1834年。由内曼刊行的修订版出版于1847年,共计912页。

③ Ebenda, S. 44ff.

④ Ebenda, S. III und S. 7.

替之前,中国已经无法和西方同日而语了。① 郭实腊这一观点的形成,除了受到在他之前流行的启蒙主义历史观的观念的影响之外,也跟他多年来与中国沿海当局直接交往所形成的负面经验不无关系。

2. 花之安

花之安曾在瑞士巴塞尔和德国蒂宾根攻读神学,后在柏林研究自然史。他是德国新教礼贤会(Rhenish Missionary Society)传教士,于1865年到香港,之后从广州进入内地。1885年花氏加入新教的另外一个组织同善会(Weimar Mission),并开始在上海活动。花氏后来回德国,于1888年获得耶纳大学的神学博士学位。1898年花氏到当时德国的殖民地青岛传教,次年病逝于该地。花之安对中国哲学、宗教、历史、社会以及植物学均有很深的研究,并且能用德、英、中三种文字写作。在汉学方面的主要著作有:《儒学汇纂》(Lehrbegriff des Confucius, 1872年香港,英文版由穆麟德翻译: A Systematical Digest of the Doctrines of Confucius, 1875年同样在香港出版)、《中国宗教学导论》(Introduction to the Science of Chinese Religion, 1879)、《从历史的视角看中国》(China in the Light of History, 1897)、《中国古代社会主义的重要思想,或曰哲学家孟子的学说》(The Principal Thoughts of the Ancient Chinese Socialism, or the Doctrine of the Philosopher Mencius, 1897),中文著作有:《自西徂东》《大德国学校论略》(1873)。加拿大传教士季理斐在《基督新教在华传教百年史(1807—1907)》(A Century of Protestant Missions in China, 1807—1907, 1907)中认为花之安是19世纪最高深的汉学家。据说一向看不起外国汉学家的国学大师辜鸿铭唯独对花氏的学问心悦诚服。

3. 欧德理

1862年由巴色会(Basel Mission)派来中国的欧德理一开始在广州传教。1865年后进入伦敦会(London Missionary Society)。1879年欧德理辞去教士职,担任香港政府学校督察,并兼任总督轩尼诗爵士的私人秘书。欧德理曾任《中国评论》(China Review)的编辑多年,并用英文写过多种有关宗教、民俗、历史的著作。1877年他与另一位德国礼贤会(Rhenisch Missionary Society)教士叶道胜共同出版了《粤方言汉英词典》(A Chinese-English Dictionary in the Cantonese Dialect, Hongkong 1877),1910—

---

① Ebenda, S. 86. Cf. S. 496.

1912 年又在香港出版了修订本。这部著作对近代广州方言的研究具有重要的意义。

（七）其他汉学家的成就

1. 穆麟德

1869 年年仅 22 岁的穆麟德到中国上海的大清皇家海关总税务司工作并开始学习汉语。1874 年,他改到德国领事馆担任翻译,一度曾担任德国驻天津领事。也正是在此时,穆麟德结识了中国清末洋务派重要官员马建忠,并借由马建忠引介认识了李鸿章,1883 年受李鸿章推荐穆氏成了朝鲜国王的顾问。由于穆麟德支持朝鲜独立,但这违反李鸿章的想法,因此在 1885 年被迫辞职。1899 年,穆麟德再度回到中国,在上海担任海关人员,后来被调到宁波,1901 年时穆麟德在即将返国前于宁波过世。

穆麟德在汉学方面颇有成就,对满族学也有建树,同时也掌握朝鲜、蒙古等文字。在他的许多出版物中,有汉语教科书《官话学习实用指南》(*Praktische Anleitung zur Erlernung der hochchinesischen Sprache*, 1880, ^{6}1906)。这部指南以北方官话为对象,使用者为在华任职的德语国家的人士,让他们通过掌握所学规则不断造出新句子,从而流利地使用北方官话。1900 年在巴黎世界博览会上,穆麟德为中国展馆提供了《中国方言分类》(带有录音)一书(*Classification des dialectes chinois*, 1899)。穆麟德对中国哲学非常感兴趣,他曾于 1875 年将花之安(Ernst Faber, 1839—1899)的德文著作《儒学汇纂》(*Der Lehrbegriff des Confucius*, Hongkong, 1873)翻译成了英文:*A Systematical Digest of the Doctrines of Confucius*, 1875。穆麟德的其他重要著作有:《中国人的家法》(*Das Chinesische Familienrecht*, 1895)①、《汉籍目录便览》(*Manual of Chinese Bibliography*, 1376)②、《满文读本》(*A Manchu Grammer*, 1892)。此外他还有一篇用英文写的研究满文文学的论文"满文文学杂论"(*Essay on Manchu Literature*, 1889)③。

2. 李希霍芬

如果我们将地理学的考察也纳入广义的汉学范畴的话,那么德国在这

---

① 此书有两个英文译本:*The Family Law of the Chinese*,分别刊登在 *Journal, North China Branch, Royal Asiatic Society*, vol. xiii(1896) and vol. xxvii(1925)。此书也被译成了法文。

② 此书系穆麟德与他兄弟奥托·弗兰茨·冯·穆麟多夫合著,共收集了有关中国的论著和论文 4639 条,并于 1876 年在上海出版。感谢广东外语外贸大学卢铭君副教授予以的更正。

③ *Journal, North China Branch, Royal Asiatic Society*, vol. xxiv.

方面最具权威的专家——地质学与地理学家李希霍芬①理应具有一席之地。尽管据说李希霍芬的中文水平很差,著作中的引述部分错误很多,但李氏先后八次在中国从事考察旅行研究,足迹踏遍了包括山东、直隶、四川及华中、华南、华西和南满等地,他的著作《中国——亲身经历的旅行以及据此所作的研究成果》②的出版为德国政府的东亚政策奠定了基础。这部划时代的著作为当时的德国学术界和政界提供了有关中国的精确的地理描述与地图,超越到那时为止所有的这方面的知识,描绘了一幅广袤、多样的中国地域的图景。并且早在1870—1872年间李氏在写给上海英国商会的信中就提到胶州湾是一个值得夺取的军港。跟郭实腊、诺伊曼并没有什么两样,李希霍芬同样认为与中华帝国日渐衰落正相反,德意志文明在文化和历史上如何如日中天。③ 中国衰败的命运在劫难逃。他认为,没有任何必要在德国拓展汉学的研究。④ 因为文化、历史、宗教的专门问题均已过时,现实最重要的是"对德意志帝国在中国的经济和殖民发展提供具体建议"。⑤

3. 普菲茨迈尔

尽管在19世纪的汉学家们缺乏各类的辅助工具,但在翻译方面他们还是取得了惊人的业绩。这其中的佼佼者当属出生在波西米亚的奥地利汉学家普

---

① 关于李希霍芬在中国语言知识达到何等程度,引起不少争议,并最终葬送了汉学家夏德在德国的学术生涯。见福兰阁(*Ostasiatische Neubildugnen. Beiträge zum Verständnis der politischen und kulturellen Entwicklungs-Vorgänge im Fernen Osten. Mit einem Anhange: Die sinologischen Studien in Deutschland*, Hamburg: C. Boysen, 1911. S. 364f)。参见夏德就李希霍芬明显严重的翻译错误所做的许多评论注释。参见夏德(Hirth, Friedrich, *China and the Roman Orient: Researches into their ancient medieval Relations as represented by old Chinese Records*, Leipzig/München: Georg Hirth; Shanghai/Hongkong: Kelly & Walsh, 1885. S. 28f)和福兰阁(Franke, Otto, „*Die sinologischen Studien und Professor Hirth*" in: *T'oung Pao*, Nr. 7(1896), S. 402ff)的相关文章。

② Richthofen, Ferdinand von, *China. Ergebnisse eigener Reisen und darauf gegründeter Studien*, 5 Bde. Berlin: Dietrich Reimer, 1877-1911.

③ 德国当代历史学家奥斯特哈默把李希霍芬的视角归在所谓"中层话语"(mittlere Diskursebene)上,即介乎"中国狂热"(Sinophilie)与"中国恐慌"(Sinophobie)之间, Cf. Osterhammel, Jürgen, „Forschungsreise und Kologialprogramm. Ferdinand von Richthofen und die Erschließung Chinas im 19. Jahrhundert", in: *Archiv für Kulturgeschichte*, Nr. 69(1987) 1, S. 150-195.

④ Rudolph, Jörg-Meinhard, „*Moderne Chinaforschung in Deutschland*", in: *Das neue China*, Nr. 1, 2, 3, 4(1988), 1(1989). Teil 1, S. 37.

⑤ 莱因伯特《德国对话文化政策的开端与德国汉学家的作用》,收入:马汉茂等主编,李雪涛等译《德国汉学:历史、发展、方法和视角》,郑州:大象出版社,2005年,第164—175页,此处引文见第165页。

菲茨迈尔。① 早年普菲茨迈尔还在布拉格和比尔森(Pilsen)的文理中学学习的时候,就表现出了对包括中文在内的外国语言的浓厚兴趣和才华。据说他19岁时便精通法语、意大利语、英语、拉丁语、古希腊语、土耳其语和俄语。1835年,他在布拉格获得医学学位,三年后,他去维也纳大学学习了各种斯堪的纳维亚语言、荷兰语、波斯语、埃及语、日语和满语。1843年,他成为维也纳大学的中文、土耳其语、阿拉伯语和波斯语言和文学的讲师。1847年,他成为第一位将日本小说翻译成西方语言的人,将江户时代晚期著名戏曲作家柳亭種彦的《浮世形六枚屏風》(Sechswandschirme in Gestalten der vergänglichen Welt)译为德文。他开创了《万叶集》在欧洲的研究,并且翻译了其中200多首的诗歌。1848年,他成为奥地利皇家科学院院士。从1850年到1887年去世为止,普菲茨迈尔每年平均翻译200页中文、125页日文的著作。仅他所译的中文典籍的目录,就令今天的学者们望洋兴叹了。尽管拿现代的标准和要求来看,这些译作不太符合学术的规范,但对研究相关译籍的学者来讲,时至今日无疑依然是很有用处的。例如他曾将被称作"宋四大书"的卷帙浩繁的《太平御览》中的130章以及从上古至元代最重要历史文献都曾译成过德文。

二、19世纪德国汉学的特点②

(一)汉学与东方学的其他学科

作为一门独立学科的东方学在德国建立得非常早,早在1846年"德国东方学会"(Deutsche Morgenländische Gesellschaft)就宣告成立,自次年开始出版东方学学术书期刊《德国东方学会杂志》(ZDMG)一直持续到今天。德国普通的大学都设有梵文、阿拉伯语等语言专业,闪米特学、伊斯兰学乃至埃及学都成为多数综合性大学的一般性学科,相对于近东学,汉学还是一门非常年轻的学问,直至19世纪末汉学作为一门独立的学科尚未出现。

---

① Walker, Richard L., "August Pfizmaier's Translation from the Chinese", in: *Journal of the American Oriental Society* 69(1949), pp. 215-223.
② 傅吾康在《最近50年汉学的形成》一文中认为,19世纪后半叶的汉学发展呈现出了四个显著特点:一、儒家经典不再成为研究的对象;二、考古学新发现对汉学产生的影响;三、日本汉学研究的影响;四、汉学专业化的趋势。见: Franke, Wolfgang, „Die Entstehung der Chinakunde in den letzten 50 Jahren", in: Martin, Helmut und Eckhardt, Maren(Hrsg.), *Clavis Sinica: zur Geschichte der Chinawissenschaften*. Bochum 1997. S. 45-55.

这是因为,相对于近东与埃及同希腊和圣经的密切关联,中国世界跟西方的文化和语言基本上没有什么关系,作为一门学科汉学的迫切性显然没法跟东方学的其他专业相提并论。因此傅海波说:"汉学在欧洲学院里作为一门学科在19世纪特别像一个小孩。它来得很晚并且被其姐妹学科印度学和犹太学超过。"①在这一段时期内,对汉学的研究尽管比前汉学时期进步了很多,除了博学的业余爱好者的研究成就外,已经出现了专业机构中的汉学家,形成了一支专业化的队伍,只不过这些专业机构并没有产生在德意志的土地上。正是由于德意志民族自文艺复兴以来一直处在政治动荡、民族分裂的状况下,致使19世纪的学者如:克拉普洛特先是在彼得堡、后是在巴黎从事汉学研究,而由于在莱比锡大学只有一个一般的讲授语言学的教授职位,甲柏连孜也被迫去研究法学。而1855年荷兰莱顿大学在设立汉学教授席位时,也是由德国学者霍夫曼·约翰·约瑟夫担任的——霍夫曼曾在德国维尔茨堡大学学习语文学,之后他在荷兰的莱顿学习中文和日文。他与另一位德国学者、博物学家西伯德合作,出版了大量有关日本的著作。正是基于这样的一种状况,19世纪早期的大部分德国汉学家没有受到过系统的汉语方面的训练,大都只能成为业余的汉学研究者,并且似乎还没有哪位汉学家能够靠汉学维持生存。跟已经形成独立学科的东方学其他专业相比,在这一时期的汉学成就仍然缺乏学术规范。中后期以后的大部分学者在转向汉学以前大都接受过西方古典文字学、东方学中的梵文等的专业训练,他们也都自觉不自觉地将这些校勘学、历史比较语言学等的方法移植到了汉学研究方面。不过,总的来说,19世纪在德国汉学方面做出杰出贡献者大都是非专业人士。但自绍特、甲柏连孜之后,汉学明显地在朝着学术性的方向发展。

(二)文献等汉学基础的建设

在19世纪制约着欧洲汉学发展的一大障碍是中文图书、资料的不足,当时很少有学者有机会到中国去,中文文献极难获得。在早期欧洲大图书馆中的中文藏书基本上是17、18世纪的中国皇帝赠书。这之后克拉普洛特和内曼分别在柏林和慕尼黑所建立的专业中文图书馆,对于汉学从业余转向专业奠定了基础。而在这之后的帕拉特、绍特、甲柏连孜、格罗贝、夏德、劳费尔、郭实腊、花之安、穆麟德等的汉学研究则为汉学作为一个学科

---

① 傅海波著,胡志宏译《欧洲汉学简评》,收入《国际汉学》第七辑(2002年4月),第80—93页,此处引文见第83页。

向纵深方向发展做出了贡献。而郭实腊、花之安这样新教的传教士汉学家跟"前汉学"时期的天主教传教士有了本质的不同,由传教士一统天下的局面已经不复存在了,尽管郭氏和花氏依然是虔信的教徒,但从角色上来讲实际上已经从传教士转向了汉学家。而自19世纪后半叶以来,儒家正统的观念不再为汉学界毫无批判地接受了。此外,从这一时期的汉学研究成果来看,侨居在中国的德国汉学家(如花之安、穆麟德)的水平比在德国国内的要高。这是因为他们在资料运用和调查方面明显要比在欧洲的学者占有较大的优势,有关成就也公允得多,学术价值也较高。

(三)19世纪汉学关注的几大领域

1. 汉语与汉字

在这一阶段,对汉语和汉字本身的关注和研究,成为一项重要的内容,因为要理解、研究一种外国文化首先就要掌握语言这一工具。汉学家如甲柏连孜、绍特、佛尔克等都有汉语语言、文字方面的教材或研究专著。尽管甲柏连孜的《汉文经纬》依然摆脱不掉拉丁文的文法范畴,但他却开始强调作为一种完全异质于欧洲语言的汉语的独特性。甲柏连孜当然还有更深层的目的:他一生中研究过当时已经发现的大多数语言,他的目的是通过汉语等具体的人类语言研究,进入对语言的本质的认识。除了以学术研究为方向的教学与研究外,在这一时期自1887年东方语言学院的建立也开始以满足实际外交、政治活动等而教授汉语口语的课程。这在很大程度上是由于当时刚刚兴起的德意志帝国为了与英、法争夺海外(特别是东亚)殖民地的需要,从而被深深打上了殖民主义的烙印。

2. 历史学

18世纪以来德国史学家对于一个"停滞"的中华民族的热情日渐消退,跟16—18世纪间由于耶稣会传教士的有关中国的历史著作而在欧洲产生的巨大影响不可同日而语。19世纪的德国对汉学作为一门学术专业一直怀着漠视的态度表示怀疑。在世界历史的观念方面,他们依然延续赫尔德和黑格尔的认识,将中国文明和历史排斥在一般性的文化学科研究领域之外。正如巴斯蒂教授所指出的那样:当时的"判断中国历史的标准并非来自历史本身而来自欧洲人接受先进概念的理论解释"。① 在19世纪

---

① 巴斯蒂著,胡志宏译《19、20世纪欧洲中国史研究的几个主题》,收入《国际汉学》第八辑(2003年5月),第286—296页,此处引文见第288页。

的汉学家中,郭实腊可以说是继承了欧洲这一传统的代表。而帕拉特则对这一成见予以了抨击,其结果却使他的著作在其后的半个世纪中几乎无人问津。跟耶稣会士的前汉学时期不同的是,这一时期的汉学家也开始关注中国当代的历史。代之以翻译中国史籍,居住在中国的德国人也开始用西文撰写描述性的当代史著作,如郭实腊的《道光皇帝传》(*The Life of Taou-Kwang, late Emperor of China, with Memories of the Court of Peking*,1852)等著作。也就是说,从郭实腊开始的历史学家已经不仅仅通过语言和早期的文献来研究中国文明,同时已经开始注意实际发生的事件。但也正是这些"当代史"的著作使西方知识界重又将中国纳入了世界历史的内部运动之中。

当时大多数的汉学家依然将中国置于西方文明的概念之外,而他们的任务是按照欧洲的模式开发中国、使中国文明化。这一主导思想主宰了几乎汉学家所有的著作,只是在实现文明化的方式上汉学家跟帝国以及教会有着区别。从李希霍芬和东方语言学院建立的例子我们可以知道,德国的对华政策跟当时德国的帝国主义和殖民主义有着密切的联系,而这又受到了汉学家们的推波助澜。除了进行考察和研究外,一些汉学家也加入了为刚刚崛起不久的德意志帝国政府提供政治服务的行列。而真正对西方文明提出疑义的学者是从1897年以来在莱比锡大学东亚系担任教习的孔好古,由于他受到历史学家兰普雷希特的影响,认为中国人属于高度文明的自然民族。[①] 他也不认为中国人需要西方的宗教以及由宗教而衍生来的教育和慈善机构。基于这样的原因他反对欧洲列强使用军事和武力对中国的侵略,主张中国和西方应当相互谅解,西方要产生影响也只能在文化方面。[②]

3. 四裔之学

由于早期西方有关中国的史料中最多涉及的是匈奴人、突厥人、吐蕃人、蒙古人等中亚各民族,中国西部边疆及中亚部落也成为德国汉学家研究的重点,亦即重四裔的倾向。普拉特的名著《亚洲东方史》、夏德

[①] Conrady, August, *Acht Monate in Peking*, Halle: Gebauer u. Schwetsche, 1905, S. 14. Ders, „*Einleitung*", in: Stenz, Georg M, *Beiträge zur Volkskunde Süd-Schantungs*(hg. v. Conrady), Leipzig: R. Voigtländer, 1907, S. 1-23.

[②] Conrady, August, „*Die chinesische Literatur*", in: Joseph Kürschner(Hg.), *China. Schilderung aus Leben und Geschichte, Krieg und Sieg. Ein Denkmal den Kämpfern und der Weltpolitik*, Berlin: Hermann Zieger, 1901, Erster Teil, Spalte 324.

的《大秦全录》等著作的主角都是中亚各族人而非汉族。这样的一种历史视角,实际上是将中国放到了一个更加广泛的中亚背景下来予以考察。

(四)研究方法上的推进

在研究方法上,19世纪上半叶是处在资料收集和整理的阶段,大多的论著和文章只是翻译和介绍中国的文献,少有深入的具体研究。中叶以后随着汉学家对中文史料运用的不断增加,再加上欧洲科学技术的迅速发展同样为人文研究提供了新的思维方式,地理学、历史学、语言学、人种学等的各种方法也开始尝试着被运用到了汉学上来。这样便使得这一时期的汉学研究成果和水平得到了大大的提高。而李希霍芬根据亲身经历和观察所撰写的地质学、地图学的专著尽管超出了狭义的汉学范畴,但在方法论上对以后的实证汉学研究起着重要的示范作用。

在这一阶段还出现了在书斋中从事汉学的学者,他们从未到过中国,不了解中国人的生活,只是将汉学看作是一门致力于考古研究的学问。例如我们在前面提到的绍特、甲柏连孜等就是这样的汉学家。尽管这一局限性并不一定会妨碍他们在学术方面的成就,但他们个人研究视野的局限也是非常突出的,即重视中国古代而忽略了当代。而在中叶以后出现的由传教士、外交官、海关主管职员以及探险家等组成的注重现实的汉学家引起了汉学从书斋走向当代的转向,而当代史在这之前一直是为汉学家所不齿的。

(五)Sinology的诞生及对20世纪德国汉学的展望

19世纪中后期,"Sinology"一词的出现,标志着类似于印度学、埃及学等学科的汉学作为一门学科即将酝酿诞生。"Sinology"实际上是由拉丁文的"Sinae"(中国)和希腊文的"lógos"(λóγos 语言)组合而成的,正如傅海波所指出的那样:"直到1860—1880年间,希腊文和拉丁文杂交的'汉学'一词才转化为通常意义上的词汇。这个时期,中国研究和中国本身才逐渐凸现出来,成为学术上一个专门的课题。"[①]20世纪汉学的继续发展正是建立在这一汉学基础之上的。

直到1911年,尽管这时距汉堡殖民学院设立的第一个汉学教习已经

---

① 见前揭傅海波著,胡志宏译《欧洲汉学简评》,收入《国际汉学》第七辑,第81页。

有了4年的时间,作为德国汉学之父的福兰阁依然在为争取汉学在学术上完全得到承认而进行不懈的斗争。大家可能很难想象,作为汉学家和中国问题专家的福兰阁在创立汉堡殖民学院的"中国语言与文化系"的时候,承受了多大的压力,这个院系的名字也充分表达他不去屈从于世俗商业利益的决心,特别是当时的政客和商人实际上仅仅希望通过了解中国而获得名利,因为汉堡是一个到处充满铜臭味的商业城市。福兰阁在《德国的汉学研究》一文中写道:

> 比其他大多数社会科学更多更直接地为当今的政治需求服务的可能性似乎成了汉学的……灾难。大学的门对汉学关闭着,因为它作为一门科学好像没有足够的合法性,而在其他教育领域,例如贸易和工业以及国家的某一有限的服务部门,虽然乐于接受汉学,但只要否认了其学术特征,就只能作为语言和国情被接受。人们几乎完全没有认识到,在历史的关联中理解中国人的精神生活以及语言不仅仅当作思想交流的工具,而且当作钻研文学的钥匙来学习的必要性……学识渊博的和不学无术的外行的霸权地位(如李希霍芬及其许多论述中国的学者之语)用其本末倒置的工作方法和粗野的喧宾夺主的方式从两个方面发挥他们的作用:在严肃的科学领域完全败坏了汉学的声誉(……),在实际的日常工作领域更加使人相信,汉学研究只是怪癖学究的游戏而不是别的,因而至少是多余的。人们甚至不惜荒谬且狂妄地宣称,研究中国古代史及其文学搅乱了欧洲的思维:汉学家对中国的事如此着迷,以至于连西方的判断尺度都丢失了(……)。有待科学研究的巨大领域不可能在实际的语言培训班,而只能在大学和研究院里耕耘。也就是说,现代中国的语言文化课需要比实践更高的科学研究,……因为如果更高层次的汉学不能为课程经常提供中国思想史的研究成果的话,那末这个课程就会枯萎,就会降至为简单的语言培训……①

福兰阁补充道:

---

① Franke, Otto, „Die sinologischen Studien in Deutschland", in ders., Ostasiatische Neubildungen. Hamburg 1911, S. 355-377, hier S. 363-369.

在汉堡人们坚信,汉学的科学力量正在于古代和现代的结合。①

20世纪汉学的发展证明了福兰阁当时的预言。

---

① Ebenda, S. 369.

第四章
普鲁士柏林王室图书馆的中文文献收藏
——以 19 世纪上半叶的两部书目为中心 *

明末以来，中西学术开始全面接触，特别是清代以来，世界跟中国的联系更加密切。原本仅仅在汉语世界产生影响的中文典籍，同时也在欧洲产生了影响。欧洲的各类图书馆对中文图书的收藏，从最初的个人爱好、猎奇，逐渐成为系统、科学的庋藏。欧洲汉学的兴起，也使得中国的学术具有了世界性的意义和影响。

德国普鲁士柏林王室图书馆（Königliche Bibliothek zu Berlin）的东亚图书收藏从 17 世纪中叶一直到 20 世纪中叶都是亚洲之外有关东亚学（Ostasiatika）最为重要，且规模最大的馆藏之一。尤其是 19 世纪上半叶王室图书馆的中文收藏在整个欧洲大陆是首屈一指的。本文拟依据这一时期由两位德国汉学家、目录学家所编写的目录，对当时王室图书馆的中文图书收藏情况做一些研究。这两本描述性的德文目录都被收录在鲁斯特·约翰目录中。鲁斯特目录的原名为"1850 年前出版的关于中国的西方著作"（Western Books on China Published up to 1850），是英国伦敦大学亚非研究院（SOAS, School of Oriental and African Studies）图书馆中所藏 1550—

---

* 本文作者感谢以下先生、女士提供的帮助：德国柏林国家图书馆（Staatliche Bibliothek zu Berlin）东亚部的高杏佛博士为我调出相关的中文和满文书籍供我查阅；德国汉学家、原德国柏林国家图书馆研究馆员魏汉茂博士，在部分图书书名的还原方面，为我提供了诸多的便利；上海社会科学院历史研究所的马军研究员，提供了其中两个德国汉学家的德文原名；北京外国语大学历史学院的柳若梅教授，为我提供了一些俄语专著和人名的原文；北京外国语大学欧语学院的李慧博士则帮我翻译了个别拉丁文的句子；我当时的博士生罗颖男（北京）、庄超然（徐州）和史凯（西安）在一些中文书名的还原方面，也提供了很多的帮助。此文从 2011 年 4 月开始动笔，一直到最近才得以完成，持续了整整八年的时间。虽然题为"普鲁士柏林王室图书馆的汉文文献收藏"，但其中也涉及满文和少量其他的一些文字。

1850年西方出版的有关中国的著作总汇,共收入了900多种有关中国的西文图书以及300多种重印的文献集。全书共分22个部分,其中文献目录是重要的一部分。这批书籍已经由亚非学院的图书馆馆员鲁斯特进行整理,由荷兰的IDC(Inter Documentation Company)制作成缩微胶片在全球进行推广。这是研究早期中西文化交流和西方汉学历史最重要的数据库。

本文所使用的文本系伦敦大学亚非学院图书馆的藏本。这两部目录分别为克拉普洛特和绍特于1822年和1840年在巴黎和柏林所编纂的:

1. 克拉普洛特:《柏林王室图书馆中文和满文图书与手稿目录》(Klaproth, Heinrich Julius, *Verzeichniss der chinesischen und mandschuischen Bücher und Handschriften der Königlichen Bibliothek zu Berlin*, ... Paris, 1822)。

2. 绍特:《柏林王室图书馆中文、满语-通古斯语图书与手稿目录》(Schott, Wilhelm, *Verzeichniss der Chinesischen und Mandschu-Tungusischen Bücher und Handschriften der Königlichen Bibliothek zu Berlin*. Berlin, 1840.)中文书名为《御书房满汉书广录》。

2003年张国刚先生曾撰文《柏林德意志国立图书馆中国古文献调查记——以鸦片战争前的图书及其编目为主》对柏林王室图书馆的中文图书收藏做过梳理,[①]本文则从另外一些方面对以上两个目录进行研究。

一、柏林王室图书馆中文藏书的历史

王室图书馆的中文藏书跟普鲁士国王以及当地的选帝侯对图书馆事业的重视以及对异域文化的热爱有着直接的关系。1817年起出任王室图书馆馆员的威尔肯博士于1828年根据当时普鲁士宫廷的档案材料,遵照国王的旨意编写了《柏林王室图书馆的历史》(Friedrich Wilken, *Geschichte der Königlichen Bibliothek zu Berlin*. Berlin: verlegt bei Duncker und Humblot, 1828)一书,威尔肯曾于1816年在著名的海德堡图书馆被任命为高级馆员和首席馆员。与中文藏书特别有关系的选帝侯和普鲁士国王有:勃兰登堡选帝侯威廉·弗里德里希;选帝侯弗里德里希三世(Friedrich III.)亦即后来

---

① 张国刚《柏林德意志国立图书馆中国古文献调查记——以鸦片战争前的图书及其编目为主》,收入:天津师范大学中国古典文献学信息研究中心、天津师范大学古典文献研究所编《中国古典文献学》(第二卷),北京:国际炎黄文化出版社,2003年,第40—51页。

的普鲁士国王弗里德里希一世（Friedrich I.）陛下（从 1701 年至 1713 年作为普鲁士国王）；以及普鲁士国王威廉·弗里德里希三世（Friedrich Wilhelm III.）陛下（从 1797 年至 1828 年任普鲁士国王）。

选帝侯威廉·弗里德里希少年的时候，曾经在荷兰待过 4 年之久，因此他见识过海外贸易给国家带来的利益。他成为选帝侯之后，目睹了三十年战争给他所在的地区造成的创伤，选帝侯当时最大的梦想是模仿 1602 年建立的荷兰东印度公司（Vereenig de Oostindische Compagnie, VOC）建立一个自己的"东印度公司"（Ostindische Handelscompagnie），通过海外贸易而嘉惠德意志的邦国。为了实现这一目标，"通过学习东方和中国的文献而获得亚洲和印度的各种知识，包括其居民、语言、风俗以及物产的知识，这些不仅是很有益的，而且也是必要的。"①也就是说，这一契机不仅仅使选帝侯购置了众多的阿拉伯语、波斯语、突厥语、埃塞俄比亚语、科普特语、印度语等各种语言以及中文的手稿，②同时他也鼓励并支持当时的很多学者从事东方学研究。③ 1659 年威廉下令在普雷河畔的科隆（zu Cölln an der Spree, 今天柏林的一个部分）建造选帝侯图书馆（Churfürstliche Bibliothek），至 1661 年正式建成。威廉一直对他所创建的图书馆考虑得特别细致周到，一旦所需的图书到位，并且得到了图书管理员的证明之后，他马上就会安排付清账单，每笔账选帝侯都会亲自签字画押。而购买图书的指导，或者是借助于图书管理员丰富的知识，或者是听从选帝侯自己的枢密官的建议。1674 年威廉·弗里德里希带着大批军备在远征的途中，也没有忘记在

---

① Von der Neigung des Churfürsten Friedrich Wilhelm für die ausländische Litteratur in Verbindung mit dem ausländischen Handel. In: ［Hausens］ *Historisches Portefeuille*. Wien u.a. 1784, siebentes Stück, S. 22. 此处转引自：Schubarth-Engelschall, Karl, „Orientalistische Bibliothekare und Asien-Afrika-Abteilung". In: *Kostbarkeiten der Deutschen Staatsbibliothek*. Hrsg. V. Hans-Erich Teitge u. Eva-Maria Stelzer. Wiesbaden: Dr. Ludwig Reichert Verlag, 1986. S. 169-176, hier S. 169.

② *Hausens Hist. Portefeuille* … S. 6 ff.; Auster, Guido, Die Orientalische Abteilung. In: *Deutsche Staatsbibliothek* 1661-1961. I. Leipzig 1961 S. 281. 此处转引自：Schubarth-Engelschall, Karl, „Orientalistische Bibliothekare und Asien-Afrika-Abteilung". In: *Kostbarkeiten der Deutschen Staatsbibliothek*. Hrsg. V. Hans-Erich Teitge u. Eva-Maria Stelzer. Wiesbaden: Dr. Ludwig Reichert Verlag, 1986. S. 169-176, hier S. 169.

③ *Hausens Hist. Portefeuille* … S. 3ff., S. 19ff.; Schück, Richard, *Brandenburg-Preußens Kolonialpolitik unter dem Großen Kurfürsten und seinen Nachfolgern*（1647-1721）. Bd. I. Leipzig 1889. S.16 Anm.21. 此处转引自：Schubarth-Engelschall, Karl, „Orientalistische Bibliothekare und Asien-Afrika-Abteilung". In: *Kostbarkeiten der Deutschen Staatsbibliothek*. Hrsg. v. Teitge, Hans-Erich und Stelzer, Eva-Maria. Wiesbaden: Dr. Ludwig Reichert Verlag, 1986. S. 169-176, hier S. 169.

易北河畔的林琛(Lenzen/Elbe)拜访荷兰的海军上将李尔·冯将军,上将要将他的中文藏书卖给选帝侯。作者写道:不知道这次购书计划是否获得成功。当时上将染病在家,柏林著名的尼古拉修道院(Nicolaikirche)的米勒·安德烈亚斯①院长受选帝侯的委托,到林琛去接收这一批图书。但上将却解释说,他要将书籍亲自交给选帝侯。作者推断道:虽然后来没有见到有关此次购书的文件,但现在王室图书馆中一部分的中文书籍显然是从上将那里购得的。据米勒院长的报道,上将所拥有的有关中国的书籍大都是耶稣会士撰写的,很多都已经破损。在选帝侯的图书馆中,此类的图书有多种。

由于选帝侯当时希望在柏林建立一家东印度公司,因此他特别关注亚洲。有关亚洲的很多书籍和文物,选帝侯都是设法从荷兰购得的。选帝侯在1676年去阿姆斯特丹时,曾花费了200塔勒购买过57幅印度的绘画,至威尔肯写作此书的19世纪20年代尚存45幅。据御医门采尔·克里斯蒂安的记录,他曾为选帝侯图书馆从东印度公司购买过2本中国的编年史。米勒院长已经为当时图书馆所拥有的中文书籍编纂过一本目录,可惜当时威尔肯也只看到其中的第二部分,这是在1684年由选帝侯图书馆(普雷河畔的科隆)印制的。他在本书附录一有比较详细的说明。米勒亲自编纂的选帝侯图书馆中文书目中共有25本中文图书。

弗里德里希三世于1688年继承了勃兰登堡选帝侯位,并于1701年成功加冕为普鲁士国王,成为弗里德里希一世,选帝侯图书馆也自然升格为"柏林王室图书馆"。当时的御医门采尔所留下来的"中国文库"(Chinesische Bibliothek)由于国王的一道旨意,于1702年1月25日以200塔勒的价格,成为王室图书馆的部分财产。博学的御医之子门采尔·约翰·克里斯蒂安博士早在1692年3月就开始继续看管王室图书馆中已有的中文藏书,并且继续了他父亲已经开始编纂的汉语词典事业。

弗里德里希一世在位期间,积极推行发展工商业的政策,创办新工业,开垦荒地,鼓励发展科学技术和文学艺术,创办了哈勒大学,他对王室图书馆也给予了极大的重视。一直到1780年,王室图书馆都位于柏林城市宫殿中的药剂师侧翼(Apothekerflügel des Berliner Stadtschlosses)。1780年迁入

---

① 米勒曾经编写过《中文之匙》(*Clauvis Sinica*. Schlüssel … zur leichteren Erlernung der schweren buchstabenreichen Chinesischen Sprache …)以及一部《多语对照植物名索引》(*Index plantarum polyglottus*)。

了歌剧院广场(Opernplatz)西侧的新建筑中,在一百多年间柏林人将这一弧形建筑的图书馆亲切地称作"五斗橱"(Kommode)。一直到1914年,图书馆才迁到菩提树下大街的新址。

普鲁士国王威廉·弗里德里希三世统治时期,王室图书馆的藏书得到了长足的发展,大部分的汉文典籍也是在这一时期购得或以其他方式征集到的。1810年克拉普洛特从彼得堡寄来了一些中文、满文以及蒙古文的书籍和手稿。1811年克拉普洛特又购得了多部辞典,这是他从中俄边境上买到的,并且向王室图书馆赠送了他多余的东方学收藏的副本,而作为回报,图书馆将馆藏的两套中的一套《通鉴》(Thungkian, oder der grossen Chines. Reichsannalen)赠送给了克拉普洛特。作者在注中提到,克拉普洛特先生在后来的几年中,也随着时间的推移,不断增加王室图书馆的中文和满文书籍的收藏。

威尔肯博士的著作除了对柏林王室图书馆中文藏书的历史做了详细的介绍之外,在附录中,他对两本有关该图书馆中文藏书的目录进行了说明。

米勒·安德烈亚斯的书目的第二部分的书名及其他信息为:

Anderer Theil des Catalogi der Sinesischen Bücher bei der Churfüstl. Brandenburgischen Bibliothec zu Cölln an der Spree Anno 1683 Auff Churfürstlichen gnädigsten Special-Befehl in unterthänigen Gehorsam von ANDREA MUELLERO GREIFFENHAGIO auffgesetzt. Cölln an der Spree druckts Georg Schultze, Churfürstl. Brandenb. Hoff-Buchdrucker, sieben Bogen Fol.[1]

自1683年以来科隆勃兰登堡选帝侯图书馆中文图书目录的另一部分。恭顺的仆从米勒·安德烈亚斯奉最为仁慈的选帝侯的特别旨意编纂而成。普雷河畔的科隆勃兰登堡选帝侯宫廷印刷厂舒尔茨·格奥尔格印制,7个印张。

在这一书目的书名下面的解说为:仅有对正文29页上提到的中国编年的解说,以及其他4本中文书的书名。[2] 罗列了24本书的这本目录的第

---

[1] Friedrich Wilken, *Geschichte der Königlichen Bibliothek zu Berlin*. Berlin: verlegt bei Duncker und Humblot, 1828. S. 169.

[2] Ebenda, S. 169.

一部分的书名如下：*Catalogus librorum Sinicorum Bibliothecae electoral. Brand.*（选帝侯图书馆中文藏书目录）。米勒·安德烈亚斯这本目录的最后一整页是他撰写的有关对日食的感受的论文手稿（de eclipsi passionali（Folio））。①

1836 年柏林王室图书馆出版的《柏林王室图书馆手稿和印刷品目录》（*Index Librorum Manuscriptorum et Impressorum quibus Bibliotheca Regia Berolinensis* aucta est Anno MDCCCXXXVI. Erolini. Typis Petschii）中收藏有 L. S.（Libri Sinici 中国图书）的编号 209 种（S. 8—13）。

此外，在柏林王室图书馆的中文藏书中，还有一部分是德国巴伐利亚地区的东方学家内曼在广州所购置的图书。作为东方学家，内曼一直以来希望有机会到中国采购一批中国的文献。遗憾的是，在他做好了准备之后，他多次与巴伐利亚宫廷图书馆以及巴伐利亚州的谈判都没有取得成功，于是他只好在 1829 年去柏林寻找赞助者。在威尔肯博士的帮助下，普鲁士国家文化部长阿尔滕施坦因同意资助内曼 1500 帝国塔勒，用于购买中文书籍和其他科学研究的物品。② 从 1830—1831 年间，内曼乘船到广州购买了 12,000 卷珍贵的中国古代和近代的文献，约有 6,000 册之多。当时法国国家图书馆拥有大约 5,000 多册中文图书，而英国的马礼逊图书馆（Morrison Collection）按照中国的分类法来讲，也仅仅有 12,000 卷，实际上也比内曼所购的数目少了大约 1/6。③

1832 年，内曼将他的中文图书中的 2410 册卖给了柏林图书馆，因为当时的文化部为他的旅行支付了相当的费用，剩下的 3,500 册由巴伐利亚图书馆接管。傅海波教授在谈及内曼所选购的这批中文图书时感叹道："购买这些书籍需要大量的专业知识，因为这并不简单体现在搜集一些稀奇古怪的东西，而在于购买供研究之用的有关中国文化和历史的特别重要的著

---

① Cf. Oelrichs, Johann Carl Conrad, *Entwurf einer Geschichte der Königlichen Bibliothek zu Berlin*. A. Hauden, 1752, S. 129.

② 吕克特著，刘梅译《稀有而价值连城的中文文献数据——巴伐利亚国家图书馆中文书籍馆藏的创建者：卡尔·弗里德里希·诺依曼》，载《国际汉学》第 23 辑（2012 年 11 月），郑州：大象出版社，第 132—156 页，此处见第 142 页。

③ Reismüller, Georg, „Karl Friedrich Neumann: Seine Lehr - und Wanderjahre, seine chinesische Büchersammlung", In: *Aufsätze zur Kultur- und Sprachgeschichte vornehmlich des Orients.* Ernst Kuhn zum 70. Geburtstage am 7. Februar 1916 gewidmet von Freunden und Schülern, München, 1916. Breslau 1916, S. 437-456; hier S. 455 und 456, Fußnote 2. Cf. auch: *Die Bücher des letzten Kaiserreichs.* Katalog zur Ausstellung über das Leben des China-Forschers Karl Friedrich Neumann mit Exponaten aus seiner Sammlung seltener Sinica. Herausgegeben von Xu-Lackner, Yan. Erlangen: FAU University Press. 2012.

作,特别是古典著作和百科全书以及一些基本的类书。"①

二、克拉普洛特:《柏林王室图书馆中文和满文图书与手稿目录》

克拉普洛特这部目录的封面上除了德文书名之外还注明了:应普鲁士国王陛下的敕命而出版(Herausgegeben auf Befehl seiner Majestät des Königes von Preussen.),封面的正下方落款为:巴黎,王室印刷厂,1822(Paris, in der königlichen Druckerei. 1822)。封面上并没有汉字的书名。扉页是给当时的文化部部长阿尔滕施泰因男爵阁下的献词,有一页半之多。从献词中可以知道,部长阁下非常重视学术研究,编写这样一部目录也是他的旨令。所署的时间为1822 年 9 月 11 日,地点是巴黎。出生于 1783 年的克拉普洛特是当时欧洲大陆为数极少的东方学家之一,他自 1815 年左右便主要居住在法京,主要原因是因为当时的巴黎有着优良的东方学学术环境,并且有出版商愿意出版他的大量的手稿,他本人与法国汉学家雷慕沙有着极为密切的往来,并且共同在巴黎开创了欧陆的专业汉学。尽管早在 1816 年 8 月普鲁士国王就曾任命他为亚洲语言文学教授,但他直到 1834 年病重之后才返回他的出生地——柏林。

其后是克拉普洛特的前言(原文作:Vorbericht,准备性报告),对王室图书馆所藏的中文图书的历史进行了交代,他提到了米勒·安德烈亚斯所编纂的两个目录:其中之一是仅有一个印张的拉丁文手稿目录,其二是上文提到的 1683 年编写的德文目录。并且提到在门采尔的时代,图书馆得到了一本迪亚兹·弗兰西斯科编著的《汉西字汇》(汉语-西班牙语词典),②门采尔正是通过这部词典学会了汉语。作者还提到,自门采尔于 1702 年去世到当时中文图书并没有增加。直到 1810 年克拉普洛特本人才寄给图书馆一些中文、满文以及蒙文的图书,其后几年图书馆又从他那里得到了数

---

① Franke, Herbert, *Sinologie an deutschen Universitäten. Mit einem Anhang über die Mandschustudien*. Wiesbaden 1968, S. 9.
② 我猜测,很可能是 1638 年编著的 *Diccionario de lengua mandaria*(西班牙语-官话词典)。马军提到,对学习汉语来讲特别重要的是柏林王室图书馆所藏的两本传教士编的外-汉词典:"其二是阳玛诺(P. Diaz)尚欠完善的汉文-西班牙语词典。"(马军译注《德国东方学泰斗——克拉普罗特传》,载《汉学研究》第三集[北京:中国和平出版社,1999 年],第 363—387 页。此处见第 363 页)马军在注中误作:"阳玛诺(1574—1701 年),葡萄牙耶稣会士。"(出处同上,第 386 页,注 3)实际上,编写这部西-汉词典的传教士,是多明我会/道明会(Ordo Praedicatorum, Dominicans)的早期传教士,1634 年到福建。而耶稣会的阳玛诺(Emmanuel Diaz, 1574—1659)是另外一个人。

量可观的辞书,这是他从中俄边境上购得的。并且他用自己当时多余的副本换得了图书馆所藏的两套《通鉴》中的一套。这也使得该图书馆不仅是研究中文文献很有用的机构,同时也具有研究满文的完善图书。克拉普洛特认为,在当时的欧洲图书馆中,除了巴黎之外,没有哪家图书馆可以与柏林王室图书馆的中文藏书相提并论的了。具体的落款是1812年10月11日柏林。①

目录的正文分为七个部分,共56种:第一部分:历史和地理著作(8种);第二部分:辞书和语法书(6种);第三部分:哲学和道德著作(11种);第四部分:小说(4种);第五部分:自然史和医学书(11种);(第六部分漏掉了);第七部分:在华耶稣会士的著作(7种);第八部分:综合书籍及残篇(7种)。(详细的图书目录见本文的"附录一")

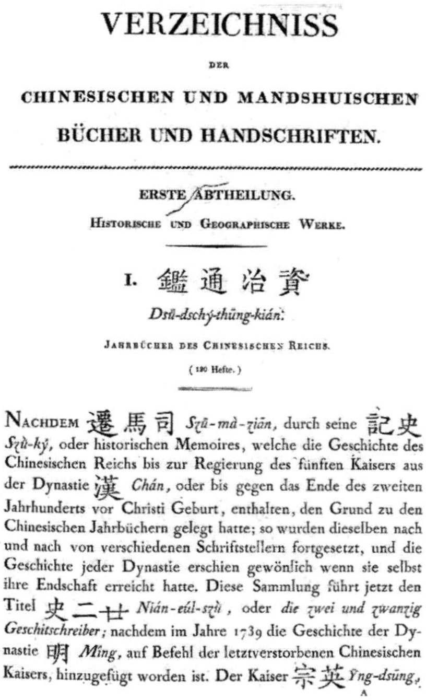

VERZEICHNISS

DER

CHINESISCHEN UND MANDSHUISCHEN

BÜCHER UND HANDSCHRIFTEN.

ERSTE ABTHEILUNG.

HISTORISCHE UND GEOGRAPHISCHE WERKE.

I. 鑑通治資

Dsū-dschý-thūng-kián.

JAHRBÜCHER DES CHINESISCHEN REICHS.

(190 Hefte.)

NACHDEM 遷馬司 *Szū-mà-ziān*, durch seine 記史 *Szù-ký*, oder historischen Memoires, welche die Geschichte des Chinesischen Reichs bis zur Regierung des fünften Kaisers aus der Dynastie 漢 *Chán*, oder bis gegen das Ende des zweiten Jahrhunderts vor Christi Geburt, enthalten, den Grund zu den Chinesischen Jahrbüchern gelegt hatte; so wurden dieselben nach und nach von verschiedenen Schriftstellern fortgesetzt, und die Geschichte jeder Dynastie erschien gewönlich wenn sie selbst ihre Endschaft erreicht hatte. Diese Sammlung führt jetzt den Titel 史二廿 *Nián-eúl-szù*, oder *die zwei und zwanzig Geschitschreiber*; nachdem im Jahre 1739 die Geschichte der Dynastie 明 *Mîng*, auf Befehl der letztverstorbenen Chinesischen Kaisers, hinzugefügt worden ist. Der Kaiser 宗英 *Yng-dsūng*,

A

图4-1　克拉普洛特编著《柏林王室图书馆中文和满文图书与手稿目录》(1822)一书书影

① Klaproth, J. H., *Verzeichniss der chinesischen und mandschuischen Bücher und Handschriften der Königlichen Bibliothek zu Berlin*, ... Paris, 1822. S. vii-viii.

这本目录正文的特点是,除了用德文对所选的著作和作者的情况进行说明之外,还选择了编者认为重要的部分翻译成德文。如第 35—37 页《金史》的开头部分满文原文,以及第 37—40 页相应的德文译文;再如第 42—44 页《袁了凡通鉴》的满文译本的一部分原文,第 44—47 页为相应的德文译文;或者将书中重要的部分直接翻译成德文:《御制增订清文鉴》中有关满族的渊源部分(第 62—64 页)。

在正文中,汉字的排列顺序是从右至左,而相对应的拼音与德文一样是从左至右排列的。其中的汉字并不是手写的,而是用字模排印的。

这部目录可以看作是当时有关中文、满文的文字、中国文学、历史、宗教、哲学等方面的小型百科全书。

其中比较有意思的是目录对一份汤若望满文证书副本的描述,由于年份记载得很清楚,而 1651 年(顺治八年)汤若望只有一份诰封:

诰封汤若望为通议大夫。又敕封若望父祖为通奉大夫。母与祖母为二品夫人。敕缮诰命绢轴,邮寄西国,给若望家属祇领。①

我想,这份诰封应当就是目录中所谓的满文证书吧。克拉普洛特在目录中同样对汤若望做了较为详细的介绍:

夏尔·约翰·亚当神父,或者用他的中文名字称呼为汤若望(Thāng-shǒ-wáng),是一位来自莱茵河畔科隆的德国人,1622 年到中国,并且被任命担任宫廷的职务,目的是为了改进陷于混乱的中国历法。在明代以后的清代,他接受了按照欧洲的天文学原理制定历法的使命,并被任命为钦天监监正。尽管汤若望很谦虚,但他还是获得了很多的荣誉;皇帝本人常常到他的住处造访他,并且允许他在京城按照欧洲的方式建造教堂。后来汤若望以谋反罪被起诉,并被判处死刑。但他不久就被无罪释放,并死于 1665 年 8 月 15 日的康熙年间。1669 年皇帝为他举行了豪华的葬礼,耗用白银 524 两。②

---

① 《正教奉褒》,上海:上海慈母堂第三次排印,1904 年,第 26 页。
② Klaproth, J. H., *Verzeichniss der chinesischen und mandschuischen Bücher und Handschriften der Königlichen Bibliothek zu Berlin,* ... Paris, 1822. S.59.

由于这是一部德国学者编纂的目录,克拉普洛特对这位耶稣会士和前辈学者倍加关注。在介绍汤若望的汉学成就的时候,作者还特别提到了他的中文名字。可能是因为当时中国的纪年与公历之间换算出了问题,汤若望去世的日期应当为1666年8月15日,①克拉普洛特误作了1665年。

有关汤若望死后的葬礼,《正教奉褒》记载康熙八年(1669)十月:"上赐银五百二十四两,以资助建汤若望坟茔,并表立墓碑石兽。"②此外,同年十一月十六日,"上遣礼部大员,捧谕祭文一道,至汤若望墓所致祭。利类思、安文思、南怀仁等,供设香案跪迎,恭听宣读。其文曰:皇帝谕祭原任通政使司通政使,加二级又加一级,掌钦天监务事,故汤若望之灵。曰:鞠躬尽瘁,臣子之芳踪,恤死报勤,国家之盛典。尔汤若望,来自西域,晓习天文,特畀之司,爰锡通微教师之号。遽尔长逝,朕用悼焉。特加恩恤,遣官致祭。呜呼,聿垂不朽之荣。庶享匪躬之报,尔如有知,尚克歆享"③。可见,在描述中克拉普洛特所使用的材料还是相当可靠的。

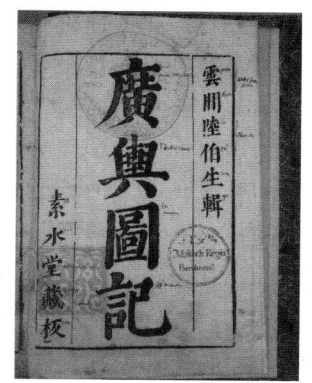 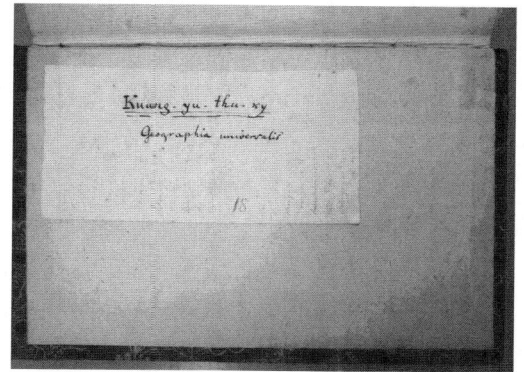

图4-2 克拉普洛特《柏林王室图书馆中文和满文图书与手稿目录》第一部分"历史和地理著作"之第V种:陆应阳著《广舆图记》书影(左)及书名的拉丁文转写和翻译。——李雪涛摄

---

① Väth, Alfons, S.J., *Johann Adam Schall von Bell S.J. Missionar in China, kaiserlicher Astronom und Ratgeber am Hofe von Peking 1592-1666. Ein Lebens- und Zeitbild*. Nettetal: Steyler Verlag, 1991. S. 320.此外,据费赖之记载,"若望虽受诬,实光荣,于一六六六年圣母升天日弃世。"费赖之著,冯承钧译《在华耶稣会士列传及书目》,北京:中华书局,1995年,第181页。
② 上揭《正教奉褒》,第65页。
③ 上揭《正教奉褒》,第64—65页。

此外,在第二部分"辞书和语法书"的最后一种(第11种)是《三字经》。克拉普洛特以汉语原文和满文翻译来列举了马礼逊《三字经》英文译文的错误之处。除了开篇的"人之初、性本善、性相近、习相远"的英文翻译之外,克拉普洛特指出,"窦燕山、有义方"被马礼逊完全搞错了:Tao, who lived at Yen-shan, adopted wise plans. 克拉普洛特指出,首字读作"Dou"(Teú)而非"Dao"(Tao),此外"窦燕山"(Teú-yān-schān)是人名,他姓"窦",之所以被尊称作"燕山",是因为他是幽州(Yeū-dscheū)地方人。克拉普洛特对"玉不琢、不成器"被马礼逊翻译成"As a rough diamond, not cut, never assumes the form of any jewel"颇不以为然,认为在原文中,既没有"金刚石"(diamond)也没有"珠宝"(jewel)。此外,他认为马礼逊的译本还有诸多其他的错误。①

上面提到的威尔肯博士在《柏林王室图书馆的历史》一书中也对克拉普洛特的目录进行了解说和评价:

> 在这部目录的前言中有报道说,王室图书馆中文收藏的基础是选帝侯威廉·弗里德里希大帝通过购买荷兰东印度公司的图书,特别是在巴达维亚(Batavia,即雅加达)通过博学的商人罗姆夫,以及由于《中国医学散论》(Specimen medicinae sinicae)一书而暴得大名的巴达维亚的医生克莱尔博士那里而购得的。这些尽管在王室图书馆的档案中没有记载,不过众所周知的是,至少安德烈亚斯·克莱尔多次跟御医门采尔以及这里的学者有着联系。《中国医学散论》一书中有门采尔撰写的前言以及馆长威廉·约翰·格尔拉赫(后来的图书馆员)的赞美诗。在王室图书馆中所保存的《日本植物志》(Flora Japonica)中,门采尔感谢这位博学的医生,他曾两度到过日本。在我们的手稿中发现了门采尔的很多论文,这些很可能是从他的遗物中征集来的。②

上文中所提到的都是相当重要的文献,威尔肯博士也希望对王室图书馆的中文图书收藏来源的梳理,而对汉籍的源流予以澄清。

---

① Klaproth, J. H., *Verzeichniss der chinesischen und mandschuischen Bücher und Handschriften der Königlichen Bibliothek zu Berlin*, ... Paris, 1822. S.146-148.

② Friedrich Wilken, *Geschichte der Königlichen Bibliothek zu Berlin*. Berlin: verlegt bei Duncker und Humblot, 1828. S. 173.

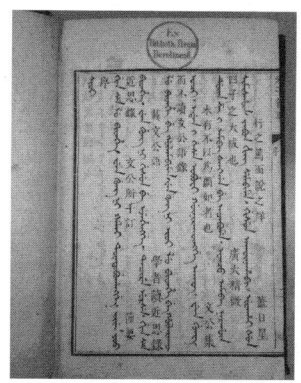
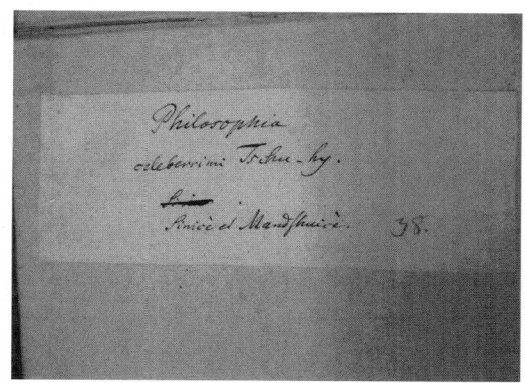

图 4-3 克拉普洛特《柏林王室图书馆中文和满文图书与手稿目录》第三部分"哲学和道德著作"之第 VII 种:《朱子节要》。在题解中作者写道:这里收录了 12 世纪宋代著名的哲学家朱熹的 14 篇哲学-道德论文,是由明代的高攀龙编写,并于 1602 年(万历三十年)出版的。此书系朱子语录及满语译文的双语对照版,出版于康熙十五年(1676),五卷。左为其中一页书影,右为拉丁文译名和对汉语-满语的说明。——李雪涛摄

三、绍特:《柏林王室图书馆中文、满语-通古斯语图书与手稿目录》

这部目录封面上的汉字为:"御书房满汉书广录",德文的书名可以译作:柏林王室图书馆中文、满语-通古斯语图书与手稿目录。封面上的其他信息有:克拉普洛特目录的续编。威廉·绍特博士编,王室柏林大学汉语和鞑靼语编外教授。柏林,王室科学院印刷厂印制。1840 年。

扉页上的献词是献给普鲁士国王威廉·弗里德里希三世陛下的:"编者怀着恭顺的敬畏之心敬呈"。

书目的编排方式:除了封面、扉页(献词)之外,有两页的前言,具体交代这部书目的情况:

> 本书所收录的所有中文和少量满语的著作,自从克拉普洛特的目录出版之后(1822)就归了王室图书馆所有。由于出现了各种麻烦事,我不可能像最初所设想的那样,做一本详尽的目录;不过我还是希望,

以后能够编写一部更加全面的目录,其中也包括克拉普洛特已经收入到他的目录中的王室图书馆所购得的较老的东亚书籍,对它们进行新的评价,并描述其更详尽的特征。①

此前言写于1840年6月1日,而其中所提到的这样一部内容详尽的目录后来好像并没有出版。

接下来是本书的内容,共分为13大类,共计约176种图书、报纸以及证件等带有文字的文献。13大类分别为:1.历史和传记;2.民族学与地理学;3.统计学和立法;4.哲学、宗教和道德(又细分为:A 儒家学派/ B 道家学说/ C 佛教著作/ D 现代哲学);5.语言、文字和古代知识;6.文集;7.百科全书和杂文类;8.纯文学(又细分为:A 抒情诗/ B 历史小说、长篇小说和剧本/ C 论述文集);9.医药;10.儿童读物;11.战略、体操、经济、技术、占星术及其他;12.传教士编纂和翻译的著作;13.地图和城市图。(详细的图书目录见本文的"附录二")

图4-4　德国东方学家、汉学家威廉·绍特

每一大类之下直接是书目。值得注意的是,由于西文图书文字书写习

---

① Verzeichniss der Chinesischen und Mandschu-Tungusischen Bücher und Handschriften der Königlichen Bibliothek zu Berlin. Berlin, 1840. S. III und IV.

惯一直以来就是自左而右、自上而下的顺序,为了适应横排的习惯,除了单独一页竖排的书名外,正文中所有的中文均为自左而右横排。我猜测,书目中的汉字书写很可能出自绍特之手——明显出自汉字为非母语者之手,并且有一些误植:例如第 93 页的《二度梅傳》误作了《二度梅傳》;第 94 页的《鬼神之德》的"德"字,使用了很少用的异体字"悳";第 101 页的《伤寒舌鉴》,误作了《伤寒舌盐》。

图 4-5　绍特编著《柏林王室图书馆中文、满语-通古斯语图书与手稿目录》(1840)一书书影

中文书名之所以称作"《御书房满汉书广录》",其中"御书房"是 Königliche Bibliothek(王室图书馆)的翻译,"满汉书"也容易理解,是 Chinesische und Mandschu-Tungusische Bücher und Handschriften(中文、满语-通古斯语图书与手稿)的翻译,而"广录"一词在中国古籍中用的并不多。徽宗

年间（1101—1125）李献民编纂的《云斋广录》是其中一本，但在当时的柏林并没有这部书。究竟为什么，换句话说究竟是不是绍特给这部目录起的名字，目前已无从查考。

在"哲学、宗教和道德"大类下的"D 现代哲学"下，作者记录了《性理真诠》一书。实际上这部书是在华法国耶稣会会士孙璋的中文著作，绍特显然并不知晓。① 孙璋，字玉峰，生于法国里昂，1712 年入耶稣会，雍正七年（1729）来华，在北京宫中供职。除了《性理大全》（或曰《性理真诠》）之外，孙璋尚有《性理真诠提纲》一卷，系乾隆十八年（1753）刻本，为《性理真诠》的删节本。②

有关此书绍特的注音和编号为：性理真诠 Sīng-li-tsch'in-ts'uān ［5 Bände.（＊ ）L. S. 290—94.］，页下的注释为："在巴黎装订成册的最后两卷，仅为第三卷的副本。"③而"5 Bände. L. S. 290—94"则表示了这部书共 5 卷，在汉学书库中的位置为 290—294 号。将此书翻译为"自然法则的真实解释"（Wahrhafte Erklärung der Naturgesetze）。④ 在具体的解释中，绍特写道：

> 这一著作是近代的产物，所展示的是善于思考的中国人在多大程度上产生了这样的需求，对人的存在之谜（die Räthsel des menschlichen Daseins）和命运之谜独自进行探讨。此书出版于 1753 年，是由一位不在政府中任职的学者撰写，他的名字叫孙德昭（Sün-te-tschao）。⑤ 或许此人从耶稣会士所写的中文著作中认识到了基督教义和方法，想要证明教义的真理和可信性。他继承了在一个自然宗教系统中能够找到其位置的所有的一切，对基督教作为正面宗教的特点予以了回避。有关基督、拯救、恩典等，可以说对整个基督教教义中的存在只字未提。作者明确地拒绝了道教和佛教的教义，声称唯一真实的教义是在

---

① 请参考刘耘华《孙璋〈性理大全〉对"太极"的诠释》，载《盐城师范学院学报（人文社会科学版）》，第 27 卷第 3 期（2007 年 6 月），第 75—77 页。

② 请参考上揭费赖之著，冯承钧译《在华耶稣会士列传及书目》，第 745—749 页；另请参考丁光训、金鲁贤主编《基督教大辞典》，上海：上海辞书出版社，2010 年，第 609 页"孙璋"条。

③ Verzeichniss der Chinesischen und Mandschu-Tungusischen Bücher und Handschriften der Königlichen Bibliothek zu Berlin. Berlin, 1840. S. 44.

④ Ebenda, S. 44.

⑤ 费赖之《在华耶稣会士列传及书目》"324 孙璋"传中的补注云："又据《性理真诠》与《性理真诠提纲》二书作字德昭。"上揭费赖之著，冯承钧译《在华耶稣会士列传及书目》，第 746 页。

中国人的古代经典中所揭示的。这些以今天的方式所展示的中国经典,作者认为仅仅是一些珍贵的残篇而已,此外人们将它们的意义歪曲和误解了;尽管这些经典目前来看有很多缺陷,但是我们现在还是可以从中概括出唯一真实的教义来。(在此,耶稣会士也是通过适应策略为本书作者树立了榜样。)

作者极力反对后期的诡辩家们从儒家经书中编制出的泛神论理论,此类书中最重要的代表是与本书书名相类似的《性理大全》(*Sing-li-tá-ts'iuan*,对自然法则伟大的或完整的解释),这本书出版于14世纪。为了让自己的判断更有意思,且更加令人信服,作者是以两位有学问的中国国家宗教的信仰者对话的形式来论述的,其中一位来自正宗的宗教信仰的幸运时代,而另一位则处于现代伪哲学家的迷途之中:前者不断证明后者完全是错误的,并且解决了后者所有的疑虑。其内容简单概括如下:

1. 论灵魂的本质。人的灵魂是纯粹精神性的,是不可分割、不可摧毁的。2.灵魂的本源。灵魂的本源在于万物的唯一创造者,在于真正位格的本质,而这一本质并非像很多人所错误认为的那样,是不可能与宇宙合而为一的。对于灵魂不朽性来讲,进一步的证据被斥责为人类无辜的灾难以及永不满足的追求。永远的因果报应。3.灵魂之路,或曰认识的途径。在这一章节中所要展示的是,真实的教义如此之古老,就像是创世一样古老,并且这一学说只有唯一的一个,就像是上帝只有一个一样,是永远不会消失的,但却会变得模糊不清,并且遭到歪曲。

孙德昭从自己的著作中选出了比较简单的文体的辑要,这构成了这部书的第二部分,我猜测,这是为了那些对详尽的推理不太熟悉的人准备的。我注意到,这一著作前后一贯的逻辑特性显然受到了欧洲的很大影响,而这些在东方并不常看到,这一推测是有一定的道理的。①

文中所提到的《性理大全》(七十卷)收录宋代理学家有关理学著述的

---

① *Verzeichniss der Chinesischen und Mandschu-Tungusischen Bücher und Handschriften der Königlichen Bibliothek zu Berlin*. Berlin, 1840. S. 44-46.

文集,为明代的胡广等学者奉明成祖朱棣敕命编辑而成,成书于 1415 年(永乐十三年)。从卷一至卷二十五为《太极图论》《通书》《西铭》《正蒙》等九种。自二十六卷下,分门目编纂为:理气、鬼神、性理、道统、圣贤、诸儒、学、诸子、历代、君道、治道、诗、文等十三类。清代的版本前有康熙《御制性理大全序》。明清两代都把此书与"四书""五经"同颁于天下,作为理学教育的教材。理学的著作受到了自利玛窦以来的耶稣会士的激烈批判,利玛窦从天主教神学的立场来批判宋明理学,因为"太极"的哲学命题显然占据了"天主"的位置。利玛窦借助西士之口,说出"若太极者,止解之以所谓理,则不能为天地万物之原矣"的道理。① 他同时提出,"天下万物不可谓之一体"。② 利玛窦之后,耶稣会传教士的一系列著作都对理学予以了批判,这包括艾儒略的《万物真源》《性学粗述》,利类思的《不得已辨》,汤若望的《主制群征》,陆安德的《真福直指》,龙华民的《灵魂道体说》,卫匡国的《真主灵性理证》,卫方济的《人罪至重》等中文论著。③ 到了《性理真诠》可谓全力排斥宋儒理学,达到了登峰造极。

从最后一段来看,绍特已经开始怀疑当时的中国学者能够撰述如此具有逻辑性的著作了,这一怀疑不无道理。绍特所提到的本书的第二部分,应当是《性理真诠提纲》。

有关此书,徐宗泽写道:

> 耶稣会孙璋著,1753 年出版,共四册。首册论灵性之体;二册论灵性之原;三、四册论灵性之道。作者以神哲二学之真旨,推阐详明,继以中国先儒在经书中,对于神人正确之观念,表而出之,以示中国古哲亦有造物之信仰;而儒道佛老所倡之迷信,亦一一纠正。诚一部辩护真教之好书。此书经孙公译成满文。④

从徐宗泽的描述中我们还可以知道这部书也有满文的译本。出使德

---

① Ricci, Matteo, S.J., *The True Meaning of the Lord of Heaven*(*T'ien-chu Shih-i*). St. Louis: The Institute of Jesuit Sources. 1985. p. 110.

② Ebenda, p. 174.

③ 请参考:朱幼文《析利玛窦对理学的批判及其影响》,载《华东师范大学学报(哲学社会科学版)》,1977 年第 5 期,第 46—51 页。

④ 徐宗泽编著《明清耶稣会士译著提要》,北京:中华书局,1989 年,第 219 页。

国的钦差大臣李凤苞于 1878 年 10 月在参观柏林书库的时候,还看到这部书,并发表了如是的感慨:"有《性理真诠》一册,为乾隆朝西国教士所撰,虽发明西教,而元妙如禅理,精微似宋学,盖其时教士尤多通儒也。"①尽管李凤苞知道这部书为耶稣会士所撰,但并不太清楚其撰述的动机,他依然认为这本书的主要目的是"通儒"。

书目中也收录了向中国人介绍英语的《红毛话》(Hūng-mao-hóa [L. S. 795.]),绍特的解释也非常有意思:

> 红头发外国人的语言。这个小册子包含了交流所必需的英语词汇。这些词汇并非用字母标出,而是使用汉字写成的。在注音中所使用的是广东方言。例如英语中的 Come(来)就是用的"金"字(第 167 个偏旁),因为在广东方言中"金"的读音是"kom",而不是像在受过教育的官话中读"kin"。②

由于在相当长的一段时间内,广州是中国重要的通商港口,19 世纪早期那里出版过多种商贸英语读本。此类的书是为受教育程度比较低的当地商人或买办编纂的,最便捷的方法当然是用汉字标音,并且使用方言的读音。因此才有上面用"金"(广东话的读音)来表示"Come"的现象。此类的用汉字注音的"番话"书,据周振鹤先生的考证,还有诸如大英博物馆所藏的约成书于 1850 年的《红毛通用番话》,清末省城广州以文堂刊刻的《红毛通用番话》,广州承德堂所刻的《红毛通用番话》,广州璧经堂所刻《红毛通用番话》,等等。③

由于大部分书是内曼在广州购得的,因此在这个书单中有很多具有广东地方色彩的图书,如《广东名人》(第 9 页)、《佛山街略》(第 13 页)、《两广盐法志》(第 19 页)、《粤讴》(第 87 页)、《岭南史》(第 93 页)、《广东文

---

① 李凤苞《使德日记》,收入钟叔河主编"走向世界丛书"之曾纪泽著《使西日记(外一种)》(长沙:湖南人民出版社),1981 年,第 16 页。

② Verzeichniss der Chinesischen und Mandschu-Tungusischen Bücher und Handschriften der Königlichen Bibliothek zu Berlin. Berlin, 1840. S. 58.

③ 周振鹤《大英图书馆所藏〈红毛通用番话〉诠释》,收入:荣新江、李孝聪主编《中外关系史:新史料与新问题》,北京:科学出版社,2004 年,第 405—410 页。周振鹤误将硕特的德文名字写作:"Short"。邹振环在《19 世纪早期广州版商贸英语读本的编刊及其影响》(载《学术研究》2006 年第 8 期,第 92—99 页)中引用了周振鹤文中的观点,同样将硕特的德文名字写错了。

献》(第 95 页)。

四、到访王室图书馆的中国官员

1878 年经郭嵩焘的保举,清政府赏李凤苞加二品顶戴,命其充署理出使德国钦差大臣,并办理采购船舰军火等事宜。李凤苞的《使德日记》①不仅谈到柏林书库,同时也谈到多次跟汉学家绍特(原文作:芍克)的会晤。

同年 11 月 15 日(光绪四年十月二十一日),李凤苞应"掌东方书籍者赫美里邀"②,前往柏林书库。按,赫美里系德国汉学家 Karl Georg Friedrich Julius Himly(1836—1904),这位出生于汉诺威(Hannover)的学者对汉语语言和东亚象棋有着非常深入的研究。③ 李凤苞对此人的学问赞赏有加:"赫君任取何种文字,辄能成诵,且领略其大旨。前在中国十年,通华文,操华语,明晰了当,知其于东方学问,枕胙深矣。"④

有关王室图书馆,李凤苞写道:"在新王宫之旁,西名扣尼希力喜比伯里乌台克。"⑤这是 Königliche Bibliothek(王室图书馆)的音译,亦即绍特所谓之"御书房"。当时的王室图书馆依然在歌剧院广场的"五斗橱"中。除了对图书馆的一般情况如书库建筑规模、庋藏办法等做了介绍之外,李凤苞还对书库的东方收藏做了介绍:

> 上螺梯,循廊而右,为各国语言书,西名"费劳洛直"之类。又进为东方之原书,则赫美里所掌也。土耳其、阿剌伯、波斯古籍甚多,西藏、缅甸、暹罗、印度各有写本、印本。三四千年前之印度书,皆坚薄牛皮,大半作葵黄色、象牙色、古香色,迥非唐宋藏经笺所及。其婆罗门教之"里格飞答经",则四千年前物也。梵文字汇、蒙古旧史、吐蕃记载,皆中国所罕见。⑥

---

① 此书最早的版本系上海著易堂1891 年《小方壶斋舆地丛钞》铅印本,目前比较流行的是钟叔河主编"走向世界丛书"之曾纪泽著《使西日记(外一种)》(长沙:湖南人民出版社),1981 年。
② 上揭李凤苞《使德日记》钟叔河版,第 14 页。
③ Cordier, Henri, "Karl Himly", in: T'oung Pao, Vol. 5, 1904, pp. 624-625. 其中 624 页的注释。
④ 上揭李凤苞《使德日记》湖南人民版,第 15—16 页。
⑤ 出处同上,第 14 页。
⑥ 上揭李凤苞《使德日记》湖南人民版,第 15 页。

当时的中国知识分子对中国之外的图书接触甚少,除了有限的佛经之外,中亚、西亚和南亚的古籍基本上没有机会见到,因此这些波斯、印度的古书,真的让李凤苞大开了眼界。他所谓的"费劳洛直"为"Philologie"(语文学)的音译,而所谓婆罗门教之"里格飞答经"当为印度教重要的《梨俱吠陀》(rgveda),是否为四千年前的遗物,则很难说。

除此之外,李凤苞还特别对中国收藏做了详细说明:

> 又进一门,为中国、日本之书,有《大清会典》、《三才图会》、汲古阁《十七史》、《元史类编》、《明史稿》、《西清古鉴》、《尔雅图》、《文献通考》、司马《通鉴》等书,《古今图书集成》只存草木图。有《性理真诠》一册,为乾隆朝西国教士所撰,虽发明西教,而元妙如禅理,精微似宋学,盖其时教士尤多通儒也。①

除了《性理真诠》之外,其余的书籍对于李凤苞来讲可谓是耳熟能详。实际上,作为知识分子的中国官员,在出使的时候寻访中国书籍,已经成为一种习惯。早在1877年刘锡鸿在五月初一日到访大英博物馆(播犁地士母席庵British Museum)便探访了那里的中文藏书,并做了比较详尽的描述。② 李凤苞对德国图书馆对中国历史文献搜罗求尽、馆藏求备的做法,是极为佩服的。除了访问图书馆之外,他还拜会了王室图书馆的馆长(拜书楼正监督)里白休士及其夫人,双方通过翻译就"春秋以前有无信史"进行了充分的讨论:

> 答拜书楼正监督里白休士,并见其夫人。论及春秋以前有无信史?如《外纪》、《竹书纪年》,半多后人伪撰,不知《史记》所依据者更为何书?苞答:"《竹书纪年》唯伊尹事纰缪,然月日干支,用三统术上推悉符,实非全属伪撰。"里君亦首肯,且谓北无入声,各国古音皆然,美利坚土番亦然,谅是天地元音云云。知其于东方学问却有心得,于中国书不能读其音而颇解其义。其夫人五十余,亦询中国叶韵始于何

---

① 上揭李凤苞《使德日记》湖南人民版,第16页。
② 刘锡鸿《英轺私记》,收入钟叔河编《刘锡鸿:英轺私记;张德彝:随使英俄记》("走向世界丛书Ⅶ"),长沙:岳麓书社,2008年,第147页。

时? 芭答:"可考者只四千年前虞书有明良叶韵,至三百篇而叶韵甚多。"里夫人曰:"不过是借用之韵,本无一定,希腊古诗多有之,亦与三百篇同时。"又谓:"三百篇之后,变为古乐,其长短变换,动与古合,大约是论古乐府之节奏。"惜博翻译传述不明,无从索解。①

这里的"博"是当时公使馆的翻译——英国人"博郎"。由于博郎之前一直在中国海关任职,显然对春秋之前的中国历史所知甚少,乃至这个对话没法进行下去。② 里白休士系莱波修斯,是德国著名的埃及学家、语言学家和受过专业训练的图书馆馆员。③ 莱波修斯曾在莱比锡、哥廷根和柏林三所大学学习过语文学和比较语言学,是近代埃及学的创始人。1873年他被任命为柏林王室图书馆馆长、高级馆员(Oberbibliothekar),直到他于1884年7月10日在柏林去世,一直担任这一职务。这期间的1878年,李凤苞曾在所谓拜书楼拜会过他。

顺便提一下,莱波修斯于1846年7月5日娶了作曲家克莱因·伯尔尼哈德的女儿克莱因·伊丽莎白为妻。李凤苞书中所提到的莱波修斯的夫人,当为伊丽莎白,1878年是50周岁。

对于本文特别重要的是,1878年12月6日(光绪四年十一月十三日)李凤苞还拜会了著名汉学家绍特:

> 谒学士芍克,年已七十六矣,著作等身,兼精东方学问。见其二十年前用德文所撰《中国文法》、《中国古语考》等书,久有印本。又通清语、蒙古语,手为编纂者数十册,出《三合便览》及《清文汇》见示,多旁行小注,手订歧误。今虽衰迈,而方将《契丹国志》译成德文,已脱稿

---

① 上揭李凤苞《使德日记》钟叔河版,第21—22页。
② 1877年5月26日(光绪三年四月十四日)刘锡鸿在日记中写道:"接到总税务司赫德由京发来电报,令金登干带领博郎来见,以备余用。博郎盖英人,自幼德国读书,长则效力于中国,历十余年,能华语者。"刘锡鸿《英轺私记》,见上揭钟叔河编《刘锡鸿:英轺私记;张德彝:随使英俄记》,第140页。
③ 莱波修斯有一系列重要的有关埃及学和历史比较语言学的著作,其中与中国语言有关的仅有一本: Über chinesische und tibetische Lautverhältnisse und über die Umschrift jener Sprachen(论汉藏语音的关系及这两种语言的注音系统). Akademie der Wissenschaften, Berlin 1861. 莱波修斯其他的论著,见德国国家图书馆(Deutsche Nationalbibliothek)的网上目录: https://portal.dnb.de/opac.htm?query=Woe%3D118727699&method=simpleSearch。

二卷。且云拟译辽、金、元三史,真不知老至矣。苞赠以《瀛环志略》,开卷数行,即能摘出误处。其夫人亦七旬矣,谦恭温雅有儒风。①

这可能是中国文人/官员首次记载的跟绍特的直接会面。按,绍特出生于1802年,至1878年李凤苞来访时,正好76岁。当日绍特回访李凤苞,用笔谈的方式谈了他对郭嵩焘《使西纪程》的看法:"学士苟克来笔谈,云昨得郭大臣《使西纪程》,阅之既遍,纪载确实,并无虚语。且谓中国文字可学目谋与心谋,而不能与耳谋与舌谋。"②

1879年元月10日(十二月十八日)傍晚,绍特专门邀请李凤苞及其随从傅兰雅(John Fryer, 1839—1928)、陈季同(1851—1907)喝茶:"苟夫人甚恭,献茶点三四次,酒肴二次,必恭亲焉。苟克出所著佛经数种,及清文数种,又见《中国文法解》一书,援引甚博,皆其二十年前著作也。"③绍特有关佛教的著作有:《论亚洲高地与中国的佛教》(*Über den Buddhismus in Hochasien und in China*. Berlin 1844)、《论中国佛教文献》(*Zur Litteratur des chinesischen Buddhismus*. Berlin 1873)。李凤苞所谓的"清文"是指满文。绍特曾著《试论鞑靼人的语言》(*Versuch über die Tatarischen Sprachen*. Berlin 1836)、《有关蒙古和鞑靼的最古老记载》(*Älteste Nachrichten von Mongolen und Tataren*. Berlin 1846)。有关汉语语法方面,绍特专门著有《汉语语言规范》(*Chinesische Sprachlehre*. Berlin 1857)。绍特一生中将几十部中文或满文的历史、文学著作翻译或改写成德文,④除了以上的专著之外,还有一些他在不同报刊上发表的相关的论文或译文,也都一并拿给了李凤苞。

李凤苞感叹以绍特为代表的德国汉学家所取得的成就,认为德人治汉学之勤勉,终其一生,实在令人钦佩。"及来欧洲,方知有终身探讨中国古文诗词及满蒙文字,苦心孤诣,至死不变者。……其询古诗、古字者,不一而足,而于德国为尤多。"⑤李凤苞对德国汉学家们严谨的治学态度,予以了充分的肯定。

---

① 李凤苞《使德日记》湖南人民版,第36—37页。
② 出处同上,第42页。
③ 出处同上,第54页。
④ 请参考:Walravens, Hartmut, *Wilhelm Schott*(1802-1889). *Leben und Wirken des Orientalisten*. Wiesbaden: Harrassowitz 2001. S. 85-87.
⑤ 李凤苞《使德日记》,收入钟叔河主编"走向世界丛书"之曾纪泽著《使西日记(外一种)》(长沙:湖南人民出版社),1981年。第22页。

1888年春薛福成被朝廷任命为出使英、法、意、比大臣,在驻欧使节任内,他走访了欧洲许多国家,详细地研究了欧洲的政治、军事、教育、法律、财经等制度,除此之外,他对海外汉学的研究也颇为关心。1893年6月3日他曾到柏林的王室图书馆访问,薛福成在《出使日记续刻》中在比较西洋各国文教的时候,特别描述了这家承继人类文明的图书馆:

> 德国书库在新皇宫之旁,屋中列数千年前乐谱及各国古字,俱以羊皮为之。有掌书所,亦藏中国经史子集,并有梵文字汇、蒙古旧史、吐蕃纪载。每日九点钟至四点钟,凡来领书抄读者二百余人。德之文教盖如此。①

薛福成访问柏林王室图书馆,尽管是在李凤苞之后的15年,但图书馆中亚洲以及中国藏书的情况并没有太多的变化,他所列举的图书包括中国的经史子集、梵文字汇、蒙古旧史、吐蕃纪载等,李凤苞则有更为详细的记载。

五、柏林王室图书馆中文收藏在20世纪的命运

进入20世纪以后,柏林王室图书馆的中文收藏仍是图书馆东方部的重要组成部分。1914年在菩提树下大街的图书馆主楼——被认为是世界上最大的图书馆——建成之后,时任王室图书馆总馆长的哈纳克(1905—1921年间担任王室图书馆总馆长)在讲话中指出:"如果从拉丁语和希腊语的手稿收藏来看,我们的图书馆与慕尼黑、维也纳、巴黎、罗马和伦敦是没法相比的,……但是在东方各种语言的手稿收藏方面,我们是一流的。"②而在其中,中文的收藏是非常重要的部分,也是图书馆引以为豪的。

1918年的11月革命废除了普鲁士的君主制度,自魏玛共和国时期开始柏林王室图书馆更名为"普鲁士国家图书馆"(Preußische Staatsbibliothek)。1941年11月第二次世界大战爆发,为了避免惨遭联军的轰炸,图书馆将300万册珍贵图书和各类特殊收藏分散转移到帝国境内的安全地带。这些

---

① 薛福成《出使英法义比四国日记》之《出使日记续刻》,钟叔河编"走向世界丛书"之第8册,长沙:岳麓书社,2008年,第775页。

② Jahrbericht der Königlichen Bibliothek 1913/14 S. 15, zitiert nach Auster, Guido, „Orientalische Abteilung". In: *Deutsche Staatsbibliothek 1661-1961. I.* Leipzig 1961. S. 281.

图书和手稿被分别藏于 30 多处的矿山、教堂、城堡和学校,最终只有阅览室的部分书籍以及无法运输的物品被留在了当时帝国的首都。其中大部分的东方语言的手稿被转移到了后来西德的领土上,但其中东亚的文献很少。这批文献后来被集中在了马堡(Marburg an der Lahn)和图宾根(Tübingen),在 60 和 70 年代的时候,被运往了位于西柏林的普鲁士文化遗产国家图书馆(Staatsbibliothek Preußischer Kulturbesitz)。而被运往当时德意志帝国东部地区的书籍,在 1945 年之后作为"柏林卡"(Berlinka,柏林藏品)成为波兰的国家财产。其他由苏联军队运走的书籍,被收藏在今天独联体不同的国家中。普鲁士国家图书馆约 80 万册的珍本图书以及多种特藏,在第二次世界大战期间或可以证明被毁,或下落不明,或之后没有再运回柏林。二战以后在苏联占领区的菩提树下大街的图书馆东亚收藏仅收回了大约 24,000 卷的图书。

尽管 1957 年在西德就成立了"普鲁士文化遗产基金会"(Stiftung Preußischer Kulturbesitz),但一直到 1978 年波茨坦大街的"普鲁士文化遗产国家图书馆"建成,东西德才就这部分的遗产正式展开合作。两德统一后,自 1992 年 1 月 1 日开始,图书馆正式更名为"柏林国家图书馆——普鲁士文化遗产"(Staatsbibliothek zu Berlin - Preußischer Kulturbesitz),分别坐落于菩提树下大街和波茨坦大街的两处图书馆中,而东亚部目前在波茨坦大街的建筑之中。

有关东方学的文献中,印刷品当然是更多的,据 1919 年的统计,当时王室图书馆东方部有大约 25,000 卷印刷的书籍,其中包括欧洲语言、亚洲语言以及非洲语言。其后图书馆对东方学珍本书籍的征集工作不断加强,到了 1939 年第二次世界大战爆发之前,东方部的藏书已经达到了 340,000 卷。1943 年图书馆中东亚的藏品大约有 72,000 卷。[1] 1942—1944 年间,大量的珍本印刷品书籍也被转移到了其他的地方。东方部所藏的印刷品在战后有 3/4 的原来藏品重又被运回了国家图书馆东方部。[2] 到了 1986 年,

---

[1] Kaun, Matthias, „Brüche und Überbrückungen. Eine ostasiatische Sammlung in neuem Gewand". In: *Seit 100 Jahren für Forschung und Kultur. Das Haus Unter den Linden der Staatsbibliothek als Bibliotheksstandort 1914-2014.* Hrsg. v. Martin Hollender. Berlin: Staatsbibliothek zu Berlin – Preußischer Kulturbesitz 2014. S. 121-129, hier S. 123.

[2] Schubarth-Engelschall, Karl, „Orientalistische Bibliothekare und Asien-Afrika-Abteilung". In: *Kostbarkeiten der Deutschen Staatsbibliothek.* Hrsg. V. Hans-Erich Teitge u. Eva-Maria Stelzer. Wiesbaden: Dr. Ludwig Reichert Verlag, 1986. S. 169-176, hier S. 173.

国家图书馆东方部所藏的图书数量达到了110,000卷,[1]其中有相当一部分是中文的图书。

在国家图书馆的发展中,特别是第二次世界大战以来,产生了断裂和停顿。根据1945年8月2日签订的波茨坦协定,决定割让四分之一左右的德国领土,把奥得河和尼斯河以东的地区交给波兰人,东普鲁士部分地区交给苏联人管辖。这样,"柏林藏品"在1945/46年的冬天便交由波兰方面管理。这批藏品中共有30万卷珍贵的手稿和图书,包括中世纪的稿本,路德和歌德的手迹,席勒的博士论文,9,000多位名人的书信等等,可谓是德国的国宝。值得庆幸的是,当时普鲁士藏书中为数不小的东亚部分——约占藏品的1/3,共计约有20,000卷的中文图书,被运往了当时帝国著名的格律绍修道院(Kloster Grüssau,波兰语:Opactwo Cysterskie w Krzeszowie),战后被运到了卡拉科夫(Krakau)的雅格龙斯卡图书馆(Bibliotheka Jagiellonska)。

由于德国和波兰的法律界对这批文化遗产的主权问题看法不同,近期将这些藏品归在一起的可能性并不大,因此,2011年底国家图书馆向联邦政府的文化与媒体专员(Beauftragte der Bundesregierung für Kultur und Medien, BKM)提出了一项申请,将这批目前处于不同地方的珍贵中文藏书首先重新编目,以确定哪些书籍目前还存在,存放在哪家图书馆,其后再将这些图书分期分批数字化。这个项目并非将在历史中已经分开的实体的书重新放在一起,而是将双方藏品数字化并在虚拟空间中合在一起(http://crossasia.org),这对克服以往的断裂和停顿有一定的补救作用。这项工作的重要性还在于,其中有一些珍贵的手稿和印刷品在亚洲、欧洲或美洲的图书馆中已经很难见到了。

此次整理的卡拉科夫雅格龙斯卡图书馆的东亚藏书部分,除了以往编号中的书籍和手稿外,还发现了一些至今尚不清楚的收藏,包括一些前现代的朝鲜语的著作。[2] 与上述19世纪上半叶德国汉学家编纂的两部书目相关的图书,主要是以"libri sinici"(中国图书)为书目号的书籍。1912年之前,王室图书馆和后来的普鲁士国家图书馆的汉学和满学(Mandchurica)的

---

[1] Ebenda, S. 174.

[2] Kaun, Matthias, „Brüche und Überbrückungen. Eine ostasiatische Sammlung in neuem Gewand". In: *Seit 100 Jahren für Forschung und Kultur. Das Haus Unter den Linden der Staatsbibliothek als Bibliotheksstandort 1914-2014.* Hrsg. v. Martin Hollender. Berlin: Staatsbibliothek zu Berlin-Preußischer Kulturbesitz 2014. S. 121-129, hier S. 125.

图书都在这一编号之下,一共有 1,603 部著作。目前在柏林共有此类的图书 309 种,卡拉科夫有 84 种,如果合在一起的话,共 393 种,占原来全部东亚藏书的近 1/4。

六、结　　论

通过以上对德国两部汉学目录的介绍,我们可以认识到,欧洲学术运用语文学(philology)或其他诸如文本批评的方法对中国历史文献学的研究,构成了海外汉学的重要基础。这两部目录的内容尽管都是中国的书籍,但当时德国的汉学家和目录学家已经尝试着用近代学科的分类方法对这些传统以及近代的中文图书进行分类了,而不是沿袭中国传统的经史子集的学科划分。

王室图书馆之所以购入满文图书的原因,是因为从勃兰登堡选帝侯威廉·弗里德里希创建选帝侯图书馆开始,中国就一直处于清王朝的统治之下。满文是中国当时皇室的语言,也是打开中国皇家宫殿大门的重要手段,采购一部分的满文图书也在情理之中。此外,对于当时大部分欧洲的语言学家来讲,作为拼音文字的满文更容易掌握。满文文献为语言学家和汉学家掌握中文,进而研读中文文献提供了非常重要的帮助。因此,王室图书馆所收藏的满文文献,大都是满汉合璧的。

从两位目录学家对其中的中文、满文等图书的解说,我们可以知道,他们对大部分图书的解读是相当准确的。特别是他们给出了很多图书的历史背景,并且翻译了一些重要的章节。对于欧洲其他学科的学者来讲,这些都有助于他们进一步认识中国,认识汉学、满学。克拉普洛特对每部书的作者、内容、版本情况都做了详细介绍,如果有欧洲译本的话,他也会对译本的情况予以分析,指出其得失。除了英、法等欧洲语言之外,绍特也特别重视俄语译本的情况,因为早期的东正教使团中的汉学家翻译了很多中国典籍。他在介绍《西域闻见录》中,特别介绍了比丘林的译本。

有部分图书在王室图书馆中藏有多种,除了一些流传较广的书籍外,这也说明购书者对某些选题特别重视。比如,不论是克拉普洛特,还是绍特都特别重视传教士的中文著作,前者所记录的书中有多种天主教耶稣会传教士的科学著作,而后者则记录了很多新教传教士的神学著述和一些基督教宣传品。

普鲁士王室图书馆的中文和满文的藏书后来也随着德国历史的变迁而经历了不同凡响的发展历程。19世纪末、20世纪初受帝国扩张主义的影响,东亚藏书迅速增加。而在第二次世界大战期间,这些藏书随着德国领土的丧失,被归入了不同的国家。1990年东西德的统一,也使得重构原来王室图书馆中文、满文的藏书成为可能。特别是通过数字化的方式,在互联网上建立19世纪上半叶两位目录学家编入书目中的图书馆也是指日可待。

从欧洲开始关注、研究中国,中国的历史文献就不仅仅属于中国了,用西文对中国历史文献所进行的阐释、批评,对于丰富国内的中国文献学研究,具有不可替代的作用。同时,正是通过域外汉学家对中国历史文献的研究,才使得中国文化成为人类的共同精神财富,使作为人类文明的重要一分子的中国文化,具有了世界性意义。欧洲的汉学研究实际上是东西学术互动的产物。汉学家以近现代的学术方法将中国学术纳入其中,从而使得传统的中国学术适应了国际学术发展的趋势,获得了当代的价值。欧洲汉学与中国学术的互动,使中国学术逐渐向现代化的形态发展,欧洲学术也因为汉学的进入而更加丰富,正是在面对中国时,他们才有了更清晰的自我文化认同。双方在文化上的相互渗透、影响,显然在编纂目录的这一时期就已经开始了。

附录

凡例:

1. 由于柏林王室图书馆中三分之二的中文和满文图书现在都已经找不到了,因此附录部分的中文书名主要是依据上面提到的两部目录复原的。

2. 在目录中凡是有汉字书名的,拉丁文的转写一律不再附上。凡是没有汉字书名的,拉丁文的转写,一律附在书名后的括号中。

3. 附录中,括号中的页码(第 X 页)均为两部目录的页码。

4. 在对两部书目的介绍中,不再重复一般性的知识介绍,但会附上比较独特的内容以及版本说明。

5. 王室图书馆中的中文、满文图书编号 L.S.(Libri Sinci 中国图书),凡是在这两部书中已经标明的,在下列还原的目录中都予以保留。

附录一：克拉普洛特：《柏林王室图书馆中文和满文图书与手稿目录》所收中文图书书目①

第一部分：历史与地理著作

I.《资治通鉴》（第 1—4 页）

附：年号（第 5—32 页，从汉代开始，一直到清嘉庆，克拉普洛特在注释中写道：一般称现今统治着的皇帝为"皇上"或"今上皇帝"）

II.《金帝国史》（满文译本，在解说中说是脱脱著作的满文译本，根据德文的翻译，应当是《金史》②）（第 33—34 页为解说，第 35—37 页满文译文的开头部分，第 37—40 页为这一部分的德文译文）

III.《纲鉴》（《袁了凡纲鉴》，袁黄著作的满文译本，第 41—44 页是满文译文的一部分，第 44—47 页是相应的德文译文）

IV.《明史》（第 48—55 页，通过本纪、志、表、列传四个部分来做介绍）

附：对二十四史的解释（第 49—53 页）

V.《广舆图记》（陆应阳著，第 56—57 页）

附：中国的 15 个省的划分

VI.《八旗敕书》（满文，估计是《八旗通志》的一部分，所记载的是雍正二三年（1724—1725）间的敕令）

VII. 汤若望一份满文证书的抄本（有可能是 1651 年顺治的颁诏加恩：通议大夫、太仆寺卿或太常寺卿满文告身的抄本）

VIII.《纲鉴甲子图》

第二部分：辞书与语法书

I.《御制增订清文鉴》（第 61—117 页，其中有对满族起源的记载的德

---

① 请参考：上揭张国刚《柏林德意志国立图书馆中国古文献调查记——以鸦片战争前的图书及其编目为主》，第 41 页及以下。

② 张国刚认为是《元史》的满文译本，误。见上揭张国刚第 41 页。克拉普洛特的文中专门提到脱脱生活在元代，而《元史》则是宋濂（1310—1381）和王濂（1321—1373）主编。此外，从《金帝国史》的名称也可以推断出是《金史》而非《元史》的译文。此书系奉皇帝之命，由希福等翻译成满文。*Chinesische und mandjurische Handschriften und seltene Drucke. Teil 8. Manschurische Handschriften und Drucke im Bestand der Staatsbibliothek zu Berlin. Bearbeitet von Hartmut Walravens. Stuttgart: Franz Steiner Verlag*, 2014. S. 88.

文译文,第62—63页;并对从"远祖"以来的清代皇帝的谱系进行了梳理,第63—71页;之后是德语和通古斯方言的词汇对照表,第72—89页;有关满语起源和发展的论述,第90—94页;其后是对《清文鉴》三个部分的解说:《满汉合璧词典》(其中的汉语被译成了德语)、总纲、补编,按照西文字母顺序排列的满汉词汇索引)。

II.《音汉清文鉴》(第118—120页,实际上是汉满语的一个手册,是在《御制清文鉴》出版后删去了其中的满文解释部分,由编者明铎(Mingdo)加上了汉语的翻译而成;在解说中也包括一段满文的德文翻译)。

III.《清文启蒙》(第121页,实际上是四卷本《满汉字清文启蒙》,舞格著,包括:第一部分讲授满文字母、汉文切音字的正读、正写(满洲十二字头单字、清字运笔先后);第二部分包括满汉对照日常用语(兼汉满洲套话);第三部分是语法规则和实例(清文助语虚字);第四部分乃满文同音词、同义词、同形词的细微区别(清字辨似、清语解似)。

IV.《字汇》(第122—124页。明代梅膺祚编纂,第一部分(首卷)包括:1 运笔,2 从古,3 遵时,4 古今通用,5 检字;从第二卷开始是按照十二甲子的顺序排列的;第十四卷是"卷末",包括:1 辨似,2 醒误,3 韵法直图,4 韵法横图。据克拉普洛特记载,王室图书馆以前也曾有过一套《字汇》,只不过缺了其中的第五卷。目录中记载,王室图书馆中还有一部《字汇》,是门采尔装裱在白色的纸上的,并且在旁边写上了译文。他也开始给每一个字进行注音,并且按照 Francisco Diaz, Vocabulario de Letra China(多明我会传教士迪亚兹于1640年编撰《汉西字汇》)来确定这些字的意思,并且翻译成拉丁文。不过他在最后一项工作中犯了一个很大的错误,亦即他将迪亚兹《汉西字汇》中对中文词汇的解释省略了,并将这些词翻译成了拉丁文,而这些对使用者来讲用处不大。)

V.《康熙字典》,由两位吏部尚书张玉书、陈廷敬主持,大部分内容由翰林院的翰林编撰的字典。

VI.《汉西字汇》(Vocabulario de Letra China,第129—136页),迪亚兹(F. Francisco Diaz)所撰,共598页,欧洲纸。

第三部分:哲学与道德著作

I.《魁本正文》或《新刻易经》(第137—138页)

II.《四书》(第139—140页),在"大学"的注中克拉普洛特指出:"传教士们用 Adultorum schola 翻译这一篇名,但根据赦修的满文译本 Amba tazin ni bitche 的翻译,译作"大学之书"(Buch der grossen Lehre)。"(第 139 页注 1)

III.《孝经、小学》(满文,第 140—141 页)

IV.《满汉经文成语》(第 141 页)

V.《古文典义解》(第 142 页),由章禹功编著,出版于 1687 年(康熙二十六年)。本书共分为六卷:卷一、卷二为周,卷三为秦,卷四为汉,卷五为晋唐,卷六为宋明。

VI.《训俗遗规》(第 143 页),陈弘谋、桂林编,四卷。这个版本为 1766 年(乾隆三十一年)的第二版。

VII.《朱子节要》(第 143 页),在题解中说:这里收录了 12 世纪宋代著名的哲学家朱熹的 14 篇哲学-道德论文,是由明代的高攀龙编写,并于 1602 年(万历三十年)出版的。此书系朱子语录及满语译文的双语对照版,出版于康熙十五年(1676),五卷。(第 143 页)

VIII.《圣谕广训》(第 144 页)汉满对照。"是由世宗献皇帝雍正颁布的,他是现任皇帝的曾祖父。本书包括上谕十六条,皇上在本书中对基督教与来自印度的佛教进行了比较,并且以此来告诫他的臣民。本书是满文和中文对照。"(第 144 页)在注释中,克拉普洛特指出了《圣谕广训》的几个译本:马六甲的新教传教士米怜于 1817 年在伦敦出版的译本:Milne, William, *The Sacred Edict, containing sixteen maxims of the Emperor Kang-Hee, amplified by his son, the Emperor Yoong-Ching: Together with a paraphrase on the whole by a Mandarin* . London 1817. 此外在英文中还有小斯当东的译本,收入在他下列的书中:Staunton, Georg Thomas, *Miscellaneous Notices relating to China* . Second edition, London 1822. 而这一广训的第一个欧洲译本应当是俄译本:Китайские поучения изданные от Хана Юнджена для воинов и простого народа, во 2 году царстваввания его (в 1724). Перевел с Китайского на Российский язык Секретарь Леотьев. 1778 года.(雍正皇帝在登基第二年即 1724 年为士兵和普通人出版的中国训诫,由秘书列昂季耶夫从汉语翻译成俄语)不过这个译本缺少了第 7、12、13、14、15 以及第 16 条。(第 144 页)

IX.《日记古事》。(第 145 页)"这是儿童教育的道德读本,所选的都是非常有名的短篇故事;附有插图,分为五卷。新的版本出版于康熙二十七年(1688),这个刻本也是为了那些想要练习常用词汇的人特别出版的。

书中课文的重要部分都用比较大的字体印出,而不太重要的则用小字印刷。——马礼逊先生曾经将本书的第一卷的 24 则故事翻译成英文,收入其《华英字典》(*Dictionary of the Chinese Language*. Macao: The Honorable East India Company's Press, 1815)第一册之中(S. 724 ff.)。"(第 145 页)按:实际上是在"孝 Heáou"条下介绍了二十四孝。(S. 724—728)

X.《昔时贤文》(第 145 页),并附有《百家姓》。

XI.《三字经》(第 146 页)。在解题中,克拉普洛特指出了马礼逊译本的问题所在。他在同页的注释中也提到了《三字经》的其他译本:首先被翻译成的欧洲文字是俄语: *Сань дзы гин, то есть книга троесловная. Букварь Китайской. В Санктпетербурге.* 1779 года.(三字经,即全书由三字句构成。中国蒙学读本)其后是马礼逊的英译本,收入到了他的:Morrison, Robert, *Horæ sinicæ: translations from the popular literature of the Chinese*. London 1818 之中。意大利传教士蒙图齐博士又在马礼逊译本的基础上译出了新的译本,收入:Montucci, Antonio, *Arh-Ckhih-Tsze-Teen-Se-Yin-Pe-Keaou: Being a Parallel drawn between the two intended Chinese Dictionaries*. London, Berlin 1817.

第四部分:小说

I.《三国志》(第 149 页)。在解题中克拉普洛特写道:"这一著名的著作是由晋代的陈寿编著的,在东汉献帝二十五年(公元 220 年)中国被分为魏、蜀、吴,本书讲述的是这三国的故事。这三个国家不断发动战争,直到公元 280 年晋代的建立者统一了中国才告结束。蒙古王朝元代时候的罗贯中将陈寿的这部历史著作改编成为具有恢宏气势的文体,增加了一些具有浪漫情调的情节,将书名题为《演义三国志》。罗贯中的改变使得此书成为最受欢迎的历史小说,并且得到了普遍的赞誉。这是由李卓吾批注的,于康熙二十三年(1684)新印的版本,20 卷。"(第 149 页)按:最后的信息很有可能是想说这本《演义三国志》是李贽(1527—1602)批注的《李卓吾先生批评三国志》。

II.《水浒传》(第 150 页)。在解题中给出的版本是康熙二十五年(1686)的版本,并且是带有绣像的。其中也还提到中国人的一句俗语:"老不念水浒,小不念三国"(Laò pǔ nián Schuý-chù, Siaò pǔ nián Sān-kuĕ)。(第 150 页)克拉普洛特在这里将意思正好弄反了,中国人常说的是"少不读水浒,老不读三国",意思是说,少年人血气方刚、易于冲动,看了《水浒》,会形成不良的习性;年老了之后一般会深谙世故,如果再读《三国》的话,就会洞悉其中的阴谋诡计、尔虞我诈,难免会愈加老谋深算、沟壑满胸。此外还记载了图书馆还有其他版本的《水浒传》。

III.《列国志》(第151页)。题解中说,在周朝的时候,中国被划分为了多个不同的诸侯国,尽管他们是周天子的封侯,但他们的权力非常大,常常会违背皇帝的旨意。这一历史在本书中是以传奇性的方式展开的,从公元前1148年的纣王开始,以公元前258年商的最后一个皇帝终止,这也是秦王朝的开始。八卷本。(第151页)

IV.《肉蒲团》(第152页)满文。在解题中说:这是一本从汉语翻译成满文的肮脏的小说。此外还提到,其中的手书写得非常潦草,不过还是可以读懂的。(第152页)

第五部分:博物志和医学书

I.《本草纲目》(第153—161页)。编者在题解中说,这一著名的著作出自蕲阳李时珍之手,由于他的去世,阻碍了这本书的出版。他的儿子李建元在父亲去世的那一年[万历二十一年(1593)]将此书献给了神宗皇帝,皇帝下令刊印此书。1596年此书出版,作者的朋友凤洲王世贞为此书写了序。(第153页)在"凤洲 Fúng-dscheū"的注释中,克拉普洛特对马礼逊的译本又加以批判:马礼逊先生在《中国大观》(Morrison, Robert, *View of China*. Macao 1817. S. 2 u. 6)中引用了《纲鉴》,所谓的编年著作,是一位来自凤洲岛的学者所编,因此书名取作《凤洲纲鉴》,就想说"巴黎通晓多种语言者"(Pariser Polyglotte)与"英格兰通晓多种语言者"(Englischer Polyglotte)相区分。马礼逊犯了一个错误,他误将"凤洲"(Phönixinsel)看作了作者的名字,并且说:"《纲鉴》34卷,凤洲著"(Kāng-kián in 34 volums, by Fung-chow)。因此马礼逊的这部《中国观点》是最为草率、错误百出的一部作品。(第153页)

接下来克拉普洛特对《本草纲目》进行了介绍,同时也厘清了以往西方世界的一些误解。他指出:这部著作不仅仅是对中国人已经知道的植物和树木进行描述,实际上它是一部通用的博物志。"本草"二字,傅尔蒙翻译为:Proprietas herbarum(草的本性)是错误的(Fourmont, Étienne, *Grammat. Sinica*, 1742, pag. 487),两个字放在一起是"博物志"的意思,不仅仅涉及从

"草"字的本意推断出植物王国的含义。作者的意图是要教会人们认识到植物体的药用价值,因此他对所有的植物都进行了描述。(第154页)

克拉普洛特也提出了这本书的问题,很多很糟糕的插图,他认为这是作者的儿子李建中造成的。(第160页)此外,克拉普洛特认定这本《本草纲目》是宽永十四年(1637)在日本首都江户(Jedo)刻的板,其底本系万历三十一年(1603)由江西张鼎思修订的第二版(张鼎思刊本)。这个版本为了方便日本人阅读,也标注了片假名。(第160—161页)

Ⅱ.《本草炮制》(第161页)。这是一部篇幅比较小的博物志,一共有6卷,但仅存前三卷。著者及年代不详。(第161页)

Ⅲ.《本草纲目》(第162—163页)。这是一部特别珍贵的版本,克拉普洛特在上面标注着"第一版"(Die erste Ausgabe)。共三函二十册,每册上贴有汉字,是门采尔用木头雕刻制作的。函也是在欧洲按照中国刻板书的方式用褐色的硬纸制作的。克拉普洛特指出,门采尔搞错了,他误认为江西出版的第二版跟这一版是同一版。在最前面有王世贞的序,写于1590年。之所以可以确定这个年代,是因为序的最后写道:"万历岁庚寅春上元日弇州山人凤洲王世贞拜撰",克拉普洛特对此做了详尽的解释。(第162页)

此外,克拉普洛特还指出,在王室图书馆还有另外一套不完整的版本,缺了前10卷。(第163页)

Ⅳ.《大观本草纲目全书》(第164页)。本书为唐慎微著,宋政和年间的1114年(宋徽宗政和四年)完成,此书所据的版本为明宪宗成化五年(1469)30卷本,前有淳安商作的序。卷1—2为序和有关博物志的学术综述;卷3—5为"玉石部";卷6—11为"草部";卷12—14为"木部";卷15为"人部";卷16—18为"兽部";卷19为"禽部";卷20为"虫鱼部上品";卷21为"虫鱼部中品";卷22为"虫鱼部下品";卷23为"果部";卷24—26为"米果部";卷27—29为"菜部";卷20为"本草图经"。书中有超过600幅的插图。书末有"龙飞万历己卯春日杨先春新梓",克拉普洛特由此确定这本书的刻印时间为1579年(明神宗万历七年)。(第165—166页)

Ⅴ.《指南八十一难经》(第167页)。这是一部由熊宗立编写的传为秦扁鹊的著作。德文翻译为:Magnetnadel der ein und achtzig schwierigen Punkte(八十一个难的穴位的针灸)。本书共三卷,书前有一张由张世贤绘制的表格,很直观地将作者的学说演示出来。不过这部书的第一卷缺了第13叶。本书是明神宗万历元年(1573)的版本。在标题中,克拉普洛特将"八

十一"误写作了"入十一",不过下面的拼音和翻译都是正确的。(第167页)

Ⅵ.《脉诀》《难经》(第168页)。此书一般认为是公元4世纪由西晋名医王叔和所撰,克拉普洛特对此表示了怀疑。尽管书名包括两部医学著作,但柏林的这个版本缺了第二部分,亦即只有《脉诀》。克拉普洛特认为,曾在巴达维亚(Batavia)停留的德国人克莱尔将这部书的一部分翻译成了拉丁文,收入了他下列的著作之中:*Specimen Medicinæ Sinicæ, sive Opuscula medica ad mentem Sinensium*, Francofurti 1682, S. 1—48. 现今的版本是明世宗嘉靖四十四年(1565)周一朋编订的,前面有周氏的序。书中有熊宗立的注释。这个版本出自明神宗万历六年(1578),刻印得非常清晰。(第168页)

Ⅶ.《医方考》(第169—170页)。吴崑著,有作者写于万历十二年(1584)的序。全书分为八部,由方处厚编订。最后的两部分讲的是号脉,书边上用红笔批注了"内增脉语"四个汉字。门采尔不知道这四个汉字究竟是什么意思,因此在旁边写道:Sigillum typographi vel authoris!!!(印制的符号或作者的!!!)这个版本出自万历四十三年(1615)。

Ⅷ.《太素脉》(第170页)。一开头克拉普洛特就写道:"门采尔没有注意到,'太素'是作者的名字,因此他将书名错误译作了'magna continuation pulsuum'(永远持续的脉)。"接下来他解释道,"太素"是青城山"张太素"的名字而已。在这本书中,张太素论述他有关脉学的形而上学的学说。本书共两卷,由刘伯详注释。这一版本是由龚廷贤编订的,书前有他的序,但并没有出版年。(第170页)

Ⅸ.《订补古今医鉴》(第171页)。本书系由金谿的龚信编写,后由他的儿子龚廷贤在明神宗万历十七年(1589)出版。柏林的这个版本是由王肯堂修订,比较晚才出版。整本书分为16部,除了前三部分外,其余的部分是对各种疾病的描述,并给出了治病的药方。文中也配有插图。

Ⅹ.《万病同春》(第172页)。本书是由金谿县云林村的龚廷贤医生编纂,他是太医院的第一批太医。这本书的整体分类和疾病的顺序都跟他父亲所著的《古今医鉴》相同。书前的序出自万历十七年(1589),柏林的版本或者是第6版,或者是在第5版的基础上修订的,出版于明思宗崇祯十四年(1641)。(第172页)

Ⅺ.《医统正脉》(第173页)。这是一部内容详尽的古今医学著作,由著名的医生和文人王宇泰先生——王肯堂编著。在明代的时候新安吴勉学奉神宗皇帝之命刊印,并出版于万历二十九年(1601)。此书包括 7 个部分:医学六经(黄帝内经、灵枢、甲乙经、脉经、难经、中藏经)、仲景伤寒全书(原文汉字误作:冲景伤寒全书)、宣明论方(金朝河间刘守真撰)、河间伤寒六书(原病式、保命康、标本、医鉴、心要、直格)、儒门事亲(张子和撰)、东垣十书、丹溪心法(朱震亨撰)。(第 173—180 页)

XII.《针灸穴位图》(第 180 页)。对开本的中国人体构造图(Chinesische anatomische Tafeln,应为"针灸穴位图"),万历二十五年(1597)印制。对开本的前一页贴有拉丁文的注释:Rudis delineatio singularum partium humani corporis seu musculorum quos inter aut cauterium ad breve tempus adhibent, aut cum acu aurea candefacta partem affectam perforant.(粗略的人体各部分或肌肉的图,在这些部位间,他们或者短期内使用灸,或者用制成白色的金针穿刺患病部位。)之后附上了在红纸上手写的中国医药名录,以及克莱尔的 Medicina Sinica(中国医学)中拉丁文的描述。(第 180 页)

XIII.《脉诀附方》或者是王叔和的《脉诀》中所附的小的对开本的处方(第 180 页),写在红纸上。

(第六部分不存在!)

第七部分:在华耶稣会士的著作

I.《数表》(第 181—182 页)。这是耶稣会士奉康熙皇帝之命用中文编写的一部有关正玄(正弦)和切线对数的数表,范围是从 1 到 100,000。这个数表之所以显得奇怪,是因为编者不仅仅罗列了中文的数字,同时在旁边也并列列出欧洲的写法,并且引进了"0"的用法。例如中国人将 100,000 写作"十万",在表中也用欧洲的方式写了:一〇〇 〇〇〇。克拉普洛特此时已经注意到了一些数学术语的表达方式:度 Tú, Gradus; 分 Fēn, Minuta prima; 秒 Miǎo, Secunda; 正玄 Dschíng-chiân, Sinus rectus; 馀玄 Yû-chiân, Complementum sinus; 切线 Ziě-chiân, Lenea tangens; 馀切线 Yû-ziě-siân, Comlementum tangens. 由于本书没有书名、序、出版年以及出版的其他信息,所以不知道这部书确切的出版年月。不过克拉普洛特却认为这本书印制得实在漂亮。(第 181—182 页)

II.《泰西水法》(第 182 页)。这是来自意大利的耶稣会士熊三拔神父用中文撰写的一部书,中国学者徐光启做了审校。作者曾于 1606 至 1620

年在中国。柏林版的这部 6 卷的著作只保存了 4—6 卷。(第 182 页)

III.《浑盖通宪图说》(第 182 页)。这部三卷本的著作是由 1621 至 1635 年在北京生活的邓玉函神父撰写的,之后由中国学者李之藻加以润色并刻板。柏林版仅存第二和第三卷。(第 182 页)实际上邓玉函于崇祯三年(1630)就死于北京了,克拉普洛特所谓的死于 1635 年显然是错误的。

IV.《赤道南北两总星图》(第 183 页)。这是由耶稣会士汤若望神父所画的四大页图,是按照黄道绘制的平面天球图。(第 183 页)费赖之在"汤若望"传中有关其著作的第二十六条写道:"《赤道南北两动星图》,克拉普洛特《克拉普洛特藏书目录》一八三页引之。疑即第十三号书之别一版本。"①按,第十三号为《星图》。② 此外,费赖之将克拉普洛特书中的"《赤道南北两总星图》"误作了"《赤道南北两动星图》"。

V.《天主圣像略说》(第 183 页)。此书是由葡萄牙的耶稣会士罗儒望(一般作:罗如望,Juan da Rocha, 1566—1623)撰,出版于万历四十七年(1619)。(第 183 页)费赖之在"罗如望"传中有关其著作时写道:"《天主圣像略说》一卷,一六一九年本,克拉普洛特撰柏林汉文抄本书录卷二,五四页有著录。(索默尔沃热尔《书目》,卷六,一九三一栏。)③

VI.《天主降生出像经解》(第 183—184 页)。此书由 1613 至 1649 年在中国传教的意大利耶稣会士艾儒略编撰。这部著作中包括了耶稣生平故事的图画,并附有简短的解释。此书由阳玛诺神父审校并刊印。(第 183—184 页)

VII.《天主圣教圣人行实》(第 184 页)。这是由耶稣会传教士高一志神父用中文撰写的,他是意大利北部皮埃蒙特人,1605—1610 年间在中国传播福音。克拉普洛特给出了第 7 卷所描写的 11 位圣女的拉丁文原名:1.Felicitas; 2. Brigitta; 3. Isabel; 4. Octavia; 5. Melania; 6. Paola; 7. Basilissa; 8.Kunigunde; 9.Francisca; 10.Maria Magdalena; 11.Katherina.(第 184 页)费赖之在"高一志"传中有关其著作的第三条中写道:"《天主圣教圣人行实》七卷,一六二九年刻于绛州,亦为谪居澳门时之撰述。一八八八年土山湾印书馆重刻是编第一卷,题曰《宗徒列传》,编入《道原精粹》第七册中。《道

---

① 费赖之著,冯承钧译《在华耶稣会士列传及书目》,北京:中华书局,1995 年,第 184 页。
② 出处同上,第 183 页。
③ 出处同上,第 73 页。

原精粹》共八册,四开本。(一九一七年一六一号书目;一九二六年有第二版。)"①

第八部分:综合书籍及残篇

I.《三才图会》(第 185—186 页)。这是雲间王圻所编的著名的百科全书,编成于万历三十五年(1607)。柏林的这个版本是万历三十七年由黄成东刻印的。在解题中,克拉普洛特还解释了"三才"(Sān-zaŷ)所指的是天地人,用以泛指天地万物。本书共分为 14 部:1.天文;2.地理;3.人物;4.时令;5.宫室;6.器用;7.身体;8.衣服;9.人事;10.仪制;11.珍宝;12.文史;13.鸟兽;14.草木。(第 185—186 页)

II.《慈悲道场忏法》(第 187 页)。克拉普洛特将书名翻译成:*Gebete und Litaneien der Foe-Religion*(佛教的祈祷与连祷文)。在解题中,他认为这是由宋代的两位尼姑(Nonne oder Bonzinne)贞妻周氏和望妻果氏编写的,这个版本是明神宗万历四十七年(1619)的新刻本。克拉普洛特还注意到佛教经籍书后的"音释"部分,因为佛教译经的一些用字对儒家知识分子来讲有些是不常见的。(第 187 页)今天我们比较清楚,10 卷本的《慈悲道场忏法》,一般称作《梁皇宝忏》。据卷首所附〈慈悲道场忏法传〉序文,可知此忏法相传系梁武帝为皇后所集。这里所说的宋代的两位尼姑,至多是南北朝宋(其实是梁)时,此外也不是由两位尼姑编写的。

其中 III.-VIII. 为残篇(第 187—188 页)。

III. 写满护身符的小册子(第 187 页)。疑为道教的画符。

IV. 两个单独的小册子(第 187 页),与上面已经介绍的编号为 X 的医学著作《万病回春》卷 4 是相同的。

V.《万病回春》的残卷(第 187 页),没有装订的散页。

VI. 单独的小册子(第 187 页),与上面已经介绍过的编号为 V 的《难经》卷 3 和卷 4 相同。

VII. 单独的小册子(第 188 页),包含了上面已经介绍过的《大观本草》卷 13。

VII. 不同内容的很多小册子和残卷(第 188 页),其中有用一百种不同的字体写成的《百福图》。此外还有一幅古代的印章,是用古代不同字体

---

① 费赖之著,冯承钧译《在华耶稣会士列传及书目》,北京:中华书局,1995 年,第 94—95 页。

刻制的,旁边有今天新字体的翻译。

附录二:《御书房满汉书广录》分类及所收书目

历史和传记

I.《通鉴纲目》(第1—3页。20册,王室图书馆编号:L.S. 343—362)。绍特指出,这部书王室图书馆很早就藏有,克拉普洛特将此书的目录编号为:L. S. 38—58(Klaproth's Katalog S. 1)。在注释中,绍特指出,有关《通鉴纲目》的最全面的解说以及有关这部著作成书的过程,耶稣会的冯秉正神父在他的12卷本的《中国通史》(*Histoire générale de la Chine*, 1777—1783. S. 41—44.《通鉴纲目》的法文译本)的前言中予以了交代。(第1页)之后绍特介绍了《通鉴纲目》的出版史,并且提到《通鉴》的解释者胡三省——朱熹的同时代学者——曾经对《资治通鉴》进行辨误,编写了12卷的《通鉴释文辨误》一书。值得庆幸的是,王室图书馆也收藏了这部书(编号:L.S. 229)。(第3页)此外,在有关《通鉴》历朝的研究中,他也引用了耶稣会士宋君荣法文版《中国年代纪》(*Traitè de Chronologie etc.*, Paris 1814. S. 172)的论述。(第3页)

II.《通鉴纪事》(第4—5页。15册,编号:L.S. 445—59)。绍特在做了详细介绍之后,指出:"《通鉴纪事》的历史叙述方式是最接近我们欧洲的历史编纂家的,而司马光和朱熹则使用了严格的编年的方式。这部书的另一个特点是完全没有评论。"(第5页)此书系袁枢所撰之《通鉴纪事本末》,全书取《资治通鉴》所记之事,区别门目,分类编排。

III.《明朝纪事》(第5页。6册,编号:L.S. 460—65)。绍特提到,这部著作一共80卷,第一本前有编者谷应泰(Ko-ying-t'ai)撰写的序,写于清世祖顺治十五年(1658)。(第5页)大部分的中国古籍到了王室图书馆后,用西式的装订方法将若干卷装订成一本,这是所谓的Band(册)。实际上,谷应泰撰的《明史纪事本末》如果按照中国古书的划分方法是80卷。

IV.《南唐书》(第6页。1册,编号:L.S. 682)。绍特在这里除了介绍18卷《南唐书》的时代和内容外,还特别说明了最后一卷的附录,介绍了南唐朝廷与外国,亦即与朝鲜和契丹的政治接触史。(第6页)

V.《靖逆记》(第6—7页。1册,编号:L.S. 622)。这部书是道光元年(1821)刻印的。6卷的《靖逆记》所讲述的是从嘉庆十八年(1813)开始的对各省的强盗和帮派的清剿活动。(第6—7页)实际上这是清代历史上有名的"癸酉之变",亦即在天理教发动的攻入紫禁城事件之后,清政府开始在天理教徒集中的豫东、鲁西南以及冀南地区进行的清剿活动。

VI.《左国辑要》(第7页。1册,编号:L.S. 712)。绍特提到,这是从左丘明的《左传》和《国语》选编的。本书的底本是乾隆二十三年(1758)的版本,柏林藏本是嘉庆十四年(1809)刻印的。

VII.《史记补注》(第7—8页。1册,编号:L.S. 661)。在解题中,绍特指出,这本书是一位名叫方望溪(Fang-wang-ki,方苞,1668—1749)的他的两位弟子对他讲课内容的记录。(第8页)此书为方苞的《史记注补正》,题为《史记补注》。题目后是"方望溪先生讲授,门人程崟、王兆符编录",我想绍特是根据这一句来做上面的判断的。没有对具体版本的说明。

VIII.《古今纪史录》(第8页。1册,编号:L.S. 790. 791)。解题中有书名的德文翻译,但没有具体说明版本的情况。王室图书馆藏有两本。

IX.《历代帝王》(第8页。1册,编号:L.S. 157. 165)。王室图书馆收藏有两册。绍特谈到,这本书中按年代图表的方式收录了历代帝王的小传,也包括附属国有名的国王。(第8页)

X.《列仙传》(第8—9页。1册,编号:L.S. 735)。这是道教的短篇神仙传,附有插图。书后有相关的道教论文。(第8—9页)没有版本的说明。

XI.《广东名人》(第9页。2卷,编号:L.S. 775)。开头是有关广东省的地理统计图表。(第9页)没有版本说明。

民族学与地理学

I.《太平寰宇记》(第9—11页。6册,编号:L.S. 321—26)。绍特介绍了这本书的作者和内容以及版本的流传情况:200卷的《寰宇记》在乾隆年间(1736—1796)刻了第二版,嘉庆八年(1803)刻了第三版。柏林所藏的这本出自第三版,其纸质非常好,印制也很清晰。前171卷是对全国十三道的详细介绍,第172—200卷为"四夷"(Ssè-yi),记述当时已经为中国人所知道的世界各民族。绍特也对"匈奴"(Hiung-nu)进行了介绍,认为可能是突厥(Tu-kiu,土耳其)人的后代。(第11页)

II.《西域闻见录》(第12—13页。1册,编号:L.S. 624)。绍特介绍说,作为清代的官员椿园(Tschün-yuan)在新疆(中国突厥斯坦,Chinesischer Turkestan)居留过多年,因此他的记载都是他亲眼看到和亲耳听到的东西。

在乾隆四十三年(1778)出版过一本很小规格的版本。(第12页)绍特还提到了俄罗斯东正教的传教士比丘林在他的 Описание Чжургария и Восточного Туркестана, 1829 года(准噶尔和东突厥斯坦志,1829 彼得堡)一书中,将大部分的内容翻译成了俄语。(第13页)

III.《佛山街略》(第13—14页。2册,编号:L.S. 767)。对位于广东省西南的这个城市的地理情况进行了描述。(第13页)绍特提到,这本书印刷质量很差,书中附有一幅插图。他还认为,Foe-shan(佛山)很有可能是普尔弗伊船长(Capitain Purefoy)所说的"Focan"(C. Ritter's Asien, Band III, S. 825)。(第14页)

统计学和立法

I.《大清会典》(第14—18页。5册,编号:L.S. 580—84)。绍特解释说,这是一部国家文件汇编性质的著作,相当于国家手册的选编。最新的内容出自嘉庆二十三年(1818)。(第14页)今天我们提到《大清会典》自然会想到《大清五朝会典》,亦即包括康熙、雍正、乾隆、嘉庆和光绪。实际上柏林所藏的只到嘉庆的100卷。绍特还罗列了包括宗人府,内阁,六部(吏、户、礼、兵、刑、工)等25个行政机构。(第15—18页)

II.《大清律例》(第18—19页。6厚册,编号:L.S. 588—92)。绍特在题解中指出,这是在顺治三年(1646)就奠定了基础的、目前依然在中国统治的王朝中使用的刑法典(Criminal-Codex)。这一律例分别在康熙十八年(1679)、雍正三年(1725)、乾隆五年(1740)、嘉庆四年(1799)以及嘉庆二十年(1815)多次修订和补充。柏林王室图书馆所藏的版本是道光九年(1829)根据最后一次修订版刊印的。每一版都有当朝皇帝御制的序,并且是用朱红色的字体印出。(第18页)绍特指出,达庇时在他的杰作 *The Chinese*(中国人,T.I, p. 237 ff.)中详细地给出了相关的内容提要。一个完整的英文译本是由小斯当东译出的:*Ta Tsing Leu Lee, being the Fundamental Laws and Supplementary Statutes of the Penal Code of China*. London: Printed for T. Cadell and W. Davies, in the Strand, 1810.(第19页)

III.《两广盐法志》(第19—21页。4册,编号:L.S. 597—600)。绍特在解说中指出,由于帝国的大部分盐都出自广东和广西,因此盐税构成了这两个省份财政的重要部分。本书汇集的文献从顺治八年(1651)到乾隆十八年(1753)。(第19页)绍特还将雍正元年(1723)版本的序翻译成了德

文。(第 20—21 页)

IV.《天下水路程》(第 21 页。1 册,编号:L.S. 776)。绍特只是很简短地翻译了书名,做了简单的介绍。(第 21 页)明代黄汴的这部书,实际上所反映的是当时中国国内主要水陆线路的分布情况。书名应当是《天下水陆路程》,绍特在转写的时候,落下了一个"路"字。

V.《科场条例》(第 21—22 页。3 册,L.S. 683—85)。科举考试对于中国人来讲是头等大事,因此有关科场的条例每十年都会修订一次。柏林的这一版本是道光五年(1825)刻印的。绍特也指出,相关的内容,马礼逊在他的《华英字典》第一卷"学 Heǒ, and Heaou"(Hio)条下(*Dictionary of the Chinese Language*. pp. 759—779)有非常详细的内容提要。(第 21 页)按:马礼逊是在解释"考试 Kaou she, or literary examinations"的时候,引进《科场条例》(*Ko chang teaou le*)这一条目的。马礼逊所依据的版本是嘉庆二十年(1815)刻印的。(p. 759)

VI.《季条例》(第 22 页。40 册,编号:L.S. 495—534)。这是在当时每一季度需要公布的一些法律条文。(第 22 页)

VII.《邸报》/《京报》(第 22—23 页。编号:L.S. 239. a-f.)。绍特没有注上汉字,他写道:放在粘起来的小盒子里面的 6 份八开本的小册子,是几份中国的报纸。其中有两份的日期是:道光二年五月二十五日和二十六日,其余 4 份是七月一日、四日、五日和十日的。在下面的注释中,绍特根据《中国人的时间计算法》(Ideler, Ludwig, *Zeitrechnung der Chinesen*. Berlin 1839)算出上面的几个时间分别是:1822 年 7 月 13 日和 14 日;8 月 17 日、20日、21 日和 26 日。(第 22 页)

VIII.各类证件(第 24 页。编号:L.S. 169)。在一个盒子里装着的证件。其中之一是一张"船牌"(tschuan-p'ai,广东话:ssün-poi),是当时广州的知府颁发给普鲁士的商船的通行证。以允许普鲁士商人 Jansen(汉字写作 Hin-schin,广东话读作 Yän-ssän)在口岸活动。颁发的日期是道光四年二月十日,也就是 1824 年 3 月 10 日。(第 24 页)

哲学、宗教和道德

A. 儒家学派

a. 儒家的经典著作

绍特介绍说,儒家学派的经典著作并非仅仅是流传下来的中国古典文化的一些残篇,而且还包括所有后来发展出的高级的人文学科——道德、政治、历史、文学描写与抒情诗。(第 25 页)这样的解释对于当时的欧洲读者来讲是非常必要的。

I.《五经》(第 25—26 页。编号:L.S. 250—54. 702—4. 706. 713. 800)。上面提到的几个编号包含了《五经》的清晰的刻本。有三套完整的版本。除此之外,王室图书馆还藏有《易经》(*Yi-king*)和《诗经》(*Schi-king*)的版本。(第 25 页)

编号:L.S. 249. 626. 668—69。这三种刻本都有眉批,对最难的段落都有解释。这三个刻本分别是《诗经》(*Schi-king*, Lieder-Kanon)、《书经》(*Schu-king*, Geschicht-Kanon)和《礼记》(*Lì-kí*, Ritual-Kanon)。(第 25—26 页)

编号:L.S. 339。第五部经是孔子编纂的关于他家乡鲁国的编年史《春秋》(*Tschün-ts'ieu*)。王室图书馆所藏的是南宋福建学者胡安国(Hungan-kue)的《春秋传》,对《春秋》有非常详尽的解释,刻印的时间是乾隆五十五年(1790)。(第 26 页)

II.《四书》

绍特解释说,这四种书被认为是仅次于经的第二级的经典。(第 26 页)

编号:L.S. 254. 628. 817。整个的《四书》是完整的。此外有单独的《孟子》(*Meng-tssè*),还有在圣彼得堡影印的《大学》(*Tá-hio*)和《中庸》(*Tschung-yung*)。

III.《四书合讲》(第 26—27 页。很厚的一卷。编号:L.S. 337)。绍特解释说,这是将朱熹的章句附在四书的原文后,这样便于年轻人学习。柏林的版本是雍正八年(1730)的版本,于道光元年(1821)重新刊印的。他同时也解释了每一页的情况:每一页分为上下两部分:下面是原文和朱熹的章句,原文用大字,章句用小字;上部分占据的篇幅比较大,是讲义。(第 27 页)

IV.《四书朱子异同》(第 27—28 页。6 大厚册。编号:L.S. 327—32)。这是清代学者李沛霖、李祯对四书的字句和内容所做的详细解释。绍特指出,该书出版于康熙四十四年(1705)。(第 28 页)该书的正式名字为《四书朱子异同条辨》,共四十卷。

b. 儒家学派的阐释者和哲学家

I.《管子》《荀子》(编号:L.S. 673)。本书没有书名,绍特认为是对儒家

学说的解释。有关版本,他指出是乾隆元年(1736)的修订本

Ⅱ.《朱子全书》(第 29—30 页。6 册。编号:L.S. 465—70)。绍特指出,这部朱熹的全集是奉圣祖(Sching-tsu)之命,于康熙五十三年(1714)刻印的,共 66 卷。同时,绍特还介绍了 8 部分的内容。(第 29—30 页)

Ⅲ.《黄氏日抄》(第 30 页。4 册。编号:L.S. 381—85)。南宋黄东发读经、读传、读杂史、读诸子等的随笔札记。共 97 卷。本书最初出版于至元三年(1337),柏林的版本刻于乾隆三十二年(1767)。(第 30 页)

Ⅳ.《象山先生全集》(第 31 页。15 册。编号:L.S. 806. a-p.)。绍特对陆九渊本人以及全集的内容做了介绍。由于王室图书馆所藏的这个版本缺了卷一,因此看不到序言和出版的年月。(第 31 页)

Ⅴ.《望溪先生文集》(第 31—32 页。1 册。编号:L.S. 674)。本书是乾隆十一年(1746)的版本。绍特不知道"望溪"是方苞晚年的号。因此他在解题的最后指出:"这一书名的意思是:名为'望'的山溪先生的文集,我却不知道这一号后面的哲学家是谁。"(第 32 页)

***

之后绍特提到了《修真辨难》(Sieu-tschin-pian-nan,编号:L. S. 662)一书,他认为这是与《易经》的苦思冥想相关的一本书。刊印于嘉庆十六年(1811)。(第 32 页)这其实是一本有关道教气功内丹术的著作,绍特发现不好归类,实际上归错了地方。

B. 道家学说(原文误作:Lehre der Tao-sse,道子学说。应为:道家学说/老子学说)

Ⅰ.《神仙鉴》(第 32—33 页。6 册。编号:L.S. 676—81)。绍特将这本书归在了道家学说中,但他在卷 5 中发现了有"释迦摩尼佛"的传记。(第 32 页)由于柏林的版本缺少序、年月以及索引,并且在卷 22 戛然而止。所以绍特认为这本书是不完整的。(第 33 页)

Ⅱ.《性命主旨》(第 33 页。1 册。L.S. 338)。绍特认为本书的作者不详。柏林的这个版本刻印于康熙四十四年(1705)。此书实际上是成书于宋至明时期的《性命圭旨》一书,绍特误作了《性命主旨》(Síng-míng-schù-tschī),显然他将:"圭"误认为是"主"了。

Ⅲ.《三官妙经》(第 33—34 页。1 册。编号:L.S. 763)。绍特对天官、地官和水官以及上元、中元和下元做了介绍。(第 33—34 页)但是并没有关于此书版本的说明。

IV.《吕祖全书》(第34—35页。3册。编号:L.S. 688—90)。绍特介绍说,这部书是道家著名哲学家吕祖(Liu-tsu),或吕洞宾(Liu-tung-pin)的著作集,刻印于乾隆九年(1744),而吕祖生活的年代是9世纪的唐朝。(第34页)之后绍特介绍了道家的炼丹术,解释了"金丹",并提到了王室图书馆所藏的另一部道家的著作《金丹真传》(Kin-tan-tschin-tschuan,编号:L.S. 618),刻于万历四十三年(1615)。同时也提到了宋熙宁八年(应为1075,绍特误作了1057)刻印的《悟真篇》(U-tschin-pian,编号:L.S. 615)。(第34—35页)

V.《太上感应篇》(第35页。1册。编号:L.S. 610)。绍特在介绍了《感应篇》的内容之后,也提到了法国汉学家儒莲的译文和注释:Thaï-chang. Le livre des récompenses et des peines, en français, accompagné de quatre cents légendes. Paris, 1835.(第35页)

C. 佛教著作

I.《金光经》(第36—37页。10册。编号:L.S. 746)。绍特解释了"经"一字是从梵文 Sutra 翻译而来的,并介绍说大部分的这些汉译佛典的梵文原文都已经散逸。绍特还提到这部经的蒙古文译文,是由在彼得堡的施密特·伊萨克·雅克布和在喀山(Kasan)的科瓦洛夫斯基翻译的,前者在他著作的最后谈到了梵文的语法,后者在文选中选了《金光经》(蒙文:Altan gerel)中有趣的几段。(Petersburg, 1836—37)此外,绍特还在注中解释了佛经的函,以及所谓的"梵夹装",每一夹都用大红的绸缎包裹着。(第36页)绍特还提到了柏林藏的这部经的另外的一个残卷,编号:L.S. 811。(第37页)

II.《金刚经》(第37页。1册。编号:L.S. 230.744)。绍特首先解释了《金刚经》和《金光经》意思上的区别。他指出,"般若波罗蜜"(Pan-ju Pa-la-mi)是从梵文"Pradjna Paramita"音译而来的。在同一页的注释中,他也提到了小埃尔曼曾将《金刚经》翻译成了蒙文,并且带到了达乌尔(Daurien)和中国边境。(第37页)

III.《莲花经》(第37—38页。7册。编号:L.S. 705)。在对这部经的主要内容作了概括之后,绍特也尝试着翻译了其中的一段。(第38页)

IV.《华严经》(第39—40页。1厚册。编号:L.S. 743)。绍特对《华严经》作了解释。对同一函中的《阿弥陀经》(A-mi-ta-king)也做了解释。在注释中,绍特认为作为佛陀在世间的代表,阿弥陀佛的化身是班禅活佛

（Bantschan Rinbotsche），这在西藏相当于转世教宗（Mit-Pabst oder Gegen-Pabst）。（第 40 页）

Ⅴ.《禅定正指》（第 40—41 页。1 册。编号：L.S. 753）。绍特指出这是一部有关禅宗（禅那、禅定）的著作。他也涉及了禅宗的公案。此外，他也提到了王室图书馆的另外一本禅宗的著作《禅宗永嘉集》（编号：L.S. 601），对永嘉玄觉也做了简单的介绍。（第 40—41 页）

Ⅵ.《千佛名经》（第 41—42 页。1 册。编号：L.S. 745）。除了对这部经做了介绍之外，还对同一函中的另外一部经——《佛母咒经》（Foe-mu-ts-cheu-king）做了介绍。（第 41—42 页）

Ⅶ.《清土文》（第 42—43 页。1 册。编号：L.S. 734）。绍特介绍这部著作的特点在于融合儒家和佛教的义理。王室图书馆的这部著作刻印于顺治十五年（1658）。绍特写道：有一位来自龙舒（Lung-schü）的叫王日休（Wang-ji-hieu）的人编了这本书。为了跟他同名的人区别开来，他将自己家乡的名字写在了他的名字前面。（第 42—43 页）这实际上是《龙舒净土文》，绍特误作了"清土文"。

Ⅷ.《佛说》（第 43 页。1 册。编号：L.S. 761）。绍特解释说，这部佛经是佛陀对"沙门"（Schamanen）的教诲，以及提出的责任。（第 43 页）从内容上来看应当是《佛说四十二章经》。

Ⅸ.《慈悲道场忏法》（第 43 页。7 册。编号：L.S. 810）。绍特介绍图书馆还藏有两本类似的书：一本是永乐十四年（1416）刻板的同名的佛经；另一本是 10 卷本的《忏法传》（Ts'an-fa-tschuan），编号：L.S. 627。

***

此外，绍特还介绍了《仙佛合宗》（Sian-foe-ho-tsung，编号：L.S. 760）一书。他认为，作者将道教和佛教的几个难点拿出来予以讨论。（第 44 页）

D. 现代哲学

《性理真诠》（第 44—46 页。5 册。编号：L.S. 290—294）。绍特指出，这部著作的最后两册是在巴黎装订的。正如在正文里所说明的那样，绍特并不知道孙德昭（Sün-te-tschao）是在华法国耶稣会会士孙璋的中文名字。此书刊刻于乾隆十八年（1753）。（第 44 页）

E. 道德民间话本（大部分是调和道家学说的著作）

Ⅰ.《敬信录》（第 46—47 页。1 册。编号：L.S. 341. 602. 768. 801. 802）。绍特介绍这本书的第一版刊于乾隆十四年（1749），而王室图书馆所藏的这

部《敬信录》是第四版,刻印于道光四年(1824)。(第46页)

II.《玉历传》(第48页。编号:L.S. 612)。绍特在解题中谈到此书最早是大宋年间编成的,王室图书馆所藏是嘉庆十九年(1814)刻印的。(第48页)

***

其他此类的书,绍特也粗略地讲解了一下。(第48—50页)

III.《报身篇》(*Pào-schén-pian*,没有汉字。第48页。编号:L.S. 696)。新版刻印于嘉庆二十五年(1820)。(第48页)

IV.《吕祖功过记》(*Liù-tsù-kung-ko-kǐ*,没有汉字。第48页。编号:L.S. 740)。新刊印于嘉庆二十二年(1817)。(第48页)应为《吕祖功过格》。

V.《国色天香》(*Kuě-sě-t'iān-hiāng*,没有汉字。第49页。编号:L.S. 631—32)。10卷,系有关道德和政治的论文选。(第49页)这实际上是明代吴敬所的一部通俗性小说,流传甚广。

VI.《关觉世》(*Kuàng-kiǒ-schì*,没有汉字。第49页。编号:L.S. 609)。道光九年(1829)的刻本。(第49页)按:疑为《关圣帝君觉世真经》,又称《觉世篇》、《觉世宝训》简称《觉世经》,成书年代不详,一般认为是清初。绍特误写作"关觉世"。

VII.《明心宝鉴》(*Mīng-sīn-pào-kiān*,没有汉字。第49页。编号:L.S. 663)。绍特将书名翻译成了德文:Kostbarer Spiegel zur Beleuchtung des Herzens. 他没有找到有关作者和出版时间的信息。(第49页)实际上,这部由20篇文章组成的蒙学读本,是由元末明初的范立本整理的。道明会(Ordo Praedicatorum)的高母羡曾将此书翻译成西班牙语:Libro chino intitulado *Beng Sim Po Cam*, que quiere decir Espejo rico del claro corazón o Riquezas y espejo con que se enriquezca y donde se mire el claro y límpido corazón. Traducido en lengua castellana por fray Juan Cobo, de la orden de Santo Domingo. Dirigido al príncipe Don Felipe nuestro Señor. Manila, 1593. 而这些是绍特所不知道的。

VIII.《全人矩矱》(*Ts'iuān-jīn-kiú-yǒ*,没有汉字。第49页。编号:L.S. 670)。最初刻印于乾隆五十七年(1792),图书馆的这本重印于嘉庆五年(1800)。绍特认为这本书类似于《景行录》的"报应篇"。此书也包含在《景行录》(5个版本)中,也包括在了《报身篇》中,所以王室图书馆有这本书的7种文本。(第49页)

IX.《暗室灯》(*Ngān-schǐ-teng*,没有汉字。第49—50页。编号:L.S. 687)。绍特介绍说,这部书共4卷,是劝善行善的,并且将儒释道合在一起的一部著作。从文昌帝君(Wen-tschang-ti-kiun)开始，描写行善、轮回。(第49页)并没有版本的说明。① 按：应为《暗室灯注解》，绍特一生多次对这部著作进行过翻译和研究。

语言、文字和古代知识

I.《韵府拾遗》(第50—53页。6厚册。编号：L.S. 315—20)。绍特介绍说，这是康熙五十年(1711)刻印的著名的《佩文韵府》的补遗篇，出版于康熙五十九年(1720)。《韵府拾遗》的篇章正好跟《佩文韵府》一致。同时他也对韵文之类的工具书做了介绍。他指出，中国人有关音韵的学说是从印度传来的，马端临(Ma-tuan-lin)认为是佛教僧侣守温首先将汉语的基本音确定为"三十六字母"，并且由此发展出了五声。(第50页)由于"韵府"之类的工具书对于大部分欧洲的学者来讲比较陌生，因此绍特用了比较多的篇幅予以介绍。他同时对王室图书馆所收藏的其他种相关的书籍做了梳理，计有：1.《分韵》(Fen-yün，没有汉字，编号：L.S. 798。4册)；2.《官话总论》(Kuan-huá-ts'ung-lun，没有汉字，编号：L.S. 785)；3.《官话正音》(Kuan-huá-tsching-yin，没有汉字，编号：L.S. 623)；4.《字源》(Tssè-yuan，没有汉字，编号：L.S. 667)；5.《字音源》(Tssè-yin-yuan，没有汉字，编号：L.S. 665)；6.《江湖分韵》(Kiang-hu-fen-yün，没有汉字，编号：L.S. 630)；7.《清汉对音字》(Ts'ing-hán-t'úi-yin-tssè，没有汉字，编号：L.S. 660)。(第51页)

II.《康熙字典》(第53—55页。7厚册。编号：L.S. 481—87)。绍特介绍说，这是康熙五十五年(1716)编纂而成的一部被认为是最完善的字典，编排的方式是按照部首排列的。绍特还专门对214个部首做了介绍。(第53—54页)同时也介绍了这本由皇帝钦定的字典与以往的工具书如《正字通》之间的关系。(第55页)另外还提到马礼逊的《华英字典》(*Dictionary of the Chinese Language*)的中文字正是按照《康熙字典》中部首检字法编排的。(第55页)按：《华英字典》(S. 1—9)是214个部首(Radicals)的字形、发音和意义。而之后(S. 10)则是一页的部首总表。

III.《字汇》(第55页。3册。编号：L.S. 714—16)。这本字典刊印于康熙四十四年(1705)。这本杰出的小字典最初出版于万历四十三年(1615)，

---

① 有关绍特《暗室灯》的研究：Über den Kindermord in China. In: *Monatsberichte der Preußischen Akademie der Wissenschaften, Philosophisch-historische Klasse*, Berlin 1859, S.714-716.

是由梅膺祚编纂而成,并且首创了 214 个部首。绍特还提到,在王室图书馆较早的收藏中,已经有 3 本第一版,其中 2 本是完整的。(第 55 页)

IV.《增补字汇》(第 55—56 页。3 册。编号:L.S. 585—87)。本书是前一部《字汇》的增订版。绍特根据前面的序断定,此书刊定于康熙四十四年(1705)。他指出,这部所谓《增订字汇》跟原来的《字汇》相比除了增加了满语的发音之外,并没有其他的改进,并且印刷的质量很差。(第 55—56 页)

V.《正字通》(第 56—58 页。4 册。编号:L. S. 633—36)。这是康熙五十八年(1719)的刻本。尽管编者在序中称自己是在梅膺祚的《字汇》基础上编纂而成的,但绍特认为,这部《正字通》不可能是雷慕沙在他书中所提到的《正字通》("Examen critique de l'edition du dictionnaire chinois du P. Balise de Glemona")。此外,绍特还选了"山"和"骨"的例子,说明具体的用法。(第 57—58 页)

VI.《红毛话》(第 58 页。编号:L.S. 795)。值得注意的是,这是用广东话注音的英语会话书。(第 58 页)没有版本的说明。

VII.《书画谱》(第 59—60 页。23 册。编号:L.S. 803 a-x)。书前有皇帝御制的序,刻印于康熙四十七年(1708)。大部分是翰林院翰林的作品,共 1844 件。其中对"论书"(Lün-schu)、"论画"(Lün-hoɑ)做了解说。绍特认为,卷 11—18 有关透视、色彩搭配等段落尤其让人感到有意思。可惜王室图书馆的这部著作仅有 54 卷,并且在目录中记载的第 46 卷也阙如。(第 59—60 页)按照绍特所描述的,此书应当为王原祁、孙岳颁、宋骏业、吴暻、王铨等纂辑的 100 卷《佩文斋书画谱》。

VIII.《金石萃编》(第 60—62 页。12 册。编号:L.S. 563—74)。这部金石学的著作是嘉庆十年(1805)由王昶(Wang-tsch'ang)编纂的,以著录历代金石碑刻为主。绍特专门介绍说,本书出版的时候,作为刑部右侍郎的王昶已经 82 岁了。(第 60 页)接下来,绍特还介绍了汉以前的篆文,也介绍了石鼓文的历史,以及这些碑刻的存放处和历史变迁等等。(第 60—62 页)还对部分重要的铭文进行了翻译。(第 62 页)

IX.《三礼图》(第 63 页。1 册 4 开本。编号:L.S. 608)。由宋代著名的学者聂崇义(Nie-ts'ung-yi)编纂,20 卷,配合着解说有很多幅木版图。建隆三年(962)作者将此书献给了宋太祖。王室图书馆所藏的这部刻印于康熙十五年(1676)。图书馆还藏有残卷的《博古图》(*Po-kù-t'u*),编号:L.S. 163。(第 63 页)

文集

I.《古文广集》(第63—64页。2册。编号:L.S. 606—7)。此书初版于康熙四十二年(1703),王室图书馆所藏的是嘉庆二年(1797)的版本。(第63—64页)

II.《经馀秘书》(第64页。编号:L.S. 651)。此书于嘉庆十一年(1806)重印。绍特对本书的四个部分做了介绍。(第64页)

III.(《惠发》(Hoei-fa)、《管子》的部分、《道德经》、《家语》、《孝经》的部分,没有汉字。第64—65页。编号:L.S. 758)。没有书名的小册子,实际上包括上面提到的人物的部分著作。(第64—65页)有可能是《古本竹书纪年》。

百科全书和杂文类

I.《古今事文类聚》(第65—67页。12厚册。编号:L.S. 535—46)。本书初版于宋理宗淳祐六年(1246),由祝和甫(Tschu-ho-fu,祝穆)编著。万历三十二年(1604)出版第二版。王室图书馆所藏的是乾隆二十八年(1763)的版本。绍特介绍此书共分7个部分:"前集"(Ts'ian-tsi)60卷;"后集"(heu-tsi)50卷;"别集"(Pie-tsi)32卷;"续集"(Su-tsi)28卷;"逸集"(Yi-tsi)15卷;"外集"(Wái-tsi)15卷;"新集"(Sin-tsi)36卷。绍特指出,后三卷并非祝和甫的原著,而是后来编加上去的。(第65页)绍特之后也介绍了每一集的编排方式(第66—67页),这些对于当时的西方学者来讲,无疑是非常新鲜的。

II.《事类赋》(第68页。2册。编号:L.S. 644—45)。绍特解释说,这部由宋代的吴淑(U-schu)撰写的类书,曾于淳化三年(992)呈给了太宗。之后多次再版。王室图书馆的这个版本是嘉庆二十一年(1816)刻印的。之后绍特将30卷的《事类赋》每一部的名称都翻译成了德文:天部(Himmel(Himmelskörper, Luft-Phänomene))3卷,岁时部(Jahreszeiten)2卷,地部(Erde)3卷,宝货部(Kostbare Artikel(Gold, Edelsteine, Perlen, Baumwolle, Seide, Geld))2卷,乐部(Musik)1卷,服用部(Kleidung und Geräthschaften)3卷,什物部(Schreibmaterial)2卷,饮食部(Getränke)1卷,禽部(Geflügel)2卷,兽部(Säugethiere)4卷,草木部(Pflanzen)、果部(Obst)、鳞介部(Schuppenthiere)各2卷,虫部(Insekten)1卷。(第68页)

III.《广事类赋》(第 68—70 页。3 册。编号:L.S. 641—43)。绍特解释说,这部书是嘉庆六年(1801)重印的,对《事类赋》加以扩充而成的 40 卷的《广事类赋》。根据书前的序可以知道,此书最早刻印于康熙三十八年(1699)。绍特认为尽管书上署为华希闵(Hoa-hi-min)撰,但真正的作者却是华希闳(Hoa-hi-hung),出于悌(Pietät)的考虑,弟弟署了兄长的名字,而将自己仅作为修订者而已。(第 69 页)接下来,绍特详细地介绍了 40 卷的 27 门。(第 69—70 页)

IV.《册府元龟》(第 70—73 页。50 厚册。编号:L.S. 395—444)。这一巨制的著作是在宋代的时候编纂的。景德二年(1005),宋真宗命枢密使(geheimer Staatsrath)王钦若(绍特误作了 Wang-ju-tschi)编修历代君臣事迹,也为后来的同类类书树立了典范。编纂者中绍特还提到了杨亿(Yang-yi)。此书完成于大中祥符六年(1013)。全书分 31 部,1,000 卷 1,104 门。(第 70 页)绍特提到,崇祯十五年(1642),在明代最后这位无能的皇帝统治时,在监察御史(Kian-ts'a-yü-sse, kaiserlicher Censor)李嗣京(Li-sse-king)的主持下,对《册府元龟》进行了修订,出版了修订第 1 版。王室图书馆所收藏的是乾隆十九年(1754)的第 2 版。接下来绍特对前 37 门做了介绍。(第 71—72 页)

V.《太平广记》(第 73—75 页。10 厚册。编号:L.S. 471—80)。绍特将这部书归在各类传记,即从各种杂著选编的有特点的文本以及名人逸事的总集。共 500 卷。有关版本的情况,他解释说,太平兴国三年(978),主编李昉(Li-fang)将此书呈给太宗皇帝。乾隆十八年(1753)曾进行第二版的修订。王室图书馆的这个版本是嘉庆十一年(1806)的第三版。(第 73 页)接下来,绍特介绍了 500 卷的内容。(第 74 页)

VI.《文献通考》(第 75—76 页。1 大厚册。编号:L.S. 380)。马端临编纂的这部重要的著作,雷慕沙在他的《中国杂纂》(Mélanges Asiatiques. T. II. 1825—1826)中详细且清楚地介绍了这部有关典章制度的通史。(第 75 页)有关版本的情况,绍特介绍说,王室图书馆所藏的是乾隆二十九年(1764)的版本。(第 75 页)之后他对《文献通考》所涉及的 24 门(考)进行了说明。(第 75—76 页)

VII.《野获编》(第 77—78 页。8 册。编号:L.S. 363—72)。绍特首先对篇名进行了解释,并尝试着将书名翻译成德文:Was ein Unwissender aufgegriffen (erjagt)(无知者之所获)。有关这部 30 卷的笔记的版本,绍特写道:它初版于上个朝代明万历（Wan-lie）三十四年（1606），编纂者是沈德符（Tschin-te-fu），在康熙年间重又刻印。王室图书馆的这部刻印精良的版本是现今的皇帝八年（道光八年，1828）出版的。在内容方面，绍特特别提到其中第23门是专门写女人的（妇女、妓女），而24门则是有关京城（畿辅）的。他还特别提到第30门是有关外国以及对外关系的（外国）。（第77—78页）

VIII.《熙朝新语》（第78—80页。1册。编号：L.S. 718）。这部书刻印于嘉庆二十五年（1820）。绍特根据嘉庆二十三年（1818）翁子敬（Ung-tsse-king）的序，知道翁氏于嘉庆二十年（1815）"自滇南归里，道出武昌"（Wu-tsch'ang-fu（in Ho-nan），绍特误将"武昌"归在了河南）时得于市肆，然后"略加编次，厘为十六卷付诸梓"，"书名、撰人俱从其旧"。（第78—79页）接下来，绍特对书的内容做了介绍。

IX.《通天晓》（第80—82页。2册。编号：L.S. 723—24/5册。编号：L.S. 797）。此书刻印于嘉庆二十一年（1816）。此书又名《卫济余编》（Wei-tsi-yü-pian），是由王纕堂（Wang-jang-t'ang）编纂的，他也被称作松溪先生（Sung-k'i-sian-seng, Herr vom Fichtenstrom）。除了对内容做了介绍之外，绍特还翻译了其中的两段。（第81—81页）绍特提到，此书王室图书馆藏有两种。（第81页）

X.《万宝全书》（第82—84页。1册。编号：L.S. 717）。绍特提到，此书刻于乾隆二十三年（1758），并且将书名翻译为：Buch der Zehntausend kostbaren Dinge。接下来绍特介绍了"天文门""地舆门""人纪门""官职门"等等比较详细的内容。（第83—84页）

纯文学

A. 抒情诗

I.《全唐诗》（第84—85页。20册。编号：L.S. 295—314）。这部唐代（618—906）诗歌总集是在康熙四十六年（1707）编辑而成的。绍特专门提到了唐代的两位大诗人杜甫（T'u-fu）和李太白（Li-t'ai-pe）。（第85页）

II.《吴诗集览》（第85—86页。4册。编号：L.S. 333—36）。绍特介绍说，此书是由生活在17世纪中叶的吴梅村（U-mei-tsun）编辑的。王室图书馆的这个版本是乾隆四十六年（1781）刻印的，20卷。（第85—86页）按：此书因"内有钱谦益唱和诗篇"而于乾隆四十四年（1779）禁毁，后不久又解禁。

III.《咏物诗》(第 86 页。9 册。编号：L.S. 386—94)。这是康熙四十六年(1707)的版本。(第 86 页)

IV.《梅花诗》(第 86 页。2 册。编号：L.S.762)。绍特将"梅花诗"翻译为：Verse von der Blume Mei-hoa。之后他在注释中写道：就我所知，"Mei-hoa"并非植物学上的名称。(第 86 页)可见，绍特并不知道"梅花"的拉丁文名称。

V.《行山诗》(第 87 页。1 册。编号：L.S.166.a)。绍特解释为描写山中自然景物的诗句。(第 87 页)没有版本的说明。

VI.《粤讴》(第 87 页。1 册。编号：L.S. 617)。绍特专门提到，这些用广东方言写成的歌曲，应当用粤语来唱。(第 87 页)按：此书系为招子庸于道光元年(1821 年)所辑。

VII.《诗学》(第 87—88 页。4 册。编号：L.S. 637—40)。此书初版于康熙三十六年(1697)，王室图书馆所藏的这本新刻于嘉庆六年(1801)。(第 87 页)

***

接下来绍特提到的此类的藏书还有：

1)《剑南诗稿》(*Kian-nan-schi-kào*，没有汉字。10 册。编号：L.S. 809)。绍特将作者认定为"陆务观"(Lo-wu-kuan，陆游的字)(第 88 页)，因为《剑南诗稿》上所署的是"宋陆游务观"。绍特对"剑南"做了考订，唐代的"剑南"是当时四川省(Provinz Sse-tschuan)的成都府(Tsch'in-tu-fu)。(第 88 页注)此书损坏严重。(第 88 页)

2)《乐府雅词》(*Yo-fu-yà-tsse*，没有汉字。L.S. 805)。损毁严重。(第 88 页)按：此书系宋代曾慥所辑。绍特并没有对版本进行说明。

3)《名儒草堂》(*Ming-jü-ts'ao-t'ang*，没有汉字。L.S. 666)。收录了唐宋 63 位学者的诗作，尽管篇幅不大，但相对完整。版本是嘉庆十六年(1811)刻印的。(第 88 页)按：此书系《精选名儒草堂诗馀》，所收录的是 62 位诗人的诗作。

B. 历史小说、长篇小说和剧本

I.《开辟传》(第 88—89 页。2 小册。编号：L.S. 649—50)。这是道光七年(1827)新刻印的版本，并装饰有多幅木刻绣像。本书所记载的是先秦史中夏朝的第一个皇帝武王时代的故事，武王在公元前 1122 年登上皇位。(第 89 页)

Ⅱ.《隋唐演义》(第 89 页。4 册。编号:L.S. 719—22)。绍特认为,这本《隋唐演义》的著者是《三国演义》的作者罗贯中。序是正德二年(1507,绍特误作 1508)作的。王室图书馆的版本是嘉庆七年(1802)重刻的。(第 89 页)按:《隋唐演义》的作者应为褚人获,而署为罗贯中编辑的应为《残唐五代史演义》,又名《五代残唐》。

Ⅲ.《唐演传》(第 89 页。2 册。编号:L.S. 493—94)。绍特介绍说,此书是乾隆年间的一位名为"姑如莲"(Ku-ju-lian)的人编著的。(第 89 页)按:此书应为《异说反唐演传》,作者署为:姑苏如莲居士。不知绍特为什么将"姑苏如莲居士"简写为了"姑如莲"?

Ⅳ.《唐五代传》(第 90 页。1 册。编号:L.S. 492)。版本为乾隆四十七年(1782)。(第 90 页)

Ⅴ.《飞龙全书》(第 90 页。2 册。编号:L.S. 488—89)。这是一部描写 960 年登基的北宋太祖赵匡胤事迹与命运的小说。绍特将书名翻译成了德文:Geschichte des fliegenden Drachen。王室图书馆所藏的版本系嘉庆二十年(1815)刊刻的。在注中,绍特提到,中国的小说常常装饰以木版图像,成为"绣像"(sieu-siang)。(第 90 页)按:此书应为清代吴璇所撰 60 回的《飞龙全传》。

Ⅵ.《西洋记》(第 91 页。3 册。编号:L.S. 373—75)。绍特解释说,明代(1368—1644)年间仅有很少的外交使臣出使国外。《西洋记》中记载了 38 个亚洲的国家,从中国西南一直到阿拉伯世界(有些是想象的)。绍特认为,这本书有明显的佛教特征。初版于万历二十五年(1597),作者是罗懋登(Lo-meu-teng)。(第 91 页)按:此书应为《三宝太监西洋记》,又名《三宝开港西洋记》、《三宝太监西洋记通俗演义》,简称《西洋记》。

Ⅶ.《才子》(第 91—93 页)。绍特解释说,王室图书馆藏有"才子"的书,共有 4 类:1.《三国志》(San-kue-tschi)。克拉普洛特的目录中已经有简单的记录(S. 149)。此外,图书馆还藏有 1 函 4 册的版本(编号:L.S. 240.a-d)。这是洪堡·亚历山大·冯男爵的赠品,是他从中俄边境上带回来的。另一个版本是嘉庆十九年(1814)刻印的 4 小册,编号:L.S. 724—28。2.《西厢记》(Si-siang-ki)。绍特介绍了西厢记的剧情。所藏的版本是乾隆四十七年(1782)新刊印的,编号:L.S. 656—57。3.《琵琶记》(P'i-p'a-ki)。编号:L.S. 731—32。4.《花笺记》(Hoa-ts'ian-ki)。绍特除对本书做了一般性的解释之外,还特别介绍了这是广东的两位作者编辑的作品。此外,他还提到汤姆斯的英文译本：Thoms, Peter Perring, *Chinese Courtship in Verse*, 1824. 编号：L.S. 748. 787。（第 93 页）

Ⅷ.《岭南史》（第 93 页。4 小册。编号：L.S. 646—47）。绍特首先解释了一下"岭南"——梅岭以南，也就是广东省。这是一部以广东为背景的描写明末动乱的长篇小说。王室图书馆所藏的为嘉庆十七年（1812）的版本。（第 93 页）

Ⅸ.《二度梅传》（第 93—94 页。1 册。编号：L.S. 629）。才子佳人小说，共 6 卷。嘉庆二年（1797）版本。绍特介绍说，此书的情节紧接着《玉娇梨》（*Yü-kiao-li*），描写了梅良玉（Mei-lang-yü）的婚姻故事。（第 93—94 页）

Ⅹ.《鬼神之德》（第 94 页。2 册。编号：L.S. 786）。鬼神对人的命运的影响的小故事。绍特介绍说此书印制的质量很差。（第 94 页）也没有版本的说明。

Ⅺ.《六十种曲》（原文作：《六十重曲》。第 94 页。16 册。编号：L.S. 547—62）。绍特对内容做了一些介绍，他举例说明的有诸如：《牡丹亭》（*die Päonie*）、《白兔记》（*die weisse Hase*）、《玉环记》（*der Ring von Jaspis*）、《双珠记》（*die beiden Perlen*）、《金雀记》（*der Goldspatz*）、《千金记》（*die tausend Goldstücke*）等等。（第 94 页）没有版本的说明。按：这是明末毛晋编辑的最早的传奇总集，也是规模最大的戏曲总集。

C. 论集（绍特用了"Schöne Redekünste"，字面意思是"纯演说集"）

Ⅰ.《广东文献》（第 95 页。4 册。编号：L.S. 376—79）。绍特提到本书是由顺德的罗云山（Lo-yün-schan）编印的。新的版本是嘉庆二十年（1815）刻印的。

Ⅱ.《王阳明全集》（第 95—96 页。4 册。编号：L.S. 708—11）。绍特首先介绍了王阳明的生卒年：生于 1472 年，卒于 1528 年。（实际上王阳明的去世日期为 1529 年 1 月 9 日，农历为戊子年十一月二十九日，而嘉靖戊子年为 1528 年，所以绍特将王阳明的卒年误作了 1528 年。）没有版本的介绍，只是说《全集》编辑于康熙十二年（1673），于康熙十九年（1680）编辑完成。（第 95—96 页）

Ⅲ.《渭南文集》（第 96 页。1 册。编号：L.S. 804）。残卷，仅有第 47—50 卷，包括去四川旅行的有意思的游记和诗词。之后解释了所谓"渭南"是陕西渭河之南。由于是残卷，绍特说并不知道作者的信息。（第 96 页）按：这是陆游自编词文集，共五十卷，分为文集四十二卷，《入蜀记》六卷，词二卷。陆游曾封渭南县伯,故集名《渭南文集》。绍特所介绍的正是《入蜀记》的内容。

IV.《范公文集》(系范承谟,满文:Tondo uneng gi Fan-gung-ni Wen-dsi bitche,没有汉字名。第96—97页。1册。编号:L.S. 32)。绍特介绍了范承谟(Fan-tsching-mo)——范螺山(Fan-lo-shan)的情况。也提到范承谟曾任浙江巡抚(Statthalter der Provinz Tsche-kiang)和福建总督(Vicekönig von Fu-kian)。前16卷是他在浙江的作品,后3卷是福建的。最后是三藩之乱时,范承谟被囚禁时写在监狱墙上的诗词。书前有康熙四十七年(1708)从中文翻译成满文的范承谟全传。(第96—97页)

医药

I.《张氏医通》(第98—99页。4册。编号:L.S. 692—95)。绍特解释说,这部书是由江南苏州府的张路玉(Tschang-lu-yü,他名张璐,路玉是他的字)纂述的,书前的自序写于康熙三十四年(1695),当时他79岁。他的儿子于康熙四十四年(1705)将此书敬献给了皇帝。王室图书馆的这一藏本是康熙四十八年(1709)的版本。共16卷。前12卷讲述各种疾病,后三卷是专方,专门对治前面讲到的各种病症。(第98—99页)

II.《东医宝鉴》(第99页。5册。编号:L.S. 575—79)。绍特将此书名翻译为:Kostbarer Spiegel der Ärzte im Osten。之后他在括弧中解释说,所谓的"东医"乃是"朝鲜的医生"。这本书是明朝时,朝鲜阳平君的许浚编写的。王室图书馆的这部《东医宝鉴》是乾隆三十一年(1766)刻印的。绍特对书的几部分内容也做了介绍。(第99页)

III.《冯氏锦囊秘录杂症》(第100页。3册。编号:L.S. 697—99)。绍特介绍了这本书的作者是浙江的冯兆张(Fung-tsu-tschan),书中他的自序写于康熙三十三年(1694)。王室图书馆所收藏的版本是康熙四十一年(1702)刊印的。(第100页)

IV.《赤水玄珠》(第100页。10册。编号:L.S. 593—96)。绍特将此书归在了道教的医学著作之中,作者为孙东宿(Sün-tung-su,孙一奎(1522—1619)的号)。此书系万历二十四年(1596)的版本。绍特认为,这部书在结构上跟上面介绍过的《张氏医通》类似。共30卷。(第100页)

V.《伤寒大成》(第101页。1册。编号:L.S. 340)。绍特介绍说,此书是《张氏医通》的作者的著作,书前的序写于康熙六年(1667)。(第101页)

VI.《伤寒舌鉴》(第 101 页。1 册。编号:L.S. 671)。绍特对内容做了简单的介绍,但并没有有关作者和版本的说明。(第 101 页)

VII.《痘疹全集》(第 102 页。1 册。编号:L.S. 603)。这是康熙四十一年(1702)刊印的。根据绍特的解释,应当为《冯氏锦囊秘录痘疹全集》。(第 102 页)

VIII.《保婴书》(第 102 页。1 册。编号:L.S. 614)。绍特仅介绍了这是一本儿科的书,书上并没有出版日期和前言。(第 102 页)

IX.《达生篇》(第 102 页。1 册。编号:L.S. 779)。这是一部有关妇产科的医书,刻印于道光六年(1826)。没有序言。(第 102 页)

X.《本草必要》(第 103 页。1 册。编号:L.S. 605)。王室图书馆的这部书是康熙三十三年(1694)刊印的。共分 4 卷,在对各种病症做了描述后,再对症下药。(第 103 页)

XI.《雷公药性炮制》(第 103—104 页。1 册。编号:L.S. 604)。绍特简单介绍了这本药学的书,指出是康熙五十三年(1714)刊印的。(第 103 页)

***

其后的 XII.到 XVII.的 6 本医书,都没有汉字,由于均为小册子,介绍的也极为简短:

XII.《本经》(*Pèn-king*。第 104 页。编号:L.S. 691)。《张氏医通》的作者在同一年编订的一本药学方面的书。(第 104 页)

XIII.《药性主治》(*Yǒ-síng-tschu-tschí*。第 104 页。编号:L.S. 342)。绍特介绍说,这本书是《冯氏锦囊秘录杂症》作者的另一部类似的著作,12 卷。没有出版的日期和前言。(第 104 页)

XIV.《医案》(*Yi-ngán*。第 104 页。编号:L.S. 686)。5 卷,但不知道作者是谁。(第 104 页)

XV.《诊宗三昧》(*Tschìn-tsung-san-méi*。第 104 页。编号:L.S. 613)。这是一部有关脉诊的书,作者为《张氏医通》的著者张路玉。(第 104 页)

XVI.《汤诀歌》(*T'ang-t'eu-ko*。第 104 页。编号:L.S. 620)。绍特指出,这本书是由 80 岁的老者汪昂(Wan-ngan)编著。刻印于康熙三十三年(1694)。(第 104 页)按:此书的书名应为《汤头歌诀》。

XVII.《医志》(*Yi-tschì*。第 104 页。编号:L.三 363)。绍特解释说,此书分三卷,是有关生理学的论文,著名医生的学说,同时也是中国人从自然哲学的角度看待医学形而上学的主张。作者是上面已经介绍过的孙东宿

(Sün-tung-su)。这部书刻印于万历元年（1573）。（第 104 页）

蒙学读物

从 I.到 XII.，共 12 种，没有汉字：

I.《幼学故事琼林》(Yeu-hiǒ-kù-ssè-k'iung-lin。第 105 页。编号：L.S. 672)。绍特认为这是一部少年儿童的百科全书。（第 105 页）

II.《东园杂字》(Tung-yuan-tsǎ-tssé。第 105 页。编号：L.S. 747. 750. a-b. 754. 773. c-d）。此类的一般的书，有很多草图。王室图书馆藏有 4 种，每一种有 2 本。（第 105 页）

III.《千字经》(Ts'ian-tssé-king。第 105 页。编号：L.S. 750. c.）。绍特介绍了"千字文"的内容和特点，也谈到这本书对儿童和外国人来讲，可以在娱乐中学会一千个汉字。这些汉字都是按照一定的韵脚（eine bestimmte Reim-Endung）来编排的，因此便于记忆。（第 105 页）按：应为《千字文》。

IV.《千字文》的另外的版本。拓片，是按照佛教经折装的方式装订的。编号：L.S. 744. a.（第 105 页）

V.《千字文》的第 3 个版本，是隶书的字体。编号：L.S. 772。（第 105 页）

VI.《千字文》的第 4 个版本，是很难辨认的草书字体。编号：L.S. 774。（第 105 页）

VII.《三字经》(San-tssè-king。第 105 页。编号：L.S. 793. b.以及 864）。下面有注专门提到在彼得堡有比丘林神父 1829 年的译本。（第 105—106 页）

VIII.《幼学诗》(Yeu-hiǒ-schi。第 106 页。编号：L.S. 788. a）。

IX.《闺门必读》(Kuei-men-pǐ-tǒ。第 106 页。编号：L.S. 750. c-d）。两卷。

X.《女儿经》(Niù-öll-king。第 106 页。编号：L.S. 793. a）。

XI.《百家姓》(Pě-kia-síng。第 106 页。编号：L.S. 788. b）。这个版本，除了发音和意义解释之外，还附有每个姓氏的人最初的居住地。（第 106 页）

XII.《千家诗图书》(Ts'ian-kia-schi-t'u-schu。第 106 页。编号：L.S. 110）。

战略、体操、经济、技术、占星术及其他

从 I.到 XV.，共 15 种，没有汉字，包括：

Ⅰ.《虎钤经》(*Hù-k'ian-king*。第 106 页)。只保存了第 7—20 卷。由于前 6 卷散逸,所以无从知道此书的作者和出版的信息。(第 106 页)按:《虎钤经》的作者许洞(976—1015),字洞夫,一作渊夫,北宋吴郡人。正如绍特所说,此书 20 卷。

Ⅱ.《雄拳法》(*Hiung-k'iuan-fă*。第 106 页。编号:L.S. 765. 766)。书中有很多插图。王室图书馆藏有两种,每一种 2 册。(第 106 页)

Ⅲ.《耕织图》(*Keng-tschǐ-t'u*。第 107 页。编号:L.S. 241. 733)。王室图书馆藏有两个版本,都是很好的拓本,有解释。第一种(L.S. 241)非常漂亮,印在很厚、雪白的朝鲜纸上。刻印的时间是康熙三十八年(1699)。(第 107 页)

Ⅳ.《芥子园画传》(*Kiái-tssè-yuan-hoa-tschuan*。第 107 页。编号:L.S. 675)。绍特将"芥子园"翻译成"Senfkörner-Garten",(第 107 页)至今依然用这个翻译。

Ⅴ.《笔阵图》(*Pi-tschin-t'u*。第 107 页。编号:L.S. 752)。这是有关如何运笔的图式说明。

Ⅵ.《象棋局》(*Siang-k'ǐ-kiǔ*。第 107 页。编号:L.S. 108. 794)。此书王室图书馆藏有两种。绍特在注中指出,有关象棋,参见他有关象棋起源的文章:Wilhelm Schott, „ Zur Etymologie des Schachspiels "(abgedruckt im *Magazin des Auslandes*, Dezember-Heft 1835, No. 154)。(第 107 页)此书似为始刻印于嘉庆六年(1801)的《百局象棋谱》,之后有多重版本刊印。

Ⅶ.《算法》(*Siuan-fă*。第 107 页。编号:L.S. 144)。

Ⅷ.《算法通书》(*Siuan-fă-t'ung-shu*。第 107 页。编号:L.S. 729)。

Ⅸ.《皇历》(*Hoang-li*。第 107 页。编号:L.S. 245)。绍特解释说,这部中国国家的日历是嘉庆七年(1802)刊定的。他还特别解释了所谓嘉庆七年是公元 1802 年 2 月 3 日至 1803 年元月 22 日。(第 107 页)非常准确。

Ⅹ.《宝镜图》(*Pào-king-t'u*。第 107 页。编号:L.S. 625)。绍特解释说,这是一本有关星占学的小书。(第 107 页)

Ⅺ.《占卜》(*Schan-pǔ*。第 107 页。编号:L.S. 654—55)。绍特介绍说这是一部有关算命(抽签 Loosen)的书。(第 107 页)

Ⅻ.《广玉匣记》(*Kuàng-yü-hia-kì*。第 107 页。编号:L.S. 648)。绍特介绍说,这同样是一部星占的书,作者是(Hiu-tshin-kiun)。王室图书馆的这一本是嘉庆三年(1798)新印的。(第 107 页)

XIII.《陈子性藏书》(Tschin-tssè-ts'ang-schu。第 108 页。编号：L.S. 700)。同样是一本星占学的著作，分为 12 卷。作者为陈应选。此书最初出版于康熙二十三年(1684)，王室图书馆的这一册刻印于嘉庆二十五年(1820)。(第 108 页)按：出版于康熙二十三年的星占学的书 Tschin-tssè-ts'ang-schu 显然是《陈子性藏书》之误，此外作者的名字绍特也误作了 Tschin-ying(陈应)，实际上是陈应选，很可能绍特将"选"作为了动词来理解。陈应选是广州人，康熙中诸生。乾隆四十七年(1782)再版的《新镌陈子性廿四山向造葬修方日用事宜藏书》前作"岭南陈子性"。

XIV.《解梦书》(Kian-mung-schu。第 108 页。编号：L.S. 751)。

XV.《书单》(第 108 页。编号：L.S. 782。中国某一书店的书单，旁边注有书的价格)。

传教士编纂和翻译的著作

从 I.至 XLII.，共 42 种，没有汉字。包括：

I.《东西史记和合》(Tung-si-ssè-kì-ho-hǒ。第 108 页。编号：L.S. 621)绍特指出这是英国传教士麦都思表格式的编年，包括了中国和亚洲其他国家和欧洲的对比。(第 108 页)

II.《古今万国纲鉴》(Kù-kin-wǎn-kuě-kang-kian。第 108 页。编号：L.S. 858)绍特解释说，这是德国传教士郭实腊所撰写的有关普通世界史的纲要。(第 108 页)

III.《察世俗每月统计传》(Ts'ǎ-schì-sǒ-mèi-yuě-t'ung-ki-tschuan。第 108 页。编号：L.S. 158. 159)。绍特将这本刊物的德文名译作：Summarischer Monat-Bericht zur Kenntniss der Sitten des Zeitalters。这两本刊物分别刊印于嘉庆二十年(1815)和二十一年(1816)。(第 108 页)

IV.《东西洋考》(Tung-si-yang-k'ào。第 108—109 页。5 册。编号：L.S. 815)。绍特介绍说，郭实腊所编的这本月刊，对最重要的政治事件进行综述，也介绍欧洲国家的地理情况和有用的发明创造，向中国人介绍了欧洲的文化。(第 108—109 页)按：郭实腊的这本中文刊物的正式名称为《东西洋考每月统纪传》，而《东西洋考》(1617)则是明代的张燮有关东南亚诸国的另一本书。

V.《特选撮要每月纪传》(Tǐ-siuàn-tsúi-yáo-mèi-yuě-kì-tschuan。第 109 页。1 册。编号：L.S. 224)。绍特解释说，这是麦都思在巴达维亚创办的中

文刊物。(第 109 页)

Ⅵ.《古今圣史记》(Kù-kin-schìng-ssé-ki。第 109 页。编号：L.S. 223)。绍特解释说,这是英国传教士米怜撰写的有关圣经故事的书。(第 109 页)

Ⅶ.《幼学浅解问答》(Yéu-hiŏ-tsiàn-kiài-wén-t'ă。第 109 页。编号：L.S. 157)。绍特解释这本书是有关儿童信教的浅显问答,是为少儿准备的教义问答。刻印于嘉庆二十一年(1816)。(第 109 页)按：这同样是米怜的中文著作,包括 165 个问题。

Ⅷ.《问答浅注》(Wèn-t'ǎ-tsiàn-tschù。第 109 页。编号：L.S. 162)。绍特解释说,这同样是一本有关教义的问答书。(第 109 页)按：这是马礼逊撰写的有关基督教教义的一本书,全名为《问答浅注耶稣教法》,共有两个版本：嘉庆十七年(1812)在广州刊印的,以及道光十二年(1832)在巴达维亚刻印的版本。

Ⅸ.《耶稣之训》(Ye-su-tschi-pào-hiun。第 109 页。编号：L.S. 828)。绍特解释说,这是郭实腊的一篇论文。(第 109 页)按：此书系郭实腊的中文著述,道光十六年(1836)刻印于新加坡。

Ⅹ.《劝世要言》(Kuan-schì-yào-yan。第 109 页。编号：L.S. 832)。同样是郭实腊的一本小册子。(第 109 页)

Ⅺ.《年中每日早晚祈祷》(Nian-tschung-mèi-jǐ-tsào-wàn-k'ǐ-tào。第 109 页。编号：L.S. 154)。绍特介绍说,这是马礼逊撰写的。(第 109 页)按：此书于嘉庆二十三年(1818)刻印于马六甲,全名为《年中每日早晚祈祷叙式》。

Ⅻ.《崇真实弃假谎》(Ts'ung-tschin-schǐ-k'ì-kià-hoàng。第 109 页。编号：L.S. 161)。绍特介绍说,这是一本基督教的讲道集。(第 109 页)按：此书系米怜所著,于嘉庆二十一年(1816)刻印于马六甲。此书的全名为《崇真实弃假谎略说》。

ⅩⅢ.《进小门》(Tsìn-siào-men。第 109 页。编号：L.S. 160. 789)。王室图书馆藏有两册。(第 109 页)按：此书系米怜所著,于嘉庆二十一年(1816)刻印于马六甲。此书的全名为《进小门走窄路解论》。

ⅩⅣ.《新三字经》(Sin-san-tssè-king。第 109 页。编号：L.S. 784)。绍特解释说,这本书是用三字经的方式来(特别向儿童)传授基督教的基本学说。(第 109 页)

ⅩⅤ.《道之本源》(Tăo-tschi-pèn-yuan。第 110 页。编号：L.S. 789)。

XVI.《妈祖婆生日》(Ma-tsu-po-seng-jǐ。第 110 页。编号：L.S. 796）。绍特解释说，这是对妈祖信仰的告诫。同时在注中还特别提到，"妈祖"又称："天后"(T'ian-hèu)，见马礼逊《华英字典》之"后 Hèu, or Hów"字条（天后娘娘 T'hëen how neang neang, Her 'Ladyship the Queen of heaven', a deified female, formerly of 福建 Foo-këen Province. S. 360），以及郭实腊的《三年之于暹罗、中国沿海乃至东北鞑靼的详细报道》一书（Missionar Karl Gützlaff's ausführlicher Bericht von seinem dreijährigen Aufenthalt in Siam und seiner Reise längs der Küste von China bis nach Mantschu-Tartarei: nach dem zu Canton in China gedruckten Englischen Original übersetzt: mit einer gedrängten Lebensgeschichte Gützlaffs / Gützlaff. Elberfel: Hassel, 1834. S. 51ff.）。（第 110 页正文及注）按：这本书应为麦都思编著的《妈祖婆生日论》1 卷，巴达维亚刊本，道光六年（1826）。

XVII.《神天为无所不知》(Schin-t'ian-wei-wu-sò-pǔ-tschi。第 110 页。编号：L.S. 816）。一共为 24 大叶，但只有一面印刷的有关神万能的讲道词。（第 110 页）

XVIII.《解罪条》(Kiài-tsúi-t'iao。第 110 页。编号：L.S. 814）。有关告解、赦罪的教义答问的残卷。共 5 页。（第 110 页）魏汉茂在给本文作者的信中指出，此书系方济各会意大利传教士叶宗贤（叶尊孝，Basilio Brollo, 1648—1704）的《解罪条文》一书。叶宗贤 1680 年来华，在湖广传教，1696—1704 年任陕西代牧，同样管理甘肃的事务。1700 年接管耶稣会管理的教会地区。重要的著作有：1703 年前编著《汉字西译》（1813 年出版的法译本：Dictionnaire chinois, francais et latin 有很大影响）以及《天主圣教著略》。

XIX.《张远会交》(Tschang-yuan-hoei-kiào。第 110 页。编号：L.S. 771. 778）。这是张姓和远姓的两位朋友的宗教对话集，其中一位劝说另外一位皈依了基督教。王室图书馆藏有两种。（第 110 页）按：疑为米怜所著的《张远两友相论》，嘉庆二十四年（1819）刻印于马六甲。

XX.《受灾》(Schéu-tsai。第 110 页。编号：L.S. 769）。（第 110 页）按：此书疑为米怜的中文著述《受灾学义论说》，嘉庆二十四年（1819）刻印于马六甲。

XXI.《神理》(Schin-lǐ。第 110 页。编号：L.S. 789）。（第 110 页）按：魏汉茂在给笔者的信中指出，此书为《神理总论》，其他信息不详。

XXII.《道德兴发于心》(Táo-tě-hing-fā-yü-sinī。第 110 页。编号：L.S.

789）。（第110页）按：这篇应当是麦都思在巴达维亚于道光六年（1826）刊印的《道德兴发于心篇》。

XXIII.《灵魂观》（Ling-hoen-kuan。第110页。编号：L.S. 738）。（第110页）按：此书疑为米怜的中文著述《灵魂篇大全》，道光四年（1824）刻印于马六甲。

XXIV.《没垃》（Mei-lŏ。第110页。编号：L.S. 741）。（第110页）按：魏汉茂给本文作者的信中说未查到相关记录，汉学家、满学家嵇穆认为根据绍特对这本书书名的翻译"洗去污秽"（Abwaschung des Unflats），两个汉字很可能是"没垃"。嵇穆认为，当时的传教士所撰写的此类文章，文体通常很差。

XXV.《钟声》（Tschung-sching。第110页。编号：L.S. 739）。包括对纵欲的警示。（第110页）

XXVI. 圣经故事的宣传品：如《神之眼无所不在》（只有德文的题目：das Auge des Herren ist überall. 第110页。编号：L.S. 813）。（第110页）

XXVII.《中华诸兄》（Tschung-hoa-tschu-hiung。第111页。编号：L.S. 396. 826）。绍特提到，这是讲道的文章。王室图书馆藏有2种。（第111页）按：此书很可能是麦都思在巴达维亚于道光六年（1826）刊印的《中国诸兄庆贺新禧文》。

XXVIII. 麦都思有关十条戒律的解释。（只有德文的题目。第111页。编号：L.S. 226）按：此书应为麦都思在巴达维亚于道光六年（1826）刊印的《神天十条圣诫注解》。

XXIX. 米怜所著的向神祈祷的解释。（只有德文的题目。第111页。编号：L.S. 221）（第111页）按：此书疑为米怜的中文著述《祈祷真法注解》，嘉庆二十三年（1818）刻印于马六甲。

XXX.《圣诗书》（Schìng-schi-schu。第111页。编号：L.S.155）。绍特指出，这是马礼逊翻译的《诗篇》（Psalmen）。（第111页）按：马礼逊翻译的《诗篇》完成于嘉庆二十四年（1819），后刊印于《神天圣诗》（亦即《旧约全书》，道光三年[1823]马六甲）中。

XXXI. 马礼逊翻译的诗篇和主教堂的祷告词。（只有德文的题目。第111页。编号：L.S. 227）。

XXXII.《养心神诗》（Yǎng-sin-schin-schi。第111页。编号：L.S.156）。几位中国人根据马礼逊用散文的形式翻译的《诗篇》（Paslmen）和《圣歌》

（Hymnen）转写成的韵体诗。（第 111 页）按：此书于嘉庆二十三年（1818）刻印于马六甲（？）。

XXXIII.《新遗诏书》（*Sin-yi-tscháo-schu*。第 111 页。编号：L.S. 152）。（第 111 页）按：此书实际上是麦都思所译的新约全书。道光十七年（1837）刻印于巴达维亚。

XXXIV. 1 卷被损坏了的《新约全书》。（第 111 页。编号：L.S. 153）

XXXV.《新约全书》新译本，石印本（第 111 页。编号：L.S. 820—21）。

XXXVI.《神天圣书》（*Schin-t'ian-schìng-schu*。第 111 页。20 厚册。编号：L.S. 836—56）。这是整本《圣经》的完整翻译，最初刻印于道光八年（1828）。再版于道光十二年（1832）。（第 111 页）按：马礼逊译的《神天圣书》实际上初版刻印于道光三年（1823）。

XXXVII.《新约全书》前 5 书的满语翻译，包括：马可福音、路加福音、使徒行传中的保罗书信、启示录、马太福音。译者是在彼得堡的外交事务委员会的翻译里勃夫佐夫。（第 111 页）

XXXVIII.《上帝生日之论》（*Schàng-tì-seng-jǐ-tschi-hiu*。第 111 页。编号：L.S. 827）。绍特介绍说，这是郭实腊编写的传教的小册子，包含对登山宝训的解说。（第 111 页）按：此书很可能是麦都思用中文著述的《上帝生日之论》，道光二十年（1840）刻印于巴达维亚。

XXXIX.《赌博明伦略讲》（*Tù-pǔ-ming-lün-liǒ-kiàng*。第 112 页。编号：L.S. 829）。绍特介绍说，这本同样是郭实腊的著作。（第 112 页）按：此书系米怜的中文著述，绍特误归在了郭实腊的名下。此书于嘉庆二十四年（1819）刻印于马六甲。

XL.《圣经释义》（*Schìng-king-schǐ-yì*。第 112 页。编号：L.S. 831）。绍特介绍说，此书包含有论述基督教真理的证据。同样是郭实腊的著作。刊印于道光十五年（1835）。（第 112 页）按：此书很可能是柯大卫（David Collie，又名"柯利"，中文名"种德"）的中文著述《圣经释义》，道光五年（1825）刻印于马六甲。绍特同样将此书归在了郭实腊的名下，道光十五年可能并非首刻版。

XLI.《福音之箴规》（*Fǔ-yin-tschi-tschin-kuei*。第 112 页。编号：L.S. 824）。绍特解释说，本书对基督徒提出了义务。同样是郭实腊的著作。（第 112 页）按：此书系郭实腊的中文著述，道光十六年（1836）刻印于新加坡。

XLII. 郭实腊翻译的马太福音、马可福音和约翰福音（只有德文说明。第112页。3册。编号：L.S. 822. 823. 830）。

地图和城市图

共五份：

I. 中国天象图，两个印张，很长，有解释。（第112页。编号：L.S. 21）

II. 一个长卷，上面贴有一小幅彩色装饰的广东省（Provinz Kuang-tung, Canton）地图，还有一幅省会广州府（Kuang-tscheu-fu）的市区地图。（第112页。编号：L.S. 26）

III. 一份天象图和一幅我们这边的天体半球，其中中华帝国占据了大部分的空间。（有关这幅地图，请查阅：Ritter, Carl, *Die Erdkunde von Asien* . Band II. Berlin: Georg Reimer, 1833. S. 396）。两幅图被装裱在同一个卷里，并且与上述的广东省地图和市区图放在同一个硬纸盒中。因此这两份图是同一个编号。（第112页。编号：L.S. 26）

IV. 一幅大的彩色图案装饰的北京（Pe-king）或顺天府（Schün-t'ian-fu）图，上面的题字为：首善全图（Schèu-schén-ts'iuan-t'u）。（第112—113页。编号：L.S. 246）

V. 一个硬纸盒中装的三卷图（第113页。编号：L.S. 247. a-c）。

a. 上面提到的我们这边的天体半球图。镶嵌花边。

b. 第二份北京市区图，没有镶嵌花边，是用很小的俄语字母手写的注释。

c. 一份《三才一贯图》（San-ts'ai-yǐ-kuan-t'u）。绍特对这幅图的名称做了详细的解释，同时解释所谓"三才"所指的是天、地、人三大潜力（drei Potenzen, d.h. Himmel, Erde, und Mensch）。在《外国杂志》（*Magazin des Auslandes*. 1834. Mai-Heft. No. 61）上，绍特曾撰文《一页纸的中国百科全书》（„Chinesische Encyclopädie auf einem Bogen"）对这一奇异的有关宇宙-地理-历史-道德的集锦做了详细的解释。

这三卷原本是由一位俄国人收藏的，后由洪堡·亚历山大·冯赠送给王室图书馆。

第二编
语言、文学与翻译

第五章
哲学文本的语文学阐释
——甲柏连孜对《太极图说》的翻译与阐释

一、甲柏连孜生平及其对中国哲学的研究

甲柏连孜是19世纪德国汉学家、语言学家。他与同为语言学家的父亲共研究过200多种语言。1878年7月1日他被莱比锡大学聘为东亚语言学的编外教授,这一教席是他本人的倡议,并且是德语地区第一个专为东亚语言(汉语和日语)设立的教席。甲柏连孜还致力于满文、蒙古语、藏语和马来语的研究,他的主要著作《汉文经纬》(Die chinesische Grammatik, 1881)至今仍被汉学界认为是具有划时代意义的古汉语语法专著。① 1889年甲柏连孜被柏林大学聘为东亚语言与普通语言学教授,并于1889年6月27日被选为普鲁士科学院(Preußische Akademie der Wissenschaften)院士。1891年,51岁的甲柏连孜出版了他另外一部重要的著作《语言学》(Die Sprachwissenschaft, 1891)。② 在这部著作中,甲柏连孜创立

---

① 此书的德文版:Gabelentz, Georg von der, *Chinesische Grammatik, mit Ausschluss des niederen Stils und der heutigen Umgangssprache*. Leipzig: Weigel. 1881. Reprograph. Nachdruck: Berlin: Deutscher Verlag der Wissenschaften, 1953.; 4., unveränd. Aufl. Halle(Saale): Niemeyer, 1960. 日文版:ゲオルク・フォン・デア・ガーベレンツ『中国語文法:低級文体と現代の日常語を除く』川島淳夫訳,IPC出版センター・ビブロス、2015年。中文版:甲柏连孜著,姚小平译《汉文经纬》,"海外汉语研究丛书",北京:外语教学与研究出版社,2015年。

② 此书的德文版:*Die Sprachwissenschaft. Ihre Aufgaben, Methoden und bisherigen Ergebnisse*. Leipzig: Weigel Nachf., 2. Aufl.; 1.: 1891. Nachdruck: Tübingen, Narr, 1972 (TBL, 1). 日文版:ゲオルク・フォン・デア・ガーベレンツ『言語学―その課題、方法、及びこれまでの研究成果』川島淳夫訳、同学社、2009年。

了后来在历史语言学中被称作"语言演变周期性"的理论（Theorie des Zyklischen Sprachwandels），并提出了语言学的目标和任务。令人扼腕的是，甲柏连孜仅仅活了53岁，在有限的生命中，他的很多宏图大志都没能得以实现。

图 5-1　甲柏连孜石版画像。出处：甲柏连孜曾外甥女福格尔女士提供

甲柏连孜于1876年在莱比锡大学做了他的博士论文，这是他一生中唯一一次用比较长的时间集中研究中国哲学。甲柏连孜一直对中国哲学怀有一种敬畏之心。1881年甲柏连孜发表了他于1878年在莱比锡大学的就职讲演，题目为"东亚研究与语言学"（Die ostasiatischen Studien und die Sprachwissenschaft）。在演讲中，他专门提到了为什么要研究中国哲学：

让我们尝试着沉醉在中国哲学的秘密中，沉醉于他们深奥的形而上学、他们的乐观与悲观、他们的现实主义与理想主义情怀、他们对体制的种种抗争、他们不断进步的历史——仅从那些如今能读懂的吉光片羽中，我们知道了汗牛充栋的藏书的重要性，而当地的书目也向我们展示了这巨大的书籍宝库:我们在前人描绘的那种千篇一律的精神面貌之上,看到了一场激烈的精神较量的演出,并在那位思想者黄色皮肤的中国式额头上看到了深深的皱纹。那个以精神统治了人类总数的三分之二、令人称奇的大智者,是一个中国人;人们要评价中国和中国人,就得知道儒家学说。①

语言是人类文明的一部分,很显然,甲柏连孜希望通过汉学探索中国人的精神世界。哲学当然是这一探索的重要方面。但他的视野不仅仅局限在东亚的哲学范畴之内,他进而指出:

> 东亚研究打开了如此广阔的视野,其未来是难以估量的。其任务首先是哲学的,这里的哲学是从其最广泛的意义上而言的。但是第二个任务也一点不轻:我所指的是语言学,这是拓宽和深化我们对于人类语言本质的认识。②

实际上,从甲柏连孜步入汉学界一开始,他就认为自己的使命在于东亚的哲学和语言学这两个领域,并且认为这两个领域是相辅相成,不可分离的。

甲柏连孜博士论文的两个评阅人分别是布罗克豪斯·赫尔曼和弗莱舍尔。布罗克豪斯系著名的出版商布罗克豪斯·弗里德里希·阿诺德的第三个儿子,当时著名的印度学家。他曾于1870—1871年担任莱比锡大学哲学学院的院长,1872—1874年担任莱比锡大学校长一职,在甲柏连孜获得博士学位的第二年(1877),布罗克豪斯便与世长辞了。

---

① Gabelentz, Georg von der, „Die ostasiatischen Studien und die Sprachwissenschaft". In: *Georg von der Gabelentz. Ein biographisches Lesebuch.* Herausgegeben von Ezawa, Kennosuke und Vogel, Annemete von. Tübingen: Gunter Narr Verlag, 2013. S. 21.

② Gabelentz, Georg von der, „Die ostasiatischen Studien und die Sprachwissenschaft". In: *Georg von der Gabelentz. Ein biographisches Lesebuch.* Herausgegeben von Ezawa, Kennosuke und Vogel, Annemete von. Tübingen: Gunter Narr Verlag, 2013. S. 23.

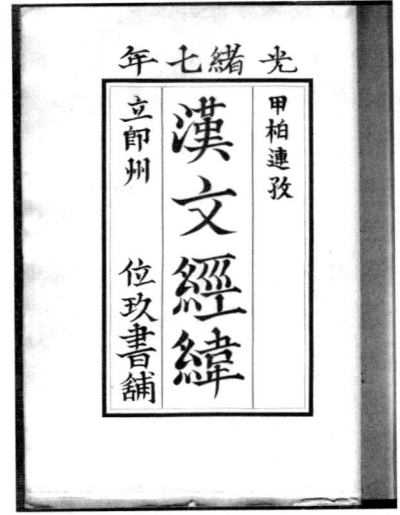 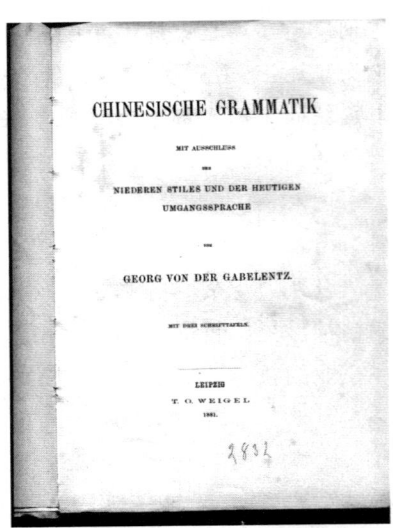

图 5-2 1881年《汉文经纬》第1版中文扉页和德文扉页。出处：甲柏连孜曾外甥女福格尔女士提供

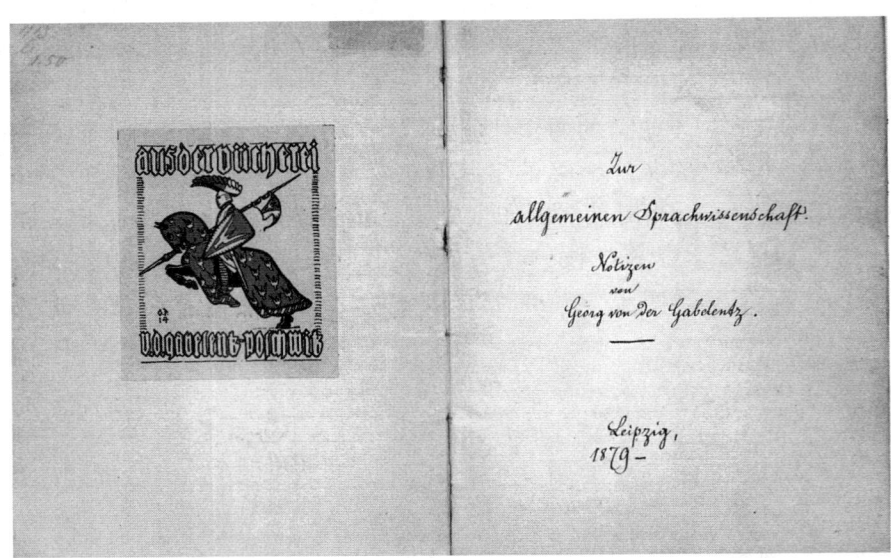

图 5-3 甲柏连孜的《语言学》札记本，1879 年。出处：阿尔滕堡市档案馆（LATh-Staatsarchiv Altenburg, Familienarchiv v. d. Gabelentz, Bücherbestand G IV a. 1.1, S. 0）

弗莱舍尔是德国现代阿拉伯学的创始人,也是他同时代最著名的东方学家之一。正是由于弗莱舍尔的努力,使得莱比锡大学成为世界著名的阿拉伯学研究重镇以及阿拉伯文化在欧洲的中心,莱比锡大学也因此被誉为"阿拉伯学者的麦加"(Mekka der Arabisten)。由于在阿拉伯研究方面取得的巨大成就,1843 年 9 月弗莱舍尔筹划成立一个东方学家的学会。1845 年 10 月 2 日德国的东方学家们仿照巴黎的亚洲学会(Société asiatique)成立了德国东方学会(Deutsche Morgenländische Gesellschaft),会址设在莱比锡。创始人包括甲柏连孜的两位导师:弗莱舍尔和布罗克豪斯·赫尔曼。学会会员的研究领域包括东方、亚洲、大洋洲和非洲的语言与文化,以及这些地区的相互关系及其与相邻地区的关联性。

图 5-4　甲柏连孜博士论文的两个评阅人:布罗克豪斯(左)和弗莱舍尔(右)。出处:Wikipedia 照片

二、博士论文的内容与结构

甲柏连孜的博士论文是翻译并解说北宋哲学家周敦颐的《太极图说》:《周子太极图说,并附有〈合璧性理〉中朱熹的注释》(以下简称《周子太极图说》,*Thai-kih-thu, des Tscheu-tsi Tafel des Urprinzipes, mit Tschu-hi's Commentare nach dem Hoh-pih-sing-li. Chinesisch mit mandschuischer und deutscher Übersetzung, Einleitung und Anmerkungen.*(Promotionsschrift)Dresden: Im Commission-Verlag Bei R. v. Zanh, 1876)。这是传统的以语文学

的方式对一个哲学文本进行的翻译和阐释,作为基本的文本,所使用的系雍正十年(1732)刻板的《满汉合璧性理》。甲柏连孜写道:"本书共有4册,包括《太极图》,《通书》,最后是张子的《西铭》,但最后的两部书从意义和兴趣来讲无论如何是没有办法与太极图相提并论的;仅仅是为了更好地理解《太极图》,并且获得有关其作者更精确的知识,将《通书》翻译出来就是非常值得的。"①我们都知道,今传的《太极图说》是朱熹整理的,他认为:"太极图得通书而始明。"②

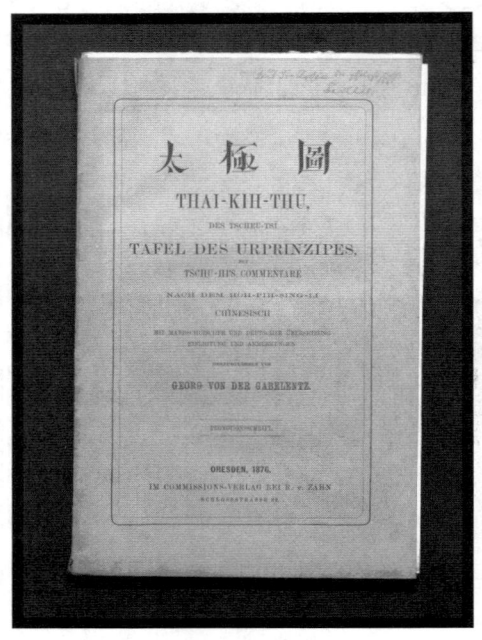

图 5-5　莱比锡大学档案馆藏《周子太极图说,并附有〈合璧性理〉中朱熹的注释》书影。出处:莱比锡大学档案馆(**Universitätsarchiv Leipzig**)

---

① *Thai-kih-thu, des Tscheu-tsi Tafel des Urprinzipes, mit Tschu-hi's Commentare nach dem Hoh-pih-sing-li.* Chinesisch mit mandschuischer und deutscher Übersetzung, Einleitung und Anmerkungen. (Promotionsschrift) Dresden: Im Commission-Verlag Bei R. v. Zanh, 1876. S. 10. 甲柏连孜后来在《汉文经纬》中也使用了《通书》中的例子来解释"助词"中的"代词性小词""者":"果者,阳之决;确者,阴之守。" Gabelentz, Georg von der, *Chinesische Grammatik, mit Ausschluss des niederen Stils und der heutigen Umgangssprache.* Leipzig: Weigel. 1881. Reprograph. Nachdruck: Berlin: Deutscher Verlag der Wissenschaften, 1953; 4. unveränd. Aufl. Halle(Saale): Niemeyer, 1960. S. 192.

② 《朱子语类》卷94《通书》。

我们知道,周敦颐的《太极图说》全文仅250余字,实际上是阐发他自己所绘制的"太极图"。太极图显然源自道士的修炼之图,但周敦颐对这幅图进行了根本性的改造:改为了天地万物生成之图。在"图说"中,周敦颐对这幅图的解释为:有象有形的二气五行和万物,都源自原始的、绝对的实体"太极",而太极就是无极,由它而产生出阴阳五行和宇宙间的万事万物。他以"太极"为本体,提出了宇宙观、世界观,说明了万事万物和人的产生,进而提出了无极、太极、动、静、性、欲、善、恶、仁、义等范畴和概念。

《周子太极图说》除了1876年2月写于德累斯顿的"前言"(Vorwort,共5页,V-VII)之外,其内容分为两大部分:"引言"(Vorbemerkungen,共10页,1—10)和"正文"(Text,共70页,11—81),以及作为"附录"(Anhang)的"朱子太极说"(共6页,82—88)。"引言"主要是对《太极图说》的思想加以总结和系统化,又包括了五个部分:

    I. 二元论 1
    II. 向一元论的过渡 3
    III. 周敦颐的一元论 5
    IV. "极"和"太极" 7
    V. 朱熹和"性理" 9

这一共10页的"引言"基本上是一个中国哲学的入门,这部书的读者显然是当时德国的一般读书人,他们很少有相应的中国历史和文化的背景知识。

在第二部分的"正文"中,包括了"导论"(Einleitung)、周敦颐绘制的"太极图"及其德文翻译,以及周敦颐的《太极图说》原文及翻译,也包括朱熹的注及译文。作为附录的是"朱子太极说"出自《朱熹文集》(明嘉靖十一年(1532)福州府学本/卷六十七)的"太极说"。由于这三个部分都被收录在了《满汉合璧性理》之中,因此在甲柏连孜的论文中,除了中文之外,也都罗列并分析了满文,只不过满文部分是使用拉丁字母的拼音方式给出的。

论文的最后两页是甲柏连孜的"简历"(Lebenslauf,共2页)。

有关宋代哲学的内容,甲柏连孜在《汉文经纬》一书第一卷"导论和概述"中的"后古典文献"中予以了定义:

§.27. 宋代(960—1126)见证了一股持续不断地推动哲学前进的力量。这股力量来自一些卓越的儒学家，他们试图把全部自然哲学和精神哲学统一为一个宏大的体系。号称周子的周濂溪（Ceū Liêm-kʻī），二程（čʻîng）兄弟，还有伟大的朱熹（čū-hī），是这些哲学家当中赫赫有名的几位。他们所代表的学派追求一个称为性理（síng-lì）的系统，其内容载录于一部多卷本的著作《性理大全》（Síng-lì-tú tsʻiuên）。《性理精义》（Síng-lì-tsīng-ngí）则是此书极佳的摘选本。①

甲柏连孜的这一段论述是作为"外部语言史"（Aeussere Sprachgeschichte）对宋代的哲学予以定位的。哲学文本也成为他古代汉语语法分析的重要的文本。

三、在汉学领域的首次登场

在撰写博士论文的时候，甲柏连孜毕竟是26岁的年轻人，他知道在汉学领域自己仅仅是一个资历很浅的入门者。在博士论文的前言中他写道："在拥有众多著名前辈学者的汉学领域，我好像是第一次登场，希望读到此书的当今衮衮硕儒能原谅我的无知。在东方学研究的领域中，汉学也许是至今依然很少被人开拓的巨大领域。"②

甲柏连孜所处的时代，在整个东方学的领域之中，汉学的确鲜有巨大的成就出现。我想这正是甲柏连孜乐此不疲地进行汉学研究的原因。一直到1881年，他在"东亚研究与语言学"中依然表现出了对德国汉学研究状况的担忧：

汉学在德国的发展并不顺利。我们在东方学的土地上耕耘收获的却是别的果实，甚至硕果累累！印度研究、伊朗研究、闪族研究以及埃及研究的辉煌成就纤毫毕现地呈现在这个文明世界面前；我们的看

---

① 甲柏连孜著，姚小平译《汉文经纬——汉语语法，不包括通俗语体和当代口语》，北京：外语教学与研究出版社，2015年，第13页。
② *Thai-kih-thu, des Tscheu-tsi Tafel des Urprinzipes, mit Tschu-hi's Commentare nach dem Hoh-pih-sing-li* . S. VI-VII.

法老和他的臣民们、穆斯林以及婆罗门简直就像是相识已久的生意伙伴或是手足同胞一样，恨不得赶快称兄道弟，静静地听着他们的历史就好像小时候听童话故事一样。至于中国文化在这里听起来是什么样子，反正听着不像是人家本国的旋律。①

跟德国其他的东方学研究比较而言，甲柏连孜认为德国在汉学方面所取得的成就依然是很差的，有待进一步提高。

四、甲柏连孜之前的翻译典范

在"前言"中甲柏连孜指出，《太极图说》意义非凡。"周子的著作所涉及的是辩证思想的发展，甚至溯源到了二元论最初的单位：我认为这对于哲学专业的人来讲也是不无兴趣的，但首先我将我的这部论文献给汉学家们。并非仅仅告诉汉学家一些新的东西，而是特别希望通过这篇论文更好、更清楚地阐明周子的体系，这对我来讲似乎也是可能的。因为我常常感觉到，第一次的翻译有多么艰难，其中甘苦，儒莲在他的《老子》(Lao-tsï)翻译中一定深有感触，语言专家多么需要其他领域的专家——比如哲学家在修改方面的帮助。"②未及而立之年的甲柏连孜清楚地知道自己是汉学家，像周敦颐《太极图说》这样的哲学文本，并非仅仅从语文学的角度就可以翻译、阐释清楚的。因此他认为，哲学家的介入是非常重要的。

在此，甲柏连孜举了儒莲翻译《老子》的例子。1842 年儒莲将《道德经》翻译成了法文(*Le Livre de la voie et de la vertu, composé dans le VIe siècle avant l'ère chrétienne, par le philosophe Lao-Tseu, traduit en français et publié avec le texte chinois et un commentaire perpétuel par Stanislas Julien*, 1842)。1856 年他又将法文本转译成了英文本，送给他的英国老师、伦敦会的传教士麦都思：*The Book of the Way and of Virtue*. Composed in the Sixth Age before the Christian Era by the Philosopher Lao Tseu. 1856. 甲柏连孜认为，作为

---

① Gabelentz, Georg von der, „Die ostasiatischen Studien und die Sprachwissenschaft". In: *Georg von der Gabelentz. Ein biographisches Lesebuch*. Herausgegeben von Ezawa, Kennosuke und Vogel, Annemete von. Tübingen: Gunter Narr Verlag, 2013. S. 21.

② *Thai-kih-thu, des Tscheu-tsi Tafel des Urprinzipes, mit Tschu-hi's Commentare nach dem Hoh-pih-sing-li*. S. III-IV.

《道德经》的第一个西方语言的译者,儒莲最了解翻译之难。因此,周敦颐《太极图说》的翻译对甲柏连孜来讲,同样是筚路蓝缕的开创者的工作。

除了儒莲之外,甲柏连孜提到他的榜样应当是汉学家史陶斯:"我想到了史陶斯,他的翻译艺术为我提供了可供模仿的榜样。他所达到的,是我追求的:将原作者的形式和思想尽可能予以忠实的再现。我会大胆地一再使用德语固有的表达方式,或者对意义不明确的篇章做了多义的处理,以便尽可能客观地来看待不同的解释,并添加由我自己的理解方式得来的注释。在多种可能性的阐释方式之中进行选择的地方,我会在注释中让读者对出现问题的地方予以关注,以便引出他们的批评意见。"①

甲柏连孜所提到的是史陶斯《道德经》的翻译,这本出版于 1870 年的德译本是第一个德文的全译本。(*Lao-Tse's Tao Te King*. Aus dem Chinesischen ins Deutsche übersetzt, eingeleitet und commentiert von Victor von Strauss. Leipzig: Verlag von Friedrich Fleischer, 1870. 357 Seiten.) 史陶斯的《道德经》译本不仅仅是一般意义上的翻译,他对很多章节做了很好的阐释。

史陶斯曾在埃尔兰根大学、波恩大学和哥廷根大学学习法律。直到 1882 年他才在莱比锡大学成为神学博士。史陶斯如何学的汉语?跟谁学的汉语?都不太清楚。但是他受到过很好的神学和哲学的训练,他的译文被当时的学者奉为经典之作。德国哲学家雅斯贝尔斯对史陶斯的这个译本予以了高度的评价:

> 史陶斯所作的注释在于把读者引向翻译中的难点问题,中文原句的意义以及词句的多种含义。此外,他受过传统的德国哲学训练,因此他的阐释透彻、审慎,有时也带点奇特的哲学味道。即便是译文晦涩难懂,也会在注释中找到他之所以这样做的原因。在使用这一杰出的译本同时,我还参照了其他新出的一些译本。在发现这些新译本跟史陶斯的译本有偏差时,再读史氏的注释,真令人信服不已,他会告诉你他之所以这么译的理由,并且常常是后来才出现的异议事先就能认识到。史陶斯这本乍读起来令人费解的译本,也许正因为此才是最好的译本:这一译本不易读懂,需要借助于注释的帮助才能理解那简短、

---

① Ebenda, S. IV.

含蓄的背后所隐藏的真意。①

  托恩在1959年的瑞士苏黎世新版序中认为,史陶斯的《老子》译本不仅是最古老的德语译本,同时也是最好的译本。他同时认为,后来的很多德译本,包括卫礼贤的译本,实际上都是以史陶斯的译本为基础完成的。②史陶斯的译本不仅仅是使用德国哲学的概念将老子的思想介绍给了德国的知识界,同时他也将老子的思想同西方的哲学家做了很多的比较。在他阐释老子的文字中,就列举有苏格拉底、柏拉图、亚里士多德、德国神秘主义神学家艾克哈特大师与伯梅等西方历史上的哲学家。我想,正是基于史陶斯《老子》译本以上的优点,甲柏连孜才将之奉为圭臬的。

  甲柏连孜后来在《汉文经纬》中,在分析用作状语的"乃"时,举了《道德经》第十六章的例子:"知常容,容乃公,公乃全,全乃天,天乃道,道乃久。"甲柏连孜根据儒莲的译文,将这句话翻译为:Wer beständig zu sein verseht, ist grossmüthig, ⋯ gerecht, ⋯ König, ⋯ himmlisch, ⋯ taò, ⋯ von Dauer.③这段话的意思:如果谁懂得了什么是恒常的话,那么他就会慷慨宽容;如果谁懂得慷慨宽容的话,那么他就会公正;如果谁懂得公正的话,那么他便会成为君王;如果谁懂得君王的话,那么他就会成就天意;如果谁懂得天意的话,那么他便会合乎"道";如果有人认识"道"的话,那么"道"便可以长久。不过甲柏连孜并不完全认可儒莲的译文,他接下来给出了所谓"更好的"译文:grossmüthig, dann gerecht u. s. w. 意思是:只有慷慨宽容,才会公正,等等。他同时在括号中给出了史陶斯的译文:Wer das Ewige kennt, ist umfassend; umfassend, daher gerecht u. s. w.④意思是,如果有谁了解常道的话,那么他便是无所不包的;如果有谁是无所不包的话,那么他便是公正的,等等。可见,不论儒莲的译文还是史陶斯的译文,对于甲柏连孜来讲都只起到了参考的作用,不会泥古不化。

---

 ① 雅斯贝尔斯著,李雪涛等译《大哲学家》,北京:社科文献出版社,2010年第2版。第754页。

 ② Neuausgabe: *Lao-tse, Tao Te King*. Aus dem Chinesischen übersetzt und kommentiert von Victor von Strauss. Bearbeitung und Einleitung von Willy Y. Tonn. Zürich: Manesse Verlag, 1959. 420 Seiten.

 ③ Gabelentz, Georg von der, *Chinesische Grammatik, mit Ausschluss des niederen Stils und der heutigen Umgangssprache*. Leipzig: Weigel. 1881. Reprograph. Nachdruck: Berlin: Deutscher Verlag der Wissenschaften, 1953.; 4., unveränd. Aufl. Halle(Saale): Niemeyer, 1960. S. 266.

 ④ Ebenda, S. 266.

五、哲学文本的语文学阅读方式

甲柏连孜认为,从《太极图说》的"内容和形式来看,这些篇章更适合古汉语的初学者,正是为了这一部分的读者,我在前几页加上了很多语言方面的注释。我这样做的目的在于,首先让他们注意这些语法现象,在其后的阅读文献过程中,他们便可以独立地来观察这些现象了。一本印制出来的好的语法书,对于一种语言的新手来讲,并不能免除他们去做读书笔记,而此类的工作通过及时的、对值得注意的地方的提示,变得容易很多。"①

因此,对于甲柏连孜来讲,尽管《太极图说》是一个哲学的文本,但是他的阐释的方式,依然是语文学的(philologisch)。显然,他的路径(Annährung, approach)是从语言到哲学思想。如果不理解汉语的词汇和语法的话,很难理解文本的真实含义。

究竟怎样才算是好的译文呢?甲柏连孜指出:"对一部学术著作来讲,好的翻译要求是,专用名词尽可能通过特有的、不过总是同一个表达来表达。"但他认为,"对中国哲学术语的整体探讨,超越了我的工作范围。"②因此,对甲柏连孜来讲,这样的一个哲学文本的翻译和阐释,在很大程度上依然是从语文学或语言学的角度来实现的。

在语法的解释方面,甲柏连孜也予以了说明:"在语法的表述方面,我也没用很多的篇幅。我认为,汉语词汇的分类并不能以我们的话语分类范畴为基础。一个汉语的词,其基本含义是'大的(gross, 形容词或副词),大人物(Grösse, 名词)',这对我来讲永远都是形容词(Eigenschaftswort),不过现在根据不同情况,也可能是形容词(adjectivum)、名词(substantivum)、中性动词(verbum neutrum)或及物动词(transitivum),等等。因此,所有德文的表述方式表达的此类都是依据其基本的含义,亦即拉丁语的功用来表达的。"③也就是说,很难将汉语词汇的意义和语法属性同时"翻译"成德语。

不论是《太极图说》还是朱熹的解释,都是用古代汉语写成的。有关

---

① Thai-kih-thu, des Tscheu-tsi Tafel des Urprinzipes, mit Tschu-hi's Commentare nach dem Hoh-pih-sing-li. S. V.

② Ebenda, S. V.

③ Ebenda, S. VI.

古代汉语词形和词类的问题,甲柏连孜很早就注意到了。因此,没有基本的古代汉语语法和词汇的分析,直接进入中国哲学的世界,甲柏连孜认为是不可能的。

有关古代汉语,甲柏连孜认为,"人们尽可能像学习其他语言一样,纯粹通过实践和实证的方式学会它,但是如若没有敏锐的哲学思考的话,那就不可能从学术的方面去研究它、理解它。"①有关整个的中国精神财富与古代汉语之间的关联性,甲柏连孜认为:

> 这一语言原本的形态就已经足够说明一切了,它证明了自己作为重要文献承载者的地位,能表达任何逻辑上的抽象化,它有着丰富的时代结构特征,同时又短小精悍,并富有雄辩力和真挚情感,这些优点如此统一于汉语之中,这在其他语言中是前所未见的。汉语语法对学习者的记忆要求并不大,但是却对其逻辑思维提出了很高的要求。通过背诵句型和逐一列举不规则用法,汉语学习者可以减轻负担。对此汉语学习者需要将自己的思想与一种全新的思维方式相适应;他不仅需要彻头彻尾理解这种思维方式,还需完完全全去体会它……②

我想,这也是为什么古代汉语特别吸引甲柏连孜的地方吧。

当时德国汉学研究落后于英国和法国的情况,因此甲柏连孜在做注和进行阐释的时候,引用的双语词典和一些译本基本上是英文或法文的。其中中国典籍的译本包括:

Legge, Class., Vol. I pg. 18.(S. 14)

Legge, Chin. Class. Vol. III. Pt. II pg. 321 sq.(S. 12)

Legge, Classics, Schu-king, pt. V, b. XXII. § 19(S. 12)

这实际上是理雅各(James Legge, 1815—1897)在1861—1872年出版的"中国经典"(*The Chinese Classics: with a Translation, Critical and Exegetical Notes, Prolegomena, and Copious Indexes*, 5 vols.,(Hong Kong: Legge; London: Trubner, 1861—1872))。至1876年甲柏连孜撰写博士论文的时候,已经出

---

① Gabelentz, Georg von der, „Die ostasiatischen Studien und die Sprachwissenschaft". In: *Georg von der Gabelentz. Ein biographisches Lesebuch*. Herausgegeben von Ezawa, Kennosuke und Vogel, Annemete von. Tübingen: Gunter Narr Verlag, 2013. S. 26.

② Ebenda, S. 27.

版了《论语·大学·中庸》(卷一,1861)、《孟子》(卷二,1861)、《书经》(卷三,1865)、《诗经》(卷四,1871)、《春秋·左传》(卷五,1972)。其余的各卷都是在1876年之后完成的。

论文中所引用过的双语词典等工具书包括:

Dennys, N. B., *Notes und Queries on China and Japan*. Hong Kong: C.A. Saint, 1867—1870. vol. I.

Julien, Stanislas, *Syntaxe nouvelle de la langue chinoise, fondée sur la position des mots, suivie de deux traités sur les particules et les principaux termes de grammaire, d'une table des idiotismes, de fables, de légendes et d'apologues, traduits mot à mot par M. Stanislas Julien.-Syntaxe nouvelle de la langue chinoise, confirmée par l'analyse d'un texte ancien, suivie d'un petit dictionnaire du roman des deux cousines et de dialogues dramatiques*. 2 volumes, 1869—1870.

Mayers, William Fredrick, *Chinese Reader's Manual. A Handbook of Biographical, Historical, Mythological, and General Literary Reference*. London/Shanghai, 1874.

Schott, Wilhelm, *Chinesische Sprachlehre*. Berlin 1857.

Schott, Wilhelm, Zur chinesischen Sprachlehre. Berlin 1857.

Williams, Wells, *A syllabic dictionary of the Chinese language: arranged according to the Wu-fang Yuen Yin, with the pronunciation of the characters as heard in Peking, Canton, Amoy, and Shanghai* (汉英韵府). Shanghai: American Presbyterian Mission Press. 1874.

William, Wells, *A tonic dictionary of the Chinese language in the Canton Dialect* (英华分韵撮要). Canton: Printed at the Office of the Chinese Repository 1856.

当时德汉、汉德双语的词典依然很少,因此甲柏连孜所使用的大都是英文和法文的双语词典。其中有些词典在当时特别新,像卫三畏编写的1254页的《汉英韵府》,是1874年才在上海美华书馆(American Presbyterian Mission Press)出版的。可见甲柏连孜在学术方面的信息还是非常灵通的。

六、选择使用《满汉合璧性理》的原因

甲柏连孜之所以选择了《满汉合璧性理》,而没有使用《朱子语类》的

版本，或者明代的《周濂溪集》或清代的《周子全书》，或清代的《太极图集解》，最主要的原因在于甲柏连孜认为满文可以加深他对中文原文的理解。就此他写道："我附上了满文的译文，其原因并非是因此可以增加可供参考的文本文献，而是想要引起对批评的关注。无视这些当地阐释者的阐释是理应受到惩罚的，我们要有自己的看法，不得不在这些本地学者的观点面前进行辩解，并且常常跟他们的观点相左。因此我常常记在心头的是，我知道在哪些地方我的观点是与满人学者的观点相反的。在我的注释中，只是在涉及实质性内容方面，我才想到这些偏差。我们的理解与满文学者在形式方面不同的众多事例，读者自有分明。"①

在甲柏连孜看来，满文的翻译和解释对于他理解这个中文的哲学文本是至关重要的。如果只有汉语原文和解释的话，理解的视角常常是比较单一的。满文的译文给甲柏连孜提供了亚洲另外一种语言文化对周敦颐和朱熹的不同理解。尽管甲柏连孜常常不同意满文的翻译和解释，但这无疑为他的翻译和阐释提供了另外一条路径。

甲柏连孜后来在"东亚研究与语言学"中更清楚地阐述了他的这一认识：

> 对于满族在中国的异族统治，我们汉学应当在很多方面都应当予以感谢。最重要的当然是满文文献。满文文献数量并非卷帙浩繁，并且只能算是其原本精神财富中微乎其微的一部分。但是他们将诸多重要的中文文献用方便的字母文字翻译成了易于学习的语言，这些译文并且被认为几乎是可靠的，现存的这些文献，即便是今天对我们的帮助都是不可估量的。任何欧洲的汉学家都不可忽视满文。②

由于清代是满人统治，欧洲的东方学图书馆藏有很多类似于《满汉合璧性理》的满文-汉语对勘的中国典籍。当时训练出来的德国东方学家的满文和古汉语水平都很高，原因在于满文是拼音文字，对于德国汉学家来讲更容易掌握，因此满文的翻译对于他们理解中国思想还是起到了很重要的作用。由于此类的"满汉合璧"图书双语的特色，中文方面的校勘往往

---

① Ebenda, S. V-VI.
② Gabelentz, Georg von der, „Die ostasiatischen Studien und die Sprachwissenschaft". In: *Georg von der Gabelentz. Ein biographisches Lesebuch*. Herausgegeben von Ezawa, Kennosuke und Vogel, Annemete von. Tübingen: Gunter Narr Verlag, 2013. S. 22.

不是特别精良,常常会有一些刻板的错误。甲柏连孜也发现了《满汉合璧性理》的"中文部分并非总是正确的"。①

满文是中国当时皇室的语言,也是打开中国皇家宫殿大门的重要手段,当时柏林的王室图书馆(Königliche Bibliothek zu Berlin)从17世纪以来除了中文藏书外,也采购一部分的满文图书。满文文献为语言学家和汉学家掌握中文,进而研读中国文献提供了非常重要的帮助。因此,当时王室图书馆所收藏的满文文献,也大都是满汉合璧的。柏林王室图书馆便藏有诸如康熙十五年(1676)刻板的《满汉合璧朱子节要》(五卷),②系朱子语录及满文译文的双语对照版。

在满文方面,甲柏连孜也可谓有深厚的家学背景。作为当时著名的语言学家,他的父亲汉斯·克农·冯·德·甲柏连孜一生中用科学的方法处理过超过80种的语言,据说老先生能说其中的二十余种语言,不过他对满文情有独钟,一生翻译了很多满文的文献。③ 甲柏连孜本人也曾在做完博士论文之后,于1879年将部分的《金瓶梅》从满文翻译成了法文,发表在了当时著名的《东方与美洲评论》上。④ 此外,从1878年冬季学期(Winterse-

---

① *Thai-kih-thu, des Tscheu-tsi Tafel des Urprinzipes, mit Tschu-hi's Commentare nach dem Hoh-pih-sing-li*. S. 10. Anm. 1.

② Chu-tzu-chieh-yao. 1676. Libri sin. 63. 克拉普洛特-加龙省《柏林王室图书馆中文和满文图书与手稿目录》在题解中说《朱子节要》:这里收录了12世纪宋代著名的哲学家朱熹的14篇哲学-道德论文,是由明代的高攀龙编写,并于1602年(万历三十年)出版的。此书系朱子语录及满语译文的双语对照版,出版于康熙十五年(1676),五卷。Klaproth, J. H., *Verzeichniss der chinesischen und mandschuischen Bücher und Handschriften der Königlichen Bibliothek zu Berlin*, ... Paris, 1822. S. 143.

③ 1833年老甲柏连孜用法文出版了他多年的学术研究成果《满文文法基础》(*Eléments de la grammaire mandchoue*, Altenburg 1833)。1864年他还出版了《四书、书经、诗经满文译本,并附有满-德词典》(*Sse-schu, Schu-king, Schi-king in Mandschuischer Uebersetzung mit einem Mandschu-Deutschen Wörterbuch*, Leipzig 1864)。在老甲柏连孜去世后,作为遗稿还出版了《大辽史——译自满文》(*Geschichte der großen Liao, aus dem Mandschu übersetzt*, Sankt Petersburg 1877)。此外,他曾经从满文将《金瓶梅》全部翻译成了德文。此书后来经德国汉学家、满文学家稽穆整理出版。("Jin Ping Mei 金瓶梅, chinesischer Roman", übers. v. Hans Conon v. d. Gabelentz, herausgegeben und bearbeitet v. Martin Gimm, Berlin, Staatsbibliothek, Teil I-X, 2005—2013.)

④ "Kin Ping Mei, les aventures galantes d'un épicier. Roman réaliste, trad. du Mandchou"(Auszug). In: *Revue orientale et américaine*, hrsg. von L. de Rosny, 3, Paris, 1879. S. 169-197. 姚小平在《汉文经纬》译本"译后记"中认为:"他(指甲柏连孜——引者注)把《金瓶梅》译成法文(巴黎1879年),所据也不是中文原本,而是这部被欧洲评家视为中国现实主义小说之典范的满文译本(康熙四十七年)。"(上揭甲柏连孜著,姚小平译《汉文经纬》,第897页)实际上,甲柏连孜并没有翻译整本的《金瓶梅》,这里刊登的只不过是不到30页的节译而已。而他父亲——老甲柏连孜已经将《金瓶梅》的全本翻译成了德文。

mester, WS)的 10 月中旬开始,到 1889 年冬季学期的 2 月中旬为止[德国大学一般分为冬季学期和夏季学期(Sommersemester, SS)两个学期],甲柏连孜在莱比锡大学教授东亚语言、文化的十一年中,他讲授过"满文文法入门"(WS 1878/ WS 1879/ WS 1880 /WS 1881, Anfangsgründe der Mandschu-Grammatik)、"满汉对照太极图解"(SS 1879, Erklärung des Thai-kih-thu (chinesisch und mandschuisch))、"满文文法"(WS 1882/ SS 1884 /SS 1885, Mandschu-Grammatik)、"满文"(SS 1886 /SS 1887 /SS 1888 /SS 1889, Mandschu-Sprache)。① 可见,对于甲柏连孜来讲,满文是理解东亚文化特别重要的一把钥匙。

甲柏连孜在《汉文经纬》中对满族和满文也做了精彩的论述,他指出:

> §.48. 满族则不同。自从 1644 年进占中原,满族人一直热衷于学习汉语并掌握汉文献,做得非常成功。康熙(1662—1723)和乾隆(1736—1796)是中国历史上最优秀的皇帝当中的两位,而且都是一流的学者,在位期间曾下令把大量上乘的汉籍译入满语,使它们在满族人中间普及开来。这些翻译作品的绝大多数成为权威的版本,其中有一些本子的译笔极佳。这批作品尤其为欧洲人研究汉学铺平了道路;今天我们研究汉语,必须同时学习满语,绝不应该忽视这种语言。②

不论是汉语还是满文,对于甲柏连孜来讲都是外语,他之所以不遗余力地掌握如此众多的语言,在于他有这样的认识:"任何对于陌生精神世界的语言习得都同时是一种打破诸多偏见的行为,而这些偏见正是从我们之前习得的语言中附着而来的。"③掌握一种从结构和形式上来讲完全相异的新语言,对甲柏连孜来讲,是"为我们打开了一个崭新的精神世界"(erschließt sich in uns eine neue Gedankenwelt),④可以反过来更好地理解自己。

---

① 请参考相应年份的《莱比锡大学总课程表》,如《1878/79 年冬季半年莱比锡大学总课程表》(Verzeichniss der im Winter-Halbjahre 1878/79 auf der Universität Leipzig zu haltenden Vorlesungen)。
② 上揭甲柏连孜著,姚小平译《汉文经纬》,第 21 页。
③ Gabelentz, Georg von der, „Die ostasiatischen Studien und die Sprachwissenschaft". In: Georg von der Gabelentz. Ein biographisches Lesebuch. Herausgegeben von Ezawa, Kennosuke und Vogel, Annemete von. Tübingen: Gunter Narr Verlag, 2013. S. 22.
④ Ebenda, S. 27.

七、内容处理的方式

博士论文最重要的"正文"又分为两个部分：其一是"导论"（Einleitung），这主要是综合了朱熹的《江州重建濂溪先生书堂记》《周子太极通书后序》以及其他相关文字而成。甲柏连孜将此分为了 20 个部分进行了满文的拉丁字母转写、德文翻译工作，并且做了详尽的注释。除了一般意义上的哲学阐释之外，对于语言学家的甲柏连孜来讲，更重要的是他对很多的概念从语文学的角度做了词源学方面的解释。其后是周敦颐绘制的"太极图"及其德文翻译。其二是接下来分为 10 节对《太极图说》进行的翻译和介绍，这包括：1.太极、2.阴阳、3.五行、4.太极一也、5.乾坤；万物、6.人、7.圣人、8.君子、小人、9.三才之道、10.易经。除了周子的原文外，也包括了朱熹的注。

在朱熹的"导论"中，中文原文下面分为左右两栏：左栏为满文译文，右栏为德文翻译，其下是甲柏连孜的注释和阐释。以第 2 节为例，中文原文为："而孔子於斯文之興喪，亦未嘗不推之於天。"满文是《满汉合璧性理》中相应的甲柏连孜转写成拉丁字母的部分：Kungze ere śu-i yendehe gukuhe be, inu abka ci fisembuhekôngge akô. 之后是德文翻译：Und Khung-tsï, anlangend das Erstehen und Vergehen dieser Lehre: Alles schreibt auch er dem Himmel zu.（S. 13）

在下面的解释中，甲柏连孜认为，朱熹的这句话显然在暗示孔子（Khung-tsï, Confucius）在《论语》（Lün-iü）"子罕"中的一句话"文王既没，文不在兹乎？天之将丧斯文也，后死者不得与於斯文也。天之未丧斯文也，匡人其如予何？"（IX, V, 3）他解释说，当时孔子危在旦夕，上天委托他以文王的学说为使命，不要灭绝这一文化。因此，在文中使用了引人注意的"斯文"一词。

甲柏连孜认为，古汉语仅有两种所谓的语法要素：固定而清晰的词序规则和说明性的助词（虚词）。① 因此，除了一些中国文化史方面的解释之

---

① Gabelentz, Georg von der, „Die ostasiatischen Studien und die Sprachwissenschaft". In: *Georg von der Gabelentz. Ein biographisches Lesebuch*. Herausgegeben von Ezawa, Kennosuke und Vogel, Annemete von. Tübingen: Gunter Narr Verlag, 2013. S. 27.

第二编 语言、文学与翻译

外,甲柏连孜更多的是对他认为重要的"虚词"进行了解释。1.首先,这句话一开始便用了"而"字,他认为这是一个"后置从句"(Nachsatz),所以之前使用了一个虚词"而"字。2.之后他解释在这句话中两次使用了"於":他认为,第二个"於"只是用来体现第三个宾语的(dativisch),相当于"推"的宾语。他的依据是卫三畏的词典《汉英韵府》(1874),其中的解释为"to lay on another's charge"。(Williams, Syll. Dict. pg. 926) 3."亦"解释为"也",是与古代的事件相适应的。4."未……不"是一个双重否定词,用来加强说话的语气,从而得出肯定的结论。5."尝"本来是用作表示完成式(Perfecthum)的助词,这里常常仅用在表示否定的词后以加强语气。6.解释了句子中两个"之"的用法。甲柏连孜认为,第一个"之"之前的"斯文"(ssï wen)是第二格(Genitiv),表明后面的两个动词(Zeitwörter)是动名词(Verbalsubstantiva);后一个"之"代表之前的"兴丧"。

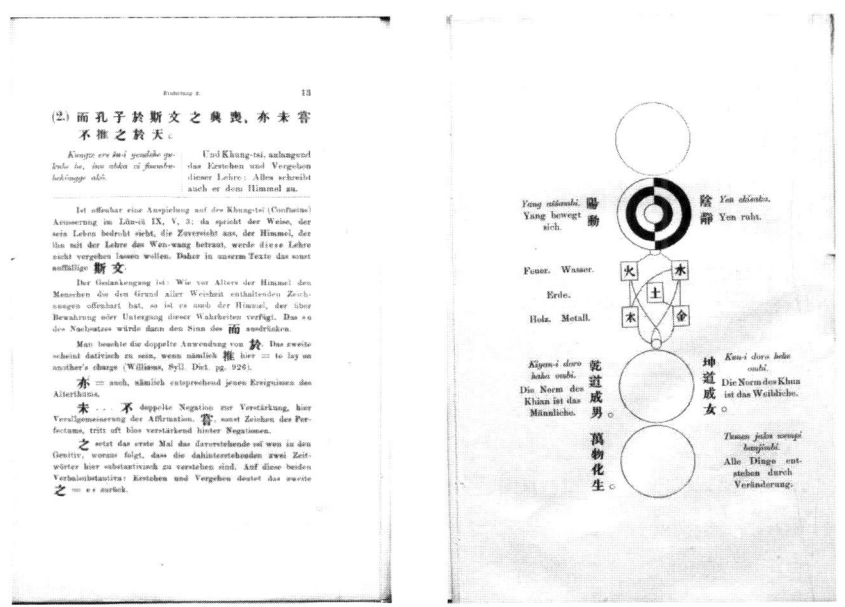

图 5-6　《周子太极图说,并附有〈合璧性理〉中朱熹的注释》第 13 页朱熹的释文(左)以及第 30 页"太极图"。出处:莱比锡大学档案馆

满文的译文,在很多方面为甲柏连孜理解古代汉语的文本提供了帮助。同样在朱熹的"导论"之中,其中第 12 节的一句"潘清逸誌先生之墓,叙所著

书,特以作太极图为称首。"(S. 22)由于"潘清逸"本来就不是特别著名的学者,这整句话的逻辑关系,甲柏连孜是通过满文的翻译弄清楚的。实际上,潘清逸(潘兴嗣,约1023—1100)为好友周敦颐所做的"墓志铭"中将《太极图》居首,对朱熹影响很大。朱熹也因此成为第一个肯定《太极图》的意义并以《太极图解》和《太极图说解》(1170)对太极图做出系统诠释的哲学家。

八、当时德国学者对于《太极图说》博士论文的评价

1876年3月甲柏连孜在莱比锡大学提交了他有关《太极图说》的博士论文。尽管他的博士论文传播的范围有限,但当时读到这部论文的学者还是予以了很高的评价。论文的评阅人之一、之前担任莱比锡大学校长的布罗克豪斯·赫尔曼写道:

> 请不要让我对您论文的内容做任何评价,因为"阴"和"阳"是我一直以来讨厌的概念,并且朱熹也没能让我赞同此类的观点。但是,您运用语法-句法的处理方式,我认为是非常成功的,也是适当的:您对中文文本的可靠解释,都是建立在有关汉语中虚词准确的知识基础之上的。①

因此,尽管布罗克豪斯·赫尔曼对道学中太极之类的概念并无好感,但甲柏连孜使用语法分析的方式来解释哲学文本,依然给他以耳目一新的感觉。之后,甲柏连孜在给他最喜爱的妹妹克莱门蒂妮的信中写道:

> 绍特,我向他明确表示,我最好从他那里得到责难而不是褒扬。他希望毫无顾忌地提出尖锐的批评,昨天他在给我的信中写道:您的论文所涉及的太极图,或者您对太极图的解释,我在认真阅读了之后,可以凭良心确信,我认为在这一领域可圈可点的成就并不多。对于一些次要的东西人们尽可能有不同的看法,但这并不影响对于根本东西的公正判断。我很遗憾不能让您高兴,您可能认为这是一个不利的评价。②

---

① Clementine v. Münchhausen geb. v. d. Gabelentz(1849-1913), „ H. Georg v. d. Gabelentz. Biographie und Charakteristik(1913)". In: *Georg von der Gabelentz, Ein biographisches Lesebuch*. Herausgegeben von Ezawa, Kennosuke und Vogel, Annemete von. Tübingen: Gunter Narr Verlag, 2013. S. 118-119.

② Ebenda, S. 119.

绍特自 1833 年在柏林大学讲授汉语和中国哲学的课程,1838 年他获得"汉语、鞑靼语及其他东亚语言专业"编外教授的职位。在当时,绍特可能是唯一能从语言和哲学两个方面对甲柏连孜的论文做评价的德国学者。在 1876 年 5 月 17 日甲柏连孜写给妹妹的信中,他对绍特予以了很好的评价。甲柏连孜写道:

  8 天前我在柏林访问的绍特教授。这位尽管已经老了但依然精力充沛的先生对我充满了善意,并且也很理解我的志向。①

在当时的德国,并没有很多学者能对甲柏连孜的题目做适当的评价。尽管绍特对甲柏连孜的博士论文提出了不同的看法,但甲柏连孜不仅不以之为忤,反而欣然接受了。《荀子·修身》篇中有一句话说:"非我而当者,吾师也;是我而当者,吾友也。"我想所说的正值风华正茂的甲柏连孜的情形。

九、结论:特殊性与普遍性的辩证法

《太极图说》影响着甲柏连孜一生的研究。在《汉文经纬》的第二卷"分析系统"中,在讲到副词充当谓语的位置时,他举了《太极图说》中"流行古今、不言之妙"的例子。② 除了早年的博士论文外,甲柏连孜对中国哲学的兴趣非常大,其后涉及中国哲学的文章有:《道家著作文子》③《论中国哲学家墨翟》④《盗跖——庄子中具有讽刺性的一段》⑤《论中国哲学》。⑥ 除这些有关中国哲学的论文之外,甲柏连孜还为《科学与艺术普通

---

① Ebenda, S. 119.
② 上揭甲柏连孜著,姚小平译《汉文经纬》,第 219—220 页。
③ „Das taoistische Werk Wên-tsi". In: *Königlich-Sächsische Gesellschaft der Wissenschaften. Philologisch-Historische Klasse: Berichte über die Verhandlung*, 39,14. 1887.
④ „Über den chinesischen Philosophen Mek Tik". In: *Königlich-Sächsische Gesellschaft der Wissenschaften. Philologisch-Historische Klasse: Berichte über die Verhandlung*, 40, 3, 1888, S. 62-70.
⑤ „Der Räuber Tschik, ein satirischer Abschnitt aus Tschuang-tsi". In: *Königlich-Sächsische Gesellschaft der Wissenschaften. Philologisch-Historische Klasse: Berichte über die Verhandlung*, 41, 4, 1889, S. 55-69.
⑥ „Zur chinesischen Philosophie". In: *Wissenschaftliche Beilage der Allgemeinen Zeitung*, Nr. 92. 1880. S. 545-547.

百科全书》(Ersch u. Gruber, *Allgemeine Encyclopädie der Wissenschaften und Künste*. „H-Ligatur"(2. Section, geplant als „H-N") in 43 Bänden, 1827-1889)撰写了一些词条,其中包括"孔子"(Kung-fu-tse)和"老子"(Lao-tse)。可以看出,甲柏连孜对中国哲学的兴趣是贯穿整个一生的。

甲柏连孜一生中研究过当时已经发现的大多数语言,他的目标是通过汉语等具体的人类语言研究,进入对语言的本质的认识。他问道:

> 人们会问:观察这样一幅色彩斑斓的图景到底是为了什么?如果我了解了整个地球上一定数量的语言,那我所拥有的和一间古董陈列室有什么差别?它们内在的联系在哪里?科学性又在哪里?……现在我问我自己:这种语言能力是语言学的研究对象吗?如果答案是肯定的,难道不是得通过语言学来给它下个定义吗?但是如果我们还没有将语言发展的所有可能性都了解一遍,又怎么能给它下定义呢?①

因此只有当所有的人类语言都被研究过之后,人们才能掌握语言学的基本规律。而进入任何一种语言之中,都必然要与这种语言的哲学、历史、宗教打交道。因此,甲柏连孜的逻辑是从语言进入中国的精神世界,最终的目的是再回到普通语言学的研究。甲柏连孜指出:"只有当一种语言构成我们的一部分'自我'时,我们才能够评判它的优点和弱点。"②

尽管甲柏连孜没有活过一个甲子,但他在1878年的就职演讲中却展示了他的雄心壮志:"为了掌握人类语言财富全部的可能形式,我们必须认清一切语言的发音、词素和句法手段以及每个个体面对逻辑和心理要求时的行为。"③如此抱负的一部分,经过他对中国哲学和古代汉语语法的研究得以实现。他指出:

> 显然,要实现这一点,只有对所有,或者说传统观点中所有更重要的语言进行穷尽性的语法研究。而研究单个语言的任务拥有再高的

---

① Gabelentz, Georg von der, „Die ostasiatischen Studien und die Sprachwissenschaft". In: *Georg von der Gabelentz. Ein biographisches Lesebuch*. Herausgegeben von Ezawa, Kennosuke und Vogel, Annemete von. Tübingen: Gunter Narr Verlag, 2013. S. 24-25.

② Ebenda, S. 25.

③ Ebenda, S. 26.

地位也不为过。我们自己的语文学历史就是证明；我们只需想想在拉丁语语法变成现在的状态之前所需的，那长达百年的准备过程。构建语言的每种形式都需要一个特殊的、只适合自身的表达方式。①

正是通过对汉语等语言的研究，使甲柏连孜认识到了语言的本质、语言的普遍现象，为语言学提供了基本概念、理论、模式和方法。反过来，正是依靠普通语言学的这些共性，使他认识到长期演变而来的历史语言学，诸如古代汉语，其语法"需要一个特殊的、只适合自身的表达方式"。而这一方式便是甲柏连孜的《汉文经纬》(*Chinesische Grammatik, mit Ausschluss des niederen Stils und der heutigen Umgangssprache*. Leipzig: Weigel. 1881. Reprograph. Nachdruck: Berlin: Deutscher Verlag der Wissenschaften, 1953.; 4., unveränd. Aufl. Halle(Saale): Niemeyer, 1960)一书。

在历史上的文化碰撞、交流、互动、影响中，任何一种文化现象、历史事件都必须在一个超越了自身的抽象的普遍性基础之上，在与具体的现实关系之中，将自身作为一种普遍性的现象再次做理论上的阐述。不然的话，通过这些历史现象的比较、研究，只能作为一种特殊性或局部的东西加以理解。历史文化的特殊性只存在于它与普遍性的关系之中，如果没有普遍性的话，特殊性也不会成立。理解《汉文经纬》，离不开他的《语言学》；而要深入领会甲柏连孜语言学的真谛，同样也离不开他的中国哲学研究。

姚小平指出："从16世纪末罗明坚、利玛窦等西士来华、接触中国语言计起，至19世纪末叶，三百年里只有一个人能够把汉语本体探索和语言理论研究这两件事情做的同样系统而出色，这个人就是甲柏连孜。"②我认为，这样的一个评价对于甲柏连孜来讲，是恰当的。

---

① Ebenda, S. 26.
② 上揭甲柏连孜著，姚小平译《汉文经纬》，第900页。

第六章
18—19世纪德国对中国文学的接受
——以魏汉茂《德国对中国文学的早期认识》为中心的研究*

西文中的 literature 一词（德文为 Literatur）是从拉丁文中的 littera（意为"字母"，复数形式为 litterae）而来，而这一拉丁词早在古代就有"书本知识""文献""信件""博学""科学"的含义。而在法文和英文中，分别用 lettres 和 letters 作为"科学"的同义词。德文现代意义上的 Literatur（文学）最早是17世纪从法文 belles lettres 翻译而来，当时翻译成 galante Wissenschaften，后来在德文中开始使用 schöne Literatur 的概念。一直到20世纪初，德文中才去掉 schön 的形容词，Literatur 才有今天"文学"的含义。19世纪德国历史学家盖文诺斯撰写了5卷本的《德意志民族诗意文学史》，①在书名中作者在 Literatur（文学）前用了两个限定语"诗意的"和"民族的"，因此一直到此时"文学"的概念依然是广义的。1854年，德国东方学家、语言学家出版了他于1850年在普鲁士科学院宣读的论文《中国文学的描述性纲要》。② 这部文学史实际上是一部中国文化编年史，书中论述了传统的经史子集四个部分。到最后仅用了不到5页的篇幅，论述了所谓的"纯文

---

* 魏汉茂这里所谓的"德国"包括1871年由普鲁士王国统一除奥地利帝国以外的日耳曼各邦国，而建立的德意志帝国，以及之前的德意志各邦国。

① Gervinus, Georg Gottfried, *Geschichte der poetischen National-Literatur der Deutschen*, 5 Bde., 1835-1842.

② Schott, Wilhelm, *Entwurf einer Beschreibung der chinesischen Litteratur*. Eine in der König. Preuß. Akademie der Wissenschaften am 7. Februar 1850 gelesene Abhandlung. Von Wilhelm Schott. Berlin: Ferd. Dümmler's Verlagsbuchhandlung 1854. 126 Seiten.

学"(schöne Litteratur)。① 1902 年著名汉学家格罗贝出版了《中国文学史》，②这是一部具有划时代意义的文学史专著，尽管格罗贝的文学史观念同样比较宽泛，但他已经开始运用比较文学的方式，对中国文学进行阐释。而一直到 20 世纪上半叶的中国文学史，实际上仍然是文化史、文献史的书写方式。③

德语世界一直到了 19 世纪上半叶才开始比较系统地译介中国文学的作品，德语读者可以通过这些译本窥得中国文学的基本面貌，而这些中国戏曲、小说、散文、诗歌以及哲学文本在当时都属于广义的"文学"的范畴。这些德文的译文一方面得益于汉学家的努力，不过在当时大量的却是通过法文、英文以及俄文转译成德文的中国文学作品。以法国汉学家、翻译家儒莲为例，他的译作异常传神，堪称完美。许多被转译成德文的这类戏曲、小说、诗歌和散文如今早已散逸殆尽，这些书名也只是偶尔出现在专业参考书目之中而已。

当时的德语乃至欧洲读者，将文学看作文化整体的一部分，通过阅读中国文学作品而认识中国文化的某些特征，是当时读者的普遍诉求。而这些译自中国文学作品的趣味、表达方式、题材、审美和情感，都是与此前欧洲文学大相径庭的。

此时的欧洲各民族，在强调本民族文学的同时，开始关注异域特别是来自中国的文学作品，从而超越了单向度语境的国别文学或民族文学(national literature)。尽管人类社会千差万别，但人类的基本生活需求、情感、心理和思

---

① Ebenda, S. 114-119. 绍特在第 114 页的注 3 中指出："在这一部分，我特别希望能展开来讲，但由于本书要求简明扼要，想进一步了解中国抒情诗的读者可以参考德庇时的一篇很好的论文：Davis, John Francis. "On the Poetry of the Chinese 汉文诗解". In: *Transactions of the Royal Asiatic Society of Great Britain and Ireland* 2.1(1829): pp. 393-461.而有关蒙古人统治时期的历史小说以及舞台戏曲请参考巴赞既详细又引人入胜的论文：Bazin, Antoine-Pierre-Louis, Le siècle des Youên, ou tableau historique de la literature chinoise, depuis l'avénement des empereurs Mongols jusqu'à la restauration des Ming（元代——从蒙古皇帝的继位到明代的光复这一时期的中国文学历史年表）. In: *Journal asiatique*, band 16 und 17."

② Grube, Wilhelm, *Geschichte der chinesischen Literatur*, Leipzig 1902/09.

③ 相关的论述请参考：Arntzen, Helmut, *Der Literaturbegriff. Geschichte, Komplementärbegriffe, Intention. Eine Einführung*（文学概念导论：历史、补充概念、意向）. Münster: Aschendorff, 1984.以及方维规《西方"文学"概念考略及订误》，载《读书》2014 年第 5 期，第 9—15 页。英语世界的"文学"(literature)概念，最初具有非常宽泛的内涵，涵盖了知识、文献、小说、戏曲、传记、诗歌、民间传说、艺术、科学乃至社会科学的文献等等。Cf., *The New Webster's International Encyclopedia*. Trident Press, 1998. p. 641.

维结构等都有着许多共通之处,这也使得表现其生活及思想的文学具有了超越时空的相似性。各民族之间文学的分水岭在于语言的差异。19世纪的德语读者对中国文学的接受是通过翻译来实现的,尽管大部分作品不是直接从中文翻译成德文的。作为基督教文化区域的德语读者,对英语、法语等欧洲文学并不陌生,这些文学的形态对他们来讲具有较强的同质性,但如何理解和接受从属于儒家文化系统的中国文学作品的思想内容,从而进入一种多元文化语境的开放状态之中,这些都是需要我们今天予以关注和研究的。

从当时所选择的这些中国文学作品来看,大部分都是很"普通"的戏曲曲目、话本小说篇目,这也反映了最初译者的文学观、价值观乃至趣味爱好。元曲中的《灰阑记》《今古奇观》中的《王娇鸾》等等,都不是所谓中国文学中的"名篇",但前者却影响到布莱希特的创作,而后者却经由了中译英、英译德的互译过程,而译者绝非等闲之辈。因此,我们可以从中看到文学作品影响的非对称性。欧洲译者对于中国文学作品的思想内容、艺术特征、美学与社会价值的认识,是跟中国传统的看法大相径庭的。

尽管这些译成德文的中国文学作品大都译自法文、英文等其他欧洲文字,但其影响却不仅仅限于汉学界。这些译作在当时由于大都发表于比较流行的文学刊物上,如《外国文学知识报》《外国》《韦斯特曼月刊》等,而广为流传。有的经改编而多次搬上舞台:《赵氏孤儿》的伏尔泰改编本,首先在巴黎上演,后又辗转于伦敦、都柏林,乃至在新大陆的费城和纽约上演。

实际上,在接触到零星的中国文学作品之后,歌德已经提出了"世界文学"(Weltliteratur)的概念,在英语世界也有所谓"总体文学"(general literature)的概念,这说明当时的学者已经意识到一个合而为一的文学时代即将到来。正是中国文学的参与,使得文学进入了一个在多元文化的语境下相互比较、转化,不断丰富的时代。

作为早期德国汉学史研究者的著名学者魏汉茂的最新研究成果《18和19世纪翻译成德文的中国戏曲、小说、散文和诗歌:德国对中国文学的早期认识》(以下简称《德国对中国文学的早期认识》)因此就显得特别重要。① 在本书中重新钩沉出了21种新文本,从而说明了中国文学在德国的

---

① Chinesische Singspiele, Novellen, Essays und Gedichte in deutscher Sprache im 18. und 19. Jahrhundert. Zur frühen Kenntnis chinesischer Literatur in Deutschland. Herausgegeben von Walravens, Hartmut. Asien-und Afrika-Studien 44 der Humboldt-Universität zu Berlin. Wiesbaden: Harrossowitz Verlag, 2016. 此书在正文中的引文直接标明页码。如:S. 16 的意思是见本书的第16页。

早期传播情况。由于他多年来一直在柏林国家图书馆东亚部任职,这些对普通人来讲异常珍贵的文献,他可以信手拈来。他对这些德文译本的版本、内容、译者等都做了介绍。在可能的情况下,作为汉学家的魏汉茂,也告诉读者这些书中人物的原名是什么,并且在书后专门制作了一个有汉字的人名索引。

本文拟就魏汉茂《德国对中国文学的早期认识》所分的四个部分,分别介绍一下他所发现的戏曲、小说、诗歌和哲学-蒙学的新译本。

一、新发现的中国戏曲的德译本

在戏曲(Theater)之下,魏汉茂介绍了 8 种著作,涉及多种中国古代戏曲的篇目:

(一)《赵氏孤儿》

这部元曲最初是由曾在华的耶稣会士马若瑟翻译成法文,后被杜赫德收入了他的《中华帝国全志》(*Description de la Chine et de la Tartarie chinoise*. P. G. Lemercier, Imprimeur-libraire, Paris 1735. Bd 3, S. 339-378)。此书的德文版于 1747—1756 年在罗斯托克(Rostock)出版,其中当然也包括了从法文转译成德文的这部纪君祥(13 世纪)创作的《赵氏孤儿》。魏汉茂讲述了法文《赵氏孤儿》译本的流传史。马若瑟最初并不想出版这个译本,他在跟当时的汉学家傅尔蒙的通信中清楚地提到了这一点,他是反对将这个译本发表的;他主要是希望借此译本向耶稣会的高层证明中国是有歌剧,也是有文学的。因此他的译文只是节译,并且局限在有情节的几幕。而其中的"说白"大都被删去了,一些段落也只是用法语作了概括而已。(S. 16)尽管如此,这出元杂剧的译本还是对当时的欧洲文学界产生了很大的影响。魏汉茂根据陈受颐 1936 年在《天下月刊》(*T'ien Hisa Monthly*)上发表的有关《中国孤儿》的研究,总结出几种不同的影响方式:将《赵氏孤儿》的素材运用到自己的创作中去,包括伏尔泰的《中国孤儿》(*L'Orphelin de la Chine*, 1755);在英文和德文中根据伏尔泰的创作重又改编的《中国孤儿》(*The orphan of China*, 1759; *Der goldene Spiegel oder die Könige von Scheschian*, 1772);《赵氏孤儿》对欧洲文学的影响;最后魏汉茂也提到了雷慕沙的弟子和继任者儒莲的全译本(*Tchao-chi-kou-eul ou L'Orphelin de la Chine*, 1834)。(S. 16)接下来魏汉茂附上了从杜赫德《中华帝国全志》德译

本中抄录下来的《赵氏孤儿》的整出戏。(S. 17—41)

(二)《灰阑记》

魏汉茂在这一部分中收录了 1832 年发表在《外国文学杂志》(*Magazin für die Literatur des Auslandes*)上的有关《灰阑记》的德文书评。(S. 44—49) 在德文的书评之前,魏汉茂详细地梳理了《灰阑记》在欧洲的翻译、流传、影响的情况。(S. 43—44) 同时也对文学史、词典等文献中对《灰阑记》的评价文字进行了介绍。(S. 44) 当然,在德语文学界颇有影响的布莱希特和策姆林斯基对《灰阑记》的再创作,魏汉茂也提到了。(S. 43—44) 书中还收录了儒莲《灰阑记》的法文译本(*Hoeï-Lan-ki ou l'histoire du cercle de craie. Drame en prose et en vers, traduit du chinois et accompagné de notes. Par Stanislas Julien.* London: Printed for the Oriental Translation Fund of Great Britain and Ireland 1832. XXXII, 149 S.)的扉页。(S. 50)

(三)《西厢记》

书中对《西厢记》的西文(法文、德文和英文)译本情况进行了梳理,并且附了洪涛生 1926 年在北平出版的德文版的《西厢记》(*Das Westzimmer. Ein chinesisches Singspiel in deutscher Sprache*. Mit 21 Bildern nach chinesischen Holzschnitten. Peking, Leipzig: Pekinger Verlag 1926)的书影。(S. 52)

此剧最早由法国汉学家儒莲于 1833 年译出一部分,发表在他的《文学欧洲》(Si Siang-Ki, ou l'histoire du Pavillon d'Occident. L'Europe littéraire 1. 1833, 139—140)上。德文版正是从这一节译本转译而来的(Chinesisches Theater. Si-siang-ki oder die Geschichte des westlichen Pavillons. [Von Herrn Stanislaus Julien in der Europe littéraire mitgetheilt.] Das Ausland 1833, 617-618, 621, 625-626, 630-631, 634-635)。尽管后来儒莲将整本《西厢记》翻译成了法文,寄给了图勒蒂尼,希望收入他的系列丛书 Atsume gusa(處世訓)之中。但后来并没有出版。一直到儒莲去世之后,法文的全译本才得以发表。(*Si-siang-ki ou l'Histoire du Pavillon d'Occident. Atsume Gusa* 1-5 (1873-1878). III, 333 S.) 而德文的全译本则是上面提到的洪涛生 1926 年的译本。

(四)《看钱奴》

这部元杂剧是收录在《元人百种曲》中的第 91 种,最早是由儒莲翻译成法文的,但是并没有发表。他只是为诺代的古罗马喜剧作家普劳图斯的法文翻译提供比较的材料而已。之后于 1833 年发表在了《普劳图斯的戏剧》一书中: *Théâtre de Plaute*. Traduction nouvelle, accompagnée de notes par J.

Naudet, membre de l'Institut (Inscriptions et Belles-Lettres). T. 2. Paris: C. L. P. Pankoucke 1833. (418 S.), 374—385.

从法文转译的德文部分,发表在 1837 年的《外国文学知识报》上:Der Geizhals. *Blätter zur Kunde der Literatur des Auslands* 1837, 169—170. (Walravens 2016, S. 63)德文的"Geizhals"的意思是"吝啬鬼""守财奴"的意思。下面是剧情的介绍,而没有整出戏的翻译。(Walravens 2016, S. 63—65)

(五)《窦娥冤》

这部元杂剧系收录在《元人百种曲》中的第 86 种,最早有法文译本。据达庇时的《中国手册》(*Chinabuch*)记载:

J. F. Davis, *La Chine ou desription générale des mœurs et des coutumes, du gouvernement, des lois, des religions, des sciences, de la littérature, des productions naturelles, des arts, des manufactures et du commerce de l'empire chinois. Ouvrage traduit de l'anglais par A. Pichard; revu et augmenté d'un appendice par Bazin ainé, de la Société asiatique de Paris*. T. II. Paris: Paulin 1837, 390—?.

《窦娥冤》的法文译本出自汉学家巴赞之手。

实际上,在此之前小斯汤东就曾将《窦娥冤》的故事情节写成一段故事,题为:"《元人百种》中的中国四出戏曲介绍"(Notices of four Chinese plays, which form a collection, entitled Yuen-jin-pe-tchong)收录在他翻译的图里琛《异域录》的英译本附录 II 之中(Tulišen (1667-1741), *Narrative of the Chinese Embassy to the Khan of the Tourgouth Tartars*. London: John Murray 1821)。

巴赞此后也将这部元曲的全本翻译成了法文:《窦娥冤》(Teou-Ngo-Yuen, ou le Ressentiment de Teou-Ngo, drame en quatre actes, composé par Kouan-Han-King),收入在了他的《中国戏曲》(*Théâtre chinois; ou, Choix de pièces de théâtre, composées sous les empereurs mongols, Traduites pour la première fois sur le texte original, précédées d'une introduction et accompagnées de notes*. Paris: Imprimerie royale, 1838. 321-409)之中。

本书所收录的德文译本是发表在 1337 年的《外国文学知识报》上的《感天动地窦娥冤》的第三折、第四折,从监斩官(Kriminalprokurator)上场开始(S. 67),窦娥被斩(S. 68),一直到窦天章为她申冤。(S. 69-70)

(六)《中国人的戏曲和戏剧》(根据法文版 Revue des deux Mondes)

这是有关中国戏曲的概况性的论文,还特别涉及《元人百种曲》中的

《赵氏孤儿》《窦娥冤》以及《㑇梅香》(Intrigen eines Kammermädchens)。《㑇梅香》早在1835年由巴赞翻译成了法文:

> Tchao-mei-hiang, ou les intrigues d'une soubrette. Comédie en prose et en vers composée par Tching-Té-hoei. Bazin: *Théâtre chinois*, 1-134.

Tching-Té-hoei(郑德辉)应为郑光祖的号,除了《㑇梅香》外,他还有诸如《周公摄政》《王粲登楼》《翰林风月》《倩女离魂》等著名的杂剧。

除了在巴赞《中国戏曲》中收录的这个版本之外,巴赞的这个译本也发行了单行本:

> Tchao-mei-hiang, ou les intrigues d'une soubrette. Comédie en prose et en vers, traduite du chinois, précédée d'une préface et accompagnée de notes, par M. Bazin aîné, membre de la Société asiatique de Paris. Paris: Imprimerie royale 1835. XVI, 115S.

而这些内容,巴赞在1834年和1835年的《亚细亚学报》(*Journal Asiatique*)上连载过:

> Bazin: Tchao-meï-hiang, ou les intrigues d'un soubrette. *Journal asiatique* 25. 1834, 433—469, 509—539; 27. 1835, 70—92, 152—187.

《中国人的戏曲和戏剧》一文的作者安培·让-雅克是当时法国文学理论家和作家,系著名的物理学家安培·安德烈·玛丽之子。安培·让-雅克早年创作过很多的文学作品,主要是一些悲剧。1830年他到各处旅行之后,便成为索邦大学的教授,1833年被聘为法兰西学院(Collège de France)的教授。安培·让-雅克的主要著作有《12世纪前的法国文学史》(*Histoire littéraire de la France avant le XIIe siècle*. 3 Bände, 1839)、《中世纪文学史:法语的形成》(*Histoire de la littérature au moyen âge. De la formation de la langue française*, 3 Bände, 1841)。1842年他被选为法兰西铭文与美文学院(Académie des Inscriptions et Belles-lettres)院士,1847年成为法国国家科学院(Académie française)院士。

德文的这一部分译文刊载在1837年的《外国文学知识报》上(*Magazin für die Literatur des Auslandes* 1838, Nr. 138, S. 493—494, 499—5000),而安培·让-雅克文章的删节版见《两个世界的评论》(J. J. Ampère: Du théâtre chinois. *Revue des deux mondes* IV, 15(15. Sept.) 1838, 737—771)。德文的篇幅有7页之多(S. 71—78)。

(七)《货郎旦》

四折音乐剧,是汉学家内曼教授的德文译本。这是《元人百种曲》中的第 94 出,全名为《风雨象生货郎旦》。巴赞翻译了第一个法文译本,同样收录在他的《中国戏曲》之中:

Ho-lang-tan, ou la chanteuse, drame en quatre actes. Sans nom d'auteur. Théâtre chinois; ou, choix de pièces de théâtre, composées sous les empereurs mongols, traduites pour la première fois sur le texte original, précédées d'une introduction et accompagnées de notes. Paris: Imprimerie royale, 1838. 257—320.

尽管巴赞的翻译是在内曼之前,但 20 年后的内曼译本是否参考了这个法译本,依然不得而知。这要经过对这两个版本的译本进行比较研究后,才能得出结论。无论如何,巴赞的翻译对于内曼来讲并不陌生。德文译本前面有关中国戏曲的一般性的描述,很可能是从巴赞著作的前言中概括而来的。但无论如何,到过澳门、香港和广州的内曼,他也有很多相关的经验。内曼这个译本的特别之处在于,每一部分唱腔他都是用韵文的方式翻译出来的。

内曼的四折《货郎旦》德文译文共 26 页(S. 79—105),刊载于 1858 年的《韦斯特曼月刊》(*Westermanns Monathshefte* 1858: 17, 482—495)上。《韦斯特曼月刊》创刊于 1856 年 10 月,最初的刊名为《韦斯特曼插图版德意志月刊:当代精神生活的整体家谱》(*Westermann's illustrierte deutsche Monaths-Hefte. Ein Familienbuch für das gesamte geistige Leben der Gegenwart*),一直出版到 1987 年。

(八)《中国人的戏剧》

这是当时柏林大学的汉学家绍特教授的一篇文章,主要处理的是《汉宫秋》和《灰阑记》两部重要的元曲。实际上,早在 1829 年和 1833 年这两出元杂剧的译本就得以发表了,但当时并没有产生什么反响。不过到了 1860 年由于第二次鸦片战争的缘故,欧洲由于铺天盖地的新闻报道而使中国这一主题引起了巨大的轰动效应。这也是一个将非政治性话题纳入当时刊物之中的好机会。

绍特是 19 世纪德国汉学的主要代表——克拉普洛特于 1835 年在巴黎去世,帕拉特由于曾被监禁从而断送了在大学里任教的资格,库尔茨逃到了瑞士,一直到 1852 年遭解职以前,内曼主要担任近代史的教授。遗憾的是,绍特未能成为大学正式的讲席教授,也未能建立汉学专业。从个人方面来讲,作为教授的绍特在当时生活得非常简朴,为了补贴生活费用他不得不从事一些——诸如撰写通俗读物——与自己身份不符的工作。

有关《汉宫秋》的不同西方语言的译本有：

Han koong tsew, or the Sorrows of Han: a Chinese tragedy, translated from the original, with notes. By John Francis Davis, F. R. S., &c. London: Oriental Translation Fund, J. Murray 1829. VIII, 18 S., 1 Schrifttaf.

亦请参见下面一书的附录：The fortunate union, a romance. Translated from the Chinese original, with notes and illustrations, to which is added, a Chinese tragedy. 2. London: Oriental Translation Fund, J. Murray 1829, 214—243.

以及雷慕沙的译本：

Abel Rémusat in *Journal des savants* 1830, 78—89.

Observations critiques sur la traduction anglaise d'un drame chinois, publiée par M. Davis. Par Klaproth. *Nouveau Journal asiatique* 4. 1829, 3—21.

Réponse à quelques passages de la préface du roman chinois intitulé Hao Khiou Tchhouan, traduit par M. J. F. Davis (par J. Klaproth). 48 S. S. (Sonderdruck aus *Nouveau Journal asiatique* 4. 1830, 97—144).

而《灰阑记》的法文和英文的早期译本有：

Hoeï-Lan-Ki, ou l'histoire du Cercle de Craie, drame en prose et en vers, traduit du chinois et accompagné de notes. Par Stanislas Julien. (Vignette: Ex oriente lux). London: Printed for the Oriental Translation Fund of Great Britain and Ireland MDCCCXXXII. XXXII, 149 S.

绍特教授的《中国人的戏剧》译文刊载在1860年的《外国文学知识报》(*Magazin für die Literatur des Auslandes* 1860, 185—187, 201—203)上。前一部分介绍《汉宫秋》(I. Ein Trauerspiel im kaiserlichen Palast, S. 107—112)，后一部分介绍《灰阑记》(Salomon's Urteil in China, S. 112—116)。

二、新发现的早期话本译本

在第二部分有关"小说"（Novellen）之下，魏汉茂钩沉出了三篇早期话本的译本。

（一）《俞公遇灶神记》(*Ioi gung. jun-i enduri be ucaraha gi bithe*)

这实际上是明朝江西人罗祯的《俞净意公遇灶神记》的德文译本。魏汉茂认为这是一篇道教的论文，但是作为一个单独的小册子出版，并不多

见。这一文本最初在欧洲为人所知,并非是由于译本的出现,而是因为满文文本的出版:

Klaproth: *Chrestomathie mandchou ou recueil de textes mandchou*. Paris: Imprimerie royale 1828, 48—62.

这篇文章的最初西文译本是儒莲的法文译本。因为这一故事来源于《太上感应篇》(*Taiśang-ni acabume karulara bithe*),因此被收录在了儒莲的《功过格》的法文译本中:

Le livre des récompenses et des peines, en chinois et en français; accompagné de quatre cent legends, anecdotes et histoires, qui font connaître les doctrines, les croyances et les mœurs de la secte des Tao-ssé. Traduit du chinois par Stanislas Julien, membre de l'Institut. Paris: Printed for the Oriental Translation Fund MDCCCXXXV(1835).(XVI, 531 S.), 18—27.

后来儒莲又出版了一个单行本:

Stanislas Julien, membre de l'Institut: La visite du Dieu du Foyer à Iu-kong. Traduit du chinois. *Revue de l'Orient et de l'Algérie* 16. 1854, 267—276.

此外,它也被刊登在:

Les Avadânas. Contes et apologues indiens inconnus jusqu'à ce jour, suivis de fables, de poésies et de nouvelles chinoises. Traduits par M. Stanislas Julien, membre de l'Institut, professeur de langue et de literature chinoise, administrateur du Collège de France, etc. Paris: Benjamin Duprat 1859. II, 193—216.

其后也被刊登在:

Contes et apologues indiens inconnus jusqu'à ce jour. Suivis de fables et des poésies chinoises. Traduction de M. Stanislas Julien, membre de l'Institut, professeur de langue et de littérature chinoise, administrateur du Collège de France, etc. Paris: B. Duprat 1860.(第二卷卷末)

此外,这篇小说还刊载在达庇时的《中国人——中华帝国及其国民概述》巴赞法译本的附录之中:

La visite du dieu du foyer à Yu-kong.

J. F. Davis: *La Chine ou description générale des mœurs et des coutumes, du gouvernement, des lois, des religions, des sciences, de la littérature, des productions naturelles, des arts, des manufactures et du commerce de l'empire chinois*. Ouvrage traduit de l'anglais par A. Pichard; revu et augmenté d'un appendice par Bazin ainé, de la Société asiatique de Paris. T. II. Paris: Paulin 1837, 368—377.

之后的德文版,是从儒莲的《太上感应篇》的法译本转译的,发表在 1837 年的《外国文学知识报》上(*Blätter zur Kunde der Literatur des Auslandes* 1837, 166—167),共 3 页(S. 117—119)。

(二)《王娇鸾》

这是明代明抱瓮老人所编 40 篇白话短篇小说选集《今古奇观》中的第 36 篇,全名为《王娇鸾百年长恨》,主要选自冯梦龙的"三言"和凌濛初的"二拍"。由于《今古奇观》中的故事的结局通常是道德说教,因此耶稣会传教士对这些小说也产生了一定的兴趣。这也是为什么法国巴黎国家图书馆会藏有吴郡宝翰楼刊本的原因。杜赫德的《中华帝国全志》(Jean-Baptiste Du Halde, *Description géographique, historique, chronologique, politique, et physique de l'empire de la Chine et de la Tartarie chinoise, enrichie des cartes générales et particulieres de ces pays, de la carte générale et des cartes particulieres du Thibet, & de la Corée; & ornée d'un grand nombre de figures & de vignettes gravées en taille-douce*. Paris: J.-B. Mercier, 1735. quatre volumes)中便收录有殷弘绪翻译的 4 篇《今古奇观》的小说,系第三十一卷〈吕大郎还金完骨肉〉,第二十九卷〈怀私怨狠仆告主〉,第三十卷〈念亲恩孝女藏儿〉以及第二十卷〈庄子休鼓盆成大道〉。① (Du Halde, III. 324—338,以及 Remusat III. 144—197)

另外的早期译本收录在 1826 年雷慕沙的集子中,同样被转译成了德文:

Chinesische Erzählungen. Herausgegeben durch Abel Remusat und deutsch mitgetheilt von *r. Leipzig: Ponthieu, Michelsen & Comp. 1827. 3 Bde.: XVI, 198, 172, 140 S.

以及法国东方学家帕维亚的《中国新小说选译》:

Choix de contes et nouvelles traduits du chinois par Théodore Pavie. Paris: Benjamin Duprat 1839. VIII, 299 S.

其中至少有 1 篇(其中的第 8 篇)被翻译成了德文:

Adolf Böttger: *Die Pilgerfahrt der Blumengeister*. Leipzig 1851.(?)

---

① 费赖之在《在华耶稣会士列传及书目》(冯承钧译,北京:中华书局,1995 年)中对曾在景德镇传教的殷弘绪的著作做了梳理:"(八)中国故事四篇译文,见上引杜赫德书,卷三,304 页以下。钧案第四篇言庄子鼓盆事,疑均出《今古奇观》。"上揭《在华耶稣会士列传及书目》第 552 页。

《今古奇观》也许是欧洲人最为喜爱的中国小说集了,因此有很多不同文种的译本。下面略举德文中的一二:

Die treulose Witwe. Eine chinesische Novelle und ihre Wanderung durch die Weltliteratur von Eduard Grisebach. Wien: L. Rosner 1873. 137 S. Dritte umgearbeitete Auflage. Stuttgart: A. Kröner 1877, 128 S.

Chinesische Novellen. —Die seltsame Geliebte, das Juwelenkästchen—deutsch, mit einer bibliographischen Notiz von Eduard Grisebach. Leipzig: Fr. Thiel 1884. 121 S.

格里泽巴赫系著名作家,常年在驻外使馆工作。在驻外期间,他不断进行中国话本小说的翻译和创作。

到 20 世纪 80 年代,全部的《今古奇观》中的小说都被翻译成了德文:

Altchinesische Erzählungen aus dem Djin-gu tji-gwan. Aus dem Chinesischen übersetzt von Gottfried Rösel. Mit 13 zeitgenössischen Illustrationen. Zürich: Manesse-Verlag(1984). 691 S.(Manesse Bibliothek der Weltliteratur. Corona-Reihe.)

这个译本收录了 13 篇《今古奇观》的德文翻译,其他 27 篇小说的德文翻译的出处也都清楚地罗列了出来。

下面所介绍的《王娇鸾》是从英文转译而来的小说。

英文译本的信息如下:

Wang Keaou Lwan Pih Neen Chang Hen or The Lasting Resentment of Miss Keaou Lwan Wang, A Chinese Tale: founded on fact. Translated from the original by Sloth(R. Thom). The Canton Press Office, 1839. VIII, 66 S., 1 Lithogr.

而转译自英文的德文全译本出版于 1846 年:

Wang Keaou Lwan Pih Nëen Chang Han oder die blutige Rache einer jungen Frau. Chinesische Erzählung. Nach der in Canton 1839 erschienenen Ausgabe von Sloth, übersetzt von Adolf Böttger. Verlag von Wilhelm Jurany, Leipzig 1846.

有关英文版,早在 1839/1840 年就在英文版的《中国丛报》(*Chinese Repository* 8. 1839/40, S. 34-36)中有相应的书评了。

德译者波特格·阿道夫是德国诗人、戏剧家、翻译家。他被认为是"浪漫派时代被遗忘的诗人",英国诗人拜伦诗的德译就出自他之手。弥尔顿的《失乐园》最早的德译本(*Das verlorene Paradies: Ein Gedicht in 12*

Gesängen)也出自波特格之手,这个译本一直到最近还不断重印。① 波特格基本上没有离开过莱比锡,平平淡淡地作为文学家和翻译家在这座文化古都度过了一生。1840年他出版了拜伦诗集的德译本,之后多次再版。波特格的诗歌创作在当时备受人们喜爱,据说著名作曲家舒曼·罗伯特的《春天交响曲》(Frühlingssinfonie,1841)就是从波特格那热情洋溢的诗歌中获得的灵感。

波特格在《王娇鸾》德译本的后记中对具有异域风格的中国文学和艺术倍加赞赏,他同时提到了1840年英国的战舰游弋于中国南部,并打开了欧洲商业通往中国的一条道路,"也让我们感受到了中国的学术声音,其中并没有一丝一毫鸦片引起的心醉神迷"(第109页)。波特格提到,他的德文译本的底本是1939年在广州出版的由一位笔名为Sloth(懒惰生)的英国人的英译本,当时的英译本只是为了他在那边生活的一些英国朋友印制的,因此数量有限。波特格感谢长期在中国生活的布克哈特(E. S. Burkhardt)先生带来Sloth赠送给他的一本英译本。译后记写于1846年2月27日。从这篇译后记来看,波特格并不知道Sloth是谁。Sloth在当时英语世界的中国颇为知名,除了《王娇鸾》的英译之外,他还给当时的英文刊物《中国丛报》(Chinese Repository)写专栏。在1840年的《中国丛报》中《意拾寓言》的书评就已经说明了Sloth就是罗伯聃。②

尽管本书的翻译倾向于直译,但是由于德译者本身所具有的文学修养和诗人气质,还是向德语读者展现了一篇情节跌宕起伏而又精致异常的具有异域风格的小说。由于当时西方人对于中国的了解有限,书中有很多英译者所加的注解,对德语读者也同样重要。英译本在很多地方都附上了汉字,可能是因为在广州印制的缘故,而德译本只在书的封面和扉页上有作为装饰用的汉字书名。此外,英译本原来还选有中文原版中的版画,德译本也去掉了。本书当时在德国流传甚广,从近年所能见到的版本来看,1846年当年就出版了第2版,1847年又出版了第3版。

这里刊登在《外国》(Das Ausland 1840, 1391—1392, 1395—1396, 1399—1400, 1403—1404)刊物上的德文译文是删节版,从1840年就开始连载,并没

---

① Das verlorene Paradies / John Milton. Deutsch von Adolf Böttger. Druck und Verlag von Philipp Reclam jun., ca. um 1890.

② Chinese Repository. Vol. IX.-August, 1840. -No. 4. pp. 201-210.

有译者的相关说明。系从罗伯聊的《今古奇观》的英文译文转译的,德文译文共 8 页(S. 122—130)。

其后的一个译本是格里泽巴赫的德文译本:

Kin-ku Ki-kuan. Neue und alte Novellen der chinesischen 1001 Nacht. Deutsch von Eduard Grisebach. Stuttgart: Gebrüder Kröner 1880. XV, 145 S.

其中有"王娇鸾小姐的永久复仇"(Die ewige Rache des Frl. Wang Kiau-luan),就是这一部分。

西方语言中其他的参考文献有:

Chin-ku ch'i-kuan. In: *Kindlers Literatur Lexikon*. Sonderausg. 1970. 1940: Wunderliches aus alter und neuer Zeit(W. Bauer)

Pelliot: Le *Kin kou k'i kouan* . T'oung Pao 24. 1925/6. 54—60.

A. Waley: Notes on the history of Chinese popular literature. T'oung Pao 28. 1931, 346—354.

(三)《滕大尹鬼断家私》

这是《今古奇观》中的第 3 篇,德文是从儒莲的法文译本转译的:

Hing-lo-thou, ou la peinture mystérieuse; Histoire traduite du chinois par Stanislas Julien, sous-bibliothécaire de l'Institut. *Gazette littéraire*, 9., 16. und 23. Dez. 1830(S. 20—23, 34—37, 50—53).

儒莲将此篇取名"行乐图"是因为整个故事是以倪太守给梅姑和善承留下了一幅亲手绘制的《行乐图》展开的。

此篇也收录在下列的两部戏曲集和小说集中:

Tchao-chi-kou-eul ou L'Orphelin de la Chine, drame en prose et en vers, accompagné des pièces historiques qui en ont fourni le sujet, de nouvelles et de poésies chinoises. Traduit du chinois par Stanislas Julien, membre de l'Institut, professeur de langue chinoise au Collège de France. Paris: Moutardier 1834, 193—262.

Les Avadânas, Conetes et apologues indiens inconnus jusqu'à ce jour suivis de fables, de poésies et de nouvelles chinoises traduits par M. Stanislas Julien, Membre de l'Institut, Professeur de langue et de literature chinoise, Administrateur du Collège de France, etc. Paris: Benjamin Duprat 1859. XX, 240, VIII, 251, 272 S. 附录(III, 62—174. Hing-lo-tou, ou la peinture mystérieuse)。

魏汉茂在这里所选的译自法文的德文译文,好像是第一个德语译本。这个译本显然是从儒莲的《百句譬喻经》后面的附录部分的法文翻译而来。德文译本发表在《芙蕾雅插图家庭报》(*Freya Illustrierte Familien-Blätter*. 1. 1861, 82—89)上,发表时并未署译者的姓名,共 13 页(S. 132—145)。

其后的德文译本有:

Paul Kühnel: *Das geheimnisvolle Bild und drei andere Novellen*. Berlin: Steinitz 1902. 191 S.

Das Vermächtnis. In: Kühnel: *Chinesische Novellen*. München: Georg Müller 1914, 183—231.

Franz Kuhn: Das geheimnisvolle Bildnis. *Chinesische Blätter für Wissenschaft und Kunst* 1, 2. 1926, S. 36—60.

Franz Kuhn: *Chinesische Meisternovellen*. Leipzig: Insel Verlag 1926, 30—67.

Franz Kuhn: *Altchinesische Novellen*. Leipzig: Insel Verlag 1979.(887 S.), 33—63.

除了翻译之外,高罗佩也在他的狄仁杰侦探系列小说中用了这一母题:

R. H. van Gulik: *Chinese maze murders*. The Hague: Hoeve 1956. XIII, 322 S.

三、新发现的中国诗德译本

在第三部分"诗歌"(Dichtung)之下,魏汉茂选取了 4 首从法文译成德文的中国诗。

(一)《木兰辞》

花木兰替父从军是中国文学创作的古典主题。最初是以诗的形式广泛传播,其后这些题材被加工成戏曲,不过也有以散文的方式叙述这个故事的。最新的相关研究成果是柯嘉敏和伊维德对五个版本的木兰故事的比较研究: Shiamin Kwa, Wilt L. Idema, *Mulan: Five Versions of a Classic Chinese Legend, with Related Texts*. Indianapolis/Cambridge: Hackett, 2010. 这本书除了对文本进行比较外,同时也讲到木兰的动画片以及广为人知的近代革命家秋瑾。性别角色的互换在欧洲文学传统中也是一个经久不衰的题材。在这里我们只要举出圣女贞德的例子就可以说明一切了,伏尔泰在题为《圣女》(*La pucelle*)的一首诗中将她歌颂为女英雄。

最早的两个版本的"木兰辞"都出自郭茂倩编辑出版的《乐府诗集》。

《木兰辞》没有作者,也没有日期,而第二首可以追溯到 8 世纪中叶的韦元甫。伊维德将这两个版本的"木兰诗"都翻译成了英文,比较容易辨识的是:匿名的那一首在结尾处将性别的差别用奔跑的兔子来做比喻,而韦元甫的版本最后则强调了孝道。

这一研究是以中文的 5 个文本为依据的,但并不涉及欧洲语言的译本。最早的欧洲精确译本出自儒莲的法译本,他将"木兰诗"作为匿名的一首唐诗,之后不久就被翻译成了德文。

法文原文:Romance de Mou-lan. *Revue de Paris* 37. 1832, 193—195.

德文译文:Eine chinesische Romanze. *Ausland* 1832, 527—528.

其后一个新的版本重印本附在了儒莲《赵氏孤儿》的译本之后:

趙氏孤兒 *Tchao-chi-kou-eul ou L'Orphelin de la Chine*, drame en prose et en vers, accompagné des pièces historiques qui en ont fourni le sujet, de nouvelles et de poesies chinoises. Traduit du chinois par Stanislas Julien. Paris: Moutardier 1834.(XXXII, 352 S.), 325—331.

另外的重印本见:

Les Avadânas. Contes et apologues indiens inconnus jusqu'à ce jour, suivis de fables, de poésies et de nouvelles chinoises. Traduits par M. Stanislas Julien. Tome deuxième. Paris: Benjamin Duprat MDCCCLIX.(VIII, 251), 157—166.

法国哲学家、著名学者巴泰勒米-升-希莱·朱尔斯在评论上述儒莲《百句譬喻经》的译本时,也附上了"木兰诗"的法文译文:

Journal des savans 1860, 329—342, 406—421.

埃里森·阿道夫在 1840 年将儒莲的"木兰诗"意译成为德语,收入在他编译的一本汉语、希腊语和其他语种翻译成德语的诗集中:

Thee- und Asphodelos-Blüten. Chinesische, neugriechische und andere Gedichte. Herausgegeben von Adolf Ellissen. Göttingen: Vandenhoeck & Ruprecht 1840, 30—35: Mu-Lan.

20 世纪上半叶的两个德文译本,均出自中国的译者:

Claude du Bois-Reymond †: Mu Lan, die chinesische Heldenjungfrau. Herausgegeben von der Witwe des Verfassers. Übersetzt von Liu Tjing-yü. *Artibus Asiae* 2. 1927, 213—217.

Chiang Hsüeh-wen: Hua Mu Lan, eine Amazone aus der Zeit der Tang-Dynastie. *Sinica* 14. 1939, 28—29.

1927 年译本的 Liu Tjing-yü,不知道汉字的名字如何写,也不知道其具体的生平。1939 年的译本的作者,按照魏汉茂给出的汉字名字应为"江雪雯"。根据波恩大学汉学系所藏《民国二十五年九月中国留德同学录》的记载,江雪雯的籍贯为山东泰安,在德国学习教育学。而 1937 年和 1939 年的同学录中已经没有她的名字了,很可能已经毕业了。

此外的德文译本有,译自韦利的版本:

Chinesische Lyrik aus zwei Jahrtausenden. Hamburg: Marion von Schröder 1951: Die Ballade von Mulan.(*Chinesische Lyrik*, von Arthur Waley. Ins Deutsche übertragen von Franziska Meister. München: Goldmann o.J., 102—104)

Alfred Forke: *Blüten chinesischer Dichtung*. Magdeburg: Faber 1899, 112—114: Mulan.

在其后的文选中,魏汉茂选择了刊载在《外国》(*Ausland* 5. 1832, 527—528)的译文(S. 148—150),以及埃里森的译文(S. 150—152)。

(二)《中国叙事诗》

这一所谓的"叙事诗"(Ballade)所指的实际上是《尼姑思凡》。是埃里森·阿道夫根据儒莲的法文译文,用德文重写的,之所以翻译成"叙事诗"体,原因也不太清楚,因为除了传统戏曲中有《思凡下山》之外,并没有叙事诗形式的《尼姑思凡》。至今中文的出处不是很清楚。

法文的出处是儒莲的《赵氏孤儿》和《百句譬喻经》译本的附录部分:

Ballade Ni-Kou-sse-fan, ou la religieuse qui pense au monde. -Kouan-fou-youan. Élégie sur la mort d'une épouse. S. Julien: *Orphelin de la Chine*. 1834, Anhang.

Les Avadânas, Contes et apologues indiens inconnus jusqu'à ce jour suivis de fables, de poésies et de nouvelles chinoises traduits par M. Stanislas Julien, Membre de l'Institut, Professeur de langue et de literature chinoise, Administrateur du Collège de France, etc. Paris: Benjamin Duprat 1859. XX, 240, VIII, 251, 272 S.

魏汉茂在这里所选的德文的《尼姑思凡》,源自埃里森·阿道夫的译本:

Thee- und Asphodelos-Blüten. Chinesische, neugriechische und andere Gedichte. Herausgegeben von Adolf Ellissen. Göttingen: Vandenhoeck & Ruprecht 1840, 22—29: 对法文的改写:Die junge Nonne, die an die Welt denkt.(想念尘世的年轻尼姑)

尽管作为诗歌形式的《尼姑思凡》并不多见，但戏曲形式的却有一些，英文中有：

Longing for worldly pleasures. In: A. C. Scott: *Traditional Chinese plays*. 2. Madison: University of Wisconsin Pr. 1969, 3—37. 魏汉茂认为，叙事诗形式的《尼姑思凡》是在女主人公唱词的基础上编写的。

《尼姑思凡》的译诗之前有一个题记，交代了一些早期汉学史的背景，我认为非常重要，抄录如下：

> 在巴黎的王室图书馆藏有几千卷的中文藏书，这些珍贵的藏书大都是由上世纪初（指18世纪初——本文译者注）的法国传教士从中国寄往法国的，他们认为这些汗牛充栋的诗歌、叙事歌谣、叙事诗、哀歌、民歌等等，在北京随处可以见到，因比不值得花气力去做什么研究。伦敦会的马礼逊博士收藏了1.2万册相关的中文图书，从而弥补了这一缺陷。此处所选的一首叙事诗便是其中一例，是首次被译为欧洲语言的中国诗之一，是由法兰西学院的中国语言与文学的教授——儒莲翻译，并在《欧洲文学》（*Europe littéraire*）上发表的。我们是从法语转译成德语的。（S. 153）

接下来魏汉茂选登了刊载于《外国》（*Das Ausland* 1833, 427—428）上的《尼姑思凡》（Die Nonne, welche an die Welt denkt），合计共6页（S. 153—158）。

（三）《一首中国哀歌》

德文译文的标题作：Kuan-Fu-Yuan. Klage um eine verstorbene Gattin. 有可能的中文原名为《鳏夫怨》，德文的副标题意为：为死去的妻子而悲痛不已。魏汉茂指出，中文的原本并不清楚。他认为，Kuan-Fu-Yuan 应为"鳏夫冤"，显然不对。"Yuan"应为"怨"。法文译文的出处为：

Kouan-Fou-Yuan. Élégie sur la mort d'une épouse. *Europe littéraire* 1. 1833, 74—75.

法文译者为儒莲。魏汉茂所选的德文译文共12节（S. 159—162），原文刊载在1833年的《外国》（*Ausland* 1833, 475—476）上。

（四）《独乐园记》

神宗熙宁年间，王安石推行新法，司马光由于反对新法而被贬为西京

(洛阳)御史台。熙宁六年[1073，魏汉茂误作1071年，S. 163])，司马光购地二十亩，筑独乐园，并写成《独乐园记》一文。此文之所以能在欧洲流传，这要归功于法国耶稣会的传教士韩国英，他将司马光的《独乐园记》的法文译文发表在了他著名的《有关中国的回忆》一书中：

  Mémoires concernant les Chinois，2. 1777，645—650；第15卷重又收录。

费赖之的《在华耶稣会士列传及书目》中"列传"(四一九)将韩国英此书译作《关于中国之记录》，①其中有两个条目记载王安石此文，却分别被译作：

  (十一)《说娱乐庭院》，凡二十八页，撰于一七七四年，一七七五年寄往圣彼得堡斯特林君(Stehlin)，写本藏圣热内维夫学校图书馆，中国书类编二八号。(索默尔沃热尔《书目》卷二，一一六九栏。)②
  (三十二)《说中国之娱乐庭院》，并言历代以来庭院大小与装饰之变化。收入同上书，卷八，三○一至三二七页。③

这两篇应当是魏汉茂提到的韩国英的《独乐园记》的法文译文，而并非如冯承钧的译文所言"撰于1774"。书目第32条中有关的内容陈述也是错误的。在原文的基础之上添枝加叶的译本是耶稣会士王致诚那封著名的有关圆明园园林建筑的书信。钱伯斯·威廉在有关中国园林建筑的原典文献中也提到了这篇译文。魏汉茂所谈到的王致诚的书信，按照费赖之的记载，应当是1743年11月1日寄自北京的一封信：

  一七四三年十一月一日自北京致多耳城阿索(d'Assaut)氏信札(《传教信札》，卷Ⅳ，七八六页以下。《威尔特-博特》，六七九号记圆明园事)。略云："此园大逾戍(Dijon)城。园内有宫殿甚多，其间皆有广大庭园、花台。宫殿正面，金碧辉煌。内里陈设精选中国、印度、西洋贵重物品。人造山丘上与溪流旁皆有游宫，美丽可爱。"(《传教信札》，卷Ⅳ，七八七页。)此信札颇有兴趣，应全读之。未言北京与中国

---

① 费赖之著，冯承钧译《在华耶稣会士列传及书目》，北京：中华书局，1995年，第941页。
② 上揭费赖之著，冯承钧译《在华耶稣会士列传及书目》，第943页。
③ 上揭费赖之著，冯承钧译《在华耶稣会士列传及书目》，第946页。

之教务状况。①

作为园林建筑师和旅行家的钱伯斯,曾多次到中国旅行,他游记中所插的中国园林版画,使得中国式的楼台歌榭就像其他异国风景一样出现在英国式的园林之中。但钱伯斯的著作阅读量毕竟有限,其后同样的《独乐园记》译文被收录在了两位法国遣使会神父(Lazaristen-Patres)古伯察和秦噶毕有关中华帝国的游记之中,而这部游记被广泛阅读:

L'empire chinois faisant suit à l'ouvrage intitulé Souvenirs d'un voyage dans la Tartarie et le Thibet par M. Huc, ancien missionnaire apostolique en Chine. Paris: Imprimerie nationale 1854. 2 vols.

除了法文版外,这部两卷本的著作也被翻译成了英文:

The Chinese Empire, forming a sequel to recollections of a journey through Tartary and Thibet. By M. Huc, formerly Missionary Apostolic in China. Tr. Mrs. Percy Sinnett. London: Longmans, 1855, 189—194.

德文译本产生于1856年:

Das Chinesische Reich von Huc, früherem apostolischen Missionar in China. Leipzig: Dyksche Buchhandlung 1856. I, 111—114.

此书的德文版有多种,直至1987年依然在重印:

Évariste Regis Huc, *Das Chinesische Reich*. Hrsg. v. Wolfgang Rieland. (2 Teile in 1 Band). Basel/Frankfurt: Stroemfeld/Roter Stern, 1987.

稍有不同的是另外一个版本:

Huc, (Regis Evariste) und (Joseph) Gabet, *Wanderungen durch die Mongolei und Thibet zur Hauptstadt des Tale Lama*. Von Huc und Gabet. In deutscher Bearbeitung herausgegeben von Karl Andree. Leipzig: Lorck, 1855. 76—80.

这个版本中的《独乐园记》的德文译文为以善于描写异域探险故事的小说家迈·卡尔在他有关中国的小说中引用。迈很喜欢其中有关中国园林的描写,因此他在书中将《独乐园记》的德文译文作为他小说中主人公的即兴引文来使用。魏汉茂专门指出了相关的段落。(S. 163. Anm. 105)因此,《独乐园记》的德文译文拥有成千上万的德语读者,当然主要是青少

---

① 上揭费赖之著,冯承钧译《在华耶稣会士列传及书目》,第825页。

年读者。

其后的德文译本有：

译自法文的：Marie-Luise Gothein, *Geschichte der Gartenkunst*. Jena 1926. II, 327—330.

Osvald Sirén, *Gardens of China*. New York 1949. 77—78 (Tu-lo-yüan, A garden for private pleasure)。由于喜龙仁本人是著名的艺术史家，在他的书中所收录的《独乐园记》英文译文，一定是很有价值的。

Ji Cheng, Alison Hardie (trans.) a. Maggie Keswick (forword), *The craft of gardens*. New Haven, London 1988. 123—124. 这是明代著名造园家计成于崇祯七年（1634）刊行的《园冶》的英文译本。《独乐园记》的英文译文系译自中文。后来此书又从英文被翻译成了德文：*Chinesische Gärten, Geschichte, Kunst und Architektur*. Übers. v. Ulrike Stopfel. Stuttgart: DVA 1989.

《独乐园记》新的德文译文要感谢汉学家德博，作为汉学家的译者，既可以参考译自法文的译文，同时也直接从司马光中文原文翻译：

China zu Gast in Weimar. Heidelberg: Guderjahn 1994. 252—256: Der Garten des Sse-ma Guang. Ein Gedicht. 这一部分译自法文的 *Mémoires*。256—258: Sse-ma Guang: Die Aufzeichnung vom Garten der einsamen Freude. 这一部分是从汉语直接翻译成德文的。

德博同样提出了这样的问题：司马光的这个文本是什么时候在德国广为人知的？为什么这样的一篇题为"记"的散文，在法文中会被呈现为一首诗的形式呢？德博因此研究了德文译文与司马光独乐园的关系。① 这个文本是由贝尔图赫·弗里德里希从法文翻译成德文的：Der Garten des Seeh-Ma-Kouang 发表在《德意志普通园林杂志》(*Allgemeines Teutsches Garten-Magazin* 2. 1804, 55—59.）上。贝尔图赫本人很喜爱园林，他拥有一座令歌德赞赏不已的园林，并曾在魏玛的学者协会（Weimarer Gelehrtenverein）中做过关于英国园林的起源的报告。因此他会用诗的形式来翻译司马光的《独乐园记》。

德博在文中同样征引了从艺术的角度对独乐园进行描述的西文文献：

Ellen Johnston Laing, Qiu Ying's depiction of Sima Guang's Duluo yuan and the view from the Chinese garden. *Oriental art* 33. 1987, 375—380.

---

① Günther Debon, *China zu Gast in Weimar*. Heidelberg: Guderjahn 1994. 79 ff.

Eight dynasties of Chinese painting. The collections of the Nelson Gallery-Atkins Museum, Kansas City, and the Cleveland Museum of Art. Published by the Cleveland Museum of Art in cooperation with Indiana University Press 1980. 206—208.

在所提到的第二本的专著中,也选登了明代绘画大师仇英的《独乐园图》片段。呈横卷式构图的《独乐园图》,主要是依据司马光文中的描写顺序绘制而成,这幅作品现藏于美国克利夫兰艺术博物馆(Cleveland Museum of Art)。

魏汉茂选登的《独乐园记》的德文译文共有两个版本:其一刊载于1804年,是上文提到的贝尔图赫的译文(S. 164—167);其二是卡尔·迈的《江龙》一书之中的部分(S. 167—170):Karl May, Der Kiang-lu. *Deutscher Hausschatz* 7. 1880, 172—173.

上述第二个版本对于比较文学的影响研究,以及文学中的中国形象都是极为重要且珍贵的文献资料。

四、新发现的中国哲学-蒙学文献的德译本

第四部分是哲学-蒙学文献,所收录的基本上是迄今仍不为学术界所知的早期哲学-蒙学的德文译文。其中包括:

(一)《大学》

"四书"之中的《大学》的欧洲语言译本最早出自韩国英《有关中国的回忆》一书:

Mémoires concernant les Chinois, I. 1777, 432—498.

依据韩国英的法文译本翻译成的德文译文,见:

Abhandlungen sinesischer Jesuiten, über die Geschichte, Wissenschaften, Künste, Sitten und Gebräuche der Sinesen. Erster Band. Aus dem Französischen; mit Kupfern. Mit Anmerkungen und Zusätzen versehen von Christoph Meiners, Professor der Weltweisheit in Göttingen. Leipzig: Weygand 1778. (806 S.), 704—746.

之后有从中文直接译为德语的译本:

Confucius. Tá-hio. Die Erhabene Wissenschaft. Aus dem Chinesischen übersetzt und erklärt von Reinhold von Plaenckner. Leipzig: F. A. Brockhaus 1875. XX, 358 S.

此外，在论文中也有《大学》的德文译文：

Die Philosophie des Kong-dsy（Confucius） auf Grund des Urtextes. Ein Beitrag zur Revision der bisherigen Auffassungen von Dr. Fr. Kühnert, I. Das Hjo. *Sitzungsberichte der philosophisch-historischen Classe der k. Akademie der Wissenschaften* 132. 1895: 8. 52 S.

有关《大学》的德文解说，见：

Ta-hsüeh. *Kindlers Literatur Lexikon*. Sonderausg. 1970. 9210—9211（R. Trauzettel）

魏汉茂所选的《大学》（Ta-Hio）德文译文，分为两个部分：一、"附记"（Vorbericht），主要介绍"大学""中庸"的来历以及与"孔子""孟子"的关系。（S. 171—173）二、"大学"正文的翻译，德译者将正文分为两部分：1.从"大学之道"至"故君子必诚其意"作为导论（S.173—175），将其后的部分分为 I—IX。（S. 175—182）

魏汉茂在书中还刊载了巴伊尔（Gottlieb Siegfried Bayer, 1694—1738）1730 年出版的《中文博览》（*Museum Sinicum*, Petropoli: Academia imperatoria MDCCXXX）中的由巴伊尔手写的"孔夫子大学"的第一部分。（S. 174）

（二）王吉的《上言得失书》

为了让当时的阿尔巴津人（Albasiner，亦即雅克萨俄俘）都能得到宗教上的关怀，允许东正教的使团驻扎北京，自 1715 年开始，俄国以此为借口把东正教使团派到了北京。1727 年签订的中俄《恰克图条约》确定了十年为期按时轮换每届中有学语言的学生随行。这些神职人员和学生在 10 年间只被允许在北京活动，并且无法像耶稣会士一样进入钦天监，由于清廷经常请东正教使团成员翻译与俄国、欧洲来往的书信，他们常常要去理藩院。他们当时请了中国的先生教他们学汉语。在北京的东正教使团在这许多年中编写了无数的词典，并将很多中国典籍翻译成俄文，但大部分都没有正式出版，因为毕竟公众对这些内容的兴趣并不大。其中仅有列昂季耶夫·阿列克谢①和第九届使团（1807—1821）的团长修士大司祭亚金夫

---

① 请参考《第三届俄国东正教主背景使团（1736—1742）》，收入：阿夫拉阿米神父辑，柳若梅译《历史上北京的俄国东正教使团》，郑州：大象出版社，2016 年。第 21—24 页。

(Iakinf, 俗名:比丘林·尼基塔·雅科夫列维奇)①出版了他们的相关著作。

列昂季耶夫的中文最初是跟一位受了洗的中国人周戈(Fedor Džoga, ?—1751)学的,并于1742年作为第三届使团(1736—1743)的随团学生到了北京,并驻扎十年之久。他回到俄国之后便成为外交部的译员。其后他曾有机会作为科罗波托夫(Kropotov)上校的秘书再次到了北京。列昂季耶夫出版的文献中最重要的是这本译自满文和中文的《中国思想》:

Kitajskija mysli. Perevel s Manžurskago na rossijskij jazyk Kollegii Innostrannych Del sekreta ſ Aleksěj Leontʼev. V Sanktpeterburgě, pri Imperatorskoj Akademii nauk, 1772 goda. 206 S.

在这部文献集中收录有皇帝的诏书以及政治家的散文,有些文章出自御选的古文选集,如《古文渊鉴》。② 此书卷前有康熙二十四年(1685)〈御制古文渊鉴序〉,序末钤有康熙"稽古右文之章"及"体元主人"宝玺各一。列昂季耶夫的这部俄文著作,很快就有了德文的译本《中国思想》:

Chinesische Gedanken nach der von Herrn Alexjei Leontʼev, Secretair bey dem rußisch-kaiserlichen Collegio der auswärtigen Geschäfte aus der manshurischen Sprache verfertigten rußischen Übersetzung ins Deutsche übersetzt. Weimar: Karl Ludolf Hoffmann 1776, 164-169(相当于1786年俄文版的第115—119页)。③

原文出自列昂季耶夫所使用的满文版的《古文渊鉴》中:

Wang Gi 王吉(?—前48): Jab ś aha ufaraha babe gisureme wesimbuhe bithe.

Die Kaiserliche Ku-wen-Anthologie von 1685/6 Ku-wen yüan-chien in mandjurischer Übersetzung. Hrsg. von Martin Gimm. Bd. 1. Wiesbaden: Harrassowitz(1969), Nr. 280(S. 288—289)

---

① 请参考《修士大司祭亚金夫和他的使团》,出处同上,第54—59页。另请参考:H. Walravens, Iakinf Bičurin, russischer Mönch und Sinologe. Eine Biobibliographie. Berlin: Bell 1988. 70 S. (Han-pao tung-Ya shu-chi mu-lu 34.)

② 请参考:H. Walravens, Aleksej Leontʼev und sein Werk. Eine Bibliographie. Aetas Manjurica 3. 1992, 404-431.

③ "254.《中国思想》(译自满语、汉语),209页,彼得堡,1772年。见《中国书目》第1259条。内容概要:雍正圣谕;从2世纪到18世纪中国有学问的官员给皇帝的谏言;孙子兵法。再版情况:第2版,共331页,彼得堡,1786年,在第1版的基础上增加了《世袭官员德佩》一文。"上揭阿夫拉阿米神父辑,柳若梅译《历史上北京的俄国东正教使团》,第231页。

魏汉茂所选的这个1776年的德文译文是译自俄文的（S. 184—185），而俄文又是从满文翻译而来的。原科隆大学的汉学/满学教授嵇穆对《古文渊鉴》的满文版做过深入的研究。魏汉茂在书中刊印了列昂季耶夫《中国思想》（1786年第2版）一书的扉页书影。（S. 186）

（三）《忠经》

本书由库尔茨从中文翻译成德文。被归于，马融的《忠经》最初被翻译成的西方文字是俄语：

  Džungin ili kniga o vernosti. Perevedennaja s Manžurskogo i kitajskogo jazyka na Rossijskoj Gosudarstvennoj Kollegii Inostrannych Del perevodčikom Alekseem Agafonovym. V Irkutske 1874 goda, po okrytii togo namestničestva. Moskva: Tipografija Kompanii tipografičeskoj 1788. 56 S.

在清代的时候，《忠经》和《孝经》在一起用满、汉合璧的方式刊出。这一合璧的版本显然是阿加福诺夫俄文译文的底本。① 阿加福诺夫系列昂季耶夫的继任，从北京东正教使团回俄国后在中俄边境工作，后来在外交部接替列昂季耶夫当翻译。魏汉茂所选的库尔茨的德文译文，刊载在1828年的《外国》（*Das Ausland* 1828, 1023—1024, 1029—1030, 1039—1040）上（S. 187—194）。共18章，没有每一章的标题。库尔茨曾在巴黎跟随雷慕沙学习汉学，回到德国的奥古斯堡之后，作为一份报纸的主编而与当局发生冲突。之后他逃往了瑞士，并在那里以日耳曼学家而著称。有关他的生平请参考：Herbert Franke, Heinrich Kurz（1805—1873）, der erste Sinologe an der Universität München. *Studia Sino-Altaica. Festschrift für Erich Haenisch zum 80. Geburtstag*. Wiesbaden: Steiner 1961, 58—71; H. Walravens, *Zur Geschichte der Ostasienwissenschaften in Europa. Abel Rémusat*（1788—1832）*und das Umfeld Julius Klaproths*（1783—1835）. Wiesbaden: Harrassowitz 1999. 183 S. (Orientalistik Bibliographien und Dokumentationen 5.)

（四）《三字经》

这是一部青少年的启蒙读物，据说是宋儒王伯厚（王应麟）为了更好地启蒙本族子弟，编写的融会经史子集的三字歌诀。

---

① 有关阿加福诺夫，请参考：H. Walravens, *Aleksej Agafonov. Ein unbekannter russischer Ostasienwissenschaftler des 18. Jahrhunderts. Eine Biobibliographie*. Hamburg: C. Bell 1982. 3 S. 4°(Han-pao tung-ya shu-chi mu-lu. 7).

由于是启蒙的读物,因此外国人也觉得非常有趣,也成为很多外国人学习汉语的基础读物。第一个用于欧洲人识字用的三字经课本系 1779 年出版的俄文本:

Bukvaŕkitajskoj sostojaščej iz dvuch kitajskich knižek, služit u Kitajcev dlja nač aľnago obučenija maloĺetnych dětej osnovaniem: pisan na stichach, i soderžit v sebě mnogo kitajskich poslovic / Perevel s Kitajskago i Manžurskago na Rossijskoj jazyk prozoju nadvornyi sovetnik Aleksěj Leonťiev. Sanktpeterburg: Imp. Akademija nauk 1779. 49 S.

这尽管不是一本汉语入门的书,但却是汉语的基础读物。这部俄语的版本出版后,出现了众多英文的译本,绍特提到过其中的部分译本。他提到了当时最著名的汉学家比丘林的译本,比丘林曾作为俄国东正教使团的团长,在北京常驻多年:

Sań-czy-czin ili troeslovie s litografirovanŕym kitajskim tekstom. Perevedeno s kitajskago Monachom Iakinfom. St. Petersburg 1829. 83 S. 4°.

此书的优点在于,同时附上了中文的原文。著名发明家、东方学家、印刷方面的先驱者卡恩施达特·路德维希·谢林·冯设计了书中的汉字,并使用了中文的注释文献。绍特在他选译的一部分篇章中,首次向德语读者介绍了《三字经》。其后内曼也以德-汉对照的方式,首次在德国对《三字经》进行了翻译和解释:

Die Encyklopädie der chinesischen Jugend. In: C. F. Neumann: *Lehrsaal des Mittelreiches*. Zum ersten Mal in Deutschland herausgegeben, übersetzt und erläutert. München: Dr. Carl Wolf'sche Buchdruckerei 1836, 19—26.

不过其后绍特的《三字经》德文译文还是一再被引用,上文提到的 20 世纪德国著名的通俗小说家卡尔·迈在他有关中国的小说中,所引用的也是绍特的译文。[①]

进入 20 世纪之后,还有两种《三字经》得以刊行:

1. 卫礼贤的译本:

San-Tzu-Ching, der Drei-Zeichen-Klassiker. Von R. Wilhelm. *Der ferne Osten* 1. 1902: 2, 169—175.

[①] 请参考:H. Walravens, Eine chinesische Jugendschrift(*Sanzijing* 三字經). *Mitteilungen der Karl May-Gesellschaft* 30. 1998: 116, 28—30.

2. 梅德·尤里乌斯的译本：

San-tse-king, die Fibel der Chinesen. Ins Deutsche übertragen, mit Einführung und Schlußwort von Dr. Julius Maeder. Zürich: Hofmann, 1945. 61 S. (Hofmann-Bibliothek 111.)

魏汉茂从 1834 年的《外国文学杂志》(*Magazin für die Literatur des Auslandes* 1834, 445—446)所选的 6 页(S. 197—203)对《三字经》的介绍，是非常全面的。他同样选登了1819 年圣彼得堡版扉页上卡恩施达特所设计的"三字经"三个汉字(S. 196)、绍特的照片(S. 197)，以及内曼《三字经》译文中的汉字(S. 204)，这些都是弥为珍贵的史料。

（五）《哲学家孟子的谈话》(Unterhaltungen des Philosophen Mencius)

《孟子》是"四书"之一，早期已经有了耶稣会翻译的拉丁文的译本。而德文的译本直到 1877 年才由同善会（AEPM）的传教士花之安翻译成德文：

Eine Staatslehre auf ethischer Grundlage oder Lehrbegriff des chinesischen Philosophen Mencius. Elberfeld: Friedrichs 1877. VII, 273 S.

今天通用的《孟子》的译本，是卫礼贤 1916 年翻译的：

Mong Dsi. Jena: Diederichs 1916.

19 世纪上半叶的一个非常严肃认真的拉丁文译本出自儒莲之手：

Meng Tseu vel Mencium inter Sinenses Philosophos, ingenio, doctorina, nominisque claritate Confucio proximum, edidit, latina intertretatione, ad interpretation Tartaricam utramque recensita, instruxit, et perpetuo commentario, e sinicis deprompto, illustravit Stanislaus Julien. Lutetiae Parisiorum: Societas Asiatica et Comes de Lasteyrie MDCCCXXIV—XXIX. XXXI（1824—1829/1831），230, 248, 84, 161 S.

这个版本不仅提供了中文原文，也有供比较的满文本。此书之后由"年轻汉学家"哈尔贝格译成了法文，并附在了达庞时的《中国手册》(*Chinabuch*)的附录之中：

John Francis Davis: *La Chine* ... T. II. Paris: Paulin 1837, 353—367.

魏汉茂所选刊的《孟子》部分德文翻译(S. 205—209)，摘自 1837 年的《外国文学知识报》(*Blätter zur Kunde der Literatur des Auslands* 1837, 161—163, 166—167, 169—171, 176, 178—180)。显然是从儒莲的拉丁文译文（第一卷）间接转译而来的，或者可以说是从上述的法文译本直接翻译而来的。

在德语中，如果这不是《孟子》最早译本的话，也是最早的之一。魏汉茂也刊载了儒莲1824年《孟子》拉丁文译本的扉页书影(S. 206)。

（六）《范螺山忠烈传》(Der politische Märtyre Fan Loschan)

范承谟，字觐公，号螺山，辽东沈阳（今辽宁沈阳）人，清朝大臣，大学士范文程次子。范承谟进士出身，曾任职翰林院，累迁至浙江巡抚。后升任福建总督。三藩之乱时，范承谟拒不附逆，被耿精忠囚禁，始终坚守臣节。康熙十五年（1676），范承谟遇害，后追赠兵部尚书、太子少保，谥号忠贞。

作为汉学家，绍特曾有专门研究范承谟的文集——《忠贞集》的论文，其中最主要的是范承谟在狱中的墙上写下的诗稿，1708年得以刻印流传，同时也被译成满文。魏汉茂认为，范承谟出身于声名显赫的满人家庭（S. 211），实际上他的祖上是汉军镶黄旗。绍特于1840年曾为柏林的王室图书馆所藏的中文、满文等语言的图书编写过一部目录，①因此他仔细地审查过范承谟的著作。至今，绍特的论文还是有关范承谟著作唯一的研究文献：

Tondo unenggi Fan gung-ni wen ji bithe（忠贞範公文集），②Sin.: Libri sin. 32（现藏于波兰克拉科夫大学图书馆）

请参考：Schott, *Katolog*, 96—97. 以及 H. Walravens, *Mandschurische Handschriften und Drucke im Bestand der Staatsbibliothek zu Berlin*. Stuttgart: Steiner 2014, S. 90.

法国国家图书馆Gallica数字图书项目已经可以查到此书，非常精美的印刷。在此编号下，除了《忠贞范公文集》之外，还有《盛世刍荛》的满文译本：

Tractatus varii de deo et creatione, de peccato Adæ et redemptione mundi, de anima, de remuneratione justorum et pœnis malorum, de falsis religionibus.

这是耶稣会会士冯秉正的一部中文著作，共五卷，最早的版本系1733

---

① Wilhelm Schott, *Verzeichniss der Chinesischen und Mandschu-Tungusischen Bücher und Handschriften der Königlichen Bibliothek zu Berlin*. Berlin, 1840. 绍特《柏林王室图书馆中文、满语-通古斯语图书与手稿目录》，中文书名为《御书房满汉书广录》。

② 魏汉茂将此处的中文署为《忠贞烦恼公文集》，估计是《忠贞范公文集》的误植。参考：H. Walravens, *Mandschurische Handschriften und Drucke im Bestand der Staatsbibliothek zu Berlin*. Stuttgart: Steiner 2014, S. 90.

年的北京刻本。① 魏汉茂认为,可能是由于新旧的编号错乱而搞混的。(S. 211)

绍特的译文出自满文版《忠贞范公文集》前面所附的范承谟的传记。范承谟的传记有多种,绍特翻译的这个传记出版于1708年,显然早于戴震的《范忠贞传》以及后来的《清史稿·范承谟传》(1914—1927)。

五、结　语

魏汉茂在本书中所列举的中国文学作品早期译本的丰富的史实,复杂的迻译轨迹,以及对德国思想界深远的影响,这些都为比较文学的影响研究提供了广阔的用武之地。魏汉茂给我们展示和提供的有关中国文学在英、法、德语地区早期传播史的原始文献,对于我们了解中国文学的外渐轨迹至关重要:在早期的德语世界的中国文学译介中,大都由法语译本转译而来。只有了解了这些中国文学外传的基本形态和特征,才有可能把握中外文学接触和交流的潜在规律。也只有在此基础之上,才有可能在跨文化的视域下——而非在单一、同质的文化传统之中——认识中国文学的特质,彰显中国文学的世界性意义,真正在世界文学中为中国文学定位。对这些重新发现的中国文学译本的研究,可以拓展中国文学翻译研究的维度,并能够系统地揭示中国文学外译以及中国文学本身的一般特征,结合比较文学理论深化对中国文学外译和传播的认识,同时也可以反哺中国文学研究本体。

与英雄主义的欧洲传统相比,中国文学作品中的离愁、悲伤以及日常事务和自然景色,更让欧洲读者感受到了普遍人性的东西。在文学的传播过程中,通过其他语言对中国文学作品的迻译,并非对原著的准确对应翻译,当然也不是按照迻译者的观点对原著进行随心所欲的改写,而是既有一致之处,又有不同之处,多次迻译的结果是一个既不同于原著又不同于译者的观点的新作品。从本质上来看,翻译就是一种基于母语文化经验所进行的文化调试。译者的特殊条件,欧洲当时的社会氛围都决定了德国当

---

① 费赖之《在华耶稣会士列传及书目》"二六九冯秉正":"《盛世刍荛》五卷,一七三三年、一七九六年、一八一八年北京刻本;一八六三年,一九二六年有土山湾重刻本。(一九一七年书目补目一四二号。)"上揭《在华耶稣会士列传及书目》第610页。

时对中国文学的选择,经过选择后重新形成的迻译文本是一个出自中国文学,但又与中国文学相区别的文本。

早期德译的中国文学作品,所显示的是中欧文学之间的影响问题,这包括了影响者与接受者的复杂关系。影响者影响了什么,并非由其自身决定的,在一定程度上是由接受者来决定的。接受者也不是任由影响者向其灌输,而是主动选择。这样我们才可以知道伏尔泰的五幕剧《中国孤儿》并非纪君祥的《赵氏孤儿》;布莱希特的《灰阑记》也绝非元杂剧的《灰阑记》。无论如何,我们可以从中看到接触、模仿、过滤与阐释及最终创造出新的文学形式的过程。这些相关的文学作品是否揭示了共通的审美机制或更深层次的文化内涵,它们之间有相同或相似之处,存在着相同或不同的张力等等,而这些正是文化对话的基本特征。文学间的互相接触、理解、吸收及排斥都是不可避免的。

通过法国、英国汉学家的努力,以及德国译者的迻译,此时的欧洲文学研究者力图在本民族文学事实之外去寻找文学内容,与其他民族文学的交流,特别是对于中国文学的接受,同时也是建构本民族文学传统的过程。此时的欧洲人从中国发现了文学的他者,从这时起,欧洲人不再仅仅将文学研究的眼光停留在了欧洲,而获得了具有更加丰富内涵的整体文学。欧洲的文学研究者也开始逐渐将目光转向了东亚,尝试着在文化传统差异中揭示存在于一切文学中的共同规律及审美机制。也正是在这个时期出现了众多的欧洲民族国家的文学史。法国学者巴尔登斯伯格指出:

> 赫尔德和维柯。他们将文艺复兴以来从未被人遗忘的思想明确起来,把各国人民的语言、文学和精神状态当作一个整体来看待,……①

16 世纪以来地理大发现之后,对欧洲以外区域的发现,基督教对异教地区的征服……这些让很多有识之士更加强调各民族语言、文学和精神状态的整体性和联系性。因此,可以毫不夸张地说,对欧洲来讲地理大发现更是一次世界文化的大发现。也正因为此,欧洲人在自身之外找到了一种

---

① 巴尔登斯伯格著,徐鸿译《比较文学:名称与实质》,见干永昌等选编《比较文学研究译文集》,上海:上海译文出版社,1985 年,第 35 页。

参照,文学创作和文学研究从此不仅仅是欧洲人的"专长",更多的文学作品通过译介进入欧洲的视域本身也说明了,文学本身是全世界的。而在"世界文学"观念的建构中,中国文学又起到了很重要的作用。

今天看来,任何一个民族的文学都不可能在一个封闭、孤立的文化空间中发展,相互渗透、影响是一种常态。即便对本国的文学进行研究,也必须改变以往所固有的一元的、封闭的眼光,应当在与其他文学的关系中认识自我。因此,要理解此时的欧洲文学乃至文化,不仅需要在欧洲文学自身的传统中进行,也需要在魏汉茂所钩沉出的这些中国文学的德文译文中进行。

德国汉学有一个很好的传统,就是特别重视中文文献的翻译,特别是从原文翻译成德文的文献。在德国出版的众多的"目录"(Kataloge)或者各类"学科史"中,都有大段的引文。福兰阁 5 卷本的《中华帝国史》(Geschichte des chinesischen Reiches. 5. Bde. Berlin 1932—1952)、佛尔克 3 卷本的《中国哲学史》(Geschichte der alten chinesischen Philosophie, Berlin 1927; Geschichte der mittelalterlichen chinesischen Philosophie, Berlin 1934; Geschichte der neueren chinesischen Philosophie, Berlin 1938)乃至哈克曼的《中国哲学》(Chinesische Philosophie, München 1927)都有大量的原文译文。后来我在读德国哲学家雅斯贝尔斯的《大哲学家》(Die großen Philosophen. 1957)〈龙树〉一章时感到特别吃惊,因为他不断引用《四十二章经》《景德传灯录》中的内容,通过反复查找,才知道是从哈克曼《中国哲学》中来的。

魏汉茂继承了这样的传统,在本书中他除了对版本、译者、内容做了介绍外,还收录了很多的原文,而对于很多读者来讲这些原文今天不是那么容易获得的。

魏汉茂为我们提供了丰富的一手资料,这些文献所呈现的是文学生态的多样性,对于研究中欧文学关系史,例如中欧共同的审美机制、文化心理或更深层系的文化内涵等等,都提供了重要的文献。今天看来,对任何一种文学的研究都只能从比较的视野去理解作为一个整体的世界文学,从而为所研究的民族文学予以定位。中国文学的参与,也时刻提醒着欧洲的文学研究者和读者应当具有并保持一种开放的视域来认识文学。

中国文学作品在欧洲文学视域中的意义与中国文学自身视域中的意义并不完全一致。德语世界在 19 世纪所翻译的中国文学作品,实际上是中德或中欧之间文学对话的结果。而进入 20 世纪以后,大量的欧洲文学作品也被译介到了中文世界。世界进入了一个在多元文化中理解文学,在多元文化的语境下相互参照、解释的时代。反过来,我们今天也不能仅仅从自身的文化传统去理解中国文学了,迂回诸如译成德文、法文、英文的中国文学作品,重新进入中国的文学世界,常常会有意想不到的结果。

早期中国文学与德国的交涉最起码有以下几个方面的认识意义:首先,中国文学的译本与德语文学之间在历史上存在过联系;其次,中国文学在早期所产生的影响绝不仅仅局限于中国文化的近邻,如朝鲜、日本、越南,魏汉茂的钩沉让我们可以在一个十分广阔的空间中去重建中国与欧洲的文学关系史,特别是与德国的关联性;第三,所谓的世界文学实际上是在不断吸收世界文学来丰富自身并发展自身的产物,是与其他文学互动的结果。

魏汉茂在书中提供了大量有关实证性的影响研究的史料,如伏尔泰有关《赵氏孤儿》的接受和再创作的版本情况等等,这些对研究早期中国文学在德语世界的传播史都是弥为珍贵的文献资料。除了一些比较明显的影响的例子之外,还有一些间接影响的例子,只有通过深入的比较研究才能得出结论。不过,对于早期德语世界的中国文学作品译介的研究目前尚未真正得以展开,因此在本书中,有些人名还没有辨认出,例如1927年《木兰诗》的德文译者Liu Tjing-yü的中文姓名并不清楚,而1939年翻译《花木兰》的江雪雯,也没有任何相关的研究文献支撑(S. 148);《鳏夫怨》的中文原本究竟是什么,至今仍然悬而未决(S. 159)……

魏汉茂从早期德文的报刊、图书中所钩沉出的这21个中国文学、哲学的德译本,尽管其影响是不言而喻的,但在此之前的汉学家、研究者很少有关注到的。这也说明了中国文学翻译研究缺乏全面性和连续性的事实,学术思想同样缺乏传承,整体学术史的梳理和研究是远远不够的。

最后应当指出的是,此书中的汉字排列不太规范,大小不一,并且有一些错误。其中"目录"(S. 6)中将《孟子》误作了《猛子》,《忠贞范公文集》误作了《忠贞烦恼公文集》等,显然都是电脑输入时的误植,希望在再版时予以更正。

第七章
卫礼贤《易经》德译本的翻译过程及底本初探

一、卫礼贤生平述略

从实际影响来看,卫礼贤(中文名有时为:尉礼贤)一生最大的成就无疑是他的《易经》德文译本,这部花费了他近十年心血的译本奠定了他在德语学术界的声誉。他对《易经》的翻译和阐释,一直到今天依然在广泛传播,并且得到了学术界的认可。从这个译本移译至英文的《易经》(后来同时在美国和英国出版)使他赢得了国际的名声。[①]

卫礼贤于1873年生于德国斯图加特,早年入神学校学习基督教新教神学。后加入同善会(Allgemeiner evangelisch-protestantischer Missionsverein, AepMV),并于1899年被派往青岛——当时的德国殖民地——传教。后来他脱离了教会,担任了普鲁士的国家公职。他在青岛创立"礼贤书院",1911年与前清的遗老们共同建立了尊崇孔子的研究学会——尊孔文社。这期间他在中国学者的帮助下,翻译了多部中国典籍,包括《论语》《孟子》《老子》《列子》《庄子》等。这些书在德国出版之时,正值欧洲的感伤主义者们试图在文化危机之中抛弃日益趋于没落的西方文化,转而研究遥远东方的思想的时刻,卫礼贤将中国人的生活智慧理解为"现代欧洲的药方和拯救手段",[②]这些译本迎合了欧洲人对内心生活的追求,使得卫礼贤名声

[①] Bauer, Wolfgang, „Zeugen aus der Ferne. Der Eugen Diederichs Verlag und das deutsche China-Bild", in: *Versammlungsort Moderner Geister: Der Eugen Diederichs Verlag—Aufbruch ins Jahrhundert der Extreme*, Köln 1996, S. 450—485. Hier S. 470.

[②] Wilhelm, Richard, *Die Seele Chinas*. Wiesbaden: marixverlag, 2009. S. 373. 译文均出自本文作者。

大噪。

第一次世界大战之后的1920年,卫礼贤返回德国,一年后他又作为德国驻北京公使馆的参赞回到中国。这期间他与蔡元培、胡适建立了友谊。1924年他回到德国法兰克福,创立了中国学院(Frankfurter China-Institut),出版《汉学》(Sinica)刊物,组织各种学术讲座和专题研究班。他曾于1926年邀请伯希和和胡适前往中国学院做报告。在法兰克福时,他与当时的很多著名学者建立了友谊,包括精神分析学家荣格、文学家黑塞等。1930年卫礼贤在蒂宾根(Tübingen)去世。

二、《易经》的德译过程

辛亥革命之后,晚清的王宫显贵们纷纷逃往外国租界避难,这其中也包括德国租借的青岛。卫礼贤在《中国灵魂》一书中,对当时他与旧文人在青岛的交往,做了详细的记载,除了一般的文人之外(第十一章"青岛的遗老"),同样也记载了他与恭亲王的往来(第十二章"亲王")。对有关中国经典(特别是《易经》)的翻译情况,卫礼贤作了非常详细的说明。

卫礼贤提到在曾任山东巡抚的周馥的举荐下,他拜曾任京师大学堂总监督兼署学部副大臣的劳乃宣为师,在劳乃宣的指导下,精研、翻译《易经》的过程。早在1904—1908年周馥在任两江总督的时候,劳氏即为其幕僚,周馥极为推崇劳氏的学问。卫礼贤在回忆录中谈到他在此之前的一个奇异的梦:

> 一位眼神友善的白胡子老人来看我,他自称为"劳山",愿意带我到古老的山中探秘。我向他鞠躬并表示感谢。他消失了,我也醒了。①

周馥在给卫礼贤举荐劳乃宣时,认为中国文化之所以总在世界面前蒙羞是因为人们没有遇到真正的国学大师:

> 你们欧洲人总是只在中国文化的外围使劲,你们之中没有谁理解

---

① 出处同第176页注②,第183页。

其真正的意义和确实的深度。其中的原因在于,你们从来没有得到过真正的中国学者们的帮助。你们所认作老师的是已经被解了职的乡村私塾先生,他们仅仅了解表面的东西。因此在你们欧洲有关中国的论述大都是愚不可及的东西,这也没有什么值得奇怪的。如果我给您找到一位真正能根植于中国精神的老师,他会引导您进入中国精神的深处,不知您意下如何?这样您就能翻译一些东西,其余的自己来写,中国也就不会不断在世界面前蒙羞了。①

卫礼贤的这一段话中有两点值得我们注意,其一是周馥认为只有跟随根植于中国精神的国学大师,外国人才能真正领会中国文化的深层意义。其二是周馥希望卫礼贤不仅仅翻译,同时也通过自己对中国精神的理解,让中国文化不再蒙羞于世界。我认为,这两点正是后来卫礼贤在《易经》翻译中取得重要成就的原因。

卫礼贤高兴地接受了这位"其先祖来自崂山地区的劳姓"的老师,感觉他和在梦中造访过自己的白发老人很像。② 1913年秋,劳乃宣应周馥之邀来到了青岛,主持卫礼贤组织的"尊孔文社"。而卫礼贤对中国经典的理解和翻译这时才真正得以展开:

  我翻译了一些,读了很多,每日的交谈使我进入了中国文化大厦的深处。③

正是在这种情况下,劳乃宣建议卫礼贤翻译《易经》。劳氏认为,《易经》尽管不容易,但也绝不像通常所认为的那样不可理解:

  事实是,在最近这一活的传统已经几近消亡。不过他(指劳乃宣——引者注)还有一位依然能接续上古老传统的老师,劳氏家族与

---

① 出处同第176页注②,第183—184页。
② 出处同上,第184页。劳乃宣曾考证"劳"姓的祖先即在崂山(古称"劳山"),"劳山为吾家得姓之地",他因此自号为"劳山居士"。劳自述:"癸丑(1912年)冬,应德儒尉礼贤尊孔文社之招,移家青岛,在劳山麓。通志氏族略云:劳氏其先,居东海劳山。是劳山者,吾家最古之祖居也,此行为归故乡矣。"见桐乡卢氏校刻《桐乡劳先生(乃宣)遗稿一、二》之"劳山草",收入沈云龙编《近代中国史料丛刊357》,台北县:文海出版社,1966—1973年,第589页。
③ 出处同第176页注②,第184页。

孔子的后代是近亲。他拥有一束采自孔墓的神圣的蓍草茎,并通晓如何借助于这些来占卜未来的艺术,而这在中国也几乎不为人知了。因此选择了《易经》这本书来予以讲授。①

1863年劳乃宣在曲阜娶孔悦庭之女为妻,成为孔府的女婿。实际上,卫礼贤有关《易经》的知识均来自劳乃宣的系统讲解。从卫礼贤的描述中我们可以知道,劳氏并不仅仅是一位研究《易经》方面的学者,同时也是一位实践者。他们是如何在一起研读和翻译《易经》的呢?卫礼贤对此也做了记录:

> 他用汉语解释经文,我做笔记。之后我将经文为我自己译成德语。在此基础之上,我不看原书再将我译成德文的经文回译成汉语,由他来进行比较,我是否在所有细节方面都注意到了。之后再对德文本的文体进行润色,并讨论细节文体。最后,我再对译文进行三到四次的修改,并加上最重要的注疏。就这样这个译本不断增多。②

以上整个的翻译方式有些像早期佛教的译经方式,劳乃宣好像是外来的"译主",他主要用出发语来解释经文。据柯劭忞所撰的《劳公墓志铭》记载:"德意志人卫礼贤建尊孔社于青岛,请公讲《易》,卫君北面受学。"③卫礼贤的职位相当于"度语""书字""证梵本""润文"以及"校勘"的工作,其中"证梵本"是将译成中文的经文再翻回成梵文,跟原文进行比较,以检查所译的经文是否跟梵文原文一致。我认为这一翻译方式是非常科学的,卷帙浩繁的中文佛典也证明了这样的译经制度和译场规则的有效性。

在翻译工作没有完成之前,第一次世界大战爆发了,1914年8月劳乃宣和其他学者一道退避到了济南和曲阜。直到1917年7月张勋复辟失败

---

① 出处同第176页注②,第184页。
② 出处同上,第184页。卫礼贤在《易经》德译本第一版的序言中也提到了翻译的方式:"在对经文经过详细的讨论之后才译出了译文。之后再从中文回译成德文,只有当文本的意义完全被表达出来之后,这一译文才被认为是有价值的。" *I Ging. Das Buch der Wandlungen*. Aus dem Chinesischen übertragen und herausgegeben von Richard Wilhelm. Diederichs. 2004. S. 5.
③ 柯劭忞《诰授光禄大夫劳公墓志铭》,见上揭桐乡卢氏校刻《桐乡劳先生(乃宣)遗稿一、二》,收入:沈云龙编《近代中国史料丛刊357》,第72页。

之后,劳氏才得以重又回到青岛,与卫礼贤继续合作共同译完了《易经》。方志涉称德译本的《易经》"是卫教授最得意的译品,实在也是出众之作,因为他关于《易经》常常质疑于劳乃宣。"①1924年这部凝聚着卫礼贤与乃师劳乃宣十年心血的《易经》德译本在德国出版,而三年前的1921年7月21日劳乃宣早已在青岛与世长辞了。由于劳乃宣可以算作是中国传统中传承了《易经》的理论和实践的最后学者,因此,他与卫礼贤"合译"的《易经》对于中国来讲也是弥为珍贵的。1923年夏天,在北京德国公使馆任科学参赞的卫礼贤,在《易经》德文版第一版的前言中对让他进入《孟子》《大学》《中庸》,特别是《易经》世界的老师劳乃宣(Lau Nai Süan),表达了发自肺腑的感激之词,②之后他在《中国灵魂》一书中,还收录了劳氏的头像。③ 卫礼贤后来在回忆他同劳乃宣的交往时写道:"他以幽默诙谐著称,其实他是一位真正出色的严谨的人,但他却采取了不拘小节的表现行为方式。他属于神秘的圣者这类人。"④劳氏和卫礼贤的这段交往,也被写入了劳乃宣的传记之中:"时士大夫多流寓青岛,德人尉礼贤立尊孔文社,延乃宣主社事,著《共和正解》。"⑤可见他们之间的交往对劳氏也产生了影响。

三、《易经》德译的底本初探

在德译本的"导论"中,卫礼贤主要谈了三个问题,一是《易经》的使用,他是将之分为"占卜书"和"智慧书"来谈的;二是《易经》的流传史;三是译文的安排。在流传史中,卫礼贤除了对历史上《易经》的重要版本进行梳理之外,特别谈到了清代的重要版本:"在康熙年间组织编纂了一个非常好的版本:《周易折中》,《经》和《十翼》是分开来处理的,并且包括了所

---

① 方志涉《卫礼贤教授及其著作》,见《进步与研究》第一卷第四期(1940年1月),第26页。
② 出处同第179页注②中《易经》德译本,第5页。
③ 可惜再版的德文《中国灵魂》中都没有收录这一照片。见 Richard Wilhelm, *Die Seele Chinas*. Berlin: Hobbing, 1925.
④ 卫礼贤著,鹏程译《在胶澳租借地的晚清官员印象记》,收入:刘善章等主编《中德关系史译文集》,青岛:青岛出版社,1992年,第309页。
⑤ 赵尔巽等撰《清史稿》卷472,北京:中华书局,1977年,第12825页。此外,溥仪寿辰之际,当时居住在青岛的劳乃宣曾以祝寿为名,给溥仪带过一封信,希望溥仪与德国皇室联姻,以换得德国对复辟帝制的支持。见:溥仪《我的前半生》,北京:群众出版社,1980年,第101页。这件事很可能也与卫礼贤有关。

有时代最好的注疏。德译本就是以这一版本为基础翻译的。"①

《周易折中》全名为《御纂周易折中》,共二十二卷,由康熙皇帝御纂,大学士李光地总裁,于康熙五十四年(1715)春完成。参加此项工作(校对、分修、缮写、监造)的共有49人之多,用了两年的时间完成了这项卷帙浩繁的《周易折中》。本书援引以往共218家的学说,其中包括宋代的98家,每每以"本义""程传""集说""按语"及"总结"的方式,尽管基本上是以程朱易学为宗的,②但其中也不乏对程朱观点的质疑和批评之处,同时对经文卦义也多有发明。因此可以说,《周易折中》既是以往《易》之集大成者,同时又提出了很多新的观点。③

在众多的有关《易经》注疏的版本中,劳乃宣为什么要为卫礼贤推荐《周易折中》这个本子呢?我认为可能有以下几个方面的原因:

第一,从学术价值上来看:《周易折中》可谓是有关《易经》的集大成者。有了这本相当于"集注"的大全之后,相当于全面掌握来康熙朝及其之前的所有关于《易经》的学说。因此,从学术传承上来讲,劳乃宣的选择是有道理的。此外,劳乃宣基本上将《易经》看作是占筮之书,他自己也是占卜的实践者。而朱熹的《周易本义》并不把《易经》看作是占筮之书。因此,劳乃宣没有选择朱熹,而卫礼贤也继承了劳乃宣使用《易经》占卜的做法。

第二,从政治上来看:劳乃宣一直是保守派的代表,主张还政于清室,甚至著书立说,为清室奔波。民国后,他一直反对共和,在青岛,他与周馥、吕海寰等结为"十老会",策划清室复辟。张勋复辟,劳乃宣被任命为法部尚书、学部尚书,尽管他没有去赴任。从身份认同上来看,他是清代的遗民。这也解释了他为什么没有选择朱熹的《周易本义》或明代的《周易大全》的原因,因为只有在康熙年编纂的《周易折中》才能接续上清廷的命脉,这一选择显示了其政治正确的倾向性。

---

① 出处同第179页注②中的《易经》德译本,第20页。
② 《容村谱录合考》中李光地与康熙皇帝的一段对话,很说明问题:上曰:"古今言易或理或数,有何定论?"秦曰:"言数始于焦贡、京房,言理始于王弼,但王弼已中了老庄之说,故其学不纯;六朝唐浮华相尚,未见有深于经学者;直至邵雍传天下之图,立象尽意,其功极大;程颐易传,义理醇正;朱某折中二家之学,礼教俱极,其归而易学定于一。"李清馥编《容村谱录合考》,北京:北京图书馆出版社,1998年,第466页。
③ 参考:刘大钧《读〈周易折中〉》,载《周易研究》1997年第2期(总第32期),第10—19页。

第三,从个人学术兴趣上来看:劳乃宣和李光地有诸多共同的学术兴趣之处,如古筹算与音韵。劳乃宣在筹算方面曾著有《古筹算考释》(六卷,1883)、《筹算浅释》(二卷,1893)等六种之多,在音韵方面也写有〈等韵一得〉等文章。作为康熙时代杰出的政治家的李光地,非常重视实学,他认为经世致用的礼、乐、书、数是最为要紧的,因此他也特别推崇梅文鼎在历算方面的杰出贡献:"算学,中国竟绝。自定老作九种书(筹算、笔算、度算、三角形、比例法、方程论、勾股测量、算法存古、几何摘要),而古法竟复还三代之书,此间代奇人也。"①李光地同时很重视顾炎武的《音学五书》,他在〈顾宁人小传〉中写道:"有顾氏之书,然后三代之文可读,雅颂之音各得其所,语音形者自汉晋以来未之有也。"②因此,劳乃宣对这样一位与自己志同道合的学者的《易经》著作的重视,是再自然不过的事情了。

根据慕尼黑的巴伐利亚科学院档案馆(Archiv der Bayerischen Akademie der Wissenschaften, München)的卫礼贤所藏中文图书目录,卫礼贤有关《易经》的中文图书计有:

1. 和瑛《读易汇参》16卷,1823年,易简书室。(原编号4)
2. 李光地等《朱子全书》36卷,1714年,渊鉴斋。(原编号12)
3. 曹本荣等《易经通注》7卷,1886年。(原编号17)
4. 《周易遵程》6卷,1890年,石印。(原编号76)
5. 单维宗《周易介》4卷,1816年,半山亭。(原编号77)
6. 李光地等《御纂周易折中》10卷,1715年,皇家版本(Kaiserl. Ausgabe,疑为武英殿刻本)。(原编号214)
7. 吴佩孚《易箴》1卷,1926年,黄嗣艾刊。(原编号221)
8. 吴闿生《周易大义》1卷,1923年,文学社。(原编号222)
9. 韦汝霖《奇门阐易》1卷,1927年,北京白衣庵。(原编号247)
10. 恭亲王手书《周易》1卷,1914年,手迹。(原编号248)
11. 黄福《系传说卦辑义》1卷,1922年,永盛书馆。(原编号249)
12. 杭辛斋《易楔》2卷,1922年,研几学社。(原编号250)
13. 刘沅《周易恒解》5卷,1918年,道德社。(原编号251)

① 李光地著《榕村语录/榕村续语录》(下),卷第十六,北京:中华书局,1995年,第765页。
② 李光地著《榕村全集》,台北:大西洋书局,1969年,卷第二十三,第1506页。

14. 周馥《易理汇参臆言》2卷，1921年，华新印刷局。（原编号252）

15. 仇兆鳌《参同契集注》4卷，1708年，洪熙揆校印。（原编号253）

16. 王洪绪《卜筮正宗》6卷，1904年，北京文成堂。（原编号256）
17. 杭辛斋《学易笔谈》4卷，1922年，研几学社。（原编号349）
18. 杭辛斋《易教偶得》1卷，1922年，研几学社。（原编号350）
19. 杭辛斋《愚一录易说订》1卷，1922年，研几学社。（原编号351）
20. （作者不详）《监本易经》2卷，广益书局。（原编号361）

在抄本（Manuskripte）当中有：

21.《易类》1卷。（原编号414）
22.《易经次序大略》1卷。（原编号415）

在当代书（moderne Bücher）中有：

23. 马其昶《周易费氏学》4卷，1904年，自板。（原编号542）①

卫礼贤所留下来的他所藏的中文图书目录共566种，包括古籍、抄本和当代书（又包括新印古籍、辞书、期刊等），而其中有关《易经》的书籍共有23种。除了他作为翻译底本的《御纂周易折中》之外，还有22种，既包括一般的普及型读物，也有宋儒的注疏，因此总体来看，卫礼贤对《易经》的把握还是比较全面的。

---

① 请参考卫汉茂编辑出版的《卫礼贤（1873—1930）：在中国的传教士、中国思想财富的传递者。论著目录。他的中文图书馆的目录。哈克曼写给他的信。辜鸿铭写给他的信》，华裔学志出版，2008年，第201—237页。（Richard Wilhelm（1873—1930）*Missionar in China und Vermittler chinesischen Geistesguts. Schriftenverzeichnis. Katalog seiner chinesischen Bibliothek. Briefe von Heinrich Hackmann. Briefe von Ku Hung-ming. Zusammengestellt von Hartmut Walravens. Collectanea Serica. Institut Monumenta Serica. Sankt Augustin - Nettetal 2008. S. 201-237.*）

四、《易经》德译本的结构、特点以及对它的评价

由于《易经》年代久远，词义晦涩，因此，如果脱离了用于解说〈经〉的〈易大传〉的话，就无法解释清楚《经》的部分。由于〈经〉和〈传〉产生的时代不同，原本是分开的，但自西汉费直开始，便以〈彖〉〈象〉〈系辞〉等传来解经。后来郑玄和王弼开始以传附经，在经文条目下附以〈彖〉〈象〉传文，而〈系辞〉等传则附在经后。

卫礼贤的《易经》德译本除了前言(Vorrede)和导论(Einleitung)之外，正文分为三个部分：第一部：经文；第二部：文献；第三部：注疏。他的主导思想是，经文部分与经传部分是不可分的。因此，他将《传》的内容拆开，附在了各卦之后，以便于读者理解。

第一部：经文(Erstes Buch: Der Text)，除了对每一卦的解释之外，也包括了《易传》中《大象》的译文和解说。〈大象〉主要取八卦所象征的天、地、风、雷、水、火、山、泽等自然现象解释卦象和卦名的含义。

第二部：文献(Zweites Buch: Das Material)，主要是翻译和解释了〈十翼〉中的〈说卦〉和〈系辞〉部分。

第三部：注疏(Drittes Buch: Die Kommentare)，是将各卦、爻与其相关的〈经〉〈彖〉〈象〉〈文言〉〈序卦〉〈杂卦〉的内容重新组合，进行翻译和解说，可以说是非常有创意的。

卫礼贤在译本后面的"《易经》不同部分的翻译说明"(Nachweisung der Übersetzung der verschiedenen Teile des *Buchs der Wandlungen*)中对他的德译本中〈经〉和〈传〉的关系，予以了介绍：①

表 7-1　《易经》不同部分的翻译说明

经文。上半部分	第一部，第 1 页
下半部分	第一部，第 91 页。
彖。卦象凶吉断定，上下部分。	第三部，分在每一个卦下。
象。图像，上下部分。	第三部，分在每一个卦下。
系辞或曰大传，上下部分。	第二部，第 211 页。

---

① 出处同第 179 页注②中的《易经》德译本，第 638 页。

	续表
文言,用以解说经文的。	第三部,用以解说"乾""坤"两卦。
说卦,对卦象进行评说。	第二部,第 197 页。
序卦,对卦象进行排序。	第三部,分在每一个卦下。
杂卦,混合卦象。	第三部,分在每一个卦下。

卫礼贤在德译本"导论"的第三部分"译本的安排"中,对德译本进行了具体的说明。他指出:

> 经文的翻译尽可能地言简意赅,以便给人一种源自远古的印象效果,这在中文中也是如此。因此不仅仅是经文,从中文的注疏中选取最为重要者翻译出来,也是必要的。这一节录最好是让人感到一目了然,它包含了从中文方面来讲能帮助理解的最重要的概貌。有一些常常与西方的文献非常接近的观念和譬喻,也尽可能以简洁的方式给出,并且一概特别地予以标引出来,以便于让读者将〈经〉〈传〉部分看作是真正的中国思想的再现。我之所以要特别指出这一点,是因为某些基本特征与基督教的完全一致,这常常是非常明显的。
>
> 为了让非专业人士也可能轻松地深入到这一著作之中去,我首先在第一部中给出了 64 卦的经文以及客观的解释。读者可以不受形式和图像世界的干扰,依据给出的想法来通读第一部分。比方说读者可以顺着"乾"卦一步步往前进:它是如何在第一个卦中借助于大师之手勾勒出来,并且首先静静地容忍"龙",它的状态又是怎样?通过这种方式可以想象,中国的人生智慧是如何看待不同的人生处境的。
>
> 在第二、三部中给出了解释,为什么一切是这样。这里提供了用以理解卦的结构之所以如此组合的最必要的文献,不过只是那些绝对必要的,并且尽可能是最古老的文献,就像在附录中所列举的所谓的〈十翼〉那样。这〈十翼〉只是尽可能地分配到每一段经文后,在第一部分的客观陈述以注疏的方式给出后,这一部分就可能给出稍微简单的概貌。如果谁要想进一步深入了解《易经》的知识,那么第二、三部就是不可或缺的。另一方面,鉴于欧洲人的理解力,我不建议一次接触太多的不熟悉的内容。按照这种方式,几次的重复阅读是必要的,

一定要有耐心,这的确对透彻地理解这部书是有益的。有一点可以确信的是,每个学到了《易经》真谛的人,会在经验和真实的生命认识中得到充实。①

在上述三部之中,在翻译了经文以及相对应的〈传〉的部分注疏后,卫礼贤都加入了自己的阐释。另外,他还逐一指出了,《易经》中与西方思想相接近的地方,目的是希望通过这样的方式让西方读者更容易接近《易经》。

与曾经在国内钻研过多年中国学术的汉学家不同,卫礼贤在1899年来到青岛之后才开始跟一位受过洗礼的基督徒李本庆学习中文。② 因此他对中国的认识,很多是基于他在中国的广泛经历以及与中国人的交往。同时,作为同善会的牧师,他也秉承了这一具有自由思想的新教差会的精神,因为同善会"主张首先在东亚的文明古国传播一种'非教条主义的基督教伦理'",同时建议仿效17世纪耶稣会传教士的"适应政策","结合当地业已存在的'真理要素',倡导当地的宗教和文化研究,并试图通过慈善和文化活动对这些人产生'间接的'影响"。③ 在卫礼贤之前,他的前辈、同为同善会传教士的花之安已经在这方面取得了相当的成就。因此,他将《易经》看作是一部中国古代智慧的著作,同时也是一部人生的指南。跟伦敦会(LMS)的传教士理雅各为专家和学者翻译的《易经》英译本比较④,卫礼贤的德译本的对象是对中国智慧感兴趣的一般民众,因此后者通俗易懂,可读性强。著名心理分析学家荣格在1948年为卫礼贤《易经》英译

---

① 出处同第179页注②中的《易经》德译本,第20页。
② 郑寿麟在《卫礼贤的生平和著作》(未刊资料)一文中说:"卫礼贤登岸的时候,尚不懂中国语言文字,但他从头就和别的西人旨趣大相悬殊。他觉得他们完全不了解异族的生存与思想,甚为骇怪。"见:鲁海《卫礼贤在青岛》,收入:孙立新等编《东西方之间——中外学者论卫礼贤》,济南:山东大学出版社,2004年,第67—77页,此处引文见第67页。
③ 引自吴素乐《卫礼贤——传教士、翻译家和文化诠释者》,收入:马汉茂等编《德国汉学:历史、发展、人物与视角》,郑州:大象出版社,2005年,第454—487页。此处引文见第458页。有关同善会的传教方式,格林德指出:"同善会要求受过教育的基督徒接近印度、日本和中国的古老文化民族,尤其要接近这些国家中的受教育者,而且主要运用文学和教育手段,以便通过'西学'意义上的教育和教学改革——不包括宗教教学,使基督教文化——当然首先是带有德国色彩的基督教文化——得以广泛传播。"格林德《卫礼贤——德国的自由派帝国主义者和中国的朋友》,收入:孙立新等编《东西方之间——中外学者论卫礼贤》,济南:山东大学出版社,2004年,第85—97页,此处引文见第85页。
④ Legge, James (trans.), *The Yi King*. Sacred Books of the East Vol. 16. The Sacred Books of China, vol. 2 of 6, Part II of The Texts of Confucianism. Oxford, the Clarendon Press, 1882.

本——*The I Ching*——所写的前言中对比理雅各的译本，阐述了卫礼贤译本的特点：

在穆勒·马克斯的《东方圣书》(*Sacred Books of the East*)系列中的理雅各的译本，并没有做到让西方人的心灵更容易理解。相比之下，卫礼贤的努力却打开了理解这个文本象征意义——这常常是异常神秘的——的大门。多年来他也在实践方面以其所固有的技艺从事这部占卜术的研究，他也有能力从事这项工作，这一切当然都赋予他另外一种完全不同的可能性，亦即他能发展出对文本生机勃勃意蕴的感受力，这远远超过了仅仅是字面翻译所带来的东西。①

张君劢也认为："英国人理雅各翻译了很多中国的古典著作，但是在对中国人生活智慧的理解方面远不及卫礼贤。"②卫礼贤在《易经》德译本"导论"的第二部分，用了将近7页的篇幅来讨论《易经》的使用，实际上正是这一部分的内容，真正唤起了欧洲学者对《易经》的兴趣。卫礼贤译本的注疏中，很大的篇幅也都是有关凶吉的内容，指导读者进行占筮之法的。这也是他从他的老师劳乃宣那里学来的。《清史稿》对劳乃宣有这样的评价："乃宣诵服儒先，践履不苟，而于古今政治，四裔情势，靡弗洞达，世目为通儒。"③其中"践履不苟"正说明了这一点。著名作家黑塞在1925年的书评中写道：

读者可以作为占筮之书来使用，以便在艰难的生活处境中有办法。读者也可以"仅仅"喜爱其智慧，并运用之。在这本书中，创造了一个形象化了的整个世界体系……。④

---

① Jung, Carl Gustav, „Vorwort zum I Ging". In: Diederichs, Ulf(Hrsg.), *Erfahrungen mit dem I Ging. Vom kreativen Umgang mit dem Buch der Wandlungen*. Köln: Diederichs, 1984. S. 148-168. 此处的引文见第148页。荣格的德文原文与英文版翻译有较大出入，此处引文系据德文版译出。

② 张君劢《卫礼贤——世界公民》，收入：孙立新等编《东西方之间——中外学者论卫礼贤》，济南：山东大学出版社，2004年，第26—29页，此处引文见第27页。

③ 赵尔巽等《清史稿》卷472，北京：中华书局，1977年，第12825页。

④ 出处见 Diederichs, Ulf(Hrsg.), *Erfahrungen mit dem I Ging. Vom kreativen Umgang mit dem Buch der Wandlungen*. Köln: Diederichs, 1984. S. 133.

据说,在聚会的时候卫礼贤也常常为荣格以及其他重要的人士使用蓍草茎占筮。《易经》的德译本更多的是使用意译的方法,以便让不同文化背景的欧洲人更好地理解中国文化的基础。在这个意义上,更加验证了张君劢的一句话:"卫礼贤不是文化研究者,而是一个文化经历者,一个文化领会者。"①

与当时热烈欢呼东方文化的思想界学者不同,很多学院派汉学家对卫礼贤的《易经》德译本提出过异议。汉堡的中国哲学教授佛尔克在1925年的书评中认为,卫礼贤对《易经》的翻译和解释有过度阐释的嫌疑。他举出了卫礼贤所使用的一个抽象的概念:"世界事件最深处的成就"(Gelingen aus den Urtiefen des Weltgeschehens)不可能在公元前12世纪由中国智者提出,同时这也不是中国注疏家的观点。卫礼贤所谓:"万物始于观念形式的彼岸处,这些观念必然是为了成为现实。不过在'乾'卦中蕴藏着一种力量,它赋予这些观念的原型以形态。"佛尔克对此不无嘲讽地写道:在第一批哲学家出现之前,中国人必然已经知道了柏拉图的观念学说。② 佛尔克在分析了卫礼贤将六十四卦中的前两个"乾""坤"翻译成 das Schöpferische 和 das Empfangende 后,认为卫礼贤的《易经》名词翻译并不是很成功的。③ 尽管存在一些问题,佛尔克还是肯定了第一个德文的《易经》翻译"无可怀疑是一件功德无量的事情"。④

1950年,荣格的学生、美国人贝纳斯将卫礼贤的德译本翻译成英文后,这本书迅速在英语世界产生了影响。美国汉学家卜德曾在书评中也对卫礼贤的译本提出了批评。卜德认为卫礼贤的译本有两大问题:第一是有关他的材料的编排。卜德赞同理雅各将《经》《传》分开的做法,而不同意卫礼贤的做法,亦即第一部先是经文,其次是传文二,再加上卫礼贤的解释,以及以往中国最重要的注疏摘录;所有这些之后是传文五和三。第二册先是重复了经文,接下来是第一部剩下来的传文二,以及传文一、四、六和七。卜德认为,卫礼贤译本的体例非常混乱。第二是这些文献时间的界

---

① 出处同注 27,第 28 页。
② Wilhelm, Richard, *I Ging, das Buch der Wandlungen*, aus dem Chinesischen verdeutscht und erläutert. Angezeigt von A. Forke. In: *Zeitschrift der Deutschen Morgenländischen Gesellschaft*, 1925(Bd. 79), S. 325-333. Hier 330.
③ 出处同上,第 329 页。
④ 出处同上,第 333 页。

定和归类。卫礼贤坚持认为,《经》乃文王和他的儿子周公所作,而传文一、二乃是孔子所作,传文三是不同时代孔门后人所作,传文四是孔门传下的珍贵文献,传文五很可能包括了孔子之前的文献,孔子本人或他的门徒整理过这些文献,卫礼贤认为传文六、七与孔子根本没有关系。卜德认为,尽管卫礼贤的译本早于理雅各的译本40年,但中外历史学界真正对《易经》研究有所突破的是顾颉刚的《古史辨》、韦利在《远东博物馆年刊》(*BMFEA*)发表的书评①以及冯友兰的《中国哲学史》的出版。因此,他认为卫礼贤的这些说法基本上跟不上时代了。尽管有以上的批评,卜德还是有足够的理由相信,卫礼贤的译本在一个相当长的时间内仍然是英语世界可以得到的最好的译本。②

卫礼贤呼吁一个新的时代的到来:"东方和西方的伟大学说,必须结束其仅仅是某个国家的特殊财富的状态。"③卫礼贤认为,莱布尼茨欧亚文化一体化的理想即将实现,在这个一体化中,各个民族的思想都将只是普世思想的前提,而这一普世思想则为世界新文化的诞生奠定了基础。卫礼贤对《易经》的翻译和阐释,同样也是创立世界新文化的重要的一步。

---

① In: *BULLETIN OF THE MUSEUM OF FAR EASTERN ANTIQUITIES*(BMFEA), no. 5(1933), p. 121 ff.

② *The I Ching or Book of Changes. The Richard Wiilhelm Translation*. Rendered into English by Cary F. Baynes. Reviewed by Derk Dodde. In: *Journal of the American Oriental Soiciety*(JAOS), 70:4(1950), pp. 326-329. Here pp.327-329.

③ Wilhelm, Salome(Hrsg.), *Richard Wilhelm: Der geistige Mittler zwischen China und Europa*, Düsseldorf/Köln 1956. S. 225.

第八章
卫礼贤《孟子》德译研究举隅

一、缘　起

我在波恩大学读书的时候,在进入专业阶段学习之前,需要一个拉丁语的证书(großes Latinum)或者一个古代汉语(Sinicum)的成绩。在征求了顾彬教授的意见后,我决定参加古代汉语的考试。当时的要求是要翻译《孟子》中的一段。于是我便从汉学系的图书馆借到了一本卫礼贤的《孟子》德译本。在中文版本中,我找到了杨伯峻的《孟子译注》(北京:中华书局,1960年)的原文,对照着看了一段时间。当时觉得有很多的发现,因为有些地方卫礼贤并没有翻译对。当我带着喜悦的心情将我的"发现"告诉顾彬教授时,他很冷静地告诉我,应当注意两个方面的情况:一是新的"重印"版本实际上删去了原书中很多的注释;二是卫礼贤的译本出版至今已经快一百年了,第一次世界大战前后的德文跟今天的有很大的区别,当时很多的词汇都有基督教的色彩。而这些都是需要用心去体会的。

顾彬在"有关卫礼贤的八个论点"中指出"……在进行任何批评之前,花点时间去寻找其原作是很必要的!我们同样需要扎实可靠的资料基础,在此基础上我们或许对卫礼贤做出最终判断。在此之前,是否有人能够通过新的译本来弥补翻译成就上的哪怕一点点不足,我表示怀疑。"[①]

无论如何,对卫礼贤《孟子》德文译本的研究,都是值得的。

[①]　顾彬著,蒋锐译《有关卫礼贤的八个论点》,收入:李雪涛等编《跨域东西方的思考——世界语境下的中国文化研究》,北京:外语教学与研究出版社,2010年,第32—39页。此处引文见第39页。

二、卫礼贤《孟子》译本

卫礼贤翻译了《论语》——这是他所翻译的第一部完整的中国经典——之后，通过他在德国的朋友的推荐，奥伊根·迪德里希斯出版社（Eugen Diederichs Verlag）对卫礼贤的译著产生了极大的兴趣。这家设在文化名城耶拿（Jena）的出版社在当时的德语文学界属于最著名的出版社。出版家迪德里希斯准备把卫礼贤翻译的《论语》收入"各民族的宗教之声"（Religiöse Stimmen der Völker）丛书里。除了《论语》之外，卫礼贤在比较短的时间内还翻译了《老子》《列子》《庄子》《孟子》《大学》以及《中国民间童话》，因此也奠定了他作为翻译家和学者的地位。

《孟子》德文译本的前言（Vorwort）写于1914年夏季的青岛，不过我所见到的最早的版本均出版于1916年：

Mong Dsi (Mong Ko). Aus dem Chinesischen verdeutscht und erläutert von Wilhelm, Richard. Jena: Eugen Diederichs 1916. 206 S.①

1916年的版本中有一页中文的扉页，竖行从右至左为：癸丑、孟子、青岛尉礼贤译解、德国德得力藏版。此页前为一页透明的绵纸，在汉字处表明了德语发音和德文的意思。"卫礼贤"的名字最初被译作"尉礼贤"，后来据说他不太喜欢与军队相关的汉字，遂改为"卫礼贤"。当时没有"出版社"一词，因此用"藏版"来替代。"德得力"是Diederichs的音译。"癸丑"的德文解释为1913。癸丑实际上是从1913年2月6日开始截止到1914年1月25日。

卫礼贤在1914年夏天所写的序中称：

> 借助于当时有利的形势，一系列的中国学者都云集于青岛，我不仅有机会为我的译本而参考了最重要的书面原典，曾任京师大学堂总

---

① 此书有1994年的重印本：Mong Dsï. Die Lehrgespräche des Meisters Meng K'o. Aus dem Chinesischen übertragen und erläutert von Richard Wilhelm. München: Eugen Diederichs Verlag, 1994.这个重印本的问题颇多，有一些重要的注释被莫名其妙地删除掉了，也出现了一些印刷的错误。例如"梁惠王下"：父子不相见，兄弟妻子离散（2.1）：also daß Vater und Sohn sich immer sehen, daß Brüder, Weib und Kind getrennt und zerstreut sind？（I.B.1, S. 53）成了"也就是说父子总是相见，兄弟、女人和孩子相离散"。新的版本将"nimmer"（永不）误植为"immer"（永远）了。

监督的劳乃宣也给了我很多口头上有益的建议。

辛亥革命爆发后,一大批前清的遗老们避居当时还属于德国租借地的青岛,卫礼贤与他们中的很多人都有密切的往来。特别是他与劳乃宣的友谊,不仅是这本《孟子》,《易经》的翻译更是直接问学劳乃宣的成果。《孟子》一书是卫礼贤1913年开始翻译的,1914年年初完成的,同年7月就开始制版。① 到了1921年此书已印了5,000册。

三、卫礼贤藏有关《孟子》研究的中文文献

尽管卫礼贤的藏书和他从中国带到德国的大部分文物都毁于了战火,但他的中文藏书的目录(Katalog der Bibliothek chinesischer Bücher von Richard Wilhelm)却得以保存下来。这一目录保存在德国慕尼黑巴伐利亚科学院的档案馆(Archiv der Bayerischen Akademie der Wissenschaften, München)之中。后被收录在魏汉茂编纂的《卫礼贤(1873—1930):在中国的传教士以及中国精神财富的传播者》一书中。② 在这份收录了566种中文藏书的目录中,其中与《孟子》相关的著作有:

1.《朱子全书》,36卷,李光地等编,渊鉴斋,1714年。(编号12)
2.《孟子编年》,1卷,梁阳狄子奇编,浙江书局,1887年。(编号70)
3.《四书备旨》,8卷,上海点石斋,1886年。(编号72)
4.《四书疑言》,8卷,王廷植著,思贤讲社,1889年。(编号75)
5.《孟子正义》,10卷,焦循著,1825年。(编号79)
6.《孟子赵注》,3卷,(汉)赵邠卿,问经精舍,1908年。(编号80)
7.《宋刊孟子》(大本),7卷,商务印书馆,1924年。(编号231)
8.《四书古注群义十一种》,20卷,1900(?)。(编号348)

---

① Wilhelm, Salome (Hrsg.). *Richard Wilhelm. Der geistige Mittler zwischen China und Europa*. Köln-Düsseldorf: Eugen Diederichs 1956. S. 227.

② Richard Wilhelm (1873-1930). *Missionar in China und Vermittler chinesischen Geistesguts*. Schritenverzeichnis, Katalog seiner chinesischen Bibliothek, Briefe von Heinrich Hackmann, Briefe von Ku Hung-ming. Zusammengestellt von Hartmut Walravens. Sankt Augustin: Steyler Verlag, 2008.

9.《四书集注》(石印),6 卷,1919(？)。(编号 369)
10.《四书白话句解》,14 卷,上海:百川书局,1924 年。(编号 371)

此外,抄本(Manuskripte)中尚有:

11.《四书诗书内语》,1 卷。(编号 413)

当代的著作:

12.《中国哲学史》,1 卷,胡适著,商务印书馆,1919 年。(编号 436)
13.《中国伦理学史》,1 卷,蔡元培著,商务印书馆,1919 年。(编号 507)
14.《中国哲学史》,1 卷,谢无量著,中华书局,1916 年。(编号 510)

从以上的书单中可以知道,除了劳乃宣的解读和建议之外,1914 年以前的书卫礼贤在翻译的过程都有可能参考过。在此之后,卫礼贤依然对孟子哲学很感兴趣,这也是没什么在翻译完《孟子》之后,他依然陆续收藏中文相关注疏和研究著作的原因。

四、卫礼贤所参考的《孟子》西文译本

卫礼贤《孟子》译本之前,已经有了两个完整的西文译本,分别是顾赛芬的法文译本以及理雅各的英文译本:

Couvreur, Séraphin, *Les Quatre Livres*, Ho Kie Fou. 1895.
Legge, James, The Chinese Classics Vol. II, *The Works of Mencius*. 1861/1895.

此外,在他的"导论"(Einleitung)中他还提到其他两个鲜为人知的德文部分译本,其中之一是同善会的另外的一位传教士花之安在他用德文和

英文撰写的文章和著作中对《孟子》一书的翻译和阐述;以及曾任德国胶澳督署翻译官的慕兴立在他的专著《中国人的世界观:以哲学家孟子的国家伦理学为基础的论述》将《孟子》一书中的卷一译成了德文,卫礼贤也做了参考:

Faber, Ernst, *The Principal Thoughts of the Ancient Chinese Socialism, or the Doctrine of the Philosopher Mencius*. Translated from the German by C.F. Kupfer, 1897.

———, *The Mind of Mencius, or Political Economy Founded upon Moral Philosophy*. 1897.

Heinrich Mootz, *Die chinesische Weltanschauung: dargestellt auf Grund der ethischen Staatslehre des Philosophen Mong dse*, K. J. Trübner, 1912.

除了中文的注疏和劳乃宣及其他中国学者的讲解之外,这些西文的翻译和解说,对卫礼贤的《孟子》译本也起到了很重要的作用。

五、卫礼贤《孟子》译本的结构

除了前言和导论之外,构成《孟子》译本主要是七篇内容:每一篇(Buch)又分为上(Abschnitt A)下(Abschnitt B),整个算来是十四卷。此外有注释(Anmerkungen)和人名索引(Namenregister)。

由于德语读者对《孟子》一书完全陌生,因此卫礼贤将每一篇中的每一节都加了一个小标题,这样整体的意思比较明确。例如译者将第一篇"梁惠王"上分为7个小节,分别为:

1. 有关"利"的观点的弊端(Vom Schaden des Nützlichkeitsstandpunktes);

2. 与人分享的快乐是双倍的快乐(Geteilte Freude ist doppelte Freude);

3. 一个君王如何能称霸世界?(Wie kann ein Fürst die Weltherrschaft erlangen?);

4. 真正的君王(Der rechte Landesvater);

5. 复仇的军备(Rüstung zur Rache);

6. 柔和的统治就像是干枯土地得到了雨水的浇灌(Mildes Regiment ist wie Regen auf dürres Land);

7. 牺牲之牛与称霸世界(Der Opferstier und die Weltherrschaft)。

卫礼贤对《孟子》每一篇上下的分节,实际上是从"章句"而来。一般说来,《孟子》中的章句是后汉赵岐《孟子章句》的划分方式,他将《孟子》七篇各分为上下两卷。卫礼贤对赵岐(Dschau Ki)的注疏予以了高度评价。① 后来朱熹将《孟子》一书纳入了"四书"之中,他最重要的著作《四书章句集注》中"孟子集注"所使用的体例依然是赵岐的。卫礼贤认为,孟子之所以有后来的历史地位,与朱熹将《孟子》纳入"四书"之中有着重要的关系。② 到了后来的焦循的《孟子正义》便明确地将每一篇的分章标记出来,如卷二"梁惠王下(凡七章)"。卫礼贤实际上是将每一章看作一节,翻译了之后,加上了一个德文的标题。

理雅各的《孟子》英译本是汉英对照,同页下有相关的注释。理雅各在中文原文中不仅标出了"章",同时也标出了"节",而在英文翻译中,他则用了"Chapter"以及相应的阿拉伯数字来表示,非常清楚。③ 卫礼贤显然也从理雅各的译本中得到了启发。

今天大陆较为流行的《孟子》读本有两种:

其一是杨伯峻译注的《孟子译注》④。在体例上杨伯峻"依旧有体例,在各篇篇名之下注明章数。自'梁惠王'至'尽心'本为七篇,篇各分上下;为了便于检查,也依赵岐体例分为十四卷。两卷为一篇,奇数为上篇,如卷

---

① *Mong Dsi*(*Mong Ko*). Aus dem Chinesischen verdeutscht und erläutert von Richard Wilhelm. Jena: Eugen Diederichs 1916. S. XVIII.

② Ebenda, S. XVIII.

③ 理雅各于19世纪60年代开始将儒家最重要的9种经典翻译成英文,合称为"中国经典",包括《论语·大学·中庸》《孟子》《书经》《诗经》《春秋·左传》。2011年华东师范大学出版社将这5卷本的《中国经典》(*The Chinese Classics*)重新影印出版,其中第二卷十《孟子》(*The Works of Mencius*)。书前有香港浸会大学费乐仁教授的"引言"。

④ 杨伯峻译注《孟子译注》(全二册),北京:中华书局,1960年。我手头上的版本是1984年5月北京第6次印刷,定价1.80元,印数为:116,651—169,650册。当时一次便印了5.3万册,可见需求量非常大。如没有特别指出,本篇的《孟子》原文引文后的数字,所指的均为此书的卷和章数,如11.6即为卷十一第十六章。

一为'梁惠王上';偶数为下篇,如卷二为'梁惠王下'"。① 在内容上,主要以朱熹的《集注》和焦循的《正义》为主要依据。因为有很通顺的现代汉语译文,再加上较为详尽的注释,这个版本在大陆中国甚为流行。

其二是李炳英选注的《孟子文选》②。此书是作为"中国古典文学读本丛书"之一出版的,因此所选的也多从文学上考虑。从体例上来讲,尽管是依照原书的次序,但每一章都起了一个章名,这点跟卫礼贤的译本很类似,如:"王立於沼上章""寡人之於国也章"等。除了较为详细的注释之外,每一章后有对这一章的中心思想的概括。

六、卫礼贤论孟子的语言

尽管孟子的时代跟孔子的时代相差不到两百年,但所属的时代已经有了很大的变化。陈柱将孔子归在"由治化时代而渐变为学术时代之散文",而孟子则进入了"为学术而文学时代之散文"的时代。③ 李炳英指出:

> 为了适应"百家争鸣"的学术思想的蓬勃发展,光凭简奥的词句、质朴的记述,不够表达丰富多彩、错综复杂的思想内容,这就要求文理密察、纵横驰骋、波澜壮阔的论辩形式以资运用;而当时书简工具的进步、帛书的发明以及交通发达、典籍流传的逐渐普遍,已为这种形式提供了有利条件,因而散文到了战国时代进入了新的发展阶段。……从《论语》到《孟子》这个历史阶段,《孟子》已经从像《论语》那样的"语录体"的形式——文章和语言结合,记述和论辩交错,或表现为简明扼要的格言教条——发展成为长篇大论的散文。《孟子》的出现,是古典散文从章到篇的划时代的作品。在这部作品里,不管是义正词严的说理文也好,高谈雄辩的辩论文也好,幽默谐趣的讽刺文也好,都具有明畅、犀利的风格。④

---

① 出处前页注①,"例言",第 17 页。
② 李炳英选注《孟子文选》,北京:人民文学出版社,1957 年。我手头上的版本是 1985 年湖北第 6 次印刷,定价 1.30 元,从 78,001 至 103,500 册。当时也是一次性印了 2.5 万册,可见此书在当时的普及程度。
③ 陈柱《中国散文史》,"民国学术经典文库",北京:东方出版社,1996 年。见"目录"第 1—2 页。
④ 上揭李炳英选注《孟子文选》,"前言"第 7—8 页。

《论语》基本上是相对松散的对话,很少有比较集中的主题;而《孟子》却常常围绕特定的人物来组织深入细致的讨论。从言简意赅的语录体《论语》,到真正展开来进行论述的《孟子》,战国时期思想家的哲学和文体都发生了很大的变化。孟子所传下来的七篇与当时的文献来比较的话,可以看出其风格迥然而异。卫礼贤认为,古代汉语发展到了孟子可谓是登峰造极。孟子的语言明确、有韧性,适合每一种的氛围,一方面具有深刻的逻辑性,而在涉及难以表达的、直觉的事实时,又具有某种探索性、适应性。与孔子的语言相比,孟子的语言显然缺乏孔子语言中简朴、纯美的风格,但其语言的富丽堂皇却是真实的,他常常使用譬喻和寓言,并非仅仅是为了使得他的文本显得铺张扬厉,而是为了有更崇高的目的。孟子无疑否认自己属于他所处的时代,因为昙花一现的精神财富当时被看作是一切,当时的风气是更看重理论的哲学思考,而不是实际的作为。尽管孟子的著作之中充满着矛盾之处,但他的一些短语、比喻和一些观点却跟庄子是一致的。①

七、卫礼贤论孟子的学说

卫礼贤认为,孟子是继承了孔子的学说,在很大程度上孟子本人也是这么认为。孟子的学说最重要的依然是世界的秩序(Ordnung der Welt)。这一学说尽管是从孔子那里继承而来的,但是由于孟子所处的时代更加没落,因此他在对世界的秩序强调的程度上,比孔子则有过之而无不及。② 孔子所关切的是,如何保存已有的体制。因此从某种程度上来讲,孔子的政治观点是保守-正统的(konservativ-legitimistisch)。孔子在当时既没有能力阻止社会的衰落,同时也没有寻求到哪一位国王能拯救周王室和世界。因此当时的世界四分五裂。往日周王室的光彩黯然褪色。卫礼贤认为当时周王室的情景,可以跟早先的德意志民族神圣罗马帝国的地位由现代强大国家所替代——这一系列的军事国家相互之间不断发动战争。孟子本人对从春秋到战国的转变——这一段历史再清楚不过了。因此,在

---

① *Mong Dsi(Mong Ko)*. Aus dem Chinesischen verdeutscht und erläutert von Richard Wilhelm. Jena: Eugen Diederichs 1916. S. XVII-XVIII.

② Ebenda, S. XIV.

国王们询问他有关王道(Weltherrschaft),他会告诫这些统治者,王道只有通过道德手段(moralische Mittel)、宽厚和智慧的统治(ein mildes und weises Regiment)才能达到。①

孟子也一任古代的王室继续衰落下去,他希望有一个新的开始,因此他选择了一些他认为可能实现他的学说理想的君王,以非常民主的价值观念面对他们。不久他就意识到了,他所在时代的君王中并没有圣人,他们之间的区别是"五十步笑百步"。因此他面对这些君王能够毫不隐瞒地表现出对他们的蔑视。而孔子在他的时代,尽管那些君王与他的理想相距甚远,但孔子依然对他们表现出了应有的尊重,而孟子就曾说过,谁要想给伟大的君王献策的话,君王要好好学会被轻视。在孟子的理论中他也发展了"民为重,君为轻"的学说。卫礼贤认为,20世纪初孟子的这些极端的主张得到称赞,是完全没有道理的。因为在孟子的思想中从来就没有作为共和国家的想法。他反对君主制的解体,就像他从杨朱的学说中得出结论一样,他也强烈地反对主张兼爱的墨翟(博爱主义者)要取消家庭的纽带。孟子并不反对作为一个制度的君主制,这对他来讲是神圣不可侵犯的,他所反对的是名不副实的王位拥有者。②

卫礼贤认为,与孔子相比,孟子在道德领域的论述更加细致入微。对于孔子来讲,合乎道德的仁爱、人性是他的理想,而孟子的理想却是双重的:仁(Liebe)和义(Pflicht)。在论证自己的学说的同时,孟子还要驳斥墨翟的弟子们所宣扬的"兼爱"以及杨朱的弟子们所代表的"为我""贵己"的学说。卫礼贤认为,孟子的"仁"的概念所强调的更多的是一种精致的性格特征——世间之"广厦"——而"义"可以说是行为规范的代名词——世间之大道。除了这两个中心概念之外,孟子有时也将表达的秩序(Ordnung des Ausdrucks)以及智慧(Weisheit)作为人另外的基本道德。对这一道德的维护实际上是每个人天生就具备的。卫礼贤认为,孟子说,人的本性是善的,这说明人真实的本质是从上帝那里来的。有关人性善的最有名的对话是"告子"(11.6),孟子在其中阐述了人性本善,具有天赋的仁、义、礼、智"四端",人生而具有不虑而知的"良知"和不学而能的"良能"。在这一章中,孟子所阐述的思想已经超出了正统孔子思想的范畴。荀子(约前313—

---

① Ebenda, S. XIV-XV.
② Ebenda, S. XIV-XV.

前238)反对性善论,认为"人之性恶,其善伪也"(《荀子·性恶》)而唐代的韩愈(768—824)或许是受到了波斯思想的影响,提出了三种人性(性情三品),分别与精神的人(Pneumatiker)、心理的人(Psychiker)以及物质的人(Hyliker)相符合,后来就更加细化。一直到了宋代的时候,孟子的学说重又受到了重视,尽管这一学说在很大程度上也做了修订,一直到20世纪初,孟子的很多思想一再为人们提及。①

卫礼贤认为,如果有人认为,孟子的观点跟强调人本性善良的伯拉纠争辩(Pelagianischer Streit)或者基督宗教中的原罪相近的话,那么这样的看法是没有道理的。在基督教会中所形成的原罪和人性的非自由观念,从本质上来讲是以宗教性为其目标的。而孟子的学说却是建立在伦理发展大胆进步的设想基础之上的。人性在人们中间并没有本质的差别。圣人舜所能做到的,每一个人都能做到,只要他按照舜的方式行事的话。从经验来看,人离道德的完善相距甚远,这一点孟子早已知道,他也在一直寻求之中的原因。因为孟子远离他同时代的自然主义的倾向——认为人性应当任其发展,不受善与恶考虑的影响。对于孟子来讲,善是理想,是必然要战胜恶的。这一斗争使已经失去的善心重新回归。尽管在每一个孩子心中这一善心都还存在,但为什么它能失去,孟子在他的书中并没有给出一致的说法。他只是暗示说,人的感性天性是通过贪欲而偏离了理想之路。因此感性的方面也应当纳入文化修养的范畴中来。并非通过严格的苦行,而是通过理性和谐的引导,使其中的每一部分得到与其意义相符合的重视。孟子学说的这一个方面,卫礼贤认为已经是对孔子学说的一个深化,并且在宋代的时候得到了进一步的发展。保罗有关法律与恩宠的斗争(paulinische Kämpfe)并没有让孟子感到为难。因为在孟子那里,尽管他也承认至高的天命,但天命从本质上来讲是内在的(immanent),因此孟子对绝对意义上对正义的要求完全不了解。如果一个人是坏人的话,有缺点,他只需要改进自己,使所有一切变好。一个得到改正的错误并不是什么罪过。每个人只要他愿意,都可以不断改善自身。因此,孟子是一位十足的乐观主义者。他不希望知道有任何人会阻碍向善之路。将孔子与孟子在这方面的言论做比较,可以看得出,后者是对前者思想的不断加工和深化,是对前者的局部的详细解释,是心理学的基础,不论如何,孟子的思想是建立在

---

① Ebenda, S. XV-XVI.

孔子的学说基础之上的。由于两位哲学家的性情不同,在他们的学说中表现出不同的侧重方面而已,孟子通过很多的例子让他的学说更加生动活泼。

八、《孟子》译本研究举隅

(一)"孟子"的译名

16世纪末耶稣会传教士来华之后,他们将"孔子"译为"Konfuzius",将"孟子"译作"Menzius",这些几乎已经成为固定的翻译。利玛窦在他的《札记》中提到,他们曾经将中国的"四书"翻译成拉丁文(*Tetrabiblion Sinense de moribus*),并于1591年至1593年用这一译本作为汉语教材,教授刚刚到中国的意大利传教士石方西以及其他的新来的传教士。① 德国汉学家福兰阁认为,利玛窦所翻译的"四书"手稿已经丢失。② 一直到后来出版的《中国哲学家孔子》(*Confucius Sinarum philosophus*)"四书"中"三书"(唯独缺了《孟子》)的翻译和注释。③ 之间有一些传教士的翻译,都用了 Mencius 一词,如上文提到的理雅各《中国经典》第二卷中的《孟子》,他同样使用了 The Mencius。

但卫礼贤并不认可耶稣会当时的翻译,因此他没有使用在西方约定俗成的 Menzius 这一译名,而是使用了新的德文译名"Mong Dsï",目的是为了让德语读者有一个对孟子的全新认识。

(二)有关重要的名词的翻译

1. 仁

孟子将孔子的"仁"的观念发展成为"仁政"学说,因此"仁"在孟子的哲学中具有核心的意义。在孔子那里,"仁"所指的是人行为的基本准则和道德规范,从"爱人"(《论语·颜渊》)到"孝弟也者,其为仁之本与"(《论语·学而》)乃至"克己复礼为仁"(论语·颜渊),都可以说是个人道

---

① Ricci-Trigault, *De Christiana expeditione apud Sinas*. Augsburg 1615. p. 344. 中文版《利玛窦中国札记》,北京:中华书局,1983,第36页。

② Franke, Otto, „Das chinesische Geistesleben im 16. Jahrhundert und die Anfänge der Jesuiten-Mission", in: *Orientalische Literaturzeitung* 41(8-9, 1938). S. 480.

③ Couplet, Philipp, u.a., *Confucius Sinarum Philosophus*, sive Scientia Sinensis latine exposita studio et opera Prosperi Intorcetta, Christiani Herdtrich, Francisci Rovgemont, Philippi Couplet, Patrum Societatis Jesu. Paris 1687. 在本书的最后一页有一则消息说,《孟子》一书也即将出版。Ibid., bk. 3, p. 159.

德伦次层面的范畴。而在孟子那里,"施仁政于民"(《孟子·梁惠王上》),主张"居仁由义",应当"老吾老以及人之老;幼吾幼以及人之幼"(《孟子·梁惠王上》),提出来"仁"即"仁心"——"不忍人之心","先王有不忍人之心,斯有不忍人之政"。认为统治应当由"仁心"而行"仁政"。因此,在孟子那里,"仁"发展成了以仁政治民。因此,在《论语》中,"仁"的翻译一般是"Menschlichkeit"(人性),而在《孟子》中却翻译成了mild(温和的、柔和的、宽容的、清淡的、乐施的)。

在 I.A.1 中,①孟子的答话:"亦有仁义而已矣",卫礼贤译作:Menschlichkeit und Recht(S. 1)。在这里,孟子基本上还延续着孔子对"仁"在伦理学上的认识。其后,在讨论仁政治民方面,卫礼贤将"仁"基本上都翻译成"mild""Milde":

1.5 施仁政于民:ein mildes Regiment führt über Eure Leute(I.A.5, S. 5)

1.5 仁者无敌:Der Milde hat keine Feinde.(I.A.5, S. 6)

1.7 仁术:ein Zeichen von Milde(I.A.7, S. 8)

1.7 仁人:ein milder Herrscher(I.A.7, S. 10)

此外,在解释王子垫问曰"士何事"的时候,孟子说明了何谓仁义:

仁义而已矣。……居仁由义,大人之事备矣。(13.33)

卫礼贤的译文为:

Nichts anderes als Liebe und Pflicht. ... In der Liebe zu Hause sein und nach der Pflicht wandeln, das ist alles, was zu einem großen Manne gehört.(VII.A.33, S. 166)

在这里卫礼贤将"仁义"翻译成"Liebe und Pflicht"(爱与义务)。在这

---

① I.A.1 表示卫礼贤译本中的第 I 篇 A 部分第 1 章。后面的数字是 1916 年版本的页码,如 S. 6 是指该版本的第 6 页。

里孟子所要强调的是提醒王子垫重视百姓生存的权力。

在回答齐宣王"武王伐纣"是"臣弑其君"时,孟子回答说:

> 贼仁者谓之贼,贼义者谓之残。残贼之人谓之一夫。闻诛一夫纣矣,未闻弑君也。(2.8)

卫礼贤的翻译如下:

> Wer die Liebe raubt, ist ein Räuber; wer das Recht raubt, ist ein Schurke. Ein Schurke und Räuber ist einfach ein gemeiner Kerl. Das Urteil der Geschichte lautet, daß der gemeine Kerl Dschou hingerichtet worden ist; ihr Urteil lautet nicht, daß ein Fürst ermordet worden ist.(I.B.8, S. 18)

在这里他同样将"仁"翻译成"Liebe"(爱)。在这里实际上孟子对作为儒家伦理的重要基础的"君臣大义"做了新的解释,"君"并非神圣不可侵犯的,如果君王凶暴淫虐,灭绝人性的话,那他就根本不配称作"君",因此,伤害、剥夺了仁爱的君王,只是"一夫"(gemeiner Kerl 无耻小人)而已。卫礼贤的译文,很好地传达了孟子的这一思想。

2. 天

孟子除了承继了《论语》中"天"的传统意义之外,同样也发展了"天"的新的含义。此外,在《孟子》中,除了作为单音节的字"天"之外,也开始运用诸如"天子""天下""天时""天位""天爵"等双音词。

1)作为自然之天:

1.6 <u>天</u>油然作云,沛然下雨:Wenn dann <u>am Himmel</u> fette Wolken aufziehen und in Strömen der Regen herniederfällt, …(I.A.6, S. 6)

8.26 <u>天</u>之高也,星辰之远也:Trotz der Höhe <u>des Himmels</u>, trotz der Ferne der Gestirne.(IV.B.27, S. 93)

很显然,这是自然的"天",卫礼贤将之翻译成"Himmel"。

2)作为义理之天:

13.20 仰不愧于<u>天</u>,俯不怍于人:Wenn er <u>zu Gott</u> emporblicken kann mit gutem Gewissen und den Menschen ins Auge sehen kann, ohne erröten zu müssen.(VII.A.20, S. 161)

13.1 存其心,养其性,所以事天也:Wer seine Seele bewahrt, der nährt sein eigentliches Wesen und dient dadurch Gott.(Ⅶ.A.1, S. 156)

我们所谓的"义理之天"对于译者卫礼贤以及受到基督教文化影响的西方读者来讲,就是神或上帝,因此卫礼贤将这一义项翻译成"Gott"。

3)作为命运之天:

2.14 若夫成功,则天也:Ob das Werk vollendet wird, das steht beim Himmel.(I.B.14, S. 22)

2.16 吾之不遇鲁侯,天也:Daß ich den Fürsten von Lu nicht getroffen habe, ist Fügung des Himmels.(I.B.16, S. 24)

在这里,卫礼贤依旧将命运之天译作"Himmel",因为除了自然之天外,"Himmel"也有决定人的命运的意涵。Duden 词典"Himmel"条目 2b 的解释为:

（verhüll.）Gott, Schicksal, Vorsehung: der H. bewahre, behüte uns davor!; dem H. sei Dank(dafür)!; etw. als ein Zeichen, eine Fügung des -s betrachten;①

这一词条将 Himmel 的意涵扩展为:[婉]神、命运、天意。并且举了几个相关的例子。因此卫礼贤的翻译是有其道理的。

4)作为民意之天:

9.5 天不言,以行与事示之而已矣:Gott redet nicht, sondern er unterweist nur durch Wirkungen und Geschehnisse.(V.A 5, S. 104)

9.5 太誓曰:天视自我民视,天听自我民听:Das ist der Sinn des Wortes im großen Schwur: Gott sieht, wie mein Volk sieht; Gott hört, wie mein Volk hört.（V.A.5, S. 105）

在此,卫礼贤将"天"译作 Gott 的原因在于,在基督教中上帝是一个人格神(personal God),即一个能认识自己,具有意志的"我"。这个我与你有着内心的关联。说话是人格的特征,在《圣经》中人多次对人说话。因此,卫礼贤将"人不言"译作"神不说话"对于具有基督教背景的德语读者的接

---

① Duden. Deutsches Universalwörterbuch. Mannheim: Bibliographisches Institut, Dudenverlag, 1983, S. 580c.

受来讲,是再恰当不过的了。

3. 性善

性善论是孟子重要的思想。有关"性"他指出:"食色性也"(11.4)以及"形色天性也"(13.38),孟子很客观地认识到,人的本质无非是为了生存的吃饭以及为了解决本身欲望和接种传代的性的问题,而人外貌是自然赋予的。我们来看卫礼贤的两处德文译文:

Das Verlangen nach Nahrung und Schönheit ist Natur.(VI.A.4, S. 128)
Auch der Leib ist uns von Gott verliehen.(VII.A.38, S. 168)

两处译文中,卫礼贤将前一个"性"译作"Natur"(自然),后一个译作"von Gott verliehen"(神所赋予的)。Natur 在德文中除了我们所说的"自然""自然界"之外,还有"本性""生性""天性""性情"的汉译:geistige, seelische, körperliche od. biologische Eigentümlichkeit, Eigenart von [bestimmten] Menschen od. Tieren.①因此,卫礼贤的第一个翻译可以理解为"对事物和美的渴求是人的天性"。而从后者的翻译可以看出,作为新教传教士的卫礼贤用"人的身体是神赋予的"来解释"人的外貌是天生的"。我们知道,基督教中"上帝之创造"(Creation of God)是非常重要的教义,特别是经奥古斯丁(Aurelius Augustinus, 354—430)的发挥,上帝是从无中创造了一切(ex nihilo),因为在宇宙及万物被创造之前,只有上帝以及他的"道"(Logos)和他的"灵"(Spirit)。人的外貌当然也是由上帝创造的了。

有关性善,《孟子》中有:

5.1 孟子道性善,言必称尧舜:Mong Dsï redete von der Güte der menschlichen Natur und erwähnte dabei immer die heiligen Herrscher Au und Schun. (III.A.1, S. 49)

3.6 人皆有不忍人之心……无恻隐之心,非人也;无羞恶之心,非人也;无辞让之心,非人也;无是非之心,非人也:Jeder Mensch hat ein Herz, das anderer Leiden nicht mit ansehen kann. ⋯ ohne Mitleid im Herzen ist kein Mensch, ohne Schamgefühl im Herzen ist kein Mensch, ohne Bescheidenheit im Herzen ist kein Mensch, ohne Recht und Unrecht im Herzen ist kein Mensch.(II.A.6, S. 34)

---

① *Duden*, S. 877c.

在第二个引文中,孟子在论述过恻隐、修持、辞让、是非之心后,接下来便谈到了仁、义、礼、智(Liebe, Pflichtbewußtsein, Sitte, Weisheit)四端,这是人之向善的四种可能性。而在第一个引文中,孟子也是以正面的例子来循循善诱,所宣扬的是人性善的一面,卫礼贤将之翻译成"Güte der menschlichen Natur"(人性中的善)。

孟子在"告子"中在回答公都子人性无所谓善与不善的主张时说:"乃若其情,则可以为善矣,乃所谓善也。若夫为不善,非才之罪也"(11.6)。卫礼贤相应的翻译为:

> Die natürlichen Triebe tragen den Keim zum Guten in sich; das ist damit gemeint, wenn die Natur gut genannt wird. Wenn einer Böses tut, so liegt der Fehler nicht in seiner Veranlagung.(VI.A.6, S. 132)

卫礼贤在这里基本上是意译,回译成汉语是:"自然推动力中自身蕴藏着善的萌芽,如果说本性善良的话,就是这个意思。如果说一个人做了坏事的话,那不能归罪于其天性。"我们可以看到,卫礼贤的译文更加明白易懂。为什么卫礼贤将"情"翻译成"die natürlichen Triebe"(自然推动力)呢?我们来看朱熹《孟子集注》中的解释:"情者,性之动也。"①因为仅仅这个意思依然没有办法说明清楚,为什么人性本善。这也是为什么卫礼贤在译文中加入了"自身蕴藏着善的萌芽"一句。

(三)译文的基督教文化特点和问题

1. 译文的基督教文化特点

作为同善会的传教士,卫礼贤在理解儒家经典的时候,会借助于他的基督教信仰和文化的背景,这在翻译中常常会表现出。例如在"梁惠王上"中"寡人之于国也"章中的:申之以孝悌之义(1.3):daß auch die Pflicht der Kindesliebe und Brüderlichkeit gelehrt wird…(I.A.3, S. 44)在这里卫礼贤将"悌"翻译成"Brüderlichkeit"(兄弟情谊、友爱、博爱),尽管这两个词在含义上有一定的共同点,但实际上它们之间的区别也是明显的。《孟子·滕文公下》:"于此有人焉,入则孝,出则悌。"(6.4)赵岐注:"出则敬长悌。

---

① 朱熹《四书章句集注》(新编诸子集成),北京:中华书局,1983年。"孟子集注"卷十一,第328页。

悌，顺也。"在这里"孝"的含义依然是"孝顺父母"，而"悌"的含义则不仅仅是"敬爱兄长"，也泛指"敬重长上"。因此，"出则悌"的含义应当是"出门在外应当尊敬长辈"。可以看出已经超出了纯粹的亲属范畴。而"Brüderlichkeit"则是依赖于非亲属或婚姻关系的自愿结合的团体，他们是通过"结义"（Verbrüdern）的方式建立起兄弟般的情谊。更多强调的是两个分别具有主体性平等的个体之间的关系。在西方，"Brüderlichkeit"的思想来源于斯多亚学派（Stoa，自前300年开始）以及犹太教，后来为基督教所吸收。基督教认为，人类有一个共同的起源——天父（patrilinear）。与斯多亚学派中非人格的神-父-概念（Gott-Vater-Begriff）正相反，《圣经》中的"圣父"（Gottvater）是作为人格的神出现的，并有"他的选民"这样的说法。在基督教中神的"父亲身份"（Vaterschaft）通过人子身份的耶稣基督而传播开来，因此在"神子"（Gottessohn）之中也就包含了"Brüderlichkeit"（兄弟般情谊）的成分。因此，耶稣说："但你们不要受拉比的称呼，因为只有一位是你们的夫子；你们都是弟兄。"（马太福音 23:8）

除此之外，卫礼贤还使用"von Gott verliehen"（神所赋予的）来翻译"性"（VII.A.38, S. 168）；将"神农"翻译为"göttlicher Landmann"（神的农民）（III.A.4, S. 54）；将"天位""天职""天禄"分别译作：die von Gott verliehene Stellung, gottverliehenes Amt, gottverliehene Einkünfte（V.B.3, S. 117），含义分别为：神所赋予的位子、人所赋予的职务、神所赋予的收入。等等。此类的基督教用语很多。一方面是由于卫礼贤本人的基督教背景，另一方面也由于当时的德国一般知识分子也具有基督教的文化传统。这样的译本，对于大部分当时的德语读者来讲，更容易接近。

在卫礼贤的《孟子》译本中也存在着一些问题，总计起来包括以下几个方面：

2. 有一些明显的翻译错误

1）翻译的错误

"离娄上"中的"天下有道"章中：师文王，大国五年，小国七年，必为政於天下矣（7.4）：Mit König Wen als Lehrmeister würde ein großes Reich in sieben Jahren die Herrschaft über die Welt in Händen haben.（IV.A.7, S. 77）卫礼贤的译文回译成汉语的话为：如果让文王作我们的老师的话，跟随着他一个大国需要七年就可以得到天下的政治权力。在这里显然卫礼贤漏译了"小国五年"。

"离娄上"中的"乐正子从于子敖之齐"章中:曰:子来几日矣？曰:昔者。(7.24):Er sprach: Wie viele Tage seid Ihr denn schon hier? Antwort: Ein paar Tage.(IV.A.24, S. 83)卫礼贤将"昔者"翻译成"有几天了",是误解了朱熹的解释"昔者,前日也"。① 实际上是"昨天"的意思。

2)汉字读音的误植

有一些汉字的读音在转写成德文的时候,没有转写对。如"梁惠王上":臣闻之胡龁曰(1.7):Ich habe von Hu Hai erzählen hören.(I.A.6, S.7) 在这里"胡龁"的正确读音是"Hu He",显然"Hu Hai"是错误的。

3)漏掉以及放入注释中的一些内容

卫礼贤根据自己的理解,删掉了一些内容。例如"梁惠王下"的"齐宣王见孟子於雪宫"(2.4)中实际上有两部分:前部分是齐宣王与孟子有关"快乐"的讨论,后部分是孟子陈述晏婴劝齐景公要与民同乐的故事。而卫礼贤的译本只翻译了前部分,可能认为后部分与前部分关系不大,"昔者齐景公……畜君也,好君也"悉皆被卫礼贤删除。(I.B.4, S. 15)

"公孙丑上"的"养吾浩然之气"一章中,卫礼贤的译文中漏掉了其中的两段"生於其心,害於其政;发於其政,害於其事。圣人复起,必从吾言矣。"以及紧接着的"宰我、子贡善为说辞,冉牛、闵子、颜渊善言德行。孔子兼之,曰'我於辞命,则不能也'。"(3.2)这两段被卫礼贤漏掉了。(II.A.2, S. 30)

此外,也有部分人名等,卫礼贤认为不重要,在翻译的过程中予以了删除。如"公孙丑下"中"孟子致为臣而归"章中"季孙曰:异哉子叔疑"(4.10)在卫礼贤的译本中却放入了注释,被认为语义不清楚。因为这两个人在朱熹的《集注》中也指出"不知何时人。"②因此,卫礼贤认为,省略这两个人名不会有什么问题。(II.B.10, S. 45—46)

"滕文公上"中的"墨者夷之因徐辟而求见孟子"章(5.5),卫礼贤在译文中也将孟子回答中的三句放入了注释之中:"彼有取尔也。赤子匍匐将入井,非赤子之罪也。"(III.A.5, S. 60)

"滕文公下"中的"外人皆称夫子好辩"章(6.9),卫礼贤将下面的两段也放入了注释:1.在"杨墨之道不息"之前的"公明仪曰:'庖有肥肉,厩有肥

---

① 上揭朱熹《四书章句集注》,第286页。
② 上揭朱熹《四书章句集注》,第248页。

马;民有饥色,野有饿莩,此率兽而食人也'"(Ⅲ.B.9, S. 70);2."无父无君,是周公所膺也"前的一句:"诗云:'戎狄是膺,荆舒是惩,则莫我敢承'"(Ⅲ.B.9, S. 71)。

"离娄上"中的"爱人不亲"章(7.4),译者将最后一句《诗经》中的引语:"诗云:永言配命,自求多福"(Ⅳ.A.4, S. 76)放入了注释,并标明这句诗在Ⅱ.A.4中已经出现过。"不仁者可与言哉"章(7.8)中的最后一句《尚书》中的引语也被放入了注释中:"'太甲'曰:天作孽,犹可违;自作孽,不可活。此之谓也。"(Ⅳ.A.8, S. 77)

"万章下"中的"敢问交际何心也"章(10.4)中译者将以下两段放入注释之中:1.在孟子的答话"不可;'康诰'曰"一段中的"殷受夏,周受殷,所不辞也"(V.B.4, S. 118);2.本章最后一段孟子的答话"为之兆也"中的"孔子有见行可之仕……公养之仕也"一段(V.B.4, S. 119)。

九、卫礼贤对《孟子》外书的翻译和后续研究

卫礼贤一直在翻译和研究孟子,1924年他回到了德国,1925年成立了法兰克福中国学院(das Frankfurter China-Institut),于1926年专门为他自己刊物《中国学术与艺术报》(*Chinesische Blätter für Wissenschaft und Kunst*)撰写了"哲学家孟子的生平故事"(Die Lebensgeschichte des Philosophen Mongtse)一文。并在同一期和1927年第四期发表了他的"《孟子》补遗"(Paralipomena zu Mongtse)译文。①

《史记·孟荀列传》中说"作《孟子》七篇",②到了班固的《汉书·艺文志》已经是"孟子十一篇"了。③ 赵岐的《孟子章句》对这十一篇作为真伪的辨别,特别提到其中的四篇外书:"又存外书四篇——性善辨、文说、孝经、为政——,其文不能宏深,不与内篇相似,似非孟子本真,后世依放而託也。"④尽管学界认为,孟子外书的四篇已佚,现在流传下来的《孟子外书》

---

① In: *Chinesische Blätter für Wissenschaft und Kunst*. Veröffentlichung des China-Instituts zu Frankfurt am Main; hrsg. von Richard Wilhelm. Darmstadt: Otto Reichl Verlag. I. Bd., 2. Teil, S. 28-35, 1926 und I. Bd., 4. Teil, S. 59-73, 1927.
② 司马迁《史记》,北京:中华书局,1959年。卷七十四"孟子荀卿列传第十四",第2343页。
③ 班固《汉书》,北京:中华书局,1962年。卷三十"艺文志第十",第1725页。
④ 《孟子注疏》"题辞解",收入阮元校刻《十三经注疏》,北京:中华书局,1980年,第2663页。

系明代姚士粦伪撰。但无论如何这些文献对于孟子思想的流传与接受研究,都是非常重要的。我想这也是卫礼贤为什么要不遗余力地将这些文本翻译成德文的原因所在。

十、结　论

卫礼贤是第一个将《孟子》全文完整地呈现在德语读者面前的译者,从他对孟子理解的准确程度,他的译文的流畅程度,以及他的译文在德语世界的接受程度来看,好像都没有人能够超过他。这也是为什么,他的中国经典译本,包括这本《孟子》德译,一直到今天依然不断再版的原因。

由于卫礼贤谙熟儒家经典,他的《孟子》译本出自朱熹的《集注》,同时也参考了诸如赵岐的《孟子章句》等中国传统的注疏,并结合着劳乃宣的讲解,而完成的一个译本。与此同时,他还参阅了比他稍早的理雅各和顾赛芬的英文和法文的译本。因此,卫礼贤的译本可谓集大成者,这也是为什么他的《孟子》译本在德语世界影响如此之大的缘故。

作为同善会的传教士,卫礼贤对《孟子》的理解形成了他自己的诠释学意识(hermeneutic consciousness),从中我们可以看到除了汉学、宋学的传统外,还可能存在另外的阐释系统。尽管直到他生命的最后一刻,卫礼贤都是福音派教会的成员。但他已经丧失了对耶酥统治全世界的单纯信念,甚至丧失了对自己人格神的信仰。①

据吴素乐的研究,早在中国时,卫礼贤就已经转向了一种理想的、新的儒教世界观。在青岛的最后几年,即直到1920年,他作为"神学校"的校长,不做基督徒的晨祷告,而是让他的学生像普通中国学校的学生那样,在孔子的像前行敬礼,他不再朗诵《圣经》中的片段,却代之以体现儒教传统的《四书》。②

卫礼贤于1927年在"智慧学派"(Weisheitsschule)的第四次会议上所做的一个专题报告:"中庸之人"(Der Mensch als Maß und Mitte)。在这个报告中,卫礼贤声明,那个"我们年轻时就被告知的"、人格化的上帝已经死

---

① 吴素乐著,任仲伟译《卫礼贤——传教士、翻译家和文化诠释者》,收入:马汉茂等主编《德国汉学:历史、发展、人物与视角》,郑州:大象出版社,2005年,第482页。

② 出处同上,第482页。

了。人不受上帝的支配,而是作为包罗万象的宇宙结构的一部分,处于"天"地之间。"神"就存在于人的本身——但不在个体之中,而在"灵光闪现的全人类"中,也就是在"人类"的仁当中。简而言之:卫礼贤不是用理性主义或是唯物主义的世界观,而是用另一种形而上学的观点,即儒教,来代替他失去的信仰。[①] 这其中,孟子的思想扮演着很重要的角色。

---

① 出处同上,第482—483页。

第九章
儒家话语对康德思想的重构
——《人心能力论》译本初探*

一、有关研究的目的以及译本与原文的情况

(一)研究的目的

这里拟对《人心能力论》的整体译本情况进行研究,希望借此对康德哲学乃至德国哲学在近代的哲学词汇创制和接受情况进行初步探讨。哲学新词汇的翻译,是康德哲学中的很多概念得以成立的前提。作为第一部康德著作的译本,该书译者引介的动机、在汇入以儒家传统为主导的知识体系时所发生的变异、接受者的理解和容受等等,都是极有意义的研究。尽管在这一译本中,许多德国哲学词汇依然是依靠儒家的话语来述说(张士珩作序,劳乃宣审定),并且很多德国哲学的名词尚未真正"词汇化",仍然停留在词组或短语等的说明阶段,但作为首部康德作品的汉译本,卫礼贤和周叔弢的翻译实践是值得肯定的。

(二)原本与译本情况

此书的德文原题为:*Von der Macht des Gemüths durch den bloßen Vorsatz seiner krankhaften Gefühle Meister zu sein*,可以译作《论心灵的力量:单纯透过决心掌控病态的情感》。[①] 这本小书实际上是康德在1797年答复

---

* 本文系作者于2012年1月5—6日向"中央研究院"中国文哲研究所、台湾大学人文社会高等研究院与日本京都大学日本哲学史研究室合办的"跨文化视野下的东亚哲学"国际学术研讨会提交的论文,其中部分在会上予以宣读,特此说明。

① 英文的译名为:*On the Power of the Mind to Master it's Morbid Feelings by Sheer Resolution*.

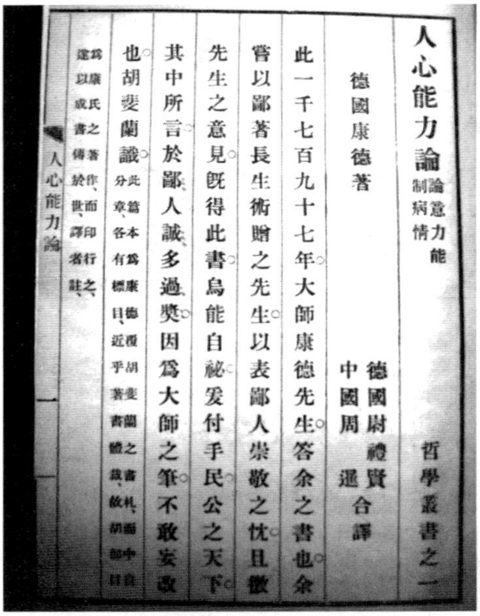
人心能力論 論意力能制病情

德國康德著

德國尉禮賢 中國周暹 合譯

哲學叢書之一

此一千七百九十七年大師康德先生答余之書也余嘗以鄙著長生術贈之先生以表鄙人崇敬之忱且徵先生之意見既得此書烏能自祕爰付手民公之天下其中所言於鄙人誠多過奬因爲大師之筆不敢妄改也胡斐蘭識

人心能力論

图 9-1 《人心能力论》中文译本 1914 年第 1 版首页书影

普鲁士枢密官、国王私人医生胡斐兰教授的信件，当时他已经 73 岁了。自这一年开始，康德完全停止了自己的教学工作，专心投入到他生前并没有完成的《从形而上学的根基到物理学的过渡》(*Übergang von den metaphysischen Anfangsgründen zur Physik*)一书的写作之中。1796 年 12 月胡教授曾将他的著作《延长人类生命的艺术》(*Von der Kunst, das menschliche Leben zu verlängern* , 即译本中所谓《长生术》)赠送给康德，次年初康德给胡教授写了回信。在信中，康德主要是以近代的科学知识对长生术的一些常识，结合自己的人生经历进行了阐述。

这本随笔与康德的伦理学思想有着密切的关联。康德认为，在道德方面，人的感官由于对象的刺激而产生诸多欲望，理性则提供了先天的道德律。人不同于纯由欲望支配行为的动物，自然也不是完全出于理性的、至善之上帝，人类道德的特点就在于实践理性与欲望间的斗争。人类“应当”行善，以实践理性控制感性欲望，这同时也是长寿的秘诀。“长生术”背后所具有的伦理学基础是：每一个理性存在——每一个人，都有其人格。

他不可能只是手段,而应当是目的,都是他"目的的王国"之一员,受支配于自己制定的法律(自律),同时他又是这个王国中的最高统治者,因为他是立法者,他只服从于自己的命令。

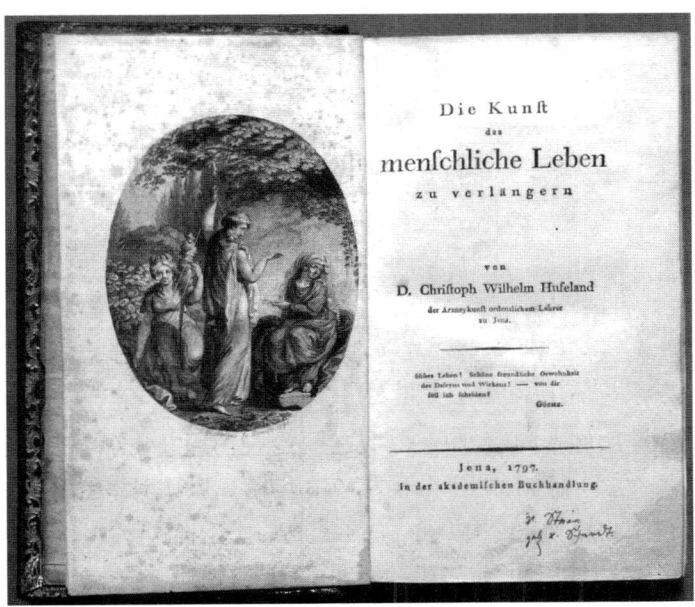

图 9-2　胡斐兰《延长人类生命的艺术》(*Von der Kunst, das menschliche Leben zu verlängern*,即译本中所谓《长生术》)1797 年第 1 版书影

据 1824 年胡斐兰教授的序,读者误以为本书最初发表于 1824 年之后。实际上,从笔者找到的版本来看,这封信早在 1798 年便已发表。但只有 1824 年以后的版本,才加上胡斐兰的这篇前言而已。目前笔者所能找到的较早的德文版有:

1. Jena, in der academischen Buchhandlung, 1798.
2. Dritte Auflage. Leipzig: Wilhelm Lauffer, 1836.
3. Vierter verbesserte Auflage. Leipzig: Carl Geibel, 1851.[①]

[①]　正文所引用的如果没有特别说明的话,系为此 1851 年版本。正文中,仅注明页数,如 S. 25 即为 1851 年版本的第 25 页。

图 9-3　三种版本康德著作《论心灵的力量》德文版扉页书影

有关译文的底本问题，周暹（周叔弢）的公子周珏良（曾任北京外国语大学英语系教授）在 1987 年影印的 1916 年第 3 版中，附有普鲁士科学院 1902 年康德全集中 *Von der Macht des Gemüths* 影印首页，并注明"原译所据版本已不可考"。根据书前胡斐兰所写的编者按，中文译文为："此一千七百九十七年，大师康德先生答余之书也。"（1a）查 1851 年第 4 版的原文为："Daß meine Danksagung für das an mich bestellte Geschenk Ihres lehrreichen und angenehmen Buchs *Von der Kunst, das menschliche Leben zu verlängern* selbst auf ein langes Leben berechnet gewesen sein dürfte, möchten Sie vielleicht aus dem Datum dieser meiner Antwort vom Januar dieses Jahres zu schließen Ursache haben…"（S. 16—17）而 1798 年和 1836 年的版本却为："Daß meine Danksagung für das den 12ten Dec. 1796 an mich bestellte Geschenk Ihres lehrreichen und angenehmen Buchs,…"（1796. S. 3 u. 1836. S. 13）由于译文没有译出 1796 年 12 月 12 日，笔者猜测卫礼贤/周叔弢所据的底本可能是 1851 年的第 4 版。

《人心能力论》（封面署《康德人心能力论》，尉礼贤、周暹译，上海：商务印书馆，1914 年）被认为是第一部康德作品的中文译本。① 据国家图书

---

① 正文所引用的系为此版本，并注出页码的正反面，如 13a 为第 13 叶之正面，而 13b 则为第 13 叶之反面。

馆(北京)、北京大学图书馆、首都师范大学图书馆收藏的情况,目前有两个版本:民国三年(1914)九月初版,民国五年(1916)八月三版。1987年曾以1916年的三版重新影印出版。书后有周珏良手书的三页后记,记述了此书的翻译和成书过程。① 可惜,此书的第二版未见到。不过,仔细对比第一版和第三版会发现,这里所谓的第三版,实际上是第一版的第三次印刷。

本书由于是康德第一部著作的汉译本,它促成了当时的知识分子最初对康德思想的接受。长期以来,由于此书以及康德原书都不易找到,做对勘研究确实很难。因此,国内学者在论及康德在中国的接受史时仅提到而已,一直没有对译本所做的研究与分析。

魏汉茂在《卫礼贤(1873—1930):在中国的传教士、中国思想财富的传递者。论著目录。他的中文图书馆的目录。哈克曼写给他的信。辜鸿铭写给他的信》一书中,②卫礼贤的著作目录并没有收录这部译著(1914年,第87—90页)。而在他的中文藏书目录(Katalog chinesischer Bücher)中,其中第40条系:Kang De. Jen Sin Neng Li Lun 康德人心能力论(Kant, Vom ewigen Frieden), 1, 1914. übersetzt von R. Wilhelm u. Dschou Siën 卫礼贤、周暹同译,Commercial Press Schanghai 商务印书馆。(第203页)显然,这里所还原的康德著作的原著是错误的。

(三)原书作者的一些情况

胡斐兰·克里斯托弗·威廉,德国医生、社会卫生学家、民间教育家。因提出"生命力理论"(Lebenskraft-Theorie),成为活力论(Vitalismus)的代表性人物,他所发明的长寿术(Makrobiotik)影响颇大。

胡斐兰曾在耶拿和哥廷根两所大学攻读医学。1783年,胡斐兰在哥廷

---

① 周叔弢的长子周一良(1913—2001)亦曾回忆道:"辛亥革命后,他(周叔弢——引者注)随同我曾祖父住在青岛,结识了德国牧师卫礼贤。卫礼贤原是想用基督教来'拯救'炎黄子孙的'灵魂',来华以后,反被中国孔孟之道和先秦诸子学说所征服。他得到中国学人如劳乃宣等的帮助,把中国一些重要哲学著作译成德文,至今还为西方汉学家所称赞和利用。父亲在卫礼贤指引下,接触到康德的著作。他们两人合作,译出了康德的一封信,定名为《康德人心能力论》,后由商务印书馆出版。父亲当时计划,第二步翻译康德的传记,已开始做准备,第三步则是翻译康德名著《纯粹理性批判》。第一次世界大战爆发后,卫礼贤回国,父亲移居天津,翻译计划因而作罢,但他可能是我国比较早的翻译康德著作为中文的人。"周一良《怀念敬爱的父亲》,收入《周一良集》第5卷《杂论与杂记》,沈阳:辽宁教育出版社,1998年,第178—179页。

② Walravens, Hartmut, *Richard Wilhelm* (1873-1930). *Missionar in China und Vermittler chinesischen Geistesguts*. Collectanea Serica. Sankt Augustin-Nettetal: Steyler Verlag 2008.

图 9-4　胡斐兰的石板印画像,作者 Adolf Kunike, 1819

根获得医学博士头衔后,在魏玛他父亲的诊所实习,并接手诊所。1796 年他成为宫廷顾问和宫廷医生。在这期间他结识了前来找他就诊的歌德、席勒以及赫尔德等人,他们帮助胡斐兰成为卫生事业的改革家。

胡斐兰著作等身,有大量卫生养生方面的著作,他的代表作《长寿术》(*Die Kunst, das menschliche Leben zu verlängern*, 1796)一直到今天依然是养生方面的重要著作。他在这本书中推荐给人们一种特别的营养养生方式以及一种和谐的生活方式,此外胡斐兰还将个人健康保健和国家卫生政策依据启蒙精神予以结合起来。他的论点不仅迎合了新教市民阶层的观念,同时也引起了康德的极大关注。这本书(后来以 *Makrobiotik* 为题)在 1805 年就已印了第三版。而康德给胡斐兰的回信,也成为康德的一部学术随笔集。

(四)译者、作序者以及润色者的一些情况

本文的译者有二人,卫礼贤与周暹。

卫礼贤出生于斯图加特。早年他接受过系统的新教神学的训练,后于

1899年被同善会派往被德国人占领的青岛传教。在那里,除了传教工作外,卫礼贤花费了巨大的精力来翻译中国的经典:他同前清遗老劳乃宣共同研究了《易经》及其他儒家、道家的经典,并将大部分这些中国文化的典籍译成了德文,交由当时设在莱比锡的奥伊根·迪德里希斯(Eugen Diederichs)出版社出版。1921年底,卫礼贤被任命为德国驻北京公使馆科学参赞,这使得他有机会跟"新文化运动"的精英分子如蔡元培、胡适等建立联系。1921年他任北京大学名誉教授,教授德国文学。1925年卫礼贤回到法兰克福,在那里创办了中国学院(das China-Institut),以介绍、研究中国文化,联络德中两国人民间的友谊为目的。在此期间他创办了《中国学刊》(Chinesische Blätter,后更名为《汉学》[Sinica])。1931年卫礼贤去世,享年不到57岁。

图9-5 卫礼贤(1873—1930)

卫礼贤最大的贡献在于他对中国典籍的德译,他翻译了儒、道等中国文化最根本的经籍,这些译本迅速使中国传统思想和文化进入德国思想界主流之中,影响到当时德国著名的作家和思想家。卫礼贤同中国学界一直保持非常好的关系,早在他在中国逗留的日子里,就与前清遗老、新文化运动的领袖们建立了密切的往来。《人心能力论》便是他同当时仅 22 岁的周叔弢合作翻译的结果。

周暹,字叔弢,后以字行。周叔弢系曾任山东巡抚、两江总督周馥的孙子,早年曾毕业于 1901 年卫礼贤在青岛大鲍岛开办的"礼贤书院"①。周馥有一段时间与卫礼贤交往甚密。据周叔弢的次子周珏良的回忆:"民国初年,先君居青岛,从德国尉礼贤先生(后改用卫字)学德文,并治康德哲学,拟以译此书始,次及康德传,然后及其三大批判书。后以欧洲战起,卫氏归国,先君亦移家天津,改营实业,未能始终其事。然康德、黑格尔著作列于插架者数十年。珏良等自幼及长,习见之,固之初志之未泯也。"(1987 年版本周珏良后记)后来周叔弢成为大实业家,著名古籍收藏家、文物鉴藏家。

卫礼贤曾对年轻的周叔弢有以下的评价:"年轻中国的代表是那位财政总长(指周馥之子周学熙——引者注)的侄子,他也是我们这个圈子中的一员。尽管他还年轻,却已历尽了艰辛,并因此在个性人格方面变得既认真且独立。"②

给本书作序者乃是曾主持山东学务处的张士珩,此人今天已鲜为人知了。作跋者乃是大名鼎鼎的劳乃宣。

张士珩,字楚宝,晚年自号因觉生。安徽合肥人,系李鸿章的外甥。张士珩曾在南京拜著名学者汪士铎为师,曾考中举人,后会试不举,入李鸿章幕,为候补道,加四品京卿,接任北洋军械局。甲午战争因失职罢官。1902 年,同出于李鸿章门下的周馥任山东巡抚,张士珩任职学务处,周馥出任山东巡抚,奏准由张士珩主持山东学务处,兼参谋处,办理武备学堂。1907 年他任山东补用道,清政府因他创办武备学堂出力,将他交军机处存记,升二品衔分省补用道。辛亥革命后,张士珩遁居青岛。也正是在这个时候,他成为在青岛的前清遗老。尽管他很少参与社会活动,但却与卫礼贤交往甚多。卫礼贤对他的学问赞赏有加。张士珩 60 岁时病逝。

有关张士珩,卫礼贤写道:"他是一位受过良好教育的学者,是整个中国文学方面的行家,鲜有人能与之匹敌。尽管如此,他跟其他所有中国学

---

① 德文写作: Zivilisations- und Tugend-Buchhof,直译为"文明和道德书院"。见 Richard Wilhelms Bericht, in: *Zeitschrift für Missionskunde und Religionswissenschaft* 16, 1901, S. 279.

② Wilhelm, Richard, *Die Seele Chinas*. Wiesbaden: marixverlag. 2009. S. 180.

者一样是一位儒生,为了修身养性他很多时间都在修行道家的冥想,他一旦听说,某种修行对他是有益的,他会去寻修认识此人。……他言谈不多,整个晚上他也不说一句话。但他的精神与所有的人都是契合的。他个性极强,具有坚强的意志。尽管他是一位优秀的文人,但却很少动笔。不过他所写的东西,必然是完美无缺的,是能够流芳百世的。"①我想这也是为什么卫礼贤在如此众多的儒家学者中,偏偏选中了张士珩作序的原因。

劳乃宣,字季瑄,号玉初,又号韧叟。河北省广平府人。劳氏乃晚清著名学者、音韵学家、估算学家,曾任学部副大臣兼京师大学堂总监督。他同时也是清末修律、礼、法之争中礼教派主要代表人物之一。卫礼贤1913年成立"尊孔文社"时,曾请周馥推荐一位中国学者主持社务,周馥便推荐了这位饱学之士,劳乃宣认为中国文化之所以总在世界面前蒙羞是因为人们没有遇到真正的国学大师:

> 你们欧洲人总是只在中国文化的外围使劲,你们之中没有谁理解其真正的意义和确实的深度。其中的原因在于,你们从来没有得到过真正的中国学者们的帮助。你们所认作老师的是已经被解了职的乡村私塾先生,他们仅仅了解表面的东西。因此在你们欧洲有关中国的论述大都是愚不可及的东西,这也没有什么值得奇怪的。如果我给您找到一位真正能根植于中国精神的老师,他会引导您进入中国精神的深处,不知您意下如何? 这样您就能翻译一些东西,其余的自己来写,中国也就不会不断在世界面前蒙羞了。②

卫礼贤的这一段话中有两点值得我们注意,其一是周馥认为只有跟随根植于中国精神的国学大师,外国人才能真正领会中国文化的深层意义。其二是周馥希望卫礼贤不仅仅翻译,同时也通过自己对中国精神的理解,让中国文化不再蒙羞于世。

(五)此书的翻译过程

有关此书的翻译情况,张士珩在〈译刊德儒康德人心能力论序〉中讲述了译本的分工情况:"理解透辟德人尉牧师礼贤,取是论重译之。建德周

---

① Wilhelm, Richard, *Die Seele Chinas*. Wiesbaden: marixverlag. S. 178.
② Ebenda,S. 183-184.

叔弢笔述之。桐乡劳玉初先生审定之。而属序于余。"(2a)

后据周暹次子周珏良的回忆:"尝闻先君述译书经过云:彼时初学德语,全依助字书,常孜孜不息至于午夜。脱稿后请劳玉初先生乃宣润色文字,再由尉氏勘定。盖尉氏从劳玉老学我国经书,精通中文也。"(1987年版后周珏良之后记)

劳乃宣为这一译本写了跋。在跋中,劳氏简单叙述了翻译和润色的经过:"岁癸丑,以尉君之招客青岛,尉君方与周子叔弢译德儒康德氏《人心能力论》,属余修饰而润色之。至次年春而卒业。"(1b)综合以上三人的说法,这部书实际上是由周叔弢借助于词典翻译的,翻译完了之后由劳乃宣审定,由卫礼贤勘定,最后由张士珩作序。按"癸丑"为1913年,而次年当为"甲寅",也就是说整本书是在1913年翻译完成的,1914年春天劳乃宣将之润色一遍,最终由卫礼贤定稿。

熟悉卫礼贤中国经典译本的人都知道,卫礼贤的翻译实际上是以两种方式重现中国思想的:一方面采取一种尽可能按照字面意思的、仅仅对汉字本身所表达的内容的翻译;另一方面采取一种更多属于改写的、适应德语习惯和德国思想内容的翻译,这样一来,自然同时也就成为一种解释。① 只可惜,他在与周叔弢合作翻译康德的时候,没有使用这一方法。

(六)时代背景

1. 青岛的特殊地位

1911年辛亥革命后,大批的前清贵族、官吏、学者纷纷离开京师和各官衙署,避居在外国租界内。同样在德国人占领的青岛,也有很多前清贵族大臣前来"避难"。德国殖民当局出于对君主政体的认同,允许这些王公大臣们在欧洲人居住区置地居住。从而使得青岛成为当时前清遗老遗少聚集的重要地之一。

此外,卫礼贤还谈到辜鸿铭和康有为的来访。当时的青岛,除了中国学者之外,也是德国作家、思想家常常访问的地方。早在1910年德国著名作家帕盖特在中国旅行的时候,就到青岛拜访过卫礼贤。卫礼贤提到哲学

---

① 许乐《卫礼贤的科学著作》,收入孙立新、蒋锐主编《东西方之间——中外学者论卫礼贤》,济南:山东大学出版社,2004年,第15页。这在他翻译成德文的《论语》一书中表现的最为清楚,可惜再版的时候,出版商去掉了直译的部分。

家凯瑟琳曾在1912年3月底在做环球旅行时到过青岛。① 著名的神学家奥托也曾在青岛访问过他。因此,当时的青岛已经成为中国和欧洲精神交流的重要城市。

有关青岛当时的情形,卫礼贤曾写道:"当时在青岛居住着大臣、总督、巡抚、各式各样的高官、学者和大实业家,中国式精神生活的波涛拍打着迄今依然荒凉的海滩。各种各样的文化和学术的联系出现了,在来自长江流域商人行会'三江会馆'富丽堂皇的房间里,定期举办各种大规模的聚会,来自中华帝国所有部分的学者和官员都来参加,从蒙古和西部遥远的甘肃一直到最南部的云南省。这些在精神界颇具影响力的人物从各处汇聚到了一起。除了定居在青岛的人之外,还有一些著名的人物来此作或短或长的逗留,这样当时的青岛便给人们提供了一个了解巅峰时期古老文化的机会,除了青岛,在整个中国不会有第二个地方。"②

这些前清遗老中有很多是以前的高官或著名的学者,他们的一切都显示出了传统中国文化的底蕴。1913年卫礼贤在此成立了"尊孔文社",后据他夫人威廉·萨洛莫(萨美懿)所写的回忆录《卫礼贤——中欧间的精神纽带》,"尊孔文社"的成员有:当时已经73岁的周馥,其子周学熙,周馥之孙周叔弢,大总统徐世昌及其兄长徐世光,李鸿章的外甥、曾编纂过多种道教书籍的张士珩,以及曾任学部副大臣的劳乃宣。③

卫礼贤在谈到"尊孔文社"的工作时写道:"我们那时的想法是为了未来拯救那些已经处于极度危险状态下的中国文化的瑰宝。通过翻译、讲座以及学术出版的方式,在东西方的精神领域建立联系,并进行合作。康德的著作被翻译成了汉语,中国的经典也被翻译成了德语。我们希望,在远离中国革命风暴的青岛能够做一些建设性的工作,青岛位于山海之间,悠闲宁静。"④

可见,翻译康德的《人心能力论》是当时卫礼贤希望通过建立"尊孔文社"在东西方文化之间架设一座桥梁计划的一部分。只可惜后来第一次世界大战爆发,计划的很多部分都搁浅了。

---

① Wilhelm, Richard, *Die Seele Chinas*. Wiesbaden: marixverlag. 2009. S. 186-187.
② Ebenda, S. 173.
③ Wilhelm, Salome, (Hrsg.), *Richard Wilhelm. Der geistige Mittler zwischen China und Europa*. Köln/Düsseldorf: Eugen Diederichs Verlag, 1956. S. 220-221.
④ Wilhelm, Richard, *Die Seele Chinas*. Wiesbaden: marixverlag. 2009. S. 182-183.

2. 当时哲学著作的翻译情况

1900年庚子事变以后,西学输入中国情况较前发生重大变化。之前以西方传教士直接从西文翻译为主,改为由留日中国学生、通日文的中国学者从日本转译为主,直接从西文翻译为辅的情况。数量之大,内容之丰富也是前所未有的。辛亥革命前的10年(1901年至1911年),是西学输入中国非常集中的一个历史阶段。这一阶段除了自然科学的书籍之外,哲学的书籍也被大量翻译成了汉语。

据熊月之先生的不完全统计,从1901年至1911年,出版译介西方哲学书籍至少有36种,其中,哲学概论性书籍9种,逻辑学18种,哲学家、哲学流派等书籍9种,发表哲学评述性文章至少35篇,涉及的报刊9家。[①] 从熊先生所列举的有关哲学基本知识、古希腊哲学、近代西方哲学、西方逻辑学知识等方面的书籍,可以看出当时中国学界对哲学的认识已经比较全面了。在有关哲学基本知识的译著中,除了陈鹏译中江兆民的《理学钩玄》(光智书局,1902)之外,其他所有的书籍都译作"哲学"了。[②]

除了翻译之外,这一阶段也有很多中国学者依据自己的理解对西方哲学进行介绍、评述,如严复对西方逻辑学的评述,梁启超对培根、笛卡尔、康德哲学的介绍,王国维对叔本华哲学的介绍,等等。这些学者善于用中西比较的方法加以评论,但由于他们固有的中国学术的背景,他们的评述带有很大的随意性。

二、译本研究

(一)为什么要选择翻译康德的这一本学术随笔?

在康德的著作中,这本书的篇幅不长,而其养生的内容最接近儒家思想。在一种完全异质的思想传入的时候,最初需要与之相类似的思想作为铺垫,早期佛教接近道教方术的译本以及基督宗教儒家化的译本,无不说明了这一点。

卫礼贤自身也以儒家学说附会康德思想,劳乃宣在跋中说:"尉君言,

---

① 熊月之《清末哲学译介热述论》,收入《西学东渐与东亚近代知识的形成与交流》(论文集,未出版,2011年),第2页。
② 出处同上,第20页。

康氏之学,与吾孔孟之道,什九相合,此书其一斑耳。"(2a)①在《孔子的意义》一文中,卫礼贤写道:"如果人们可以把一位务实政治家与一位科学研究者完全进行比较的话,那么可以说,孔子在很多方面与我们的康德具有类似天性。"②可见,卫礼贤确实这样认为。

本书是康德回复胡斐兰教授的有关养生长寿之法的回信,其根本的道理是精神决定身体,这一点是跟儒家的养生、修身思想一脉相承的。孔子提出"修己",主张"修己以敬","修己以安人","修己以安百姓"(《论语·宪问》)的思想。后来朱熹又将"修身"作为"大学之道"的重要一环——将道德修养与治理国家相结合予以强调:"古之欲明明德于天下者,先治其国;欲治其国者,先齐其家;欲齐其家者,先修其身;欲修其身者,先正其心;欲正其心者,先诚其意;欲诚其意者,先致其知。"(朱熹《大学章句》)儒家对于道德修养的高度重视是与康德伦理学有着共通之处的。在译文中,译者不仅仅将康德的思想与儒家相互发明,同时也与道家、佛教思想相互阐发。

其次,这是康德著作中比较容易翻译的一本。之前对康德学说的介绍,尽管已经有了如梁启超的文章〈近世第一大哲康德之学说〉发表,③但在1920年之前,中国学界对康德学说并没有一个基本的了解。梁启超当时并未对西方哲学做过系统深入的研究,他自己介绍说是从"日人中江笃介所译法国阿勿雷脱之《理学沿革史》为蓝本,复参考英人、东人所著书十余种汇译而成。"④梁启超主要依据的是1886年中江兆民从法国人富耶的《哲学史》⑤所翻译的《理学沿革史》(上下册)⑥,但他并没有认真进行研

---

① "尊孔文社"建成后,卫礼贤曾提议在礼贤书院建造"藏书楼",劳乃宣则作《青岛尊孔文社建藏书楼记》,其中有颇多对卫礼贤称赞之词:"德国尉君礼贤,以西人而读吾圣人之书,明吾圣人之道者也。时居青岛,闻而忧之,与中国寓岛诸同人结孔文社以讲求圣人之道,议建藏书楼以藏经籍,同人乐赞其成,相与捐资剋期兴作,行见不日成之。"劳乃宣《青岛尊孔文社建藏书楼记》,载桐乡卢士校刻《桐乡劳先生(乃宣)遗稿》,引文出处见:劳乃宣《桐乡劳先生遗稿》(第一册),沈云龙主编,台北文海出版社影印,近代中国史料丛刊第三十六辑第357种,台湾文海出版社印行,第511—512页。

② 卫礼贤《孔子的意义》,收入蒋锐编译《东方之光——卫礼贤论中国文化》,北京:外语教学与研究出版社,2007年,第152页。

③ 此文载于1903年2月11日、26日,3月27日及1904年2月24日之《新民丛报》第25号、26号、28号和46号、47号、48号合刊。后被收入《饮冰室合集·文集之十三》。此处引文见葛懋春、蒋俊编选《梁启超哲学思想论文选》,北京:北京大学出版社,1984年,第151—169页。

④ 出处同上,第154页。

⑤ Fouillee, Alfred, *Histoire de la Philosophie*, 1886.

⑥ 中江篤介(中江兆民)訳『理学沿革史』全2卷,文部省編輯局,1886年。

究，以至于从他的介绍中很难了解到康德哲学的实质内容。此外，梁启超将康德哲学与佛教唯识宗思想加以附和，得出了："康氏哲学大近佛学，此论即与佛教唯识之意相印证者也"①的结论，基本上也是他自己的看法。他同时将康德与印度、中国古代哲学家比拟："以康德比诸东方古哲，则其言空理也似释迦，言实行也似孔子，以空理贯诸实行也似王阳明。"②让人很难抓住康德哲学的核心。

卫礼贤选择这本书，很容易抓住其中心议题，又容易与中国原有的养生思想互为表里，这样由浅入深，再接着逐步翻译康德的其他著作。这样的设计，是有其合理性的。按照周珏良的说法"拟以译此书始，次及康德传，然后及其三大批判书。"（1987年版本周珏良后记）遗憾的是，第一次世界大战爆发后，卫礼贤被迫回国，周叔弢也转而从事"实业救国"去了，从而中断了此项事业。

（二）书名的翻译

此书的德文原题为：*Von der Macht des Gemüths durch den bloßen Vorsatz seiner krankhaften Gefühle Meister zu sein*，可以译作《论心灵的力量。单纯透过决心掌控病态的情感》。卫礼贤和周叔弢将书名翻译成《人心能力论》（正文中的名称为：《人心能力论——论意力能制病情》，这里的"制"是"掌控"的意思）。实际上，"能力"作为一个固定的词在中国古代已有，《吕氏春秋·适威》："民进则欲其赏，退则畏其罪，知其能力之不足也！"《史记·李斯列传》："上幸尽其能力，乃得至今。"所指的是一个人的才能或力量。"人心能力论"可以做两种解释：一是"人心"＝"能力"，亦即"人心"就是"能力"；二是"能"作为动词（在文言中可以直接用在名词前，如"能诗善画"），是"能够成为、作为"的意思，整个的含义是：人心能够转化为力量。

（三）与儒家学说之附会

1. 张士珩的序

本书前有张士珩的序，在概括这本书的主旨时，张氏写道："论意志能治病情，谓躬行仁义者，普济之方也。虽不能尽人之诸病而治之，然无一方剂中能缺之也。"（1b）"……以惟心之生者为真生，形体之生存当附丽服从

---

① 上揭葛懋春、蒋俊编选《梁启超哲学思想论文选》，第154页。
② 出处同上，第153页。

于能治病情。"(1b—2a)

张氏认为,康德之说与董仲舒的看法类似:"余维汉儒董仲舒之言曰:养生之大者,乃在爱气。其从神而成,神从意而出。心之所之谓意,意劳者神扰,神扰者气少。君子闲欲止恶以平意,平意以静神,静神以养气,气多而治,则养身之大者得矣。康氏意力能治病之论,既与此合。"(2a)

"董氏又言:'寿有短长,养有得失,寿之为言犹雠也。天下之人虽众,不得不各雠其所生,而寿夭于其所自行。自行可久之道者,其寿雠于久,自行不可久之道者,其寿雠于不久。久与不久之情,各雠其生平之所行,然则人之所行,乃与寿夭相益损也。是以天长之,而人伤之者,其长损;天短之,而人养之者,其短益;夫损益者皆人,人其天之继欤?'此亦与康氏勉制其嗜好之愉快,以求生相合,至论运心思于哲理,可以御不怿之情,与乐至善之理,一以贯之。"(2a—b)①

董仲舒在《春秋繁露》中承先秦儒家之说,在"天人相应"的哲学思想指导下,主张"循天之道以养其身",顺阴阳之和以"得天地之泰。得天地泰者,其寿引而长。"(《春秋繁露·循天之道》)养生的关键在于去其泰甚,调其中和,至此可达长寿之天年。张士珩认为,康德"意志能治病"之说与董仲舒的看法类似。

更重要的是,董仲舒认为心为气的主宰:"凡气从心;心,气之君也。"(《春秋繁露·循天之道》)这一认识与康德所认为的精神主宰身体的思想是一致的。

张士珩同时认为,"养浩然之气,足以知死生之真,而外衰老之苦,则又与论孟之道合矣。"(2b)这里的"论孟之道"当是《论语》《孟子》两书,孔子在《论语》中谈道:"知者乐水,仁者乐山,知者动,仁者静,知者乐,仁者寿。"(《论语·雍也》)在孔子看来,长寿是与高尚的道德情操有着直接关联的,只有心怀仁术的人,才能健身。这是后来儒家思想"以德增寿"思想

---

① 此处引文出自董仲舒《春秋繁露》卷十七之"循天之道第七十七",他在讲到"得天地泰者"时写道:"得天地泰者,其寿引而长;不得天地泰者,其寿伤而短。短长之质,人之所由受于天也。是故寿有短长,养有得失,及至其末之,大卒而必雠,于此莫之得离,故寿之为言,犹雠也。天下之人虽众,不得不各雠其所生,而寿夭于其所自行。自行可久之道者,其寿雠于久;自行不可久之道者,其寿亦雠于不久。久与不久之情,各雠其生平之所行,今如后至,不可得胜,故曰:寿者雠也。然则人之所自行,乃与寿夭相益损也。其自行佚而寿长者,命益之也;其自行端而寿短者,命损之也。以天命之所损益,疑人之所得失,此大惑也。是故天长之而人伤之者,其长损;天短之而人养之者,其短益。夫损益者皆人,人其天之继欤!出其质而人弗继,岂独立哉!"

的重要来源之一。孟子所谓的"浩然之气"既包括天地之自然正气,也包括人心中之正气。浩然之气是通过长期道德实践的积累,从自己的内心自然而然地产生的。他认为,养气要"配义以道",亦即只有从道义出发,具有正直宽大的胸怀,才能保持一种旺盛的精神状态。在孟子看来,养气的根本是以精神意志为主导,从而达到身体的愉悦。

张士珩认为:"康氏尝谓:吾欲为善人,为恶人,皆由我所自择。四体乃从其命令,以铸成善人、恶人之资格,尤有合于孔子'我欲仁,斯仁至矣'之理。"(3a)张士珩还认为,康德的"人心能力"与孔子"仁不外求"的想法是一致的。《四书章句集注》对这句话翻译为:"仁者,心之德,非在外也。放而不求,故有以为远者;反而求之,则即此而在矣,夫岂远哉?程子曰:为仁由己,欲之则至,何远之有?"

张士珩在序中所一再强调的是,康德书中所讲的内容与儒家学说完全是可以相互发挥的。他对卫礼贤翻译康德著作期待在于:"冀尉君广译康氏论著,为吾人克己复礼归仁之助焉。企予望之。"(3a)徐光启在回答别人有关基督教的提问时说"驱佛补儒",①说明了当时中国知识界透过利氏儒家化了的中文著作对基督教的误解。同样,从张士珩的期待中,也很难看出康德思想对于当时中国思想界的意义所在。不过所谓"为吾人克己复礼归仁之助焉"依然可以看出,张士珩希望在原有的基础之上更加丰富和完善儒家的学说,亦即耶稣会所谓的"补儒"(complementarity)的作用。

许理和在阐述中国学者有关"补儒"的认识时分析道:"与'补儒'一次紧密相连的是这样一个理念,即在某些方面基督教并不是真正的新东西,而仅仅是某种'更加详尽'的东西,即它包含了对汉语学说的某些问题的清晰和全面的解释,而汉语经典只是偶然和泛泛地提到这些问题。在某种程度上,这一理念比'补儒'一次走得更远,因为它意味着,在这类情况中基督宗教的思想不是真正地填补儒家思想的缺陷,而是仅仅详述和展开了

---

① 利玛窦在他的《札记》中记载这样一件事:"在问到基督教法的主要内容是什么的时候,徐光启博士就非常确切地用了四个字来概括:'驱佛补儒',也就是说'它驱除(佛教的)偶像并补足儒生的教法'。"何高济、王遵仲、李申译,何兆武校,《利玛窦中国札记》,北京:中华书局,1983年,第485—486页,本文所引的是书后"附录"中史若瑟(施省三)写的《1978年法文版序言》,第663页。这一段故事后经施省三的考证系金尼阁后来在翻译的时候补充上去的。

儒家思想。"①这才是张士珩所认为翻译康德著作的根本意义所在。

张士珩的落款更让人觉得奇怪,"阏逢摄提格"(3b):"阏逢"是"甲","摄提格"是"寅","阏逢摄提格"就是"甲寅",而这在民国初年只能是1914年了。这样的纪年法,在《资治通鉴》每卷开头常可见到。进入民国后的前清遗老们,常常拒绝使用新式的纪年法,故意回归到少为人知的这一纪年方式,这同时也是另一种对皇朝的认同方式。

2. 劳乃宣的跋

在跋中,劳乃宣对哲学家和医生做了区分,同时也指出了其关联性:"康氏儒家也,胡氏医家也。而两家互论治心以治病之道,沆瀣一气,若合符节。"(1b—2a)

劳乃宣同样以儒家的思想来附会康德的思想,他接着写道:"以吾国孔孟之遗言有多,有相发而无相违。陆象山先生曰:东海西海,有圣人出,此心同,此理同。南海北海,有圣人出,此心同,此理同。信乎,其不诬欤。"(2a)

实际上,陆九渊之"发明本心",与康德"人心能力"确实有一些共同之处。陆九渊提出"只自立心""明得此理(或心)即是主宰"(〈与曾宅之〉)的目的在于,由此彻底反省人所固有之仁义礼智之心。

3. 词汇的翻译

在翻译的过程中,卫/周在选择合适的中文词汇的时候,是颇动了一番脑筋的,因为当时汉语西方哲学的词汇体系正在初创时期。检讨佛教初传中国时的情形,情况类似。公元二世纪时来华的支娄迦谶在译介龙树之前的大乘佛教经典如《大品般若经》时,就将此经译作《道行经》,将"波罗蜜行"译作"道行","如性"为"本无"等等,都是借用当时中国原已存在道家思想来作为铺垫来传播般若的。因为《老子》中有"无名为天地始"的思想,缘起性空便以此为途径,为在中国接受般若思想做了准备。一直到了鸠摩罗什时(公元5世纪初)才完成汉语佛教的话语系统,《出三藏记集》中的"前后出经异记"所记载的正是这个方面的内容。下面我们以几个词汇的翻译,大致看一下卫/周在词汇方面所做的选择。透过这些康德术语

---

① Zürcher, Erik, "Jesuit Accommodation and the Chinese Cultural Imperative", in D. E. Mungello (ed.), *The Chinese Rites Controversy. Its History and Meaning*. Monumenta Serica Monograph Series XXXIII, Sankt Augustin-Nettetal, 1994, pp. 31-64. Here p. 39.

的汉译,可以清楚地看到译者/润色者通过其自身的过滤,传递给当时中国知识界的康德的思想究竟会怎样。

例一:

胡斐兰的序的第一段德文原文为:

Der Geist allein lebt — Das Leben des Geistes allein ist wahres Leben.

Das Leben des Leibes muß jenem immer untergeordnet und von ihm beherrscht werden, nicht umgekehrt der Geist sich den Launen, Stimmungen und Trieben des Körpers unterordnen, wenn das wahre Leben erhalten werden soll.

Die große Wahrheit wurde von jeher von den Weisesten dieser Welt als der Grundpfeiler aller Sittlichkeit, aller Tugend, aller Religion, genug alles dessen, was groß und göttlich ist im Menschen, und sonach auch aller wahren Glückseligkeit, betrachtet und gepredigt.(S. 2)

中文的译文为:

天下之生者惟心,惟心之生为真生。

故形体之生存当附丽服从于心神,勿使心神为形体所役。然后可以葆此真生。

人心所具有一切之善,若道德仁义,皆根源于此,而人生之真乐,亦在其中。(1a)

在序中,译者将德文的"Geist"(精神)译作"心","Sittlichkeit"(品德、伦理)译作"道德","Tugend"(德性、道德)译作"仁义","Laune, Stimmungen und Triebe des Körpers"(情绪、心境及身体之欲望)译作"形体之生存"。而在德文原文中所列举的"品德、道德和宗教"三者中,译者只提到了前两者。

Geist 在德国哲学上是非常重要的名词,既指一般的心智活动,如思想、考虑、选择等,同时也指宗教彼岸的超验,德文中的 Heiliger Geist,也是使用 Geist 一词。此外,狄尔泰将整个的人文学科称作 Geisteswissenschaften(精神学科),一直使用到今天。

康德所谓的"精神"实际上是自我意识(Selbstbewusstsein)或统觉(Apperzeption)。康德认为人的知识的形成是统觉透过其能动作用,将感性形式与知性范畴加之于感觉到的观念材料。在此,康德尽管没有否定自在之物(Ding an sich)的存在,但更重要的是要强调主体精神的作用。正是在这一点上,儒家知识分子将"精神"与儒家的"心"的观念结合在了一起。

孟子既认为"心"具有先验的道德本性,同时也认为"心"为五官之主宰的"大体":"心之官则思。……从其大体(心)为大人,从其小体(耳目之类)为小人。"(《孟子·告子上》)

Sittlichkeit 与"道德":Sittlichkeit 是从 Sitte(习俗)而来的,成为德文中与 Moralität 的意思在相当程度上有重叠的哲学词汇。道德和伦理是从社会的习俗、传统以及其他方面抽象出来的善恶标准。康德认为,人生下来就有一种"善良意志"(der gute Wille),这种不从社会功利出发的最高的道德意志是与孟子所谓的"恻隐""羞恶""辞让""是非"之心一样,均为仁义礼智之"四端"。因此,译者也找到了沟通西中伦理学的路径。

"道德"同样是儒家的重要哲学概念,孔子认为"志于道,据于德"(《论语·述而》),这里的所谓"道"是基于对理想人格的诉求,而"德"所指的是安身立命的行为准则。孟子也主张"尊德乐道"(《孟子·公孙丑下》)。儒家认为,仁义乃是道德的重要内容,因此常常将"仁义道德"并称,自然也需与"礼"相结合了:"道德仁义,非礼不成"(《礼记·曲礼上》)。而 Sittlichkeit 译成汉语的"道德",应当是"学至乎礼而止矣,夫是为道德之极"(《荀子·劝学篇》)之中的"道德"。但通过译本很难让当时的中国知识分子将"道德"的意义理解为后者。

Tugend(德性、道德)在康德哲学中也有举足轻重的地位,康德指出:德语中的德性 Tugend 源于 taugen,即有能力。因此,德性就是力量,就是坚强,而所谓缺德 Untugend 不是别的,就是软弱。所以在康德看来,德性就是意志的一种道德力量。① 康德认为:"自律的人应该摆脱一切对象,使对象不能左右意志,所以,实践理性、意志,就用不着忙于管束异己的关切,而只是证明自己的威信就是最高的立法。"②"道德就是一个有理性的东西能够作为自在目的而存在的唯一条件,因为只有通过道德,他才能成为目的王国的一个立法成员。"③在这里,康德所谓的立法者的比喻,同样在《人心能力论》的"导言"中提道:"余以为胡君所言,诚哲学家之至言,非徒骋雄辩而已。胡君不独医家之行政者,实医家之立法者。行政者奉守成法,第以机巧之心,试验之助,据所得当然之法而执行之。立法者,则自运性灵,

---

① Kant, Immanuel, *Die Metaphysik der Sitten*. Königsberg: Nicolovius, 1797. S. 390.
② 康德著,苗力田译《道德形而上学原理》,上海:上海人民出版社,1986 年,第 95 页。
③ 出处同上,第 88 页。

本心思之能，智慧之力，由所得所以然之理而推用之。是故躬行仁义者，普济之方也。"(1b—2a)所谓"立法者"的德文原文是"gesetzgebendes Glied"(S. 19)。实际上，康德所强调的依然是，作为坚强与力量，德性与道德成够成为自我之主宰，从而达到自我约束、自我克服的功效。这显然与儒家思想中的"仁义"有共通之处。

在儒家，孔子提出一个以"仁"为核心，"仁礼"结合的政治伦理学说。孔子的"仁"既是人们内在心理意识，又是行为准则和道德规范。"义"是指通过内心的自我调节使思想行为符合一定的准则。孔子指出："君子喻于义"(《论语·里仁》)、"君子义以为上"(《论语·阳货》)。孟子首次将"仁义"合起来使用，并以仁义作为处理人伦关系的基本准则："人之所以异于禽兽者几希，庶民去之，君子存之，舜明于庶物，察于人伦，由仁义行，非行仁义也。"(《孟子·离娄下》)到了唐代的韩愈才首次将"仁义"概括为儒家的道德，道统的核心："凡吾所谓道德云者，合仁与义言之也。……博爱之谓仁，行而宜之之谓义，由是而之焉之谓道，足乎己无待于外之谓德。"(〈原道〉)因此，将Tugend译作"仁义"是有其考虑的。

例二：

...selbst die Philosophie, sonst die Trägerin des geistigen Lebens, in dem Identitätssystem den Unterschied zwischen Geist und Körper ganz aufhebt...(S. 10)(即便是哲学，一般作为精神生命之承受者，在同一体系中完全摈除精神和身体之区别……)

中文译文为：

甚至哲学家亦且失其所素守，而流为形神合一之派，去神与形之分别……(1a)

在这一段中，译者将"Philosophie"(哲学)译成了"哲学家"。在本书中，根据不同的上下文，还有其他几种不同的翻译：

1. 在康德的导言中，他提到的„...so, dass moralisch-praktische Philosophie zugleich eine Universalmedizin abgibt..."(S. 19)(因此，道德-实践哲学同时也给出了万灵的妙药……)

中文译文为：

是故<u>躬行仁义者</u>,<u>普济之方</u>也。(2a)

在这里,译者将"moralisch-praktische Philosophie"(道德-实践哲学)译成了"躬行仁义者",这两个词组尽管意思有交叉的地方,但并不确切。

2. 在《卫生之宗旨》一文中,康德提到的"<u>praktische Philosophie als Tugendlehre</u>"(作为德行学说的实践哲学)。

中文译文为:

<u>践履笃实之学</u>。(4b)

3. „Diese ist als dann <u>philosophisch</u>."(S. 27)(这就是哲学的。)

中文译文为:

是为<u>道</u>矣。(4b)

4. 在〈论用心之事与老年〉中,康德写道:„dem man zwar in <u>Schriften</u> — zumal den <u>philosophischen</u>, weil man da nicht immer so leicht zurückziehen kann, von wo man ausging..."(S. 67)(特别是在哲学著作中,人们并不总是很容易能回到自己的出发处……)

中文翻译为:

而<u>理学</u>之书,其起伏承转之脉络,殊不易寻绎。(15b)

5. „vornehmlich reinen <u>Philosophie</u>(Logik und Metaphysik)"(S. 68)(特别是纯粹哲学[逻辑学与形而上学])

中文翻译为:

治理想之<u>哲学家</u>(如名学、形而上学等,自注)。(15b)

6. „Geschäftsphilosophen"(S. 68)(职业哲学家)被译作:"<u>求食之哲学家</u>(谓以教授哲学为营生者,译者注)"(15b)

7. 唯一的一处将"Philosophie"译作"哲学"的是:„ indessen es doch

Einige derer geben muß, die sich jenem ganz widmen, weil ohne Metaphysik überhaupt es gar keine Philosophie geben könnte."（S. 68）（然而还是必然会有几个人会献身于那项事业的，因为如果没有形而上学的话，哲学根本不可能存在。）

中文翻译为：

虽然，斯世不可无一二务本者，无形而上学，则学无大本，将无一切哲学矣。（16a）

除了上下文的需要之外，也可以看出，当时"哲学"的译名也并非是固定的（"理学"一词依然在用），译者或润色者更愿意用儒家的现成术语取代之。今天来考察术语的翻译，可以看出它经历了一个历史的建构过程，语言之所以能够互译，也是因为有一个具体的历史语境，而没有所谓的放之四海而皆准的翻译标准。

（四）儒家话语的翻译

1. 胡斐兰在前言中指出：„… aber von ihm nun wiederum geleitet und regiert werden soll. — Es zeigt die Aufgabe seines ganzen Lebens."（S. 11）（不过现在重又应当由它来引导和支配。——这里展示了整个生命的使命。）

中文翻译为：

此克己复礼之道，终身之要事也。（1b）

胡斐兰在上面所论述的，实际上是精神主导身体，而非为身体所役使，与"克己复礼"并没有直接的关联。同是"克己"，但这里的内容与孔子所谓的"非礼勿视，非礼勿听，非礼勿言，非礼勿乱"（《论语·颜渊》）是不同的。孔子是借此作为君子道德修养的基本原则和方法。这一句显然是译者或润色者加入的。

2. 胡斐兰继续写道：„Aber nicht bloß für das höhere geistige Leben und dessen Gesundheit bedarf es dieser physischen Selbstbeherrschung, sondern sie dient eben so sehr zur Erhaltung und Vervollkommnung des physischen Lebens und zu dessen Gesundheit, und wird dadurch eins der wichtigsten Diät- und Heilmittel."（S. 12）（并非只为了更高一级的精神生活及其健康而需要这种

对身体的自我控制之术,这一自我控制更是为了保持和完善有形的生命,及其健康,并由此将最重要的饮食疗法和药物疗法合二为一。)

中文翻译为:

> 夫克欲之功,不仅有裨于心神之完美,亦可保全身体之健康,却病療疾之方,于是乎在。(2a)

其中,"克欲之功"(显然是理学的术语)原文亦没有,译成中文时加上去的。王守仁(1472—1529)提出"省察克治之功,则无时而可间,如去盗贼,须有个扫除廓清之意。"(《传习录》上)也就是说,他认为人应当时时对自己的思想和行为作自我体察,不断地去除掉内心的各种私欲和杂念(所谓"自做主宰处")。在这里,译者/润色者显然是将先秦儒家的自信内省说与理学家们的防治人欲滋生之说结合了起来。

(五)以儒家话语对康德的解读

译本中除了在翻译的过程中选择了儒家的话语之外,同时也以注释的形式,用儒家的思想来附会康德的思想。

1. 在序中,在译文"苟体欲胜心神,犹乘者不能制怒马,任其驰骤陆梁,将终至倾覆,俱陷于死亡地。"(1b—2a)之后,译者注曰:"此与孟子'志气之帅也''气体之充也'及'持其志勿暴其气'语相表里。"(2a)

接下来,"人不能谓,形无以役其神也,然神之役形,其理尤大。"(2a)之后也是译者注:"此即孟子'志壹则动气,气壹则动志'之说。"(2a)

孟子学说的主旨是成德之学,以德行为主宰,所以要以志帅气,从而实现生命的理性化,存养的功夫也源于此。从生命的理性化来讲,康德的思想与孟子的学说的确有相似之处。

2. 在《论幻想之病》中,康德指出:"夫得生命之真乐者,不在身外所享之福,心能自主,其乐乃真,故心神之乐,可以与生命之愉快,以御形体之阻碍。"(8a)译者在注释中写道:"此即孔子发愤忘食,乐以忘忧,不知老之将至之意也。译者注。"(8a)

3. 在《论饮食》中,康德在解释老年人之所以爱吃味浓、有刺激的食物的原因时指出:"年高之男子,多不爱饮汤水,每求厚味及刺激之饮,如酒之属,用以激发肠之动作,并收吸养质入血,以激发脉管行血之流动。"(11a—b)之后译者的注为:"此与孟子'七十非肉不饱'之意相发明。"(11b)这是

《孟子·尽心上》的句子："五十非帛不暖，七十非肉不饱。"只不过孟子所说的现象，而康德用近代科学的方式予以了解释。

其中，由于当时还没有"血液循环"一词，Blutumlauf(S. 52)一词被翻译成"脉管行血之流动"，实际上是在解释。此外，德文中"und anreizenderes Getränk(z. B. Wein)"(S. 52,以及更刺激性的饮料，如葡萄酒)，中文译成了"及刺激之饮，如酒之属"，显然不准确，因为当时中国人理解的"酒"跟德国的"Wein"是不同的。尽管在《史记·大宛列传》"〔大宛〕去汉可万里，有蒲陶酒"的记载，张华《博物志》卷五也有"西域有蒲萄酒，积年不败。彼俗云：可至十年饮之，醉弥月乃解。"但是，在流行粮食酒的中国，葡萄酒毕竟不是那么广为人知。

4. 在《论调息可以防治病》一文中，康德提到在防治老年咳嗽之法，即转移注意力："治之不必服药，亦闭口而以鼻呼吸，在直以心之作用，注意于他事。如前言患筋骨痛时所行，咳即止矣。"(13b)在注中，译者指出："中国有'思忘事，可以止呃'之说，与此相近。"(13b)

（六）卫礼贤用《圣经》来解释康德的文本

作为同善会传教士的卫礼贤，对《圣经》当然是再熟悉不过的了，在阐释康德的文本方面，除了与儒家思想相发明外，也运用《圣经》的典故来证明康德的观点：

康德在"导言"中有一段是讲孝道(Kindespflicht)的："……第因情之震发，至于其极，遂成癫痫耳。人于孝亲所得之二赐。"(3a)这里所谓的"二赐"(德文：zwei Verheißungen(S. 23)，亦即"两个希望")，所指的是：auf daß dir es wohlgehe, und du lange lebst auf Erden(S. 23)使你心情舒畅地在世间生活，并长寿。其后的译者注为："《旧约·申命记》第五章第十六节：'孝顺父母，则纳福享寿于上帝所赐之地。'"(3a)这一部分的论述，也正合了儒家的孝道思想，①这也是卫礼贤选择翻译这本书的重要原因之一。同时从中也可以明显地看出卫礼贤试图调和基督教思想与儒家孝道的企图。

其中一处，卫礼贤替康德注明了《圣经》的出处：

"理本有生而无死，人具此理而生，故不应死。彼甘受汝为土，当归于土之诟者。"(《旧约·创世纪》第三章第十九节。译者注)(3b)

---

① 孔子曰："孝弟也者，其为仁之本与。"(《论语·学而》)后来发展到：孝是"德之本"，奉之为"天之经""地之义"，倡导"以孝治天下"(《孝经》)。

原文作„du bist Erde und sollst zur Erde werden"(S. 24),这句话今天的译文是"你本是尘土,仍要归于尘土"。因为在基督教文化背景的德国,这句话是不需要解释的,而到了中国之后,卫礼贤还是要给出这句话的出处。

(七)佛家和道家的话语和思想

在多元话语共存的中国知识界,清末民初的知识分子除了儒家的话语系统外,对于同属于中国文化传统的佛家和道家的话语也是非常熟悉的。在翻译、注释乃至比附方面,译者/润色者同样使用了佛家和道家的话语。

在翻译胡斐兰注释康德有关"幻想之病"(忧郁症)的时候,由于内容的关系,译者自然而然地使用了佛教的话语:"治幻病之妙法,莫若自外其身。幻病之根,惟在执色身为我,遂从此生种种虚妄。"(8a—b)给人的感觉,仿佛在读鸠摩罗什所译的《金刚经》中的句子。

在康德《论睡眠》一章中,有关梦的成因由于是从近代西方科学出发来进行论述的,因此康德的结论是:"苟全无梦,是主意念之脑所发之力,不能与脏腑精力相交,而人瞬息不能保其生矣。故凡生物,当其睡时,皆有梦也。"(9b)为了不让康德的观点与《庄子》"至人无梦"的说法不相矛盾,译者做了一个注予以解释:"此论与庄子'至人无梦'之说似相反,而实相通。梦有生于思虑者,庄子之言,因觉时无妄念,故无思虑之梦也。康德所言,则魂交之梦,无所感动,平安自梦也。"(9b)对梦做了这样的区分,康德的看法与中国传统的认识就不矛盾了。

其中"主意念之脑所发之力"的德文原文为„wenn die Nervenkraft, die vom Gehirn, dem Sitze der Vorstellungen ausgeht"(S. 45,意思为:从意念的所在地大脑发出的神经动力……)由于当时对西方的脑科学等的介绍还不是很多,因此 Nervenkraft 没有被翻译出来。

康德认为,用意念可以止咳,胡斐兰的注解释了其中的原因,译者重又与庄子相发明,认为:"此与庄子所言,'古之真人,其息深深,真人之息以踵,众人之息以喉'之言相通。"(14a)

在论述《论防思想不时之病情》一章中,康德对在"Unzeit"(不合时宜、不合适的时刻)进行了论述。他指出:"唯人于行走饮食之时,苟又专心思想,可成二病:一则幻想病,一则头眩病。人之防此病也,当使形体之动作,……与心神之动作,……二者相嬗代而行,方形体动作之时,心神即不可动作,宜止其尚念之思想,而任其心意之自然,此时若有思想之萌生,必立运其特别之意力以阻之。"(12b)其中"幻想病"即"抑郁症",而"头眩病"为"眩晕症"(Schwindel)。在解释其中的原因时,康德写道:"其所以食之时,或读书,或默想,皆可以致病者,缘胃中正盛食。而思想夺其生气,以引之入脑也。而行之时,足正用力,又运思想,其害亦夫与此相等。"(12b)

形体动作与心神动作分别进行,这从根本上来讲是禅的境界。在孔子也有"食不言、寝不语"之说。从现代医学上来讲,人在吃饭的时候,肠胃的腺体不断地分泌消化液,是营养充分得到吸收,同时减少胃肠的负担;而在睡觉的时候,中枢神经从兴奋到抑制,从而让大脑细胞和各器官组织得到休息。如果在进行形体动作的时候,依然思考的话,那么大脑皮层就一直处于紧张的状态之下。如果形成习惯的话,一定会对身体有负面的影响的。

三、结　　论

由于译者/润色者所处时代的特殊性及其特有的儒家文化氛围(青岛的前清遗老、1913年建立"尊孔文社"),面对陌生的异域思想,他们有着自身的理解。通过上述的分析,我们可以看到,译者/润色者是借助于康德思想与儒家学说词汇中交叉(共通的部分)来展开对康德学说的翻译的,这实际上是相互阐释。而在翻译/润色的过程中,渗透进去很多原文本所没有的儒家思想的特征,以及译者/润色者的主观意图,从中我们能很好地去认识作为儒家知识分子以及儒家思想之激赏者因其自身的理解视域和适应策略而选择、过滤的康德文本。这在某种程度上可以说是在翻译康德,从另一方面也验证了南宋大慧宗杲普觉禅师的一句话"无著云:曾见郭象注庄子,识者云:却是庄子注郭象。"①通过上述词语翻译,特别是用儒家话语对康德思想的重构,我们可以重新反思和审视作为译者/润色者的建构者的主体视角及其世界观。

译者之一的周叔弢、润色者劳乃宣、作序者张士珩,乃至大部分读者通过阅读这个译本而对康德思想所形成的认识,是很有局限性的,因为他们缺少卫礼贤的德国哲学训练,对整个西方哲学史和文化史的了解非常有限。1915年《学生杂志》刊载署名萧公弼的读后感,最后写道:"愿吾徒读康氏之论者,勤修天爵,漠视人爵,则澹泊明志,宁静致远,箪瓢陋巷,褐衣

---

① 雪峰蕴闻编《大慧普觉禅师语录》,卷二十二,见《大正新修大藏经》47—904—1。

粝食,乐亦在其中矣。夫仅保生制病云尔哉!"①这样的文句看似完全跟康德哲学没有任何关系。

许理和在中国佛教的研究中,认识到了"文化令式"(cultural imperative)这一重要概念:任何一种外来的边缘宗教,都不可能在中国生根,除非能证明其宗旨跟官方的意识形态是一致的。在以后对耶稣会神父的适应中国政策的研究中,他认为"这样的一个模式比以往任何时候更加明显"。②《人心能力论》的翻译尽管已经到了民国时代,但在当时青岛的知识分子氛围中,儒家思想依然是那里的前清遗老们的出发点,并且这一译本的产生又出自这些在思想和文化上占统治地位的儒家知识分子之手,所以也只能证明其与主流的儒家思想是相一致的。

译者有时常常过分依赖于中国已有的儒家话语及其他固定的词汇,有一些翻译不是很准确。如在《论用心之事与老年》中,译文中的第一句为:"凡用心之定力可治之病,多为脑病。"(14b)检讨原文会发现,这里所谓的"脑病",原文是:„alle von der spastischen(krampfhaften) Art"(S. 65),意思是:所有痉挛(抽搐)类的疾病。尽管这类疾病多与大脑有关,但并不是"脑病"。

由于当时的工具书不完善,致使一些专用名词完全译错。如在《论用心之事与老年》中,译文中有"余近年以来,常患丹国流行之头重病。(时丹国有流行头重之时疾,康君自疑是此病,故云然。译者注。)"(15a)查德文原文,所谓的"丹国流行之头重病"为:"Katharr"(S. 65)更常用的是"Katarrh",是从古希腊语 καταρρεῖν 而来的,意思是"往下流",用来指"粘膜炎"。不知道,译者所谓的"丹国"从何而来?

《人心能力论》由于过多地使用中国固有的话语系统,更由于所选择的著作的局限性,康德的主要思想并没有由于此书的翻译而被真正介绍到中国来。此书出版十年之后,亦即 1924 年,在康德诞生 200 周年之际,当时

---

① 萧公弼(四川工业专修学校正科一年生)《读康德人心能力论书后》,见《学生杂志》1915年第 6 期,第 27 页。

② Zürcher, Erik, "Jesuit Accommodation and the Chinese Cultural Imperative", in Mungello, D. E. (ed.), *The Chinese Rites Controversy. Its History and Meaning*. Monumenta Serica Monograph Series XXXIII, Sankt Augustin-Nettetal, 1994, pp. 31-64. Here p. 41. 之后许理和写道:"当利玛窦开始使用他的适应中国文化的方法的时候,他可能并没有认识到这一文化令式的全部力量:他必定是以非凡的智慧、直觉和对中国国情的日益增长的认识之结合而逐渐认识到这一点:适应中国文化是唯一可行的方法。"出处同前。

的中国学术界才开始重新发现这位德国的哲学大师。当时《学灯》和《晨报》副刊分别发表了胡嘉的《康德学说与我们对于康氏生辰纪念之感想》和张东荪的《康德杂谈》。当年的《学艺》和1925年的《民铎》,也先后出版了"康德专号",发表论文多达35篇。贺麟先生后来回忆说:"自从1923年,张颐先生回国主持北京大学哲学系讲授康德和黑格尔的哲学时,西方古典哲学才开始真正进入了中国近代大学的哲学系。"①

伽达默尔使用海德格尔的术语"前理解"(Vorverständnis)来说明相对于某种理解以前的理解,而这对于理解是不可避免的,这同时也是保证理解的多元性和开放性的前提。依据海德格尔的说法,一切的理解都是建立在"前理解"的基础之上所达到的新的理解:"将某物解释为某物,其基础在于前具有(Vorhabe)、前见解(Vorsicht)和前把握(Vorgriff),解释从来不是对一项先行给定的事物所做的无前提的把握。"②伽达默尔在海德格尔的基础之上提出了"理解的历史性、视界融合和效果历史"的诠释学原则。任何对康德的解读和理解,都无法超越历史时空的现实境遇。阐释者与文本既是历史的存在,同时又处于不断形成的过程之中。因此,理解的视界(Horizon)同样具有历史性,这同样也是一个不断形成与变化的过程。对文本原意从来就没有我们以往所想象的所谓"唯一正确"的理解,这也是为什么不同时代有不同译本的原因。而没有过去,现在的视界就不会形成。因此,不仅仅张士珩、周叔弢、劳乃宣对康德的理解具有历史性,我们今天同样无法超越之。"解释开始于前把握(Vorbegriffen),而前把握可以被更合适的把握所代替:正是这种不断进行的新筹划过程构成了理解和解释的意义运动。"③伽达默尔对海德格尔"诠释学循环"(der hermeneutische Zirkel)解释的理解,无疑可以帮助我们今天更好地理解康德的第一个译本。无论如何,作为第一部被介绍到中国来的康德的著作,译者和润色者的尝试是值得我们肯定的。

---

① 贺麟《康德黑格尔哲学东渐记》,收入《中国哲学》第2辑,北京:三联书店,1980年,第368页

② 本文作者译文,原文见:Heidegger, Martin, *Sein und Zeit*, Tübingen: Max Niemeyer Verlag, 1979. S. 150.

③ 伽达默尔著,洪汉鼎译《真理与方法——哲学诠释学的基本特征》,上海:上海译文出版社,1999年,第343页。

第十章
孔舫之中国章回小说的德文译本

由于自己研究领域的关系,一直以来我都特别关注西文(主要是德文)有关历史中国、文化中国和哲学、宗教的书籍。2004年回国在大学教书后,我常常到世界各地开会、访学,因此我有了比较广阔的搜罗空间,自然而然就积累了一些这方面的图书。2014年3月我曾在当时新落成的北京外国语大学图书馆展出了50本有关汉学的德文图书,其中有德国汉学家孔舫之翻译的5种中国的章回小说。

一、孔舫之其人其事

孔舫之(弗兰茨·库恩)1884年生于德国东部萨克森州的弗兰肯贝尔格(Frankenberg),于1961年在弗莱堡去世。他将自己的后半生全都投入在中国古典小说的德译上了。据说1961年初他是在弗莱堡一家电影院看电影时突然去世的,享年77岁。

1903年,孔舫之开始在莱比锡大学(Universität Leipzig)学习法律,1904—1907年转到了柏林大学学习,其间他在东方语言学院读了两年的中文课程,并在1906年获得了一份中文的文凭证书。1907—1908年孔舫之又回到了莱比锡,并于1908年通过了第一国家考试,1909年完成了他的博士论文。1909年他作为翻译见习生(Dolmetscher-Eleve)被派到了当时设在北京的德国公使馆。他在中国待到1912年,其间他也在哈尔滨的德国领事馆做到了副领事。1912年回到德国后,孔舫之退出了外交界,并在1913—1919年间系统学习了汉学。他从1920年代开始,翻译中国古典小说,并且从1925年起主要为莱比锡的岛屿出版社(Insel-Verlag)进行翻译。1930年他的《金瓶梅》(*Kin Ping Mei oder Die abenteuerliche Geschichte von Hsi Men und seinen sechs Frauen*, Leipzig 1930)德译本取得了空前的成就,创造了在销售方面的诸多突破。进入 30 年代之后,他逐渐与岛屿出版社的社长安同·吉本贝尔格产生矛盾,因为后者希望在合同上就约定要对原文进行大量删节。有关这一问题,我的博士生张欣在 2013 年 5—10 月专门去了魏玛的歌德与席勒档案馆(Goethe und Schiller Archiv, Weimar)找到了吉本贝尔格和孔舫之之间的往复书简,并进行了研究。根据张欣对档案及孔舫之书信的解读,他在一定程度上是支持在当时的情况下只能节译,后来再逐步全译的,当然有妥协的成分。由于篇幅的限制,需要大量的删节,这确实给孔舫之的工作带来了一定困难,但他没有公开抱怨过,还写过文章说明节译的现实性和必要性,不过他确实希望日后在适当的时机推出全译本。从信件内容来看,他们后期争执主要是稿酬问题(孔舫之后期希望分期发放报酬,按时得到补助,屡次被拒绝,多次抱怨出版商冷血);在孔舫之看来,吉本贝尔格比较保守,不太愿意开发海外市场,对推出德文译本的转译本不是很积极。因此但凡孔舫之提出稍有冒进或开拓性的意见,吉本贝尔格必然拒绝;催稿太紧,合同细节苛刻,独断专行,干涉控制的太多。之后孔舫之也在其他出版社出版他的译本,但数量并不多,如 1931 年他翻译出版的民国鸳鸯蝴蝶派小说家海上说梦人(朱瘦菊)的《歇浦潮》的德文译本,就是在保罗·左奈出版社出版的,当时印了 5,500 册。①

纳粹攫取政权后,由于《金瓶梅》一书涉及色情的内容,而遭到当局的查禁,1942 年一度上了有害且不受欢迎的图书名单,之后重又被解除。1943—1945 年的大轰炸使得孔舫之在柏林、弗莱堡和德累斯顿家中的大部分图书和手稿毁于战火。二战之后孔舫之先是定居在巴登符登堡州的巴登威勒(Badenweiler)小镇,这个位于巴符州与瑞士巴塞尔(Basel)附近的小镇,实际上处于黑森林南端的第一处丘陵中,2012 年春天我在去巴塞尔雅斯贝尔斯故居前,曾在这边停留。此处风景宜人,是一处漂亮的疗养地。尽管如此,这样一个小地方对孔舫之来讲基本上没有办法从事他的翻译工作。于是在 1951 年他移居到了弗莱堡,继续从事他的翻译事业。由于孔舫之在翻译方面做出的杰出贡献,1955 年德国外交部文化局和巴符州文化部为他提供了为期 5 个月世界旅行费用,可惜当时他没有办法到中国来,

---

① Fräulein Tschang(Hsieh p'u-ch'ao). Ein chinesisches Mädchen von Heute. Roman. Berlin, Wien, Leipzig: Paul Zsolnay Verlag, 1931.

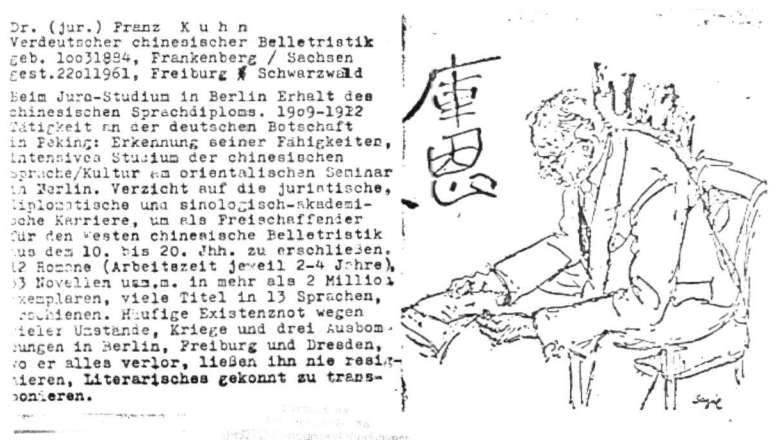

图 10-1　孔舫之的侄子哈托·库恩所整理出来的绘有他叔父形像的便条以及简介

于是他启程到了香港，在那边待了 4 周，之后途经澳大利亚、美国和加拿大，重又回到了德国。由于孔舫之的译本在德语世界产生很大影响，他于 1932 年获得莱辛奖（Lessingpreis）以及其他各类奖项，以表彰他在中国古典文学德语翻译方面所做出的杰出贡献。不过在专业圈中，有人对孔舫之的翻译评价颇高，而有人则对他的译文提出严厉的批评，认为孔舫之的中国文学译本根本不是严格语文学意义上的翻译。

图 10-2　1956 年孔舫之在加拿大多伦多参加了他侄子蒂洛·库恩与娜奥美的婚礼

二、《隔帘花影》的德译本

这本《隔帘花影》(*Blumenschatten hinter dem Vorhang. Aus dem Chinesischen verdeutscht von Franz Kuhn. Verlagsanstalt Hermann Klemm, Erich Seemann, Freiburg im Breisgau, 1956*)是我所拥有的孔舫之德译中国文学作品中的一本。孔舫之几乎创造了德语翻译中国古典小说的奇迹,他的译本不仅发行量极高,而且也被转译为其他西方语言在西方国家广为流传。

20世纪90年代我在德国留学之前,很少见到《隔帘花影》之类的"黄色"章回小说。到了德国之后,在波恩大学汉学系图书馆见到一套台湾版的《中国历代禁毁小说海内外珍藏秘本集粹》,便如饥似渴地借回去读,《隔帘花影》当然是其中的一本。这种话本小说跟其他的书不太一样,读德文译本真的好像隔靴搔痒。

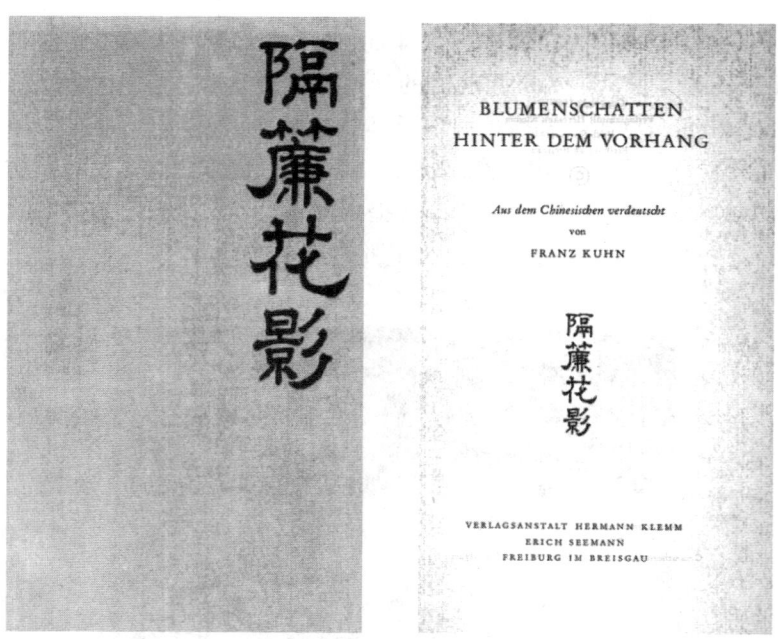

图10-3　孔舫之译《隔帘花影》德文版的封面和扉页书影

我买到的这个版本是1956年由弗莱堡的赫尔曼·克莱姆、埃里希·希曼出版社共同出版的一个新的版本,全译本,亚麻布面精装。封面有"隔帘花影"四个汉字,书脊上则是横排的德文名称"Blumenschatten hinter dem Vorhang"。早在1939年,孔舫之就出版过此书的一个节译本《月娘与银瓶》(*Mondfrau und Silbervase*, Berlin: Steiniger-Verlag im Dom-Verlag, 1939)。据孔舫之自己的记录,当时这一版本就卖了5万册。①

根据孔舫之1956年的后记(Begleitwort),作为译本底本的版本有两种:一为上海中央书店印行的《隔帘花影》(1944),他称作"文本 A"(Textausgabe A);另外一种是上海卿云书局印行的《真本续金瓶梅》(1933),被称作"文本 B"(Textausgabe B)。孔舫之对这两种版本进行了详细的解说和考证。②

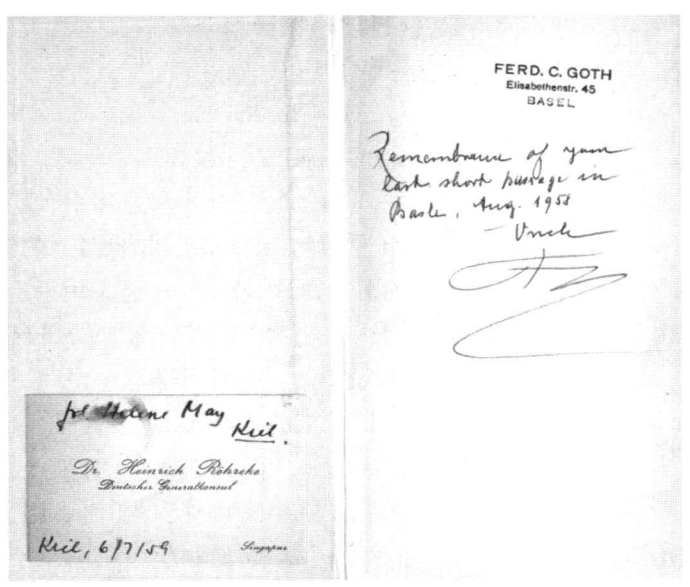

图10-4 《隔帘花影》德译本书中的题词和名片

---

① *Dr. Franz Kuhn(1884-1961). Lebensbeschreibung und Bibliographie seiner Werke*. Bearbeitet von Hatto Kuhn. Wiesbaden: Franz Steiner Verlag GmbH, 1980. S. 72.

② *Blumenschatten hinter dem Vorhang*. Aus dem Chinesischen verdeutscht von Franz Kuhn. Freiburg im Breisgau: Verlagsanstalt Hermann Klemm, Erich Seemann. 1956. S. 759-779.

我究竟在哪里买的这本书，记不太清楚了。不过书中夹有一张原德国驻新加坡总领事 Dr. Heinrich Röhreke 的名片，是他 1959 年 7 月 6 日送给 Helene May 的礼物。Röhreke 的中文名为"罗雷科"，他生于汉口，多年来作为德国外交官生活在中国，1944 年曾任汉口的德国领事，1947 年任教于武汉大学。1958—1963 年他出任新加坡总领事。这本书便是他任新加坡总领事期间，回德国基尔(Kiel)时购买之后送人的。1972 年当北京的德国大使馆建立后，罗雷科被作为一等公使被派到北京，负责使馆的全面建设工作，直到第一任大使到任。而书的扉页上有 Ferd. C. Goth 的印章，以及 1958 年 8 月于巴塞尔(Basel)的题赠。从中可以知道，当时罗雷科所买的也是一本旧书。

三、《红楼梦》德译本

孔舫之《红楼梦》(*Der Traum der roten Kammer*. Aus dem Chinesischen übertragen von Franz Kuhn. Wiesbaden: Insel-Verlag Zweigstelle, 1951)德文译本是他中国典籍译本中流传最广的一本了。① 当时要买这本书，既不是为了阅读，更不是为了收藏。只是扉页左侧的"红楼梦"自上而下的三个汉字印倒了，觉得可以作为一个审美的案例，以后教书时可能会用得上。

整本书是全布面精装，封面是一幅四色(黑、黄、蓝、绿)的装饰版画，上方是"红楼梦"的德文书名，下方写着"一部清代早期小说"(Ein Roman aus der frühen Tsing-Zeit)。书脊上是横排的德文书名，下面是装饰性的花瓶和花。全书一共 793 页，因为使用上好的圣经纸印制的，因此并不显得厚。由于《红楼梦》中的人物关系错综复杂，对于没有任何中国文化和历史背景的德语读者来讲，很难弄清楚各个人物之间的关系。因此译者在书的最后增加了"贾氏家族树状图"(Stammtafel der Kia-Sippe)。

本书的第 1 版是由在莱比锡的岛屿出版社于 1932 年出版发行的，之后于 1944—1977 年间在莱比锡的岛屿出版社以及设在威斯巴登和美茵河畔法兰克福的分社先后再版出版了十几次，此外在柏林、达姆施塔特、维也

---

① 书中并没有注明出版年代，查 Dr. *Franz Kuhn*(1884-1961). *Lebensbeschreibung und Bibliographie seiner Werke*. Bearbeitet von Hatto Kuhn. Wiesbaden: Franz Steiner Verlag GmbH, 1980. S. 57.可以看到是 1951 年的版本，当时此版本的印数为 1.9 万—2.1 万册。

图10-5 1985年6月7日至8月10日由慕尼黑大学图书馆组织的展览"孔舫之与中国小说"在柏林普鲁士文化遗产州立图书馆展出时的海报

纳,也曾由德国书业联合会(Deutsche Buchgemeinschaft)于1966年和1973—1974年予以出版。截止到1970年代,本书的整个发行量超过了10万册。①

---

① *Dr. Franz Kuhn(1884-1961). Lebensbeschreibung und Bibliographie seiner Werke*. Bearbeitet von Hatto Kuhn. Wiesbaden: Franz Steiner Verlag GmbH, 1980. S. 57.

图 10-6　孔舫之译《红楼梦》德文版封面(左)及扉页(右)。扉页左面的"红楼梦"三个字印倒了。

四、《十三层塔》德译本

之所以买这本《十三层塔》(*Die dreizehnstöckige Pagode. Altchinesiche Liebesgeschichten.* Bavaria-Verlag, Gauting, Verlag der Zwölf, München, 1949),也是因为封面上的"十三层塔"的汉字颠倒了过来,我觉得很好奇。本书是全布面精装,尽管是 1949 年印制的,但依然显得很新。

此书初版是在 1939 年由柏林的大教堂出版社(Berlin: Dom-Verlag)出版的。这本 488 页的小说在当时印了 5,000 册。根据孔舫之自己的记录,1949 年慕尼黑高亭(Gauting)的这个译本发行了 4,500 册。①

所谓的"十三层塔"是十三篇古典小说选集,由孔舫之本人编辑在一起的。这十三层塔分别为:第 1 层、蝉(选自《三国演义》第七回),第 2 层、合影楼(《十二楼》之第一楼),第 3 层、夏宜楼(《十二楼》之第四楼),第 4 层、奉先楼(《十二楼》之第十楼),第 5 层、生我楼(《十二楼》之第十一楼),

---

①　Dr. Franz Kuhn (1884-1961). *Lebensbeschreibung und Bibliographie seiner Werke*. Bearbeitet von Hatto Kuhn. Wiesbaden: Franz Steiner Verlag GmbH, 1980. S. 73.

第6层、陈御史巧勘金钗钿(《今古奇观》之第二十四卷),第7层、钱秀才错占凤凰俦(《今古奇观》之第二十七卷),第8层、乔太守乱点鸳鸯谱(《今古奇观》之第二十八卷),第9层、崔俊臣巧会芙蓉屏(《今古奇观》之第三十七卷),第10层、唐解元玩世出奇(《今古奇观》之第三十三卷),第11层、夸妙术丹客提金(《今古奇观》之第三十九卷),第12层、黄裙(19世纪小说),第13层、诱骗(选自《血滴子》)。尽管这些小说选自《三国演义》《十二楼》《今古奇观》,以及19世纪和20世纪的小说,但其内容基本上是才子佳人小说,这在当时被认为是特别富有东亚情调的题材。其中的第8、11层的故事也被转译成了西班牙语(共84页)。①

布面精装的封面上的汉字"十三层塔",工整、精巧,轻重顿挫富有变化,显然出自中国人的手笔。译者在书的最后一页写道:高雅的书法作品出自柏林中国使馆精通中国文学的参赞 Dr. Léor. Chang,②此人应为张允恺。

图10-7　孔舫之译《十三层塔》德译本的封面(左)和扉页(右)书影。只不过封面上的"十三层塔"四个字同样印颠倒了

---

① *Dr. Franz Kuhn (1884-1961). Lebensbeschreibung und Bibliographie seiner Werke*. Bearbeitet von Hatto Kuhn. Wiesbaden: Franz Steiner Verlag GmbH, 1980. S. 74.

② *Die dreizehnstöckige Pagode*. Gauting: Bavaria-Verlag, München: Verlag der zwölf, 1949. S. 488.

五、《十二楼》德译本

我手头上的《十二楼》(Altchinesische Liebesgeschichten. Vier Turmnovellen aus der Sammlung Schi örl loh. Wilhelm Heyne Verlag, München, 1961)是 1961 年由在慕尼黑的威廉·海纳出版社出版的普及本。此书的第一版是 1958 年由威斯巴登的埃米尔·福尔摩尔出版社出版(Emil Vollmer, Wiesbaden)。当时的版本是全布面精装,有 28 幅巴亨·贝勒所绘制的插图,巴亨是当时德国著名的画家、作家。这本仅有 99 页的小书,第一版就印了 10,000 册。后来又再版了几次,发行了几万册之多。①

我所拥有的这本简装小册子,是威廉·海纳普及本系列第 136 种,155 页。由于是很便宜的系列,因此印刷的质量比较差,纸质也不好。根据孔舫之的记载,当时印了 20,000 册。② 书的封面上有仕女、小生图、写意的花瓶,这些对西方读者来讲是非常"具有异国情调的"(exotisch)。封底分为两部分,上部分是有关《十二楼》的作者李渔的介绍,下部分是介绍 1658 年出版的这本小说以及孔舫之所翻译的这四篇作品。四篇分别是:1.合影楼(《十二楼》之第一楼),2.夏宜楼(《十二楼》之第四楼),3.奉先楼(《十二楼》之第十楼),4.生我楼(《十二楼》之第十一楼)。

很重要的一点是,尽管此书非常简单,但因为是作为世界文学选集(Aus der Weltliteratur)出版的,一般的西方读者并不将这样的译作仅仅作为猎奇的读物。在书的最后几页的广告中,人们可以知道,同一系列中还有艾伦坡、莫泊桑、吐温·马克以及巴尔扎克的小说。因此,可以想象得到,当时的读者会肯定这些中国小说的文学价值的。当然这些作品所体现的中国人的宇宙、自然和人的观念,以及对文学、艺术的独特审美观对于西方读者一定相当陌生,但却真正体现了中国文学的固有价值和世界意义。1955 年孔舫之在香港所写的报道中同样指出:"中国人对于我帮助他们将他们的文学推向世界文学非常感兴趣,并且对我给予了相符的评价。"③

---

① Cf. *Dr. Franz Kuhn* (1884-1961). *Lebensbeschreibung und Bibliographie seiner Werke*. Bearbeitet von Hatto Kuhn. Wiesbaden: Franz Steiner Verlag GmbH, 1980. S. 96-97.
② Ebenda., S. 97
③ Ebenda., S. 33.

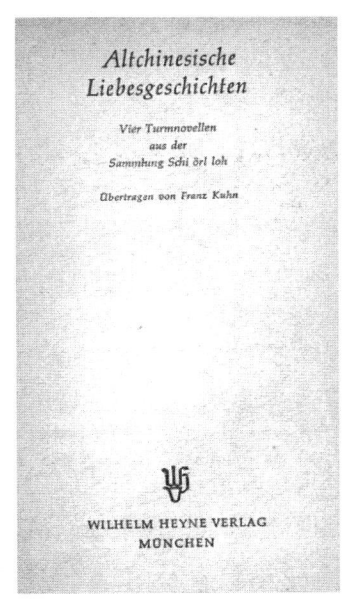

图 10-8　孔舫之译《十二楼》德译本的封面(左)和扉页(右)

六、《肉蒲团》德译本

手头上的这部李渔的《肉蒲团》德译本(*Li Yü. Jou Pu Tuan. Ein erotisch-moralischer Roman aus der Ming-Zeit. Büchergilde Gutenberg. Frankfurt am Main, Wien, Zürich, 1977*),是 1977 年重印的一个非常精美的版本。当时我买这本书的时候,是因为书的封面上的浮世绘吸引了我。一直到了 20 世纪 70 年代,西方还是分不清楚日本艺术和中国艺术的区别。他们认为,浮世绘很能代表中国古代。

本书是暗红色全布面精装,布面上仅在书脊上有白色的德文书名和副标题,显得干净、典雅。书中有 60 幅原书中的木版插图,非常传神。护封的标题下,是日本绘有艺妓的浮世绘。折口有一段出版社写的说明:

> 此书的孔舫之德文译本当于 1959 年在苏黎世出版之时,迅即为司法机构查禁。出版商并未为之吓倒,一直在为自己的作者做孜孜不倦的抗争,最后的主管机关取消了查封。多年来文学方面的专家一直

在辩论,结果表明,博学且富有创造性的作者在不同寻常诱人的外表之后,透过鲜活且轻薄、快活的叙述艺术,掩藏着不为人知的隐蔽性和深度。从李渔的小说中,总是可以解译出比一本在世界文学中很少受时代限制的爱情小说更多的内涵,李渔的小说中完全没有任何一种虚伪的暴力,以及任何可以感受得到的排他性。①

可见,此书的出版并非一帆风顺。此书的第一版是由瑞士苏黎世的天平出版社(Die Waage, Zürich)于1959年出版的。印了4,000册,当年的9月16日被当局查禁。

1953年,孔舫之认识了瑞士出版商威斯纳·菲利克斯——天平出版社的负责人,他们之间建立了友谊,之后签署了一系列的出版合同。《隔帘花影》的译文之后,孔舫之开始翻译新的中国小说。翻译出版《肉蒲团》本身就是一项冒险活动,之前他们还专门就此事进行了讨论,并且咨询了专业人士。但是这次的冒险并没有取得成功:在第一批印刷好的书成功销售之后的两个月,1959年6月10日联邦德国和瑞士的海关暂时将剩余的部分封存了起来,8月14日下了搜查住宅的命令,8月20日苏黎世地区律师界

图10-9　孔舫之译《肉蒲团》德译本封面(左)、扉页(中)以及1705年日本重印《肉蒲团》的扉页

① Li Yü. Jou Pu Tuan. Frankfurt am Main, Wien, Zürich: Büchergilde Gutenberg, 1977.

由于出版淫秽出版物向出版商威斯纳·菲利克斯提出了诉讼。9月16日开始,1480册精装本以及手稿、制版全被查封。11月27日出版商提出了《肉蒲团》一书在文化史和艺术上的意义,这也被认为是颇值得怀疑的,并且其中数量众多的淫秽插图是确凿无疑的。最终决定销毁所有被查封的材料。由当时著名人士写就的评语作为申诉材料也被1960年8月24日的上诉裁决予以了驳回。之后于1962年3月5日所有的书籍连同制版一道被销毁。①

七、结　　语

孔舫之从1919年发表《卖油郎独占花魁》的德文译文一直到1961年意外去世,一生中曾翻译了中国的13部长篇小说,50余部中短篇小说,他的翻译以明清话本小说为主,也有一些唐传奇、话剧剧本、古代戏曲、历史小说,乃至现代小说。

孔舫之的翻译除了《隔帘花影》之外,其他的基本上是编译——对原文带有创造性的加工。作为汉学家,他对中国文化有着很好的理解和深入的研究,同时也熟悉德语读者的阅读兴趣和习惯,因此能从整体上予以把握,并且游刃有余地进行改写。从主观上来讲,孔舫之并不愿意做这样的删节,这是他与作为出版人和赞助商的吉本贝尔格从商业的角度考虑的要求妥协后的结果。因为要做大量的删节,孔舫之的编译工作要在保证情节连贯的前提下进行,这着实要费一番功夫的。

孔舫之有着很好的德语修养,他的语言流畅优美,这也是他作为译者最成功的地方。他的翻译以一种惟妙惟肖的表达方式,进入到古代中国人的生活和审美之中,从中感受到一种东亚陌生世界的思想感情。正是通过这样的一个翻译文本,孔舫之让一般的德语世界的知识界和民众感受到了一个真正的中国文学,一个有着西方人同样认同而有着文学特征的文学。中国文学所固有的艺术价值也因此得到了彰显。也正因为如此,他的很多译本一直到近年来依然在重印。此外,也一再被转译为欧洲的其他文字,如《红楼梦》的德译本就被转译为了英语、法语、荷兰语以及匈牙利语,《水

---

① Dr. Franz Kuhn(1884-1961). *Lebensbeschreibung und Bibliographie seiner Werke*. Bearbeitet von Hatto Kuhn. Wiesbaden: Franz Steiner Verlag GmbH, 1980. S. 34.

浒传》也有荷兰语、意大利语的转译本,《金瓶梅》也被翻译成法语。因此,孔舫之的译本对中国文学在德国乃至欧洲的传播和普及,起到了非常重要的作用。

此外,尽管孔舫之的翻译在一定程度上是编译,但他还是会对所译的中国文本进行系统的研究,这都体现在他每个译本的"译后记"中。他会在"译后记"中交代选择翻译这一文本的原因,文本产生的时代背景,作者的简单生平,对书名的理解,所选用底本版本的说明。诸如此类的"译后记"是典型的"副文本"(paratext),对于研究孔舫之的翻译提供了重要的文献资料和依据。

第三编
范式与机构

第十一章
福兰阁及欧洲汉学研究的范式转换

一、引　子

德国汉学享誉世界,如果从汤若望等耶稣会士时期的"前汉学"(Protosinologie)算起,已有300多年的历史了。19世纪西方汉学逐渐成为东方学的一个分支,①纷纷进入了大学的体制。不过这一时期汉学研究的重点依然是延续耶稣会传教士的兴趣和传统,研究中国的语言和翻译中国重要的典籍或对中文著作中特定的部分做介绍、分析。自19世纪末,世界考古的重心逐渐转移到了中亚和远东,由于敦煌和吐鲁番文书的发现,四裔之学遂成为西方汉学家关注的对象。中国和其他亚洲国家以往的交流史、中西交通史自然也成为汉学中的主流。由于德意志帝国在争夺中亚宝藏方面的优势,送往柏林的这些以往不为人知领域的文献,使得一向自负的德国学者意识到,在公认的研究领域,依然还有很多未知的东西。德国学者在历史语言学和中亚古代语言文字考古方面所取得的巨大成就,以语文学的方式进行的汉学、佛学等研究,在这一时期成为学术的重点。

如果读这一时期的《通报》(*T'oung Pao*)②和《德国东方学会会刊》(*Zeitschrift der Deutschen Morgenländischen Gesellschaft*)③的话,仅从题目

---

① 1953年,傅海波的《汉学》一书是作为"东方学"之一种在瑞士伯尔尼出版的:*Sinologie, Orientalistik 1. Teil*. Bern: A. Francke AG. Verlag, 1953.
② 1890年创刊于荷兰莱顿(Leiden)的汉学及东亚研究的学术期刊。
③ 《德国东方学会会刊》创办于1857年,主要刊登德国学者有关东方学的研究成果,也包括汉学方面的一些文章。

上就可以看到上述的特点。实际上这不仅仅是德国汉学的特点,也是当时欧陆汉学的特点,最起码法国汉学也在佛学和中国的四裔之学方面做出过巨大的成就。1919年当时就读于巴黎大学的中国学者李思纯曾认为,西洋人在中国文化精神方面只能是外行,却从另一个方面肯定了欧陆学者在器物史、考据学以及中亚古代语言方面所具有的优势及做出的贡献:

> 纯居巴黎三年,法之治中国学者(西人之治中国学者,英美不如德,德不如法),其攻中国之事物凡两途:其一探讨古物,而为古物学之搜求;其一探讨政治礼俗,而为社会学之搜求。然决未闻有专咀嚼唐诗宋词以求其神味者,此无他,彼非鄙唐诗宋词为不足道,彼实深知文学为物,有赖于民族之环境,遗传者至深,非可一蹴而几也。旧读《儒林外史》,某有言曰:"亭榭如名位,时来则有之;树木如才德,非百年不能成。"昨与陈寅恪君谈,陈君亦云:"机械、物质之学,顷刻可几者也;哲学、文学、音乐、美术,则精神之学,育于环境,本于遗传,斯即吾国之所谓礼乐是也,礼乐百年而后兴。"①

吴宓于1931年2月24日在巴黎见到烜赫一时的伯希和后,感到非常失望,因为这鼎鼎大名是建立在语言、考据的基础之上,而非中国文化文史哲的真精神:

> 下午2—3,至38 Rue de Varenne(VIII)谒伯希和教授(Professor Paul Pelliot)。彼乃一考据家,又颇有美国人气习。迨宓述王国维先生及陈寅恪君之名,又自陈为《学衡》及《大公报·文学副刊》编辑,对宓始改容为礼。然谓李济、顾颉刚等皆中国第一留学者,则殊无辨择之能力矣。宓晤汉学家(西人)既有数人,虽佩其记诵考据之精博,心殊失望也。②

可见,当时的汉学家基本上是在语言和器物考据方面下功夫。实际

---

① 李思纯《与友论新诗书(节录)》,见《学衡》第19期,"文苑、文录"第5—6页。
② 《吴宓日记》第5册,北京:三联书店,1998年,第196页。

上,自20世纪初开始,汉学研究进入了一个崭新的阶段,汉学家们都在尝试着将历史学的方法和观念引入汉学研究领域:批判式的文本研究以及依据由其他社会科学学科所制定出来的原则而对这些内容进行着诠释。1909年在汉堡殖民学院(Kolonialinstitut)由福兰阁所创立的"中国语言与文化系"(Seminar für Sprache und Kultur Chinas)可以说正是这一思潮的具体体现。

图11-1　福兰阁,摄于1934年左右的照片

当时殖民学院教授委员会的报告非常清楚地阐明了设立教席的基本思想:

可以假定,大家普遍清楚东亚在世界政治中成为日益重要的因素;在政治经济领域中,去了解那些推动远东古老文化发展的力量也被证明越来越重要。中国——整个东亚文化的摇篮——当代的中国研究不再是与世隔绝的语文学范畴。学习了解东亚的政治和社会发展是当代的重大任务之一,它只能通过深入东亚民族的精神生活、宗

教、习俗、政治、哲学观才能实现。研究那些能够体现当代中国人精神生活的古代文献，可以迈向这条道路。这些文献对于考察亚洲其他地区的历史和文化同样具有重大意义。当前汉学研究涉及超越自身的语言和文字的困难，运用欧洲的研究方法深入地、批判地探讨文化和历史……因此，教授的任务不仅仅在于提供中国语言课程，尤其要力图探讨东亚的文学与历史。新聘用的教授，除了应该完全掌握文言文和现代中文——这是理所当然的前提——重点应该将历史研究与活生生地理解当代的发展进程结合起来。①

福兰阁对当代中国的关注，当然与他自身曾作为外交官在中国生活13年（1888—1901）之久有关。他并不认为中国古代的文明与今天的中国是可以截然分开的，研究当代的中国，更应当使用社会科学的方法，而研究古代文献的目的则在于了解东亚的政治和社会的发展："当代的中国研究不再是与世隔绝的语文学范畴。学习了解东亚的政治和社会发展是当代的重大任务之一，它只能通过深入东亚民族的精神生活、宗教、习俗、政治、哲学观才能实现。"也正是由于这样的认知，几十年来汉堡都走在德国学术界的前列。即便是研究中国古代，汉堡学派也秉持着"将历史研究与活生生地理解当代的发展进程结合起来"的传统。

二、福兰阁对处在新的国际关系中的中国的关注

福兰阁曾在帝国外交部担任国家公职多年，回到德国之后才慢慢进入学术圈。他的一生可以分为两个大的阶段：其一是从1888年7月他出任德国外交部皇家北京公使馆见习翻译开始，到1909年他创立汉堡的"中国语言与文化系"之前。在这一阶段他主要是从事外交活动（至1901年8月在中国，之后回国），撰写了一系列跟当代中国或德中关系有关的论文，也给《科隆日报》(*Kölnische Zeitung*)等报纸的专栏撰写相关的文章。其二是从1910年正式出任汉堡殖民学院的"中国语言与文化系"的教授之后，

---

① Melle, W. von, *Dreißig Jahre Hamburger Wissenschaft 1891-1921*, Hamburg, 1923-1924. Bd. 1. S. 611-612. 转引自 Franke, Wolfgang *Im Banne Chinas. Autobiographie eines Sinologen 1950-1998*. Bochum: projekt verlag 1999. S. 7-8.

他的研究转向了古代中国文化的研究,尽管他还一如既往地关心中国当代的政治,但后来也将工作和研究的重点放在了撰写《中华帝国史》这样大部头的著作上了。

在以上两个方面,福兰阁是跟作为传教士汉学家代表的卫礼贤①的认识是完全不同的。尽管卫礼贤后来跟新文化运动的先驱者们如蔡元培、胡适等都有过密切的交往,但他向西方世界所介绍的却是一个跟今天的中国关系不大的古代文化中国。

从这时起,研究者不再会像18、19世纪的传教士和学者那样过分相信文本本身了,他们开始批判性地阅读中国的原典,开始运用资料对某一问题进行独立且深刻的分析。人们进一步想知道,文本以前的真实情况是怎样。对这一代的学者而言,最显著的特征是,除了对个别问题写有大量的论文之外,他们还完成了综合性的研究,或写有鸿篇巨制的著作。比较典型的有佛尔克的三卷本《中国哲学史》(1927—1938)②,福兰阁五卷本的《中华帝国史》(1932—1952)③。

德国汉学家很早就开始对当代中国政治和社会的关注,并且很早就运用社会科学的方法对中国政治、经济、社会进行分析。当时在中国和东亚其他地区居住的德国传教士郭实腊在1852年出版了英文版《道光皇帝传》④,这是用西文撰写的描述性的当代史著作。正是此类的当代史著作,在客观上使西方知识界重又将中国纳入了世界历史的范畴之中。

1911年福兰阁出版了他的论文集《东亚的重组:论远东政治和文化的发展进程》得以出版,⑤文中收录了1902—1909年之间的8年间的关于中

---

① 从他自己所取得中文名字"礼贤"和字"希圣"来看,他对孔子和儒家思想的确怀有不尽的崇敬和热爱之心。

② Forke, Alfred, *Geschichte der alten chinesischen Philosophie*. Hamburg: L. Friederichsen & Co., 1927; *Geschichte der mittelalterlichen chinesischen Philosophie*. Hamburg: Friederichsen, de Gruyter & Co., 1934; *Geschichte der neueren chinesischen Philosophie*. Hamburg: Friederichsen, de Gruyter & Co., 1938.

③ Franke, Otto, *Geschichte des chinesischen Reiches*. 5 Bde. Berlin 1932-1952.

④ Gutzlaff, Carl, *The Life of Taou-Kwang, late Emperor of China, with Memories of the Court of Peking*, 1852.

⑤ Franke, Otto, *Ostasiatische Neubindungen. Beiträge zum Verständnis der politischen und kulturellen Entwicklungs-Vorgänge im Fernen Osten*. Hamburg: Verlag von C. Boysen, 1911.

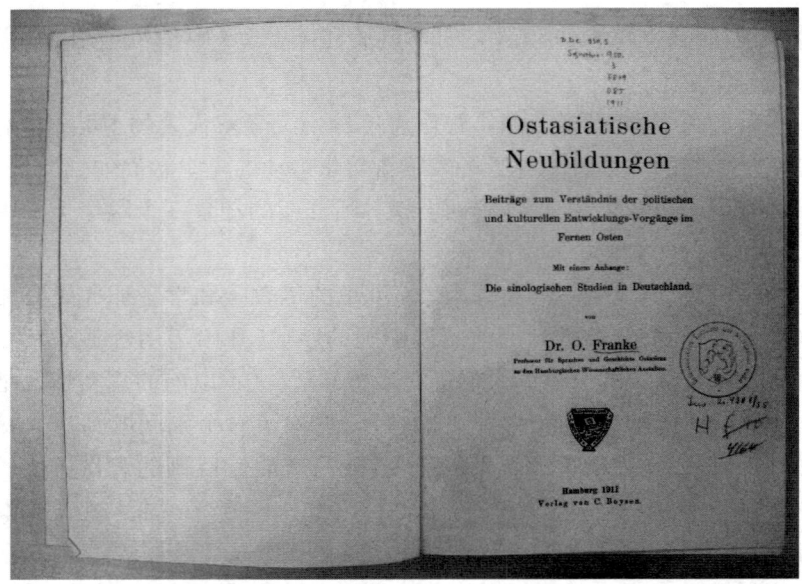

图 11-2　波恩大学汉学系图书馆藏 1911 年出版的《东亚的重组：论远东政治和文化的发展进程》一书德文版书影。——李雪涛摄

国政治和文化发展的争论性的文章 38 篇,①其中涉及政治、经济、法律、文化、宗教、国际关系等诸多方面,基本上对当时所发生的大的新闻事件都做

---

① 这部著作的具体篇名包括:1.中国的国家思想及其对西方-中国关系的意义(1904);2.中国改革运动之肇始(1903);3.今日中国之精神思潮(1904);4.最近 50 年来的东亚历史给予我们的教诲是什么?(1905);5.对 1898 年北京事件(指戊戌变法——译者注)的评价(1905);6.荣禄(1903);7.袁世凯(1903);8.中国的中央集权化努力(1903);9.李鸿章日记;10.中国废除国家考试制度(科举制——译者注)(1905);11.中国使团研究外国公共设施(1906);12.中国的宪政之路(1906);13.中国行政的新举措和新计划(1907);14.论中国的形势(1907);15.日本的亚洲企图(1903);16.日本佛教在中国的宣传(1905);17.基督教宣传在中国及其几点后果(1902);18.中国的传教士问题(1906);19.俄日战争以来中国的政治发展(1908);20.青岛德华大学的来历、发展和使命(1909);21.第一个俄中条约(1903);22.西伯利亚铁路来历的研究(1903);23.有关东蒙古地区和西满族居住区的经济状况和意义,特别是他们跟俄国的关系(1898);24.西藏(1903);25.英-藏条约研究(1904);26.续英-藏条约研究(1904);27.英国、西藏和中国(1904);28.英国签署的与西藏的条约(1906);29.英国的西藏条约(1906);30.西藏问题的进一步发展(?);31.厘金与英中条约的修订(1902);32.厘金问题(1906);33.美中贸易条约(1903);34.日中贸易条约(1904);35.中国的金融和财政问题(1903);36.赫德的中国新财政计划(1904);37.中国海关问题研究(1906);38.中国的铁路建设与铁路政策(1906)。此外还包括一篇附录:德国的汉学研究。

了评述,并且阐述了自己的观点。

单从篇名中就可以看出这本书完全是一幅当时中国各方面的全景式的研究。尽管福兰阁的大部分观点不能脱离当时的时代来看,但这些文章发表在德国重要的时政报刊上,对让西方世界迅速了解中国起到了非常重要的作用。1911年福兰阁在《德国的汉学研究》一文中指出:"我们不可忘记,汉学研究既要传授古代的知识,也要通过这些知识了解当代。"①换言之,对福兰阁来讲,汉学研究绝不仅仅意味着所谓的文化传承,更重要的是要通过对历史文献的研究去认识当下的中国。

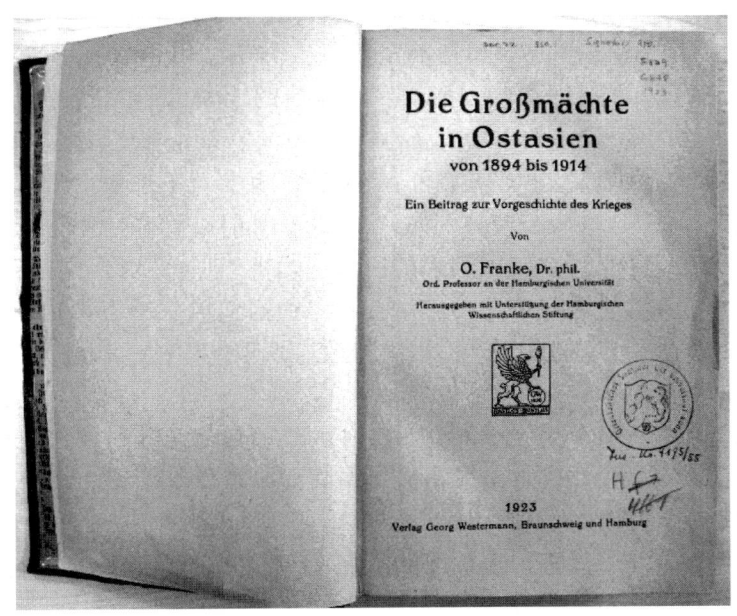

图11-3 波恩大学汉学系图书馆藏1923年出版的《1894—1914年列强在东亚:论战争(一次世界大战)的前因》一书书影。——李雪涛摄

此外,福兰阁撰写的一系列有关晚清政治的文论以及对俄德法三国"干涉还辽"事件的分析,同样可以看作是当代中国学的内容。福兰阁在

---

① Franke, Otto, „Die sinologischen Studien in Deutschland", in: Ders., *Ostasiatische Neubildungen*. Hamburg: Verlag von C. Boysen, 1911. S. 376.

文中对"三国干涉还辽"的时间进行了报道、分析,并得出了他的结论。此文收录在作者1923年出版的《1894—1914年列强在东亚:论战争(一次世界大战)的前因》的一书之中。①

福兰阁认为,中国从1842年签署了中英《南京条约》后开始进入了现代国际关系的新阶段,而在此之前,中国处理周边的"国际问题"基本上还是采用单方的决定,而不是依靠国际法。

朝鲜的独立与否,是中日之间爆发战争的根本原因。1876年日本与朝鲜签订了《江华条约》,宣布朝鲜为独立的国家,保持与日本的平等关系。1882年的壬午兵变,尽管清军在朝鲜获胜,但日本还是获得了在朝鲜的驻军权。两年之后的1884年,日本帮助朝鲜开化党发动了甲申之变,尽管被袁世凯击败,但清政府还是跟日本人签订了《天津会议专条》,规定中日同时从朝鲜撤兵,出兵时应相互通知。10年后的1894年,中日宣战,一开始是日本占领朝鲜,接下来占领南满,直接威胁大连湾。清政府出于无奈,只能向英国、俄罗斯以及法国来调停,后来德国也参与了进来。1894年4月23日,俄德法三国驻日公使分别向日本递交了同样内容的声明,敦促日本放弃占领辽东半岛。在三国列强的巨大压力下,日本政府在同年10月承诺放弃对辽东半岛的永久占领,并借此向中国索取三千万两白银的"偿金"。三国也借干涉还辽有功,均向清政府索取"报酬"。这就是所谓的"三国干涉还辽"。

福兰阁的文章分为三个部分:一、日本议和条件内容与列强互相接洽情形;二、马关抗议与其直接影响;三、三国抗议事件对于德国政治前途之关系并评论其得失。②

福兰阁分析了欧洲列强各怀鬼胎,但之所以愿意联合起来进行调停,

---

① Franke, Otto, *Die Großmächte in Ostasien von 1894-1914. Ein Beitrag zur Vorgeschichte des Krieges*. Braunschweig und Hamburg, 1923.这篇重要的文章在1929年由王光祈翻译成中文,在中华书局出版:O. Franke著,王光祈译《三国干涉还辽秘闻》,上海:中华书局,1929年,正文65页,附录5页。王光祈在《译者序言》中指出:"O. Franke曾任德国驻华使馆译官多年。当三国干涉还辽之际,彼正在中国。是以对于各国当时众横捭阖情形,所知甚详。彼于原书序中,曾有言曰:'中有数事,余认为甚有将其真相表露之必要者,尝特别加以详述,尤其是特别关于马关抗议问题一举。在此时势运之下,更有一事随之而生,即所有当日参加讨论接洽此事之德人、华人、日人,现在只有余一人尚系生存(其余均已死去)。因此,余遂引为己责,至少余必须设法以使世人关于此事误解之烟雾为之散开,盖此项烟雾,对于当时德国初次参加世界政治舞台之举,至今犹笼罩其上,(使人模糊不明),故也。'"(上揭王光祈译本,第1—2页)

② 上揭王光祈译本"目次",第1页。

最主要的原因在于害怕有朝一日中日真的结盟:"至若列强内部本不一致,而表面犹能至今互相团结者,实因当时彼此均有一种隐忧在心:即是,假使中日之间共结一种同盟,或者中国全为日本所征服,则此后(黄色人种)势将造成一种统一的、重大的势力;倘欧洲方面若不互相团结起来,实无力加以对抗。"①

福兰阁同样清楚地认识到:"但此种情势,却又迫令各国自觉,非中国获得土地若干,其势不能稳固自己地位。而此种争获土地与其不可逆料之在结果,又有破坏列强联合阵线之虞。"②福兰阁当然是站在西方的立场上,让日本还辽的目的在于使中国能够与日本抗衡,从而使得西方列强从中获利。但土地还给中国后,他依然担心以后的结果会对三国(特别是德国)有可能不利。

三、汉学:从精神科学到社会科学的转变

福兰阁的弟子白乐日,他所开创的用社会学方法研究中国社会、历史的范式,后来成为美国中国学的主要研究范式,现在也已经成为中国学研究的普遍共识。

在福兰阁的影响下,白乐日希望超越一种传统的、封闭式的中国研究,从而使得从中国研究中获取的知识变成可被各类其他学术所利用。因此对他来讲当代的问题意识、学术视角和方法至关重要。白乐日研究的特别领域是中国的经济和社会史,尽管他在研究中要将范围限定在某一特定的时期,但从他的研究中总是可以看到中国的整体发展。透过对不同时期个案研究的扩展,他试图获得对中国历史发展进程的一般性认识。他的博士论文《唐代(618—906)经济史论集》③,不论是从其篇幅上还是内容上,都超出了当时一般的德国汉学界的论文,堪称创新研究之作。

除了直接授业的福兰阁的影响之外,韦伯有关儒教的论述,对白乐日有关中国历史和社会的理解也产生了巨大的影响。1920—1921年马克斯·韦伯出版了他三卷本的名著《宗教社会学选集》中的其中一卷《世界

---

① 上揭王光祈译本,第3页。
② 出处同上,第3页。
③ *Beiträge zur Wirtschaftsgeschichte der T'ang-Zeit* (618-906), Dissertation, 1932.(Tag der Promation: 15. Februar 1932.)

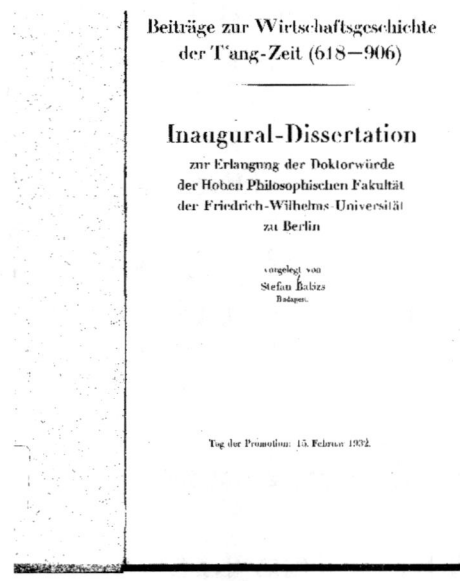

图11-4　白乐日的博士论文《唐代(618—906)经济史论集》扉页

宗教经济伦理:儒教与道教》,①这是他在估计现代西方官僚政治及其趋于成为伦理上和实践上的"普遍特性"的倾向时,对中国传统所做的考察。韦伯在这本书中的一些重要的概念——特别是他关于官僚政治的理论,也成为引导白乐日学术生涯的一些关键词和主要理论方法。实际上,白乐日的这项研究,其方法论更多地来源于韦伯,亦即从中国官僚制度的角度来阐释中国社会之发展。中国社会中学者-官员阶层及其与占统治地位的制度的复杂关系,是白乐日考察中国社会结构的重点所在。总之,从韦伯的方法论和研究范式出发,借以考察中国社会变迁过程中各种普遍性和特殊性,这是白乐日对中国隋唐以来经济史研究的重要范式。

继之唐代经济史的研究,后来的"宋史研究"计划,也是在以往对唐代认识的基础之上形成的。他认为,中国封建社会的特征到宋代已发育成

---

① Weber, Max, *Gesammelte Aufsätze zur Religionssoziologie*, Tübingen: J.C.B. Mohr, 1920-21. *Die Wirtschaftsethik der Weltreligionen: 1.Konfuzianismus und Taoismus.*

熟,而近代中国以前的新因素到宋代已显著呈现。因此,白乐日进一步认为,研究宋史将有助解决中国近代开端的一系列重大问题。

正是由于白乐日对中国研究采取了大处着眼的研究方法,使得他对运用传统语文学的考据方式穷首皓经的学者特别不以为然,对他们唯独重视文本考据以及语文学疏证的汉学研究传统,提出了尖锐的批评,认为这种研究"变成仅仅是'文献学梳理'的活动,纯粹是个人好奇心的囤积,专心致志于外在的形式和独一无二的事件"。他将这种研究方式称作"集邮者心态"(stamp collectors' mentality)。白乐日的目的在于抵制在他之前长期以来一直盛行的过于烦琐的语文学分析,他试图以引进社会科学的其他方法来实现对整个中国社会和思想的分析和研究,从而对中国历史产生全新的认识。

图11-5　1937年来中国时的傅吾康

福兰阁的小儿子傅吾康,在1950年从中国回到汉堡后,依然接续着这样的传统:1960年他做过一场"传统在今天中国的角色"的报告,指出中国传统对现代的影响的特殊意义。① 傅吾康恪守着这样的传统,他在晚年的回忆录中,对由他父亲创建的汉堡的汉学研究传统进行了梳理,指出:

> 基于上面所引述的基本原则,从开始起,汉堡的汉学研究就有明确的基本思想,并且发展成为全体教授都忠实遵守的固定传统,首任教授是福兰阁、接着是佛尔克和颜复礼。教学研究中,现代中文和文言文得到同样的重视。现代中国和现代中国学者的研究有助于理解过去,没有对古代语言和文化的认识而想深入理解现代中国是不可能的。汉学也不能与中国古典语言学相混淆。汉学或中国学从一门与中国有关的普遍科学——大家可以在一定程度上与"欧洲学"等同起来——演变成为一个整体的概念,这个概念将基本语言学、历史学、地理学、哲学、文学、宗教学、艺术史、考古学、法律学、社会学、政治学、经济学等等,也就是将许多学院的众多专业统一起来——只要它们与至今已有三千多年发展历史、拥有悠久文化的中国有关。在汉学众多领域中,所有学术研究的唯一共同基础是中国语言和文字知识。掌握它们,始终是汉学研究的基础和主要组成部分。②

20世纪50年代傅吾康与莱比锡大学传统的海尼士曾经有过激烈的论战,他认为,现代汉语和当代中国研究理应纳入汉学的范畴,传统和当代是不可分裂的。他驳斥了认为当代中国研究和汉语口语教学不属于严肃的学术的说法。傅吾康指出:"由于这些立场,虽然海尼士在'第三帝国'时期能够避开纳粹对自己专业的影响,但在我看来,1945年以后他的这个观点就不再合理,也违背了上面引用过的汉堡汉学教席的基本准则以及由我父亲开创的传统——即将古代和现代的中国作为一个不可分离的整体去理解。"③在海尼士看来,中国与古希腊、古罗马一样,是死亡了的古典文化,他将中国文明当成一个已经过了气的文明来看待,而傅吾康则努力地寻求当代中国与中国历史之间的关联。

---

① „Die Rolle der Tradition im heutigen China", in: *Moderne Welt* 1961/62:2, S. 146-165; 英文译文见:„The Role of Tradition in Present-Day China", in: *Modern World* 1963/64, S. 75-92.
② Franke, Wolfgang, *Im Banne Chinas*. Bd. 2, 1999, S. 7-8.
③ Ebenda, S. 8.

图 11-6　1953 年东德莱比锡汉学家会议，右起：傅吾康、傅海波、海尼士、颜复礼

四、其后的发展

福兰阁对汉学有着自己的独特认识，首先他认为汉学，包括当代中国研究是具有学术性；其次他特别强调汉学和当代中国的关联。以上两点在今天看来好像是理所当然的，然而在福兰阁的时代，却是具有超前意识的。

传统的学科分类将已经沉淀下来的东西才叫作知识、学问，正在发生的时间并不被看作是具有学术性的。德文中的 Wissenschaft 与英文中的 science，以及希腊语的后缀 -logie，都强调这一点。汉学研究基本上是中国古典学术的研究，其学术性在当时的德国大学一直被强调，如甲柏连孜 1881 年出版的巨著《中国文法，或曰不包括粗俗文体和当今口语的中文文法》①，他所认为具有学术性的内容显然是所谓纯正的文言。

1919 年，孔舫之发表了他的第一部中国文学作品译作——《卖油郎独占花魁》(Ölhausierer und die Blumenkönigin, 1919)。他的导师、著名汉学家高延对他没有关注高雅的哲学和历史学，而是选择翻译一篇低俗的小说的

---

① Grammatik der Chinesischen Schriftsprache, oder Chinesische Grammatik mit Ausschluss des niedern Stils und der heutigen Umgangssprache，中文名为《汉文经纬》，并署名为"光绪七年，贾柏连孜……"此书于 1956 年由叶乃度重新修订增补，以《中国文法》(Chinesische Grammatik, 1881. Nachtrag bearbeitet von Eduard Erkes, 1956) 的书名重新出版，共 600 余页。

行为非常反感,将他开除。可见,在当时不仅仅是当代的学术不被看作具有学术性的,即便是古代的一般文学作品也不被看作是具有学术性的。

1938年9月18日王澄如在波恩写获得通过的博士论文《鲁迅:其生平和著作——他对中国革命的贡献》,①这是一篇典型的当代文学的论文。作为在德语世界第一部介绍、研究鲁迅的专著,尽管这部博士论文从当时的情况来看写得也还不错,但王澄如的导师——波恩大学汉学系教授石密德只给她2分。② 我们可以推想,当时石教授依然未将当代中国的研究纳入学问的范畴。

1955年7月27日至31日在汉堡召开的第十三(XIII.)届德国东方学者大会上,霍福民主持了"东亚和中亚"议题中有关"汉学"的专业小组讨论。汉堡的葛林总结了小组讨论的题目"汉学适用于当代的发展吗?"他在总结中记录到:当今汉学界面临的一个非常迫切的议题是研究当代中国发展,以保障历史研究的连续性问题。对于各研究机构的日常工作来说,这个问题浓缩成一个疑问:我们是否应传授现代汉语口语? 如果有必要传授的话,是让学生们先学习现代口语,还是先接触古典的文言文? 专门从事研究的学者对这一问题分别有着不同的阐述。语言学家认为,他们不能缺少有关现代语言和方言等学科的知识,他们想要充分地掌握有关汉语特性的推论。历史学家虽然能够让自己专门研究的领域变得更集中,但是他们也不能无视和研究现代历史的学者之间的合作。经过讨论,大家认为解决这一问题的办法是,各研究机构应密切关注当下中国的发展,督促自己能够提供更多的空间去研究中国学某一特殊领域的问题,从而在整个中国学研究领域达成富有成果的合作关系。③

在解释"时间距离"(Zeitabstand)的时候,伽达默尔对为什么学术研究往往以历史上的文献或事件作为研究对象做了解释。伽达默尔从诠释学的角度解释道,我们对于同时代的文本的内容和意义,往往难以做出确定的判断。他以艺术作品为例予以了具体的说明:

---

① Wang Chêng-ju, *Lu Hsün. Sein Leben und sein Werk. Ein Beitrag zur chinesischen Revolution.* Berlin: Gedruckt in der Reichsdruckerei, 1940.

② 在波恩大学档案馆中的"博士考试登记簿C"(Promotions-Album C)的第163页上,王澄如的编号为4575,她当时在波恩大学的专业为:汉学、哲学和教育学。她的博士论文和综合成绩都是"好"(gut)。而"是否雅利安人"这一栏空着。博士考试日期为1939年9月18日。

③ Cf. *Zeitschriften der Deutschen Morgenländischen Gesellschaft*, Bd. 105, 1955, S. 24ff.

> 每一个人都知道,在世间距离没有给我们确定的尺度时,我们的判断是出奇的无能。所以对于科学意识来说,关于当代艺术的判断总是非常不确定的。显而易见,正是由于这些不可控的前见,由于这些对我们能够认识这些创造物有着太多影响的前提条件,我们才走进了这些创造物,这些前见和前提能够赋予当代创造物以一种与其真实内容不相适应的过分反响(Überresonanz)。①

我想这样的一种认识解释了为什么一直到20世纪上半叶,欧洲的学者们依然对已经沉淀下来的知识才感兴趣的原因。伽达默尔接下来写道:"正是这种经验在历史研究中导致了这样一种观念,即只有从某种历史距离出发,才可能达到客观的认识。"②

范式转换(Shift of paradigm)概念的提出唤起了人们关注时代思潮的更深层次的结构。时代的进步势必形成与过去的典范不相符的新学说,从而使一种标准的形态发生动摇,最终造成典范的转变。对中国研究的范式转换,是时代的思想和社会处境变化的必然结果。汉学学术史本身就是范式转换的历史。考察每一个范式转换的事例,都是了解西方对中国认识的基本前提。德林指出:

> 我们也许可以把福兰阁1911年诠释学观点的倡议进行一下变形,汉学面临的任务是,作为一个对中国现状研究进行全面普遍认识的学术专业,通过对自身历史发展的理解不断提高自我研究能力和自我变革能力。③

归根结底,西方汉学的问题意识和最终的目的是为了其自身的发展。汉学学术史的研究,会对以往曾经忽视的问题重新予以关注,并会因此产生一种新型的学科意识。

---

① 伽达默尔著,洪汉鼎译《真理与方法——哲学诠释学的基本特征》"第2版序言",上海:上海译文出版社,1999年,第382页。
② 出处同上,第382页。
③ 德林《处在文化主义和全球化十字路口的汉学》,收入:马汉茂等主编《德国汉学:历史、发展、人物与视角》,郑州:大象出版社,2005年,第65页。

第十二章
波恩大学汉学系历史回顾
——从创立至 21 世纪初的发展

一、波恩大学历史述略

在波恩建一所高等院校,是在 18 世纪末由科隆的最后两任选帝侯-大主教付诸实现的。1777 年建成研究院,其目的是为了促进莱茵州的"启蒙运动"。1786 年该研究院升格为大学。不过 10 年以后这所大学成为由于法国大革命所引发一场政治革命的牺牲品。

其后于 1815 年莱茵州落入普鲁士的统治之下,今天的波恩大学就是由普鲁士国王威廉·弗里德里希三世创建的。跟于 1809 年建立的柏林大学和于 1811 年成立的布雷斯劳(Breslau)大学一样,波恩大学也是那个时代的产物,深受以洪堡·威廉·冯为代表的普鲁士文化政策中理想主义精神的影响。洪堡崇尚纯理论的基础研究,特别是哲学思维的训练,知识本位的教育价值观在洪堡的大学理念中占主导地位。洪堡认为大学首先是从事纯科学的、无目的研究与教学的场所。1818 年当时的波恩大学被命名为"莱茵河畔普鲁士大学"(Preußische Universität am Rhein),1828 年由内阁决定改名为"莱茵弗里德里希·威廉大学"(Rheinische Friedrich-Wilhelms-Universität),这一名称沿用迄今。在历史上波恩大学的教授中的名人学者辈出,如文学评论家、艺术史家施莱格尔自 1818 年起曾在波恩大学担任印度语言学教授的职务。波恩也由于无数后来成为名人的一些学生,成为早期莱茵河浪漫派的中心。曾在此就读的诗人有海涅,法勒斯莱本也在波恩完成了他的"儿童歌谣"(Burschenlieder)。享有世界声誉的历史学家布克哈特承认在波恩所度过的学生时代乃是他一生中最美好的时光。还有思想家马克思和尼采也都曾在波恩大学注册过。2003 年在由德国电视二台（ZDF）举办的"我们最优秀的人物"（unsere Besten）系列活动中，曾就读于波恩大学的原总理阿登纳以 78 万张的选票名列第一。① 1945 年 5 月 10 日，当时只有 10 万人口的大学城波恩被议会委员会选为临时的联邦首都。联邦议院于本年的 11 月 3 日批准了这一决定。在这之后的 55 年中，波恩一直作为联邦德国的首都，而波恩大学则在政府的政治、经济、文化决策方面无疑起到过重要的作用。大学成立之初，这里除了法律、医学和哲学系之外，剩下只有两个神学系了。现在波恩大学已经发展成为德国著名的高校之一，2019 年的统计数字表明，波恩大学共有教授约 545 名，约有 4,200 名教学科研人员以及约 1,800 名技术和管理人员，在校学生约 35,000 名，其中外国学生 5,000 名，占所有在校生的 14%。在 2019 年 7 月德国联邦政府揭晓的第三轮卓越大学计划评选中，获得了德国 11 所"精英大学"（Exzellenzuniversität）之一的称号，并且是唯一拥有 6 个卓越集群的大学，在过去的几十年中获得的诺贝尔奖和菲尔兹奖比任何其他德国大学都要多。波恩大学图书馆（Universitäts - und Landesbibliothek）也是北莱茵－威斯特法伦州立图书馆之一，共有藏书约 500 万册，另有 58 个左右的系、研究所还有自己的小型图书馆。

二、隶属于东方学的汉学系初期（1926—1963）

早在筹备波恩大学的 1816 年，当时就曾打算过设立汉学的教席。当时已经向克拉普洛特发出了邀请。但克拉普洛特并没有接受波恩大学的邀请，但由于有了印度学，当时的波恩仍然是德国乃至欧洲的东方学研究中心。

直到 20 世纪 70、80 年代，由于有可能同中国及其文化深入广泛地交换意见，汉学在德国才相对得到了较大的独立性。而在这之前，汉学跟德国传统中一些只探讨欧洲人所接触的国家和民族的历史、哲学、艺术和文学一样，被列入了一个被称作"东方学"（Orientalistik）的大的学科之中。"东方学"的范围非常之广，从土耳其到相对于欧洲来讲的近东及中东，甚至也囊括了包括中国和日本在内的远东地区。

---

① 见 *Der Spiegel*（《明镜》），2003 年 12 月 15 日刊（第 51 期），第 76 页。

波恩大学的东方学在建立后很短的一段时间里,就在各个方面显示出了其重要性。尽管不是所有的在上面所提到的诗人、文学家、思想家都曾探讨过异域的文化,不过从他们在以后阶段所遗留下来的著作中无疑可以看出文化交流的蛛丝马迹。因此有关东方文化在学术上的讨论很早便具有了极其重要的意义。曾经将英国戏剧家莎士比亚的作品变成了德国经典的浪漫时期的著名学者施莱格尔在波恩大学成了欧洲大陆首位梵文教授,并翻译了《博伽梵歌》。① 同时大学也在积极努力以扩充有关近东的学术,聘请了一批具有国际声望的卓越学者任职,其中就包括著名的印度学学者拉森及东方学学者李特曼。对于中国来说,尤其值得一提的是著名地理学家李希霍芬,②在1860—1861年间他曾以普鲁士使团成员的身份赴日本伊豆(Edo),并且以一系列有关中国地理著作著称,出版有《中国——亲身旅游以及据此而作的研究成果》五大卷,③以及一部于1885年出版的地图集。④ 李希霍芬在1875至1883年间在波恩大学从事研究工作。汉学系后来在东方学家卡勒的影响之下,终于有了自己的一席之地。

1913年由部委的许可在波恩大学终于建立了东方学系(das Orientalische Seminar),不过起初只有600马克的年度预算以及6,000马克的采购基金得以运用。但从1914年至1925/26年的大学大事记中看不到任何有关汉学的讲座或练习课的记载。直到第一次世界大战结束后,确切地讲1926/27年才有可能在东方学系中设立一个中文专业,并且在这之前在柏林大学以无薪讲师(Privatdozent)身份任教的汉学家石密德博士受到普鲁士文化部的支持,被任命为波恩大学教授。早在1916年石密德就出版了一本有关中国道教的著作,⑤产生了很大的影响。在其后的1927年他出版了一本有关中国人婚姻的基础的书以及取名为《中国人》的专著。⑥ 在

---

① Bhatti, Anil, „August Wilhelm Schlegels Indienexperiment. Kulturtransfer und Wissenschaft". In: Mix,York-Gothart und Strobel, Jochen (Hrsg.), *Der Europäer August Wilhelm Schlegel. Romantischer Kulturtransfer – romantische Wissenswelten.* Berlin: Walter de Gruyter, 2010. S. 237-253.

② 有关李希霍芬的生平和著作见:www.richthofen.de .

③ Richthofen,Ferdinand Freiherr von, *China: Ergebnisse eigener Reisen und darauf gegründeter Studien,* Bd. 1-5, Berlin 1877-1912.

④ Richthofen,Ferdinand Freiherr von, *Atlas von China. Orographische und geologische Karten von Ferdinand Freiherr von Richthofen. Zu des Verfassers Werk: China, Ergebnisse eigener Reisen und darauf gegründeter Studien. Erste Abtheilung: Das nördliche China*(zum zweiten Textband gehörig), Berlin 1885.

⑤ Schmitt, Erich, *Taoistische Klöster im Lichte des Universismus,* Berlin 1916.

⑥ Schmitt, Erich, *Die Chinesen*, „Religionsgeschichtliches Lesebuch. 6", Tübingen: Mohr 1927.

翻译方面,石密德也做出了卓越的成就,1924年他翻译出版了一卷本的《聊斋志异》,① 此外他还译出了"五十则出自太原府的歇后语"(Fünfzig Hsieh-Hou-Yu aus Tai-Yuan-Fu),刊载在Asia Major(《泰亚》)杂志上。1951年在他去世之前他还出版了一本简明中国文化史的小册子。

在1917年威廉大帝二世的倡导之下所成立的"波恩大学友人及赞助者协会",② 担负了保护大学文化资产的工作,在协会成立之初便聘请了一位教授中文的讲师,并购置了对学习中文来说是至关重要的书籍,这些书籍到后来达到6,000册之多。所有这个时期的中国讲师都是由柏林的中国公使馆介绍而得以在波恩任教的。第一位教授中文的中国讲师乃是一位法律系毕业的李范观博士,在他1929/30年回国以后,由历史系毕业的姚从吾(姚士鳌)接任。1931/32年音乐学家王光祈来到波恩继续教中文,直到1936年去世。王氏于20年代初期来德国留学,起先是给一些中文报纸当记者赚稿费以资助自己的音乐学习。1934年他完成题为《论中国古典歌剧》③的博士论文,并于同一年结束学业。王氏不仅用他的这篇论文丰富了德国人对中国音乐的了解,而且他还发表了大量介绍德国的中文文章,这对德国形象在中国的树立有着重要的意义。此外,王光祈还开创了中西音律对比研究之先河,他在德国留学16年,中西文著述多达34种。④ 在他1936年去世后,由陆懿和当时在波恩大学哲学系学习的熊伟来接替。

1933年石密德教授和陆懿博士在上海用德文合编了一部现代标准中文入门的教科书:《现代汉语入门》,⑤这部教科书之产生的情况以及作为编者之一的陆博士的命运不可不谓悲惨。两位作者在1937年的春天已经完成了这本书的编写工作,接下来便是要找一家出版社。1938年夏陆懿决定将手稿带往中国,在那里找一家印刷厂。这年8月底的一天,陆博士从香港飞往汉口,他所乘坐的客机起飞没多久在香港附近就被日本战斗机击

---

① Schimtt, Erich(Übers.), *Seltsame Geschichten aus dem Liao-chai*, Berlin 1924.
② 德文原文为:Gesellschaft von Freunden und Förderern der Rheinischen Friedrich-Wilhelms-Universität zu Bonn,缩写为:Geffrub.
③ Wang, Kwangchi, *Über die klassische chinesische Oper*, [Diss. Phil. Bonn], Genf [Sonderdruck aus *Orient et Occident*], 1934.
④ 王光祈所著的《中国音乐史》2005年5月由广西师范大学出版社(南宁)再版。
⑤ Schmitt, Erich und Lou, Y, *Einführung in das moderne Hochchinesisch. Ein Lehrbuch für den Unterrichtsgebrauch und das Selbststudium nebst chinesischen Zeichenheft*. Schanghai 1939.

落。陆博士在此次空难中身亡,手稿也一并遗失。值得庆幸的是,石密德教授那还保留着一份完整的副本。此后石密德教授亲自前往中国,最终于1939年为此书在上海找到了一家德国出版商。这本书尽管在汉堡东亚学系图书馆的目录里有记载,但是很可惜找不到了。很遗憾出于类似的原因,有许多作者的中文名字无法得知。

陆懿曾留学法国,并从事中国文学对法国文学的影响的研究。到了德国之后,他在弗莱堡大学上了一个学期,之后转到波恩大学试读两个学期。随后在1936年初被聘为教师。陆懿在德国期间深入研究了中国文学,并在波恩大学完成了他的博士论文《温飞卿及其文学世界》。① 由于这部有关唐代诗人温庭筠的论文出版于第二次世界大战爆发前夕,因此它对汉学研究的贡献,在德国似乎没有被认识到。

半年后陆懿便转到柏林国际学院任教,当时的柏林国际学院开设各类与哲学相关的课程。他在波恩大学的继任者是后来在中国颇受尊重的研究海德格尔的哲学家熊伟。熊氏在波恩大学撰写了有关哲学题目的博士论文《论无以言表》。②

王澄如是继熊伟后任波恩大学中文讲师的女教员。她在波恩完成了有关鲁迅的博士论文。王澄如在石密德的指导下写就的《鲁迅——其生平与著作》,这部论文完成于1939年。③ 而这一时期在德国并没有谁表现出对中国现代文学感兴趣。此外,她在论文中主要强调鲁迅的革命立场,认为,鲁迅是"一个真正富有使命的革命者",他既不是"狭义的宗派主义者,也不是性格懦弱的理想主义者或空想家"。④

有关中国的奴隶制度,裴鹏从法学和社会学的角度进行了分析,1936年他在东京出版了德文版的《论中国奴隶制度》一书,这是他在波恩大学

---

① Lou, Y, *Wen Fei-ch'ing und seine literarische Umwelt*,［Diss. Phil. Bonn］, Würzburg: Triltsch, 1938.

② Hsiung, Wei, *Über das Unausprechliche*,［Diss. Phil. Bonn］, Bonn: Kölben, 1938.

③ Wang, Chêng-ju, *Lu Hsün. Sein Leben und Werk*,［Diss. Phil. Bonn］, Berlin: Reichsdruckerei, 1940. 本文最初发表在1939年《柏林大学外国学院通讯》"第一系:东亚学研究"上,其副标题为《对中国革命的贡献》(*Lu Hsün. Sein Leben und Werk — Ein Beitrag zur chinesischen Revolution*, in: *Mitteilungen der Auslandshochschule an der Universität Berlin, Erste Abteilung: Ostasiatische Studien*, 1939)。

④ Ebenda, S. 64.

所做的学位论文。①

在德语世界中有关《道德经》的研究著作和论文,可谓是汗牛充栋。富有哲学和语文学传统的波恩大学的内弗在他的博士论文中在方法论上展现出了一个有趣的方向。② 他将《道藏》中对《老子》第 6 章的注释挑了出来,不过这些注释实际上都是根据较晚时期的道教宗教–隐语的阐释而做的,跟《道德经》经文本身的关系并不大。因此《道藏》中的经典是否可以归于老子思想的门下,也是颇值得争论的。

在中国戏曲研究——特别是皮影戏的研究中,德国学者取得过很大的成就。早在 1915 年格罗贝、劳费尔和夏礼辅就合作翻译出版了《中国皮影戏》,除了翻译了大量皮影戏的戏文之外,还做了非常基础性的研究工作。③ 拉伯翻译了一出皮影戏,并在此基础上于 1940 年在波恩完成了他的博士论文:《雷峰塔》。④

中文专业的存在并非孤立的,从一开始它就跟中国的很多大学有着频繁的书信来往。系里还为中文专业订购了当时最重要的汉学杂志 T'oung Pao(《通报》)。只是第一年在中文专业学习的就有 14 位兴趣浓厚的学生,不过在接下来的 30 年中,学生的人数由于中文专业的规模并没有显著地增加。翻阅 1938/39 年的大事记,所注册的人数在 1938 年夏季学期只有 6 名,1938/39 年冬季学期只有 2 名,继而 1939 年夏季学期又是 4 名。从 1939/40 年至 1948/49 年没有关于汉学系的任何消息。汉学系在以往的几十年的发展过程中,自然有其重要的意义,但时至今日跟波恩大学其他系比较起来,它只能称得上是一个很小的专业。一直到今天,德国学界依然戏称汉学为"Orchideenfach"(幽兰专业)。

正如波恩大学东方学系主任卡勒教授 1933 年在一篇报道中所指出的那样,所谓隶属于东方学的一些学科,其研究的学术目标从一开始便在于超越国家和文化之上,譬如对佛教或伊斯兰教的研究便要顾及不同语言的

---

① Pippon, Toni, *Beitrag zum chinesischen Sklavensystem. Eine juristisch-soziologische Darstellung*. Tokyo 1936.各种书评见:*Artibus Asiae* 6(1937)294-308(Erkes,拒绝接受裴氏的观点,援引了许多古代的资料);*Ostasiatische Zeitschrift* Neue Folge 13(1937)184(Eberhard);*Monumenta Serica* 3(1938)315(Chang Hsing-lang 张星烺).

② Neef, Hans, *Die im Tao-ts'ang erhaltenen Kommentare zu Tao-tê-ching-Kapitel VI*.(Diss. Bonn). Bochum-Langendreer 1938.

③ Grube, W., Laufer, B. u. Krebs, E., *Chinesische Schattenspiele*. Leipzig: Harrassowitz, 1915.

④ Raabe, J., *Die Donnergipfelpagode*.(Diss. Bonn),1940.

多种文献。由此出发,我们可以知道,一位佛教研究者不应单单只是一位梵文学者,他至少应当精通汉语,以便掌握中文的文献、传统,特别是那些经过日本人加工整理过的资料。

波恩大学汉学专业在很早就同整个德国的东方学发生了联系,1931年4月波恩大学东方系连同由卫礼贤在法兰克福的中国研究所(China-Institut)以及明斯特大学的外国研究所(Auslands-Institut)一道举办了一个题为"西部德意志东亚课程"(Westdeutscher Ostasienkurs)的东方学学术会议。① 在同一年,石密德教授因研究的目的在中国停留,他的职务由来自哈勒(Halle)的候补教授霍古达替代。霍古达后来由于拒绝加入纳粹党部,于1935年被迫离开德国,接受了剑桥大学的教席。他曾将《管子》一书部分英译,在英语世界产生过很大的影响。但他的英年早逝,这对德国汉学界、英国汉学界,乃至整个欧洲汉学界都是一个不可估量的损失。

作为二次大战后第一批汉学家中的一员,艾士宏于1937年在波恩做完了他的教授论文。艾氏后来执教于格廷根和法兰克福大学,并以他的几部著作如:《中国文化史》②《中国的宗教》③以及《中国古代的宗教信仰和国家祭祀》④而名声大噪。

第二次世界大战之后,波恩大学加强了一些东方学专业设置的增扩工作。1955年7月增设了独立的印度学系(Indologisches Seminar)。根据当时的大事记,那时的东方学系包括了伊斯兰学(Islamkunde)、闪米特学(Semitistik)、日本学和汉学。同年在中文专业负责了10多年工作的主人石密德教授去世,1956年霍布理教授接替他的职位,成为中文专业新一任主任。霍氏1938年在柏林以论文《关于摄政者对他谏臣的态度。对11世纪一位中国政治家和历史学家欧阳修的一部著作的研究》而获得博士学位。⑤ 并于1954年以有关《13、14世纪蒙古统治下的中国驿站》而获得教授资格。⑥ 霍氏对蒙古人的历史和文化研究颇深,甚至在1975年退休之后依然

---

① 有关此次会议的深入报道,*Sinica*(汉学), VI, 4, 1931.
② Eichhorn, Werner, *Kulturgeschichte Chinas*, Stuttgart: Kohlhammer 1964.
③ Eichhorn, Werner, *Die Religionen Chinas*, Stuttgart: Kohlhammer, 1973.
④ Eichhorn, Werner, *Die alte chinesische Religion und das Staatskultwesen*, Leiden: EJ Brill, 1976.
⑤ Olbricht, Peter, *Von der Einstellung des Herrschers zu seinen Beratern. Nach einer Schrift des chinesischen Staatsmannes und Historikers Ouyang Siu aus dem 11. Jahrhundert*, Berlin 1939.
⑥ Olbricht, Peter, *Postwesen in China unter der Mogolenherrschaft im 13. und 14. Jahrhundert*, Wiesbaden: Otto Harrassowitz „Göttinger asiatische Forschungen, 1", 1954.

笔耕不辍,1980年他还跟一代出版了一本《〈蒙鞑备录〉和〈黑鞑事略〉。中国使节对1221年和1237年早期蒙古的报道》。①

三、汉学系的开端:60年代

波恩大学直到1963年12月才终于成立了一个独立的汉学系(Sinologisches Seminar),其第一任的专职教授乃是当时一直担任中文专业主任的霍布理教授。汉学系在创建的一开始一切都很简陋,只拥有两间供2位教师和25名学生使用的房间,以及藏有15,000册文献资料、同时也兼作教室的图书馆。(2002年汉学系图书馆已拥有藏书73,000册)汉学系跟在其成立之前几年业已组成了的东方语言学院(Seminar für Orientalische Sprachen,简称:SOS)紧邻,两系之间的合作也非常密切。(有关东方语言学院的情况我们在下面还有专节论述。)在东方语言学系任职的讲师刘茂才以及后来出任维也纳汉学系主任的罗织田在汉学系于1963/64学术年举办了有关中国古典散文、佛教和儒家经典以及17、18世纪小说的一系列练习班。1958年刘氏完成了一部《中国对东突厥人历史的报道》的论著,②这之后特别是他在语言学方面的论著《德汉句法手册》而享有盛名。③ 1966年刘氏的教授论文《龟兹及其在公元前2世纪至公元6世纪间跟中国的关系》得以通过,④随后他在汉堡大学汉学系任教授,并名噪一时。后来在维也纳大学首次任教的罗织田教授,自60年代以来也撰写了一系列语言学方面的学术文章(如〈现代标准汉语以及在学习这种语言中所存在的问

---

① Olbricht, Peter, *Meng-ta pei-lu und hei-ta shih-leh. Chinesische Gesandtenberichte über die frühen Mogolen 1221 und 1237*, „Asiatische Forschungen, Bd. 56", Wiesbaden: Otto Harrassowitz, 1980.

② Liu, Mau-Tsai, *Die Chinesischen Nachrichten zur Geschichte der Ost-Türken*, „Göttinger Asiatische Forschungen Bd. 10", Wiesbaden 1958.

③ Liu, Mau-Tsai, *Deutsch-chinesische Syntax: ein praktisches Handbuch der modernen chinesischen Umgangssprache*, Berlin: De Gruyter, 1964.

④ Liu, Mau-Tsai, *Kucha und seine Beziehungen zu China vom 2. Jahrhundert v. Chr. bis zum 6. Jahrhundert n. Chr.*, I. Bd.(Texte) und II. Bd.(Anmerkungen, Anhänge, Index), Wiesbaden: Otto Harrasowitz, 1969.

题〉;①〈西方概念和词汇融合而成的汉语〉。②)

波恩的汉学系在以往已经把蒙古的文化和历史作为了研究的重点,之所以这么做并不是没有根据的,汉学系在1969年同其他系一道共同开辟了有关中亚历史研究这一特别研究领域,而中国的原始资料在两个方面将成为研究的重点:成吉思汗之前的早期蒙古历史以及13/14世纪蒙古人统治下的中国的行政问题。在这个总的框架之下,后来汉学系又做了《元史》的翻译和评论工作,这项由屏科斯女士开始、持续了20余年的项目也结项。

四、70年代中期以后的研究重点

霍布理教授在1975年退休之后,波恩大学汉学系的教授职位从这一年的夏季学期开始由陶德文教授接任。在这之前,陶氏从1972年起在格廷根大学汉学系担任过多年的负责人工作。陶氏生于1930年,曾在莱比锡大学和慕尼黑大学学习过汉学、日本学、印度学及哲学。他于1964年在慕尼黑大学傅海波教授处以他的论文《作为奸臣典型的蔡京(1046—1126)》而获得博士学位。③ 1968年他又以《1688年中国公使有关俄国人的两则游记》的著作而取得教授资格。④ 在同年陶氏还同傅海波教授一道共同撰写了一部《中华帝国》的专著,⑤这部书后来成为理解中国历史的重要著作,从而也使得他的知名度不仅仅只局限在汉学界之内了。《中华帝国史》曾于1969年和1973年分别被翻译成意大利语和西班牙语。

除了有关历史方面的著作外,陶德文教授也特别致力于在中国瞬息多变的历史形势跟个体以及社会的关系,以及国家机构设置问题等的研究。近年来他又把研究的注意力集中在了历史人类学方面,以便理解在历史中

---

① Ladstätter, Otto, „Die Moderne Chinesische Hochsprache und ihr Probleme im Studium". In: *Lebende Sprachen* 12(1967), S. 17-25.

② Ladstätter, Otto, „Zur Integration abendländischen Begriffs- und Wortgutes ins Chinesische". In: *Oriens Extremus*. Vol. 14, No. 1(1967), S. 1-26.

③ Trauzettel, Rolf, *Ts'ai Ching (1046-1126) als Typus des illegitimen Ministers*, (Diss.) Berlin: K. Urlaub, 1964.

④ Trauzettel, Rolf, *Zwei Reiseberichte chinesischer Gesandter zu den Russen aus dem Jahre 1688*, 1968.

⑤ Franke, Herbert u. Trauzettel, Rolf, *Das Chinesische Kaiserreich*, Frankfurt: Fischer, 1968.

不断演变着的行为动机。在这样一个相互关联的背景之下,陶氏特别专注于对一些极端状况之理解,例如他收录了中国的数量相当可观的自杀性事件,并对此加以诠释。由此,汉学研究由于陶氏的努力,不仅在波恩重放异彩,并且也冲破了学科间的界限,汉学跟其他学科间的联系更加密切了。基于以上的认识,在 1982 年 8/9 月间,陶氏在京茨堡的莱森斯堡宫(Schloss Reisensburg, Günzburg)以"10—14 世纪中国帝制管理之发展"为题主持了一次国际性的研讨会。①

除此之外,在这一段时间里汉学系的毕业生特别是教师完成了一系列重要的论著。后来在慕尼黑执教的施寒微教授在 20 世纪 80 年代初完成了他关于《中国佛教宗派的身份认同及佛教世界史的编撰——论宋代的人文历史》。② 施寒微于 1993—2015 年间任沃尔芬比特尔大公图书馆(Herzog-August-Bibliothek in Wolfenbüttel)馆长,自 2016 年起他出任图宾根中国中心(China Centrum Tübingen, CCT)主任一职。现在已经是美国大学教授的克瑙女士在 1981 年提交了她的博士论文《陈抟的生平及传说》。③ 其后克里格斯库特在 1984 年也出版了他的博士论文《虞集(1272—1348):蒙古人统治下的一位文学家、官员》。④ 一年以后的 1985 年弗罗依登贝尔格以他的论文《清末中国的妇女运动》而获得博士学位,⑤同年马雷凯神父也以他的论文《"斋祭礼":道教中有关宗教仪式的题材》得到博士头衔。⑥ 马神父后来是波恩附近圣奥古斯丁《华裔学志》(*Monumenta Serica*)的负责人,波恩大学汉学系跟《华裔学志》所在的"中国中心"关系一直非常密切。1987 年汉学系的教师奎灵出版了他的博士论文《刘知几和〈春秋〉》,⑦这之后一直到 90 年代初才又有其他同人的博士论文发表。1993 年顾英莉女士提交了她的博士论文:《论 20 世纪 20 和 30 年代中国文

---

① 英文题为:Evolution of Imperial Govenance in China, 10th-14th Centuries.
② Schmidt-Glintzer, Helwig, *Die Identität der buddhistischen Schulen und die Kompilation buddhistischer Universalgeschichte in China. Ein Beitrag zur Geistesgeschichte der Sung-Zeit*, Wiesbaden: Franz Steiner Verlag, 1982.
③ Knaul, Livia, *Leben und Legende des Chen Tuan*, Frankfurt am Main und Bern: Peter Lang, 1981.
④ Kriegeskorte, Magnus Michael, *Yu Ji*(1272-1348): *Ein Literaten-Beamter unter der Mogolenherrschaft*,(Diss.) Bonn 1984.
⑤ Freudenberg, Michael, *Frauenbewegung in China am Ende der Qing-Dynastie*,(Diss.). Bonn 1985.
⑥ Malek, Roman, *Das Chai-chieh li: Materialien zur Liturgie im Taoismus*, Frankfurt am Main: Peter Lang, 1985.
⑦ Quirin, Michael, *Liu Zhiji und das Chun Qiu*, Frankfurt am Main: Peter Lang, 1987.

学创作中"抒情诗中的我"的结构:对这一表达形式在中国文学中理论构成的分析以及对戴望舒和其他几个同时代的作家所做的实践性研究》。① 同年司马涛提交了他的博士论文《白话:口语书面化的问题——敦煌变文在词法上的特征研究》。② 1994年毛高格以他的论文《早期中国哲学的语言意义》而获得博士学位。③ 在此之前,有两位系里的教师获得了教授资格:现在在莱比锡大学汉学系做教授的弗兰茨在90年代初以唐代的碑文为题提交了他的教授论文;现在已从东方语言学院的教授位置上退下来的莫芝萱佳于1992年以有关钱锺书著作的研究而获得教授资格,④她并且是钱锺书《围城》(1947)的德译者,她的德译本被钱氏本人认为是最好的外语译本。⑤

五、东方语言学院:柏林和波恩

上面已经提到,波恩在有关中国的学说和研究方面自从东方语言学院(Seminar für Orientalische Sprachen)重新迁入波恩大学之后得到了长足的发展。东方语言学院为汉学提供了各种各样的可能性,而这是当时西德的其他大学所不具备的。不过起初东方语言学院并非隶属于大学的机构,但回顾一下它在19世纪的发展和历史,将对进一步了解汉学有所帮助。

以实用为目的的东方学,特别是把在主动和被动掌握现代语言以及对亚洲国家现实问题的认识方面作为重点,这在德国并没有传统。这种情况

---

① Krüßmann, Ingrid, *Zur Struktur des 'Lyrischen Ich' in der chinesischen Dichtung der zwangziger und dreißiger Jahre des 20. Jahrhunderts: Analysen der Theoriebildungen zu dieser Redesituation in der chinesischen Literaturwissenschaft und empirische Untersuchungen bei Dai Wangshu* (1905-1950) *und einigen Zeitgenossen*,(Diss.) Bonn 1993.

② Zimmer, Thomas, *Baihua: zum Problem der Verschriftung gesprochener Sprache im Chinesischen. Dargestellt anhand morphologischer Merkmale in den bianwen aus Dunhuang*, Sankt Augustin: Institut Monumenta Serica, 1999.

③ Möller, Hans-Georg, *Bedeutung der Sprache in der frühen chinesischen Philosophie*, Aachen: Shaker Verlag, 1994.

④ Motsch, Monika, *Mit Bambusrohr und Ahle — Von Qian Zhongshus Guanzhuibian zu einer Neubetrachtung Du Fus*, Frankfurt am Main: Peter Lang, 1994. 此书后来由马树德译成中文,作为"钱锺书研究丛书第二集"出版《〈管锥编〉与杜甫新解》,石家庄:河北教育出版社,1998年。

⑤ 钱锺书本人对莫芝萱佳非常器重,2002年三联书店出版"钱鍾书集"《围城》时,还专门刊载了钱氏与莫芝萱佳于1984年的合影。

一直延续到19世纪中叶，当时的外交部将一些受到过学术和军事训练的德国青年人送到亚洲各国的首都，以便于他们掌握这些国家的语言。1880年左右在外交和通商方面要求接受完全的东方语言训练的专业人士的人数剧增。根据一则逸闻，帝国总理俾斯麦1883年3月在柏林由于缺乏翻译的缘故，他同中国公使的会谈没有如愿以偿地进行。鉴于此他表示应当训练更多的年轻德国官员能够在语言上与亚洲的各大民族进行沟通。① 玛丽娅·特蕾莎于1753—1754年在维也纳创建的东方学院（Orientalische Akademie, K.u.K. Konsularakakemie）以及其历史可以追溯到1669年在巴黎的东方语言学校（Ecole des Langues Orientales Vivantes）为德国建立类似的机构提供了现成的典范。

有趣的是，跟奥地利和法国都是从近东的语言开始不同，在德国第一位具体建议成立东方语言学院的是一位汉学兼满族学研究家格罗贝，他当时是柏林大学教授中文的无薪讲师。格罗贝于1884年12月12日向教育部提出在柏林开设中文课程的申请，这也是他在教授中文时实际训练之所需。其后由帝国总理府、教育部、税务部以及财政部共同组成的委员会于1886年4月3日提交了一份呈文，建议在柏林大学（Friedrich-Wilhelms-Universität Berlin）中建立这样一个学院。呈文中核心的论断如下：

在近来一个时期德国与亚洲和非洲的关系得到迅速发展，大大增加了我们对东方和东亚各种语言知识的需求，这不仅仅关系到训练译员的机构，也涉及其他职业部门，明显地感到其迫切性。

我们的计划是建成类似在维也纳和巴黎已经存在的东方语言学校，在德国建成这样的机构以满足我们的需求。

学院的任务是在理论讲座和实际操练的基础之上，将语言种类延伸到东方和东亚的6种正在使用着的语言（土耳其语、阿拉伯语、波斯语、日语、汉语以及印度的方言）。

教师应当是熟悉这些国家国情以及语言的德国人以及一位当地教师。②

---

① Cf. Sachau, Eduard (Hrsg.), *Denkschrift über das Seminar für Orientalische Sprachen an der Königlichen Friedrich-Wilhelms-Universität zu Berlin von* 1887 *bis* 1912. Berlin 1912. S. 12.

② Kreiner, Josef, „Zur 100. Wiederkehr der Gründung des Seminars für Orientalische Sprachen, Berlin/Bonn", in: *ORIENTierungen* , 1/1989, S. 2-24, hier S. 2.

这在当时特别是作为外交上的考虑，目的是为了加强同亚洲世界的联系。基于这样一份呈文于1887年颁布了一项帝国法令，决定成立东方语言学院，并于同年10月份开始了它的工作。有关"东方语言学院"，莫东寅在《汉学发达史》(1949)中也曾指出："德国仿法国巴黎东方现代语学校之例，1887年(清光绪十三年)于柏林创立东方语言学校(Seminar für Orientalische Sprachen)，内有华、日语两部，为造就外交及商业人才而设，对于汉学之高深研究，则未遑致力。"①

1887—1890年，作为随员的张德彝跟随洪钧出使德国，将他在德国的见闻写成了《五述奇》。在柏林期间他记载了有关东方语言学院的基本情况：

> 德国所设东方学院，洋名"赛米那尔斯莆玉尔欧立安他里什斯朴拉荷恩"，系在恩德林敦街之东首。东临河西鹭鹭小花园，南傍杜木礼拜堂，北近小巷。楼高三层，虽系石建，而式样古老，墙壁似多灰颓者。房间窄小，装潢亦皆朴素。原为商贾会馆，既因狭窄，改移他处。内共学八国语言文字，为中华、日本、印度、埃及、亚拉柏、土耳其、波斯、希腊。共教席十三，各人屋一间，大小不一，内各长桌一，凳两行。正面长桌头横一小桌，桌后一椅为师座，座后悬黑漆水牌一。各屋教读，皆有定时。其中教习，有各本国者，亦有德国代教者。如中国者为桂竹君、潘兰史及德人阿恩德，日本者为井上哲次郎与德人蓝那，希腊者为米左吉，印度者为业美山屹与德人高臣，亚拉柏者为史理文与德人毕烈及哈得满，埃及者为哈三，波斯者为德人晏的斯，土耳其者为马呢萨典。又一提调为萨侯，一监督为莫里斯，皆德人。学徒共八十三名，内学华言者十九名，学波言者一名，其他未详。②

在这里，张德彝所谓的"赛米那尔斯莆玉尔欧立安他里什 斯朴拉荷恩"系Seminar für Orientalische Sprachen的音译。由于张德彝不懂德语，这

---

① 莫东寅《汉学发达史》，郑州：大象出版社，2006年，第82页。
② 张德彝著，钟叔河点校《五述奇》(下册)，收入：钟叔河、曾德明、杨云辉主编《走向世界丛书》("十二五"国家重点出版物出版规划项目)，长沙：岳麓书社，2016年，第464页。

里面出现了两个错误:1. Seminar 之后没有 s;2. Sprachen 的 s 读作"施"而非英文中的"斯"音。从张德彝的描述可以看到,他去过东方语言学院不止一次。在这里,张德彝提供了特别重要的信息,当时东方语言学院教授中文的教习除了德国人阿恩德(他从 1887 年至 1902 年执教)外,还有两位中国教习:桂林(字竹君)和潘飞声(字兰史)。

早在 1887/1888 年度的第一个学期就设立了六种语言:汉语、日语、印地语、阿拉伯语、波斯语以及斯瓦希里语,这个系从一开始建立就为当时的教学机构树立了榜样。除了语言方面的训练外,东方语言学院更把如何理解亚洲国家的国情和风土作为重点,特别是其宗教、风俗、地理以及近代史的介绍。并采取小班上课的形式,每个班限定在 12 名学生之内,教师与学生的比例在 1888 年夏季学期为 1∶4,在 1913/1914 年冬季学期为 1∶5.8。任课教师均是具有多年在国外生活经验的专业人士:教授中文的阿恩德原本是德国驻北京公使馆的外交官,接替他的佛尔克从 1903 年至 1914 年任教,以后他去了柏克莱(Bekeley),并且于 1923 年在汉堡大学成为教授。

学生人数持续增加,1887/1888 年只有 98 名学生,而到了 1913/14 年的冬季学期学生人数迅速增加到了 303 人,共有 19 种语言。而在 1897 年至 1919 年的 22 年间,仅学中文的毕业生就有 113 位获得了文凭,这占东方语言学院所有毕业生的三分之一还要强。19 世纪末德意志帝国在东亚势力的扩张,包括 1895 年三国干涉还辽的成功,1897 年巨野教案德国对胶州湾的占领,以及在 1900 年义和团之后德皇威廉二世(Wilhelm II., 1859—1941)所发表的"匈奴演说"(Hunnenrede)都使得中国成为德国人关注的对象。在前几批的学生当中有一些后来成为德国东方学的巨头。在汉学方面在这里值得一提的有福兰阁,他曾于 1901—1907 年间担任中国驻柏林使馆参赞,1907—1922 年间任汉堡大学汉学教授,后转为柏林大学教授。著作有后来几乎成为汉学典范之作的五卷本巨著《中华帝国史》。①

此外还有海尼士(其中 1932—1945 年间在柏林做教授)和后来翻译了为数众多的中国古典小说而享有盛名的孔舫之。著名的语言学家穆勒·弗里德里希·威廉·卡尔(F.W.K. 穆勒)曾于 1902—1906 年间执教于东方语言学院,1926 年他成为柏林大学日本研究所的创始人,1934—1938 年他在京都主持德国研究院(Deutsche Forschungsinstitut in Kyoto)的

---

① Franke, Otto, *Geschichte des Chinesischen Reiches*, Berlin: deGruyter, 1930-52。

工作。

由于教育部的许可,东方语言学院得以创办了一份自己的杂志《东方语言学院通讯》(*Mitteilungen des Seminars für Orientalische Sprachen*),并于1898年开始出版发行。这也是第一份在德国出版的有关东亚领域的汉学及日本学的专业杂志,在以后的38个年头中这本杂志总共出版了85卷。① 除此之外,东方语言学院还出版了一系列语言教科书。柏林大学东方语言学院系列教材第7种为阿恩德编的《北方官话手册》(1891)②;第21种的第一部为佛尔克编的《衙门和报刊文章》(1911)③;第22种为薛葖、康慕羲编写的《新式中文书面语入门——练习册》(1912)④。

作为东方语言学院的基础,是拥有各种语言藏书的专业图书馆的建设。到了1912年的时候,学院已经有了25,000册的藏书。⑤ 东方语言学院在经历了第一次世界大战之后竟完好无损地得以幸存,并且在以后的几十年中还培养了多位知名人士。1935年东方语言学院被命名为"外国学院"(Ausland-Hochschule),在1936/1937学年开始的时候,"外国学院"成了柏林大学的一个机构。1940年1月1日"外国学院"合并到了"政治学院"(Hochschule für Politik)之中,作为"柏林弗里德里希·威廉大学的外国学学院"(Auslandswissenschaftliche Fakultät der Friedrich-Wilhelms-Universität zu

---

① 1989年顾彬教授以《东方·方向——东方语言学院新通讯》(*Orientierungen. Neue Mitteilungen des Seminars für Orientalische Sprachen*)为刊名重新创办了这本杂志。

② Arendt, Carl, *Handbuch der nordchinesischen Umgangssprache*. Mit Einschluss der Anfangsgründe des neuchinesischen officiellen und Briefstils von Prof. Carl Arendt, Lehrer des Chinesischen am Seminar. Erster Theil. Allgemeine Einleitung in das chinesische Sprachstudium. Stuttgart & Berlin: W. Spemann, 1891.

③ Forke, Alfred, *Yamen und Presse. Handbuch der Neuchinesischen Schriftsprache. Eine Sammlung von Schriftstücken der amtlichen Schriftverkehrs nebst Zeitungsausschitten mit Erläuterungen und Übersetzungen*. Von Prof. Alfred Forke, Lehrer des Chinesischen am Seminar. I. Abteilung: Chinesischer Text. II. Abteilung: Deutscher Text. Band 21,Teile 1-2 von Lehrbüchern des Seminars für Orientalische Sprachen zu Berlin. Berlin: G. Reimer, 1911.

④ Hsüh, Shen und Kammerich, Adolf, *Einführung in die neuchinesische Schriftsprache. Übungsstücke*. Gesammelt und bearbeitet von Hsüh Shen, Adolf Kammerich. Lehrbücher des Seminars für orientalische Sprachen zu Berlin. Herausgegeben von dem Director des Seminars. Band XXII. Berlin: Verlag von Georg Reimer, 1912. 有关这部教科书的研究,见:李雪涛《一本汉语教科书所反映的近代中德关系——薛葖、康慕羲〈新式中文书面语入门——练习册〉初探》,载《文化杂志》中文版第92期(2014年秋季刊),第37—50页。

⑤ Sachau, Eduard(Hrsg.), *Denkschrift über das Seminar für Orientalische Sprachen an der Königlichen Friedrich-Wilhelms-Universität zu Berlin von 1887 bis 1912*. Berlin 1912. S. 38.

Berlin)与"德意志外国学研究所"(Deutsches Auslandswissenschaftliches Institut)的关系非常密切。1914年,曾在青岛传教多年的许勒接替前往伯克利的佛尔克成了中文教授。1925年之后由雷兴来担任;1938年雷兴去加州大学之后,索尔波尔里希出任汉语教授。而《东方语言学院通讯》也更名为《外国学院通讯》(Mitteilungen der Ausland-Hochschule)由日本学家沙尔施密特主编,至1939年出版了整整42卷。1920—1940年间学院培养了91位获得毕业文凭的中文翻译。这其中有后来成为著名汉学家的:艾伯华:1929年获得毕业文凭;卫德明:1930/1931年冬季学期的学生;傅海波:1936年夏季学期的学生,等等。第二次世界大战在1945年的结束首先也意味着该学院在柏林将近60年的传统的终结:许多学生和教员均丧生,位于多罗迪恩大街(Dorotheenstraße)上的校舍连同价值连城的图书均在大轰炸中毁于一旦。

于1959年在波恩重建的东方语言学院继续着它在柏林的工作。重新建立这样一个学院的意义,在同年12月1日的庆祝活动中多次被强调。所不同于汉学系的是,东方语言学院的课程设置更注重实用性的目的。按照跟文化部达成的一致要求,东方语言学院所聘用的应当是独立的师资力量,不过学院的教授、讲师以及专业教员也同时隶属于波恩大学哲学院,以便使得东方语言系学生在学术专业方面的学习得到保证。除了对现代语言专业知识的详尽了解的要求之外,许多学生也加强了对有关国家的历史、政治、文化以及法律知识的学习。这样的一个训练以往和现在的目的都是希望通过经过一个学术专业学习的结业,而达到实用的目的。中文方面的优势在该院重建后的几年中重又出现:在1959年至1985年间所毕业的287名获得文凭的翻译中,其中有114位(占所有毕业生的39%)是学习中文的。

东方语言学院的中文专业头几年是由罗织田教授负责的,之后由乔伟教授接替。1985年顾彬教授成了学院的新负责人。顾彬1945年生于下萨克森州的策勒(Celle),早年曾在明斯特攻读基督教新教神学,之后转到维也纳学日本学,最后他转到波鸿的鲁尔大学(Ruhr-Universität in Bochum),在此攻读汉学、日耳曼学、哲学以及日本学。顾彬教授于1973年以《杜牧(803—852)的诗歌创作》而获得博士学位,[1]并于1981年提交了他有关中

---

[1] Kubin, Wolfgang, *Das lyrische Werk des Tu Mu* (803-852). *Versuch einer Deutung.* „Veröffentlichung des Ostasien-Instituts der Ruhr-Universität Bochum 19", Wiesbaden: Harrosowitz, 1976.

国人的自然观的教授论文:《空山——中国文学中的自然观之发展》。① 在前后的数年中,他热心于中国古典以及现代文学和诗歌的研究,并成了颇负盛名的中国文学的专家和翻译家。在这段时间里他提交了一系列有关鲁迅、茅盾、萧红、丁玲、浩然等人的研究论著。

六、1985—1995 年间的 10 年

1985 年这一年的 6 月波恩大学汉学系的工作以一种独特的形式得到了认可,当时的中国国务院总理赵紫阳(1919—2005)在访问德国期间光临了该系,并赠送了两件礼物:汉学系得到了中华人民共和国捐赠的数千种包罗万象的图书;此外陶德文教授以及德国各大学著名汉学系的学生代表受到中国政府邀请到中国访问。1986 年初当时中国驻德国大使郭丰民(1930—)在波恩大学的评议厅,向汉学系主任陶德文教授赠送了 3,000 册珍贵的学术书籍。同年 4 月份,陶德文教授由顾彬教授陪同,组团带领由波恩、波鸿、格廷根、埃尔兰根(Erlangen)、海德堡、慕尼黑、特里尔(Trier)以及维尔茨堡(Würzburg)大学的 18 位学生代表访问中国。整个代表团在中国访问期间在中南海得到了赵紫阳总理的接见,并同西安、上海和杭州的大学进行了交流。从而赵紫阳总理在前一年访问波恩大学汉学系时许下的诺言都得到了兑现。

同年 6 月费孝通(1910—2005)教授受到陶德文教授的邀请在波恩大学作了有关过去 50 年来中国农村发展的报告,费氏乃中国享有盛名的人类学家和社会科学家,同时他也担任中国人民政治协商会议副主席一职。

阿登纳基金会(Konrad-Adenauer-Stiftung)与中华人民共和国的孔子基金会于 1988 年 10 月 30 日至 11 月 2 日在波恩附近的圣奥古斯丁联合举办了一个国际性研讨会,主题是:"儒学与中国现代化"(Konfuzianismus und die Modernisierung Chinas)。这次研讨会的主办者以及后来结集出版的《儒学与中国现代化》一书的主编除了陶德文教授外,还有克里格女士。② 这

---

① Kubin, Wofgang, *Die Entwicklung der Naturanschauung in der chinesischen Literatur*, Wiesbaden: Franz Steiner Verlag, „Münchener Ostasiatische Studien 39", 1985. 此书后来由马树德译成中文《中国文人的自然观》,上海:上海人民出版社,1990 年。

② Krieger, Silke und Trauzettel, Rolf(Hrsg.), *Konfuzianismus und die Modernisierung Chinas*, Mainz 1990.

次研讨会的与会者有上百位,其中包括学者、国会议员、记者,以及来自联邦德国、中国、新加坡、苏联、美国、法国、波兰及英国等专业组织的工作人员。研讨会要讨论的问题及方案,早在自 1979 年起由阿登纳基金会为中国和德国主管经济的政治家以及专家所设计的经济政治对话纲领之中就存在了。在 1987 年 6 月,中国孔子基金会代表团在圣奥古斯丁参加了一个专业会谈之后,同年 8 月阿登纳基金会代表团也参加了在曲阜举办的儒学研究国际会议。这样最终便促成了在德国举办的这次孔子国际研讨会。研讨会的目的之一在于讨论儒学是否有助于政治和经济改革的过程。

有关儒教的一些问题在会议上也有一些意见相左的看法,倾向于新儒学的学者如吴德耀或杜维明认为,在包括中国在内的东亚国家,儒学在现代化进程中扮演着举足轻重的角色。一些学者把"儒家的民主"作为一种相对独立的亚洲体制来看待。而德国的汉学家们对此却提出了质疑。陶德文教授在"关于儒家思想的世界化问题"的报告中指出,儒家思想对现代化没有积极作用,因为孔子过分强调"集体""集体主义",而没有"社会"的概念。顾彬教授也发表了类似的看法,在"儒学中的自我问题"(Das Problem des Selbst im Konfuzianismus)的论文中指出,传统中国根本没有自我,中国人只知道自我控制,努力谋求协调,因而缺乏形成资本主义和个人化的必要条件。不过他同时指出,"自我"这个概念,在欧洲也是 18 世纪之后才出现的。东方和国际问题联邦研究所的沙尔平博士在"中国改革政策中的传统与现代化"(Tradition und Moderne in der chinesischen Reformpolitik)的论文中说,中国所开展的有关孔子问题的讨论,其目的是试图拯救一个在实际上早已破损了的民族传统,儒家资源对现代化的作用是保守的和无益的,并不能解决中国的问题。尽管这些观点不一致,但同样都阐明了儒家的遗产如何在当代如何发生影响力的问题。研讨会后,当时任教于法兰克福大学汉学系(后任波鸿大学汉学系教授)的罗哲海对德国学者一些偏激的看法提出了质疑。他批评德国学者简单地把孔子等同于儒学,而忽视了其他儒家学者的思想。

波恩大学东方语言学院中文专业在顾彬教授的带领下与"中文专业协会"(Fachverband Chinesisch)于 1988 年 11 月 17 日至 20 日共同举办了一个有关中文培训目的的国际会议,这次会议被纳入了"现代中文教学"(Moderner Chinesischunterricht)第 5 次会议之中,主题是"口译与笔译"(Dolmetschen und Übersetzen)。鉴于在德国有无数的大学设立了以现代中文为培训重点的教授席位,而他们彼此之间直到此时却还没有一致的相互具有约束力的教学计划和教材,这次会议的召开表明语言训练的相互协调是何等迫切。不过会议的目的并不是要集中所有的教学力量,并尽可能地让课程设置更趋合理,而更令与会者担忧的一件事是认识到了:许多大学都有中文专业,虽然制定有雄心勃勃的目标,而最终只能达到最起码的水平。大学的中文专业机构所遇到的问题,以及在中文口译和笔译培训和专业训练中所涉及的各式各样的问题,乃至极为困难的文学翻译问题在报告中都予以了讨论。①

几个月之后的 1989 年 4 月陶德文教授举办并主持了一场学术讨论会"首都及其主要功能"(Hauptstädte und Hauptstadtfunktionen),他本人也在会上做了报告。在这一段时间里也不断有其他一些大学的高水平的汉学家被邀请到波恩,在 1989/1990 年冬季学期作有关"中国鲜为人知的新时代:清朝"(Chinas unbekannte Neuzeit: Die Qing-Dynastie)系列专题报告。

1990 年 5 月 21 日至 23 日,顾彬教授在波恩组织了一个有关异国风情主义(Exotismus)的会议,被命名为:"我在你眼中的形象:20 世纪的中国和德国的相互反映。"②会议尝试着将迄今为德语人文历史在接受中国时所忽视的诸多方面在各学科之间(也就是说在诸如汉学、日耳曼学、罗马语族语言文学研究以及人类学等科目范围内),用一定的方法在异国风情主义研究范围内进行深入探究,同时也把目光投向了现代中国及其德国形象。与会者对一些极不相同的问题展开了激烈的争论,甚至对拒绝所有异国情调主义的观点也做了讨论。因此陶德文教授主张,科学应当取代异国情调主义的角色,以便使人们尽可能客观地、非先入为主地去理解研究对象。而哈特却认为异国情调主义作用很大,这使得学者们会继续将异国风情主义作为批判研究的对象,这是一个不可替代的研究,因为中国的形象亦即是西方国家的形象,在不同时代以及不同人群层次中对品格的塑造和自我的认识在主观上起着极其重要且不可替代的作用。因此在世纪交替之际,

---

① 个别的论文分别刊载于 1989 年的《东方·方向》(2/1989)以及《春》(Chun, 6/1989)两本专业杂志上。

② Mein Bild in deinem Auge: Deutsch-chinesische Spiegelungen im 20. Jahrhundert. 1995 年出版了由顾彬主编的《我在你眼中的形象。异国风情主义和现代化:20 世纪的中国和德国》(Kubin, Wolfgang [Hrsg.], Mein Bild in deinem Auge. Exotismus und Moderne: Deutschland-China im 20. Jahrhundert. Darmsadtt 1995)。

那些专业旅游者所写的中国游记实际上并非真写中国,而是对自我的考察,所谓"醉翁之意不在酒"者也。罗梅君如是认为。因为这样的考察在西方不可能出现,这牵扯到文化优势的主观经验。袁志英教授在他的论文中也指出,中国对德国的接受也并不是完全没有问题的。他强调指出,对外来民族的接受,乃是维系于各个时代精神以及国家之需要。会议的成果在这期间汇集成册得到了出版。

1992年4月21日至23日顾彬教授在波恩主持了题为"《红楼梦》200周年"(200 Jahre Traum der Roten Kammer)的国际研讨会。曹雪芹的这部重要著作尽管在几十年前就为汉学界所注意到,但至今——除了库恩的节译本之外——还没有一本完整的并且通俗易懂的德文译本。在一个仅数天的会议上,要就一本内容如此复杂并且包罗万象的巨著的所有方面作公允的评价自然是不可能的,但至少可以从众多的论文那里对《红楼梦》的丰富内涵有一个印象。会议首先从有关梦、映射或者病态主题的语言和翻译开始,一直讨论到这部著作的影响历史,从而对这部小说可能有的学术争论给予了一个比较全面的介绍。

作为历史人类学协会(Gesellschaft für historische Anthropologie)会长的陶德文教授于1995年5月在圣奥古斯丁主持了一个题为"不同文化中的死亡"(Der Tod in den verschiedenen Kulturen)的研讨会。6月份的时候,汉学系的教师参加了在法国南部奈尔(Nyer)举行的学术讨论会,主题是:"哲学、宗教和艺术:东方和西方"(Philosophy, Religion and Art: East and West)。本月底北京大学哲学系主任叶朗教授受到顾彬教授的邀请以及德国学术交流中心(DAAD)的资助抵达德国,作为期两个月的学术访问。

陶德文教授周围形成了所谓的"波恩汉学学派"(Bonner Schule)。陶教授的一辈子既在汉学的教学与研究工作方面取得了令人瞩目的成就,同时也是著名的西方人文学,特别是哲学和历史学方面的著名学者。跟美国学者有着本质的区别在于,在中西思想比较上,他特地强调中国与西方双方面的不同和个性,如在研究"人/个人/人格/位格""存在""神""自主性/不自主性"等概念时,都呈现出对中国文化与西方文化的深层认识。顾彬也认为,要充分认识到中西方的差别,并尊重这些不同,才能更好地进行沟通。也就是说要从中国文化本身出发来作研究,而不是从欧洲文化出发来做生硬牵强的比附。

自1989年起顾彬教授是《袖珍汉学》(minima sinica)和《东方·方向》

（ORIENTierungen）两本专业汉学及东方学杂志的主编。《袖珍汉学》是半年刊，24开本，每期的篇幅为160页，其副标题为"有关中国精神的期刊"（Zeitschrift zum chinesischen Geist）。主要刊登德文和英文有关中国精神史的文章，从文学、哲学、历史的角度深入研究中国传统与现代性的关系，特别是近代以来中欧之间在思想上的相互影响。由于在中国的改革开放以后，大部分中国研究的期刊都偏向政治、社会和经济的时代，顾彬依然恪守着重视思想史的德国汉学传统。此外，《袖珍汉学》非常重视译文，刊载了很多中国近现代文学家作品的德文译文。《东方·方向》同样是半年刊，开本和篇幅与《袖珍汉学》相同。它的副标题是"有关亚洲文化的期刊"（Zeitschrift zur Kultur Asiens），其重点是有关东亚与东南亚的文化与历史，经常会刊登有关韩国、马来西亚、印度尼西亚、泰国等国家的文学译本，翻译批评（Übersetzungskritik）是其特色。这两份刊物一直出版到今天。

七、1995年以后的汉学系——顾彬时代

1995年7月1日陶德文教授举行了告别宴会，从而结束了他20年波恩大学汉学系主任的生涯。紧接着顾彬教授于7月1日至6日举办了一个题为"中国的忧郁与社会国际会议"（Internationale Konferenz zu Melancholie und Gesellschaft in China）作为他上任的开始。顾彬教授成功地邀请了众多世界各地的著名学者，各种各样的观点都提出来进行了讨论。学者们首先尝试着从中国文人的心理、道教的喜怒哀乐形式出发来展开讨论，一直到忧郁在中国文学中的各种表达形式，各种各样的题目在会议上都予以了充分的讨论。

1995年8月1日顾彬教授正式接替陶德文教授担任波恩大学汉学系主任一职。四位由东方语言学院和汉学系学生共同组成的小组，由顾彬教授带领，应邀参加了由中国中央电视台和新加坡中央电视台在北京共同举办的语言和辩论国际大赛。这场辩论大赛分别由北京及新加坡的电视台在新闻节目中转播。后来汉学系学术助理史克礼当时也是四人组中的一员，并获得了"最佳辩论者"奖，在他返回德国后接受了好几家广播电台的采访。2016年开始，史可礼成为波鸿大学中国语言与文学的教授。

有关在这一时期汉学系开课的情况,我在此仅举出 1999 年夏季学期的课程为例,列表予以说明:

表 1　汉学系 1999 年夏季学期(1999 年 5 月 6 日—7 月 2 日)课程①

讲座课(Vorlesungen)			
编号	课程名称	讲师	语言
5076	Helden in Chinas Geschichtsschreibung und Literatur 中国历史描述与文学中的英雄	R. Trauzettel 陶德文	德语
5077	China und Europa(Landeskunde) 中国与欧洲(国情课)	W. Kubin 顾彬	德语
5078	Jahrhundertende, Jahrhundertwende. Der chinesische Geist im Übergang 世纪之末-世纪转折:转折时期的中国精神	W. Kubin 顾彬	德语
5079	Geschichtsschreibung in China 中国的历史编纂学	J. Wang 王锦民	汉语
专题研讨课(Hauptseminar)			
5080	Die traditionelle chinesische Literaturtheorie 中国古代文论	W. Kubin 顾彬	德语
初级研讨课(Proseminar)			
5081	Zum Problem der Exzentrik in der chinesischen Kultur. Li Zhi(1527-1602) im Kontext seiner Zeit 论中国文化的异端问题:时代背景之中的李贽(1527—1602)	Th. Zimmer 司马涛	德语
练习课(Übungen)			
5082	Einführung in die klassische chinesische Schriftsprache II. 汉语文言文入门(二)	H.G. Möller 毛高格	德语
5083	Li Zhi(1527—1602): Fenshu(Verbrannte Bücher) 李贽(1527—1602):《焚书》	Th. Zimmer 司马涛	德语
5084	Klassisch: Mittelkurs: Texte der klassischen chinesischen Medizinliteratur 古汉语中级课程:古代中医文献选读	W. Kubin 顾彬	德语

---

① Rheinische Friedrich-Wilhelms-Universität Bonn, *Vorlesungsverzeichnis für das Sommersemester 1999*. Bonn: Bonner Universitäts-Buchdruckerei, 1999. S. 429-430.

续表

讲座课（Vorlesungen）			
编号	课程名称	讲师	语言
5085	Su Dongpo（1036—1101）: Dongpo zhi lin（Vermischte Schriften zu Su Dongpos Idealen aus dem 12. Jahrhundert）苏东坡（1036—1101）:《东坡志林》	W. Kubin, J. Wang 顾彬、王锦民	德语+汉语
5086	Zur Philosophie der Qing-Zeit: Wang Fuzhi（1619—1692）清代王夫之（1619—1692）哲学研究	J. Wang 王锦民	汉语
5087	Zum Buddhismus der Neuzeit: Biyanlu（Niederschrift von der smaragdenen Felswand, verfaßt von Yüan-wu, 1063—1135）近世佛教研究:《碧岩录》	J. Wang 王锦民	汉语
5088	Einführung in die sinologischen Hilfsmittel（Propädeutikum）汉学辅助工具入门（概论课）	H.G. Möller 毛高格	德语
0204	Lektüre f. Fortgeschrittene: Das Bild der Frau in der traditionellen chinesischen Literatur 高级阅读课:中国传统文学中的女性形象	M. Motsch 莫芝萱佳	德语

  顾彬教授与中国学者共同开课,除了与王锦民副教授的课程之外,后来也与刘小枫教授、肖鹰教授共同开过有关美学和中国思想史的课程。2002—2003年的冬季学期,顾彬教授与当时还在撰写博士论文的李雪涛还共同开设了"中国佛教原典"（Die Quellen des chinesischen Buddhismus）的练习课。① 汉学系的课程与东方语言学院中文专业的课程是互相开放的,汉学系的这些课程也有学习翻译学的学生选修,而莫芝萱佳的课程也被列入了汉学系的课程之中。

  波恩大学汉学系以及东方语言学院中文专业的教师们这些年来一直在从事一系列的科研项目的研究工作。林克（Hans Link）从90年代初就开始从事有关中文专业词汇词典编撰法以及中国戏剧的研究项目,这两个项目分别由大众汽车基金（Volkswagen-Stiftung）和德国科学研究会（DFG）资助。中文专业词汇词典编撰法的研究成果刊载在《东方·方向》1993年的第1、2期上。施皮曼-罗姆女士在1991年至1993年间研究北京的歇后

---

  ① Rheinische Friedrich-Wilhelms-Universität Bonn, *Vorlesungsverzeichnis für das Wintersemester* 2002/2003. Bonn: Bonner Universitäts-Buchdruckerei, 2002. S. 484.

语,这项研究是在石密德早年的研究成果和顾彬的研究基础之上进行的。施女士还与黄慧敏共同从事由大众汽车基金赞助的项目"由电脑辅助而进行的辞典编撰法:汉-德歇后语词典(Computergestützte Lexikographie: Chinesisch-deutsches Wörterbuch der Xiehouyu)"。此书后来于2009年正式出版《汉德歇后语词典》。① 为了撰写《中国古典小说:其从明代到清末的产生和发展》(Der klassische chinesische Roman: Entstehung und Entwicklung von der Ming-Zeit bis zum Ende der Qing-Dynastie)一书,司马涛从1994—1995年间一直在从事明清小说的研究,这是德国科学研究会(DFG)赞助的项目。这一著作连同林克有关中国戏剧研究的成果将列入十卷本的《中国文学史》(Geschichte der chinesischen Literatur)之中,这是顾彬教授担任主编的一套规模宏大的中国文学史的德文巨著,已于2002年秋季由慕尼黑的索尔(Saur Verlag)出版社开始出版,迄今已出版了9种。

十卷本《中国文学史》乃是迄今为止卷帙最为浩繁的一部文学史巨著,它对3,000余年的中国文学进行了描写、分析和阐述。对文学的每一概念都以历史发展为线索,从其源流一直讲到现代。众多德国著名学者,这其中包括顾彬、卜松山、莫芝萱佳、司马涛等德国当前最活跃的一批汉学家,在此为读者们展示出了一幅人类历史上文学传统最为悠久的活生生的历史画卷。除此之外,作为本书的最后三卷,尚有中国文学作品德译名录、中国作家小传以及详尽的索引,为欲进一步研究中国文学的读者,提供了丰富的资料。这套十卷本《中国文学史》的具体内容:中国诗歌艺术史、中国章回小说史、中国话本小说史、中国散文史、二十世纪中国文学史、中国文学评论史、中国戏曲史、中国文学作品德译目录、中国文学家小传(辞典)以及索引。

从形式上来讲,这套《文学史》突破了传统文学史按王朝年代顺序的叙事方式(因为各个朝代的文学史[断代史]之和,并不等于一部完整的文学史),而是按照分专题分别论述的方法,更集中地梳理出中国文学应有的脉络。在方法论上来讲,寻求主从,兼顾纵横,在具体安排上既不是凌乱的支离破碎,又不是简单的一刀切。这样做便于从整个文学历史发展的全局出发做出综合的考察与深入的研究。从内容上来讲,为《文学史》撰稿的

---

① Spielmanns-Rome, Elke und Kubin, Wolfgang(Hrsg.), *Wörterbuch der chinesischen Sagwörter (Xiehouyu)*. Nach einem Manuskript von Barbara Chang. Hamburg: Helmut Buske Verlag, 2009.

德国著名汉学家运用了西方百余年来在中国文学研究上所取得的成就,而这些正是其他地区的学者所不易看到的。

1996年2月8—9日顾彬教授在苏黎世大学汉学系做了题为"20世纪的中国小说"(Der chinesische Roman im 20. Jahrhundert)的报告。同年的7月2日中国作家王蒙访问德国,顾彬教授在波恩招待了这位前中国文化部的部长,并主持了一场专题德-中文朗诵会"一位中国人和他的世纪"(Ein Chinese und sein Jahrhundert)。除了汉学方面的研究之外,顾彬教授非常重视中文教学。11月15日他在维也纳中文系作了"幻想与幻灭之间——二十年来汉语学习实践经验谈"的报告,①将他20年来教授中文的经验毫无保留地介绍给了他的同行们。11月29日在莱顿大学举行的"第二届亚洲及伊斯兰教艺术史会议"(Second Conference on Asian and Islamic art history)上,顾彬教授做了"论中国美学的美与空"(Beauty and emptiness: On the problem of a Chinese aesthetics)的报告。

1997年2月2日在柏林庆祝中国留学生在德国120周年的纪念会上,顾彬教授作了"宗白华(1896—1986)及其美学著作"(Zong Baihua (1896—1986) und sein ästhetisches Werk)的报告,对这位老留德学生的生平和著作做了介绍。

1998年2月司马涛博士完成了他的教授论文:《从16世纪到20世纪初中国古典小说的形成和发展》(Genese und Entwicklung des klassischen chinesischen Romans vom frühen 16. bis zum Beginn des 20. Jahrnunderts)。这一年的11月,顾彬教授受到邀请到以色列的希伯莱大学做演讲。

1999年的3月份顾彬教授到中国做学术之旅,他首先在北京的歌德学院及德国学术交流中心做了有关东西方对话的演讲,又南下上海同济大学和广州外国语学院,讲授德中在文学上的交流。4月16日司马涛博士做担任候补教授后的首次演讲。同年的9月23日至28日,司马涛候补教授还参加了在上海举办的"面向21世纪国际儒学会议"(International Conference on Confucianism Geared to 21st Century),并提交了有关中国人的道德观念与西方人的个人主义观念比较研究的论文(The Utopian Ideal of "One

---

① Zwischen Illusion und Desillusion. Praktische Erfahrungen aus 20 Jahren Chinesisch-Unterricht. 此文后由李雪涛译为中文,发表在《国外汉语教学动态》(Overseas Chinese Language Teaching and Learning Report),2004年第1期(3月),第45—49页。

World" in the Light if the Present Discussion on value. Thoughts about the Problem of Holistic Thinking in Chinese Moralism and the Concept of Western Individualism)。

2000年6月30日为纪念陶德文教授70周年诞辰,在波恩大学汉学系举行了一次学术纪念会。在汉学系已经是候补教授的毛高格博士受到美国麦迪逊(Madison)大学邀请作为期一年的客座教授。

2001年3月份,顾彬教授随同德国学术交流中心代表团访问中国,并在北京、上海以及香港做报告。这一年司马涛博士还出版了他翻译成德文的《孽海花》一书,[①]这部在中国近代历史上曾引起轰动的小说的翻译,无疑对德国学者研究中国近代史、近代文学提供了不可多得的第一手资料。

中华文明有着悠久的历史,所涉及的领域是任何一个小的研究机构所无法穷尽的。波恩大学汉学系的研究关联到中国不断演进的文明中的文学、历史、哲学、宗教、语言和艺术,同时也在探讨这个正在崛起的大国的社会、政治和大众文化。这些我们通过波恩大学汉学系所组织的教学、研究、研究项目和学术会议,看出其研究的广度。

顾彬主持波恩大学汉学系的时期,他以一己之力开创了中国文学及人文研究领域,并培养了众多这些研究领域的学术骨干。

八、1996年以来到汉学系做客的访问学者

波恩大学汉学系在顾彬教授主持工作以来,成为德国乃至欧洲最活跃、最具有创造性的汉学系,来自世界各地的学者经常访问汉学系。顾彬教授非常重视跟各国学者特别是中国学者在学术和人员方面的交流。1997年以来先后有10余名中外学者做客波恩大学汉学系,为汉学系带来了新的方法和生机。1996年11月—1997年1月,斯洛伐克科学院的高利克讲授"《浮士德》在中国"。1997年6月波兰华沙大学的卡萨莱罗博士讲授"中国的神秘现实主义"。同年7月澳大利亚纽卡尔斯大学(University of Newcastle)的刘侠博士讲授"顾城在德国"。8月—11月,上海大学的祝瑞开教授讲授"基督教在中国"。10—11月美国加州大学国际写作与翻译中心贝岭(黄贝岭)讲授"中华人民共和国的地下文学"。而从1997年10月

---

① Zimmer, Thomas(Übers.), *Zeng Pu: Blumen im Meer der Sünde*, München: iudicium, 2001.

至 1999 年 9 月北京大学的王锦民在汉学系作为客座教授,系统讲授了中国哲学和人文历史。1998 年 8 月时任香港中文大学教授的刘小枫作了有关"现代化的问题"的报告。1998 年 1 月—1999 年 5 月北京大学的于迎春博士讲授了"汉代历史"。1999 年 9 月—2000 年 9 月香港浸会大学宗教及哲学系的费乐仁教授作为客座教授讲授了"里雅各与 19 世纪汉学东方主义的创立"(James Legge and the 19th Century Construction of Sinological Orientalism)的专题研讨课。① 2001/2002 年度冬季学期清华大学肖鹰教授作为客座教授在汉学系讲授中国美学史和现代文学史。2002 年 1 月—6 月北京外国语大学的张西平教授,在波恩从事早期汉学史的研究工作。2002 年 7 月至 2003 年 7 月间,中山大学的刘小枫教授作为客座教授在汉学系工作一年,讲授了"毛泽东与施米特"(Mao Zedong und Carl Schmitt)②以及"梁漱溟与马克斯·韦伯之比较研究"两个专题。

也正是由于有了这样的一个国际性的汉学国际平台,波恩大学汉学系成为德国乃至欧洲最为卓越的有关中国思想史和文学研究机构。波恩大学汉学系的历史,折射出的是德国乃至欧洲中国研究领域的学术发展史。它反映出魏玛共和国、第三帝国、两德对立、六八级运动、之后恢复与大陆的外交关系时期,德国中国的研究状况。

附1:汉学系的主任教授

自 1928 年以来,众多的学者为波恩大学汉学系的发展做出了贡献,其中最重要的当然是 5 位曾经担任过汉学系主任教授的学者们。他们中的每一位都在汉学的不同领域做出了独特的贡献,推动了汉学系的发展:

年代	德文名、生卒年	中文名
1928—1955	Erich Schmitt, 1893—1955	石密德
1957—1975	Peter Olbricht, 1909—2001	霍布理

---

① Rheinische Friedrich-Wilhelms-Universität Bonn, *Vorlesungsverzeichnis für das Wintersemester 1999/2000*. Bonn: Bonner Universitäts-Buchdruckerei, 1999. S. 425.

② Rheinische Friedrich-Wilhelms-Universität Bonn, *Vorlesungsverzeichnis für das Wintersemester 2002/2003*. Bonn: Bonner Universitäts-Buchdruckerei, 2002. S. 484.

续表

年代	德文名、生卒年	中文名
1975—1995	Rolf Trauzettel, 1930—2019	陶德文
1985—2011	Wolfgang Kubin, 1945—	顾彬
2011—	Ralph Kauz, 1961—	廉亚明

附2：波恩大学汉学系近年来汉学作为主专业（硕士阶段）、博士生人数统计表

学年、学期	主专业人数	博士生人数	其中主专业新生人数
2000 夏季	84	19	10
2000/2001 冬季	86	16	11
2001 夏季	86	14	10
2001/2002 冬季	83	13	11
2002 夏季	74	14	3
2002/2003 冬季	65	15	5
2003 夏季	67	14	6
2003/2004 冬季	70	14	16
2004 夏季	36	16	2
2004/2005 冬季	27	15	—

（说明：波恩大学夏季学期的时间为每年4—7月，冬季学期的时间为10月至第二年2月。2004/2005年没有新生注册硕士阶段汉学作为主专业的原因是，在北莱茵-韦斯特法伦州的各大学引进了新的学士阶段学习[BA-Studiengang]。——资料来源：波恩大学汉学系）

汉学研究大系　列国汉学史丛书
Series of Chinese Studies
阎纯德　总主编

新汉学计划出版项目资助

汉學

德国汉学
研究史稿（下册）

李雪涛　著

学苑出版社

第四编
互动与批判

第十三章
民国时期德国汉学界与中国学术界之互动
——以 20 世纪 20—40 年代初的北平为中心

尽管汉学研究的对象是中国,材料和文献都是中国的,但在学术规范、方法论以及问题意识上,汉学跟中国自身的传统是完全不同的:中国学术是从自身的文化需求出发来做研究,而汉学则是从他者的视角来审视和研究中国文化。说到底,西方汉学研究的目的本身并不在中国文化,而在于从他者反观自身,为其不同时期的自我定位寻找参照系。从这个方面来讲,西方的汉学研究仅仅只是西方知识体系中的一部分,本身并没有想要影响中国学术路向之奢求。但在民国时期的情形却有所不同,自成体系的西方汉学在当时很有主导乃至超越本土学术研究的趋势。这种学术间的对话,已经不仅局限于研究成果的介绍,而是直接进入了中国文化的重组和重构,这是因为在转轨时期的中国学术,急需一种现代化建制的缘故。

如果说直到 19 世纪末中国学术传统依然有着经、史、子、集的自我系统的话,那么到了 20 世纪之后,随着经学的逐渐解体,正是由于西方汉学的参与,中国学术的发展才得以进入了一个崭新的阶段。在此之前,国内的学术界对西方汉学家不完全知底,缺乏真正的了解,或者说也不屑去了解。此时由于客观的原因,欧洲学者也很少重视中国古代及当时学者的研究成就,他们往往傲慢地认为,不论是在资料的掌握方面还是从方法论上来讲,中国学者的成就都是微不足道的。而进入 20 世纪之后,西方汉学与中国学术之间开始全面接触和交流,到了 20—30 年代由于大量海外汉学家,包括德国汉学家,任教于中国的大学以及众多中国留学生学成归国而使得这种交流日益广泛,西方汉学界与中国学术界对对方的认识也因此不断得以加深。

从晚清教育制度的改革，特别是 1905 年科举制度的废除，经学在中国的彻底解体，到中国现代学术体系的真正形成，西方汉学在其中起到过至关重要的作用。在百余年的中国近代史中，内忧外患的时局，政治、经济和文化的急剧变化，迫使中国知识分子在几十年的时间内接受了西方三四百年所经历的各种变革和纷繁复杂的思潮。正是在与西方学术的接触过程中，中国学术才逐步建立起自己的学术体系。在谈到近代中国学术发达的原因时，桑兵指出："近代中国学术界名家辈出，形成宋以来学术发展的又一高峰。究其原因，史料大量涌现，承袭清学余荫，沟通域外汉学，当在首要之列。"[1]实际上小屯甲骨文，敦煌、吐鲁番写经等新史料的出现（包括地上、地下，中国、外国经史以及一切文字资料、器物等）确实开阔了研究者的视野，在当时日益国际化的学术氛围中，如果继续沿袭由治经而来的校勘训诂考据之学的方法论这样的"旧瓶"，已经没有办法装得下这些"新酒"了。因此"新瓶"（新理论、新方法）的引入也成为必然。正是凭借着这些"新瓶"，以往的"老酒"也得以重获新的醇香。世纪初尽管有新的史料一再被发现，但绝大部分的中国传统材料毕竟是旧的。西方汉学的传入，给了当时学者一种外在于自身的视角来审视自己，问题意识得到了增强，当然也得出了一系列不同于中国传统的理解和解释，从而也赋予了这些传统材料以新的意义。值得注意的是，面对潮水般涌入的西学，晚清时期知识分子在异常紧迫的政治形势下所做的基本上是应急式的接受。因为任何一种西方的理论和方法，要在中国真正地扎根，都需要一个相当长的历史过程。而在进入民国之后，正是借助汉学家的方法和理论，中国传统学术才完成了融入现代西方学术体系的过程。

19 世纪西方汉学逐渐成为东方学（英：Orientalism, 德：Orientalistik）的一个分支，进入了大学的殿堂。不过这一时期汉学研究的重点主要还是承袭了耶稣会传教士的兴趣和传统，研究中国的语言和翻译中国重要的典籍或对中文著作中特定的部分做分析、介绍。自 19 世纪末，世界考古的重心逐渐转移到了中亚和远东，由于敦煌和吐鲁番文书的发现，四裔之学逐渐成为西方汉学家关注的对象，中国的西北地区自然也成为国际学术和政治角逐的舞台，中国和其他亚洲国家的交流，中西交通史自然也成为汉学中

---

[1] 桑兵《国学与汉学——近代中外学界交往录》，杭州：浙江人民出版社，1999 年，"绪论"第 1 页。

的主流。在其后的三四十年里,我们可以说汉学家们都在尝试将历史的方法和观念引入汉学研究领域:批判式的文本研究以及依据由其他相关学科所制定出的原则而对这些内容进行着诠释。从这时起,研究者不再会像是18、19世纪的学者那样过分相信文本自身了,他们开始批判性地阅读中国的原典和其他各种文献,开始运用资料对某一问题进行独立且深入的分析。人们进一步想知道,文本以前的真实情况是怎样?对这一代的学者而言,最显著的特征是,除了对个别问题写有大量的论文之外,他们还完成了综合性的研究,或译有鸿篇巨制的著作。

相对于法、英等老牌帝国主义国家,德国由于其自身的问题,晚至 1909 年才在汉堡设立了第一个汉学教授的席位。在 20 世纪 20—30 年代,德国汉学的名声显然没有法国大,自 1919 年就读于巴黎大学的留法中国学者李思纯就曾说过:"西人之治中国学者,英美不如德,德不如法。"①这主要是由于法国的沙畹、伯希和、葛兰言几个天才汉学家名声太大的缘故。作为国际汉学中心的巴黎,接纳着来自欧洲很多国家的学子。沙畹本人就认为治中国学应当接触到中国社会的实际,并尽可能多地利用中国学者的研究成果。他的学生伯希和更是身体力行,伯氏在 1933 年访华时在北平曾说过:"研究中国古代之文化,而能实地接触当今代表中国之人,此种幸运,绝非倾慕埃及或希腊者所可希冀。知有此幸运而能亲来享受者,以沙畹为第一人。"②但这并不意味着德国汉学对中国学术界的影响就不大。其实不仅是在中国,当时美国的汉学基本上亦是德国汉学的移植。1934 年著名中西交通史专家贺昌群在美国的德裔汉学家劳费尔去世之后所写的〈悼洛佛尔氏〉一文中,对当时的美国汉学做了分析:"其间足以为斯学生色而放大光明者,二三十年来惟三人耳:一为哥伦比亚教授夏德(F. Hirth),二为加利福尼亚教授阜克(A. Forke),三即洛佛尔氏也。此三人者皆条顿种,生于德国,学成于德国。"③而日本学者石田幹之助更认为:20 世纪上半叶的

---

① 李思纯《与友论新诗书》,载《学衡》第 19 期(1923 年 7 月),"文苑"第 5 页。
② 《法国汉学伯希和莅平》,载《北平晨报》,1933 年 1 月 15 日。
③ 作者接下来写道:"夏氏名著《大秦国全录》及《中国上古史》,至今犹为学人称道。阜克氏专研究中国哲学,译释《论衡》,并著《中国人之世界观》,皆造诣复绝,有殊功于斯学者也。"载《国立北平图书馆月刊》,第 8 卷第 5 号(1934 年 9—10 月),第 2 页。另见:贺昌群《贺昌群文集》第三卷(文论及其它),北京:商务印书馆,2003 年,第 552 页。

国际汉学可以分为两个时代,一是夏德时代,一为"沙畹—伯希和—洛佛尔时代"。① 由此我们也可以想见,当时的几位著名德国汉学家在国际汉学界的影响实际上还是很大的。

一、德国汉学家聚集北平的客观原因:时代背景

(一) 中国留学德国的情况

民国初期至第一次世界大战期间,中国留学德国的人数较少,但其中也不乏后来的学术精英,如萧友梅、杨丙辰、张星烺、杨昌济、张君劢、朱家骅等。②

第一次世界大战之后,中国从德国要回了胶州,从而也解决了两国历史遗留的问题。中国留学生的重心也在此时慢慢由日本转向了欧美。1919 年德国成立了魏玛共和国,中国宣布结束对德国的战争状态。③ 1921 年 5 月 20 日,由曹锟、吴佩孚直系军阀把持的北洋政府与德国签订了《中德协约》,④德国宣布放弃在山东的各项特权,放弃其在 1898 年同清政府签署的《胶澳租界条约》,青岛也不再是德国的租地。⑤ 这被认为是自 1840 年鸦片战争以来,中国政府与西方列强所签署的第一个平等条约。⑥《协约》也确立了中德两国在外交和文化方面合作和交流的基本框架。德国政府为了表示诚意,在这一年还将义和团运动时期任八国联军统帅的瓦德西

---

① 见前揭《国学与汉学》,第 151 页。石田幹之助的原文见:「欧米汉学研究之现状——德国方面 [一] [二]」,载『史學消息』第 1 卷第 6、7 期,1937 年 5 月、6 月。

② 请参考:Harnisch, Thomas, *Chinesische Studenten in Deutschland. Geschichte und Wirkung ihrer Studienaufenthalte in den Jahren von 1860 bis 1945* (Mitteilungen des Instituts für Asienkunde Hamburg, 1999) ,第 135-258 页。

③ 请参考:曹学恩、许广文主编,李可亭等编《民国外交简史》,西安:陕西人民出版社,1989 年。第 98 页。

④ 见王铁崖编《中外旧约章汇编》第三卷,北京:三联书店,1962 年,第 167—168 页;并请参考前揭曹学恩等主编《民国外交简史》,第 99 页;另请参考德国《帝国法律汇编》中的该《协约》的德、法文对照版本: Deutsch-chinesische Vereinbarungen über die Wiederherstellung des Friedenszustandes, in: *Reichsgesetzblatt* (1871-1945 [Teil I], 1922-1945 [Teil II]), München: C.H. Beck'sche Verlagsbuchhandlung, 1984(Mikrofiche-Edition). Jahrgang 1921, S. 830-832。

⑤ 实际上,早在 1914 年 11 月 7 日第一次世界大战开始之前胶州就已经被日本人所占领,一直到 1922 年 12 月 10 日,青岛才正式归还给中国政府。1914 年以后,当时在青岛推行德国教育体制的大学也遭解散,一部分学生去了上海的同济,还有一部分在第一次世界大战后直接去了德国。

⑥ 见前揭曹学恩等主编《民国外交简史》,第 100 页。

从中国掠去的天文仪器归还给了中国。这之后又有大量的德国经济界和文化界的人士到中国发展,而中国赴德的留学生也剧增。根据1921年《中德协约》的附加换文,德国政府同意提供奖学金,接受中国学生入德国高等学校或为中国学生提供实习场所。① 根据1923年4月26日"远东注册协会"(Verband für den Fernen Osten e.V.)的报告,当时在德国的中国留学生人数在1,000人左右。从1919年至1926年间,在德国大学中注册的中国学生多达550人,这是在战前所从未达到的(因为大部分的留学生在私立的语言学校学习德语,并没有正式在大学注册)。② 其中直接的客观原因在于战后德国在恢复建设的过程中,非常重视教育、科技方面的发展,从而使得其在诸如医学、机械、化学方面的成就在欧洲保持了领先的地位。同时,战后的德国由于通货膨胀,马克暴跌,相对于欧洲其他国家德国的物价更便宜,中国学生留学的费用相对较低。③ 林语堂就是在1921年从美国转道法国前往耶拿和莱比锡求学的,1923年在孔好古门下获得莱比锡大学汉学博士学位。

　　这一时期在德国与德国汉学界接触较为密切的有:陈寅恪和姚从吾。陈寅恪曾于1921年冬季入柏林洪堡大学,一直到1925年末离开,在柏林留学整整四年。当时他主修的专业是哲学学院的印度学和汉学。陈氏曾师从吕德斯、穆勒·弗里德里希·威廉·卡尔(F. W. K. Müller)等印度学和佛教学者治东方各种古代语言文字和佛学,从海尼士、福兰阁等汉学家治蒙元史和满族学。陈回国之后,其学术真正达到了融会中西于一体的境界与他所受到的德国学术界的影响有直接的关系,正是这一点在后来得到了中

---

① 参见《中德协约·声明文件》,载前揭《中外旧约章汇编》第三年卷,第168页。

② 见前揭 Harnisch, *Chinesische Studenten in Deutschland* 一书,第202—204页。具体的数字如下:1925年中国留德学生数为232人,1926年为214人,1927—1928年为174人,欧洲经济危机爆发年代1928—1929降到153人,此后又有所回升。根据《德国高校统计·外国留学生注册数》,从1929年至1934年间中国留学生在德国大学中实际注册的人数如下:1929年夏季学期,60人;1929/1930年冬季学期,60人;1930年夏季学期,132人;1930/1931年冬季学期,142人;1931/1932年冬季学期,199人;1932年夏季学期,189人;1932/1933年冬季学期,204人;1933年夏季学期,187人;1933/1934年冬季学期,219人。见: *Deutsche Hochschulstatistik: mit textl. Erl. U. graph. Darst.* / hrsg. von d. Reichsminister für Wissenschaft, Erziehung und Volksbildung u. d. Hochschulverwaltungen. Berlin: Struppe & Winckler, 1928-1933。

③ 实际上,到了1925年通货膨胀得到遏制之后,这时在柏林的中国学生,从前些年的900—1000人,锐减到250—300人。请参考:前揭 Harnisch, *Chinesische Studenten in Deutschland* 一书,第204页。

国传统学术界的一致推崇。张国刚认为这其中的原因主要在于:"他在西域史地之学中的造诣以及他发表了那些无人敢于涉足的学术领域的论文。这样的学术领域正是国际东方学界的'潮流'。中国几乎只有陈才是有资格的预留者。"①

姚从吾于1923年2月入柏林大学,从福兰阁、海尼士专攻蒙古史以及历史学,求学期间同时兼任波恩大学汉语教师,1934年回国。姚曾撰文介绍乃师的学术成就。② 姚从吾继承了德国重视史料的整理和翻译的传统,曾经完成了《元朝秘史》(又称《蒙古秘史》)第一部的全译工作,③这显然跟从事这项研究的海尼士的影响是分不开的。海氏于1931年出版了"《元朝秘史》研究"(*Untersuchungen über das Yüan-ch'ao Pi-shi*),1933年出版了《元朝秘史》译本(*Manghol un Niuca Tobca'an [Yüan-ch'ao pi-shi] aus der chinesischen Transkription im mongolischen Wortlaut wiederhergestellt. Die geheime Geschichte der Mongolen. I: Text*)。1930年代之后,中国研究蒙元和中亚的学生几乎都送到德国学习相关的语言。

1927年国民党领导的国民政府统一了中国,南京国民政府成立,蒋介石经过反复考虑,决定由曾留学柏林的朱家骅出面,邀请德国退役军官来担任他的军事顾问,从而走上了与德国进行军事和政治合作的道路。而这以后的十年,一直到1937年迁都重庆期间的中国被后来的史学界称作"黄金十年",开启中华民国一段罕有的短暂盛世。在中德关系方面也是双方交往比较活跃的一个时期,德国对中国的影响也达到了前所未有的一个高峰。1935年,当时任中国驻德大使的程天放就曾认为,中国在经济建设中应以德国为榜样,如此则能在较短的时间内克服所有的困难。④ 南京时期

---

① 请参考:张国刚《陈寅恪留德时期柏林的汉学与印度学——关于陈寅恪先生治学道路的若干背景知识》,收入:胡守为主编《陈寅恪与二十世纪中国学术》,杭州:浙江人民出版社,2000年,第210—220页。此处引文见第219页。

② 姚士鳌《德国佛郎克教授对中国历史研究之贡献》,载《新中华》第4卷(1936年)第1期。

③ 姚从吾与札奇斯钦合作的《蒙古秘史译注》(英文题名:A new translation of the "secret history of the Mongols" into modern Chinese with critical comments),发表于《台湾大学文史哲学报》9—11期(1950年)。姚从吾去世后,台湾出版了《姚从吾先生全集》(共七册,台北:正中书局,1971—1982年),其中蒙元史方面的重要论文有《说〈蒙古秘史〉中的推选可汗与立太子》、《忽必烈与蒙哥汗治理汉地的歧见》、《蒙古灭金战役之分析》、《说〈元朝秘史〉中的蔑儿干》、《十三世纪蒙古人的军事组织、游牧生活、伦常观念和宗教信仰》、《〈黑鞑事略〉中所说窝阔台汗明丞相事迹考》。

④ Kuo Heng-yü (Hrsg.), *Deutsch-chinesische Beziehungen 1928-1938. Eine Auswertung deutscher diplomatischer Akten*. Berliner China-Studien 17. München: K. G. Saur GmbH & Co. KG, 1989. S. 56.

的国民政府除了发展各级教育外,也积极鼓励学生出国留学。① 1929 年,教育部相继颁布《发给留学证书规程》以及《中央派遣留学生管理章程》,详细规定留学资格,并成立中央训练部留学生管理委员会,加强管理留学教育。② 据统计,从 1929 年至 1937 年间中国政府派往德国的留学人数 699 人,仅次于派往美国的 1,834 人,位居派往欧美留学人员之第二。③

民国时期中国留学生主要集中在柏林、慕尼黑等大城市的大学和工科高等学校学习,依据韩尼胥的分析,主要的专业分别为技术科学,医学,法律、政治和国民经济,自然科学,哲学,林业和农业,音乐和体育。④ 这一时期在德国大学中的哲学学院(包括数学、物理学)学习过的著名学者有:

姓名	其他名	生卒年	留德时间	留学学校	所学专业
王光祈	字润玙,笔名若愚	1892—1936	1920—1936	法兰克福、柏林、波恩	政治经济学、音乐学
宗白华	原名宗之櫆,字伯华	1897—1986	1920—1925	法兰克福	美学、历史哲学
郑寿麟		1900—1990	1920—1924	莱比锡	汉学
魏嗣銮	字时珍	1895—1992	1920—1925	哥廷根	数学、物理学
陈翰生		1897—2004	1922—1924	柏林	历史学
陈寅恪	字鹤寿	1890—1969	1921—1925	柏林	东方学
傅斯年	字孟真	1896—1950	1923—1926	柏林	历史学、东方学
姚从吾	学名士鳌,字占卿	1894—1970	1922—1934	柏林	历史学
俞大维		1897—1993	1921—1928	柏林	哲学、数学
毛子水	字德辅	1893—1988	1923—1930	柏林	科学史
罗家伦	字志希,笔名毅	1897—1969	1923—1926	柏林	哲学
季羡林	字希逋,又字齐奘	1911—2009	1935—1946	哥廷根	东方学

---

① 请参考:张玉法著《中华民国史稿》,台北:联经出版事业公司,2001 年(修订第二版),第 196 页。
② 请参考:李新总主编,中国社会科学院近代史研究所中华民国史研究室编《中华民国史》(第八卷),北京:中华书局,2011 年,第 880 页。
③ 见:万明坤等主编《旅德追忆——二十世纪几代中国留德学者回忆录》,北京:商务印书馆,2000 年,第 731—732 页。
④ Cf. Harnisch, Thomas, *Chinesische Studenten in Deutschland*. S. 351—352.

留学生是一枚硬币的两面：一方面，他们在国外生活、读书，向国内传播前沿的思想、文化乃至科学知识，很多的学科也正是通过留学生的引进才在中国发展起来的；另一方面，他们也向所在国介绍中国文化，以及让更多人了解中国方面，他们也发挥了积极的、不可替代的作用。在一定程度上甚至可以这样认为，正是经过包括留德学人在内的这些留学生的努力，逐渐使得中国学术进入了世界性的学术语境之中，也使得中国学术获得了世界性的意义和声誉。

（二）纳粹攫权后德国汉学的灾难

进入30年代之后，德国的国内局势发生了巨大的变化。由于纳粹的攫权，使得当时的政治环境变得十分险恶。鉴于此，为数极多的德国汉学家们迫于政治原因离开了德国，其中很多的人直接在国内受到纳粹恐怖主义的威胁并遭解职——这一切都可以归根于1933年4月由希特勒直接签署颁发的《重建公务员队伍法》(Gesetz zur Wiederherstellung des Berufsbeamtentums)。① 此一共18款的法令要求全体公务员毫无保留地拥护新国家，剥夺了所有被认为是"非雅利安人"，尤其是犹太人在德国政府部门（包括大学）中服务的资格。从而为立即解雇参加其他党派的公务员、政治上不受欢迎的人和一切犹太公务员创造了条件。对于犹太的和信奉马克思主义的汉学家来讲，从1933年起被大学解雇（或本来就一直未得到职位）显然是他们到中国做研究的动机所在。② 同年10月《编辑人员法》

---

① 1933年4月7日颁布。见：175 = 134 D 13, in: Reichsgesetzblatt（1871-1945［Teil I］, 1922-1945［Teil II］）, München: C.H. Beck'sche Verlagsbuchhandlung, 1984(Mikrofiche-Edition). Jahrgang 1933, S. 175-177. 另请参考：Raff, Diether, Deutsche Geschichte, vom Alten Reich zur Zweiten Republik. München 1985. S. 275. Bernd Martin 援引美国社会学家 Hartshorne, Edward Yarnall 于1937年出版的《德国的大学与纳粹》(The German Universities and National Socialism, Cambridge, Harvard Press, 1937)一书的数据，在1933年总共有大约900个大学教师（包括教授及助手），322个编外教师和133个学术助手，亦即总共有1350人（占所有师资的15%）被解雇。至1938年，这个数字又翻番，因为当时反"非雅利安人"的规定更加严格了。在柏林的弗里德里希·威廉大学(Friedrich-Wilhelms-Universität zu Berlin)被解雇的教师竟多达242人，占全体教师的32.4%，居全德之首。请参考：Martin, Bernd, „Die deutsche Hochschule im Nationalsozialismus", in: Wissenschaftliche Zeitschrift der Technischen Universität Dresden, 41(1992), H.3, S. 88.

② 请参考：柯马丁《德国汉学家在1933—1945年的迁移：重提一段被人遗忘的历史》，收入：马汉茂、汉雅娜、张西平、李雪涛主编《德国汉学：历史、发展、人物与视角》，郑州：大象出版社，2005年，第217—258页；以及 Walravens, Hartmut, „Deutsche Ostasienwissenschaften und Exil(1935-1945)", in: Martin, Helmut und Eckhardt, Maren (Hrsg.), Clavis Sinica. Zur Geschichte der Chinawissenschaften. Bochum 1997. S. 75-85.

（*Schriftleitergesetz*）出台，其中第 5 款第 3 条明确规定："编辑人员只能是雅利安血统，其配偶也不得是非雅利安血统……。"①于是像创立汉学刊物《泰东》（*Asia Major*）的犹太裔汉学家申德勒——1907—1910 年间，申德勒在伦敦曾作为活跃的犹太复国主义者加斯特的私人秘书，1919 年曾在莱比锡汉学家孔好古那里作了有关古代中国宗教问题的博士论文②——也不得不离开德国，到大不列颠去另谋生路。

充满正义感的中国的政治家和知识分子对纳粹的暴行当然不是无动于衷。1932 年宋庆龄发起成立了中国民权保障同盟，次年 5 月 13 日宋庆龄、鲁迅、蔡元培、杨杏佛、林语堂等同盟重要成员，在史沫特莱的陪同下，到上海的德国领事馆就纳粹政府的残暴恐怖行径递交了抗议书——《为德国法西斯压迫民权摧残文化向德国领事馆抗议书》，③并要求通过领事向德国政府提出抗议。宋庆龄在《遣责对德国进步人士与犹太人的迫害》中指出："德国政府和法西斯党有计划地组织并鼓动起来的对犹太人的迫害以及反犹暴行，是人类与文化倒退到中世纪和帝俄的最黑暗日子的象征。"④

这一时期唯一保住了职位又不为政府服务的汉学家是海尼士。海氏从 1932 年到 1945 年在柏林大学职教，直至退休。在柏林任教授的整个时段里他都保持了同纳粹政府的距离。1936 年海氏就曾被政府警告，不许他跟犹太裔的同事一起喝咖啡。⑤ 1944 年他保持了一贯的政治立场，独自呼

---

① S. 713 =135 H 19, in: *Reichsgesetzblatt* (1871-19∠5 [*Teil I*], 1922-1945 [*Teil II*]), München: C.H. Beck'sche Verlagsbuchhandlung, 1984（Mikrofiche-Edition）. Jahrgang 1933, S. 713。1935 年 Günter Schulz 在其题为《论编辑》（*Der Schriftleiter*）的博士论文中就声称："这第 5 款的规定，是纳粹的思想宝库。作为雅利安人的一部分的德意志人民，决不能容忍那些非雅利安人出身的教育工作者以报业作为工具来影响我们的同志。同样，那些同非雅利安人结婚的人，原则上来讲，也没有办法来履行这项公共的使命。"（第 27 页）在界定非雅利安人方面，作者指出："非雅利安人是那些由犹太人或其他非雅利安人的父母，或祖父母所生的人，在这里，只要有一部分的犹太或其他的非雅利安血统就足够了。"（第 28 页）见：Schulz, Günter, *Der Schriftleiter. Das Schriftleitergesetz vom 4. Oktober 1933 als richtungweisendes Gesetz im neuen Deutschland*. Greiswald 1935（Dissertation）.

② Schindler, Bruno, *Das Priestertum im alten China. I Teil. Königtum und Priestertum im alten China. Einleitung und Quellen* (= Abhandlungen des Staatlichen Forschungsinstitutes für Völkerkunde zu Leipzig. I. Reihe, Band 3). Leipzig 1919.

③ 刊载于 1933 年 5 月 14 日的《申报》上。

④ 宋庆龄《为新中国奋斗》，北京：人民出版社，1952 年，第 49—50 页。

⑤ 请参考：Felber, Roland, „Zwischen Anpassung und Widerstand. Notizen über Schicksale von Ostasienwissenschaftlern in der NS-Zeit", in: Helmut Martin und Maren Eckhardt(Hrsg.), *Clavis Sinica. Zur Geschichte der Chinawissenschaften*. Bochum 1997. S. 75-85, hier S. 89.

吁释放被监禁在魏玛布痕瓦尔德（Buchenwald）集中营的法国汉学家有犹太血统的马伯乐。海氏请求一些德国汉学家的支持，但都遭到了拒绝。① 马伯乐于1945年3月17日惨死在集中营，而仅在两个月后，盟军便解放了布痕瓦尔德。用傅吾康的话来说，海尼士是唯一在战后没有丧失政治声誉的西德东亚学家。②

实际上，希特勒上台之后，为了其政治和军事的利益，基本上沿袭着德中两国自魏玛时期以来的政治、经济、文化的关系。为了强调对中国的友好，德国政府于1935年5月将驻华使团升格为大使级，不久又应蒋介石的请求，将德国使馆从北平迁至了南京。1938年2月在纳粹政府承认满洲国之后，中德关系急剧恶化。同年6月德国政府召回了驻华大使，将中德关系降为代办级。1942年6月苏德战事爆发后，希特勒于7月1日宣布承认汪精卫政权，民国政府被迫在次日正式宣布与德国断交。同年12月8日，中国对德正式宣战。

傅海波在《德国大学中的汉学》一书中写道："1933年后的政治事件极端地导致了德国汉学的灾难，其中一部分的损失是无法弥补的。纳粹极权将大量的学者逐出德国——这里我们只提及西门华德、科恩·威廉、白乐日、霍古达、申德勒和艾伯华作为这些为数众多的学者的代表就说明了问题。战争摧毁了位于柏林、莱比锡、格廷根的一系列重要的图书馆、专业系以及位于法兰克福的中国学社（China-Institut Frankfurt）；1945年后的政治分割局面将柏林普鲁士国立图书馆的大量中文藏书分散给几个占领区。"③可见，纳粹极权政治对德国汉学的打击可谓是致命的。

---

① 参见 Franke, Herbert, „Chinakunde in München. Rückblick und Ausblick", in: *Chronik der Ludwig-Maximiliams-Universität München* 1967-1968, München 1970, S. 113. 1942年"为帝国科学、教育和人民教育部提供的关于德国汉学和日本学状况的报告"（Bericht an das Reichsministerium für Wissenschaft, Erziehung und Volksbildung über die Lage der Sinologie und Japanologie in Deutschland 1942），共涉及20名德国汉学家，其中纳粹党员5人，明确为非党员仅3人，其余12人的身份不明确。见：Schütte, Hans-Wilm, *Die Asienwissenschaften in Deutschland. Geschichte, Stand und Perspektiven*. Mitteilungen des Instituts für Asienkunde Hamburg, Nr. 380. Hamburg 2004. S. 331-332.

② 参见他给福克司的悼词，见：*Oriens Extremus*, Nr. 27 [1980], S. 148. 海尼士在纳粹期间的观点和正直的行为也见于 Taube, Erika, „Erich Haenisch — ein Beispiel für Zivilcourage", in: Moritz, Ralf (Hrsg.), *Sinologische Traditionen im Spiegel neuer Forschungen*, Leipzig: Leipziger Universitätsverlag, 1993, S. 179—89.（附有另外的参考文献）海尼士曾亲自在 *Zeitschrift der Deutschen Morgenländischen Gesellschaft* (ZDMG), Nr. 101 (1951), S. 1—2 上为马伯乐撰写过一篇悼文。

③ Franke, Herbert, *Sinologie an deutschen Universitäten*, Wiesbaden 1968. S. 32.

(三)北平——德国汉学之中心

正是基于以上的原因,当时的北平几乎成了德国汉学研究的中心。从德国的角度来讲,这些汉学家移民中国(此后大部分去了美国)后来被学界视作是人才的流失,但同时也推动了国际汉学以及中国自身学术的建设和发展。当时纳粹的政府官员极力阻挠犹太裔的德国专家到中国去,认为"不符合德国的利益"。① 值得庆幸的是,中国大学和学术界对这些犹太裔以及跟纳粹政府持不同政见的汉学人才采取了接纳和包容的态度,当然这些大学自身乃至中国学术也直接从中受益。对于处于中国文化的氛围之中的德国汉学家来说,他们所处的环境改变了,在新的要求下,特别是与中国学者的交流和讨论中,更促进了他们的学术研究。只不过到了中国后,这些汉学家没有办法仅靠汉学来维持生计,大部分都是用他们在西方所学到的专业知识,在中国的大学或研究机构任职。在1933年7月5日帝国外交部的一份有关"远东局势"(*Die Lage im Fernen Osten*)的报告中也称:"德国大学教师在中国大学的工作完全可以被看作是积极的。"②

此时德国汉学与中国学术界的交往异常频繁,这也得益于当时中国学术界精英的支持,他们大都是既有国学根基又受到过系统西方教育的学者。以蔡元培为例,他早年(26岁,1892年)中进士,点翰林,后三次留学德国,长达六年之久。民国元年(1912年)任教育总长的蔡氏,特别任命了学贯中西的大学者严复为京师大学堂(后来的北京大学)的总监督,目的是为了融合中国文化与西洋学术的传统精神。"从实际情况看,许多出色的留学生往往身兼多任,并不仅仅是在某一领域发挥作用,他们多半都在文学史、教育史、思想史乃至相互渗透的、更宽泛意义上的文化史领域中发挥重大作用。"③其实,当时供职于国家行政、管理部门的官员大都系留学归国人士,也由于他们的卓见,不仅建立了相应的现代公共行政系统,同样也

---

① Kuo, Heng-yü(Hrsg.), *Deutsch-chinesische Beziehungen 1928-1938. Eine Auswertung deutscher diplomatischer Akten*. Berliner China-Studien 17. München: K. G. Saur GmbH & Co. KG, 1989. S. 134-135。当时任汉堡-不来梅东亚协会会长的摩尔博士在给驻广东总领事阿尔滕堡的信中就持这样的观点。阿尔滕堡在将此信转到日内瓦的Renthe-Fink处时,加了批示,以阻止"被辞退的犹太官员进入中国"。出处同上,第135页。

② Kuo, Heng-yü(Hrsg.), *Deutsch-chinesische Beziehungen 1928-1938. Eine Auswertung deutscher diplomatischer Akten*. S. 42.

③ 叶隽《另一种西学——中国现代留德学人及其对德国文化的接受》,北京:北京大学出版社,2005年,第30页。

为学术交流奠定了基础。据不完全统计,民国时期留德人士回国后任大学校长的就有包括蔡元培、马君武、萧友梅、李协(李仪祉)等 15 人之多。① 作为德国汉学和中国学术互动组织中心的北京大学和其他学术机构的负责人,正是基于自身中西融合的知识结构,故而大都具有开阔的世界性眼光,同时对西方汉学家们各自的学术源流、性质、方法、倾向、重心等基本上都有所了解。再以蔡元培为例(蔡氏本人于 1916—1927 年间任北京大学校长),他当时所强调的"循思想自由之原则,兼容并包"的大学理念,显然是在整个国际范围内来讲的。罗家伦曾为蔡元培邀请西方和美国著名学者去北大进行学术交流而深有感慨,认为"实开西洋第一流学者来华讲学的风气"。② 正因如此,当时作为旧文化中心的北平也成了中国接受新思想、新方法的中心。

当时在北平的大学或学术机构中任过教或从事过研究工作的德国汉学家难以计数,我们所熟知的就有以下诸位。

1. 艾锷风

出生于德国表现主义和俄国结构主义的中心波恩的艾锷风,曾接受过严格的艺术史的训练,1922 年他撰写了有关法国超现实主义的博士论文。1923 年艾锷风被聘为厦门大学教授,与戴密微同为哲学教授。到厦门大学任欧洲哲学教授的工作,之后五年移居北京清华大学。在短暂返回欧洲进行研究之时,艾锷风本希望留下来,但由于法西斯主义盛行而使他望而却步,他重又回到了中国。之后他在北平辅仁大学任教,并与同人一起创办了汉学刊物 Monumenta Serica《华裔学志》。1945 年,他娶了曾佑和为妻,并于 1949 年离开中国前往夏威夷。艾锷风曾在檀香山艺术学院担任亚洲艺术策展人,直到 1971 年去世。艾锷风在厦门主要教授德文、希腊文以及希腊哲学,在清华大学以及辅仁大学期间,主要从事中国器物的研究,认为自康熙以后的西方家具普遍受到过中国的影响。

艾锷风到了厦门不久,便将注意力转向了中国建筑历史。由于木结构建筑的特点,很少能流传到他所处的时代,因此他最初在福建拍摄并记录了的基本上是石建筑。1935 年他与戴密微共同出版了著名的《刺桐

---

① 见《表1—3留德学人中任大学校长情况简表》,收入:叶隽《另一种西学——中国现代留德学人及其对德国文化的接受》,第 20—21 页。

② 罗家伦《蔡元培先生与北京大学》,收入:钟叔河、朱纯编《过去的大学》,武汉:长江文艺出版社,2005 年,第 48—54 页,此处引文据第 53 页。

双塔》一书。① 到了北京之后,在 1937 年抗战爆发前,他在河北和山东附近研究了尽可能多的石塔,后来很多的发现都发表在了《华裔学志》上。在北京,艾锷风逐渐将研究的重点和兴趣从石塔转向了中国家具,他与其他的一些在北京的西方学者和收藏家一道,开始收藏中国古典家具,并且尝试着对这些家具分类、整理和研究。而在当时,很少中国学者真正从艺术史的角度来对中国家具进行研究,收藏家们大都只对华丽的雕花、上漆的家具感兴趣而已。在 20 世纪 20—40 年代,由于世事的艰难很多以往殷实的家庭迫于生计而卖掉了特别好的家具,同样有很多具有悠久历史的家具,也成为柴火。艾锷风与当时在中国的哈佛燕京学社奖学金生西克曼骑着驴穿越中国北方的许多地方,寻找中国各式建筑和家具。② 艾锷风的审美由他年轻时代德国的包豪斯风格所确定。一位艺术史学家指出,他"自然而然地被那些被称为明式家具或中式古典家具的极少装饰的几何形式和微妙的美所吸引",即"明式"的硬木作品,而不是"一定是明朝制造的家具"。③ 包括艾锷风在内的这些西方学者撰写的后来被称为中国"古典家具"的第一批的著作。二战后,古典风格的家具在美国和欧洲收藏家的品味中占据了主导地位,部分原因是由于包豪斯的影响,而这些都与像艾锷风等具有欧洲艺术史训练的汉学家影响不无关系。

晚年生活在夏威夷的艾锷风与妻子一起撰写了一本《夏威夷所藏中国画作》的专著,④表面上这是一部介绍夏威夷博物所所藏的中国画收藏的目录,实际上是研究中国画的导论性著作。后来我本人在奥登堡的德国哲学家雅斯贝尔斯的藏书中,也发现了艾锷风赠送给哲学家的这部三卷本著作,⑤扉页上有 1965 年夏艾锷风写的题赠。

2. 鲍润生

生于西里西亚的鲍润生,⑥早年便加入圣言会(SVD)。1905 年鲍润生

---

① Ecke, Gustav and Demiéville, Paul, *The twin pagodas of Zayton. A study of later Buddhist sculpture in China*. Cambridge, MA: Harvard University Press, 1935.
② Ecke, Tseng Yuho, "Gustav Ecke", in: *Orientations* 22.11(November 1991), p. 68.
③ Handler, Sarah, *Austere luminosity of Chinese classical furniture*. Berkeley: University of California Press, 2001. p. 29-30.
④ Ecke,Gustav, *Chinese painting in Hawaii, in the Honolulu Academy of Arts and in private collections*. 3 vol. Honolulu: University Academy of Arts, 1965.
⑤ 雅斯贝尔斯藏书编号:KJ 0623-0625。
⑥ 有关鲍润生的生平与成就,见柯慕安的专著:Kollár, Miroslav, *Ein Leben im Konflikt: Franz Xaver Biallas SVD* (1878-1936). *Chinamissionar und Sinologe im Licht seiner Korrespondenz*. Nettetal: Steyler Verlag, 2011.

在维也纳附近圣加布里埃尔/默德林(St. Gabriel/Mödling Mödling)神学院接受教育的时候,著名的宗教学者、语言学家、民族学家施密特·威廉希望将极具天赋的鲍润生培养成为一名民族学家。由于圣言会的创始人詹森·阿诺德坚持要将鲍润生派往中国进行传教活动,他于是在莱比锡大学接受了系统的汉学训练,获得了他的博士学位。1921年鲍润生被派往中国山东,其后在北平辅仁大学任教,担任社会学系主任一职,开创了中国大学中的人类学和社会学专业。1933年,他与中国学者陈垣、张星烺、英千里等一道共同创办当时名噪一时的汉学期刊《华裔学志》(Monumenta Serica),并于1935年出版了第一卷。鲍润生于1936年5月28日在北京死于斑疹伤寒。

3. 卫礼贤

作为基督教新教同善会(Allgemeiner evangelisch-protestantischer Missionsverein)传教士的卫礼贤,于1899年被派往德属胶澳青岛传教。由于他本人对儒家思想和道教的兴趣,结识中国著名学者劳乃宣后,卫礼贤用了十年的时间,一直在翻译《易经》,也翻译了清代道教有关内丹术的著作《太乙金华宗旨》。① 第一次世界大战之后青岛被日本占领,卫礼贤发现很难继续在青岛担任牧师,于1920年夏天结束了为期20年在青岛的生活,返回德国。之后很快他又回到了中国,从1922年到1924年,卫礼贤在北京的德国使馆担任科学顾问,并在北京大学任教。正是在此期间,他最终将德文的《易经》译完,予以出版。② 这一译本几乎成了欧洲很多种语言的底本,在很短的时间就被翻译成了多种西方文字。卫礼贤在对《易经》思想的解释中,融会有圣经和歌德的名言,还包括西方哲学思想,以及新教,乃至琐罗亚斯德教和古希腊神学的思想。卫礼贤在书中展示了在这些思想中许多与中国智慧相似之处。

1924年,卫礼贤被任命为法兰克福大学中国历史和中国哲学的客座教授(Honorarprofessor)。次年,他在法兰克福大学建立了中国研究院(China-Institut der Universität Frankfurt),并一直主持着该研究所的工作直到1930年去世。卫礼贤同时也创立了《汉学》(Sinica)杂志,该杂志成为德

---

① Wilhelm, Richard(übersetzt und erläutert) / Jung, C. G., *Das Geheimnis der Goldenen Blüte. Ein chinesisches Lebensbuch*. München, Dornverlag Grete Ullmann, 1929.

② Wilhelm, Richard, *I Ging. Das Buch der Wandlungen*. Eugen Diederichs Verlag, Jena 1924; Neu hrsg. von Diederichs, Ulf, Deutscher Taschenbuchverlag, München 2005.

国最重要的汉学期刊之一。

4. 李华德

李华德,于1933年在布莱斯劳(波兰)被授予博士学位,由于出生于犹太人的家庭,李华德在德国大学中没有任何机会,他于1934年到了北平,在哈佛-燕京中印研究所(Sino-Indian Institute of Harvard-Yenching)任助理研究员。在随后的两年中,他一直在为梵文本《大宝积经·迦叶品》(Kasyapa-parivarta)编汉梵引得,遗憾的是,该引得在1937年日本占领北平期间遗失。自1937年之后,在北大教授梵文和德文。抗战期间曾随校南迁长沙和昆明。1946年,他回到北京,两年后他出版了著名的《肇论》英文译本,①这部书奠定了李华德作为汉学家的声誉。

1952年,李华德被迫离开北京,前往由印度作家泰戈尔创办的印度圣地尼克坦国际大学(Visva-Bharati University),从1959年起担任该大学的退休教授和中印研究所所长。之后他担任以色列希伯来大学的客座教授,并任教于法国索邦大学。1963年在李华德77岁那年,他定居在德国蒂宾根大学,被任命为"中国佛教"的客座教授,直到1982年去世。

5. 福克司

福克司早年在柏林跟随荷兰汉学家高延读汉学,高延去世后,他继续在福兰阁那里作了《至唐末的吐鲁番地区政治史》(Die politische Geschichte des Turfangebietes bis zum Ende der Tang-Zeit)的博士论文,并于1925年获得博士学位。博士毕业后,福克司任柏林民族学博物馆(Berliner Museum für Völkerkunde)馆员,并于1926年赴沈阳任满洲医科大学(The Manchuria Medical College, Mukden)讲师,1937年加入纳粹党。福克司于1938年移居北平,任教于当时由德国圣言会(SVD)主持的天主教辅仁大学(Fu Jen Catholic University),并从1940年开始负责"中德学会"(Das Deutschland-Institut)的工作,任北平中德学会会长。1946—1947年福克司任燕京大学教授。由于曾经为纳粹德国服务的一段经历,1947年他被遣送回德国,一直到1949年才被允许从事学术工作,同年他担任汉堡大学的代理教授一职。1951年他在慕尼黑大学师从汉学家、蒙古学家和满族学家海尼士(Erich Haenisch, 1880—1966)完成了教授资格论文。1956年他任柏林自由大学的汉学教授,从1960—1970年间,他在科隆大学任教。福克司的研究重点是

---

① Liebenthal, Walter(trans.), *The Book of Chao*. Monumenta Serica, Series XIII 8 vol. Peking 1948.

近代以来的中国历史、满族语言文化以及中国的地图学,论著颇丰。汉学家傅吾康在他晚年的回忆录中,对福克司有很高的评价。①

6. 石坦安

石坦安曾在维尔茨堡大学(Universität Würzburg)受到过民族学、社会学和经济学的训练,并于 1926 年获得博士学位。之后石坦安前往巴黎深入学习汉学,并于 1927 年就到了中国,其后出任清华大学西洋文学系教授,并供职于中德学会。1938 年后他在伯克利授课并身兼图书馆工作。在 20 世纪 20—30 年代的中国,他在德国各大学(特别是德意志学术交流中心)的支持下,曾在多所大学担任德语讲师/教授:1927 年在中山大学(广州),1926 年在清华大学(北京),1937 年在国立长沙临时大学(湖南)。1938 年,石坦安在伯克利大学东方语言系找到了一个位子,一直工作到 1945 年。石坦安有一系列的文学译作。②

7. 卫德明

卫德明,生于德属胶澳青岛,是卫礼贤之子。他后来成为汉学家,专长于中国文学与中国历史。1932 年他在柏林大学福兰阁处撰写了《作为伦理学家的顾亭林》(*Gu Ting Lin der Ethiker*)的博士论文。1933 年来到北平,在北京大学教授德文与德国文学,1935 年开始他与中国日耳曼学者一起编纂了一部《德华大辞典》,并于 1945 年出版。③ 他也是"中德学会"的创始人之一,并曾短暂地担任学会会长一职。在 1932—1940 年间,卫德明出版了 11 本著作,涉及中国法律研究、中国精神史和社会史,以及近代中国文学的译本。1944 年,他还出版了一系列关于易经的著作,成为国际知名的易经专家。1948 年,卫德明成为美国华盛顿大学教授,此后一直在此任教,直到 1971 年退休。

这样的名单我们可以列出几十个之多。当时除了学者之间的交往之外,机构的设立如在北京的"中德学会"(Deutschland-Institut),在北京等地

---

① 傅吾康著,欧阳甦译,李雪涛等校《为中国着迷:一位汉学家的自传》,北京:社会科学文献出版社,2013 年,第 90 页及以下。

② 有关石坦安的生平,见:Walravens, Hartmut, *Vincenz Hundhausen* (1879-1955), Wiesbaden: Harrassowitz 2000, S. 59-60.

③ 卫德明主编《德华大辞典》,上海:璧恆图书公司,1945 年/ *Deutsch-Chinesisches Wörterbuch*. In Gemeinschaft mit chinesischen Fachgelehrten ausgearbeitet von Hellmut Wilhelm. Schanghai: Max Nößler & Co., 1945.

设立的多个德国图书馆,所创立的汉学杂志、出版社,双方学者对最新学术成就的介绍等等,都非常有利于中国自身的现代化学术规范的建立。

二、个案举例:以音韵学为例看德国历史比较语言学在中国的影响

以音韵学为例,我们可以说,正是由于受到德国历史语言学的影响(高本汉与林语堂同为莱比锡学派孔好古的弟子,后来胡适与高本汉的认识也是经林语堂介绍的),中国的语言学研究才走出了传统的小学羁绊,而采用了现代语言学和历史比较语言学的方法来研究中国的古音韵。尽管林语堂有关汉语古音韵的博士论文在德国没能正式出版,①但在他回国之后的几年中,却将这大部分的内容重又用中文发表了,这些论文连同其他学者的成就一道,引发了中国音韵学的一场革命。1933 年上海开明书店出版了他的论文集《语言学论丛》。而早在 1930 年卫礼贤在他出版的《中国文学》正文的最后一页已经提到了,在方言的语音研究方面,林语堂开启了一条新的路径。②

早在 1922 年胡适就在他翻译的钢和泰《音译梵书与中国古音》一文中提出,应当仿效西方学者推求印欧原始语言的方法,用历史比较语言学推求中国的原始语言。并认为,可以利用方言和日本、安南、朝鲜文中的汉字读音构拟古音,以古韵表考见韵母分类,以及中外文互译对音等三条途径作为研究的方法。③

1928 年胡适在"治学的方法与材料"一文中还说:"近年一位瑞典学者珂罗倔伦(Bernhard Karlgren)费了几年的功夫研究《切韵》,把二百六部的古音弄得清清楚楚。林语堂先生说:'柯先生是《切韵》专家,对中国音韵学的贡献发明,比中外过去的任何音韵学家还重要。'(《语丝》第四卷第廿七期)柯先生的成绩何以能这样大呢?他有西洋的音韵学原理作工具,又很充分地运用方言的材料,用广东方言作底子,用日本的汉音吴音作参证,所以他几年的成绩便可以推倒顾炎武以来三百年的中国学者的纸上工夫。"④当时的胡适

---

① 仅目录和参考资料发表于《泰东》1924 年刊上(Lin, Yü-t'ang, "A survey of the phonetics of ancient Chinese", in: *Asia Major*, MCMXXIV, pp. 134-146)。
② Wilhelm, Richard, *Die Chinesische Literatur*. Wildpark-Potsdam, 1930, S. 194.
③ 《国学季刊》第一卷第一期(1923 年 1 月),后收入:季羡林主编《胡适全集》第四十二卷,合肥:安徽教育出版社,2003 年,第 142 页。
④ 原载 1928 年 11 月 10 日《新月》第一卷第 9 号,又载 1929 年 1 月《小说月报》第二十卷第一期。此处引文据《胡适文存》,第三集,见前揭季羡林主编《胡适全集》第三卷,第 142 页。

认为,青年人首先要在自然科学方面有所成就,学习一些西方的科学方法论,之后再来整理国故,这样便可以"一拳打倒顾亭林,两脚踢翻钱竹汀,有何难哉!"①

因此,经学解体后的中国学术,其研究方法从传统的注经转变为现代科学的学术方法,这是跟受到西方,特别是德国汉学的影响所分不开的。西方学者,特别是德国汉学家们善于把从研究西方的材料中总结和积淀出的经验和方法运用到中国材料中去,这些对中国相关学科的转型,现代学科的草创,特别是学术思想、基本概念、学科划分、方法论等在中国的建立都起到过巨大的推动作用。除此之外,汉学在当时还推进了中国研究的国际化进程,并且使得一套完整的学术规范也逐渐在中国建立了起来。尽管在20世纪30年代后期由于第二次世界大战的爆发,中国学术界和当时在中国的国际汉学界遭受重击,但他们的研究仍不失国际性。

三、互动的主观原因:互动的理论基础

(一)作为人类历史的重要组成部分,中国历史不应当再为西方历史学所忽略;同时中国历史也可以作为西方文明的参照系,用以比较。

作为汉学家、历史学家的福兰阁认为:

> 西方的历史家,自柏拉图与亚里士多德的时期起,经过启蒙运动及浪漫主义的时期,直到今日,对他们的工作的性质、意旨,以及目的所显示的意见,对我们多少是有些熟悉的。但是中国的历史学,仍停留在这种思想的整个区域之外。直到现在,西方人对它少有注意,也毫不能明了它;关于它的事,我们的历史家与哲学家一点也不知道,甚至像朗克以及其他更近代的从事历史研究工作者对它都无所知,以为它不值一顾而轻忽过去。②

可以看得出来,福兰阁对近代以来西方对中国历史学的无知感到可耻。尽管兰克(朗克)的史学主张对傅斯年产生过巨大的影响,但在他所

---

① 季羡林主编《胡适全集》第三卷,第143页。
② 福兰阁《中国历史学的要质》,载《研究与进步》第一卷第一期(1939年4月),第40页。

设计的整个人类历史的框架中,中国并不扮演什么角色。福兰阁认为这不符合历史的真实,同时也不完整:"但是为了比较上的关系,实在值得我们对那个远而大的世界加以注意,尤其我们想到历史的研究,像我们时常易于听到的,努力经过有分别的区域造成较大的统一、国家以及时期,由国家与时期最后成为全世界历史的统一。"①

(二)东西方文化之互补的信念

在《莱勃尼兹与中国》一文中,福兰阁非常赞赏莱布尼茨的观点,同样认为,中国和西方应当互相补充:"东方和西方的精神宝藏是当一来一往的交换着"。② 莱布尼茨在 1703 年的一封信中指出:"……我觉得一个人必不可坐失时机,必须用我们的知识同他们(指中国人——引者注)的互相交换,以补偿自己。"③并且莱布尼茨在 1705 年给同一个人的信中甚至提出了中欧互派留学生的设想:"为达这目的起见,我们必须把特选的青年聪明之士送在中国,并把受了良好教育的中国人带到欧洲来,而且我很盼望您们中间有十分之一的精练之士专心从事于此种知识。"④尽管一次大战之后的欧洲形势以及当时中国的情况都不容乐观,不过福兰阁还是借助于莱布尼茨的理想呼吁:"在精神界中,东方与西方的联系是必须不停的往前进的。"⑤

不仅仅是福兰阁,卫礼贤也并不例外。他在 1927 年在《小说月报》上刊载的〈哥德与中国文化〉一文中,就借用了歌德的诗句,表明了他对东西方文化的认识:"东西两大洲,/不能再分离了,/谁是多识的人们呀,/应明白这些吧!/两世界互相研究/即是我底希望,/东西互相联系,/也是我底希望。"⑥对歌德(同样也是对卫礼贤)来讲,东西方实际上各自都只是人类文明的一部分,只有在相互认识、对话中互相补充,才能达到人类美好的未来。

对于欧洲文化来讲,中国文化在很多方面都具有补充的作用。卫礼贤借助对歌德诗歌的分析,指出:"希腊底世界照它底主意是一个疆域固定底

---

① 出处同上,第40—41页。
② 福兰阁《莱勃尼兹与中国》,载《中德学志》第二卷第一期(1940年4月),第9页。
③ 出处同上,第17—18页。
④ 出处同上,第19页。
⑤ 出处同上,第24页。
⑥ 《小说月报》第17卷号外,1927年6月,第3页。

创造有限底世界,哥德底世界是一个时常变换进展底世界,在那里除'活力'外,没有一件是永久的定律。"①歌德所欣赏的是一个崇尚变化、遵循时移势易规律的日新月异的中国文化。卫礼贤写道:"因为广袤无尽自在道遥而又以永久之道为标准底世界正是中国人底世界,吾人在《庄子·内篇》中便可看出来。"②翻译了《易经》和《庄子》的卫礼贤,对于中国文化精髓的理解自然在歌德之上,但他依然非常佩服这位德国文豪的洞见,因为尽管歌德阅读的都不是一流的中国文学作品的译本,并且这些译作常常是粗制滥造的,"但他(指歌德——引者注)到底能都够捉着了解中国底精神,这真要使人越发惊叹的呵,他实在有诗人锐利底眼光,战胜空间和时间底限制。"③

对卫礼贤来讲,东西方文化互补的思想是他一贯的信念。实际上,早在1920年卫氏在北大演讲"中国哲学与西洋哲学之关系"的时候,就开始主张应当将中国哲学中的精髓,如人道、实用与西洋哲学的秩序、批评、历史相融合,从而成就"最完全的世界人类的哲学"。④

这绝不仅仅是德国汉学家的认识,当时学界领袖蔡元培于1921年在华盛顿的乔治城大学的演讲中就曾强调:"纵观历史,凡不同的文化互相接触,必能产生一种新文化。……照各方面看来,东西文化交通的机会已经到了。"⑤并进一步地认为,邀请欧美著名学者如杜威、倭铿、罗素等赴北大讲学,是实现东西文化结合理想之关键。⑥

同年,留学德国的魏嗣銮、宗白华等人发起了"中德文化研究会",该会的宣言称:"现在东方的或西方的文化,都是片面的,还没有充分的调和,所以要谋求全体人类文化的发展及进步,非从互相研究,互相孕育上着手不可。……我们应当努力,来担任两大文化的融合及发展。从此进行,方

---

① 《小说月报》第17卷号外,第4页。
② 《小说月报》第17卷号外,第4页。
③ 《小说月报》第17卷号外,第6页。
④ 见《北大日刊》第639号,1920年6月21日。
⑤ 1921年6月14日,蔡氏在华盛顿参加乔治城大学的毕业典礼,并在该大学校长举行的晚餐会上发表了题为《东西文化结合》的演讲。此处引文据:高叙平编《蔡元培全集》第四卷,北京:中华书局,1984年,第50—52页。
⑥ 出处同上,第51页。

能创造一个将来的及全人类的新文化。"①而当时的学者韩奎章更进一步地认为,中国四千余年的文明史,"不只能促进东西文化的沟通,增加全人类的福祉,对于世界和平问题与现代思想烦闷问题,尤能给予一种根本的解决。"②在此,韩氏提出了一个非常现代的见解,亦即中国文明能提供哪些方法和经验,以此来作为对整个人类历史认识和理解的工具。③

（三）对于中国文明的尊重

17世纪时天主教传教士就中国传统礼仪是否与天主教教义相容,与清王朝在学术和政治上发生了冲突。在华的天主教传教士先后有两种看法,耶稣会认为祭祖、祭孔乃世俗的礼仪,与天主教教义相容,在一定范围内,是应该被容忍的;而道明会和方济会则认为这与天主教教义相悖,不可容忍,并因此向罗马教皇请示报告。在道明会建议下,罗马教廷在1645年通过通谕,禁止中国教徒祭祖祭孔。但之后在耶稣会的游说下,罗马教廷在1656年,又解除了这个禁令。在这场冲突中,清朝皇帝和罗马教廷的几个教皇分歧越来越大,最终使得罗马教廷进行了直接干预。尽管之后道明会和方济会在部分方面也开始认同耶稣会的思想,但教皇们始终持强硬态度。教皇克莱孟十一世于1704年下达谕令禁止中国教徒进行祭祖祭孔的仪式。1742年,本笃十四世颁布《自从上主圣意》(*Ex quo singulari*),重申"自登基之日"禁约,并禁止在华传教士讨论"礼仪"问题。福兰阁在论述到莱布尼茨对"礼仪之争"(英:Chinese Rites controversy, 德:Ritenstreit)的看法时引用了莱布尼茨1705年写给白晋的一封信中的几句话:"我极其称赞教皇暂且不与决定'中国争论'的那种决心,因为在我看来,要不先静听一个伟大民族,并且也不先认识它,而就来惩责它,甚或惩责它的祖先,那种做法是很可笑的。因此,我相信他之派一位贤能到中国去,是很得当的,虽然我想像,这个人要费许多时间才能把自己教导好,而且我怀疑,一个人要是不先明白了古代中国的文学（这是几年才能做到的）,他是否能以正确判断他们和他们的学术。"④从莱布尼茨的字里行间我们可以看得到他对

---

① 转引自:万明坤等主编《旅德追忆——二十世纪几代中国留德学者回忆录》,北京:商务印书馆,2000年,第722页。
② 《东方文化月刊》第一卷[1938年]第三期,第37页下栏。
③ 类似的观点,亦请参考: Honey, David B., *Incense at the Altar: Pioneering Sinologists and the Development of Classical Chinese Philology.* New Haven: Conn., 2001, S. 341.
④ 见前揭福兰阁文《莱勃尼兹与中国》,第19—20页。

中国知识和传统的尊重,认为中国文明占据人类历史发展中的重要位置,这其实也是当时很多汉学家面对中国文明时所持的态度。

(四)第一次世界大战,特别是在此之后,中国的思想成为欧洲的时尚

欧洲思想界对亚洲哲学的特别关注,这一思潮早在1900年左右就已经在欧洲大陆酝酿产生了。世纪转折时期的感伤主义者们试图在文化危机之中抛弃日益趋于没落的西方文化,转而研究遥远东方的思想,即来自印度和中国的思想。经历了一次世界大战的欧洲知识分子,开始怀疑自己的文化,从前常常被西方知识分子一贯鼓吹的西方文明开始腐烂变质。"中国作为西方世界想象中的对应物和救世主选中的拯救对象,在骚动的欧洲知识界不时起着或永久或临时的振奋和拯救作用。"①《西方的没落》(*Untergang des Abendlandes*,1918—1922)一书的作者斯宾格勒恰在此时以锋芒逼人的笔端道破了普遍不安的社会心态。他曾对传统历史的基本分期法(古代、中世纪、近代)以及西方对非欧洲文化的漠视提出异议,建议欧洲的知识分子应当把视线移到东方,以摆脱自身的困境。② 他认为,西方文化所面临的不仅仅是危机,而且是没落。显然,对于东方思想的认识,是当时的知识分子拯救西方没落、拓宽思想视野的有益尝试。由于长期以来西方忽视了对自己的认识,特别是笛卡尔所奠基的新科学以来,人的意识与外部世界之间存在着二元性的分裂现象,从而使欧洲哲学完全成了一种僵化的体制,使人成了主-客体分裂了的对象。斯宾格勒认为,真正的历史意识、人的意识,必然不是作为被认识对象的客体的意识,而是活生生的历史意识和人的意识。因此他将自己的这一认识称作为"哥白尼式的革命",它意味着西方传统文明的衰落。

耶捷(颜复礼)在〈德国"支那学"的现状〉一文中指出:"欧战后,德国一般民众都对远东古老的文明加重了兴趣,而且许多人相信去研究它的哲学是对德国固有的文明有益的。"③中国学者韩奎章也指出:"欧战后的德国,疮痍满目,国民的精神生活,陷于极端地苦闷。社会上有识之士,认为

---

① 傅海波《欧洲汉学史简评》,收入《国际汉学》第 7 辑(2002 年 7 月),郑州:大象出版社,第 80—93 页,此处引文据第 82 页。
② 斯宾格勒著,陈晓林译《西方的没落》,哈尔滨:黑龙江教育出版社,1988 年,第 15 页以下。
③ 燕京大学《文学年报》,第三期,1937 年,第 175 页。

非大量地输入东方文化,不足以更新和调剂国民的精神生活。"①

雷赫完②在〈孔子老子学说对于德国青年之影响〉一文中也认为,一次大战之后德国青年以老子思想为楷模,注重精神生活,崇尚无为以及回归自然、与之和谐的生活。作者列举了在20世纪初《老子》的德文译本就有8种之多。③ 在分析其中的原因时作者指出:"今世人之精神激扰不宁,故当急求安神止痛之药,不可刻缓。"④不过当时德国的有识之士对当时年轻人对东方文化的狂热这一现象具有清醒的认识,史达林就指出:"西方广博之知识中,缺乏一种智慧。汝辈今由远东及近东传来之学说中,始乃获之。然东方深至之见解,须与西方缜密之思想融为一体,乃克有济。否则汝辈对于东方智慧与神秘主义之热诚崇拜,只足证明汝辈缺乏智识训练之工夫耳。"⑤对于大部分的欧洲知识分子来讲,青年人必须要根植于自己的文化土壤,在此基础之上来消化东方的智慧,而避免全盘"东化"。

1921年,当时正在德国的魏时珍在日记中也记载了德国战后对东方思想的渴求:"德国思想界,有两大思潮,一为新派,一为旧派。所谓新派,大都出自言哲学美术与诗学者,彼辈自欧战后,大感欧洲文化之不足,而思采纳东方之文化,以济其穷,于是言孔子、释迦哲学者,皆大为社会所尊重,如凯热几林,如尉礼贤,如史奔格列儿,皆其例也。"⑥

长期居住在美国后来坠楼身亡的德国汉学家劳费尔就认为:"我到处看见活力和进步,并寄希望于中国的未来。我相信她的文化将产生新事实

---

① 《东方文化月刊》第一卷[1938年]第三期,第29页上栏。
② 雷氏并不会中文,当然不算严格意义上的汉学家了。他早年学习过教育学和民族学,后来又在法兰克福大学哲学学院学习历史学、艺术史、日耳曼学、哲学以及国民经济学。1923年他在马堡大学做完了有关《18世纪的中国与欧洲》的博士论文,从而使他获得了国内乃至国际上的声誉。此书德文版于1923年在柏林出版(*China und Europa. Geistige und künstlerische Beziehungen im 18. Jahrhundert*, Berlin 1923),1925年就由 J. C. Powell 译成了英文,在伦敦和纽约得以出版(*China and Europe. Intellectual and artistic contacts in the eighteenth century*, London: K. Paul, Trench, Trubner & Co. Ltd., 1925; New York: A. A. Knopf, 1925. 此书的中文版有:利奇温著,朱杰勤译《十八世纪中国与欧洲文化的接触》,北京:商务印书馆,1962年。)雷氏自1930年起任哈勒教育学院(Pädagogische Akademie in Halle)教授,1933年遭纳粹政府解职,1944年惨遭杀害。Cf. Martin, Helmut und Eckhardt, Maren(Hrsg.), *Clavis Sinica. Zur Geschichte der Chinawissenschaften*. Bochum 1997. S. 91.
③ 载《学衡》第54期(1926年6月),第4页。
④ 载《学衡》第54期,第5页。
⑤ 载《学衡》第54期,第6页。
⑥ 魏时珍《旅德日记》,载《少年中国》第3卷第4期(1921年11月1日)。

和新思想,那时中国引起世界普遍关注的时代将到来。"①劳费尔预见了中国文化的生命力,他认为中国属于世界的未来。

(五)对"赛"先生的尊重

五四以后,中国知识分子急于将"赛"先生(Mr. Science)请进来,在这一过程中,西方汉学特别是德国汉学扮演过很重要的角色。实际上来自欧洲的汉学家们对中国的重要影响并不在汉学方面,而是在各不同学科。汉学家在本国都受到过不同学科系统的专业训练,他们来到中国之后,跟中国的学者相比他们的强项显然不在经子史集诸方面。他们要在中国生存下去,就要接受在大学中的有关德国文学、社会学、民族学等的课程。他们的优势在于,这些往往是从西方事例出发总结出来的元理论,经汉学家结合中国的事例的讲授,更容易让中国学生和学界接受。

1923年11月,受当时德国国内经济危机的影响,柏林外交部免去了卫礼贤当时驻北京使馆科学参赞职位,但他马上就在由蔡元培重组的北大德语系任了职,教授德国文学。再以圣言会的神父鲍润生为例,他从1933年起在北平辅仁大学所担任的是社会学系主任以及历史学教授。鲍教授当时教授6门不同的科目,包括"中世纪历史""文明史""社会学原理""语言学概论"以及讨论课"汉民族的形成"和"法语的结构与发展"。在这6门课程之中,如果一定说要跟汉学有关的只有"汉民族的形成"的研讨班(Seminar),但这更多也是跟民族学有关的。受过严格德国学术训练的鲍教授,②秉承了莱比锡学派的学术传统,将系统的社会学的知识讲授给了辅仁的学生。尽管当时在欧洲的大学中,社会学也不是众所周知的学科。但正是仰仗这批德国汉学家的努力,使得很多的学科很早地就在中国的大学中建立起来了。③

中国的社会学最早是在燕京大学创立的,1935年英国社会学家、后来

---

① Greel, Herrlee Glessner, "Berthold Laufer: 1874-1913", in: *Monumenta Serica*, Vol. I., 1935, pp. 487-496, here p. 488.

② 1900—1902年鲍润生在柏林和莱比锡从佛尔克、高延、孔好古等著名汉学家学习汉学,1912年12月至1914年夏天他在索邦(Sorbonne)师从伯希和学习汉语和藏语,直到1918年一站结束后,他才在孔好古所在的莱比锡大学获得博士学位。

③ 柯慕安《鲍润生神父(Franz Xaver Biallas SVD, 1878-1936)《华裔学志》(*Monumenta Serica*)的创办者——他的生平与事业》,收入:魏思齐编辑《有关中国学术性的对话:以〈华裔学志〉为例》,台北:辅仁大学出版社,2004年,第18—86页,此处引文见第58—59页。

任牛津大学教授的结构功能论大师芮克里夫-布朗曾任教于燕京大学,①而实际上早在1930年清华大学就聘请了现代人类学创始人之一的史禄国,史氏继承了欧陆人类学传统,被公认为是第一位给"ethnicity"这一概念下定义的学者。因此,当时鲍润生在辅仁的工作,也可以算得上是中国社会学的拓荒者之一了。

后来鲍氏在1935年由他创立的《华裔学志》创刊号前言中也指出:"本刊希望给读者诸君提供详尽之汉学资料,研究中国及其相关之民族、语言、文化,当然也会照顾到民族学和史前史。"②可见,依附于学科的汉学研究,是他极力想引进到中国去的。

福兰阁和海尼士的中国弟子姚从吾,在1930年发表于《国学季刊》上的《欧洲学者对于匈奴的研究》中便盛赞近代德国史学的专业化倾向:"比方史料来源的批评,鉴定史料的可信程度,在德国自尼博尔(B. G. Niebuhr)、栾克(L. von Ranke)以后,史学家对史料的来源、记载、口传与古物等的分别,清清楚楚,一毫不苟。对于记载是原形抑或副本(外部的批评);著作人是否愿意报告事实(内部的批评),都是甚加选择,宁缺疑,不愿轻信。"③

不过当时在德国的思想界,对汉学家从语文学的角度对某些译文的挑剔和吹毛求疵,学者们往往很是反感。例如雷赫完就对汉学家福兰阁对《道德经》的译本的批判予以了回应,认为,这些译本的重要性在于为时代提供了重要的思想源泉,此乃时代所需,而没有必要拘泥于校刊、训诂的标准。④

(六)中国文明的兼容并蓄

从中国的方面来讲,其之所以能接受这些外来的文化,还在于中国文明的兼容并蓄的特质。对此,梁启超在1924年出版的《先秦政治思想史》"绪论"中评论道:"中国文明产生于大平原,其民族气度伟大,有广纳众流之概。故极平实与极诡异之学说,同时并起,能并育而不相害。其人又富

---

① 芮氏曾与以马凌诺斯基为代表的文化人类学派展开过旷日持久的论战。芮克里夫-布朗在中国的影响可谓经久不衰,一直到上个世纪的90年代,在台湾依然有他著作的译本出版:夏建中译《社会人类学方法》,台北:久大文化公司/桂冠图书联合出版,1991年。

② 转引自上揭柯慕安文,见《有关中国学术性的对话:以〈华裔学志〉为例》,第62页。

③ 载《国学季刊》第2卷第3号(1930年),第516页。

④ 《孔子老子学说对于德国青年之影响》,载《学衡》第54期,第4—5页。

于弹力性,许多表面上不相容之理论及制度,能巧于运用,调和焉以治诸一炉。"①

（七）以现代的科学方法见证古代的中国文献

掌握现代自然科学方法的一些汉学家率先将数学、天文、地理等的近现代演算方法引进到汉学领域,从而验证了中国古代典籍中的各种自然以及天文现象。艾伯华的〈古代中国的天文学〉一文,便是较早的一篇用数学的方法验证中国汉代典籍中天文记载数字的文章。文章将《左传》里记载的天文学数值,与以近代天文学方法计算出来的数值,以刘歆的方法计算出来的数值,以及刘歆自己计算出来的数值做了比较。最后得出结论:"西汉人在天文学上考究推算的方式,乃至改窜古籍里的纪年时所应用的方式,足能证明汉代算学的精密的思考。换言之,科学的追求。"②

依据甲骨文的内容来重塑商代的历法系统,在这方面中国学者做出了许多贡献。莫非斯对殷、周历法的描述③受到了德国汉学家艾伯华的反驳。④ 真正科学的天文学直到汉代才形成,艾伯华在另外一篇文章中对此做了简短且清晰描述。⑤ 跟前代不同的是,汉代的天文学家尝试着致力于用公式来计算天体的运行。艾氏除了对前汉的天文学做了系统梳理之外,⑥也对后汉的情况予以了研究,⑦对三国的天文学他同样也有所涉猎。⑧ 除此之外,艾伯华还研究过佛教大藏经中所反映出的中国民间的历法情况。⑨ 六朝和唐代的佛教历法受到过西方(印度和伊朗)的很大影响,

---

① 见:葛懋春、蒋俊编选《梁启超哲学思想文选》,北京:北京大学出版社,1984年,第403页。
② 艾伯华《古代中国的天文学》,载《研究与进步》,第一卷第二期(1939年7月),第27—31页,此处见第30—31页。
③ 莫非斯《春秋周殷历法考》,载《燕京学报》第20期(1936年),第263—329页。
④ Eberhard, Wolfram, in: *Orientalische Literaturzeitung* 1939, S. 73-76.
⑤ Eberhard, Wolfram, „Das astronomische Weltbild im alten China", in: *Die Naturwissenschaften* 24 (1936), S. 517-519.
⑥ Eberhard, Wolfram, „Beiträge zur Astronomie der Han-Zeit", in: *Sitz. Ber. Pr. Akad. d. Wiss., phil.-hist. Kl*., 1933, Nr. 5, S. 209-229; Nr. 23, S. 937-979.
⑦ Eberhard, Wolfram, "Contributions to the Astronomy of the Han Period III. Astronomy of the Later Han Period", in: *Harvard Journal of Asiatic Studies* 1(1936), S. 194-241.
⑧ Eberhard, Wolfram, "Contributions to the Astronomy of the San-kuo Period", in: *Monumenta Serica* 2(1936/37), S. 149-164. 马伯乐详细的批评见: *Journal Asiatique* 231(1939), S. 459-468.
⑨ Eberhard, Wolfram, „Chinesische Volkskalender und buddhistisches Tripitaka", in: *Orientalische Literaturzeitung* 1937, S. 346-349; „Untersuchungen an astronomischen Texten des chinesischen Tripitaka", in: *Monumenta Serica* 5(1940), S. 208-262.

这是艾伯华所一再强调的。

(八)以西洋的方法整理国故

实际上,早在晚清的时候,章太炎、刘师培等就开始在所谓的"保存国粹""复兴古学"的口号下,开始对中国古代学术进行初步整理,尝试着用近代西方的学科分类来界定国学。换句话来讲,将中国的旧学纳入近代西方新知识体系的尝试,早在清末就已经开始了。① "五四"前夕从美国归来的胡适,除了极力提倡新文学和思想革命之外,更是借助于他从美国学来的审查史料的方法和批判的眼光,积极主张整理国故。尽管他的国学根基遭到了当时很多学者的质疑和嘲笑(鲁迅和郭沫若就认为他根本不配),不过,不可否认的是,正是由于胡适及其他一些学者的提倡和努力,以西洋的方法整理国学在二三十年代确实取得了令人瞩目的成就。服膺于西方"科学"精神的胡适,将整理国故看作是思想启蒙的一个方面,这同时又是把实验主义(实用主义 Pragmatism)的思想方法引入社会科学领域的尝试。1923 年梁启超对整理国故进行了解释,认为应当用舶来的科学方法重新整理中国几千年来的典籍资料乃至思想:"盖由吾侪受外来学术之影响,采彼都治学方法以理吾故物。于是乎昔人绝未注意之资料,映吾眼而忽莹;昔人认为不可理之系统,经吾手而忽整;乃至昔人不甚了解之语句,旋吾脑而忽畅。质言之,则吾侪所持之利器,实'洋货'也。坐是之故,吾侪每喜以欧美现代名物训释古书;甚或以欧美现代思想衡量古人。"② 在同年创刊的《国学季刊》上,胡适也疾呼,应当以历史的眼光,系统整理,比较研究作为整理国故的方法论,并希望兼及材料的发现与理论的更新。③ 受胡适方法影响的顾颉刚,在《古史辨》(1926—1941 年共出版 7 册)中对长期以来被视为定论的上古史提出异议,认为《诗》《书》等古籍中的上古史传说"是层累地造成"的学说。层累地造成的"中国古史"说概括起来主要有三点:第一,"时代愈后,传说中的古史期愈长";第二,"时代愈后,传说中的中心人物愈放大";第三,"我们在这上,即不能知道某一件事的真确的状况,至少

---

① 有关晚清知识分子将中国传统学术融入近代西方学术知识新体系的尝试,请参考:左玉河文《中国旧学纳入近代新知识体系之尝试》,收入:郑大华、邹小站主编《思想家与近代中国思想》,北京:社会科学文献出版社,2005 年,第 214—252 页。

② 《先秦政治思想史》,见夏晓虹编《梁启超文选》下,北京:中国广播电视出版社,1992 年,第 328 页。

③ 胡适《发刊宣言》,载《国学季刊》第一卷(1923 年)第一号,第 16 页。

可以知道某一件事在传说中的最早的状况。"①顾颉刚的这一学说引发了学界对上古史的一场旷日持久的学术讨论。而傅斯年等人对安阳殷墟的实地勘探,无疑也极大地丰富了史语研究的对象和史料的范围,并且在短时期内取得了重大的突破。

四、学者之间的交往与互动

民国时期汉学与中国学术之间的互动,其形式是以学者个人以及团体间的广泛密切交往为基础的。一直到20世纪初西方汉学家与中国学者之间的关系依然延续着传教士的风格,他们借助于中国学者对自己典籍的出色阐释,从事翻译工作。沙畹与唐复礼(当时驻法国公使馆参赞)、理雅格与王韬等都可归于此类。不过卫礼贤之于前清"遗老"劳乃宣却是另外一种情况,他当时在青岛有几年的时间一直从劳氏研究《易经》以及另外一些儒家和道教的中国典籍。方志浵在40年代的一篇文章中就曾认为,西洋翻译派的缺点就是武断,并举了理雅格的例子说,他"对中国文化有顽固无比的偏见"。② 不过方氏却对同为翻译派的卫礼贤赞赏有加,他写道:"卫礼贤教授也是属于翻译派。然而他能虚心的领教于中国学者,坦怀的容纳中国文化。并且他的译书在德国流行很广,成了德国人士不可少的可爱读物。他在德国,间接的在全欧洲,发扬中国文化的功绩,永久不会湮没。"③方氏之所以赞赏卫礼贤的原因有上面提到的两点:一是他同中国学者交往的态度,二是他在德国乃至欧洲所取得的成就。在比较了卫译《庄子》"齐物论"的一段与翟理斯与理雅格的翻译之后,方氏认为:"然而卫教授的德译,非但毫无逊色,而且更为通达。真是又信又达又雅。原因是他能体验华人的逻辑,深悉汉文的风格。"④在翻译上有如此高的成就,当然跟卫礼贤与中国学者的交往是分不开的。

实际上当时在中国居住的德国汉学家在汉学方面所取得的成就,都是跟他们与中国学者之间的交往分不开的。而这时双方之间互动的方式已经不仅限于共同翻译中国典籍了。

---

① 顾颉刚编《古史辨》第一册,北平:朴社印行出版,1926年,第60页。
② 方志浵《卫礼贤教授及其著作》,载《进步与研究》第一卷第四期(1940年1月),第22页。
③ 《进步与研究》第一卷第四期,第22页。
④ 《进步与研究》第一卷第四期,第25页。

1935—1937年，当时已经移居美国的汉学家魏特夫以哥伦比亚大学国际社会研究所主任的身份在北京进行研究工作。他所做的是大规模的社会学的调查：一是国际社会研究所资助的中国家族调查，二是太平洋问题调查会资助的中国历史调查。前者他得到了燕京大学和中山大学社会学系的黄家遵教授的帮助。后者他得到了中国当时的16所大学的支持，并且聘请了当时各大学最有名的历史、经济、经济史专家做大范围的资料搜集和研究工作。当时在燕京大学任教的顾颉刚与魏特夫也有过交往。

从实用层面上来讲，不论是从汉学家的还是从中国学者的角度来看，东西方学者在研究上都各有千秋。1935年，当时出任辅仁大学校长的历史学家陈垣教授在规划辅仁大学的学术工作的三大目标时指出：

1. 运用西方最新的研究方法论整理、组织中国的历史资料（整理国故）；
2. 编纂和翻译相关参考书籍，以协助中外学者的研究工作（学术辅助工作）；
3. 藉由书籍的出版和向外流通，发布汉学研究领域的最新发现和研究成果，促进国际学术合作（中外合作）。①

刊登这一报道的这一期《辅仁学志》的编者按指出，陈垣特别强调这种中外合作的关系，并且以当时辅仁的教授、语言学家沈兼士和他的德国同事鲍润生为例，说明这种合作关系的重要："此二人工作高度互补。沈兼士从中国学者的立场挞伐中国语言研究的问题，鲍润生（Biallas）从欧洲人的类比观点议论同样的主题。此类型的合作，正是辅仁多年前的规划，近日陈垣校长再提及此，说明它仍是当今的理想目标。"②

鲍润生之所以选择北平作为《华裔学志》的诞生地的理由是："目前的北平是旧文化的中心，同时也成为中国科学发展的核心点。中西学者共同合作，展望未来东亚研究的最佳成果，殊堪可期。"③早在1922年鲍润生神父在给圣言会总会长基尔（1920—1932年间任圣言会总会长［Generalsuperior

---

① 转引自：巴佩兰《〈华裔学志〉及其研究对西方汉学的贡献》，见前揭魏思齐编辑《有关中国学术性的对话：以〈华裔学志〉为例》，第87—131页，此处引文见第91页。
② 魏思齐编辑《有关中国学术性的对话：以〈华裔学志〉为例》，第92页注156。
③ 魏思齐编辑《有关中国学术性的对话：以〈华裔学志〉为例》，第91页。

SVD])的信中就提到过在中国创建一本西文汉学刊物的设想,在谈到其中的原因时他写道:"当中最简单的理由便是,这份期刊必须要有中国人共同合作才行。"①1926 年他写道:"在教会所欠缺的,可以在大学找到:跟训练有素的中国人合作。……"②说白了,中国学者的学识特别是在文史知识方面渊博的知识,弥补了欧洲汉学家们的不足。

1936 年鲍润生神父在一封信中谈到他跟中国学者交往的经验:"我们的大人物中有许多忘记了,他们首先应该平等对待中国的教授。许多人老是说:中国的教授根本不可靠。这种说法真令人受不了。……可是,假如有人稍作努力,……那么我们便可以在中国人身上找到真理,跟在其他人那儿可以找到真理一样。当然我们也必须对中国人的风俗习惯与他们的历史、社会教育多少要知道一些,并且把这也纳入考虑。"③

在福兰阁的文章中,明显地可以看得出德国汉学家对于中国学者所做出贡献的赏识以及对双方合作的渴求。福氏写道:"然而对于欧洲人士从事中国与中国国粹之研究,发生推动力量的,却不仅是政治方面与军事方面之巨大事故,影响更见丰饶,补助力量愈加深长,而尤其是在科学的汉学方面,确是另一种状况……总之无论如何,西方学者由中国学者方面之所能获得的,便是丰丰富富、现现成成的一大批著作材料布展到了自己的眼前,而这一种材料之在欧洲汉学家,如果没有中国学者方面底协助,便要很困难,或绝对不能获得的了,甚至连知道,都不能够。中国人之精博母国典籍,读破万卷之能力,当然实实皆与西方人士不同的……在当日之下,有许多关于汉学的著作,当然德国汉学的著作亦不在例外,这些著作,如果没有中国方面这样做在了前头的或同时协助的工作,那简直是不可能的了。"④

福兰阁同时很清楚地意识到,汉学研究发展到当时,如果没有中国学者的参与,德国汉学实难展开。因此对双方的合作予以了很高的评价:"在这一点上,屡经宣称和这样情愿宣称的两方面精神合作,已是到了显然有功效的地步了。"⑤他并且很具体地举出了在国学方面做出巨大贡献的中国

---

① 转引自:上揭柯慕安《鲍润生神父〈华裔学志〉的创办者——他的生平与事业》,收入:魏思齐编辑《有关中国学术性的对话:以〈华裔学志〉为例》,第 37 页。
② 魏思齐编辑《有关中国学术性的对话:以〈华裔学志〉为例》,第 58 页。
③ 魏思齐编辑《有关中国学术性的对话:以〈华裔学志〉为例》,第 60 页。
④ 福兰阁《现下在德国之中国学》,载《研究与进步》第一卷第二期(1939 年 7 月),第 10—12 页。
⑤ 《研究与进步》第一卷第二期,第 12 页。

学者的名字:"向达、傅斯年、胡适、洪业、顾颉刚、张星烺、陈垣、王国维。"①

颜复礼也认为:"这种研究某一种三千余年文明的伟大工作,自然需要许多种不同的分子的合作,同时现代新近的一般中国学者,与西方的同行一起努力着,做了不少很有价值的工作,这是很值得令人满意的。"②

中国学者傅斯年也认为中国学者和西洋学者在学术方面各有所专:"本来中国学在中国在西洋原有不同的凭借,自当有不同的趋势。中国学人,经籍之训练本精,故治纯粹中国之问题易于治胜,而谈及所谓四裔,每以无比较材料而隔膜。外国学人,能使用西方的比较材料,故善谈中国之四裔,而纯粹的汉学题目,或不易捉住。"③

韩奎章则从现代的学科分类越来越细,在汉学研究方面,东西方学者之间的合作是唯一的选择:"汉学在现代,业经由一般地研究进入高深地专门研究的时期中,它的工作的繁重和困难,较之以前不知增多至若干倍,它的未来的发扬和整理,我们不能不有待于中外学者的通力合作!"④今天西方汉学所取得的成就,无疑验证了韩氏的卓识。

海尼士本人对与中国学者之间的合作有另外的看法,他曾在《近五十年来德国之汉学》一文中指出:"此种利用中国助手……,其害处,则在阻碍著者独立工作之能力,妨碍语言智识之进步以及字典事业之成就。(吾德字典事业之未有发展,此实为其重大原因之一。)而且汉学程度之真相不免为之掩蔽。因此之故,吾人若从高处着眼,此种工作手续,实有反对之必要。"⑤但作为蒙古史和满族史的专家,他也必须实地到中国考察,与中国学者交往。1928年和1936年他两次到蒙古实地考察,并到北平搜集宋元史料,受到过当时在北平的中国学者的欢迎。⑥

五、机构建设

(一)学会和研究所

---

① 《研究与进步》第一卷第二期,第11页。
② 燕京大学《文学年报》第三期,1937年,第176页。
③ 《法国汉学家伯希和莅平》,载《北平晨报》1933年1月15日。
④ 《东方文化月刊》第一卷(1938年)第三期,第37页下栏。
⑤ 此文收入《王光祈旅德存稿》,上海:中华书局1936年,第488—509页,以上引文见第498—499页。
⑥ 《北洋画报》1936年8月11日。

1. 北平"中德学会"（Das Deutschland-Institut in Peiping）

从 30 年代起，越来越多的德国汉学家来到北平。中德学会是由 1931 年在莱比锡获得博士学位的文化历史学家郑寿麟发起成立的。该学会之所以在学术发展史上引人注目，是因为一批年轻的德国汉学家于 30 年代中期在中国将这个学会发展成为一个学术中心。福克司、傅吾康、霍福民和谢礼士，他们都曾在中德学会度过对自己汉学事业产生了深远影响的年月，而且除了英年早逝的谢礼士以外，他们后来都被西德的大学聘任为汉学系的教授。中德学会还与卫德明、艾锷风、罗越或是马丁·伊尔泽等其他德国汉学家的名字联系在一起。

1932 年组织中德文化协会筹备会的时候，斐霞、谢礼士、卫德明、石坦安、洪涛生等出任委员。1933 年中德学会成立时，由著名日耳曼学者、翻译家杨丙辰任中方会长，杨氏曾在柏林大学学习日耳曼学，第一次世界大战回国后任北大和清华德语系教授。而德方会长则由著名汉学家卫德明担任。中方的董事有：丁文江、袁同礼、胡适、傅斯年、贺麟等著名学者。中德学会所积聚的不仅仅是德国的汉学家，同样也吸引了众多的中国著名学者，很快便成为汉学研究的重要据点。

尽管按照莱比锡汉学家杨森的研究，由于受当时纳粹政策的影响，1933 年到 1945 年之间的中德学会并不是一个"进行文化交流的纯学术组织"。作为一个接受纳粹政府经济资助的组织，尤其是在 1940 年正式成为德意志学院的分支机构后，它起到了越来越多的政治宣传的作用。但是，由于该学会远离纳粹政治中心，"天高皇帝远"，相比当时德国国内的文化机构而言，拥有更多的自主决定的空间，在这样的情况下，德国和中国的学者也因此受益。①

2. "东方研究所"（Institut of Oriental Studies, IOS）

这是 1936 年初的时候圣言会的汉学家鲍润生神父计划在辅仁大学创办的一个研究所。鲍润生认为："只有在相互认识后，彼此惺惺相惜，才能

---

① 杨森《北京中德学会在 1933 年至 1945 年间所从事工作的几点说明与质疑》，见《德国汉学：历史、发展、人物与视角》，郑州：大象出版社，2005 年，第 176—193 页。1942 年"为帝国科学、教育和人民教育部提供的关于德国汉学和日本学状况的报告"也曾提到当时的德国学者呼吁，要仿效罗马的考古研究所（Archäologisches Institut in Rom），在北平建立一所"大德意志帝国汉学研究所"（Sinologisches Forschungsinstitut des großen deutschen Reiches），来专门从事汉学研究，而中德学院则肩负着其他的使命。Cf. Martin, Helmut und Eckhardt, Maren(Hrsg.), *Clavis Sinica. Zur Geschichte der Chinawissenschaften*. Bochum 1997. S. 106.

够产生。透过这种合作,应当可以将自以前耶稣会的传教工作结束之后而来的天主教传教士和中国知识分子间的鸿沟终于弥补起来。学业跟研究的内容应该包括中国语言、文学,中国历史、哲学、宗教、艺术,最后还要包括民族学、社会学、经济学、民俗学和教育学。"①他们当时所选定的教师,除了圣言会的汉学家之外,还有著名的比利时裔的蒙古学家田清波、德国汉学家谢礼士、艾锷风、福克司等当时在北平的著名学者。中国学者则有:英千里、张星烺、沈兼士、陈垣和余嘉锡。可见其阵容之强,可谓前所未有。只可惜鲍氏于此年5月28日溘然长逝,从而使得这样一个有意义的计划没能得以实现,这也可以算是汉学界以及中西交流上的一项巨大损失吧。

(二)图书馆

1. 北平《华裔学志》编辑部图书馆

鲍润生从他在柏林、莱比锡以及巴黎的时代,就开始注意搜集汉学方面的重要书籍,包括论著、译本以及工具书。在北平的时候,他曾建立了一座小型的私人图书馆。今天在圣·奥古斯丁(Sankt Augustin)的《华裔学志》研究所的图书馆便源自鲍神父的私人藏书。图书馆在北平时的藏书据今天的重新统计共有406种,其中188种是鲍神父的私人藏书。② 2006年10月12日"华裔学志研究所"新图书馆落成,这个藏有8万册中、日以及西文汉学书籍的大型专业图书馆,重被命名为"润生书屋",为的是纪念图书馆的创始人鲍润生神父。③

2. 德国汉学家的私人藏书

此外,当时任北大德文系教授的洪涛生也拥有收藏颇丰的图书馆。由于洪氏在北平创立了一间出版社,为了印制装帧精美的线装德、中文书籍,他搜集到很多中文珍本、善本图书。后来洪氏被迫离开北京的时候,据说这些图书由首都博物馆予以接管。而汉学家、满族学家福克司的图书馆,据说为北京大学图书馆所接管。④ 而作为佛教专家的李华德于1928—1933年在柏林学习巴利语、梵文、藏文和中文,在北平担任哈佛-燕京的中印研

---

① 见前魏思齐编辑《有关中国学术性的对话:以〈华裔学志〉为例》,第67页。
② 见前魏思齐编辑《有关中国学术性的对话:以〈华裔学志〉为例》,第42页,注69。
③ Walravens, Hartmut, „Bibliothek im Wandel", in: *China heute*, Jahrgang XXV(2006), Nr. 6(148), S. 219-221.
④ 以上的信息由柏林国家图书馆的魏汉茂博士提供,据说福克司的藏书在北大图书馆中已经被重新编目,洪涛生的藏书情况,不得而知。

究所研究员时,他收集了许多珍贵的中文佛经版本。1948 年李氏在北大结识了当时任北大印度文化讲座教授的师觉月,并结下了深厚的友谊。1950年以后,中央政府决定放弃民国时期教育部建立的美国式教育体系,全面效仿苏联的高等教育模式,对中国大陆境内高等院校进行了整合和重组,李华德因此遭解职。1952 年,已经升任印度国际大学研究生院院长的师觉月随印度访华团访问中国,并邀请李氏前往国际大学任教。① 李华德于同年离开前往印度,也将所有的藏书带到了加尔各答。至今在印度加尔各答国家图书馆之中依然有李华德的图书收藏室。②

(三)出版社/印刷所

北平杨树岛印刷所(Pekinger Pappelinsel-Werkstatt)

这是曾在北京大学做过教授的汉学家洪涛生于 1939 年在北平创立的一家出版社,洪氏曾翻译过三卷本的《牡丹亭》(德文译作《还魂记》)。③ 这家出版社除了印刷和出版新书和刊物之外,还重印了许多已经罕见的德文旧书,有一些是线装的德文书。杨树岛印刷所的地址位于当时北平广安门外南河泡子二十七号。当时在北平出版的与汉学稍微有点关系的德文文学刊物《帆》(*Die Dschunke*)也是由杨树岛印刷所印制的。一直到 1945 年出版的卫德明主编的《德华大辞典》也还是这家出版社的印刷厂印制的。

(四)学术期刊的创立

在欧洲大陆在东亚和中亚研究方面具有影响的专业刊物一如既往是《通报》(*T'oung Pao*,在莱顿[Leiden]出版),该杂志自 1890 年创刊以来,由法国和荷兰的学者担任主编,其历史甚为悠久,也颇能引以为豪。但由于一次大战的缘故,之后该杂志很少刊登德国学者的汉学论文。在德国自 1924 年至 1935 年间在德国莱比锡出版的《泰东》(*Asia Major*)杂志主要用来刊登德国学者汉学方面的研究论文。由于该刊的创始人申德勒系犹太裔,1933 年被迫移民英国,从而使"唯一的国际级的德国学术专业刊物"也

---

① 请参考:冉云华《胡适与印度友人师觉月》,载《中华佛学学报》第 6 期(1993 年 7 月,台北),第 263—278 页,特别见:267—271 页。

② Cf. Martin, Helmut und Eckhardt, Maren(Hrsg.), *Clavis Sinica. Zur Geschichte der Chinawissenschaften*. Bochum 1997. S. 75-85. Hier S. 81.

③ Hundhausen, V., *Die Rückkehr der Seele*, 3 Bde. Peking 1937. 书评:*Monumenta Serica* 3(1938), S. 655-657(A. Fang)。

流失到了国外。该杂志于 1949 年开始重又在伦敦由英国学者复刊。而 1945 年于柏林停刊的《东亚杂志》(Ostasiatische Zeitschrift) 在后来几年将重点放在了艺术和考古方面,在 1926 年以前,该刊依然是汉学方面重要的研究刊物。而设在美因河畔法兰克福的中国研究院(China-Institut)的机关刊物《汉学》(Sinica),也随着研究所的毁灭,而成为战争的牺牲品,它的最后一期出版于 1943 年。这本杂志曾在 1942 年"为帝国科学、教育和人民教育部提供的关于德国汉学和日本学状况的报告"中被称作"帝国境内唯一的汉学刊物"。① 尽管这份杂志将读者定位在对中国感兴趣的大众而非学者身上,不过《汉学专刊》(Sinica-Sonderausgaben,共 4 辑,1934—1937 年)也为研究者提供了纯学术的空间。

1. 在中国创立的西文汉学期刊《华裔学志》

由于 1933 年以后德国国内唯一的一份重要的汉学刊物《泰东》已经不复存在,而此时德国大部分的汉学家又集聚在北平,一本能体现他们学术成就的刊物便成为当务之急。同时由于汉学研究的国际化趋势越来越明显,中国学者的声音需要世界汉学界的关注。正是在这样的背景之下,《华裔学志》(Monumenta Serica. Journal of Oriental Studies of the Catholic University of Peking) 于 1935 年应运而生。在这之前辅仁已经有了中文的汉学期刊,创办这份刊物的目的在于研究中国以及受中国文化影响的周边国家的民族、语言、宗教、历史,并兼顾到民族学与史前史诸领域。② 中文的名称"华裔学志"正显示出了鲍神父所关注的并非单一的中国文化,而是与中国文化相关的或者说受到中国文化影响的各种文化。③

曾担任《华裔学志》副主编(Associate Editors)的有:著名的蒙古学家、圣母圣心会的田清波神父,著名佛教、梵文、藏文学者钢和泰男爵,著名汉学家艾锷风和谢礼士。除了以上的欧洲学者之外,尚有四位中国学者担任此刊的副主编:历史学家陈垣、语言学家沈兼士、历史地理学家张星烺以及

---

① Cf. Martin, Helmut und Eckhardt, Maren(Hrsg.), *Clavis Sinica. Zur Geschichte der Chinawissenschaften*. Bochum 1997. S. 107.
② 见前魏思齐编辑《有关中国学术性的对话:以〈华裔学志〉为例》,第 61—65 页。
③ 1913 年创立的日本天主教耶稣会大学上智大学(Sophia University, Tokyo)也仿照《华裔学志》的例子于 1938 年创立了西文(包括英法德三种语言,而创刊号上的德文文章的篇幅占了将近一半)的亚洲学刊物 *Monumenta Nipponica-Studies on Japanese Culture, Past and Present* (封面上的汉字刊名为《日本文化志丛》)。目前该杂志已经出版到了第 62 卷(2007 年春季)。

与马相伯共同创立辅仁大学的英敛之的公子英千里。①

《华裔学志》创刊之际正是二次大战即将爆发之时,日据时期的中国局势不定,但设在辅仁的该杂志社的编辑部还是为西方的汉学家们提供了一个学术交流的平台。至1948年《华裔学志》在北平出版了13册,并且还出版了语言学、地图学等专业汉学的专辑。这期间的《华裔学志》无疑奠定了其在西方汉学中的地位。1953年傅海波在他的著名的《汉学》一书中曾总结说,在中国发行的西文汉学刊物,最有名的当然是北平天主教辅仁大学的《华裔学志》了。②

2. 中文期刊《研究与进步》(后改名为《中德学志》)

中德学会在1939年4月创立《进步与研究》时专门有〈本会为本刊敬告读者〉,指出:"本会现在所出版的这杂志,是和本会历来所出各种刊物,都完全一样地负有沟通中德两国文化之使命,都完全一样地是要在中国的学术界略作一点贡献的。……至关于本刊稿件来源之问题,……大半系译自德国首都柏林所出版的《研究与进步》(Forschungen und Fortschritte)一种刊物上所载各项论文的。……此外,本刊其它一部分稿件,则系采自中国学者方面有关德国科学或德国精神生活,而内容简短之论著的。在这儿本会还更要声明一句的,就是德国学者在汉学与中国研究的学域上之著作以及关于学域上之重要新现象,本刊俱将予以特别注意的。……由这第二点中,读者可以看出,本刊采用稿件,是译稿与中国学者专著并重的。"③从第二卷第一期(1940年4月)开始改名为《中德学志》(Aus deutschem Geistesleben),一直到1944年6月出版第六卷第一、二期合刊为止,一共出版了6卷,总计22期。

如果检索一下《进步与研究》以及《中德学志》的目录就会发现,译文还是占了大部分的篇幅,并且当时介绍德国自然科学发展的文章也占据了重要的位置。中国学者的论文很少,仅有有关翻译的商榷(如张东荪〈康特哲学之专门名词〉,《进步与研究》第一期)、或对德国汉学家的介绍(如方志浵〈佛尔克教授与其名著《中国哲学史》〉,《进步与研究》第一期;〈卫礼贤教授及其著作〉,《进步与研究》第四期),论文仅有张东荪的〈知识社

---

① 请参考《华裔学志》创刊号之扉页。
② Franke, Herbert, *Sinologie*, Bern 1953, S. 15.
③ 《进步与研究》第一卷第一期(1939年4月),第1—2页。

会学与哲学〉(《进步与研究》第四期)、王锦第的〈士榜格的教育与文化思想〉(《中德学志》第一期)、〈士榜格论欧洲文化〉(《中德学志》第二期)。

以 1941 年《中德学志》第 3 卷第一期为例,当时的编委有 7 人,而只有傅吾刚和福克司两个德国人,其他有曾一新、方志澎、顾华、杨丙辰、杨宗翰等 5 人。

在战争期间以北京的中德学会(Deutschland-Institut)为中心的德国汉学也有一些出版物出版,例如作为《中德学志》增刊的《汉学论文》(Sinologische Arbeiten, 1943—1945),就可以算作是非常重要的汉学刊物。①

3. 在中国出版的德文纯文学刊物《帆》(Die Dschunke)

这是维尔贝格于 1940 年 4 月在北平创刊的德文文学性刊物,也是在东亚的唯一的此类刊物。主编维氏系当时生活在北平的不来梅的记者,而杂志的顾问和出版者、印刷者则是著名的汉学家、出版家、曾担任过北京大学文学教授的洪涛生。这本杂志从 1940 年 4 月至 1946 年 6 月一共出版了 63 册,32 开本。②

这是一本对象为在中国的德国知识分子的纯文艺刊物,当时远离欧洲战场的德国文学家、知识分子为这本杂志供稿,当然也对纳粹极权提出尖锐批评。洪涛生则从他的私人图书馆中为该杂志提供了各类中国木刻插图。除了一般的德文文学作品之外,《帆》上也刊登一些如洪涛生用德文对中国诗的吟咏,以及维氏所创作的德文的中国诗和日本诗。

在中国创办德文的文学刊物,尽管跟汉学没有直接的关系,但可以想象得到,当时生活在中国的德国知识分子的数量的确是很大的。

六、学术成就的译介

(一)用西文分别对在中国和德国所进行的汉学研究的介绍

1. 图书资料的介绍

卫礼贤之子,当时居住在北平的汉学家卫德明在《华裔学志》上发表了一篇书目,对自 1938 年以来的重要汉学著作分为几十个领域进行了搜

---

① Beatus Teunissen 在《华裔学志》上曾发表书评,对 1—2 期的《汉学论文》上的每一篇论文都用英文作了非常详细的介绍(*Monumenta Serica* 9 [1944], S. 254-257)。

② Cf. Walravens, Hartmut, *Vincenz Hundhausen (1878-1955). Das Pekinger Umfeld und die Literaturzeitschrift „Die Dschunke"*. Wiesbaden: Harrassowitz 2000.

集和整理,①分为三次登完的此目录,不仅包含了新的论著,也包括了以往文本的首次以及新近的重印本,特别对在中国出版的欧洲语言的汉学书籍予以了关注。卫德明将在中国出版的汉学书籍分为中文作品和西文作品两部分。当时在中国出版的西文汉学著作数量惊人,在目录中西文书籍占到357部之多,而中文的专著收录有489部,也就是说西文著作占到了整个汉学专著的42%,中文著作占58%。当时在中国境内的西方汉学家的积极努力可由此略见一斑。书目中卫德明对中文著作作了点评,为西方读者了解当时汉学在中国的发展情况提供了极大的便利,同时也显示出德国汉学家对在中国出版的汉学著作等文献目录的重视。②

有关在1937—1945年间中国后方的汉学研究的情况,傅吾康有专文予以介绍。③

有关德国的汉学研究,袁同礼于1947年在 *Quarterly Bulletin of Chinese Bibliography*(北京图书馆的英文馆刊《图书季刊》)上发表文章,对1939—1944年间德国汉学界所发表的论文、著作做了系统梳理。④ 遗憾的是在这份目录中只有标题,没有相应的评论。

2. 最新学术思想之间的交流

有关中国哲学在20世纪30年代在中国的地位问题的讨论,德国汉学家也加入到了其中。在小学是否根本不应当提供与哲学有关的课程,只在高级学校的较高年级才开设诸如此类的专业,就像当时德国的实科学校不教授希腊文一样,颜复礼在他于1935年出版的一本小册子中,介绍了傅斯

---

① 例如第一次的目录中西文分别都是34个领域,由于中西文在研究汉学时的侧重点不同,因此分类也不尽相同。

② 曾于1942年、1943年和1946年分别在《华裔学志》上刊载了《1938年以来中国出版的汉学书籍选目》《1938年以来中国出版的汉学书籍选目续》以及《中国出版的最新汉学书籍选目三》: Wilhelm, Hellmut, "A Selected List of Sinological Books Published in China Since 1938", in: *Monumenta Serica* 7(1942), pp. 92-174; Second List etc. *Monumenta Serica* 8(1943), pp. 336-193; Third List etc. *Monumenta Serica* 11(1946), pp. 151-189.

③ Franke, Wolfgang, "Sinological Research Work in Free China During The War Period 1937-1945", in: *Bulletin of Chinese Studies* (Chung-kuo wen-hua yen-chiu hui-k'an 中国文化研究汇刊) 6(1946), pp. 137-171. 此文后经王启龙译补,以《抗战期间(1937—1945)中国后方的学术研究》为题,发表在《国际汉学》第15辑上(郑州:大象出版社,2007年4月,第105—131页)。

④ Yüan T'ung-li, "Sinological Literature in German 1939-1944: A Selected Bibliography", in: *Quarterly Bulletin of Chinese Bibliography* 7(1947), pp. 21-46.

年和胡适的观点。① 认为孔子不仅不是复辟保守者,而是革新家,甚至被认为是革命家。这是胡适的观点,后来被傅吾康译成了德文,使得德国汉学界乃至整个欧洲知识界对此多有了解。②

在有关基督教在明末进入中国的这一阶段的研究,当时任天主教辅仁大学校长的历史学家陈垣曾写有"汤若望与木陈忞"一文,此文最初发表于《辅仁学志》第七卷第一、二期合刊上。③ 后由杨丙辰教授译成了德文,发表在了《华裔学志》上,④在德国汉学界引起了很大的反响。由于作者对中国史料的谙熟,如此深入的对比研究对德国汉学家来说是难以望其项背的。

(二)中国学者对德国汉学成就的介绍

据不完全统计,民国时期中国学者对德国汉学成就的译介和研究有150余种,⑤涉及德国汉学研究的各个领域。早期的发表在《史学杂志》《东方杂志》以及其他专业刊物上,后来则比较集中发表在《研究与进步》(1940年4月改为《中德学志》)上。

中国学者方志浵就认为,即使是日本或中国学者的哲学史英文著作也是没有办法跟佛尔克的《中国哲学史》相提并论的,方氏列举了日人铃木

---

① Jäger, Fritz, *Das Studium der Klassiker im Neuen China. Zwei aktuelle Aufsätze von Fu Sï-nien und Hu Schï*. Glückstadt 1935.

② Hu Shih, „Der Ursprung der Ju und ihre Beziehung zu Konfuzius und Lau-dsï". Übers. von W. Franke. In: *Sinica-Sonderausgabe* 1935, S. 141-171; 1936, S. 1-42. 按照胡适的说法,"儒"是学者的自称,最初只是对商代祭祀阶层后代的称呼,而到了周代以后,这些人丧失了原有的地位,成了诸侯的官员,或专事礼仪、祭祀的人。孔子重又赋予这一部分人一种新的自我意识,在其中最重要的是一种伦理的理想。他实际上是想以一种新的形式复辟商代古老的期望。胡适甚至认为,孔子自视为上天派来的商民的使者。而老子却被看作是"儒"的保守类型,他们的理想是顺从、适应、从属。原文见《胡适文存》第四集,台北:远东图书公司,1968年版,第1—103页。

③ 《辅仁学志》(*Fu-jen hsüh-chih*)第七卷(1938)第一、二期合刊,第1—27页。

④ Ch'en Yüan, „Johann Adam Schall von Bell S. J. und der Bonze Mu Tschen-wen", in: *Momumenta Serica* 5(1940), S. 316-328. 实际上此译文仅是"引言"以及第一章的前三节,而第二、三章以及"结论"部分均未译,后亦未见连载。德文的译者署名为 D. W. Yang。据德国汉学家韩尼胥对柏林大学当年的学生档案的查对,从1913年夏季学起至1917年夏季学期杨丙辰注册的名字为:Yang Dschen-wen. Cf. Harnisch, Thomas, *Chinesische Studenten in Deutschland. Geschichte und Wirkung ihrer Studienaufenthalte in den Jahren von 1860 bis 1945*. Mitteilungen des Instituts für Asienkunde Hamburg, 1999. S. 173. 杨丙辰的原名系:杨震文。见:张中行《负暄琐话》,北京:中华书局,2006,第55页。

⑤ 请参考:马军《"1949年前中国学术界对德国汉学的译介"篇目初编》,收入:张西平、郎宓榭编《德国汉学的回顾与前瞻——德国汉学史研究论集》,北京:外语教学与研究出版社,2013年,第179—193页。

大拙的《中国古代哲学史》、胡适的《先秦名学史》、梁启超的《先秦政治思想史》（英译本）以及冯友兰的《中国哲学史》（上册英译本）之后指出："以上这些翻译本的哲学史，有的是失之太简单，有的根本没有取材于中文原书，远不及德国硕儒之取材丰富，叙述流畅。"①

当时很多德国学者对中国学术的发展情况都了如指掌，不用说那些在中国生活的汉学家们，就是在德国的学者也不例外。《研究与进步》第一卷上刊载的有曾留学柏林大学的张星烺②翻译的柴赫林的文章〈葡萄牙人初抵中国〉，作者不仅对当时的中国学者的最新研究成果如数家珍地列举出，同时也很熟悉如《东莞县志》等地方志的记载。③

七、结　　论

（一）中国学者的自觉：中西学术的优势互补

建构主义者认为，学习的过程实际上并非是单纯地由一方到另一方的知识传递，而是接受方根据外在信息的情况，通过自己原有的背景知识，建构自己的知识体系的过程。在这样的一个过程中，接受方绝不仅仅是被动的信息接受者，他要有针对性地以自己原有的经验系统为基础对外部的信息进行选择和加工。

中国学者从全盘的接受或排斥西方的汉学，到比较理性地对汉学的研究方法进行分析和消化，这经历了一个过程。在接受西方学术方法的早期，许多知识分子曾对"赛先生"过度推崇。曾留学英国的地质学家丁文江就曾认为："科学的万能，科学的普遍，科学的贯通，不在他的材料，在他的方法。"④他并且

---

① 方志浵《佛尔克教授与其名著中国哲学史》，载《研究与进步》第一卷第一期（1939 年 4 月），第 36 页。

② 张星烺曾就学于天津北洋大学，后留学于哈佛。1909 年至 1912 年间在柏林大学主修化学。张氏回国之后在辅仁大学任历史学教授。其地理历史学方面的知识全赖家学传承，其父乃中国学界当时最负盛名的历史地理学家张相文。Cf. Harnisch, Thomas, *Chinesische Studenten in Deutschland. Geschichte und Wirkung ihrer Studienaufenthalte in den Jahren von 1860 bis 1945*. S. 175, Anm. 85. 张星烺最著名的著作是 1930 年出版的六卷本巨作《中西交通史料汇编》（北平：辅仁大学）。1978 年，中华书局（北京）将原书与增补的内容合在了一起，由朱杰勤校订，出版了增补本《汇编》（1978 年、2003 年）。

③ 柴赫林《葡萄牙人初抵中国》，载《研究与进步》第一卷第一期（1939 年 4 月），第 9—15 页，此处见第 13 页。

④ 丁文江《玄学与科学》，收入：张君劢等著《科学与人生观》，沈阳：辽宁教育出版社，1998 年，第 49 页。

引用胡适的一段话,甚至认为:"人类今日最大的责任与需要,是把科学方法应用到人生问题上去。"①正是这一观点,引发了1923年科学与玄学的大论战。进入30年代以后,很多的中国学者通过与海外同行们的沟通与交流,相互间的批评与比较,已经开始从方法上和内容上对西方汉学进行反思,开始考虑应当以何种心态和方法来面对和评价这些发生在异域的有关中国的学术活动。并且已经开始有意识地思考,如何将汉学家所介绍进来的西方学术的成就,整合到中国固有的学术知识结构之中去。

1938年中国学者韩奎章在《德国人的汉学研究》一文中,就对德国汉学发生史做了如下的分期:"第一时期,由16世纪末叶,即由欧洲开始研究汉学的时期起,至1887年'柏林东方语言学校'的成立为止。第二时期,由1887年至1912年柏林大学的添设正式的汉学讲座止。第三时期,由1912年迄于最近。"②这一分期将德国汉学放入了一个大的学术史背景之下,从而预示了中国学者对德国汉学史的科学研究的开端。

方志浵在1940年的一篇介绍卫礼贤的文章中认为,西方汉学可分为两派:一派是考证派,另一派是翻译派。在谈到考证派之所以从西方到达中国的原因时方氏写道:"他们觉到希腊拉丁考证学(die klassische Philologie),已经达到最高点,再不允许一鸣惊人的簇新研究(Originalforschung)。失掉了用武之地以后,他们不可不寻找另一荒芜地,就是我们的国学。"③在谈到此派研究学问的对象和特征时,方氏写道:"这派对于西域问题及塞外民族的历史,旁搜冥索有伟大的成绩。然而,其末流免不了皮毛之讥,甚至于有抄袭书目为职者。这派的特征,就是自信力太大,所以酷爱抬死杠。"④方氏同时对翻译派的利弊也做了分析,他指出:"他们的汉学,都有实质的根底。而且,他们的贡献,比考证派,实为宏大。因为考证派几乎成了考证工匠,对于中国文化本身,漠然不知,甚至于阅读汉文的能力,往往薄弱的可怜。然而翻译派也有缺点,就是武断。如理雅各,对中国文化有顽固无比的偏见。"⑤对中国典籍译本的研究是进行西方汉学史研究的最基础性的工作了,只有这样才能从学术上真正把握西方汉学的知识

---

① 张君劢等著《科学与人生观》,第55页。
② 《东方文化月刊》第一卷[1938年]的创刊号,第74页下栏。
③ 《研究与进步》第一卷第四期(1940年1月),第21页。
④ 《研究与进步》第一卷第四期(1940年1月),第21—22页。
⑤ 《研究与进步》第一卷第四期(1940年1月),第22页。

来源。

中国学者逐渐开始意识到只有方法论的优势,而没有语文学的精良训练,同样是不行的。王国维在《二十世纪之法国汉学及其对于中国学术之影响》中对葛兰言的研究就予以了批评:"顾此失彼之事亦不能避免,故葛氏书中亦颇多误点。惟氏所用法,方在开始,史语方法训练或有未精。然如继起之人,能有沙、伯史语方法之深刻,再有葛氏社会学法之通达,则其著作必如葛氏诸书之言理持故左右逢源,且无葛氏之小訾,则混圆如一,自然颠扑不破了。"①对中国学者来说,清代朴学的方法佐以西洋的汉学新套路,同时还应当有坚实的中国文化基础,京都学派的著名汉学家狩野直喜对王国维之后的中国学界的描述很说明问题:"当今中国,因受西洋学问的影响而在中国学中提出新见解的学者绝非少数,可是这种新涌现的学者往往在中国学基础的经学方面根底不坚,学殖不厚,而传统的学者虽说知识渊博,因为不通最新的学术方法,在精巧的表达方面往往无法让世界学者接受。"②

中国学者不再一味地赞同洋学者的治学方法与为人之道了。1935—1937年当时以美国哥伦比亚大学国际社会研究所主任身份在北京进行社会学调查的魏特夫,就受到过参与该项目的中国学者的批评,中国学者认为,魏氏常常以西方的观念来驾驭和组织中国的史料,认为在间接上往往很武断,因此不太愿意与他合作。

很多学者清楚地认识到中西各自学术的长处,推崇宋学的陈寅恪就认为,中国长于史学,而欧洲长于哲学。他认为学术不应当偏离中国学术的大道,"其上溯宋代学术精义所创同情式述论史学,沟通人本主义与科学主义,超越乾嘉考据和域外汉学,解文本以通史实,由史实以明语境,因语境而知人心,扬各家之长而抑其弊,且与中国史学特征相合,最宜于匡正中国研究的时弊。"③陈寅恪之回归,可以说是在清楚地认识到西方学术方法的适用范围以及中国学术的特点之后所做出的理性选择:既接受西人从他者

---

① 王国维《二十世纪之法国汉学及其对于中国学术之影响》,载《(国立)华北编译馆馆刊》,第2卷第8期(1943年),第15页(总第83页)。

② 狩野直喜《回忆王静安君》,收入:陈平原、王枫编《追忆王国维》,北京:中国广播电视出版社,1997年,第345页。

③ 见前揭《国学与汉学》,第32—33页。

的视角的研究成就,又坚持自身文化的主体性以及自我文化身份的认同。① 这之后,中国学者在文学的表现形式、史学的研究方法以及哲学的思辨工具等方面的自主性和自觉性不断得到提高。

(二)对汉学的学科认识不断深入,国粹派的心理定式被打破

早年中国学术界从感情上很难接受西方汉学家所取得的巨大成就这一事实,1923年在龙树寺抱冰堂所举办的北大研究所国学门的恳谈会上,陈垣先生就曾感叹过:"现在中外学者谈论汉学,不是说巴黎如何,就是说日本如何,没有提到中国的,我们应当把汉学中心夺回中国,夺回北京。"②而自1924年陈垣便将北平图书馆所藏的8,000余轴敦煌经卷,分门别类,考订编目,编成《敦煌劫余录》,可以看出陈氏的愤慨之情。尽管他在序中称:"三十三年,匈人斯坦因、法人伯希和相继至敦煌,载遗书遗器而西,国人始大骇悟。"③在很大程度上,这样的认识也出自当时学者们的民族责任感。但在学术方面他与伯希和却是相互尊重的挚友。随着人们对国际汉学认识的普及和深入,30年代以后没有谁再提出类似的看法了。④ 实际上,中国的文明已经渐渐成为其他文明的重要参照系,他们当然有权利按照自己的方式对中国文化提问和研究。从这个意义上来讲,中国文化不再只属于中国,而是属于整个世界。通过西方汉学家——他者的视角重新审视自我是必要的,而坚持自我文化主体性则是必需的,只有拥有独立的对自我文化身份的认同,才能更好地利用西方汉学研究的成就,而不至于丧失自我的立场,以至于使中国学术很快被纳入并消融到西方学术传统之中去,从而被湮没得无影无踪!

桑兵指出:"治学须知大势,近代国际汉学界对中国认识的深化和中国

---

① 在前引吴宓所译的德国雷赫完的《孔子老子学说对于德国青年之影响》一文的结尾处,作者非常清醒地认识到:"故须反而求之于我。自知西方昔来之精神何在,而后东方之刺激、教导,方为有价值也。而后方能免去青年思想肤浅之病。使毋假借东方古圣之说,以自掩其思想之幼稚矛盾也。"文后吴宓加编者按曰:"我中国人之吸取西方文化者,亦可反用之,以作指针。"见《学衡》第54期(1926年6月),第10页。
② 转引自:郑天挺《五十自述》,收入《天津文史资料选辑》第28辑,天津:天津人民出版社,1984年,第8页。
③ 陈垣《陈垣集》,北京:中国社会科学院出版社,2000年,第200—201页。
④ 如果说80多年前的陈老先生误认为了西方汉学是中国国学的延伸,并且在当时内忧外患的年代提出"将汉学中心夺回中国,夺回北京"的说法尚可从感情上来理解的话,今天的某些学者所渴望的"汉学中心从美国返回华夏大地"真乃痴人说梦! 此类的观点见:"对失去汉学中心的焦虑",www.zisi.net/htm/ztzl/hwzgx/2006-02-22-34785.htm。

学者掌握西学外语程度的增强,使得彼此沟通,渐成一有机整体。"①民国时期的这场学术互动,同时也体现出了当时双方的学者所持有的开放的心态以及多元的学术态度。因为承认西方汉学家的成就就意味着承认了多元的研究范式,而国粹派遗老们的心理定式也因此被打破。实际上,自从废除科举以来,传统的士大夫阶层已经逐渐退出了历史舞台。随着中外交流的不断扩大,大量的学者成为信仰现代价值的新型知识分子。

(三)中国现代学术体系正式形成,同时获得了世界性意义

中国传统的学术如果要获得新生,就必须适应西方近现代学科的体系,适应国际学术发展的趋势。传统学术在向近现代学术的转换过程中,既要考虑到传统学术如何吸收西方学术及其发生的嬗变,又要考虑到如何将传统学术纳入西方学术体系。在用西方的学术理路将传统中国学术纳入近现代的西方学科体系和知识系统方面,西方汉学家们的著作实际上是第一步的尝试。如果说晚清的中国知识分子将旧学纳入近代西方新知识体系的尝试属于被迫的话,进入民国之后,学者们早已自觉地认为,建立中国的现代学术体系是他们的历史使命。②

可以毫不夸张地说,正是德国汉学和中国学术界的这种互动,使中国学术逐步地向现代化的形态发展,在教育、研究和出版等方面出现了与这些现代学科相适应的专业性社会建制。而源于德国学术传统的汉学家们所掌握的理论、方法,跟掌握大量原始文献并谙熟自己文化经典的中国的国学大师之间的沟通与对话,无疑也促成中国的学术成为当时世界学术的一个重要组成部分,同时也使中国学者逐渐具有了世界的胸怀。蔡元培在北京大学所倡导的"思想自由、兼容并包"的办学基本主张,也使得北大从此迈入了一个真正意义上的现代化大学时期。之后,随着汉学在世界各地的存在与发展,有关中国文化的各方面研究不再只是中国学术的一部分,而是逐渐进入了世界性学术语境之中,也使得中国文化获得了世界性的意义。

---

① 见前揭《国学与汉学》"绪论",第2页。
② 举例来讲,在1942年卫德明的"1938年以来中国出版的汉学书籍选目"中,作者完全按照现代西方学术的分类方式,将中文和西文的书目分别为34类。请参考: Wilhelm, Hellmut, "A Selected List of Sinological Books Published in China Since 1938", in: *Monumenta Serica* 7(1942), pp. 92-174; Second List etc. *Monumenta Serica* 8(1943), pp. 336-193; Third List etc. *Monumenta Serica* 11(1946), pp. 151-189.

(四)四裔之学与中国传统学术相得益彰

中国学者开始关注四裔之学,直接受到福兰阁和艾伯华影响的张星烺等学者除了翻译西方学者的边疆史地的文章之外,也开始研究中外交通。这时的中国学者逐渐开始了对中亚、西藏、蒙古、满族地区、日本、韩国等亚洲国家的研究,特别是对这些地区的语言、文化和宗教与中国的关系的研究,也就是说,在大的东方学的背景下沟通中外关系,揭示中国与世界曾经有的联系,逐渐也让中国学者从亚洲的整体认识自己,从而为中国文化重新定位。在这里,比较明显的例子是曾在德国师从福兰阁和海尼士的历史学家姚从吾。以金元史研究为重点的姚氏从中国各民族的融合来论证他所谓的"国史扩大绵延观"学说。他认为,正是基于各民族不断融合的事实,中国历史才得以广大绵延,形成一个多民族的、包容性极强的民族。而其中辽金元时期则是一个重要的融合阶段,进而倡导在北亚和中亚史的大范围内来从事宋史的研究。① 姚氏所撰写的如《余玠评传》等一系列的论文,大都是以四裔为其出发点的。②

西方学者研究中国的学问,除了四裔之学外同样关注传统的中国学问。福兰阁的《中华帝国史》、佛尔克的《中国哲学史》等就是在历史、哲学这些传统学术领域所取得的成就,并且所使用的方法依然是传统汉学的语文考据法。1933年辅仁大学在欢迎伯希和的宴会上,这位法国汉学家的一句话很代表当时汉学发展的趋势:"希望嗣后研究中国学问,须中外学者合作,以补以前各自埋头研究之缺陷,及使世界了解中国文化之真价值。"③

(五)互动对德国思想界也产生了影响

很多德国汉学家长时间生活在中国,如果我们想要深入了解他们对中国的认识和研究,了解他们的中国观,就必须进入民国史的研究之中,就必须考察他们当时在中国的各种活动,与中国学者、政治家之间的交往。但同时他们又是德国人,大都受到过传统的德国学术理论和方法的训练,有着独特的学术传统,师承传递和学派特点。并且,其理论架构、文献背后的解读方式,这一切的一切都是跟他们的传统密不可分的。这就要求我们在考察这些人的思想时,将之放在中欧(或中德)的社会与思想背景中去考

---

① 姚从吾《代序——国史扩大绵延的一个看法》,收入:姚从吾编著《东北史论丛》(上下卷),台北:正中书局,1968年第二版,第1—26页。
② 此文收入《庆祝李济先生七十岁论文集》,台北:清华学报社印行,1967年,第627—668页。
③ 《辅大欢宴伯希和》,载《北平晨报》,1933年1月22日。

察,而避免一种简而化之的处理方式。

尽管依据萨义德的东方主义的观点来看,东方学实际上是西方在对东方殖民化的过程中,西方学者臆想出的学科,是一种"集体想象"的结果,并不存在客观性的知识。实际上,当西方汉学一旦成为一门学术,其中就会有很多知识论的内容,随着岁月的流逝,它们便会逐渐凸现出来,并且在进入西方学术思想之中后,马上就为其自身的文化发展提供了来自异域文明的新的参照系。学术的交流和对话肯定不是单向的文化输出或输入。民国时期,德国汉学家在向本国的学术界介绍汉学的时候,德国正值第一次世界大战之后的文化和思想低谷期,特别需要汲取另外一种文化的养分。而正是借助于汉学家的翻译和介绍,中国文化和思想的成就才为一般的德国民众所了解。值得注意的是,30年代有很多的汉学研究成果刊登在德国著名的科学与技术的学术刊物《研究与进步》上。以今日的观点来看,不同文化间互为文本、互为语境、互为参照,实际上是一种必然。正是面对中国时,西方才有更清晰的自我文化认同。双方在文化上的相互渗透、影响,显然是不可避免的。这一时期汉学家的大部头著作和译本也影响了诸如雅斯贝尔斯、海德格尔这样的哲学巨擘,如果没有中国思想,我们真的不可以想象这些哲学大师们诸如"轴心时代"(Achsenzeit)等一系列在理论上的建树从何而来?

1946年8月德国汉学家福兰阁去世,之后的《燕京学报》上的报道称:"自福兰克逝世,其最后目睹老大帝国与其所领导西洋汉学家同归于尽,同时现代西洋汉学与十九世纪前辈大师之联系亦告中断。"①福兰阁的去世,的确象征着德国早期考据学和语文学传统方法汉学的终结,同时也为民国时期德国汉学界与中国学术界交往画上了一个句号。

---

① 福克司《德汉学家福兰克教授逝世》,载《燕京学报》第32期(1947年6月),第251—254页,此处引文见第253页。

第十四章
汉学家霍福民与词学家龙榆生

多年前,有一次碰到当时任职社科院文学所的青年学者张晖,他希望我能写一篇有关霍福民和龙榆生的文章,在《文学遗产》上刊出。当时我尽管答应下来了,但一直没有动手来写,后来传来张晖英年早逝的消息,令人扼腕!

去年秋天,我原来在中文学院的同事张霖带来龙榆生先生的后人和研究者一起到我办公室拜见顾彬教授,又谈到了龙榆生和霍福民那一代的人与事,再次勾起了我对这两位中西忘年交的学者之间的兴趣。这篇小文也算是对张晖嘱托的一个交代吧。

我既没有见过龙榆生先生,也没有见过霍福民教授。我对龙先生的印象,是"文革"期间父亲书桌上的一排书,其中有一本《近三百年名家词选》,这是龙先生1956年在上海古典文学出版社出版的读本。而20世纪90年代末,当我去德国跟随顾彬教授读书的时候,霍福民教授也已经去世了。记得有一次我曾跟顾彬教授提到有关霍福民的事情,说非常遗憾没能采访他,不然的话,他在南京的那一段时间一定会有很多的故事呈现出来的。顾彬教授却用他那一贯低沉的声音对我说,霍教授并不一定希望别人采访他有关南京的往事吧。

一、多元视角下的霍福民生平

1976年3月28日霍福民65周岁生日的时候,他的弟子汉斯·林克、顾彬以及霍福民的助手彼得·莱姆比科勒共同为他出版了一本纪念文集(Festschrift):《中国:文化、政治和经济——霍福民65岁志庆文集》。可惜的是,这本书除了前言(Zum Geleit)和霍福民的成果一览,并没有更多介绍他本人的文章。

图 14-1 《中国：文化、政治和经济——霍福民 65 岁志庆文集》封面（左）、扉页和书前刊载的霍福民的像

有关霍福民的生平文献并不多。下面我以汉学家傅吾康的回忆录《为中国着迷》为线索，①结合马汉茂 1998 年的一篇相关论文，②对霍福民的生平做一个介绍。

1934 年 10 月傅吾康从柏林转到了汉堡，后来成为汉堡大学著名汉学家佛尔克的弟子。在介绍他刚到汉堡的情况时，他也谈到了霍福民：

> 我以前的同学中没有一个人在汉堡。但我与来自柏林的、有过一面之交的霍福民很快交上了朋友。他比我高两个学期，先在柏林学习并于 1931 年夏参加了研究生毕业考试，然后到了汉堡。他很有语言天赋，掌握的中文比我多一大截。当时，霍福民对中国当代文学和中国现代文化思想很有兴趣。他与《东亚评论》(*Orientalische Rundschau*)编辑部有着紧密的联系，在那里发表了他的大多数文章。当时，《东亚评论》的许多"小报告"出自霍福民。尽管霍福民具备必

---

① 傅吾康著，欧阳甦译，李雪涛等审校《为中国着迷——一位汉学家的自传》，北京：社会科学文献出版社，2013 年。

② Martin, Helmut und Merker, Peter, „Der Sinologe Alfred Hoffmann（1911-1997）", in: cathay skripten, Heft 8, 9/1998, S. 7-23.

图 14-2　傅吾康《为中国着迷》一书中文版书影

要的条件,但无法下决心开始写博士论文。颜复礼教授和我都试图劝说他。在大学以外,我和霍福民待在一起的时间也很多,我经常去他在大学附近的格林德霍夫的家里看他。①

查原文,这里的"研究生毕业考试"是 Diplomexamen,②意思是毕业文凭考试,因为当时的德国大学并没有今天所谓的"学士"(Bachelor)学位,只要教授同意,获得 Diplom(大学毕业文凭)的学生可以直接攻读博士学位。1935—1939 年间霍福民在《东亚评论》上发表了 20 多篇译文,包括胡适、鲁迅、朱自清、冰心、顾颉刚、蔡元培、阿英等人的文学作品和历史、政论方面的文章。③ 按照傅吾康的说法,霍福民当时对中国当代文学和中国现

---

① 　上揭傅吾康著,欧阳甦译,李雪涛等审校《为中国着迷——一位汉学家的自传》,第 52 页。

② 　Franke, Wolfgang, *Im Banne Chinas: Autobiographie eines Sinologen* 1912-1950. 2., bearb. Aufl.-Dortmund: Projekt-Verl., 1997. S. 47.

③ 　请参考:„Verzeichnis der Schriften Alfred Hoffmanns", in: *China. Kultur, Politik und Wirtschaft. Festschrift für Alfred Hoffmann zum 65. Geburtstag*. Hrsg. v. Link, Hans, Leimbigler, Peter und Kubin, Wolfgang. Tübingen u. Basel: Horst Erdmann Verlag, 1976. S. 10-11.

代文化思想很有兴趣,并且很有语言天赋,这些在后来都彰显出来,并得到了证实。不过当时霍福民还没有决定是否要继续在汉堡读博士。

关于霍福民被派到北平的"中德学会"的消息,1940年6月9日福兰阁在给他的小儿子傅吾康的信中写道:"霍福民会被作为助理派到北平,他昨天已经来过我这儿,这几天将去外交部面谈。"①1940年12月霍福民来到了北平,之前他是汉堡大学汉学系的助教。② 其后傅吾康对霍福民的记载是比较负面的,他写道:

> 生于1911年的霍福民是我在汉堡学习时期的老朋友,那时候我们就很合得来。我曾经坚决支持他来北京的中德学会,我猜想我们能够更好地合作,也可以减轻我的压力,可惜这个愿望并没有实现。我邀请霍福民12月19日抵达北京后先住在我这里。……我很快地发现,霍福民完全变了个人。他加入了政党,是一位积极的党内同志——完全不同于福克司——他放弃了从前对中国现代文学和当代文化生活的兴趣,只致力于他研究过的传统诗词。霍福民始终没有写博士论文,但进行了博士口试——鉴于当时的战争,这是可行的——于是他使用博士头衔。对此我有看法,我觉得他是无资格享有这个头衔的。霍福民很有音乐才能,羽管键琴弹得很出色。对于中德学会和学会的工作,他提不起多大的兴趣,而对德国社区和政党的活动更感兴趣,他负责其中的政治培训以及希特勒青年团(Hilterjugend)的工作。霍福民在中德学会的工作只局限于偶尔一次的报告或者音乐演出、暂时接手德语教学——这是替代性的工作——而且会额外付他报酬。③

让傅吾康感到吃惊的是霍福民对政治的热情:他加入了纳粹,同时也不再对现代文学和中国的当代文化生活感兴趣了,不过后者确实可以在霍福民当时的出版物中窥见一斑。此外,傅吾康在这里特别强调了霍福民对传统诗词的兴趣,"他研究过的诗词"表明这并非霍福民的新的兴趣,他早

---

① 上揭傅吾康著《为中国着迷——一位汉学家的自传》,第103页。
② 出处同上,第105—106页,以及第198页。
③ 出处同上,第119—120页。

在汉堡时期就已经开始研究诗词了,1945年龙榆生赠给霍福民的《虞美人》中就谈到了这一点。此外,当时霍福民并没有做完自己的博士论文,但由于在战争期间,所以他提前进行了博士考试,并开始使用自己的博士头衔,这在傅吾康看来是完全不能接受的。除此之外,更令傅吾康吃惊的是,霍福民与当时中德学会的汉学家罗越共同编了一本德国诗歌选集,只有原文,没有中文翻译和注释,但结尾处却刊登了当时在德国走红的纳粹诗人巴尔杜·冯·席拉赫的一首诗,傅吾康认为,"这是在纳粹统治面前并无必要的讨好屈膝。"①

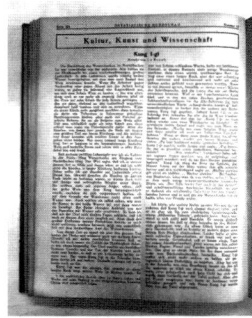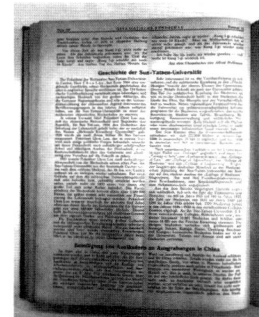

图14-3　1935年《东方舆论》上发表的霍福民所译鲁迅的小说《孔乙己》书影

墨柯在柏林联邦档案馆查到德国驻华使馆(Deutsche Botschaft China, Bundesarchiv Berlin)的档案,从中可以看出当时纳粹对于提拔霍福民的态度:"他(霍福民——引者注)具有对于欧洲人来说超凡出众的汉语水平,同时还会相当不错的日语,有音乐天分、圆滑精干的表现和对纳粹信仰的明确表白,他的表白以其文雅不俗的方式比占主导地位的平庸宣传更具有吸引力。"②当时霍福民的表白究竟怎样,今天已经不得而知了,但一定对当时的党部很有吸引力,认为要重点发展这位年轻有为者。有关霍福民的情况,傅吾康继续写道:"霍福民1943年底'调往'南京,伯林也在那里的大使馆工作。起初也有人提议我去南京,但我谢绝了。霍福民在当地做的一

---

①　上揭傅吾康著《为中国着迷——一位汉学家的自传》,第120页。
②　墨柯著,李双志译《评霍福民1940—1945年在北京中德学会中的作用》,收入:马汉茂等主编,李雪涛等译《德国汉学:历史、发展、人物与视角》,郑州:大象出版社,2005年,第488—514页,此处引文见第501页。

件事是和摄影家赫达·哈曼(后改姓为莫里逊[Morrison])共同出版《南京》一书。战争快结束时，这本书在上海印刷，遗憾的是只留下了极少几册。"①1941年7月1日，德国政府宣布承认汪精卫的国民政府，次日重庆国民政府发表了与德国断绝外交关系的宣言。1941年以后，德国大使馆也从北京迁到了南京。傅吾康在这里提供了非常重要的信息：1943—1945年间霍福民被"调往"南京的德国大使馆工作，并且在南京与赫达·哈曼共同编了一本《南京——对这一城市的描述》的摄影集。② 200多幅的照片，其中的文字都是霍福民撰写的，字里行间流露出他对这些景点和文物的感情。③ 他在本书的前言中写道："我们是在一个艰难的时代探访这些景点的，对我们来讲，这些文物对于认识中国首都的过去和现在是具有深远意义的。"④正如傅吾康所说，因为这本书当时发行量极少，我试了很多次，可惜都没能买到。此外，也正是在1943—1945年间，霍福民与龙榆生相识，1945年龙榆生赠给霍福民《虞美人》正是在这一时期。

有关霍福民在中国的七年，他在波鸿大学档案馆留下的生平记录中写道：

  为了加强我的汉学训练，我在中国待过7年的时间，主要是在北京和南京，也去过东北、蒙古和日本旅行。我的学习除了一些国情知识外，最主要的是研究中国词曲的历史，以及与此相关的音乐史和音乐理论。在这些专业方面，我要感谢我的中国老师们给予的指导，他们是：孙楷第教授(北京)、龙沐勋教授(南京)，蔡仲勋和孙贯文讲师。
  从1943—1945年我在南京和北京的多所大学担任西方语言和文学的教师(讲师和教授)。⑤

孙楷第，字子书，系著名的敦煌学家，1928年毕业于北京师范大学国文

---

① 上揭傅吾康著《为中国着迷——一位汉学家的自传》，第141页。
② Hoffmann, Alfred, *Nanking. Eine Beschreibung der Stadt*. Mit 200 Aufnahmen von Hedda Hammer. Shanghai: Max Noessler, 1945. 254 S.
③ 例如霍福民所撰写的《玄武湖》(Der Lutussee in Nanking)引经据典，同时不失自己的一些感受，是一篇绝好的德文散文。Alfred Hoffmann, *Nanking. Eine Beschreibung der Stadt*. S. 197-199.
④ 出处同上，Vorwort，没有页码。
⑤ 波鸿大学个人档案，自传大纲。转引自上揭 Martin, Helmut und Merker, Peter 文，第22页，注6。

系。1942年,辅仁大学的储皖峰教授去世,校长陈垣便介绍孙楷第接任了这一教职。由于中德学会与辅仁大学的密切关系,霍福民结识了孙楷第。而蔡仲勋(字五石)是孙楷第先生的门下,写有多种论述元曲的论文。孙贯文是辛亥革命的功臣孙丹林的长子,著名的金石学家,他从1940年代末就供职于北京大学国学门及后来的历史系考古专业。

1945年5月德国宣布无条件投降,特别是8月中国抗战取得胜利之后,当时在华的德国人纷纷回到了北平。"但是,在华的德国人不再能够长期享有不受干扰的生活,战胜国,尤其是美国敦促将他们遣返回德国。1946年5月遣返名单出炉:尤其涉及德国所有官方服务部门的成员、党员、新闻代表和在德国企业担任领导职位的人。我紧密的熟人圈子中涉及……霍福民……。"①傅吾康如是写道。也就是说,由于霍福民为德国官方服务过,因此必须被遣返回德国。

霍福民从中国被遣返回德国之后,于1947年8—12月被拘禁在路德维希堡(Ludwigsburg)的临时住所,接受美国占领军的审查。由于柏林大学海尼士和傅吾康的帮助,使霍福民免除了当时去纳粹化的常规程序,很快被放回他的老家——北莱茵地区的艾施韦勒(Eschweiler)。之后,霍福民于1949年在汉堡他的老师颜复礼那里以"优秀"的成绩完成了他的博士论文考试,这是有关李煜词的德语翻译和研究,实际上在中国的7年间他也一直不断地完善这部论文。后来他去了黑森州的马堡大学(Philipps-Universität Marburg)。傅吾康写道:"同年秋(确切的日期为1952年11月13日——引者注),马堡大学请我参加霍福民的大学执教资格考试。……这篇论文也作为大学执教资格而获得认可,这的确合乎情理。我十分了解霍福民在汉学领域的强项,在专题讨论会上也和他谈过,所以这个资格考试很顺利。"②因此,霍福民的博士论文是同样作为他的教授资格论文(Habilitation)而被通过的。《南唐后主李煜(937—978)词》这部具有划时代意义的译作和阐释,于1950年由科隆的Greven Verlag出版。胡适专门为这本书题写了"李煜"的书名,科隆艺术博物馆的施维耐为本书选择了四幅能反映李煜生活时代的绘画作品,并作了详细的解释。这也是1956年龙榆生所看到的书讯中所涉及的那本"李后主词德文本"。这部著作的影响很

---

① 上揭傅吾康著《为中国着迷——一位汉学家的自传》,第152、172页。
② 上揭傅吾康著《为中国着迷——一位汉学家的自传》,第218页。

大,几年前我去参观德国哲学家雅斯贝尔斯在奥登堡的私人藏书图书馆的时候,还看到他购买的此书,并且上面画得密密麻麻。1982年香港的商务印书馆重又按照原来的样式对此书进行了影印出版。

图14-4　德国哲学家雅斯贝尔斯藏书中的《南唐后主李煜(937—978)词》书影,左图封面是胡适的题字"李煜",右图为雅斯贝尔斯的私人秘书萨纳尔写的注:书中画线部分是雅斯贝尔斯的手迹

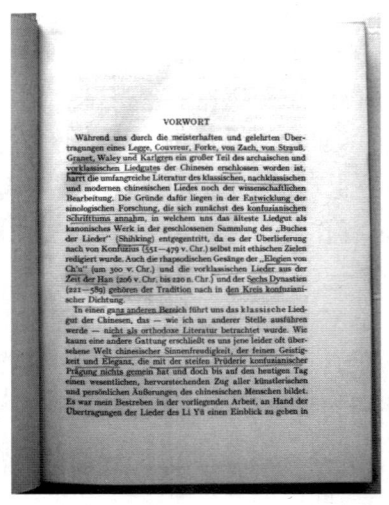

图14-5　雅斯贝尔斯藏书中的《南唐后主李煜(937—978)词》前言部分书影,书中划线部分是雅斯贝尔斯的手迹

战后的德国缺乏汉学教授,因此霍福民在1952—1953年也在科隆大学教授汉学课程。1954—1957年,霍福民依然在马堡的汉学系做"无薪讲师"(Privatdozent),1957年他被任命为编外教授①,除了教授与中国相关的课程外,他也教日语。当时澳大利亚堪培拉大学希望聘请他为该校的高级讲师(Senior Lecturer),但被他拒绝了。② 据傅吾康的看法,这一段时间霍福民感到自己怀才不遇,很难融入当时西德汉学研究的整体中去。1957年9月,在马堡召开了题为"中国文化的传统与创新"(Tradition und Neuerungen in der Kultur Chinas)的第十届青年汉学家会议,对此傅吾康写道:"霍福民,以无薪讲师的身份在马堡大学讲授汉学,但与会议保持着明显的距离。他通过学生请他愿与之交谈的几个同行到旁边的咖啡馆,这种做法既给别人造成不便,更给他自己带来了麻烦。"③

以前曾在北平与霍福民共事过的福克司回到德国之后曾于1956年起任柏林自由大学(Freie Universität Berlin)的汉学系教授,1960年他退休后,位置空了出来。1961年霍福民前往柏林,接替了福克司的这一职位。

基于"区域研究"(Area Studies)而建立起来的波鸿鲁尔大学东亚学专业,霍福民认为这是德国汉学的一个新的发展趋势。1964年4月他顺利地成为该大学东亚学院语言与文学专业的教授,并建立了该大学的东亚图书馆,他在这个位置一直工作到他1976年退休为止。④ 期间他于1968年在东京大学做了一年的学术访问。霍福民培养了包括顾彬等著名汉学家在内的一批学者。

霍福民一生的学术可分为三个阶段:第一阶段是他来中国之前的1935—1939年,他的兴趣主要在中国现代文学和现代学术。这一阶段他在《东亚评论》和其他的一些德文刊物上发表了一系列的相关译文,其中包

---

① 上揭傅吾康著《为中国着迷——一位汉学家的自传》,第227、245、272、279—281页。
② Martin, Helmut und Merker, Peter, „Der Sinologe Alfred Hoffmann (1911-1997)", in: cathay skripten, heft 8, 9/1998, S. 11.
③ 上揭傅吾康著《为中国着迷——一位汉学家的自传》,第287页。
④ 魏思齐《德国汉学研究的现状》,收入:魏思齐编辑《"位格和个人概念在中国与西方:Rolf Trauzettel教授周围的波恩汉学学派"》,台北:辅仁大学出版社,2006年,第259—386页,此处请参考第286页。以及 Martin, Helmut und Merker, Peter, „Der Sinologe Alfred Hoffmann (1911-1997)", in: cathay skripten, heft 8, 9/1998, S. 13.

括他于 1936 年翻译的鲁迅的《孔乙己》,①这在西方语言中也称得上是先驱者的工作了。第二阶段是 1940 年他来到中国之后,他把主要的精力都投入到了有关词学的研究和翻译上,这期间的成果便是他 1950 年出版的《南唐后主李煜(937—978)词》一书。1940 年代同在北平的美国汉学家海陶玮对此书的评价非常之高,认为霍福民在中国词的西方语言翻译方面有开创之功,"他开创了一种新的翻译技巧,使得中国诗词翻译进入一个新的阶段"。"作为学习中国词方面的教科书,这本书可谓无出其右者。"②第三个阶段是他晚年的时候,编写了《中国鸟名词汇表》(*Glossar der chinesischen Vogelnamen*, 1975),③编写这样的词典既是他的兴趣所在,同时也显现出他的博学。

有关 1940 年以后霍福民的汉学研究的"转向",与他服务当时的德国政权有关,如果说他之前还跟新文化运动的左派作家如鲁迅等有关的话,那么之后由于他在北平和南京的德国使馆的身份,他只能倾心于远离政治的词学研究了。包括他的《南京》一书,尽管他在前言中也提到了那是一个"艰难的时代",但是他的书中所描写的完全是一个世外桃源的历史、文化的南京,对于不久前发生的大屠杀只字未提,这也令人极为惊讶。④ 霍福民之后的研究,完全是躲进象牙塔的纯学术兴趣而已。

二、1940 年代前五年的词人龙榆生

1940 年 3 月初,汪精卫遣人到上海请求龙榆生去南京任职。龙榆生表示:"我是个无用的书生,只希望有个比较安定的地方,搞点教育事业。"而

---

① Lu Hsün, „Kun I-gi", Novelle. Aus dem Chinesischen übersetzt von Alfred Hoffmann. In: *Orientalische Rundschau* 16(1935). S. 324-326.

② Reviewed Work(s): Poems of Lee Hou-chu by Liu Yih-ling and Shahid Suhrawardy; *Die Lieder des Li Yü 937-978, Herrschers der südlichen T'ang-Dynastie* by Alfred Hoffmann; *Frühlingsblüten und Herbstmond* by Alfred Hoffmann Review by: J. R. Hightower. In: *Harvard Journal of Asiatic Studies*, Vol. 15, No. 1/2(Jun., 1952), pp. 204-213. Here p.208 a. 211.

③ *Glossar der heute gültigen chinesischen Vogelnamen. Ein lexikographischer Beitrag zur modernen chinesischen Sprache.* Chinesisch-deutsch und deutsch-chinesisch, mit einer systematischen Übersicht über die Vögel Chinas. Wiesbaden 1975. (= Veröffentlichungen des Ostasien-Instituts der Ruhr-Universität Bochum. Bd. 13.) 366 S.

④ Martin, Helmut und Merker, Peter, „Der Sinologe Alfred Hoffmann(1911-1997)", in: cathay skripten, heft 8, 9/1998, S. 15-16.

汪精卫却表示龙榆生加入政府,可以"为苍生请命,为千古词人吐气"。① 龙榆生离开了上海"太炎文学院",他辞去了国文系主任和教授一职,来到了南京,任汪伪政府立法院立法委员和南京中央大学教授。在汪精卫的资助下,龙榆生创办了《同声月刊》,为1933年所创办的《词学季刊》之继。《词学季刊》出版至1936年9月份的三卷三号,共出版了11期。《词学季刊》在当时属于曲高和寡的专业性刊物,它在词学的研究和诗词传统的延续方面做出了很大的贡献。这也是为什么当时汉堡大学汉学系会订阅这本刊物的缘故。

1943年霍福民从北平的德国使馆到了南京的德国使馆,根据他自己撰写的简历,这一时期他也在中央大学担任德文系的教授。② 实际上,早在1942年的2月,霍福民就曾在中央大学的六百多名学生前做过题为"德国文学中的中国"的演讲。由于他对词学的情有独钟,在工作之余他也去中央大学听了龙榆生的词学课程。1982年7月霍福民在给当时在汉堡访问的龙榆生的四女龙雅宜写的中文信中,我们可以看到30多年后他对自己的这位老师依然保持着钦佩之情:

> 我多少次想到你们一家,想到你们的父亲,我最佩服的老师,想到你们母亲,想到你们那个时候的情况的一切!说不出来的感情,叫我心里又有快乐,又有感谢的感情。而先生去世让我心里有最难受的感情。可是"一生仇恨何能免?"(李煜)③

可惜的是,不论是龙榆生还是霍福民都没有留下当时交往的日记,后来也都没有再提及这段往事。值得庆幸的是,1945年和1956年龙榆生有两首词留下,可以看出他对霍福民的感情之深。从两人留下的零星文字我们可以感受到两位亦师亦友、既为同事又是师徒之间的惺惺相惜。

1958年6月龙榆生被划成右派,1966年11月病逝于上海,享年仅65

---

① 转引自:张晖《龙榆生先生年谱》(增订本),二海:上海古籍出版社,2020年,第95页。
② 根据当时德国大使馆的要求,霍福民当时在南京的工作包括:"与中国学者取得联系,在中央大学讲授德语,在文化工作上助大使馆一臂之力。"见墨柯著,李双志译《评霍福民1940—1945年在北京中德学会中的作用》,收入:上揭马汉茂等主编,李雪涛等译《德国汉学:历史、发展、人物与视角》,第511—512页。
③ 霍福民,1982年7月26日致龙雅宜信。

岁。一直到 1980 年 3 月其骨灰才被安葬在北京香山万安公墓。

三、岁寒难致同心侣——汉学家霍福民与词人龙榆生之交往

1945 年 2 月 12 日（甲申除夕）龙榆生写下了《虞美人》，赠给当时在中央大学跟他学词学的霍福民：

> 虞美人·甲申除夕德国霍福民博士来饮寓斋，乞作疏筌，并缀小词为赠
>
> 岁寒难致同心侣，春意生芳醑。任他兵火尚连天，且喜团圞共话一灯前。
>
> 酒阑按曲联声气，海客情尤至。（博士在汉堡大学专攻中国诗词，云在彼邦读予所辑词学季刊，神交已久也。）洗兵看到挽银河，翠玉森森相倚和高歌。①

这首《虞美人》描写了"海客"霍福民甲申除夕与龙榆生一家共度新年的欢乐场景。上片的四句，描写与志同道合的朋友共度春节的欢庆时刻，尽管当时中国战场正经历着艰苦的抗战，烽火四起。下片描写霍福民的来访，以及对战争结束后的畅想："洗兵看到挽银河，翠玉森森相倚和高歌"。这最后一句也留给人们无限想象的空间，词人与读者一起期盼着未来的和平。从其中的小注我们可以知道，尽管他们相识于南京，但实际上早在霍福民在汉堡大学汉学系做学生和助教的时候，他们就通过《词学季刊》结交上了。1937 年霍福民就将胡适的《词的起源》一文翻译成了德语，刊载在法兰克福中国学院的《汉学特刊》（Sinica-Sonderausgabe）上。② 因此，最迟此时，他已经开始对词产生了兴趣。由于是赠给霍福民的，龙榆生的这首词并没有使用华丽的辞藻和深奥的典故，只是通过对除夕欢乐场面的描写，用浅近而真挚的语言，述说与知己一起共度除夕的欢乐之情。由于当时的形势，词中也体现了无法摆脱的对时事的伤感。龙榆生与霍福民相差

---

① 龙榆生《忍寒诗词歌词集》，上海：复旦大学出版社，2012 年，第 94—95 页。
② Hu Schï, „Ursprung und Entstehung der Tsï-Dichtung". Aus dem Chinesischen übersetzt und mit Anmerkungen versehen von Alfred Hoffmann. In: Sinica-Sonderausgabe, Forke-Festschrift, Frankfurt 1937, Heft I, S. 88-107.

九岁,作为异国他乡对词学情之维系的霍福民,龙榆生将他看作难得的知音(同心侣)。这首词写的深沉委婉,真实诚挚!

 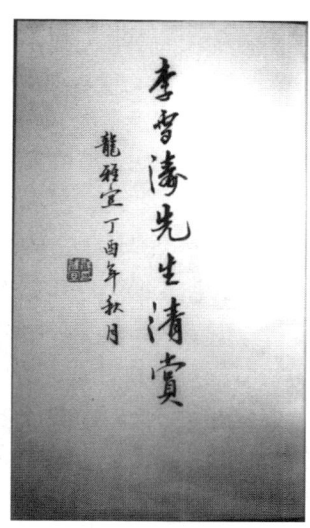

图 14-6　龙榆生著《忍寒词》(左),龙榆生四女儿龙雅宜题赠本书作者(右)

图 14-7　《忍寒词》扉页(左)以及方君璧女士为龙榆生造像(右)

1945年11月,由于参与了汪伪政权的活动,龙榆生被监禁。1948年2月由友人出面将他保释出狱。1949年以后,龙榆生先出任上海市文物管理委员会编纂,后改任上海博物馆研究院、资料室主任。1954年他曾写一首《临江仙》,怀念当年的弟子和友人霍福民:

> 临江仙·甲午暮春寄怀霍福民汉堡
> 一瞬尘寰变景,几番天末怀人。可能六合遂同春。持杯邀月饮,把臂赏花新。
> 含咀个中滋味,校量域外风神。南唐旧事足沾巾。(君译李后主词为德文,计当出版矣。)贪欢惟梦里,忆远惜芳辰。①

全词意境是对南京往事(南唐旧事)的缅怀,触目伤心。回想起这些年来的世事变迁,往事又与今日之处境两相映照,但至少今天同处暮春之季,同在一轮明月之下,既然友人不再,还是可以邀月赏花。上片最后两句景之秾丽、情之真切,一同呈现。往事的滋味只能独自品味,当时跟霍福民在南京交往的场景与美好时刻,永远挥之不去,萦回于脑际。表面上作者在写对往日好友的追念,实际上要表达的是今日处境的无限凄凉。通篇没有对当前处境的正面描写,而只是对往事的回忆、感慨,以及"贪欢惟梦里"所进行的有力反衬。愈是对旧日的"芳辰"眷恋愈深,今日处境之凄凉愈不难想象。正是在这样的一个意境之下,引导读者去思索那些描写背后所隐藏着的无限悲怆。

1956年8月龙榆生又改任上海音乐学院教授。在这一年,他在日本京都大学的《中国文学报》(1955年4月)上看到了有关霍福民的李煜词德译本的书评。② 龙榆生在上海看到了十余年来杳无音讯的弟子出版这本书的消息,兴奋之至,写下来了下面一首催人泪下的《浪淘沙》:

> 浪淘沙·于日本京都大学《中国文学报》见霍福民教授所译李后主词德文本出版,喜拈小调寄之。

---

① 龙榆生《忍寒诗词歌词集》,上海:复旦大学出版社,2012年,第152页。
② 村上哲見:[書評]ホフマン「李煜の詞:中國歌詩の藝術性についての手引きとして」「春花秋月:宋代の詞を附せる木版畫集」,吉川幸次郎、小川環樹編集『中國文學報』第二冊(1955.04),第132—140頁。

谁似李重光，个样悲凉。酸嘶咽自九回肠。念得家山真破了，怎不思量。

沈醉总成伤，译事曾商。六朝旧梦堕迷茫。试向海霞看曙色，红满东方。

可见他内心交织着欣慰、伤感和悲凉。这首词的上片借李煜亡国的比喻，追溯到"家山真破"相识、相交的时代。让人倍觉山河破碎，往事堪哀，真切动人。下片所描述的相互切磋李后主词的场景，其中的真情可能只有他们两人才能深深体会得到。"沈醉"两字让人沉浸在如痴如呆的回忆之中。如今尽管身处穷陋，依然为弟子的成就感到欣慰。这些真挚的词句，最能表明作者对友情的珍重。追忆当年在南京（六朝古都）交往的情景，霍福民常常向龙榆生请教翻译的问题，正是从朋友、师生之间的相互关怀磨砺和真诚的交往中，龙榆生获得了政治永远无法给予的精神慰藉。对昔日友情的怀念，吟叹时代的变换，表现了浓厚的伤感情绪。词情意切，可想见龙、霍两人之深挚情谊。词的末尾两句使用了当时惯用的比喻，但正是在这样的话语背后蕴藏着词人深深的隐痛，尤显冷隽。尽管这首词可以归为念旧、寄远的"应酬"之作，但其中却很少有陈词浮调，全篇灌注着充沛的真情实感。

龙榆生在小序中说"喜拈小调寄之"，实际上，这里的"寄之"只是送给他的意思。因为当时是不可能以书信或其他的方式寄到德国去的。所以当时在马堡的霍福民可能从来没看到过这首词。不过霍福民之前在《南唐后主李煜（937—978）词》的前言中，特别感谢了他的老师"龙沐勋（Lung Mou-hsün）"："我在南京的两年中，多次与龙教授畅谈词的根本，以及如何有见地地去阐释一首词，这些都让我终生难忘。龙教授是词曲方面的行家里手，同时也是这一极难的文学形式的少数健在的一代宗匠。"[1]生活的蹉跌不仅没有泯灭龙榆生的个性，也使他晚年的词作尽管满怀苦情，却以圆润秀雅之笔抒写。

---

[1] *Die Lieder des Li Yü*（937-978），*Herrschers der Südlichen T'ang-Dynastie*. Als Einführung in die Kunst der chinesischen Lieddichtung aus dem Urtext vollständig übertragen und erläutert von Alfred Hoffmann. Köln: Greven Verlag, 1950. S. XI.

 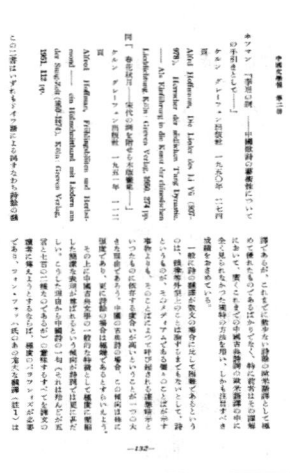

图14-8　日本京都大学的《中国文学报》第二册(1955年4月)封面(左)及村上哲见有关霍福民《南唐后主李煜(937—978)词》的书评(右)

从龙榆生一生所写的歌咏友谊的众多诗词中我们可以看出,他非常重视情谊。他一生爱惜人才,广于交往,朋友众多。他为人坦荡,与友人坦诚相待,并且乐于助人。他只是一介书生,根本无法应付政治上的暴风骤雨,但在以文会友的翰墨交谊中,却深深体验到朋友相得的欢乐、纯真友谊的可贵。

四、顾彬眼中的老师霍福民

我跟顾彬谈到他的老师霍福民的次数有限。有一次我跟顾彬在京西大觉寺散步,我们谈到了当时福兰阁作为德国公使馆的外交官,常常在大觉寺度假的感受。后来谈话的主题转到了20世纪30—40年代的北平,顾彬说他不太相信傅吾康的说法,霍福民从来就不是一个热衷于政治的人,他有的是一颗文心。

"一直到60年代后期在他的课上,他还总是感慨,有朝一日他还能到北京他住的四合院取回他那么多的书和一架羽管键琴!他在课上一再谈到40年代的中国是多么浪漫,好像当时的战争、苦难不是他所关心的事情,他会谈到在汪精卫家的院子里举办羽管键琴的晚会。"顾彬说到此处舒展了一下他一直紧皱的眉头,"也可能是因为他曾经给汪精卫政府做过中-日语翻译的缘故,后来他也进入了被遣送的名单。"在顾彬看来,霍福民完全不懂政治,也对政治不感兴趣。

对作为他的博士导师(Doktorvater)霍福民,顾彬写道:

> 在1970至1971年的冬季学期,当时要成为我博士导师的波鸿鲁尔大学的霍福民向我建议,写有关女诗人鱼玄机的博士论文。……但是我在波鸿做了另外的选择:我对杜牧情有独钟,于是将我最初翻译的鱼玄机的诗放进了文件夹中,一直到今天也还没有去动。①

霍福民并非那种冥顽不化的老学究,他欣然接受了顾彬的决定。1973年顾彬在霍福民那里完成了他的博士论文《论杜牧的抒情诗:一种阐释的尝试》(*Das Lyrische Werk des Tu Mu*(803-852): *Versuch einer Deutung*. Veröffentlichungen des Ostasien-Instituts der Ruhr-Universität Bochum, Bd. 19. Wiesbaden: Harrassowitz, 1976),1976年正式列入"波鸿鲁尔大学东亚学院丛书"第19种得以出版。这一切都是与霍福民的帮助分不开的。"更重要的是,我从他那里学会了中国人解释诗词的一种方法:起承转合四个步骤。我在分析杜牧诗的时候,基本上是用的这个方法,因为论文是用德文写的,所以大部分欧美的学者都不太理解我的阐释方式,我的路数!"顾彬如是解释道。

"是霍福民鼓励我,除了掌握古代汉语之外,一定要学好现代汉语。这也是我为什么在1974年就到了中国学习现代汉语的缘故。我们这一代的汉学家对现代汉语的掌握,永远也不会像霍福民那样流畅,他甚至能把握汉语中很多说法的细微差别!"当时在西德汉学界,由于与当代中国的阻隔,基本上所有的大学汉学系都只教授古代汉语。霍福民是为数极少的汉学家,一直重视现代汉语的作用,并积极鼓励他的学生们学习现代汉语。

霍福民去世后,作为他的弟子的顾彬写下了如下的文字:

> 如果有谁将霍福民仅仅看作是中国诗词的专家,汉语语言的大

---

① Kubin, Wolfgang, „Furor Sinensis", in: Ulrich Bergmann u. Doris Distelmaier-Haas, *Meine Hand malt Worte*. Schiedlberg: Bacopa, 2015. S. 7.

师,中国鸟禽、植物方面的杰出学者的话,那么真的与曾经真实的霍福民擦肩而过,其实他更是一个既无情又卓越的老师。……他对自己的学生,除了要求勤奋之外,还要学生们不断严格要求自己。要上他的课的学生,不仅要证明自己拥有古代汉语或现代汉语的知识,同时也理所当然地要求具备日语知识。……

霍福民常常会急躁,只有在他身旁的人才会认识到这点,他对学生的要求,同样用在自己身上。他的严厉归功于对中国的深深敬意,甚至说是一种爱。在六八级学生运动的年代,他是唯一的一位将中国不仅仅看作是巨大的政治变革之地的人,他将中国看作是高度文化与文明的精神中心,他会通过特别实际的方式将中国精神之彪炳千秋展示给大家:他上课的时候通常会带一个箱子,会向惊讶不已的学生解释任一题目,介绍其中的知识,让他们自己做选择,激起他们以后的人生对"中国的热爱",或者干脆要求一些人离开这个行当。……霍福民是个急躁的人,他的急躁对跟他读书的人来说有一个好处,那就是不断敦促他们尽快完成他们的学业。①

尽管1972年联邦德国与中华人民共和国建立了正式的外交关系,但由于大陆的特殊情况,后来霍福民没有再去过大陆。即便他这个时候来到中国,也再见不到他钟爱的老师沐勋先生了。北京抑或南京,一定都是他的伤心处——"六朝旧梦堕迷茫"。不论是龙榆生还是霍福民都是一介书生,却处在了政治和学术的复杂张力的旋涡之中。尽管今天我们可以找出一些记录他们当时政治活动的原始档案文献,但不可能对他们当时出于真正信仰,还是实用主义的"投靠"做出清楚的区分。不过,有一点是清楚的,那就是他们对词曲的喜爱和执着。1997年1月85周岁的霍福民病逝,他被安葬在老家艾施韦勒尤利歇大街(Jülicherstraße)的墓地。

---

① Kubin, Wolfgang, „Nachruf auf Alfred Hoffmann", in: Deutsche China-Gesellschaft e.V. (Köln), *Mitteilungsblatt* 2, 1.2.1997, S. 13-15.

第十五章
德国汉学对美国汉学之批判举隅

一、老欧洲、新大陆

德国实存哲学的巨擘雅斯贝尔斯指出:

> 19世纪末欧洲似乎统治着世界。人们认为这是最终的局面。黑格尔的话似乎证实了这样的看法:"欧洲人进行了环绕世界的航行,世界对他们来说是一个球体。凡是未在他们统治之下的,要么是不值得他们去费力,要么是注定将由他们统治。"
>
> 自那时起世界发生了多大的变化!由于接受了欧洲的技术和欧洲的国家要求,世界变成欧洲的了,而这二者又成功地转过来反对欧洲。作为老欧洲的欧洲,不再是占世界统治地位的因素。……
>
> 尽管欧洲精神也渗透到了美国和俄国,但它们不是欧洲。美国人(虽然有欧洲的起源)有新的自我意识,以及在他们自己土壤上的新的根源,尽管没有找到,但这是他们的要求。①

以上是1949年在《历史的起源与目标》的第一篇第八章"世界历史的又一纲要"中的论断,尽管当时离第二次世界大战结束没有多久,但作为德国人的雅斯贝尔斯明显地感觉到了美苏对欧洲在各个方面所形成的威胁,同时他清楚地看到,美国正在新大陆寻求不同于旧欧洲的新的自主意识和

---

① 雅斯贝尔斯著,李雪涛译《论历史的起源与目标》,上海:华东师范大学出版社,2018年,第90页。

根源。

2003年1月,时任美国国防部长的德裔美国人拉姆斯菲尔德在美国国会回答质询时首次提出"老欧洲"(Old Europe)的说法,当时的背景是德国和法国的民众中有70%的反对美国入侵伊拉克的战争。拉姆斯菲尔德说:"你们认为欧洲是德国和法国,我不那么认为,我认为那是老欧洲。"他的言论暗指主要为东欧国家的新北约成员给予伊拉克战争的支持比法国和德国更重要。这一言论当时在"老欧洲"的大多数国家引起了轩然大波,从政治家、知识分子,到普通民众都在声讨拉姆斯菲尔德的这一说法。而德国民众却以嘲讽的口吻欢迎这一说法。在以后的几个星期乃至几个月中,"老欧洲"成为常被人引证的名言。德国人在使用这一词时也带有一种所谓的道德优越感的自豪。此时,笔者正在德国留学,在媒体上看到过无数的访谈、小品节目,更多地从新大陆对欧洲传统的"无知"方面,嘲讽美国的政客们。实际上这其中也隐含着德国民众对美国后来居上者的部分妒忌心理,同时也有对新富者们的藐视。德国汉学家顾彬解释说,新欧洲乐于不多假思索地接受美国的思路,而"老欧洲"对于美国来讲则是潜在的对手:"'老欧洲'——从黑格尔、马克斯·韦伯开始——喜欢引用一个否定的目录来描述中国与欧洲的不同。"①因此,美国与老大陆之间在认识方面有着完全不同的看法。

顾彬认为,老欧洲与美国之间在汉学领域的角力,从长远看来老欧洲会从中获胜:

> 老欧洲与少年美国之间的某种文化斗争,也呈现在汉学领域。尽管老欧洲目前处于一个不利的起点,尽管老欧洲有不少弱点:它使用多种语言;它复杂的历史告诫人们在科学上没有捷径,应该小心谨慎。但是我敢说,从长远来看,老欧洲将在这场文化斗争中获胜。②

看样子,老欧洲和少年美国之间的争斗将是旷日持久之战。

---

① 顾彬《汉学,何去何从?试论汉学状况》,收入林志明、魏思齐编《其言曲而中:汉学作为西方的新诠释——法国的贡献》(辅仁大学华裔学志丛书系列之三),台北:辅仁大学出版社,2005年,第303—311页,此处引文见第304页。

② 上揭顾彬《汉学,何去何从?试论汉学状况》,第307页。

二、20世纪初在美德国汉学家对美国汉学的批判

1914—1918年在美国加利福尼亚大学(伯克利)担任中文教师的德国著名汉学家佛尔克,他以一位当时的德国学者的立场对美国的汉学进行了批评:

> 这里其实没什么人对汉学感兴趣。学生们只想学一些口语方面的东西,听一些泛泛而谈的讲座课,课上尽量少出现中文表达方式,因为他们根本就记不了这么多。可惜我总是要在课上谈论到两三个观点,没法让我的讲座变得通俗易懂,以合乎众人的口味。据说我的前任曾一度有过150个听众。当然,这个邪恶的世界告诉我,那种简单易学的、毫不费力就可以达到期望值的课程才是人们要听的课程。以前的学生其实无法超越基本的口语知识,我甚至试着给他们朗读一些作家的作品,但结果我只有几个中国的或日本的听众。整个学校教育事业是相当有缺陷的。中文之所以糟糕,是因为它不是规定的课程。学生们有一堆必修课,教授们可以根据他们的意愿要求学生们必须做什么。而业余课的学生就很少了,并且不做练习。
>
> 我个人只对少数学生感到满意,但我不知道,是否校长和理事跟我持同一观点,因为美国人看重数量,不重质量。坦白说,要是一个传教士具有了基本的中文知识,哪怕他像个庆典演说者那样几小时地胡吹神侃,他都会比我更胜任这个职位。虽说我认识到上面这些问题,我还是很喜欢这里,特别是现在,我们住在一座舒适的、带花园的房子里,尽情地享受着这里的美丽自然、宜人气候,在伯克利最好的就是天气了……。
>
> 目前我的合同延长了一年,我还不知道以后会怎么样。这也要取决于政治因素和德美两国的关系……。
>
> 美国人不是语文学家,可能也成不了语文学家。迄今为止,我还很少看见他们特有的东西,因此我很难相信他们在学术领域里能有什么前途。
>
> 学生代表大会和大学校长保证,在战争摧毁了德国的各种文明以后,美国的大学生会接过各门科学的领导权,这种保证听上去很幼稚。

我对王充的研究以及我的哲学论文也许让我用一种非常批判的态度观察美国人。①

以上并不是佛尔克对美国最严厉的批评,他在伯克利的那本最具他个人性格的著作《非理想化的现实》(Die nicht idealisierte Wirklichkeit. Leipzig: Karl Döring, o.J.〔1930〕)中写道:

> 自由这个概念在西方人民中扮演着重要的角色。(……)在西方国家,人们为他们的自由感到自豪,这是听上去很好的论调,哪怕人们其实像个苏联的成员或者美国人那样不自由。在那些自由国度里,人们连喝一杯啤酒都会受到重罚,一个吸烟者会受到众人的白眼,各种各样的社会偏见强迫那些不同流的人变成伪善者,思想自由和教育自由这类字眼人们只是道听途说。②

早期在美国教授汉学的学者当中,不仅仅是佛尔克对美国怀有敌意,多年来从事汉学、中西交通史研究以及博物馆学的劳费尔,对美国也颇多批评之词。被誉为德国汉学之父的福兰阁在他的自传《来自两个世界的回忆》中写道:

> 我先在中国认识了他(指劳费尔——引者注),以后在汉堡他常来看我。他经常对我讲述,在"美国暴发户"似的社会里,他如何感觉不愉快。那些人缺乏对知识和艺术的全部理解,尽管他们出于虚荣和吹牛也会为此花费大量金钱。人们陷入对物质关系的依赖里,对一个学者的自尊心来说,这是难以忍受的。③

福兰阁在回忆录中提到劳费尔后来跳楼自杀,跟他对德国的热爱以及当时在一次大战后期美国的反德情绪有关。他写道,在1918年4月劳费尔等18位德国出生的美国教授发表了"原则声明",他们借此声明站在美国

---

① 转引自上揭马汉茂等主编《德国汉学:历史、发展、人物与视角》,第407—408页。
② 上揭马汉茂等主编《德国汉学:历史、发展、人物与视角》,第410页。
③ Franke, Otto, *Erinnerungen aus zwei Welten. Randglossen zur eigenen Lebensgeschichte*. Berlin 1954. S. 149.

一边来反对德国,并紧急劝告所有地方的德裔美国公民支持这个声明。福兰阁认为劳费尔之所以这样做是由于"对他(指劳费尔——引者注)施加了很大的压力,这个压力可能跟他的职位有关,他不拥有违背它的力量。"①有意思的是,福兰阁对此所下的判断为:"但这个情况并不会改变一个事实,即劳费尔此时已经在所有正直诚实的德国人那里得到了判决。"②

福兰阁不仅通过劳费尔对美国进行了批判,他在回忆录中也对当时的美国来华传教士进行了批评,他指出:

> 新教传教团,大多有盎格鲁-美利坚特征,遗憾的是,大部分人受的教育很少,他们企图在街头巷尾和市场上兜售其打了折扣的基督教教义。虽然因为他们没有恶意而不让官员们那么强烈的心烦意乱,像天主教士们一样,却是文人们的嘲笑对象,令西方国家的文化水平献丑。美国人还兼职销售美国香烟、缝纫机和其他实用物品,从这些收益中得到舒适的住宅,这些西方文明的展览宣传广告并不能补偿而是导致了其他方面的损失。此外,这两个教派的传教团体受到那些传教方式的损害,这些方式是条约国为了政治目的而强加给中国人的。因此,基督教在一定程度上暴露出污点,还需要几十年的努力来消除。③

由此可见,佛尔克、劳费尔、福兰阁等老一辈德国汉学家对美国汉学(包括传教士汉学)基本上是持批判的态度。

三、顾彬对美国汉学的批判

目前活跃在德国汉学界和中国学术界的德国学者顾彬同样也秉承了德国汉学对美国批判的观点。他首先从哲学上将老欧洲的德国与美国分别开来了。顾彬认为:"哲学提供了一种机会,使人们有可能对自己知识的局限性进行思考。"④他接着写道:"一个典型的德国哲学家不一定或不愿意承认他思想的局限性。这促使他去思索。而倾向实用主义的美国哲学

---

① Franke, Otto, *Erinnerungen aus zwei Welten. Randglossen zur eigenen Lebensgeschichte*. S. 149.
② Ebenda, S. 149.
③ Ebenda, S. 174.
④ 顾彬《我看德国哲学》,载《读书》2011年第2期,第56页。

家完全不会这样做。例如,他们说:我们只想提出我们也能回答的问题。人们只能从美国哲学家那里,而绝不能从德国哲学家那里得到这样的见解。一个德国哲学家不愿提出他能够回答的问题,宁愿提出他无法解答的问题。"①因此,顾彬认为,德国哲学关注形而上学,而美国哲学则宣布了形而上学的终结。当然,重视后现代主义和非形而上学的美国哲学,也并非一无是处,顾彬认为,这样的哲学更符合时代的精神。②

目前顾彬主编的两本汉学/东方学刊物:《袖珍汉学》(minima sinica)和《东方/方向》(Orientierungen)基本上只发表德文的文章。他说:"以美国为标准的德国海德堡汉学家瓦格纳说,德语国家的汉学不过是一个小吃部。"③因此,他主编的德文汉学/东方学的刊物可以说是为数不多的与美国(英语世界)汉学抗争的园地。他认为,第二次世界大战之后,英语的全面取胜,使得人们认为汉学仅仅存在于英语国家。而美国的刊物不仅只发表英文的文章,并且拒绝一切不符合标准的思想。顾彬认为:"在美国,学术自由只对那些既不发表文章,又在大学中没有职务的人有效。"④他在给《日耳曼学书谱系中的汉学》一书写的序中,同样是以批判美国汉学而展开论述的:

  如今在世界范围内美国汉学独占鳌头,并非是完全没有道理的。不过以往并非一直如此。自1933年当许多科学家不得不离开德国,在第二次世界大战后一些中国的科学家不愿返回家乡的时候,美国懂得了将世界上最优秀的学者吸引到了新大陆,紧接着将英语变成了唯一的科学语言。作为美国汉学所取得巨大成就的第三项工作是在世界范围内确定了科学的话语,这是一种反形而上学的,也可以说是反欧洲的话语。今天,如果谁想总是卓有成效地发表有关中国的论著的话,不仅仅要用英文,他还必须屈从于美国的主流思潮而形成自己的

---

① 上揭顾彬《我看德国哲学》,第56—57页。
② 上揭顾彬《我看德国哲学》,第63页。
③ 顾彬《汉学,何去何从?试论汉学状况》,收入:林志明、魏思齐编《其言曲而中:汉学作为西方的新诠释——法国的贡献》(辅仁大学华裔学志丛书系列之三),台北:辅仁大学出版社,2005年,第303—311页,此处引文见第303页。
④ 顾彬《汉学,何去何从?试论汉学状况》,第310页。

词汇以及自我的思维定式。①

顾彬甚至认为德国汉学与美国汉学似乎没有沟通的可能,因为理论范式完全不同:

> 德国汉学的质量如何呢?从欧洲的方面来看,不论是从学术水平还是从翻译方面来讲都是相当可观的;而从美国的方面来看却很值得怀疑。在这里不同的规范体系相互冲击,相互之间好像无法沟通。就此问题在这里我并不想展开了谈,如果避免来谈美国的文化帝国主义而又不被打上反美的烙印的话,那简直是太难了。②

顾彬认为,德国汉学是一门多语种的学科,他们的研究大都是建立在阅读原著的基础之上的,同时德国学者的汉学方法也是多方面的,他也是借此来批评多数美国汉学家利用二手文献来进行研究,以及常常用后殖民主义的范式来解释中国的方法。之所以美国的汉学家没有办法像法国人于连或德国哲学家沃尔法特一样将中国古典哲学家与古希腊哲学家进行比较,是因为大部分美国汉学家并不懂得希腊文、拉丁文或希伯来文。③

依据顾彬的观点,当代美国主流汉学思潮存在着严重的问题,主要体现在两种预定的思想和一种延续下来的方法,具体说来是:政治正确性(political correctness)、后殖民主义话语以及一个由历史延续下来的、很成问题的教科书学术方法(教科书学术+即时实用文学理论)。他认为,如果这样下去的话,美国的汉学研究迟早会脱离科学的轨道。④ 因此,顾彬写道:

> 谁不能像以英语为母语的人那样写作,谁不能符合北美汉学家的集体思路,谁就没有希望在英语国家办的专业杂志中发表自己的论文。人们喜爱说起欧洲的反美主义,却从未说过潜在的美国反欧主义。显而易见,欧洲的研究成果经常由于语言和思想方面的原因,被

---

① 李雪涛《日耳曼学书谱系中的汉学——德国汉学之研究》,北京:外语教学与研究出版社,2008年,"顾序"第1页。
② 上揭李雪涛《日耳曼学书谱系中的汉学——德国汉学之研究》,"顾序",第1—2页。
③ 上揭顾彬《汉学,何去何从?试论汉学状况》,第307页。
④ 上揭顾彬《汉学,何去何从?试论汉学状况》,第304页。

美国国际会议论文出版物拒之门外。①

总结顾彬的看法,欧洲汉学和美国汉学最大的不同是,一个求异,而另一个是求同。从黑格尔、韦伯、顾彬在波恩的前任陶德文,乃至法国的于连,都是以中西相异的立场来看待中国文化的,"而美国却喜欢以'没什么不同'这样的观点,来强调东西方原则上的平等"。② 顾彬认为,正是这种政治正确性的意识将西方作为评判中国的唯一标准:

> 西方学者如果从原则上承认,中国拥有才会有的特点,实际上是把中国拉入西方的价值体系和思想体系。按照这种方式,中国没有任何自己的特点,而只有欧洲也有的特点。③

在顾彬看来,美国汉学很大的问题在于没有办法透过他者对自己提出问题,因为他们仅仅只能在与陌生人接触中重复自己。"在他们那里,听不到于连根据帕斯卡(Pascal)的'摩西(Moses)或中国'反复强调的二者选一,而只能听到唯一的原则'摩西'。"④他由此得出结论认为:"与少数敢于提出中国不同性的欧洲汉学家相比,主张政治正确性的美国汉学家更'欧洲主义'。"⑤他最不能容忍的是,美国汉学界不从历史的实际出发,而想当然地认为一切西方后来出现的哲学概念和思潮在中国古代早已存在:

> 美国汉学家中很少有人会有一种清晰的历史意识,他们经常喜欢把不同世纪、不同时代的各种思想混淆在一起。从这种方法产生出令人质疑的研究成果,它带来了无人敢得出的结论。⑥

他举例说,美国有学者认为,中国从孟子以来就有了欧洲直到施莱尔马赫时代才逐渐形成的诠释学。他使用归谬法得出的结论是:"如果这种

---

① 上揭顾彬《汉学,何去何从? 试论汉学状况》,第304页。
② 出处同上,第304页。
③ 出处同上,第306页。
④ 出处同上,第306页。
⑤ 出处同上,第306页。
⑥ 出处同上,第305页。

判断是正确的,那么整个哲学史必须重写,更确切地说,整个哲学史应该从中国,而不是从希腊或者从德国开始写。那么狄尔泰和伽达默尔只是中国哲学的一个支流。"① 顾彬在分析其中的原因时认为,"他们出于一种完全错误的考虑动机,认为必须是中国比它原有的样子更现代。他们这样做,当然也多半误解了自己的文化。"②

顾彬认为,后殖民话语进入汉学领域,"这个思想因素像瘟疫一样侵入美国汉学界并开始损害它"。③ 他多次表示他本人并不反美,之所以对后殖民主义的思潮进行批判,"是为美国从前很高的学术水准担忧"。④ 他指出:

> 后殖民主义是一个用来谴责欧洲的思想武器。它将现存的科学解释为纯西方的科学,就好像科学不是全人类的财富,而是与某个国家或地球的某一部分紧密相连。后殖民主义把欧洲对中国的思考嫁接到帝国主义的侵略战争。⑤

在顾彬看来,后殖民主义的学术方法与美国是可以画等号的,而中国学术界近年来对美国的追随,也使得这一方法很快被学界所接受并运用到汉学研究中去。

从后殖民话语顾彬进入了对整个后现代话语的批判:

> 现在人们经常可以事先预料到不少汉学家著作中所涉及的结论。这些结论与集体性的思路有关。这个思路来自美国,目前正在欧洲扩大它的影响。人们引用同样的原始资料:目前首先是后现代的法国哲学;人们引用同样的理论:目前是后殖民主义和性别研究;人们使用同样的概念:目前是(城市)空间、性别、他者、自我等等;人们列举同样的权威:目前是詹姆森·弗雷德里克,阿诺德·马太;特别是人们看同样的教科书。在这些教科书里,通过翻译摘要性地介绍了世界上最重

---

① 上揭顾彬《汉学,何去何从? 试论汉学状况》,第305—306页。
② 出处同上,第307页。
③ 出处同上,第307页。
④ 出处同上,第307页。
⑤ 出处同上,第308页。

要的理论。①

顾彬举例说,目前几乎所有关于中国的文章,不论是美国人还是中国人写的,都会提到瓦尔特·本雅明。不过,实际情况却是"能看懂原著的人都知道,谁对犹太学没有足够的知识,谁就不可能真正理解本雅明的著作"。②

四、罗哲海对美国汉学的批判

作为哲学家和汉学家的罗哲海尽管跟顾彬在汉学研究方面有很多根本的分歧,但在对美国汉学的态度上,却有着类似的看法。1993 年他的重要著作《轴心时代的儒家伦理学》(*Die chinesische Ethik der Achsenzeit*)被翻译成英文出版:*Confucian Ethics of the Axial Age*。③ 罗哲海在英文版序言中,对英美传统(特别是美国传统)与德国传统的不同,做了说明:

> 众所周知,英语系国家的相关研究不仅含有盎格鲁-撒克逊人长于分析的传统,特别是在美国汉学研究中明显含有实用主义的倾向——套用赖尔的话来说,他们感兴趣的是"实际知识"(knowing how),而非"理论知识"(knowing that)——这与德国学者普遍受到黑格尔-韦伯式(Hegelian-Weberian)哲学的影响形成鲜明对照。④

罗哲海的这一解释,实际上暗含着对美国哲学的批判,亦即顾彬所谓德国哲学着重形而上学的研究,而美国哲学却重视"实际知识"。

具体到汉学(特别是中国哲学史的)研究领域,罗哲海认为,在美国崛起的新实用主义(neopragmatism)或具体情境论(contextualism),在关于中国的研究中,与传统德国韦伯式论述所得出的结论非常相近,但评价正好

---

① 上揭顾彬《汉学,何去何从?试论汉学状况》,第 309—310 页。
② 出处同上,第 310 页。
③ 德文版:Roetz, Heiner, *Die chinesische Ethik der Achsenzeit. Eine Rekonstruktion unter dem Aspekt des Durchbruchs zu postkonventionellem Denken*. Frankfurt am Main: Suhrkamp Verlag, 1992;英文版:Roetz, Heiner, *Confucian Ethics of the Axial Age. A Reconstruction under the Aspect of the Breakthrough toward Postconventional Thinking*. State University of New York Press, 1993;中文版:罗哲海著,陈咏明、瞿德瑜译《轴心时期的儒家伦理》,郑州:大象出版社,2009 年。
④ 上揭罗哲海《轴心时期的儒家伦理》,"英文版序言"第 1 页。

相反：

> 在韦伯学派人士眼中的缺点，被新实用主义者正面立论。当韦伯把"不顾一切地使传统典范化"说成是"儒家理性主义的障碍"时，显然是个负面评价，与他强调中立的方法学原则相违。反之，汉学研究中的新实用主义则认为一切思想，特别是伦理学，均置身于传统和文化情境之中，而这正是中国哲学义理深奥的标识。"世俗之神圣性"（the sacredness of the secular）乃是滥觞于黑格尔和谢林、后来被韦伯所沿用的负面词语，如今却成为孔子学说所传递的主要讯息，以对忘却日常习俗仪式的现代社会加以针砭。①

罗哲海认为，美国的汉学家们将韦伯学派对中国的批判，盲目地看作是中国的优势，这是由于他们与韦伯学派一样，根本没有"认清中国古典哲学、尤其是儒家学说的基本特征，也就是针对既定之情境和承继之传统陷入危机而产生的反应。"②

在书中，罗哲海一再质疑美国汉学家出于当代西方自身的问题意识对中国伦理的一味赞扬，他不无讽刺地写道：

> 诸如芬格莱特、罗斯蒙特、郝大维与安乐哲等学者却肯定地说，中国能让我们认识到人格自我、自主抉择，以及独立自由等概念业已陈腐；西方应该与中国一起，再度回忆起"共同的礼仪、习俗和传统"以及"承传的生活模式"，而且认为人们应该放弃"对客观知识的迷信"，而选择一种"避免使规范和本能的思维活动发生分裂的思想方式"。对西方社会而言，孔子特别提供了一种甚至可能比对中国本身来说"更重要、更适时、更迫切"的典范。③

他认为这些具体情境论者并没有树立一个普遍适用的原则，并且根据科尔伯格的"认知演进论"（cognitive-development theory）的"前习俗层次"

---

① 上揭罗哲海《轴心时期的儒家伦理》，第2页。
② 出处同上，第2页。
③ 出处同上，第2—3页。

（preconventional level）、"习俗层次"（conventional level）以及"后习俗层次"（postconventional level）的理论，对美国汉学家因袭"习俗层次"的传统，表示了他的强烈不满：

> 中国的妇女缠脚、印度的焚烧寡妇，以及发生在十八、十九世纪的美国奴役黑人，甚至德国纳粹的昭然罪孽，这些行径不都是依靠种种情境与传统而使之正当化？这些现象不都是代表"从我们的文化继承下来的风俗和传统"吗？然而，至今还有人提倡以习俗性伦理（conventional morality）这种"不计后果为何、不藉外物而成的权威"来取代有意识地"省察"，岂不就是这种罪行的共犯？①

因此固守着习俗性的伦理，意味着依然停留在道德他律阶段，亦即追求人际关系和谐以及以法律和秩序的取向阶段，是从主体意志的外在原因出发引申出来的道德原则。如果说以上还仅仅是一般性的批判的话，而在此之后，罗哲海更是直接对郝大维和安乐哲进行了批驳：

> 要是我们像郝大维与安乐哲所建议的那样，再度诉诸所谓孔子的权威，而放弃了"实然-应然"（is-ought）、或是"事实-价值"（fact-value）的二分法，则我们如何能认定它的不义？尽管传统和情境的存在是必然的，但是鉴于世间的悲剧，具体情境论的论述听起来过于天真，而且在伦理学上也是值得怀疑的。我特别对它那天真的世界观能否解决今日中国的各种问题表示怀疑。②

因此，在罗哲海看来，美国式新实用主义和具体情境论对中国古典哲学的阐释，实际上并未超出他律的"习俗层次"。而依据康德的观点，人的行为并非是从任何外在的目的出发，而只能从道德法则出发。由于道德法则是自由意志的本质规定，因此意志自由不是"他律"，而是"自律"。正因为此，罗哲海认为，从"习俗层次"对中国古代伦理学的阐释，是幼稚天真的。

---

① 上揭罗哲海《轴心时期的儒家伦理》，第4页。
② 出处同上，第4页。

五、结　　论

雅斯贝尔斯在谈到从韦伯那里所继承的政治思想时写道：

> 世界历史的局势将一种无法逃避的责任置于一个民族的身上，这一民族由于其政府而成了强国。如果世界在俄国的暴政统治和盎格鲁-萨克逊的习俗中一分为二，那么我们的子孙后代将负有责任，而不是像瑞士一样的小国家，其存在当然有着不同的、格外值得令人向往的意义（小国家中个人的巨大自由），但不是大国的责任。我们的使命和机会是在上述两者之间挽救第三者：自由精神、个人生活的自由和多样性、西方传统的重要意义。①

很明显，雅斯贝尔斯的德意志身份认同，实际上是对欧洲文化精神的认同，他认为，真正的德意志知识分子有责任秉承欧洲理性的传统。自公元800年，罗马教宗给查理大帝加冕称帝之后，查理就变成了古罗马世界帝国的皇帝和基督教的保护人，而德意志民族便从此背负起了欧洲罗马帝国的传统，自觉地承负了基督教普世的伟大理想。到了近代，随着德意志民族在哲学上取得的超尘拔俗的功绩，康德、黑格尔以来的德国知识分子大都认为德意志所传承的就是西方精神。这样一个德意志传统所强调的信念曾经支撑着德国许许多多知识分子的精神家园，他们将自己看作是人类的盗火者，将传承欧洲传统看作是自己独特的历史使命。

雅斯贝尔斯接着写道：

> 数千年以来，德国拥有完全不同的、内涵更加丰富的东西。……所谓的德意志，仅仅是通过德语以及其中所展示的精神生活，以及在这种语言中所传达的宗教和道德的现实而统一在一起的。这一"德意志"的内涵是极其丰富的。政治只是其中的一个维度，并且是一个多灾多难的面向，是从一场灾难走向另一场灾难的历史。所谓的德意

---

① Jaspers, Karl, *Philosophische Autobiographie*. Erweiterte Neuausgabe. München: R. Piper & Co. Verlag, 1977. S. 66.

志,它生活在伟大的精神空间之中,在精神上不断地创造、奋斗,根本不需要自称德意志,没有德国式的居心,也没有德国式的骄傲,而是在精神上靠着事业、思想以及和世界各国的交流而生存。①

在雅斯贝尔斯那里,他对人生的体验渗透着更多文化和政治的因素,如何使欧洲历史传统薪火相传、继世不绝的使命感,促使着他做一个"世界公民"。与雅斯贝尔斯一样,在骨子里,德国汉学家们的德意志身份认同并不仅仅是依据其个人经历并对之进行反思而形成的自我,更重要的是对自我社会角色的反思,是对承继欧洲精神的使命感的强调。我想这一强烈的使命感的丧失是他们以"老欧洲"自居来批判新大陆的内在的原因。

究竟存在不存在一个德国汉学家所认为的"美国汉学"也是值得怀疑的。在美国很多汉学家(包括部分中国学家)都会有自己独特的一套理论建构,把某些人归于某一流派的简单做法,往往会失之偏颇。而对某些美国汉学家的认识归于整体的美国汉学,也不是很恰当的做法。我这样说并非是要替美国汉学进行辩护,而是实事求是地分析问题。反过来看,德国汉学界对美国汉学的批判,也并非全无道理,这些观点无疑对美国汉学的发展是有益的。

从另外一个方面来讲,德国汉学界对美国的批判(哲学和汉学方面)同时也是为德国学术确立一个假想敌,从而建构起自身的话语主体地位。历史上,德国在哲学以及其他精神学科所取得过的辉煌成就,同时也造成了德国汉学家的优越感,使他们在面对新大陆的学术面前显得过于理直气壮。美国汉学也因此成为一个为了达到德国汉学的既定目标而设计出来的对手,在对美国汉学的批判中,当代德国汉学逐渐确立了自己的自我定位。

最后我以一个比喻来结束我的文章:在喝咖啡方面,德国人肯定没有意大利人、法国人或奥地利人那么讲究,但是他们却更爱讥笑美国人喝咖啡时的毫无修养,有的只是贫人乍富式的"大碗喝酒"的粗俗。德国汉学对美国汉学的批评在某些方面与此很有类似之处。

---

① Jaspers, Karl, *Philosophische Autobiographie*. S. 77-78.

第五编
专史与回顾

第十六章
傅吾康及其在中国的十三年(1937—1950)[①]

2007年9月6日,一位历经尘世风云变幻的汉学大家,在德国柏林走完了他人生的最后一程。几天后,他的女儿在致亲友的信中写道:"我父亲漫长的一生,精彩充实,富有尊严而令人敬佩,留给我们宁静祥和的最后回忆。"

这位溘然长逝的耄耋老者就是汉学家傅吾康。这位95岁的历史见证者的离去,带走了德国汉学一个世纪的风风雨雨,同时也带走了整整一个时代。傅吾康不仅是一位汉学家,一位中国文化的研究者,更是一位中国文化的经历者。正是从1937至1950年在中国的十三年,为他一生的汉学研究奠定了坚实的基础。本文拟对傅吾康在北平的生活、学术研究及其与学界之交往作一勾勒,以资纪念这位驾鹤西游的德国汉学家。

一、家庭影响

按照中国的说法,傅吾康可以算是出身于书香门第了,其父为显赫一时的大汉学家福兰阁,傅氏是家中四个子女中唯一继承乃父之衣钵而成为汉学家的。

1912年7月24日傅吾康作为福兰阁的第四个孩子——也是最小的一个儿子出生于汉堡。傅吾康实际上是在一个充满中国氛围的环境中长大的,在他家中,好像一切都跟中国有着千丝万缕的联系。在自传中,傅吾

[①] 本文主要参考了傅吾康的回忆录《为中国着迷》(第一部)。该书的德文版为:Franke, Wolfgang, *Im Banne Chinas: Autobiographie eines Sinologen 1912-1950*. 2., bearb. Aufl. -Dortmund: Projekt-Verl., 1997(Edition Cathay; Bd. 11)。

康对汉堡家中的房内陈设做了如下描述：

> 在我长大的房子中，摆满了中国家具和其他中国物品：在客厅里陈列着中国瓷器以及其他小的工艺品。在走廊摆设着精美的景泰蓝瓶子和挂盘。在我父亲的工作室中，数不清的书架上到处都是中国的木刻版线装书。在父母婚后的最初几年中，他们在吃饭或其他场合所谈论最多的就是中国。家里常常有中国人来访，其中不乏一些知名的人士，如商衍鎏先生，他是名噪一时的老派学者，后来为我父亲所创建的中国语言文化系（Seminar für Sprache und Kultur Chinas）出力颇多。①

因此，中国很早就进入了傅吾康的心灵之中，他自然而然地想，就像父母一样，有朝一日也要去那个让他魂牵梦萦的中国。童年的他，曾对给他端上可口苹果蛋糕的阿姨玛丽·考赫说："如果你总能给我烤这么好吃的苹果蛋糕的话，我以后就带你去中国！"阿姨很惊讶地将此事告诉福兰阁夫妇，他们对此也感到诧异。② 童年的另一件逸事是，有一次父亲的一位朋友来访，在书房中傅吾康指着满架子的中文图书说："等我长大后，这些书统统都归我。"③

正是在这样的中国化的氛围中，中学毕业之后，傅吾康毅然选择了汉学研究作为人生的奋斗目标。汉学大师福兰阁对此事是如何看的呢？对于儿子的选择，他在自传中写道：

> 我最小的儿子在1930年中学毕业之后，毫不犹豫地选择了汉学作为他的研究方向。不过这并不是受到我的任何影响，我甚至对此感到非常意外。这可以说是受到了环境的奇特影响，因为这在生物学上是无法解释的。直到今日，小儿子对他的选择依然是义无反顾。他走了一条笔直的大路，没有迷失方向。跟他父亲所走过的诸多弯路比较起来，当然可以省略大量的时间了。④

---

① Franke, Wolfgang, *Im Banne Chinas: Autobiographie eines Sinologen 1912-1950*. S. 3.
② Ebenda, S. 4.
③ Ebenda., S. 4.
④ Ebenda., S. 4.

尽管福兰阁从未给儿子上过课，但他对儿子的每一个提问，都非常耐心、周详地予以解答，并告诉他有关的参考文献。套用《诗经·大雅》中的一句话，可谓"匪面命之，言提其耳"。父亲丰富的汉学藏书，当然也允许儿子随时使用，这无疑也开启了傅吾康对汉学的兴趣。

二、在柏林和汉堡的求学岁月

1930年夏季学期，傅吾康高中毕业，因为父亲在柏林作教授，按照当时的惯例，他只能选择在其他城市读大学。因为他选择了汉学，汉堡当然是最佳的选择了。当时除了汉堡之外，莱比锡的汉学系也非常有名，只不过福兰阁并不认可莱比锡的教授海尼士所倡导的语言学-世界史方向的经典汉学。这同时也为后来以傅吾康为代表的汉堡学派与莱比锡学派之争辩，埋下了伏笔。

鉴于福兰阁只有一个梵文方面的哲学博士头衔，他在其外交官生涯中尽管受到别人的尊重，但却没有像那些通过了法学国家考试的外交官那样受到政府的重视。因此在父亲的建议下，傅吾康最初在汉堡大学法学系注册。不过后来他发现枯燥的法律条文并非他的真正理想。因此，从第二个学期开始，傅吾康改在了哲学学院注册，因为汉学是从属于哲学学院的。当时在汉堡大学执掌汉学系教席的是福兰阁的高足颜复礼。

在论及颜复礼的语言教学方法时，傅吾康认为，颜氏不讲什么教授的方法，而是喜欢天南地北地神侃。正是从他对中国文化的闲聊中，傅吾康学到了作为一位未来的汉学家所应具备的基本知识和素质。①

在教授汉语时，颜教授所使用的是一本英文教材和一本法文教材，②并使用高本汉的一本重要的汉字词典，③他特别注重文言和白话的同步教授。当时汉堡的汉学系中除了德国的教授之外，还聘请了在汉堡读博士的中国人做口语讲师，以提升学生作为未来的汉学家的综合素质。最初

---

① Franke, Wolfgang, *Im Banne Chinas: Autobiographie eines Sinologen 1912-1950*. S. 30.
② Brandt, Jakow J., *Introduction to Literary Chinese*, Peking 1927; Vissière, Arnold, *Premières leçons de Chinois*, Leiden 1928.
③ Karlgren, Bernhard, *Analytic Dictionary of Chinese and Sino-Japanese*, Paris 1923.

担任中文口语讲师的是在民族学系做博士的来自福州的邱长康,①之后由福兰阁的同事商衍鎏的公子商承祚接替。商公子是在汉堡读的中学,说得一口流利的德文。他于1934年同样是在民族学系获得了博士学位。② 年轻的傅吾康不仅从中国讲师那里学会了汉语口语,也学会了用毛笔写字。

两个学期的基础阶段的学习,为傅吾康的汉语打下了坚实的基础,接下来便进入了专业学习阶段。在汉堡,著名的中国哲学史专家佛尔克正开设"孟子"课。佛氏的中国哲学史造诣颇深,对其三卷本的巨著《中国哲学史》,中国学者方志浵推崇备至。他认为,跟佛尔克的著作相比,即便是日本或中国学者的哲学史英文著作也是难以望其项背的。③ 这一学期的课,真正让傅吾康认识到中国古代思想的伟大,他后来写道:"佛尔克教授特别善于从现有的一篇文章出发,并由此带领我们畅游于中国古代思想的世界。"④

当时正值福兰阁的巨著《中华帝国的历史》的第一卷出版。⑤ 颜复礼让每一个学生以此书的内容为依据做专题报告,之后进行讨论。这也为后来傅吾康的中国历史研究打下了基础。

当时在汉堡,不仅是研究汉学,研究日本学的人数也很有限,因此这两个专业在当时被称作"幽兰专业"(Orchideen-Fach)。两个专业的学生加在一起也不超过20人。

除了在大学上课之外,傅吾康也第一次结交了一位中国朋友——孙用震,他是曾任北京政府国务总理的孙宝琦(1867—1931)的公子,当时出任中国驻汉堡的副领事,他有时也到汉学系参加那里组织的研讨班。他们之所以成为朋友,也是跟他们两家的世交有关:孙用震的父亲孙宝琦曾于1907—1909年任柏林中国公使馆公使,当时福兰阁曾在公使手下任参赞。

---

① Chiu Ch'ang K'ang, *Die Kultur der Miao-Tse nach älteren chinesischen Quellen*, Hamburg 1937 (Dissertation).

② Schang Tscheng-Tsu, *Der Schamanismus in China. Eine Untersuchung zur Geschichte der chinesischen „wu"*, Hamburg 1934(Dissertation).

③ 方氏列举了日人铃木的《中国古代哲学史》、胡适的《先秦名学史》、梁启超的《先秦政治思想史》(英译本)以及冯友兰的《中国哲学史》(上册英译本)之后指出:"以上这些翻译本的哲学史,有的是失之太简单,有的根本没有取材于中文原书,原不及德国硕儒之取材丰富,叙述流畅。"见方志浵《佛尔克教授与其名著中国哲学史》,载《研究与进步》第一卷第一期(1939年4月),第36页。

④ Franke, Wolfgang, *Im Banne Chinas: Autobiographie eines Sinologen 1912-1950*. S. 31.

⑤ Franke, Otto, *Geschichte des Chinesischen Reiches*. Berlin: de Gruyter 1930.

1931 年福兰阁退休了之后,才允许儿子从汉堡转到柏林就读。到了柏林之后,傅吾康首先就读于东方语言学院(Seminar für Orientalische Sprachen),以便将自己的汉语口语操练得更纯正。当时在语言学院担任讲师的是许勒教授,他曾多年在中国传教,也是卫礼贤的好朋友。许勒为人友善,尽管他的课不那么吸引人,但却很有系统性,课上课下他一再表现出对中国和中国人民的理解与同情。

1932 年 7 月傅吾康在东方语言学院通过了文凭考试,在成绩单上对他的评价如下:

> 该考生在不是很容易的由中文文言文译成德文的语言考试中,获得了"及格"的成绩。在将同一篇文字翻译成汉语口语的考试中,成绩为"良好"。而在将一篇德文文章译成汉语口语的考试中获得了"及格"的成绩。
>
> 他有关"中国农业及农业问题概况"(Grundzüge der Landwirtschaft und der Agrarfrage in China)的笔试,显示了该考生对这一题目良好的常识。至于进一步的内容,他却知之甚少。因此只能获得"及格"的成绩。
>
> 在口试中,考生翻译了一篇中等难度的汉语文言课文,用汉语口语交谈以及实际运用均有"较好"的知识。综合以上笔试和口试的成绩,考试委员会特授予哲学系学生傅吾康以文凭证书。他的整个考试成绩为"好"。①

尽管以今天的眼光看来,这样的一个成绩对后来作为汉学大师的傅吾康来讲可谓是差强人意,但在当时,已经是得之不易了。

在柏林大学的汉学系时,傅吾康经常参加由西门华德组织的各类课程。那时西门任大学图书馆的馆员,同时也是汉学系的无薪讲师。② 他从《聊斋志异》和《庄子》中选出了一些材料给学生作古汉语语言方面的训练。尽管直到那时西门还未到过中国,但他的课却很生动,也很有启发性。

1933 年,跟随斯文·赫定的探险队在中国西北地区做考察工作三年的

---

① Franke, Wolfgang, *Im Banne Chinas: Autobiographie eines Sinologen 1912-1950*. S. 36.
② Privatdozent 系已经取得教师资格而等待教授席位的"候补教授"。

雷兴回到了德国柏林，并在大学教授佛教课程，包括梵文、巴利文、藏文和蒙古文，傅吾康对这些研讨班也都很感兴趣。后来他在谈到他的这位老师时还说，他的大部分佛教知识基本上都是从雷教授那里得来的。

纵观傅吾康在汉堡和柏林的求学阶段，举凡中国语言、文学、历史、哲学、宗教的课程无不涉猎。清人珏琬尝言："善读书者，始乎博，终乎约"，也就是说学习者在开始阶段应广泛阅读、涉猎，务求扩大自己的事业，但其目的是要最终有所侧重。基础阶段的博览和博士阶段的专攻，都为傅吾康后来的明清史研究奠定了扎实的基础。

三、攻读博士及最初的学术准备

1934/1935 年冬季学期，傅吾康在柏林完成了他的学业，之后他作了继续读博士的选择。因为他不愿意在柏林大学跟海尼士读下去，因此选择重新回到汉堡大学。在那里已经做了教授的佛尔克很乐意地接受了傅吾康。博士论文的题目《康有为及其学派的国家政治革新尝试》是受 1934 年福兰阁建议他写的一篇论文的影响，他想在此基础之上予以扩展、加工。

佛尔克尽管是中国哲学史大家，但他讲起课来却异常枯燥、乏味。按照当时汉堡大学的规定，所有大学的正式教授每个学期都必须举办一次一个小时的公开讲座，其对象不只是大学生，而是面向所有公众。跟其他热门学科的教授不同，佛尔克的讲座每每被安排在很小的教室中。他在冬季举办的这类讲座，来听讲的人当中有些只是想临时到室内暖和一下而已，因为他们进来之后不到 10 分钟就被佛教授索然寡味的报告给讲得睡着了。①

在撰写博士论文的时候，傅吾康发现，康有为的政论文章对一位刚从汉学系毕业的学生来讲毕竟是很难理解。他先后与在德国学习日耳曼学的学生如陈铨、历史学者张贵永等进行过语言交换，也正是在德国和中国学者的共同帮助下，傅吾康顺利地完成了他的博士论文。1934 年的圣诞节之前他将博士论文正式交给了考试委员会。

在 1935 年 1 月由佛尔克教授主持的口语考试中并没有过多地纠缠于中国哲学的话题，而是提了一些一般性的问题。因此，傅吾康以"优秀"的

---

① Franke, Wolfgang, *Im Banne Chinas: Autobiographie eines Sinologen 1912-1950*. S. 45.

成绩通过了考试。

他的博士论文被评为"好",这个成绩实在没有低估傅吾康的论文水平。后来他在重新阅读这篇论文时认为,从材料和文本分析上来讲,尚可;但在许多细节方面处理得实在欠妥。①不过不久这篇论文还是在《东方语言学院通讯》上发表了,②并且赢得了众多的书评,甚至像莱顿的戴闻达教授也亲自在《通报》(*T'oung Pao*)上撰文评价此书,③这对年轻的汉学家傅吾康来讲,的确是极大的奖掖。

博士考试之后,傅吾康开始为将来的学术生涯做准备工作。他买来卡片柜,开始按照字母顺序对他所藏的汉学著作和论文篇目进行编目并做提要。后来他甚至将他父亲卡片的一部分也纳入了自己的卡片系统之中。他保持着这一做学问的习惯直到去世之时。

1935年2月傅吾康又回到了汉堡父母的家中。这时的福兰阁尽管已经退休在家,依然忙着述著,特别忙于他的《中华帝国的历史》的写作。在此不久前,胡适出版了《说"儒"》的小册子,福兰阁认为这是一本非常重要的论著,因为一反"五四"时期其他学者的看法,通过对可信的史料的论证和解读,胡适认为,孔子不仅不是一个复辟的保守者,而且是一位革新家、革命者。福兰阁建议傅吾康翻译这篇具有划时代意义的文章。后来这篇发表在《汉学特刊》(*Sinica-Sonderausgabe*)上的译文,④甚至直接影响到了20世纪德国哲学大师雅斯贝尔斯的观点。⑤

四、初抵北平

1936/1937年在服完了一年的兵役之后,傅吾康在柏林做去中国的准备工作,1937年3月28日他离开了柏林去了不来梅,从而开始了他50多天

---

① Franke, Wolfgang, *Im Banne Chinas: Autobiographie eines Sinologen 1912-1950*. S. 46.

② Franke, Wolfgang, „Die Staatspolitischen Reformversuche K'ang Yuwei's und seiner Schule. Ein Beitrag zur geistigen Auseinandersetzung Chinas mit dem Abendland", in: *Mitteilungen des Seminars für Orientalische Sprachen zu Berlin*, 38(1935), S. 1-83(Dissertation).

③ Duyvendak, in: *T'oung Pao* 33(1937), S. 95-100.

④ Franke, Wolfgang, „Der Ursprung der Ju und ihre Beziehung zu Konfuzius und Lau-Dsi von Hu Shi", in: *Sinica-Sonderausgabe* 1935, S. 141-171; 1936, S. 1-42.

⑤ 请参考:李雪涛《论雅斯贝尔斯"轴心时代"观念的中国思想来源》,载《现代哲学》2008年第6期,第86—96页。

的旅行,并于同年 5 月 18 日抵达了上海。说什么他也没有想到,这一待就是整整十三年(其中只有短期在日本逗留)。在他父亲的诸多朋友、学生的帮助下,他终于在 5 月 31 日来到了他父母居住过多年的北平。

抵达北平之后,傅吾康从火车站直接就去了位于北城的中德学会(Das Deutschland-Institut)。中德学会坐落于一个典型的北京四合院中,有庭院,但唯独缺个西厢房。有意思的是,素昧平生的北平,对傅吾康来讲并不陌生。"我感到前世已经在这里生活过了,从一开始便有家的感觉。"他后来回忆道。① 他来到北平的第二天就买了辆日本产的自行车,一直骑到 1946 年他离开北平去成都任教。

来到一个新的地方,第一件事当然是要拜访以往的熟人和朋友了。傅吾康也不例外,来到北平之后,他就去了清华,见到了他在柏林时的老相识陈铨。这时的陈铨已经是清华德文系的教授了,后来也成为名噪一时的"战国策派"的代表人物! 同样是在清华大学,傅吾康还拜会了在德国留过学,也听过他父亲课的陈寅恪教授。而他父亲的另外一个学生、元史专家姚从吾则在北大跟傅吾康见了面。他们在一起愉快地回忆起从前在德国的学业和生活。

1937 年初,刚刚去世的蒙藏佛教专家、梵文学者钢和泰留下了许多的图书,他的侄子勒内(René)具体负责整理这批文献。勒内是在一战后由波罗的海诸邦(Baltikum,今爱沙尼亚及拉脱维亚之地)逃往美国的,后来又从美国辗转来到北平。由于他不懂中文,而钢和泰所遗留下来的书中又有很多是中文的,这样就由艾锷风推荐,傅吾康负责整理其中中文部分的书籍。这样,傅吾康每周骑自行车两三次前往钢和泰生前居住的奥匈使馆。由于钢氏系著名的佛教学者,他的中文书籍大都跟佛教有关。当时由于有了南条文雄译补的《大明三藏圣教目录》,②对傅吾康来讲大部分佛经篇名的录入并不成什么问题。

---

① Franke, Wolfgang, *Im Banne Chinas: Autobiographie eines Sinologen 1912-1950*. S. 59.

② 本目录的英文标题为:*A Catalogue of the Chinese Translation of the Buddhist Tripitaka by Bunyu Nanjio*, Oxford, 1883. 该书系南条文雄在留学英国时,将日本黄檗版大藏经所收之大明三藏圣教目录进行翻译,并对经籍目录作汉、梵、英译音对照。后来成为欧、美汉译大藏经研究者之指南。

五、中德学会

中德学会的前身系德国研究会(Deutsche Studiengesellschaft),是由留德学者郑寿麟博士发起成立的一个旨在促进中国学人对德国文化进行了解和深入研究的学术机构。这一学会实际上是想与设在法兰克福、由汉学家卫礼贤于1925年创立的中国学院(Das China-Institut)形成互动之势。

1933年纳粹上台之后,希特勒在国内的政策也影响到了北平。1934年,原任会长卫德明辞去了会长一职,主要是由于他妻子玛丽亚是犹太人的缘故。因为中德学会之所以能有效运转,在很大程度上依赖于柏林外交部在财政上的支持。如果让一个其妻为非雅利安人的人继续担任会长一职的话,那学会很可能再也得不到帝国在财政方面的资助了。卫德明辞职之后,学会于1935年5月召开董事及会员大会,决定更名为中德学会,并推举谢礼士和曾留学海德堡的中国学者冯至分别担任德中方会长。

1937年七七卢沟桥事变之后,中日之战早已在华北平原掀起了序幕。不久,华北战火连天,北京早已沦陷在日本军管之下。大部分在北平乃至周边各大院校、机构任职的学者纷纷离开了华北。"中德学会"因属德国在华的文化学术机构,而德国跟日本、意大利同为轴心国,自然受到日本人的保护。

1937年10月,傅吾康被正式聘为中德学会的职员,月收入为80元。① 正是在这一时期,他结识了长他几岁的历史学家、政治学家索尔茨。索氏系艾锷风的老朋友,他曾在艾氏在北平的房中住过一年之久。1938年9月索尔茨回到德国之后,在外交部供职。正是他极力说服政府为中德学会增加投入。1944年7月20日在暗杀希特勒的行动失败后,索氏惨遭纳粹的杀害。

1938年,作为会长的谢礼士携妻回德国休假,本打算一年的时间,没想到却病逝德国。自谢礼士回去之后,傅吾康实际上就独自担负起了中德学会的会务工作。而在他身后则有艾锷风以及对中国的情况既了解,又关心

---

① 当时在北平每天的日常花销约为1元;雇佣一个佣人的费用为每月18元;一位中文教师每周5次,每次1小时,共20元。——Cf. Franke, Wolfgang, *Im Banne Chinas: Autobiographie eines Sinologen 1912-1950*. S. 59.

的德国使馆驻北平办事处主任彼德尔博士。彼德尔博士曾是傅吾康在柏林东方语言学院毕业文凭考试委员会的成员,因此他们之间一直保持着良好的师生关系。

直到1940年3月傅吾康才辗转得知会长谢理士博士已于本年2月11日在德国病逝的消息。后来在傅吾康的建议下,自1940年8月1日起,福克司开始担任学会的会长一职,他的工作主要是对外代表该学会,而所有的学会日常工作(包括杂志等编务)统统还是由作为德方常务干事的傅吾康来承担。

自1940年4月1日起,顾华代表一直不在北平的冯至,担任了中德学会的中方常务干事之职,在他的推荐下,中方秘书长由祝钟担任。

图 16-1　中德学会当时的会客厅

1941年在德方会长福克司的领导之下,中德学会的工作一如既往,展开得非常顺利。因福克司受聘于慕尼黑大学,拟返德任职而辞了职。因此在1941年8月罗越接替了他担任中德学会的会长一职,但后来由于战争的缘故联系中断,福氏并没回成德国。作为新会长,罗越的主要工作是面对德方的政府机构,而对中方的事情他并不关心,他将大部分的工作留给了傅吾康,从不做更多的交代。而傅吾康也没有办法像跟福克司一样跟罗越谈所有出现的问题。罗越的原则是只对德国的官方负责,凡是有可能引起争执、批评的事情,他一概不主张去做。他也不再出版中德学会的年鉴了,而在这之前,年鉴的出版已经形成了惯例。①

由于增加了德方的工作人员(霍福民、罗越以及马丁的加入),帝国的外交部也增加了对中德学会的预算投入,他们得到的是用当地货币支付的款项。由于是会长,也由于其地位最为重要,罗越理所当然地拿最多的工资;霍福民就少多了,但依然比傅吾康多,马丁就更少了。而此时的福克司则拿他的退休金,还算够用。后来傅吾康在回忆录中写道:"尽管后来来了三位德国新同事,但真正减轻我的工作负担的,却是新来的中国同事。"②

全面抗战开始后,原任中德学会会长的冯至教授随北大离开了沦陷区,去了西南大后方。因为没有迹象表明冯至会在近期回到北平,重新出任中方会长一职。德方非常希望中方能够推举出一个与德方具有相同权力的会长。艾锷风推荐了杨宗翰。杨氏在学术方面极有造诣,又具有领导才干,因此非常适合这一职位。自 1943 年起,他被推举为学会的中方会长。自杨宗翰来学会工作以来,在这里聚集了众多的中国社会名流。杨宗翰的工资比德方会长低得多,他自己也明白他的职位基本上是象征性的。实际上自 1938 年底,所有的权力实际上都掌握在德方手中,此时是由罗越来具体决定财权和支出的费用。杨宗翰跟罗越一样,每周两三次到学会来,也就待几个小时的时间。尽管他绝不主动建议做一些事情,但他却能听进各种意见,每当中方人员有问题找到他时,他或者依据自身的阅历和经验做出解释,或者提出一些他的卓见。他也注意到了傅吾康跟其他德国同事间的微妙关系,总是力图用他的权威设法保护傅吾康,当然他对其他德国同事也是非常尊重的。

1944 年初杨丙辰在安定门内板厂胡同 7 号发现了一个较大的四合院,很适合已经扩大了的中德学会的新规模。3 月间学会便搬到了新的地址。而在此之前,霍福民早于 1943 年底就迁至了南京,并供职于那里的德国使馆。在南京期间,霍氏曾与女摄影家赫达·莫里逊一起出版了画册《南京》(*Nanking*),介绍南京及周边早已不复存在的景物的历史。当时也有人劝傅吾康去南京,但他不愿意改变书生的本性,拒绝了去南京牟取政治资

---

① 从中德学会创立至此时,学会已经出版了 7 本年鉴(1933 年至 1941 年),1 本《北平中德学会会务概况》。见本文"附录一"。

② Franke, Wolfgang, *Im Banne Chinas: Autobiographie eines Sinologen 1912-1950*. S. 115.

本。1944年6月27日在新的会址举办了会员和董事会年会,这也是中德学会的最后一次年会。

1945年3月杨宗翰向罗越和傅吾康提出辞去中方会长之职,5月8日欧洲战事结束,中德学会也不再有德方在财政方面的支持。8月12—17日,罗越和傅吾康将中德学会所有财产的清单以及剩余的款项都转交给了杨宗翰,由他负责。所有德方工作人员此时都已隐退,不再担任任何职务。

战争结束后,以美国为首的战胜国,敦促中国政府遣返战争期间在德国政府分支机构任过职的德国官员、纳粹党员、新闻出版界的人士以及在德国企业中任过要职的其他德国人。在1946年5月所公布的将要被遣送的名单中,跟傅吾康关系比较密切的汉学家就有:宾格尔、福克司、海西希、霍福民和罗越。

1946年8月13日傅吾康被召回了中德学会,跟四位从后方来的学会成员共同商量解散后学会之归属问题。这四个人分别是:当时任南京国立图书馆馆长的蒋复璁博士,他曾公费到德国柏林大学进修图书馆学,那时他跟傅吾康就认识了;曾任中德学会会长的冯至,当时任北京大学德国语言文学教授;毛准(子水),北大教授,图书馆馆长;以及在柏林时傅吾康就认识了的、他父亲的学生姚从吾(士鳌),当时他已经是北大历史系的教授了。商谈的结果是中德学会最终划归给由袁同礼(守和)任馆长的北平国立图书馆,并继续聘请刘东元对学会(主要是图书馆)进行管理。①

六、丛书编辑

学会除了受使馆的委托做一些展览,如1938年10月在中央公园举办的"过去和当代德国木刻展"(Der Deutsche Holzschnitt in Vergangenheit und Gegenwart)之外,傅吾康的真正兴趣还在于组织、编辑"德国文化丛书"及其出版。由于组织翻译得非常及时,丛书基本上都是由上海的商务印书馆在预计的时间出版的。

1938年5月王锦第从日本回北平,不久就与傅吾康交上了朋友。他从

---

① 据说,"中德学会的藏书和有关资料,稍后完整无缺地移交给国立北平图书馆。1949年后,又全部转给北京大学图书馆。由于保管不善,藏书和资料的缺损不少。"丁建弘、李霞《中德学会和中德文化交流》,收入:黄时鉴主编《东西交流论谭》,上海:上海文艺出版社,1998年,第265—289页。此处引文见:第283页,注2。

英文翻译了《今日德国教育》一书。

1941年商务印书馆北平分部的曾一新也成为编辑部的一员,他的德语是通过自学而来的,偶尔也为学会翻译一些东西。他是资深编辑,善于处理各方面的关系,后来中德学会丛书之所以能顺利地在商务出版,并在商务在北平的印刷厂——京华印书局印制,在很大程度上归功于曾氏。至1945年8月中德学会解散,共出版"中德文化丛书"21册、"中德学会特刊"8卷。①

较晚些的时候,辅仁大学史学部主任张星烺教授也加入编辑队伍中来,他曾在德国哈勒大学学习过生理化学,后来由于患有严重的肺病,便承袭家学而转向史学!特别是他通过搜集中国与西方的关系而编纂的《中西交通史料汇编》一书,在学界颇有名气。他满头白发,和蔼可亲!

七、杂志编辑

王锦第曾建议傅吾康创办一本介绍德国当代学术成就的刊物。福兰阁跟当时帝国学术通讯中心的主任、《研究与进步》(*Forschungen und Fortschritte*)的主编克和夫博士的关系非常密切,正是由于这一层关系,中德学会也收到每一期的杂志。该刊发表德国专业学者有关自然科学与社会科学最新的研究成果,同时也出版相同内容的英文版 *Research and Progress*。福兰阁本人也给该刊撰写有关德国汉学的文章。傅吾康向克和夫建议由中德学会在中国组织编译出版中文版季刊《研究与进步》。之所以不在众多的其他德文期刊中搜罗优秀的论文,是因为当时根本不具备这样的学术力量,同时《研究与进步》也出版英文版,这样找译者就相对比较容易。

出版这样的一份杂志,在当时遭到了来自各方面的阻力。起初傅吾康一直是通过谢理士将信转给克和夫博士的,不过谢理士对创办这样的刊物并不感兴趣。他在给傅吾康的信中对此直言不讳:

> ……我很欣赏您的工作热情,以及如此庞大的工作计划。但您要面对现实,不要以美国式的速度来行事。慢点做事总比回过头来修正

---

① 见本文后附录一"中德学会出版的丛书和单行本一览表"。

要好得多……。您可以出版这样一本杂志,不过我不认为它有什么重要。您应当清楚,您会因此而负担许多的工作。这有时,比方说在夏天会是很烦人的。对于这样的工作我们缺人手,这些人我们必须要专职聘请,对他们负责。订户您也完全没有,无论如何,我们事先还要问一下外交部的意见。①

外交部很快便同意在中国出版《研究与进步》了,翻译费用、印刷费用也马上得到了落实。1939年4月第一本期刊终于得以出版,并且在德国也得到了认可。据福兰阁的说法,当时日本人甚至也想仿效此法,在日本出版日译本。②

开始时,学会杂志社编辑部仅有两位编辑:杨丙辰和董敦(董遂曾)。后来加入的方志浵和顾华两位编辑,受到了傅吾康的高度赞扬,也正是因为有了他们,《研究与进步》才得以连续出版下去。方志浵除了在中德学会编辑刊物之外,也在《华裔学志》(Monumenta Serica. Journal of Oriental Studies of the Catholic University of Peking)编辑部协助丰浮露的工作。方氏系朝鲜族,在语言和文史知识方面颇有才华。他在幼年时就学会了朝鲜语和日语,后来在中学和大学里,他的古代汉学被训练得炉火纯青。他在清华求学时,曾是艾锷风的弟子。此外他还能熟练运用英文、德文、法文等多种西方语言,能阅读拉丁文和古希腊文。在《华裔学志》编辑部他的主要工作是校阅并更正从中文翻译成西文的文章,他当然发现了很多译文的错误。而在中德学会的编辑部,他的工作刚好相反,审校从西文翻译成中文的文章。顾华则是一位语言天才,不光是他的德语,他的其他语言知识也大都是通过自学而来的。

自1940年顾华任中方总干事以来,学会已经将杂志的编辑和出版工作作为了重要工作之一来对待。当时的编委会除了傅吾康之外,德方只有福克司,中方则有方志浵、顾华和杨丙辰。同样在这一年,编委会决定将杂志名称改为《中德学志》,德文名为:*Aus deutschem Geistesleben*(意为:来自德意志精神生活)。改名后的杂志同时放弃了自然科学方面的译文。新版的内容包括以下四个部分:一、论文。不仅有译文,亦包括中国学者撰写的

---

① Franke, Wolfgang, *Im Banne Chinas: Autobiographie eines Sinologen* 1912-1950. S. 80.

② Ebenda, S. 80.

有关德国思想的学术、历史等的文章;二、文学艺术;三、研究与进步;四、书评。

八、在北平的汉学家圈子

柳宗元在《师友箴》中说:"不师如之何,吾何以成;不友如之何,吾何以增!"对于年轻的汉学家傅吾康来讲师友也是至关重要的。从沈阳来北平定居的福克司,后来真的成为傅氏的良师益友。在此之前,福克司曾有12年的时间(1926至1938年)任沈阳医科大学德文讲师。当时辅仁大学给他提供了一个教授的位子,希望他能出版耶稣会士地图集。① 福克司来到北平之后,从1938年12月起被安排在了中德学会的客房里,直到第二年的7月他在宽街附近找到了自己的住宅为止。实际上早在福克司正式来北平定居之前,傅吾康就在艾锷风的家中见过他好多次,他每次到北京都住在艾氏家中。只不过至此他们之间没有比较密切的接触而已。② 后来傅吾康回忆道:

> 如果没有他(福克司——引者注)的支持的话,我很可能会放弃中德学会的工作。他一直支持我进行汉学研究,尽管我写过博士论文,也有博士的头衔,但真正启发并引导我进行系统汉学学术研究的是福克司。因此我亦将他看作是自己的老师。我在1940—1945年间所有的汉学方面的论文,都是在他的影响之下写成的。如果没有他的劝告和帮助,我就不会获得那么多文献学方面的知识,并建立起自己的图书馆。……当然,作为一位年长于我的朋友,他对于我个人的帮助绝不仅仅局限在汉学方面。③

---

① Fuchs, Walter, *Der Jesuiten-Atlas der Kanghsi-Zeit. Seine Entstehungsgeschichte mit Namensindices für die Karten der Mandschurei, Mongulei, Ostturkestan und Tibet mit Wiedergabe der Jesuiten-Karten in Originalgröße*, Peking 1943. 相关的书评见《中德学志》第6卷1—2期(1944),第331—334页。

② 现存有1938年10月28日、11月22日以及11月23日福克司致傅吾康的三封信,第一封是有关购书的事情,第二、三封是有关他从沈阳搬到北平的安排等事。见 Walravens, Hartmut, „Zur Biographie des Sinologen Walter Fuchs(1902-1979)", in: *Nachrichten der Gesellschaft für Natur- und Völkerkunde Ostasiens*, 177-178(2005), S. 117-149, hier 134-135.

③ Franke, Wolfgang, *Im Banne Chinas: Autobiographie eines Sinologen* 1912-1950. S. 83.

也是福克司让傅吾康认识到了对于一位汉学家来讲,日文文献的重要性:"我们又必须指出西方汉学家凭借着他们那广博的书籍史的智识能够充分日本汉学家们所成就的汉学研究的结果为数是不多的。福克司便是这少数人中的一位。由福克司著作中,可以看出来,他所研究的一切汉学问题,凡是与其有关系的日本文章,必不被他所忽略。"①后来也是在福克司的启发下,傅吾康撰写了介绍德国年轻一代汉学家的论文:《德国青年汉学家》发表在《华裔学志》第五卷(1940年)上。

图 16-2　北平时期的德国汉学家福克司与艾锷风

曾担任中德学会德方会长的谢理士在德国获得过图书馆学博士学位,他于1930年到辅仁大学,自1933年起担任辅大的图书馆主任,教授德文和欧洲文学史。除了不同的行政工作之外,他在汉学方面的主要研究领域是中国的书籍史和图书馆学,并有研究论文如《中德两国印刷之发轫》、②《钦

---

① 傅吾康著、胡隽吟译《德国青年汉学家》,载《中德学志》第三卷第一期(北平1941年3月),第78—91页,此处引文见第81页。

② Schierlitz, Ernst, „Anfänge der Druckkunst in China und Deutschland", in: China-Dienst III, 2, Shanghai 1934. S. 100-104 mit 6 Abb.

定武英殿聚珍版程式》、《明朝的文渊阁》以及专著《现代中国图书馆概况》等。①

曾接替卫礼贤担任法兰克福中国学院院长的鲁雅文教授也于1939年春、夏在北平逗留了几个月之久,傅吾康有时在中德学会,有时在其他场合跟他见面。鲁雅文一度想在北平留下,希望在接替彼德尔的德国使馆驻北京办事处新主任诺尔特的协助下,接管中德学会。后来部分是由于傅吾康的反对,才没能成功。傅吾康不无道理地认为,在谢理士当时回德国度假期间,做这样的决定哪怕是临时的也是不合适的。

除了工作和研究之外,傅吾康从1939年秋季开始,也在辅仁大学参加由司徒资教授用英文开设的历史研究法的研讨班,系统地学习了欧洲的历史研究方法论。司徒资系莱比锡大学历史学博士,曾在美国十年,以用德文撰写美国史而闻名后,回德国任科隆大学历史学教授。之后来辅仁任教多年。

在傅吾康的建议下,1940年底,霍福民和罗越,1941年6月,马丁,从德国来到北平,加入了中德学会的阵营。霍福民是傅吾康的老同学了,早在柏林时期他们俩就认识了,后来在汉堡他们成为朋友。再后来霍福民加入了纳粹,并且是一个党的积极分子。在到北平之前,他所热衷的是中国当代文学和当代文化生活,翻译了大量的当时的中国学者在学术方面的成果。傅吾康写道:"现代中国学者们作出了许多研究工作,这个对于西方的汉学研究是很重要的。曾经把他们的著作译成德文或加以评注的工作,这种光荣应当归于霍福民氏(北京中德学会研究员),他不仅将具有科学性和系统性的著作译成德文……"②不过,到了北平之后,霍福民对当代中国的学术和时局不再感兴趣,开始痴迷中国传统的词和元曲。据傅吾康回忆,霍福民离开德国的时候,还没有提交博士论文,不过由于战争的缘故,他已经提前完成了博士考试的口试部分,这通常是整个考试的最后一部分。因此,他一到北平就开始使用博士头衔是很成问题的。不过,霍福民

---

① Ders., „Zur Technik der Holztypendrucke aus dem Wu-ying-tien in Peking", in: *Momumenta Serica* 1(1935-1936), S. 17-38; Ders., „Das Wen-yüan-ko der Ming-Zeit. Materialien zu einer Geschichte der chinesischen Palastbibliotheken", in: *Monumenta Serica* 3 (1938), S. 528-564; Ders., *Das chinesische Bibliothekswesen der Gegenwart*, (Zentralblatt für Bibliothekswesen), Jahrg. 54, Heft 3, Verlag O. Harrassowitz 1937.

② 上揭傅吾康著、胡隽吟译《德国青年汉学家》,第85页。

却很有音乐天才,他能用风琴演奏出一流的乐曲。令傅吾康始料未及的是,霍福民的兴趣显然不在中德学会,倒是对"德国同乡会"和纳粹党部的工作表现出极大的热情来。他在党部负责政治教育和希特勒青年团的工作。而在中德学会他的工作基本上被限定在报告会或跟音乐有关的活动方面,有时他也代些德语课,学会只是按小时付给他课酬而已。

罗越曾在东亚艺术史和汉学专业获得过博士学位,并在慕尼黑的博物馆工作过。他在学术方面的兴趣是中国的考古和艺术史,在这些方面的著述也颇丰。他来北平的时候已经结过婚了,并且是两个孩子的父亲。他很平易近人,很高兴能到北平进一步从事研究工作,不过他对中德学会的工作并没有表现出特别的兴趣,尽管他后来接替福克司做了学会会长。

在非汉学领域,罗越和霍福民共同出版了一本当代德国诗人冯·席拉赫的德文诗选——只有德文原文,没有任何评论,也没有中文翻译。席拉赫是当时纳粹的著名诗人,不过在北平出版这样一本纯德文的诗集,以表示对纳粹极权之厥角稽首,傅吾康认为此举完全是没有必要的。

第三位来北平的德国汉学家是马丁女士,她父亲自 1933 年起在广州做医生,因此也引起了女儿对中国的兴趣,她母亲是美国人。她在柏林从海尼士学习汉学,也是在来中国前做完博士口试的。跟霍福民不同,到中国后不久,她就寄回了博士论文,从而完成了整个博士学位的程序。马丁比傅吾康还年轻几岁,也不是纳粹党员。但她人太幼稚,在北平很快便成为"德意志少女联合会"(BdM-Bund deutscher Mädel)的小头目,这是女性希特勒青年团的组织。跟罗越和霍福民比较,马丁最有兴致跟中国人交往,有时也参加中德学会的一些工作。她曾参与了《德华常用小字汇》(*Kleines Deutsch-Chinesisches Wörterbuch für den Anfang*)第二版的修订工作。这本小辞典最初是由傅吾康跟在汉堡时就成为他好朋友的孙用震合编的。

在北平中德学会的汉学家圈子里,除了上面提到的三位新来的德国汉学家之外,还有很多天主教的神父们。跟海尼士在柏林写过汉学博士论文的就有:圣言会奥地利籍的叶德礼,当时任《华裔学志》的编辑,以及两位方济各会的神父:Beatus Theunissen 和 Hermes Peeters。再加上在中德学会的四位元老:艾锷风、福克司、卫德明和傅吾康,也有十几个之多。从 1941 年起,他们每个月在其中一个人家中聚会(暑期除外),谈一些专门的话题。之后自 1943 年 2 月起,他们在福克司家中每个礼拜举办一次类似汉学研讨班性质的活动,他们在一起读唐宋八大家的散文,并一字一句地将之翻译成德文。当时经常光顾的有5—6人,艾锷风的兴趣因为在艺术史方面,他的专业也与中国文学相差甚远,因此从来不参加。卫德明和霍福民也不来,他们认为,自己的水准早已远远地超出了这些,不屑参加此类的基本训练。傅吾康后来承认道:"我则在逐字阅读并翻译成德语的过程中,学到了很多东西,特别是我后来当了大学教师之后,尤其感受到了这一点。"①

福克司和卫德明渐渐由于不同的治学风格而越来越疏远,关系变得愈来愈糟。福克司依然是传统意义上的汉学家,研究范围严格限定在自己的领域:清初的历史,特别是满族居住区、蒙古,满文文献,中国地图史以及其他一些相关内容。在他的出版物中,他特别强调彻底的语文学和文献学工夫。早在1940年傅吾康就认为:

> 他(指福克司——引者注)不只是位生产最多的学者,并且他的作品和所取的资料也是最有原始性的。差不多在他发表的每篇文章中,都把握着新的问题,发现出新的领域。并且常常都是些尚未被欧洲人们所注意到的,也是从来未被中国和日本的汉学家们所注意到的。②

给普通大众读的,综合性和一般性的文章,他是不做的。他的文章和专著只写给专家来阅读。在这方面伯希和是他的典范。卫德明则刚好相反,尽管他也有很细致的研究,大部分也是有关清代早期历史的,并且编有《德华词典》,③不过这些都不是他的主要方向。他更愿意在大的汉学范围内做综合性的文章,而并不一定要深入其中,或对这一题目有新的思考。傅吾康在"德国青年汉学家"一文中对卫德明的研究领域的界定也颇费了一番功夫,他就此写道:"卫德明氏(北京中德学会讲师)所出版的著作,除了研究中国的法理学及中国精神的和社会的历史及翻译中国近代文学短篇著作之外,在汉学研究中他是第一个创始去研究哲学家及政治家顾亭林的人……。"④当时哈斯博士住在北平,他在1937年以前一直在外交部门任

---

① Franke, Wolfgang, *Im Banne Chinas: Autobiographie eines Sinologen* 1912-1950. S. 120.
② 上揭傅吾康著、胡隽吟译《德国青年汉学家》,第79页。
③ Wilhelm, Hellmut (Hrsg.), *Deutsch-Chinesisches Wörterbuch*, Shanghai 1945.
④ 上揭傅吾康著、胡隽吟译《德国青年汉学家》,第84页。

职,后来由于他妻子祖辈的犹太血统,而遭解职。之后他作为涂料产业工会(IG Farben)的经济-政治方面的顾问常住北平。1943年在他的家里也经常举办一些有关汉学的报告会。其中卫德明做了一系列有关《易经》的报告,不久这些报告便以《易经八论》的书名结集出版,①这本小册子后来成为西文中流传最广的《易经》入门书。② 后来福克司曾不无尖刻地说,卫德明"从汉学家转到了政论家"。罗文达当时也偶尔去听听卫德明的报告,他也讽刺地戏称此类的报告会是"相互吹捧俱乐部"。③

在福克司家举办的汉学研讨班一直持续到1944年的3月份,此后便不再举办了。这之后,德语国家的汉学家们也不再举办什么定期的活动了。

1942年的时候,蒙古学家海西希的到来,使在北平的德国汉学家的圈子又得以扩大。他是从东北辗转来到北平的,之后住在艾锷风家附近的一个四合院中,在那里傅吾康和王锦第曾在1939至1940年一起住过。海西希对蒙古研究充满了激情,很快便跟福克司联系上了。他们俩的很多研究领域都是交叉的,后来海西希也在《汉学集刊》上发表过论文。

福克司注重细节的研究,理解专业的学术话语,除了专题性的研究之外,也很少做宏大叙事式或很一般性的演讲。但他有时又不得不做一些妥协。1942年4月14日他在德国使馆做了一场有关中国地图学的报告,对于大部分是外行的听众来讲,依然是极具启发性的。傅吾康当时刚刚30岁,不太善于辞令,也特别害羞,当使馆给他安排报告时,他真的不知如何是好。他周围的朋友们都来劝他,劳琛给他建议说,让他将已经写好了的报告先在他家预讲一次。傅吾康乐意地接受了。之后朋友们给他提了一些建议,这样,他便能在毫不胆怯的情况下做了一场有关"中国的国家观念"的报告,这实际上是在重复他父亲的一些观点和内容。第一场被安排在天津,之后在上海,最终是1943年4月21日在北平。

上文提到的燕京大学的罗文达博士,他出生于什未林(Schwerin)的一个犹太家庭。1930年在柏林大学新闻学专业博士毕业之后不久,罗文达就预见到了纳粹德国将要出现的灾难,及时离开了那里。来到北平之后,他在燕京大学谋得了一个讲师的职位,并取得了中国国籍。他人很谦虚,友

---

① Wilhelm, Hellmut, *Die Wandlung, Acht Vorträge zum I Ging*, Peiping 1944.
② Wilhelm, Hellmut, trans. by C. F. Baynes, *Change, Eight Lectures on the I Ching*, NY: Pantheon Books, 1960.
③ Franke, Wolfgang, *Im Banne Chinas: Autobiographie eines Sinologen* 1912-1950. S. 137.

图 16-3　1939 年在北平的汉学家与中国学者的合影,自左而右依次为:方志澎、傅吾康、Woelters、法国出版商 Vetch、Hope-Johnston［?］、杨宗翰、Francis Cleaves、艾锷风(手里抱着他家佣人的孩子)、艾锷风家的佣人、卫德明

好,特别容易让人接近。他在北平北城找到了一个很简单的住处,很快便跟傅吾康、福克司以及卫德明一家交上了朋友。傅吾康认为,由于罗文达没有受到很好的学术训练,并不是一个很好的学者,不过他所做的一切都很扎实。1943 年 7 月傅吾康还跟罗文达一道骑车去通州看了李贽的墓碑。

后来由于罗文达在经济方面困难重重,在北平的生活都成了问题。为了能够帮助他,傅吾康在征得了福克司和海西希的同意后,交给了罗文达一个以学会的名义资助的研究项目。因为罗文达的俄文很好,而他们三个却对俄文只略知一二,或根本就一窍不通,翻译出俄文文献中有关蒙古-中国关系的研究论文,特别是明代的,对他们三个的研究来讲都很有意义。鉴于此,罗文达翻译了卡扎克维奇的论文"中国军队远征蒙古史的文献来源"。① 不仅仅是俄文的论文,俄罗斯著名汉学家璞科第的著作也由罗文达翻译出版了。璞科第在 19 世纪 80 年代末在北京任沙俄的外交官,后曾

---

① Kasakevich, "Sources to the History of the Chinese Military Expeditions into Mongolia", in: *Monumenta Serica* 8(1943), pp. 328-335.

担任华俄道胜银行董事,由于有着共同的汉学研究兴趣,他跟福兰阁成为朋友,一直到1954年傅吾康整理出版他父亲的回忆录时,才晓得这段以往的友情。

1939年以后,有很多的美国汉学家来到北平,特别是哈佛选送了很多学生到北平学习。美国汉学家贾德纳也正是从这年起,每月邀请所有在北平的西方汉学家们到他家中聚会,这其中也包括一些在柏林跟随海尼士教授写过博士论文的德国和比利时的神父们,如圣言会的叶德礼,圣方济各会的 Hermes Peters 和 Beatus Theunissen。这样的活动,确实扩大了傅吾康的汉学圈子。

1941年初傅吾康在艾锷风家中认识了荷兰的外交官、汉学家高罗佩,他当时在北平仅作短暂逗留。长期居住在北平的有1941年春季和夏季来这里的拿哈佛奖学金的美国人海陶玮,他是文学理论家,以及罗越的邻居、芮沃寿和芮玛丽夫妇。因为芮玛丽本人做清史研究,他们夫妇很快跟福克司交上了朋友。后来在珍珠港事件爆发之后,这些美国学者作为日本人统治下的战争敌人而处境险恶,不久这些美国汉学家就被运到山东隔离了起来。

1945年战争结束后,很多在山东被拘禁的美国人重新又回到了北平。芮沃寿和芮玛丽夫妇也得以回来。由于芮玛丽和福克司对清史有着共同的研究兴趣,他们建议在1946年成立一个研究清史的学术机构:清史研究会,傅吾康也成为会员。从1946年1月底至6月间,研究会每隔两个礼拜在一个会员家中召开一次研讨会,由负责的主人准备一个相关的题目。德国人中除了福克司和傅吾康之外,还有海西希、卫德明,此外有:芮玛丽、潘克甫教授,苏联使馆的齐赫文斯基博士,多济各会的 Beatus Theunissen 博士,被誉为"清史研究第一人"的学者萧一山,版本和文献学家吴丰培(玉年)。

九、汉学研究

在福克司的帮助和启发下,傅吾康搞到了17、18世纪的几份"诰命",并以此为基础进行研究。福克司曾在日本的《史学研究》上发表过《范文程(1597—1666)之诰命》的德文论文,[1]他认为这一题目非常值得深入研

---

[1] Fuchs, Walter, „Fan Wen-ch'eng und sein(1597-1666) Diplom", in: *Shigaku kenkyū* Vol.10(1939), No. 3, pp. 14-36.

究。于是傅吾康查访了北京图书馆的相关文献,特别是故宫博物馆文献馆的档案资料,发现了很多的这种"诰命"。1941 年底,傅吾康撰写了《清代世袭制度中之"诰命"》一文,后来发表在《华裔学志》上。① 年轻汉学家的每一小步进步,都受到老汉学家的鼓励。福兰阁在读到这篇文章的抽印本之后,在 1943 年 2 月 21 日的回信中写道"有关世袭之'诰命'的研究已收到,这是一篇漂亮的有关文化史研究的小文,像其他专门史研究的课题一样,帮助我们认识真实的观念,而遗憾的是,这样的研究在政治档案中几乎总是缺失的。"②

另外一篇有关清代的研究是受艾锷风的启发写成的。艾锷风曾作为中间人向一位德国医生推荐了清代著名学者阮元的画像,傅吾康也从中获益,他买到了一份阮元的书法作品以及阮氏所收藏的一把扇子。正是这些阮元的遗物引发了他的"思古之幽情",并完成了《阮元(1764—1849)》一文。③

后来,傅吾康又使用中文文献做了有关晚清时期的外交政策之研究,1943 年他发表了一篇题为〈近百年来有关满清外交政策之中文文献〉的英文短文,④5 年以后他又将此文扩展成一篇 20 页的德文论文。⑤

福兰阁的巨著《中华帝国的历史》的书稿只截止到元代,他当时年事已高——1943 年时他已有 80 岁的高龄——不再可能继续写下去了。实际上福兰阁早有这样的打算,希望子承父业,整部著作的明、清两部分由傅吾康来完成。福克司也鼓励傅吾康将研究方向定在明清。傅吾康朝这一方向迈出的第一步便是在 1940 年底购买了印刷本的明代历史资料的汇编《明实录》,后来他在中德学会的西文刊物《汉学集刊》上发表了《明各朝实录的纂修及现存抄本考》一文。⑥

---

① Franke, Wolfgang, "Patents for hereditary ranks and honorary titles during the Ch'ing Dynasty", in: *Monumenta Serica*, Vol. VII(1942), S. 38-67.

② Franke, Wolfgang, *Im Banne Chinas: Autobiographie eines Sinologen* 1912-1950. S. 118.

③ Franke, Wolfgang, „Juan Yüan(1764-1849)", in: *Monumenta Serica*, Vol. IX(1944), S. 53-80.

④ Franke, Wolfgang, "Chinese Documentary Publications concerning the Foreign Policy of the Last Hundred Years", in: *The XXth Century*, Shanghai 1943, pp. 311-313.

⑤ Franke, Wolfgang, „Chinesische Quelle zur auswärtigen Politik des 19. und frühen 20. Jahrhunderts", in: *Sinologica* Vol. 1, No. 3, Basel 1948, S. 210-230.

⑥ Franke, Wolfgang, „Zur Kompilation und Überlieferung der Ming-Shih-lu", in: *Sinologische Arbeiten* 1(1943), S. 1-46. Chinesische Inhaltsangabe 明各朝实录的纂修及现存抄本考 in: *Chung Teh Hsüeh Chih* V(1943), S. 373-380.

由于受到上文提到的罗文达所翻译的卡扎克维奇的文章的启发,傅吾康将视野扩展到了明代与蒙古的关系,写了《永乐北征蒙古》一文。① 同样,在这一研究领域,由于受到当时燕京大学历史学教授洪业的指点,他完成了有关曾任兵部右侍郎的于谦的文章。② 在写作有关于谦的文章的同时,傅吾康也跟胡隽吟、杨宗翰一起于1944年11月探访了北平西裱褙胡同的于谦的祠堂——于忠肃公祠。这里原本是于谦在北京的住宅,英宗复辟后,于谦以"谋逆罪"于天顺元年(1457)被害。成化二年(1466)才特诏追认复官,将此故宅改为忠节祠。当时此处祠堂已经荒废很久了。

十、学会汉学著作的出版

1940年底和1941年中从德国派来了中德学会三位汉学家的事实表明,学会从事的汉学研究工作不仅仅是被容忍的,而是被希望加以发扬光大的。因此学会也将重印德国汉学家的汉学著作,或出版学会成员的汉学书籍看作是重要任务之一。这之后学会就影印了锡乐巴的德文汉学专著《北京附近之大觉寺》(Hildebrand, Heinrich, *Der Tempel Ta-chüeh-sy bei Peking*, Berlin 1897),锡氏系著名的建筑师,曾在德国驻华公使馆任职,后为湖广总督张之洞聘为铁路顾问。1898年后他出任胶济铁路总工程师,除了修建青岛至济南450公里长的铁路外,还曾设计过青岛的德华银行和青岛火车站。《大觉寺》一书对寺院的结构和建筑做了详细的描述,书后的碑文德译文大都是由当时在德国公使馆任职的佛尔克提供的。寺庙的历史可以追溯到11世纪,在19世纪晚期那里成为德国天主教圣言会(SVD)神父们在夏季的疗养地。其次学会还出版了甲柏连孜的重要古汉语语法专著《汉文经纬》(Gabelentz, Georg von der, *Chinesische Grammatik*, Leipzig 1881),此书附有作者的跋以及汉学家柴赫的补注。此外,学会还将福兰阁在非学术期刊上发表的汉学论文影印出版:《中国文化与历史选刊》(Otto Franke, *Aus Kultur und Geschichte Chinas. Vorträge und Abhandlungen aus den Jahren* 1902—1942)。自1943年起,学会也开始出版自己的汉学刊物《汉学

---

① Franke, Wolfgang, „Yunglo's Mongoleifeldzüge", in: *Sinologische Arbeiten* 3(1945), S. 1-54.

② Franke, Wolfgang, „Yü Ch'ein, Staatsmann und Kriegsmeister", in: *Monumenta Serica* XI(1946), S. 87-122.

集刊》(*Sinologische Arbeiten*),主要用来刊载学会中的汉学家们的学术论文,一共出了三期。

十一、所交往的其他中国学者

1939年末艾锷风的老朋友杨宗翰来到北平,他后来担任中德学会的中方会长多年。杨氏出身于蒙古八旗,非常有才干,也具有强烈的传统意识。他毕业于清华大学,具有极高的中文修养,又于1921年赴哈佛大学进修政治学,获得了学位,因此跟其他中国学者比较起来,他更具有国际视野。他的英文相当流利,也有些德文和法文的基础,西方古典文字他都略知一二。他熟知西方文化的脉络和思想的源流,在跟中国人、欧洲人乃至美国人打交道方面,他都很在行。杨宗翰极少自己主动发表什么东西,往往是在别人的要求下才动笔写作。他曾应艾锷风的请求,写过有关元代书法的文章,显出了他的功底。杨氏曾在北京大学、师范大学做过教授,并曾任北大外文系主任、川大文学院院长等职,后来他在中华教育文化基金董事会之编译委员会任职,直到1940年末该委员会终止。杨宗翰也定居在了北平。

自从福克司当上了中德学会的会长之后,学会的德方成员得到了使馆的许可,他们可以在家中邀请一些与学会有关的中国社会名流。福克司本人是一位理想的东道主,每每使来访者"不知何处是他乡"。以这种方式,傅吾康结识了当时的一批名人。如张燕卿——张之洞之子,此人在30年代曾出任伪满实业部大臣;北平首任市长何其巩,他也创立了私立中国大学;汤芗铭,早年出任过海军中将的国民党元老,日伪时期曾被迫出任北平治安维持会会长;以及同济大学校友、曾任汪伪国民政府天津市长的周迪平。通过杨宗翰的关系,傅吾康也认识了《清史稿》的编者之一的张尔田,张氏系一位传统的中国文人。

十二、学会图书馆建设

在中德学会的预算中一直有一部分钱是用来购买在德国出版的最新德文图书的,由于谢礼士自己的特殊关系,中德学会基本上都是通过设在慕尼黑的一家书店购置的。谢礼士本人是受过严格训练的图书馆馆员,因此他也将学会图书馆中的书管理得井井有条。由于学识方面的缘故,由谢理士在德国订的书其重点在德国文学方面,特别是有关歌德的图书很多,也很全面。

这些图书,也包括后来洪涛生在他的杨树岛印刷厂(Pekinger Pappelinsel-Werkstatt)用影印的方式印刷的一些德国文学典籍(如凯勒[Gottfried Keller, 1819—1890]的《绿衣亨利》等),增加了傅吾康在文学方面的修养,一度他曾沉浸在德国古典文学的世界里。至1943年,学会图书馆共藏有图书4,400余册,成为当时中国"藏有德国人生科学书籍最完备之图书馆矣"。①

图书馆本来也是由傅吾康来管理,后来由于书籍越来越多,工作量也越来越大,只能聘请专人来管理。1942年经过几次失败的教训后,学会聘请了刘东元来做这项工作,他曾在学会学过多年的德语,基础不错,也结了业。后来他一直做到1945年夏天学会解散,之后在由北图托管时期,他也一直负责这批图书。

十三、在北平的生活

傅吾康来中国之前,以及在1938至1939年间,他父母总共给了他合计1万帝国马克的生活费用。由于他一直在中德学院任职,这些钱他也就省了下来。1940年4月22日他在离北侧城墙很近的宝钞胡同北面的碾儿胡同1号,买了一处房产。因为按照当时的规定,外国人(传教士除外)除了在租界和使馆区以外,严禁以自己的名义拥有地产。因此,傅吾康是找他的同事顾华作为中国代理而购买的。后来他也仿照颇有中国传统艺术修养的艾锷风和福克司家里的陈设,给他的四合院房子配了花梨木的中式家具。这之后,傅吾康真的成了一位地地道道的"北京人"了。

之后由于工资的提高,傅吾康有可能逐渐建立起自己的图书馆。最早的时候,他所收藏的文献基本上是跟清代历史,特别是晚清外交有关的。后来他接受了父亲的建议,由他续修《中华帝国的历史》的明清部分,他也开始集中精力阅读、收集有关明史的文献。他在当时听从了福克司的提议,即按照当时北平地方的习惯,在某一个礼拜的固定日子和时间,傅吾康

---

① 胡隽吟《中德学会与中德文化》,收入:胡隽吟译编《德国学术论文选译》,香港:和记印刷有限公司,1981年,第23—34页。此处引文据第31页。

在家中专门接待不同的书贩。他告诉这些书贩们他的兴趣所在,他们则向他推荐相关的书籍。这样他便可以在汗牛充栋的书的海洋中找到一些跟他的研究相关的文献了。当时购书的具体程序是这样的:傅吾康首先将他感兴趣的书留下,之后再慢慢瞧,从文献学的角度仔细研究一番。如果他真想买某一本书的话,那么在书贩第二次来访的时候,他会询问价格。通常的情况下,书贩在头一次会给出一个很高的价格。傅吾康会跟他讨价还价。买成一本书常常需要书贩来访好几次,双方都做了让步之后,他们最终达成共识。正是通过这一方式,傅吾康买到了很多种非常难得的明刻本古籍,这些珍本、善本著作,以及许多研究性文献和相应的笔记,也成为他后来有关明史研究的资料来源。同时他也乐于听取有经验的中国文献学家如吴丰培(当时也是中德学会的会员)以及藏书家谢国桢或版本学家赵万里等人的意见或建议。

当时在北平岂止是书籍,艺术品以及稀奇之物的市场也有很多,艾锷风和福克司可以说是这些方面的行家了。而傅吾康对此兴趣不是很大,除了为他的住房买了些古典花梨木家具之外,还买了些价钱比较便宜的明清字画和瓷器。

1939 年由胡隽吟的父亲胡万吉(稚卿)留德时的同学杨丙辰介绍,胡女士开始为《研究与进步》译稿,并负责一些编辑工作。不久,傅吾康就跟胡隽吟相爱了。自 1941 年起中德学会正式聘用胡隽吟为常务编辑。此时傅吾康跟胡女士的关系已经很明确了,不过按照当时帝国的法律,日耳曼人是不可以娶非雅利安人为妻的,否则的话傅吾康就得被迫辞去中德学会的职务。傅吾康自己也承认:"由于跟隽吟的友谊,中国文化及中国的生活方式对我来讲就更亲近了!"[1]直到 1944 年 9 月他们才正式订婚,1945 年 3 月在战争结束之前,终于结为百年之好。从此傅吾康跟中国的关系,从朋友变为了亲戚,就更亲密了。

傅吾康后来解释为,一种精神的活力系附着他们俩。在后来的近五十年的婚姻生活中,傅吾康一直感到非常幸运![2]

1945 年 8 月之后,中德学会关门,傅吾康和胡隽吟夫妇都没了工作,不过依靠多年的积蓄,短时期内的生活还不成问题。秋季之后,北平的局势

---

[1] Franke, Wolfgang, *Im Banne Chinas: Autobiographie eines Sinologen* 1912-1950. S. 106.
[2] Ebenda, S. 126.

基本稳定,他们考虑要一个孩子。1946年7月16日他们的第一个孩子在北平出生了,是个女儿。不久便传来了福兰阁在家乡去世的噩耗。因此他们给女儿取名 Renata,中文名:復生,希望老父亲乘愿再来的意思。

战后美国的公众意见也希望中国和平发展,马歇尔以杜鲁门总统特使的身份来中国进行调停,想使国共双方捐弃前嫌,化干戈为玉帛。傅吾康也一度想弃学从政,真正为中国的前途做些事。1946年4月马歇尔调处在北平设立的军事调处执行部招干事,傅氏欣然前去应聘。但最终很可能因为他是德国人而没能成功。看来他做学者的命运并非轻易可以改变的。

十四、身份认同——大抵心安即是家

在中国生活了三年多之后,特别是有了中国女朋友之后,傅吾康的身份认同也发生了变化。1941年1月27日他在给父母的信中写道:

> 从某些方面来讲,我现在已经被"汉化"了。一方面,这是这么多年我一直从事跟中国有关的工作使然,另一方面,我的本性跟这里的一切,也非常默契。因此,自从我踏上了这块土地的第一天起,我就有了回到家的感觉!①

而在六年以后的1943年8月12日,傅吾康在给父母的信中写道:

> 我在这里的环境跟大部分其他的欧洲人士相比,与中国的世界更为接近,更为密切。跟在北平的汉学家们相比,也是如此。毋庸讳言,我自己也以最强烈的方式感受着这一文化的影响。从而也具有了从另外一个视角审视欧洲的能力。现在能如此透彻地认识这许多事物,以至于我已经不可能重新回到原先那充满成见和片面性的生活中去了。如果我们生活在五万年前的话,那肯定会比现在容易得多!另一方面,我也不愿意成为一个亚洲人,越是与我周围的环境亲近,我就会越加清晰地认识这里的一切。我自己亦愈加清楚地知道,我与他们之间的差别。我不愿像其他人一样陷入到这两个世界之中去,而完全没

---

① Franke, Wolfgang, *Im Banne Chinas: Autobiographie eines Sinologen* 1912-1950. S. 109.

有了自己的立场。但我却清楚地意识到,我的立场在哪里,这一点我真的要感谢你们,这是你们在有意和无意之间教给我的,从做各类小事开始,一直到责任感、独立思考的培养,这些都为我在思想方面深入探究周围的环境,并为我的行为打下了一个人类学的基石。①

尽管傅吾康热爱中国,熟悉中国,但他那欧洲人文、人类学的视角却从未改变过,对他来讲,有意思的是既生活在两个世界之间,又不至于丧失自我的立场。

十五、圣言会在西山的疗养院

从1941年起,傅吾康再去西山游览的时候有了新的落脚点:圣言会(SVD-Steyler Missionare)——辅仁大学从1933年起就是由此休会接替本笃会(OSB-Order of St. Benedict)继续兴办的——早在日本人占领北平之前就在北安河附近,也就是离大觉寺仅几步之遥的地方购置了一座小寺院——建于明天顺五年(1461)的普照寺。这里特别是为那些在中国长年传教的休会神父们提供疗养的场所。因为这些神父常常一辈子都生活在中国,只有在很特殊的情况下才会回他们在欧洲的老家。后来"普照禅林"更名为"普照院",被改造为大约10个客房,并且有一个冷泉水的游泳池,这是以前寺院所留下来的。当时的普照院由圣言会的满恩礼神父负责。② 满神父多年来一直在山东传教,那时他已经年近花甲,满脸的络腮胡子也已经全白了,给人一种令人敬畏而又和蔼的感觉。满神父为人谦虚,友好,善良。因为北平当时是在日本军队的实际控制之下,而这一带又是游击队——八路军经常出没的地方,因此对满神父来讲,要灵活地同各方打交道,以避免陷入与某一方的冲突之中。这里是圣言会的地产,满神父同周围的邻居相处得也甚是融洽,从来没有与谁产生过纠纷。由于华北战事愈演愈烈,从其他省区来普照院疗养的神父也愈来愈少,满神父得到了上级的许可,也接受其他客人在此处短期或长期的住宿要求。

---

① Franke, Wolfgang, *Im Banne Chinas: Autobiographie eines Sinologen* 1912-1950. S. 129.
② 有关满恩礼神父的生平,见:雷立柏编《在华SVD传教士列传(1879—1955年)》(ad usum internum tantum),第89页。

1940年8月傅吾康第一次由八大处出发，经三家店、寨口，到普照院，就是在那里过的夜。之后再从山中回北平。每年农历的四月初一和十五，傅吾康都会去妙峰山逛庙会。1941年他第一次在这个季节乘车从北平经北安河，去了普照院。从那里又走了3—4小时，便爬上了妙峰山，傍晚的时候从山上下来，在满神父那里住了下来。第二次是在6月间，他乘车去碧云寺，并从那里徒步漫游至普照院。同年9月他还第一次骑车，经由黑龙潭、温泉，大约用了两三个小时之后，也看了所有的地方。之后，日本人在温泉设了岗哨，在未经许可的情况下，其他外国人随时存在着被扣留或被遣送的危险。因此他后来再去温泉的时候，就改走了朝北走向的、迂回曲折的田间小道，有时他也跟福克司或其他朋友一起去那里。即使有时不愿登上妙峰山的话，在周围散散步也让人有赏心悦目的感觉。

西山的秀丽景色在早年也给福兰阁留下过深刻的印象，那是1889年的夏天，当时在公使馆作翻译生的福兰阁第一次到风景宜人的西山大觉寺避暑，他在晚年的时候回忆道：

> 我们那时在高耸陡峭的山脚下的大觉寺中租了几间房，并布置了起来。尽管这些两千米上下的山峰上的树木不多，但雨季之后所形成的汹涌澎湃的溪流，流入深深的谷底和沟壑之中，构成了美丽的景色。从山顶远眺，广袤的山地尽收眼底。这一山脉围绕着华北平原，向北往下延伸，一直过渡到蒙古高原。……只要时间允许的话，我就会从大觉寺进入山中，不过在寺院中观看和尚们做佛事、唱佛赞，也让我获益匪浅。①

跟父亲一样，傅吾康对西山情有独钟，那里一直是他郊游和修身的好去处。直到晚年傅吾康在回忆到北平的生活时，依然忘不掉山明水秀的西山、淡雅的普照寺、风格质朴的大觉寺……后来他每次到北京，只要时间允许，都会到那里小憩。

---

① Franke, Otto, *Erinnerungen aus zwei Welten. Randglossen zur eigenen Lebensgeschichte*. Berlin: Walter de Gruyter & Co. 1954. S. 53.

十六、超越政治的羁绊

傅吾康写道:"一个由德方资助的学院当然是不可能与德国的政治导向为敌的,必须要做一些妥协,比如悬挂希特勒的像等等。"①他同时指出,实际上德国使馆并不关心学会内部的具体事务。② 尽管有一些批评的声音,但他们还是坚持了下来:

> 原则上来讲,学会与使馆取得了一致的意见,亦即政治宣传不应当是中德学会的任务。相关的合作只能与中国人而非日本当局进行。日本的一些激进的德国纳粹党员曾强烈批评中德学会在与日本合作方面的缺陷。③

尽管傅吾康曾向北平的纳粹党部提出过申请加入纳粹的请求,但因为当时欧洲战事已起,他的请求必须通过德国的"党部"批准,后来此事便不了了之。1944年9月22日他跟胡隽吟正式订婚之后,当时在北平地区的"党部"书记——德华银行(Deutsch-Asiatische Bank)的白迟客得知这件事之后,向傅吾康友好地解释道,与中国人结婚是违反党的原则的。傅吾康也顺便要求撤回了自己的申请书。

从本质上来讲,跟父亲福兰阁相比,傅吾康并不把政治看作生命的重要部分。当时傅吾康在日本侵占统治的政局下,在北平所从事的研究基本上是不涉及日本、德国和中国三方面的政治和军事的。④ 在论及他这一代与乃父之间的差别以及自己的秉性时,傅氏写道:

---

① Franke, Wolfgang, *Im Banne Chinas: Autobiographie eines Sinologen* 1912-1950. S. 66.
② Ebenda, S. 111.
③ Ebenda, S. 111.
④ 詹森·托马斯对傅吾康所认为的中德学会是一个纯粹的学术机构提出质疑,他认为:"作为一个接受纳粹政府经济资助的组织,尤其是在1940年正式成为德意志学院的分支机构后,它起到了越来越多的政治宣传的作用。不过,由于该学会远离纳粹政治中心,相比当时德国国内的文化机构而言,拥有更多的自主决定的空间,在一些情况下,德国和中国的学者也因此受益。"詹森"北京中德学会在1933年至1945年间所从事工作的几点说明与质疑",载马汉茂等主编《德国汉学:历史、发展、人物与视角》,郑州:大象出版社,2005年,第176—193页,此处引文见190页。

我父亲乃是一位地地道道的外交官,在他的人生中政治至关重要。即使在家中他也总是衣冠楚楚,从不马虎,他的举止考究、自信,富有尊严,从不狂妄。对其自身也不会听之任之。在很大程度上他算得上是19世纪晚期绅士之典范。跟我父亲正相反,对我来说,政治是一个陌生的世界。我更向往无拘无束,在衣着方面常常不修边幅,举止亦笨拙不堪。我甚至很少考虑什么是体面,而更愿意顺其自然。①

当时中德学会图书馆也有一些被纳粹明令禁止的书籍,对此,这些书也只是被放在特别的地方而已。在学会1940年底印制的德文图书目录中,这批书被印在附页上。在邮寄这些图书目录的时候,学会根据不同的收件人而决定是否将附页也一并寄去。晚年的傅吾康依然记得一件惊心动魄往事:1943年德国公使考德——当时是南京德国使馆的二号人物,并且德国政府已于1941年7月承认了汪伪南京政府——来北平访问时,也到了中德学会参观。在查看图书馆的中文图书时,考德随手抽出了一本本来不应当放在那里的译本,那是在德国早已被禁止的雷马克的《西线无战事》的中译本。公使很平静地将书放回了原处,没有说什么。傅吾康当然很是担心,不知道之后会发生什么事情。不过后来什么也没发生,傅吾康所不知道的是,考德此时已是反纳粹运动的成员。1950年他们在德国再次见面时,考德又提到这次在北平的小小插曲,并告诉了傅氏其中的内幕。

十七、短暂的日本之行

在战争期间,由于德国和日本的特殊关系,傅吾康有机会到日本去跟日本汉学家进行交流。1943年9月他去了日本,主要想收集与《明实录》相关的善本或与《明史》有关的原始文献之手稿。他在东京参观了著名的"东洋文库"(Tōyō Bunko),并被允许使用那里的图书馆。当时在那里有关汉学方面的资料之丰富,是中国任何一家图书馆所望尘莫及的。遗憾的是,他每天中午必须中断阅读,以便准时回酒店用午餐。由于中午耽误了时间,他晚上不得不忍着饿,很晚才回去。通过福兰阁的关系,傅吾康也结识了后来出任"东洋文库"总经理的榎一雄(Enoki Kazuo),他当时已经是

---

① Franke, Wolfgang, *Im Banne Chinas: Autobiographie eines Sinologen* 1912-1950. S. 1.

一位颇受人尊重的年轻学者了,主要在一家学院教书。他推荐傅吾康去了几家著名的私人藏书楼,包括静嘉堂文库(Seikadō)、尊经阁(Sonkeikaku)以及上野(Ueno)藏书楼。傅吾康在这些图书馆中找到了很多对他的研究来讲非常重要且珍贵的书籍和手稿。后来傅吾康一生亦未中断与榎一雄的联系。

经汉堡时期的老同学、当时任德意志文化学院(Das deutsche Kulturinstitut)院长的查赫特介绍,傅吾康也参观了当时并不对外开放的宫廷图书馆内阁文库(Naikaku)和图书寮(Toshoryō)。他也在东京千代(Kanda)的书店买了很多极有价值的汉学书籍,这些书籍后来是通过在日本的德国使馆的外交邮件寄回到北平的。

在京都,傅吾康访问了那里的著名汉学研究所:东洋文化研究所(Tōyō Bunka kenkyūjo)及其所属的图书馆。在京都大学,傅吾康拜会了校长大人,并与著名汉学家羽田亨(Haneda Tōru)进行了长谈。在汇文堂(Ibundō)书店,他也购买了很多的图书。

这是傅吾康在中国停留13年间唯一一次离开中国,40天后他又回到了日夜等待着他归来的胡隽吟的身边。同时,这次的日本之行可谓是硕果累累,傅吾康在1944年和1945年所发表的有关《明实录》的论文续篇〈再论明实录编纂及流传〉①以及〈明实录编纂及流传补遗〉②,就是日本访书的成果。

十八、杏坛春暖及成都两年

由于中德学会隶属于在慕尼黑的德意志学院(Deutsche Akademie),而这一机构就是后来歌德学院的前身,因此推广德语也是其重要的任务之一。傅吾康所组织的德语夜校也取得了很大的成绩。1940/1941年冬季学期共有学员184人,而夏季学期则有111人参加了语言班。傅吾康当时任二年级的语言课,在他的班中就有当时在辅仁读书的王光美,她后来成为

---

① Franke, Wolfgang, „Weitere Beiträge zur Kompilation und Überlieferung der *Ming Shih-lu*", in: *Sinologische Arbeiten* 2(1944), S. 1-29.

② Franke, Wolfgang, „Nachtrag zur Kompilation und Überlieferung der Ming Shih-lu", in: *Sinologische Arbeiten* 3(1945), S. 165-168.

刘少奇的夫人。①

从1945年春天起,傅吾康受聘于辅仁大学。一开始他在那里给四位对汉学感兴趣的圣言会神父开了一个有关汉学的研讨班,他们分别是穆天民、卜恩礼、石眉鸣以及山尚德,后来他们也都在汉学方面做出了很大的贡献。从此年的秋季学期开始,他又为一些历史系的硕士生开设了有关明史的研讨班,1946年他还同这些学生一道骑自行车去了位于玉泉山北麓的代宗朱祁钰的陵园,著名的景泰陵。

傅吾康的岳父大人胡万吉在一战期间曾留学德国柏林的农业高等学校,也曾在柏林大学的东方语言学院教过汉语。回国以后,曾任文职。鉴于他跟当时任四川大学和华西大学的政治学教授萧公权的关系非同一般,他通过这一渠道为傅吾康谋得了这两所大学的位子。当时大学给他提供的是一个副教授的职位,在征求了他在北平的朋友们的意见之后,傅吾康写信要求一个正教授的位子,不久他便获得了这个职位。1946年9月19日傅吾康乘飞机飞抵重庆,在大学里他又见到了早年在汉堡时的中文教师商承祚,当时他在大学里任德国语言文学的教授。之后傅吾康辗转到达了此行的目的地——成都。

在成都,经萧公权的介绍,傅吾康认识了在这两所大学任中文系教授的闻宥(1901—1985),他同时也是中国文化研究所(Chinese Cultural Studies Research Institute)的所长。傅吾康很快便跟闻宥成为朋友,并且也在研究所任职。闻宥本人非常重视西方和日本汉学家所取得的成就,这也是在他的研究所为什么收藏有欧洲汉学专业杂志——整部《通报》的缘故。研究所由哈佛-燕京学社(Harvard Yenching-Institute)资助,并且出版西文的刊物《汉学研究》(*Studia Serica*, SS)。该研究所也同其他逃亡到成都的教会大学共同出版以中文为主的期刊《中国文化汇刊》(*Chung-guo wen-hua hui-k'an*, *Bulletin of Chinese Studies*, BCS)。傅吾康主要是协助编辑部的工作,并且为这两份刊物撰写文章,这当然也是他的兴趣所在。当时在研究所的也有后来非常有名的学者,如从事古典诗歌研究的缪钺,他是哈佛毕业的历史学家杨联陞的内兄,人很好,也比较容易接近。

傅吾康同时也用英文为两所大学中文系的学生开设汉学文献选读课程,因为中文系学生的英文知识非常有限,并且大部分学生由于受到过中

---

① Franke, Wolfgang, *Im Banne Chinas: Autobiographie eines Sinologen* 1912-1950. S. 116.

文的传统教育,所以对于现代学术思维和论证的一套完全不能领会。闻宥和傅吾康都希望通过汉学方面的培养,让这些学生克服单一训练的方式。在学生听不懂的情况下,傅吾康尽量用中文来解释,但这样的努力收效并不大。尽管如此,对学生来说,也多了一个理解中国学术的崭新维度。

在川大傅吾康被安排在史地系,系主任一度是历史学家、古文字学家徐中舒教授,他被公认为是中国古代史方面的专家。在系里任教的有曾在哈佛博士毕业的时任省博物馆馆长的冯汉骥,省图书馆馆长蒙文通等名流。傅吾康当时教授的课程是"中西交通史",从地域上来讲,所谓的"西"是汉族中国以西的所有地区,从时间上来讲,一直持续到前现代。当时由于西文资料缺乏,准备起来颇费了些功夫。此外他还讲授"德国历史"课程,他所依据的是魏以新翻译的《德国史纲》,①此书1935年作为"中德文化丛书"由商务印书馆出版,当时在成都还能买到。当然,他还增加了一些其他的材料,包括他在上学时老师所讲的德国史的内容。第二年他开始讲授明史,此时他接受了妻子胡隽吟的建议,不再用英文而改用中文授课。

在成都期间,傅吾康也经常到城中拜访由比利时本笃会神父创立的"中西文化研究所",尽管他们之间的信仰不同,但相互之间却能很好地相互理解。

旧书店自然不能逃过傅吾康的视线,他在成都也淘到了一些在北平买不到的书籍。比如1934年由申报馆出版的丁文江等编的《中华民国新地图》,②这是当时最好的地图册了,他也是在成都以合适的价格买到的。

在成都,傅吾康还认识了在1919年五四运动时期激烈的反孔文人吴虞,当时吴氏已经是70多岁的老者,威风依然不减当年,只是在保守的四川老家他不那么受人爱戴而已。

最令人高兴的事情莫过于"他乡遇故知"了,傅吾康在成都又见到了他在柏林求学时的老师雷兴教授。雷兴教授自1935年起任加州大学伯克利(Berkeley)分校的东方语言学教授,并于1946年入了美国籍。他在1947年2月至7月间在成都作为期几个月的学术研究。他对福兰阁的帮助一直感激涕零,因为当时他之所以能在柏林当上教授完全仰仗福兰阁的推

---

① Haller, Johannes, *Die Epochen der deutschen Geschichte*, Cotta, Stuttgart, 1928.
② 该地图集英文名为:*New Atlas of China*,系中国最早的现代地图集。是为了纪念《申报》创刊60周年,由丁文江、翁文灏、曾世英编制,1934年由上海申报馆出版的。

荐，那个位子原本是提供给福兰阁的，而他却荐举了雷兴。在学术方面，雷兴教授给予了傅吾康诸多的启发。他也与傅吾康一家建立了亲密的私人关系，当 Renata 施洗的时候，雷兴便作为她的教父。

在学术研究方面，傅吾康一刻也没有放松过。在成都的一段时间里，使他见到了以往在北平所未曾见到的后方的一些汉学研究成就。1947 年他在《中国文化汇刊》上发表了英文的文章《战争期间（1937—1945）中国后方的汉学研究》的论文。① 徐中舒教授提醒傅吾康注意有关 1457 年于谦遭诬陷以谋逆罪被杀一案的一份新文件。此前，有关此案傅吾康曾做过较为详尽的研究，写过一篇文章。根据这一新发现的文件，他又为《汉学研究》写了一篇德文的文章：《1457 年审讯于谦的一个文件》② 同一期的杂志还刊载有福克司和宾格尔的文章，后者也是用德文发表的。作为杂志系列的第一本英文专著，出版了罗文达翻译的璞科第有关明代与蒙古关系的专著。③《汉学研究》以及英文系列的专著，不仅仅在中国，甚至在国外也产生了重要的影响。艾伯华就曾对此刊物评论道："最后我不得不提到，在中国如此艰难的情况下，中国的西南大学在眼下世界被撕裂的状况下，捍卫了真正学术合作的理想，在他们的刊物中，发表了各种语言的论文，这不能不令我对此惊叹不已……"④

最让傅吾康感到自豪的是，他在北平多年来编纂的英文提要《明代史籍汇考》一书于 1948 年作为杂志丛书之一种出版。⑤ 这本 118 页的小册子后来也奠定了傅吾康在明史方面研究的国际地位。

成都也为傅吾康开辟了新的研究领域。闻宥教授向他介绍了那里特有的汉代墓葬文化。1948 年春天，傅吾康利用研究所给他提供的机会，在乐山待了五个礼拜的时间，实地考察了嘉定府所遗留下来的无数的汉代岩墓。随他同去的还有两位工匠，他们拓下了 50 多种浮雕纹饰图案，南京金

---

① Franke, Wolfgang, "Sinological Research Work in Free China during the War Period 1937-1945", in: *Chung-guo wen-hua hui-k'an*, *Bulletin of Chinese studies* (Chengtu-Nanking), 6(1946/47), S. 137-171.

② Franke, Wolfgang, „Ein Dokument zum Prozeß gegen Yü Ch'ien i. J. 1457", in: *Studia Serica* VI (1947), S. 193-208.

③ Pokotilov, *History of the Eastern Mongols during the Ming Dynasty from 1368 to 1634, Studia Serica*, Monogr. Ser. A, No. 1, Chengtu 1947.

④ Franke, Wolfgang, *Im Banne Chinas: Autobiographie eines Sinologen* 1912-1950. S. 160.

⑤ Franke, Wolfgang, *An Introduction to the Sources for the History of the Ming Dynasty*（1368-1644）, *Studia Serica*, Monogr. Ser. A, No. 2, Chengtu 1948, 118 S.

陵大学的杨枝高博士则向他指明了墓葬的确切位置。这次考察,对傅吾康来讲可谓是硕果累累,不久他便完成了两篇有关汉代墓葬的论文。① 在四川所做的金石学之田野考察,也为60年代以来他在东南亚大规模采集华文金石铭刻文献打下了基础。

在成都的两年时间里,傅吾康也与来自斯特拉斯堡(Strassbourg)的法国汉学家于儒伯交上了朋友,于氏曾就读于巴黎高等师范学院,于1947年被保送至北平的法国汉学研究中心当研究生。他们一道去了西藏的东部地区,这次为期一个月的旅行也是傅吾康一生中唯一一次在西藏的经历,给他留下了深刻的印象。他后来在《中国和东南亚游记(1937—1990)》中,②对此多有描述。

不久,傅吾康就收到了北京大学西语系教授冯至的邀请,希望他能到北大任德国语言文学的教授。这是因为卫德明接受了华盛顿大学中国历史的讲师职位,从而在北大出现了空缺。1948年9月傅吾康重又回到了阔别两年的北平。

十九、重回北平及告别中国

回到了疏阔两年之后的北平,傅吾康开始寻找他以前的德国汉学家朋友们,宾格尔、福克司、霍福民以及海西希都被遣送回去了。艾锷风跟他的中国妻子曾幼荷③去了厦门,之后在火奴鲁鲁的博物馆找到了中国艺术馆的职事一职,1950年以后他曾出任夏威夷大学东方美术学教授。马丁因其母亲是美国人,卫德明和他的犹太裔妻子,罗文达都去了美国,并在那边待了下去。卫德明自1953年起在华盛顿大学做了教授,一直到1971年退休。罗文达后来在康奈尔大学和佐治顿大学做了助教和讲师,之后离开学术界进入工业界。与傅吾康关系比较密切的人中,只有罗越单身一人还留在北平,他当时在清华大学做德语专业的副教授,住在工字厅外籍教师宿舍。

---

① Franke, Wolfgang, „Die Han-Zeitlichen Felsengräber bei Chia-ting (West-Ssuchuan)", in: *Studia Serica* VII(1948), S. 19-39; Franke, Wolfgang, „Gräber aus dem 2. Jahrhundert n. Chr. in Ssu-ch'uan", in: *Sinologica* 2/4(1950), S. 294-298.

② Franke, Wolfgang, *Reisen in Ost- und Südostasien* 1937-1990, hrsg. von Hartmut Walravens, Biblio Verlag, Osnabrück 1998.

③ 曾幼荷系1939级辅仁美术专修科毕业,之后留辅仁大学任助教。

此时的傅吾康唯有感慨"良友远离别,各在天一方"了。

傅吾康的大部分中国朋友还留在北平,只不过洪业和方志浵已经去了哈佛,顾华也离开了。不过中德学会还完好无损,由国立北京图书馆代管,在那里具体负责的是刘东元。在老朋友当中,他经常能见到的是冯至,冯教授以前曾任中德学会中方会长,傅吾康此次之所以能从成都回到北京,也是他促成的。现在他成了傅氏的直接上属。后任会长的杨宗翰以及任秘书的张天麟也常常能见到。张氏曾是德国的日耳曼学和教育学双料博士,当时任北京师范大学的教授。

在燕大,傅吾康经常看望的是历史学家齐思和、翁独健以及从哈佛来的中国佛教学者陈观胜。在清华大学他除了时不时地探望罗越之外,他也常去拜访陈寅恪。在北京图书馆,他同袁同礼一直保持着亲切的关系。

在北大,傅吾康除了在西语系教歌德的《浮士德》和尼采的《查拉图斯特拉如是说》之外,他也在郑天挺任系主任的历史系开设了明代中蒙关系的研讨班。由于当时政局动荡,个人的前途未卜,这一阶段傅吾康在汉学研究方面的进展不大。不过,他还在为璞科第的《明代(1368—1634)东蒙古史》做"引得与更正",后来被列入了《汉学研究》研究专著系列而在北平得以出版。① 此书在语言方面,也得到了年轻的美国汉学家帕森斯的润色。

由于《汉学研究》是用西文印刷出版的,在北平印制显然要比在成都具有很多优势。因此闻宥建议由傅吾康负责此书在北平的印刷工作。第 8 卷(1949)和第 9 卷(1950)就是由傅吾康主编的,并且刊载了他的两篇论文。其后,鉴于当时的时局,杂志的继续已经不再成为可能。

当时有很多的西方汉学家依然住在北平。法国人在北平于战争中建成的"中法汉学研究中心"(Centre Franco-Chinois d'Etudes Sinologiques)也成为法国汉学家到中国来的据点。当时任主任的是韩百诗,中心还有语言学家李嘉乐,出生于维也纳的道教专家康德谟以及曾跟傅吾康游历过西藏的于儒伯。法国汉学圈子里也有修会的汉学家,如吴德明,他是耶稣会的汉学家,后来在汉赋研究方面,独树一帜。

美国汉学家中,有傅吾康在柏林时的同学金守拙,他当时已经是耶鲁

---

① Franke, Wolfgang, Addenda and Corrigenda to Pokotilov's "History of the Eastern Mongols during the Ming Dynasty from 1368 to 1634", Studia Serica, Monogr. Ser. A, No. 3, Chengtu-Peiping 1949, 95 S.

大学的教授了。此外,曾因翻译冯友兰《中国哲学史》而名噪一时的卜德也在北平,后来他转向中国近代史研究,对美国中国学打破传统汉学狭隘的学科界限,摆脱欧洲传统汉学之影响,起到了很大的作用。

在北大,傅吾康的德国同事是傅汉斯,他是一位移民至美国加州的德国古典语文学家的后代,曾在斯坦福大学和伯克利接受了教育。当时傅汉斯在北大教授拉丁语、德语和西方文学。傅汉斯后来认识了在北京大学担任昆曲和书法教师的昆曲表演艺术家张充和,之后与其结婚。张充和是著名作家沈从文的小姨子,张家祖籍为安徽合肥,其曾祖张树声官至两广总督,曾有"采西人之体,以行其用"的著名主张。

傅吾康的家也成为很多汉学家落脚的地方。他在家中接待了雷兴在加州的弟子鲁道夫以及他的老师西门华德。西门教授还算比较及时地离开了纳粹德国,在伦敦亚非学院任院长一职。他在中文和藏文语言学方面的贡献,是其他汉学家很难达到的。

由于其研究范围在明清,傅吾康一直跟清史专家保持着非常好的关系。回北平之后,他还专门拜访了当时作为外交官的清史专家齐赫文斯基,后来此人对苏联的东亚政策制定起到过非常关键的作用。

当时西方汉学家们的聚会改在了英国文化委员会(British Council)中进行,其组织者是该委员会的主任、英国著名汉学家费子智。在那里聚集了各国的汉学家,也经常举办各种各样的学术报告,如卜德的"托尔斯泰与中国",山口(Yamaguchi)①的"日本汉学",李维义的"西藏活佛",李华德有关佛教的题目,傅吾康也在这里做了有关川西汉墓的报告。

还有一些国外的汉学家也是傅吾康在当时的北平常常能遇到的,这包括瑞典人毕汉斯以及日本人今西春秋(Imanishi Shunjū),作为日本著名的满文文献研究家,今西给了傅吾康很大的帮助,特别是他有关《起居录》的论著,给傅氏的《明实录》研究以极大的启发。

1950年1月11日,傅吾康与胡隽吟的第二个孩子出生了,这是一个儿子。傅吾康以他死去的伯父命名之,Peter,中文名则叫作傅新生。

在中国的学者中,跟傅吾康关系比较密切的有曾在格廷根从瓦德施米特读过博士的季羡林,当时季氏是印度学教授,也是东语系的主任。两人从此结下了一生的友谊。1950年8月傅吾康回到德国之后,在从汉堡去玛

---

① 此人可能为:山口察常(1882—1948)。

堡(Marburg)参加德国东方学家大会的归途中,专门在格廷根停留了几个小时,将季羡林1945年仓促离开德国时未来得及带走的书籍,托运回了中国。① 历史学家、北大图书馆馆长向达先生,日耳曼学者田德望也常常与傅吾康见面。当时他还有幸在清华园吴晗的家中拜会了这位明史专家,那时吴晗刚刚完成《朱元璋传》的写作。令傅吾康惊叹不已的是吴晗家中的卡片系统,他将《明史》中众多的一手文献里相应的引文,都逐条用卡片的形式分类给出,做的时候颇费功夫,而使用的时候却非常方便。

1949年初,罗越又回到了慕尼黑民族学博物馆东亚部任职,同时也跟他的家人团聚。其他的德国朋友也都在考虑回国的事宜。早在1948年秋季,傅吾康就申请了香港大学汉学系教授的职位,这是原先在成都时认识的此时已经在港大做教授的病理学家侯宝璋先生转告他的。不过,战后在英国殖民地的大学中,是不可能由一个德国人出任汉学系教授的,此事最终当然是没能成功。

战后的德国汉学界也是百废待兴的局面,汉堡大学自然也不例外,由于颜复礼本人在第三帝国期间加入过纳粹,成了党的积极分子,战争结束后他被迫退出教授的位子。这一位子当时从学术方面的考虑,福克司是再合适不过了的,只不过他也曾一度加入过纳粹党,因此并不在考虑的范围内。由于雷兴从美国伯克利写给汉堡大学的一份既正面又客观的推荐信,傅吾康成了这一教授的人选。问题是尽管傅氏拥有民国政府教育部1946年核发的正教授资格的证书,但这在德国并不被认可。海尼士反对对傅吾康的任命,理由是傅氏并没有按要求在德国做过教授资格论文(Habilitation)。(哈斯在德国重新获得了教授席位之后,也希望他的朋友卫德明能重返德国做教授——其间卫氏已在西雅图获得了教授的位子——他的努力也成了徒劳。)值得庆幸的是,1949年6月傅吾康在北平等到了汉堡早在3月就正式发出的任命书,他得到了汉堡大学汉学系教授的职位。

1950年5月傅吾康离开了他生活、工作过的中国。来北平时只是孤寂一身的傅吾康,此时携妻带子(此时已有一女一子)回到了阔别十三载的汉堡。

---

① Franke, Wolfgang, *Im Banne Chinas: Autobiographie eines Sinologen 1950-1998*. Dortmund: Projekt-Verl., 1999, S. 4.

二十、尾　声

傅吾康在中国的这些年间,除了做研究、写作、编杂志之外,就是教书,可谓杏坛春暖,桃李盈门。他是位有独立见解的学者,其学术研究的动机和出发点,是基于对中国和中国文化的热爱。

马汉茂在傅吾康晚年的回忆录《为中国着迷》一书的序言中写道:

> 傅吾康以其对汉语出神入化的掌握程度,长年来获得的有关中国的知识和文化的坚实根基,每每令吾辈折服。因为这些能力对我们战后一代的汉学家来讲是望尘莫及的。他同样令人信服的具有多年来在北平所铸就的一位历史学家的国际视野,正是这样的国际视野决定了他的《中国手册》(China Handbuch)的编撰方案。①

也正是因为有了这样一个国际视野,傅吾康才得以继承并发展了乃父对中国历史的研究成就。与福兰阁关于19世纪以前在一个相对封闭的东亚文化圈内发展的中国的研究相比,傅吾康关于明清以及近代历史的研究,特别是对中国通过种种决裂和危机走向现代化过程的探索,正是这样的一个世界性眼光的体现。因为明清以降的中国历史,再也离不开世界了。而这样的一个国际视野,在很大程度上是这段在中国十三年之久的宝贵人生经历和深切体验所铸就的,这一点无疑是许多一直在德国从事研究工作的汉学家所难以望其项背的。

附录一、1937—1950 年傅吾康汉学论著目录

缩略语及刊物说明:

A　Aufsatz 论文

B　Besprechung 书评

H　Herausgabe 主编

---

① Martin, Helmut, „Der Graben und die Einebnungsbestrebungen", in: Franke, Wolfgang, *Im Banne Chinas: Autobiographie eines Sinologen 1912-1950.* 2., bearb. Aufl.-Dortmund: Projekt-Verl., 1997(Edition Cathay; Bd. 11). S. iii.

M　Monographie 专著

V　Vortrag 演讲稿

Z　Zeitungsartikel 报纸文章

MS　*Monumenta Serica*, Peking

OLZ　*Orientalische Literaturzeitung*, Leipzig

OR　*Ostasiatische Rundschau*, Hamburg

SS　*Studia Serica*, Chengtu

1937

1. B　J. Jaspersen, *Do Mau. Arbeit und Abenteuer eines deutschen Chinakaufmanns*, OLZ 1937, Nr. 5, Sp. 331—332.

（书评）一个德国的中国贸易商之工作与历险（J. Jaspersen 著）

2. B　Grover Clark, *China am Ende? Fünf Jahrtausende chinesische Kultur, Gesellschaft, Religion, Politik und Wirtschaft*, OLZ 1937, Nr. 10, Sp. 647—651.

（书评）中国是否穷途末路？五千年中国之文化、社会、宗教、政治与经济（Grover Clark 著）

3. Z　„China im Aufbau", *Kölnische Zeitung* 16. 7. 1937（Morgen-Ausg.）.

（报纸文章）建设中的中国

4. Z　„Die Lage in Nordchina. Wie der Konflikt entstand", *Kölnische Zeitung* 4. 8. 1937（Morgen-Ausg.）.

（报纸文章）华北的局势。冲突之所以形成

5. Z　„China und der Rätebund", *Kölnische Zeitung* 5. 10. 1937（Morgen-Ausg.）.

（报纸文章）中国与解放区

6. Z　„Nordchina nach der Eroberung", *Kölnische Zeitung* 23. 11. 1937（Morgen-Ausg.）.

（报纸文章）被征服后的华北

7. Z　„Der chinesische Seezoll", *Kölnische Zeitung* 29. 12. 1937（Morgen-Ausg.）.

（报纸文章）中国海关

1938

8. A　„Bericht über Ausgrabungen in China seit 1930", *MS* III（1938）, S. 659-666.

（论文）自 1930 年以来的有关中国出土文物的报告

9. A „Veränderungen im chinesischen Universitätswesen als Folge des japanisch-chinesischen Konfliktes", *Geist der Zeit. Wesen und Gestalt der Völker* (Organ des DAAD), 16. Jahrg., Januar 1938, S. 57-58.

（论文）由于日中冲突而引发的中国大学性质之改变

10. B Werner Eichhorn, *Chou Tun-I. Ein chinesisches Gelehrtenleben aus dem 11. Jahrhundert*, *OLZ* 1938, Nr. 2, Sp. 126-128.

（书评）周敦颐——11 世纪一位中国学者之生平（Werner Eichhorn 著）

11. B P. Bertram Schuler, *Altes Erbe des neuen China. Ein Beitrag zur Verständigung von West und Ost*, *OLZ* 1938, Nr. 11, Sp. 707-709.

（书评）新中国的古老遗产。论西东之沟通（P. Bertram Schuler 著）

1939

12. B Charles S. Gardner, *Chinese Traditional Historiography*, *Yenching Journal of Social Studies* II (1939/40), S. 141-143.

（书评）中国传统之史学（Charles S. Gardner 著）

13. H *Yen-chiu yü chin-pu (Forschungen und Forschritte)*, ab 1940 *Chung Te Hsüeh Chih*, 1939—1944 Mitherausgeber.

（主编）《研究与进步》（1940 年起改为《中德学志》）

1940

14. A "The Younger Generation of German Sinologists", *MS* V (1940), S. 437—446. Chines. Übers. in: *Chung Teh Hsüeh Chih* III/1 (1941), S. 78—91.

（论文）德国青年汉学家

1942

15. A "Patents for Hereditary Ranks and Honorary Titles during the Ch'ing Dynasty", *MS* VII (1942), S. 38—67.

（论文）清代世袭制度中的告封

16. B Otto Jörgens, *Chinesisch-Deutsches Taschenwörterbuch*, *Chung Teh Hsüheh Chih* IV (1942), S. 538—541 (in Chinesisch).

（书评）袖珍华德辞典新编（中文）（Otto Jörgens 编）

17. B　Johannes Bühler, *Deutsche Geschichte* I-III, *Chung Teh Hsüeh Chih* IV(1942), S. 707—709(in Chinesisch).

（书评）德意志史（第一至三卷）（中文）（Johannes Bühler 著）

18. M　*Titelverzeichnis chinesischer Übersetzungen deutscher Werke*, Peiping: Deutschland-Institut 1942(zusammen mit Dschang Schao-tien).

（专著）德籍汉译存目（同张绍典合编）

1943

19. A　„Zur Kompilation und Überlieferung der Ming-Shih-lu", *Sinologische Arbeiten* 1(1943), S. 1—46. Chinesische Inhaltsangabe in : *Chung Teh Hsüeh Chih* V(1943), S. 373—380.

（论文）明各朝实录的纂修及现存抄本考

20. B　„ Inhaltsangaben der chinesischen sinologischen Arbeiten in Chung Teh Hsühe Chih", *Sinologische Arbeiten* 1943, S. 163, 165—166, 167—169.

（书评）《中德学志》所载中文汉学论文提要

21. B　"Chinese Documentary Pulications concerning the Foreign Policy of the Last Hundred Years", *The XXth Century*, Shanghai 1943, S. 311—313.

（书评）近百年来有关外交政策的中文文献

22. H　*Sinologische Arbeiten*, 1943—1945.

（主编）汉学集刊（1943—1945）

23. V　„Der chinesische Staat in Vergangenheit und Gegenwart", *Collectanea Commissionis Synodalis in Sinis* VI(1943), S. 479—488(Vortrag, gehalten in Peking am 26. April 1943).

（演讲稿）中国国家的过去及现在

24. V　„Der chinesische Staatsgedanke"(Vortrag, gehalten vor der [NOAG] Zweiggruppe, *NOAG* 63(1943), S. 42—50).

（演讲稿）中国的国家思想

1944

25. A　„Juan Yüan(1764—1849)", *MS* IX(1944), S. 53—80.

（论文）阮元（1764—1849）

26. A　„Weitere Beiträge zur Kompilation und Überlieferung der *Ming*

Shih-lu", *Sinologische Arbeiten* 2(1944), S. 1—29.

（论文）再论明实录编纂及流传

27. B   W. Fuchs, *Der Jesuiten-Atlas der Kanghsi-Zeit*, *Chung Teh Hsüeh Chih* VI, 1/2(1944), S. 331—334(in Chinesisch).

（书评）康熙皇舆全览图研究（中文）（W. Fuchs 著）

28. B   „Inhaltsangaben der chinesischen sinologischen Arbeiten in Chung Te Hsüeh Chi", *Sinologische Arbeiten* 2(1944), S. 200—201.

（书评）《中德学志》所载中文汉学论文提要

29. B   Gideon Ch'en, *Tso Tsung T'ang. Pioneer Promoter of the Modern Dockyard and Woollen Mill in China*, MS IX(1944), S. 250—251.

（书评）左宗棠（陈其田著）

1945

30. A   „Yunglo's Mongoleifeldzüge", *Sinologische Arbeiten* 3(1945), S. 1—54.

（论文）永乐北征蒙古

31. A   „Nachtrag zur Kompilation und Überlieferung der Ming Shih-lu", *Sinologische Arbeiten* 3(1945), S. 165—168.

（论文）明实录编纂及流传补遗

32. B   „Inhaltsangaben der chinesischen sinologischen Arbeiten in Chung Te Hsüeh Chih", *Sinologische Arbeiten* 3(1945), S. 184—186.

（书评）《中德学志》所载中文汉学论文提要

33. H   *Kleines Deutsch-Chinesisches Wörterbuch für den Anfang*, 1. Aufl. zus. Mit Sun Yun-chen, 1939; 2. vermehrte Aufl. unter Mitwirkung von Ku Hua und Ilse Martin, Peiping: Deutschland-Institut, 1945.

（主编）德华常用小字汇（与孙用震合编）

1946

34. A   "Sinological Research Work in Free China during the War Period 1937—1945", *Chung-guo wen-hua hui-k'an*, *Bulletin of Chinese studies* (Chengtu-Nanking), 6(1946/47), S. 137—171.

（论文）战争期间（1937—1945）中国后方的汉学研究

35. A   „Yü Ch'ein, Staatsmann und Kriegsmeister", *MS* XI（1946）, S. 87—122.

（论文）于谦——政治家及兵部尚书

1947

36. A   "Preliminary Notes on the Important Literary Sources for the History of the Ming Dynasty（1938—1644）", *Chung-guo wen-hua hui-k'an*, *Bulletin of Chinese studies* VII,（Chengtu-Nanking）, 7（1947/48）, S. 107—224; *Studia Serica*, Monogr. Ser. A, No. 2, Chengtu 1948, 118 S.

（论文）明史要目解题初稿

37. A   "Frescos of the Ming Period in a Temple near Chengtu", *SS* VI（1947）, S. 192.

（论文）成都附近一座寺院中的明代壁画

38. A   „Ein Dokument zum Prozeß gegen Yü Ch'ien i. J. 1457", *SS* VI（1947）, S. 193—208.

（论文）1457 年审讯于谦的一个文件

39. H   *Studia Serica*, associate editor, 1949—1950 editor zusammen mit Wen Yu.

（主编）与闻宥共同出版西文汉学期刊*Studia Serica*

1948

40. A   „O. Franke und sein sinologisches Werk", *Sinologica* 1/4（1948）, S. 352—354.

（论文）福兰阁及其汉学著作

41. A   „Die Han-Zeitlichen Felsengräber bei Chia-ting（West-Ssuchuan）", *SS* VII（1948）, S. 19—39.

（论文）嘉定（川西）之汉代崖墓

42. B   Robert des Rotours, *Traité des Fonctionnaires et Traité de l'Armé traduits de la Nouvelle Historie des T'ang*（chap. XLVI-L）, *MS* 13（1948）, S. 416—417.

（书评）有关官员和军队的法令：译自《新唐书》（Robert des Rotours 著）

43. B   „Chinesische Quellen zur auswärtigen Politik des 19. und frühen 20. Jahrhunderts", *Sinologica* 1/3(1948), S. 210—230.

（书评）19 世纪和 20 世纪早期对外政策的中文文献

1949

44. A   "Introductory Note on the New Chinese Latinized Script Sin Wenz (Hsin wen-tzu)", *SS* VIII(1949), S. 120—125.

（论文）有关中文新的拉丁文字——"新文字"的说明

45. M   Addenda and Corrigenda to Pokotilov's "*History of the Eastern Mongols during the Ming Dynasty from 1368 to 1634*", *Studia Serica*, Monogr. Ser. A, No. 3, Chengtu-Peiping 1949, 95 S.

（专著）Pokotilov 著《明代（1368—1634）东蒙古史》引得与更正

1950

46. A   „Gräber aus dem 2. Jahrhundert n. Chr. in Ssu-ch'uan", *Sinologica* 2/4(1950), S. 294—298.

（论文）四川公元二世纪时的墓葬

47. A   "Addenda and Corrigenda to Preliminary Notes on the Important Chinese Literary Sources fort he History of the Ming Dynasty(1368—1644)", *SS* IX(1950), S. 33—41.

（论文）"明史要目解题初稿补遗"引得与更正

附录二：中德学会出版的丛书和单行本一览表①

一、丛书系列：中德文化丛书

第 1 卷　贺麟等《魏兰之介绍》，上海商务出版社，1934 年。

第 2 卷　张富岁（译）《阴谋与爱情》，上海：商务印书馆，1934 年。

第 3 卷　刘均（译）《工作学校要义》，上海：商务印书馆，1935 年。

第 4 卷　魏以新（译）《德国史纲》，上海：商务印书馆，1935 年。

第 5 卷　刘均（译）《女青年心理》，上海：商务印书馆，1937 年。

---

① 本表主要依据《中德学会出版的丛书和单行本一览表》补充修订而成，原表见：马汉茂等主编，李雪涛等译《德国汉学：历史、发展、人物与视角》，郑州：大象出版社，2005 年，第 190—193 页。

第 6 卷　冯至(译)《五十年来的德国学术》,上海:商务印书馆,1937—1938 年。

第 7 卷　冯至(译)《给一个青年诗人的十封信》,北平:中德学会。

第 8 卷　杨丙辰(译)《论德国民族性》,长沙:商务印书馆,1939 年。

第 9 卷　魏以新(译)《斯托姆小说集》,长沙:商务印书馆,1939 年。

第 10 卷　魏以新(译)《德国史略》,上海:商务印书馆,1939 年。

第 11 卷　徐梵澄(译)《快乐的知识》,上海:商务印书馆,1939 年。

第 12 卷　杨丙辰(译)《汤若望传》,上海:商务印书馆,1942 年。

第 13 卷　徐梵澄(译)《哥德论自著之浮士德》,上海:商务印书馆,1940 年。

第 14 卷　关琪桐(译)《优美感觉与崇高感觉》,长沙:商务印书馆,1940 年。

第 15 卷　杨丙辰(译)《赫贝尔短篇小说集》,长沙:商务印书馆,1941 年。

第 16 卷　杨丙辰(译)《亲和力》,重庆:商务印书馆,1942 年。

第 17 卷　张星琅(译)《历史之地理基础》,重庆:商务印书馆,1942 年。

第 18 卷　关琪桐(译)《哲学论丛》,重庆:商务印书馆,1942 年。

第 19 卷　杨丙辰(译)《歌德短篇小说集》,重庆:商务印书馆,出版年代不详。

第 20 卷　常逊波(译)《拉奥空论》,重庆:商务印书馆,出版年代不详。

第 21 卷　王静如(译)《中国宇宙观念史》,重庆:商务印书馆,出版年代不详。

二、特刊系列:中德学会特刊

第 1 卷　张天麟主编/译《德国留学指导书》,北平中德学会,1937 年。

第 2 卷　王锦第(译),杨丙辰(校)《今日德国教育》,北平:中德学会,1938 年。

第 3 卷　弗立克《统一国家之德国》,北平:中德学会,1939 年(原文系英文,译者不详)。

第 4 卷　关琪桐(译)《德国现代思想问题》,上海,1938 年(原文系英文)。

第 5 卷　杨丙辰(译)《1933 年至 1939 年间德国之外交政策》,上海:商务印书馆。

第 6 卷　关琪桐(译)《德国的精神》,原作者、书名以及出版地、年月均不详。

第 7 卷　项子酥(译)《模范军人毛奇》,据胡隽吟:《德国学术》,版次见上,第 167 页,1945 年此译本在准备之中,译本出版年代和地点均不详。

第 8 卷　曹京实(译)《俾斯麦》,北平,1943 年。

三、在北平出版的德语辅助教材:"辅助德语教材刊本"和双语读物"中德对照丛刊"

- 孙用震《德华常用小字汇》",北平:中德学会,1939 年。
- 杨丙辰(译)《诗人伦慈》,北平:中德学会,1943 年(中德对照丛刊,卷一)。
- 崔亮(译)《海上魔旗》,北平:中德学会,约 1943 年(中德对照丛刊,卷二)。
- 吴兴华(译)《黎而克诗选》,北平:中德学会,1944 年(中德对照丛刊,卷三)。

四、在北平重印的德语汉学丛书

- Hildebrand, Heinrich, *Der Tempel Ta-chüeh-sy bei Peking*, Berlin 1897(锡乐巴:《北京附近之大觉寺》)。
- Gabelentz, Georg von der, *Chinesische Grammatik*, Leipzig 1881(甲柏连孜:《汉文经纬》)。
- Franke, Otto, *Aus Kultur und Geschichte Chinas. Vorträge und Abhandlungen aus den Jahren 1902—1942*(福兰阁:《中国文化与历史选刊》)。

五、杂志

- 《研究与进步》,第 1 卷(1939/1940),第 1—4 号,北平:中德学会,1939 年。
- 《中德学志》,第 2 卷(1940),第 6 卷(1944),北平:中德学会,1940 至 1944 年。

- 《汉学集刊》,第 1 卷(1943),第 3 卷(1945),北平:中德学会。

六、书目
- 《德籍汉译书目》,编者傅吾康、张绍典,北平:中德学会,1942 年。
- 《中德学会图书馆德文图书目录》,北平:中德学会,1940 年。

七、年鉴
- 1933 年至 1934 年年鉴,北京,1934 年。
- 北平中德学会会务概况,北平,中德学会,1935 年。
- 1935 年至 1936 年报告,北平,1935 年。
- 1936 至 1937 年年鉴,北平,1937 年。
- 1937 至 1938 年年鉴,北平,1938 年。
- 1938 至 1939 年年鉴,北平,1939 年。
- 1939 至 1940 年年鉴,北平,1940 年。
- 1940 至 1941 年年鉴,北平,1941 年。

八、展会目录
- 《纪念诗人席勒展》,天津/北平,北洋出版社,1934 年。
- 《德国当代印刷技术》,展览由北平国立图书馆和中德学会合办,参展名录,书籍和印刷品由中德学会制作,1933 年。
- 《德国木刻艺术的过去与现在》,展览由中德学会主办,时间为 1938 年 10 月。北平:中德学会,1938 年。

九、单行本
- 张富岁(译)《费斯克的判谋》,北平:中德文化协会。

第十七章
论顾彬《中国文学史》及其中国文学史观[①]

德国汉学家顾彬教授的十卷本《中国文学史》(Geschichte der chinesischen Literatur)自2002年由索尔出版社(K. G. Saur Verlag)出版以来,至今已经出版九卷,中文版自2008年由华东师范大学出版社出版以来,已经出版了七卷。德语的九卷出版之后,不仅在德语世界,在西方的其他地区同样也产生了比较大的反响。中文译本推出之后,国内的中国文学史界、汉学界都曾专门组织会议,与其中的几位作者进行对话。这些交流和互动无疑对推动中国文学史的研究起到了积极的作用,同时也彰显了中国文学的世界性意义。

从已经翻译成中文的七部来看,这套文学史的内容并非面面俱到。这是因为顾彬根本不想编写一套供读者查阅用的中国文学百科全书,而是想要通过对作品的分析告诉德语读者中国三千年来的文学成就。从这个层面来讲,顾彬所设定的"内容范围"(scope)我认为是达到了的。中国的文学史家可以从任何一个方面马上对这部文学史提出批评,可以说这部文学史有着偏激和片面的观点,内容上存在重大的遗漏,在分析文学作品时也没有选取那些我们认为是范文的例子等等。对中国文学史特点的认识可谓仁者见仁,但绝不是意味着仅仅通过所谓时代背景、作家生平、思想内容、艺术特色的程式化"范式"就可以归纳、概括的了的。本文拟从学术史上对顾彬文学史进行定位,同时也对他关于诗歌史和20世纪文学史的重要观点进行梳理,展示这套文学史的特点。

[①] 本文基于阅读顾彬的文本以及与他的多次谈话综合而成。没有特别注明出处的地方,常常是出自顾彬的谈话。特此说明!

一、顾彬之前的德语中国文学史的编纂

在顾彬主持编写的十卷本《中国文学史》之前,在德语世界已经有几种中国文学史的著作。德语世界中国文学史观的发展和变化与当时社会思潮的兴衰,文化观念的转化,以及文学、文化研究方法的更迭都有着关联。

下面我简单地对顾彬之前的几种文学史专著做一梳理。早在1854年,德国东方学家、语言学家绍特便出版了他于1850年在普鲁士科学院宣读的论文《中国文学的描述性纲要》。① 这部文学史实际上是一部中国文化史编年,书中论述了传统的经史子集四个部分。到最后仅用了不到5页的篇幅,论述了所谓的"纯文学"(schöne Literatur)。② 1902年著名汉学家格罗贝(又译作:顾路柏、顾威廉)出版了《中国文学史》,③这是一部具有划时代意义的文学史专著,尽管格罗贝的文学史观念同样比较宽泛,但他已经开始运用比较文学的方式,对中国文学进行阐释。

出生于奥匈帝国的奥地利诗人、作家、翻译家豪泽曾于1921年在柏林出版过《中国诗学》,④但由于他本人不是汉学家,因此这本书几乎没有产生过什么影响。卫礼贤在1930年出版了一部题为《中国文学》的书,⑤但是因为这本书是作为"文学手册"(Handbuch der Literaturwissenschaft)当中的一种,所以流传并不广,好像很少有人知道它。

---

① Schott, Wilhelm, *Entwurf einer Beschreibung der chinesischen Litteratur*. Eine in der König. Preuß. Akademie der Wissenschaften am 7. Februar 1850 gelesene Abhandlung. Von Wilhelm Schott. Berlin: Ferd. Dümmler's Verlagsbuchhandlung 1854. 126 Seiten.

② Ebenda, S. 114-119. 绍特在第114页的注3中指出:在这一部分下,我特别希望能展开来讲,但由于本书要求简明扼要,想进一步了解中国抒情诗的读者可以参考德庇时的一篇很好的论文:Davis, John Francis. "On the Poetry of the Chinese 汉文诗解". In: *Transactions of the Royal Asiatic Society of Great Britain and Ireland* 2.1 (1829): pp. 393-461.而有关蒙古人统治时期的历史小说以及舞台戏曲请参考巴赞既详细又引人入胜的论文: Bazin, „Le siècle des Youên, ou tableau historique de la literature chinoise, depuis l'avénement des emperuers Mongols jusqu'à la restauration des Ming(元代——从蒙古皇帝的继位到明代的光复这一时期的中国文学历史年表)". In: *journal asiaque*, band 16 und 17.

③ Grube, Wilhelm, *Geschichte der chinesischen Literatur*, Leipzig 1902/09.

④ Hauser, Otto, *Die Chinesische Dichtung. Mit 9 Vollbildern in Tonätzung*. Berlin: Marquardt & Co. Verlag-Anstalt(= Die Literatursammlung illustrierter Einzeldarstellungen, hrsg. v. Georg Brandes. 34. Bd.), 1921.

⑤ Wilhelm, Richard, *Die chinesische Literatur*, Wildpark-Potsdam 1930.

此外就是圣言会(SVD)的神父范佛翻译日本学者长泽规矩也的文学史:《中国文学史及其思想基础》。① 范佛翻译的这部文学史篇幅不大,自1945年在北平出版以来,又分别于1959年在Darmstadt、1983年在Hildesheim再版过。长泽是著名的"文献学家""版本学家"和"目录学家",因此,这样一本中国文学史对于德语读者来说是供查阅之用的。并且从严格意义上来讲,这部书的重点并不在文学史,而在于人文史。书中的很多内容对西方学者来说,明显是文献史的材料。顾彬对这样的"文学史"一直持批判的态度:"那种更注重于事实交代的文学史书写会不厌其详地罗列许多姓名,可是单单罗列作家和作品,并不能使文学史变得一目了然。"② 不过这部书有一个非常有用的附录,可以检索到很多当时在中国和日本新近发表的有关文学史的著作和论文。因此,长泽的这部书可以当作文学史词典来使用。因为它对作家和作品除了有简短的介绍外,还附上了汉字,是很好用的工具书。尽管范佛的德文不是那么优美,并且作为一本文学史,这本翻译的著作也不是很有趣,但一直到1983年这本书还在不断再版,这说明在德语世界急切需要一部新的文学史。总体来讲,从19世纪中叶开始到20世纪上半叶,德语世界的中国文学史基本上采用中国文化史的写法,文学仅仅处于从属于文化的地位,是文化史的一部分。

西文中的literature一词(德文为Literatur)是从拉丁文中的littera(意为"字母",复数形式为litterae)而来,而这一拉丁词早在古代就有"书本知识""文献""信件""博学""科学"的含义。而在法文和英文中,分别用lettres和letters作为"科学"的同义词。德文现代意义上的Literatur(文学)最早是17世纪从法文belles lettres翻译而来,当时翻译成galante Wissenschaften,后来在德文中开始使用schöne Literatur的概念。一直到20世纪初,德文中才去掉schön的形容词,Literatur才有今天"文学"含义。19世纪德国历史学家盖文诺斯撰写了5卷本的《德意志民族诗意文学史》,③在书名中作者在Literatur(文学)前用了两个限定语"诗意的"和"民族的",因此一直到此时"文学"的概念依然是广义的。在此套书出版不过十几年后,

---

① Geschichte der chinesischen Literatur und ihrer gedanklichen Grundlage, nach Nagasawa Kikuya, Shina Gakujutsu Bungeishi. Monumenta Serica Monograph VII by P. Eugen Feifel, Peking 1945.
② 顾彬著,范劲等译《二十世纪中国文学史》,上海:华东师范大学出版社,2008年,第62页。
③ Gervinus, Georg Gottfried, Geschichte der poetischen National-Literatur der Deutschen, 5 Bde., 1835-1842.

绍特便出版了他的《中国文学的描述性纲要》。而一直到20世纪上半叶的中国文学史，实际上仍然是文化史、文献史的书写方式。①

1990年，时任慕尼黑大学东亚文化与语言学系教授的施寒微出版了他那本厚达686页的《中国文学史》。②尽管作为宗教史家和历史学家的施寒微本人并没有真正研究过中国文学，但这部《中国文学史》还是提供了有关中国文学的诸多文献资料。这在当时差不多是德语世界中内容最为丰富的中国文学史大全。不过作为一部中国文学史，它的问题在于所引用的中文文献很少是一手的，大部分都是二手的，多为从英文转译过来的文学作品。

2004年，在威斯特法伦地区的明斯特大学汉学系的艾默力教授出版了一本新的《中国文学史》，③这是由艾教授牵头，由5位当时尚属少壮派的汉学家（除了艾默力之外，尚有慕尼黑的叶翰、波鸿的冯铁、普林斯顿的柯马丁以及慕尼黑的柯理［曾任北京歌德学院的院长］）共同参与编撰而成的。由于它的篇幅适中（正文395页），受到了一般读者和学生们的欢迎。正因为这本文学史的受众不是汉学家，而是一般的对中国文化和文学感兴趣的"门外汉"，所以这样一册在手，即可尽览五千年中国文学传统的文学史。但是这本文学史的体例不太统一，有些讨论过于专业化，如对楚辞格律的讨论，而有些特别重要的现代作家作品，如茅盾及其作品并没有得到比较详细的介绍。到了21世纪，德语世界召唤另外一种文学史。也正是在此时，顾彬主持编写的十卷本《中国文学史》(Geschichte der chinesischen Literatur)出版了。

二、顾彬中国文学史的编纂

实际上，顾彬从1988年就开始着手编纂这样一套中国文学史了，当时

---

① 相关的论述请参考：Arntzen, Helmut, *Der Literaturbegriff. Geschichte, Komplementärbegriffe, Intention. Eine Einführung.* Münster: Aschendorff, 1984.以及方维规《西方"文学"概念考略及订误》，载《读书》2014年第5期，第9—15页。

② Schmidt-Glintzer, Helwig, *Geschichte der chinesischen Literatur. Die 3000jährige Entwicklung der poetischen, erzählenden und philosophisch-religiösen Literatur Chinas von den Anfängen bis zur Gegenwart.* München 1990.

③ Emmerich, Reinhard (Hrsg.), *Chinesische Literaturgeschichte.* Stuttgart, Weimar: Verlag J. B. Metzler, 2004.

他还在波恩大学东方语言学院(Seminar für Orientalische Sprachen)中文系做教授。1995年他出任波恩大学汉学系的三任教授后,此项工作得以继续。在断断续续工作了20多年后,从2002年起,这套十卷本《中国文学史》开始陆续出版。其中七卷是文学史的写作,三卷是书目和索引:1.《中国诗歌史》;2.《中国皇朝末期的长篇小说》;3.《中国中短篇叙事文学史》;4.《中国古典散文》;5.《中国的美学和文学理论》;6.《中国传统戏剧》;7.《二十世纪中国文学史》;8.《中国文学作品德译目录》;9.《中国文学家传记手册》以及10.《索引》。作者除了顾彬之外,还包括了卜松山、莫芝萱佳、司马涛、陶德文、冯铁等在内的当时德语世界最活跃的一批汉学家们。从这一名单中也可以看出这套文学史巨著的权威性(authority)。顾彬不仅仅是一位学术组织者,他还是第一、六、七卷的作者以及第四卷的作者之一。其中前七卷文学史部分的中文译本也已由华东师范大学出版社在2008—2013年间出版了。

由于这是一部仅文学史著作就有七卷之多的鸿篇巨制,因此顾彬也特别重视这套文学史丛书的检索性。第八卷的《中国文学作品德译目录》至今尚未出版,但这样的一个目录可以告诉我们300多年以来德语世界对中国文学作品的翻译和接受情况。第九卷的《中国文学家传记手册》对于德语的读者来讲非常重要,因为要想全面了解一个中国作家,单靠文学史中的相关论述是远远不够的。尽管每一本书都有"索引"部分,但整体的一本索引依然很重要。在"索引"中可以查到每位作家的汉字姓名、生卒年以及在每卷相应位置的论述。由于顾彬主编的这套文学史是按照文学体裁来分类编写的专门文学史,因此对于一位在各种文学体裁都有成就的作家来讲,读者就要在不同的卷帙中去查找。比如苏东坡的诗歌在第一卷,对他的散文的论述在第四卷,有关他的文学批评的观点却要在第五卷去找寻。此外,每一卷的附录"参考书目"可以说是融代表性、针对性及权威性为一体,由于德语世界汉学家兼具多种语言修养,除了中文和英文的相关书目外,还有德文、法文以及欧洲其他一些语言的译本和研究论文,而这些是大部分中国学者和英语世界的学者所力不能及的。

(一)顾彬中国文学史的特点

这也许是迄今为止,除中文和日文版本之外卷帙最为浩繁的一部中国文学史巨著吧。这套文学史的第一个特点是形式上的创新,它打破了传统文学史按王朝年代顺序的叙事方式。实际上历史本身并不具有断代性,是后人硬给它分开的。例如有人编先秦文学史,有人编两汉文学史,有人编三国文学史等等。但断代文学史叠加在一起,并不能构成一个真正完整的、有机的文学史。以往的还原论者(Reductionist)认为,如果一个人理解了整体的各个部分,以及把这些部分"整合"起来的机制,你就能够理解这个整体。但实际的情况往往是"整体大于部分之和"。① 如果我们根本无法在单个神经元和突触的层面上理解认知的话,那么作为复杂系统的文学史也不可能按照笛卡尔的方法,从最简单和最容易理解的对象开始,进而理解整体的文学史。而按照分专题分别论述的方法,就能更集中地梳理出中国文学应有的脉络。从方法论上来讲,寻求主从,兼顾纵横,在具体安排上既不是凌乱的支离破碎,又不是简单的一刀切。这样做便于从整个文学历史发展的全局出发做出综合的考察与深入的研究。从内容上来讲,为这套"文学史"撰稿的这些德国汉学家们运用了西方百余年来在中国文学研究上所取得的成就,而这些正是中国国内学者所不易看到的。

  这套文学史的另一个特点是,顾彬在他的"文学史"中真正地将文学看成文学。19世纪、20世纪的大部分德语中国文学史,其实是一部部中国文化史。这些文学史作者所介绍的作品,并不仅仅是文学的,同时也包括历史的、哲学的,但很少对文学与哲学、文学与历史作明确的界定。也可能是受到中国传统文史哲不分家理念的影响,翻开这些学者的文学史,里面既有孟子,又有司马迁等,这些更应当是属于哲学史、历史的范畴。因此,顾彬在十卷本的第一卷的"导论"中明确指出:

    如果说迄今为止,一些一卷本中国文学史并未按照文学类型区分其评述对象,甚至将诸如哲学著作或历史著作之类的非文学类型都写进文学史中的话,那么,目前正在付印的十卷本中国文学史就拟定了一个明确的区分:每一种类型都应独自立卷,哲学和历史则被剔除在外。②

  顾彬的观点很明确,文学就是文学,历史就是历史,哲学就是哲学。近

---

① 请参考,米歇尔·梅拉妮著,唐璐译《复杂》(*Complexity: A Guided Tour*),长沙:湖南科学技术出版社,2013年。"前言",第1—2页。
② 顾彬著,刁承俊译《中国诗歌史》,上海:华东师范大学出版社,2013年,"前言",第1页。

代学科的分类使得文史哲必然要分开。此外,在现代文学中,他也反对将政治宣传强加在文学之中的做法:"一种高超的语言能力不一定要是非政治的,对抗战的积极参与也不一定要采取文学形式。"①在对象界定方面的明确性,并不意味着拒绝哲学和社会科学的各种方法的引入。这些理论方法拓宽了文学史研究者的视野,促进了思维方式的改变和观念的更新,进而从多元视角观照文学史。在具体的分析方法方面,顾彬文学史从哲学、历史乃至宗教学对文学文本进行分析,但文学史研究的对象是清晰的——中国文学的作品本身。我认为,这些方面正是这部文学史科学性和精确性的一个体现。

顾彬从来没有将中国文学与世界文学分离开来,这一点在《二十世纪中国文学史》中表现得尤为明显。在谈到民国时期的戏剧时,他写道:"假如没看过《现代戏剧理论》这本书,要想理解最早的杰出剧作家之一的田汉是完全不可能的,他借鉴了太多西方的东西,对西方影响下了很大工夫。"②斯丛狄是德国当代著名的文学理论家、批评家,他在《现代戏剧理论》(*Theorie des modernen Dramas*)一书中对1880—1950年间的西方戏剧做了系统的梳理。③ 顾彬进而指出:"田汉为了上演他的作品而组建了自己的剧社(南国社),我们只有从欧洲语境和他那个时代的精神出发才能理解他。"④在谈到作家茅盾的小说创作时,顾彬并不认为"死死抱住革命现实主义模式"就可以理解这些作品:"茅盾用叙事形式提出的现代人的问题似乎只能从'欧洲'出发才能得到理解。如果不对西方现代派有深入的了解,是不可能对茅盾有公允评价的。"⑤顾彬认为,熟悉西方的文学史和文学理论乃至思想史,是理解20世纪中国文学的关键。

这套文学史还有另外一个显著的特点,就是内容处理(treatment)方面的作品分析。20世纪的德语中国文学史大都是对中国文学作品的特点作定性说明,而不是做真正的文本分析。顾彬等这一批德国汉学家大都接受过日耳曼文学的专门训练,同时也继承了德国汉学语文学的传统,因此他

---

① 上揭顾彬著,范劲等译《二十世纪中国文学史》,第221页。
② 出处同上,第93页。
③ Szondi, Peter, *Theorie des modernen Dramas*. Suhrkamp, Frankfurt am Main 1956. Ab 7. Auflage (1970) unter dem Titel: *Theorie des modernen Dramas*. 1880-1950.
④ 上揭顾彬著,范劲等译《二十世纪中国文学史》,第94页。
⑤ 出处同上,第106页。

们的文学史包含了大量的中国文学作品的分析。顾彬认为,中国文学之所以成为经典文本,是在于其深刻性,而这样的深度是以何种方式表达出来的?又是如何创作出来的?这些必然要通过文本分析才能获得。他指出,之前的文学史之所以过时,是因为它们根本不能告诉德语的读者如何去欣赏一首唐诗。① 文学是没有国度的,尽管文学作品有着不同的主体和形态,但其中有很多共性的东西,只有通过作品的翻译、举例、分析,人们才能真正体会到文学的这一特点。如果说只是单纯罗列作者的生卒年、作品名,那根本不是一本真正的活的文学史,而是一本文学史料编年,是一种Chronik(编年史),其功用只能是作为供查阅的工具书而已。

(二)中国诗歌史

这套文学史的开山之作——也是最先出版的《中国诗歌史》(下面简称《诗歌史》),②在顾彬看来有着其历史的必然性:"如果现在把我的《中国诗歌史》作为首卷付印的话,那也并非出于作为编者和作者想要占据首位的虚荣心,而是处于历史的必然:众所周知,就是在中国,文学或文化也都是以抒情诗为其开端的。"③顾彬1976年出版了他的博士论文《论杜牧的抒情诗》,④并于1985年出版了《空山——中国文学自然观之发展》⑤,这些都是以诗歌为中心展开的。

顾彬认为,他的这部诗歌史有多个不同的目的,其中一个目的是要说明,中国到了宋代以后,特别是元、明、清三代,为什么不可能会有好诗出现。宋代以后的诗歌完全没有办法跟唐朝及以前诗人的作品相比。这说明宋代以后,中国思想史发生了巨大的变化,不再允许文人写好诗了,他们转到其他的文学形式上去了,比方说小说、戏曲、散文等等,特别是散文。这在很大程度上是因为他们处于不同时代,对社会、对自我、对文学的见解不一样。中古时代的唐代(7—10世纪),宗教和美学是不可分的。顾彬认为,唐末以前,文人与社会、世界的关系是美学的关系,这当然也包括哲学、

---

① 见顾彬与李雪涛对谈《"让东西方都拥有并保留自身的特征"》,收入:李雪涛《日耳曼学术谱系中的汉学——德国汉学之研究》,北京:外语教学与研究出版社,2008年,第195页。

② Kubin, Wolfgang, *Die Chinesische Dichtkunst*. München: K. G. Saur, 2002.

③ 上揭顾彬著,刁承俊译《中国诗歌史》,"前言",第1页。

④ Kubin, Wolfgang, *Das lyrische Werk des Tu Mu (803-852). Versuch einer Deutung*. Wiesbaden: Harrassowitz, 1976.

⑤ Kubin, Wolfgang, *Der durchsichtige Berg. Die Entwicklung der Naturanschauung in der chinesischen Literatur*. Wiesbaden: Franz Steiner, 1985 (= Münchener Ostasiatische Studien; 39).

宗教等等在内。但到了宋以后，文人与社会、政治、文学的关系不再是美学的了，而是伦理的关系。面对社会的问题，宋代的士人不再想从美学出发来解决了，而是从伦理的角度来寻求解决之道。这就是为什么到了宋以后，中国的诗歌会发生剧变的根本原因之一。所以，宋代人不能够再创造什么意境、意象了，他们的语言冗杂、繁复，虽然思想性不一定比唐代人差，但如果想要表达什么就径直告诉读者，他们不再需要什么含蓄了。顾彬认为，即使像苏东坡这样的宋代大文学家，他的诗歌成就也没有办法跟唐代的诗人相提并论，但他的词和散文写得还是相当出色的。如果今天我们只是从形式上来研究苏东坡的诗歌的话，那么我们会感到非常失望，但好在他是有思想深度的。跟唐代艺术的大气、自信相比，宋代艺术更趋于精致与紧缩。跟苏东坡同时代的黄庭坚的行书，奔放、挺拔、飘逸，甚得二王之精髓，但他的诗歌创作仅仅保留了外在的形式。

对顾彬来讲，《诗歌史》一书是由三条红线贯穿始终的："迄今为止被人忽视的宗教观点应当成为我的表述的三条线索之一。另外两条线索是把探讨'忧郁'在中国思想史或者文化史上的地位，以及探讨'个性'或者'个体'这样既困难、又讨厌的问题作为主题。"①

顾彬认为，在中国古代诗人当中，只有杜甫（712—770），我们可以将他看成是一个世俗的诗人，其他所有的诗人都是具有宗教背景的。《诗经》《楚辞》以及赋、乐府都是古代宗教生活很重要的一部分。随着佛教的传入，中世纪以后，诗歌中超逸的精神与宗教的思想有着密切的联系。在论及孟浩然与王维的时候，顾彬认为，他们的诗歌所体现的是佛教的"觉悟精神"（der erleuchtete Geist）。② 因此，宗教的视角（religiöser Aspekt）作为一根红线，贯穿着顾彬整个的中国诗歌史。

顾彬《诗歌史》另外两根红线，一条是"忧郁"（Melancholie），另一条是"个性"（Subjektives bzw. Individuelles）。实际上，对顾彬来讲，"忧郁"并不是一个新话题，因为中世纪的诗人，从三曹（汉魏时期曹操与其子曹丕、曹植的合称）到苏东坡以前，好像无论是哪一位中国诗人，他们都在说"愁"。那么"愁"是什么意思呢？他们又"愁"什么呢？顾彬一直在思考这样的一个问题。这个"愁"能够跟欧洲很晚才出现的那个完全没有明确渊源关系

---

① 上揭顾彬著，刁承俊译《中国诗歌史》，"前言"，第1—2页。
② Kubin, Wolfgang, *Die Chinesische Dichtkunst*. München: K. G. Saur, 2002, S. 171ff.

的"忧郁",也就是 Melancholie,进行比较吗?欧洲实际上是到了文艺复兴(14—17世纪)前后,才出现我们今天了解的那一种 Melancholie,忧郁。而在文艺复兴以前的中世纪,教会是根本不允许人们发愁的:一个修士如果发愁,那他就是在犯罪,因为神解决了所有人的问题,我们不应当再有什么需要忧愁的了。因此,在欧洲的整个中世纪,基本上没有谁敢发愁。反观中国的中世纪,尽管人们也受到了佛教、道教的影响,原则上可以不愁,但他们依然会时时刻刻将"愁"挂在嘴边,特别是李白,不仅要"长安不见使人愁",寻隐者不遇也要"愁倚两三松"。当然不只是他,还有很多其他的人,比如对曹操来说,也是"独愁常苦悲",不过他有"解愁腹,饮玉浆"的排解方式。而他的儿子曹植"慊慊仰天叹,愁心将何诉",就没有其父的潇洒了。顾彬一再提出来,这些中世纪的文人为什么愁?这愁又究竟说明了什么?

贯穿《诗歌史》的第三条红线是所谓的"个性"或"主观性",这也是一个非常棘手的问题。因为现在有不少西方的汉学家,特别是美国的汉学家们,一直想要证明中国在六朝、唐朝的时候就出现了这种主观性。顾彬认为这样的说法是没有任何根据的。欧洲其实到了18世纪末才产生了所谓的主观性思潮,并且只是一小部分人的主张而已,当时的主流思潮并不重视他们。到了19世纪,也不敢说有很多人知道主观性是什么,或者说主张主观性。实际上是从20世纪开始,至少从德国的情况来看是这样,才慢慢接受主观性的观点。当时大家都说主观性是一个好的主张,特别是68级西欧学生运动以后,我们才真正有了自己的所谓主观性。顾彬认为,从哲学、神学的角度来看,主观性是非常复杂的,没有办法将其简化成几句话。因此他希望通过《诗歌史》来进一步说明,至五四运动前后,在中国文学中基本上没有什么主观性的因素。如果有这类东西的话,研究者也应该小心加以对待,仔细审视当时的历史思想背景。比方说鲍吾刚就说过一句非常有意思的话,意思是:在宋朝以前,中国文学、哲学里面所有的"我"其实都是"我们"。这实际上跟欧洲的情况非常类似,以往德国的"ich"(我)是"wir"(我们)。一直到了歌德时代的18世纪下半叶,"ich"才真正成为"ich",而在这以前根本不是,诗人也都说"wir",不说"ich",如果说"ich"那也是"wir"的意思。

如果说中国学者在诸如文献和考据方面占据一定的优势的话,那么作为德国中国文学研究者的顾彬在理论、方法和分析方面见长。同时,比较文学的视角也是他审视中国文学史的一个重要方面。钱锺书在论及比较文学的目的时认为：

> 比较文学的最终目的在于帮助我们认识总体文学(littérature générale)乃至人类文化的基本规律，所以中西文学超出实际联系范围的平行研究不仅是可能的，而且是极有价值的。这种比较惟其是在不同文化系统的背景上进行，所以得出的结论具有普遍意义。①

德国学者的中国文学史研究，无疑也是比较文学的一种，从中可以看出人类的基本生活需求、情感、心理和思维结构的许多共同之处。顾彬《诗歌史》中的三根红线，既有超越时空的相似性研究（宗教性），也有所谓缺类研究（一国有，而另一国无的比较研究，如"忧郁"和"主观性"）。正是通过这种"异中之同"和"同中之异"的研究，才能真正凸显出中国文学的特质来。

在20世纪90年代的时候，有中国学者认为：

> 我们至今还甚少那种具有理论色彩的中国文学史著作，人们迄今所做的大多往往还只是对文学发展外在表象的、断续的描述，虽然也在局部的问题上有过一些较为深入的研究，然而却都没有达到对整个中国文学史抑或一段文学史作内在逻辑的流贯而完整的把握。如果从放眼未来长远发展的角度看待的问题，截至目前的中国古代文学史的研究，还仅仅处于欠科学的状态之中。②

我认为，顾彬以三条红线贯穿始终的《诗歌史》不失为对整个中国诗歌史"作为内在逻辑的流贯而完整把握"的很好的尝试。

（三）20世纪中国文学史

2005年顾彬出版了十卷本《中国文学史》中的其中一部《二十世纪中

---

① 转引自：张隆溪《钱锺书谈比较文学与"文学比较"》，载《读书》1981年第10期，第132—138页，此处引文见第135页。
② 王钟陵《文学史新方法论》，苏州：苏州大学出版社，1993年，第2页。

国文学史》。① 德文版仅正文就洋洋洒洒408页，再加上70页的附录（48页的参考书目以及22页的索引），蔚为壮观。译文由于种种原因被删去一些内容，但也达到近400页之多。

作为一个文学整体概念的20世纪中国文学，在大陆中国的语境下，是于1985年提出来的！陈平原、钱理群、黄子平三人在同年的5月联名在中国现代文学研究创新座谈会上宣读了一篇题为〈论"二十世纪中国文学"〉的论文，建议在文学史研究中建立一个"二十世纪中国文学"的概念。他们对此做了界定：

> 所谓"二十世纪中国文学"，就是由上世纪末本世纪初（指19世纪末20世纪初——本文作者注）开始的、至今仍在继续的一个文学进程，一个由古代中国文学向现代中国文学转变、过渡并最终完成的进程，一个中国文学走向并汇入"世界文学"总体格局的进程，一个在东、西方文化大撞击大交流中、从文学方面（与政治、道德等其他方面一起）形成现代民族意识（包括审美意识）的进程，一个通过语言艺术来折射并表现古老的民族及其灵魂在新旧嬗替的大时代中新生并崛起的进程。②

当时《读书》围绕这样的一个主题刊发了三位作者的一组谈话录，分为缘起、世界、民族、文化、美感和文体、方法六篇。在此之前，有意识地将不同类型、不同时代的文学放在一个世纪中来讨论是比较少见的。20世纪的中国文学实际上包括了：部分中国古典文学、近代文学以及现当代文学。因此，20世纪文学史实际上很复杂，它囊括了各种形态的中国文学形式和特点，而文学所关注的，无一不是政治问题的。

顾彬坦言道，他完全是从欧洲的历史和经验出发来思考20世纪中国文学史的。他在学习汉学以前，学过日耳曼文学以及其他相关的学科。那时他就开始关注欧洲各国的文学史，特别是诗歌的发展，包括法国20世纪的诗歌、意大利20世纪的诗歌，等等。如果单从诗歌来看文学发展的话，

---

① Kubin, Wolfgang, *Die chinesische Literatur im 20. Jahrhundert*. München: K. G. Saur Verlag, 2005. 中文版：顾彬著，范劲等译《二十世纪中国文学史》，上海：华东师范大学出版社，2008年。

② 陈平原、钱理群、黄子平《"二十世纪中国文学"三人谈·缘起》，载《读书》1985年第10期，第3—11页，此处引文出自"编者按"，第3页。

20世纪60年代所有的文学史家都普遍认为,1900年前后在欧洲文学上发生了很大的变化:人们没有办法拿新出现的一批作家们跟19世纪的作家们相比,新的作家们开始走上了一条崭新的道路。顾彬认为,欧洲到了1900年,以及1914年或者是1918年,经历了大的转折。因此,不论我们要了解20世纪初的文学,还是现代、当代文学,都应该从1900年前后出发,将之与1900年前的文学分开,因为之后真的进入了另外一个世界。正是基于对欧洲文学史的这一认识,顾彬才将这一观念运用到了20世纪中国文学史之中去。

顾彬认为,20世纪的头二十年发生了太多的事情,特别是1905年中国废除了科举制度,经学解体,这是具有划时代意义的。这以后培养出来的人才,代表了一种新的文化,一种新的意识。而1919年五四运动之后的文学,跟之前的更不一样。因此,在他看来,中国20世纪文学发展跟五四运动以前几百年、上千年的那个文学传统完全不是一回事,当然不应该混淆在一起。此外,他也承认,写这部《二十世纪中国文学史》也是为了方便起见。如果不单独来写这样一部20世纪的中国文学发展史的话,那么他的《诗歌史》就应当包括20世纪的诗歌了!顾彬并不认为中国古代的诗歌传统可以延续到20世纪。作为明显受到过西方很多流派诗人影响的北岛跟袁宏道、袁枚究竟有什么关联,或可比性呢?这样的问题会使他的研究内容变得异常复杂,没有条理。基于以上原因,他选择了《二十世纪中国文学史》的主题。

中国现代文学是在一个特殊的历史语境下产生的,而这个语境如果脱离了欧洲文学的西方语境,很难理解。因此,顾彬借用了斯洛伐克汉学家高利克的观点,认为:"20世纪的中国文学如果脱离了西方语境就无法被理解,……脱离了上述那种语境联系的这些阐释必然失之肤浅,它们拘泥于文本的内部分析并不能给中国文学赋予多少思想史的深度,而只有具备一定思想史深度才能真正理解中国文学。"[①]顾彬举例说,鲁迅作品中的"呐喊"根本不是一般意义上的"Aufruf zum Kampf"(为战斗呐喊),或"Aufschrei"(呼喊)抑或"Applaus"(呼吁),而是从《圣经》的"Vox clamantis"中来,"有人在旷野里呼喊"(vox clamantis in deserto)。顾彬的结论是"旨在将中国从民族和社会的灾难中拯救出来的中国现代派的许诺,一旦被当作

---

① 上揭顾彬著,范劲等译《二十世纪中国文学史》,第30页。

了宗教替代品,其后果很可能就是让知识分子翘首期待的一个'超人'、一个'领袖',也就是一个弥赛亚式的圣者形象,从而无条件地献身到革命事业中去。"① 鲁迅铁屋的意象也让顾彬联想到了马克斯·韦伯将现代性在理性化过程中制造的所谓"钢壳"(Stahlharte Gehäuse)。② 高利克同样指出,郭沫若《女神》中的《天狗》(1921)中的"我是"句式源于《旧约》:"我是自有永有的"以及"我将是我之所是"(《出埃及记》3:14)。③ 因此,如果脱离了这样的一个比较的"西方"语境,中国现代文学的意义很难彰显出来。

1. 鲁迅研究

在顾彬的《20世纪中国文学史》中,鲁迅(1881—1936)占据了重要的一席之地。鲁迅本人实际上也经历了从古典文学到现代文学的过渡。在德语世界的鲁迅研究方面,波恩有着自己的传统:生于贵阳的王澄如,1939年在波恩作了题为《鲁迅:其生平与著作。对中国革命的贡献》的博士论文,④这是全世界最早的有关鲁迅研究的博士论文。其后鲁迅在德国沉寂了50年的时间,一直到顾彬六卷本《鲁迅选集》的出版。⑤ 之后顾彬在波恩还培养了一个继续研究鲁迅的弟子——冯铁教授,他在2001年出版了篇幅达820页之多的《鲁迅:著作、编年、文献》一书,⑥可以说波恩使德语世界的鲁迅研究和翻译达到一个又一个新高度。

1994年顾彬在瑞士的联合出版社(Unionsverlag)出版了他编译的六卷本德文版《鲁迅选集》,⑦这是德语世界首次如此大规模地从中文原文翻译鲁迅的著作。顾彬在"序言"中指出:"每一个译本都是对原著的一种阐释,并与译者本人的理解及其所处的时代紧密相连。"⑧他对以往的德文译本进行过认真地研究,指出这些译本漏掉了一些看似无足轻重但实际上却非常重要的字眼:例如:《呐喊》"自序"中的第一句话:"我在年轻时候也曾

---

① 上揭顾彬著,范劲等译《二十世纪中国文学史》,第32页。
② 出处同上,第33页。
③ 出处同上,第45页。
④ Wang, Chêng-ju, *Lu Hsün. Sein Leben und sein Werk. Ein Beitrag zur chinesischen Revolution.* Berlin 1940, gedruckt in der Reichsdruckerei.
⑤ Kubin, Wolfgang(Hrsg.), *Lu Xun. Werke in sechs Bänden.* Zürich: Unionsverlag, 1994.
⑥ Findeisen, Raoul(Hrsg.), *Lu Xun: Texte, Chronik, Bilder, Dokumente.* Basel 2001.
⑦ Lu Xun, *Werke in sechs Bänden*, Zürich: Unionsverlag, 1994.
⑧ Kubin, Wolfgang, „Die Verzweiflung trügt wie die Hoffnung", in: Lu Xun, *Werke in sechs Bänden*, Bd. VI. S. 167-216, hier S. 174.

经做过许多梦",不论是卡尔莫,还是赫尔茨费尔德,抑或是杨宪益的英文译本,都没有将这个小品词"也"翻译出来。而这个"也"字不仅表现出了过去与现在时间上的转换,同时也表达了处于热情和失望矛盾之中的叙事者的内心。① 从这个翻译的细节,可以看出顾彬对鲁迅作品理解的深入程度。

顾彬认为:"无论是小说、散文还是诗歌,就其形式的严谨来说,整个20世纪的中国几乎无人能够与作者(指鲁迅——引者注)匹敌。相似的情形只有在国际语境中才能找到。"②一直到最近,他依然认为,鲁迅是20世纪中国最伟大的作家,代表着"中国的声音"。他在译后记中写道:"思索的勇气和自嘲的能力事实上使鲁迅不仅成为现代中国最负盛名的作家,而且成了现代中国的思想家,这一特征的影响直到语言运用的层面之上都能看得到……"③顾彬认为,鲁迅没有他同时代人的幼稚,"正是他(指鲁迅——引者注)与自己作品及与自己时代的保持距离构成了《呐喊》的现代性。"④新的语言、新的形式以及新的世界观成为鲁迅小说突破传统走向现代的标志。

对于鲁迅一生都在致力于"国民性"(国民性 kokuminsei)的分析与批判这一点,顾彬认为,对于自己国人的思考是中国现代性的一部分,它是与1902年的梁启超和他关于'新民'的思考相关联。从思想史上看,这位改良者是受到日本对赫尔德的'民族精神'(Volksgeist)接受的影响,'国民性'这个概念就是从日本被引进了中国。"⑤因此,"国民性"的概念是从梁启超的"新民"而来,而"新民"又源自日本对赫尔德"民族精神"的翻译。作为文学史家的顾彬所做的类似于"溯源"的工作,对于弄清楚20世纪中外文学关系是至关重要的。

如果我们仅仅从"国民性"的一个方面来理解鲁迅的话,显然是太片面也太过肤浅了。顾彬在分析《阿Q正传》的时候提示我们"在小说叙事过程中不能过度相信叙事者,也不能过度相信作者在后记里的说法"。他

---

① Kubin, Wolfgang, „Die Verzweiflung trügt wie die Hoffnung", in: Lu Xun, *Werke in sechs Bänden*, Bd. VI. S. 167-216, hier S. 174-175.
② 顾彬著,梁展译《绝望之为虚妄,正与希望相同——〈鲁迅文集〉后记》,载《鲁迅研究月刊》2001年第5期,第41—57页。此处引文系第42页。
③ 上揭顾彬著,梁展译《绝望之为虚妄,正与希望相同——〈鲁迅文集〉后记》,第42页。
④ 上揭顾彬著,范劲等译《二十世纪中国文学史》,第37页。
⑤ 出处同上,第35页。

根本不认为阿Q身上所具有的"精神胜利法"等是中国人落后的"国民性"的体现："阿Q就是每一个中国人,在某种意义上他的代表性甚至已经远远地超出了中国。例如其他文化里的许多同时代人也具有他的'精神胜利法'。在此意义上阿Q也就是每一个人,鲁迅给所有的非中国人也都留下了一个永恒的见证。"①这样的阐释我想也超出了鲁迅所塑造的阿Q形象的初衷,并不存在一种以往所认为的作者赋予文本的唯一的"终极意义"。伽达默尔指出："文本的意义超越它的作者,这并不是暂时的,而是永远如此。因此,理解就不是一种复制的行为,而始终是一种创造性行为。"②

顾彬认为,一位好的作家重要的是能够为他的语言负责。在论述鲁迅和周作人(1885—1967)在语言方面的成就时,顾彬写道："仅仅在语言这方面就已经产生了深远影响:鲁迅和周作人文风之优雅迄今无人能及,更谈不上超越。与此相比,1949年后大多数作家的语言贫乏格外引人注目。"③近年来,顾彬有关中国现当代作家语言的论述也是在这一基础上的进一步拓展。顾彬认为语言问题不仅仅是作家的问题,对外语的掌握同时也是一位文学批评家、文学史家视野的体现。在论述到茅盾的创作时,顾彬写道："茅盾被当前新一代的中国文学批评界轻率地贬为概念化写作的代表。而从世界文学的角度来看,他确实一个技法高明的作家。中国的文学批评通常缺乏足够宽的阅读面和相应的外语知识。"④

顾彬对杨宪益夫妇的鲁迅译本很不以为然："只有专业人士才知道,摆在他们眼前的是杨宪益夫妇的还是约翰纳·霍茨菲尔德漏洞百出的版本。"⑤他之所以重组人马再次翻译鲁迅的作品,是因为他对以往的译本实在不满意。对像布赫这样的作家只能从英译本转译部分作品的做法,他认为是不值得一提的。而对上文提到的卡尔莫,顾彬的评价是："他所提供的不过是一种包含着粗浅的理解而行文不畅的版本而已;繁杂的语句被改写或是被删除掉了。无论是原文的优美还是它的思想深度都不能从阅读中得到体察。"⑥顾彬进而对这类充斥着大量错误的翻译表示了他的怀疑态

---

① 上揭顾彬著,范劲等译《二十世纪中国文学史》,第40页。
② 伽达默尔著,洪汉鼎译《真理与方法——哲学诠释学的基本特征》,上海:上海译文出版社,1999年,第380页。
③ 上揭顾彬著,范劲等译《二十世纪中国文学史》,第26页。
④ 出处同上,第112页。
⑤ 上揭顾彬著,梁展译《绝望之为虚妄,正与希望相同——〈鲁迅文集〉后记》,第43页。
⑥ 出处同上,第43页。

度:"在难于理解但对解释来说显得举足轻重的段落里出现的大量细微错误常常使翻译的可靠性受到彻底的怀疑。"①

顾彬在翻译鲁迅作品的过程中,尽管认为当时大陆官方出版的《鲁迅全集》(第四版,1981)的注释可供参考,但同时也表示出了他的批判性态度:"它们(指注释——引者注)常常是意识形态化的,离题太远而重复冗赘。"②更让顾彬不理解的是,这个版本省略了很多的内容:"许许多多的引文和影射没有给出注释,或许是政治上的原因,但也或许由于相关的文献还没有公之于众。"③正因为如此,顾彬同时使用了日文评注版的《鲁迅文集》(『鲁迅文集』全6卷 竹内好訳 筑摩書房1976)。

针对中国大陆由于政治需要而对鲁迅的故意抬高,以及海外自由主义文学批评家的无端贬低,顾彬的观点是:"既反对视鲁迅为纯粹革命的正统观点,也反对将鲁迅看作虚无主义者的反教条主义观点,我们试图在两个极端之间寻求一种折中的理解。时代精神的批判性分析无疑是贯穿鲁迅作品始终的一条红线,而长久地坚持独立性也使作家付出了代价:寂寞、厌烦或者说是无聊和苦闷。"④对于中国来讲,顾彬认为鲁迅的意义在于创造了文学的语言,而对于西方来讲,则在于摆脱了服从精神:"马奈·斯珀波通过其写作所要求的那种对乌托邦终会破灭的毫无保留、不加粉饰的洞见,似乎在作为作家和人的鲁迅的生平和作品中得到了试验。"⑤

顾彬善于捕捉中西诗学的异处,他同样善于将中国文学特殊的审美以文本分析的方式展现在德国的读者面前。在鲁迅那里,这一独特的写作方式有时并非是中西的差异,而更多是传统与现代的不同:"面对不再是确定的也不能确定的世界的百科全书式的复杂问题,现代作家采取了一种写作形式,他不主张终极而主张暂时的东西,不存在'叙述的过程',而形象与情绪与感觉的自由无穷无尽状态。世界成了幻想的材料和表演场,语言开始从陈述中解放出来。"⑥

《彷徨》以及其他的作品所展示给读者的是,清醒之后并没有出路,这

---

① 上揭顾彬著,梁展译《绝望之为虚妄,正与希望相同——〈鲁迅文集〉后记》,第43页。
② 出处同上,第43页。
③ 出处同上,第43页。
④ 出处同上,第44—45页。
⑤ 出处同上,第45页。
⑥ 出处同上,第51—52页。

是鲁迅一再告诫现代人的窘境。顾彬之所以喜爱中国现代文学,是因为这些文学家们所揭示的现代性。

顾彬认为,鲁迅的作品无论是哪一部或哪一篇都非常深刻,但是很少有学者能够真正发现这些作品的深度,无论是在中国,还是在美国、日本,抑或是在欧洲。鲁迅自己提出过不少问题,但很少有人敢面对这些问题,因为他在很多方面确实是极端的。顾彬指出,鲁迅有些时候展现出来的咄咄逼人的架势有些过分,对他所攻击的一批人,实际上应当予以适当的保护。在这个方面,他常常将鲁迅与德国哲学家黑格尔做比较。比方说,不论是黑格尔还是鲁迅仿佛都代表着真理。当然,每个人都是要犯错误的,对于他们这样的伟人的极端观点,顾彬认为我们也应当宽容一些。黑格尔在谈到中国的时候,提到一些非常有意思的观点,到现在为止也没有谁全都予以解决了。所以,对顾彬来讲,黑格尔怎么看中国其实无所谓,关键是他是否提出了有意思的、深刻的问题。鲁迅也是这样,他有时非常极端,但他提问题的方式也非常深刻。这是顾彬对鲁迅的第一个重要观点。

其二呢,对顾彬来讲,鲁迅绝不仅仅是一位伟大的作家,他同时也是一位伟大的思想家,并且是中国20世纪最重要的思想家,因为鲁迅的思想异常丰富,他不认为至今有谁能够超过鲁迅。顾彬指出,因为鲁迅的作品和思想往往为某个时代所利用,为某种特定的意识形态目的所服务,所以,现在还有不少人将这些都归结为鲁迅的错误。顾彬认为,我们今天应当从一个比较宽容的角度来分析一些问题,比方说鲁迅和当时苏联的关系,他和当时革命家的关系等等。如果我们将他在政治方面的所谓的"问题"放到20世纪全球范围内革命家、政治家背景下来看待的话,我们会发现他跟其他的一些人有很多共同点,他的思想可以跟法国革命,可以跟20世纪的乌托邦主义以及理想主义,跟诺斯底主义(Gnostizismus)结合起来进行研究。也正是基于这样的研究视角,顾彬发现了另外一个鲁迅,他不仅对中国20世纪的发展来说是一个至关重要的人物,同时也是一个对整个世界来说都举足轻重的思想家。在鲁迅的身上我们可以发现当时的法国、德国、苏联等等在思想、政治、哲学方面上的各种倾向。

顾彬批评有些中国学者在鲁迅研究中怕麻烦,故意躲避政治。同时也批评欧洲学者的一种所谓纯粹的学术研究。如果一种研究完全避免谈政治问题,那么研究者就不能正面评论鲁迅这个人。他看不起有些学者只是编辑有关鲁迅的各种文献资料,让读者在这些资料前面去思考,而不透露自己的想法。

2. 现代性与中国现代作家

顾彬认为,1911年作为中华民族凝聚力的帝国的解体,以及在此之前的科举制度之废除,导致了中国人"整体性的丧失",从而彻底改变了中国作为一个诗的国度的内在基础。现代性便是由于整体性的终结而产生的:"生活的内在意义"瓦解了,人变成了一个寻觅者和一个流浪者。现代人在"上帝死了",也就是坚如磐石的规范失范之后,面对的只有同类或者自身。① 人们为失去了传统而绝望,并且传统的资源已经无法提供解决个体"忧郁"的任何解决办法了。因为在人与上帝的分离中,在其先验性的无家可归中,人认识到他自己和他的整个存在都是成问题的。② 这是顾彬借用卢卡奇的理论对现代性所做的界定。顾彬对中国现代文学家有关"忧郁"和"苦闷"的相关研究,可以说都是在追问他们与现代性的关系,而这绝不仅仅局限在东亚一隅:那个时候中国的确有一个很好的现代性文学,这是20世纪30—40年代的德国没办法比的。③ "在中国现代文学中,有一批至今未被关注的作品,通过仔细阅读后会发现它们'关键文本'的价值。这些作品,不仅在理解20世纪中国文学史,而且在对20世纪人类心灵的理解中具有关键作用。"④

针对一般研究者对沈从文的认识仅仅停留在从《湘行散记》(1936)和《湘西》(1938)中所体现出的抒情性图景"永远的湘西"这样的刻板印象,顾彬认为,作为湘西的"乡下人",沈从文实际上是想以其作品去对抗现代性:"沈从文作品中表现出来的漠然旁观至今仍然没有得到多少关注"。⑤ 顾彬指出,沈从文"必然是通过回忆来书写,他以此重构一种过去,他从亘古不变的生命循环角度去观察这个过去"。⑥ 如果我们从这个角度来看的话,沈从文是一个纯粹的现代叙事者。顾彬甚至认为:"特别是在描画非人事件时所透射出来的简洁语调,远远超出了现代,它实际上是伴随

---

① 上揭顾彬著,范劲等译《二十世纪中国文学史》,第254页。
② 顾彬《德国的忧郁和中国的彷徨:叶圣陶的小说〈倪焕之〉》,载《清华大学学报(哲学社会科学版)》2002年第2期(总第17卷),第76页。
③ 顾彬《从语言角度看中国当代文学》,载《南京大学学报》(哲学、人文科学、社会科学版)2009年第2期,第74页。
④ 上揭顾彬《德国的忧郁和中国的彷徨:叶圣陶的小说〈倪焕之〉》,第76页。
⑤ 上揭顾彬著,范劲等译《二十世纪中国文学史》,第127页。
⑥ 出处同上,第124页。

后现代才开始在文学中落脚的,即艺术和道德最终无可挽回地开始分裂时。"①

如果说注重乡村和传统写作的沈从文的作品所显示出来的无非是现代性的话,那么像海派作家张资平或叶灵凤更多地受到了现代意识的影响。"一位我们无法做进一步了解的当时的小说家禾金,将他的观点概括成:'一切现代的都是病态的'。"②

顾彬认为,现代人存在的碎片化在鲁迅的第二部小说《彷徨》(1924—1926)中"得到了犀利而深刻的描绘"。"这部小说集展示的是这样一个人的生存状态:他欲前行,但不知道要去何方,因为在任何地方他都不再有终极归宿。"③顾彬同样在叶圣陶的小说《倪焕之》(1928)中看到了一个处于持续变动的世界中的现代人的状态。而这不论是夏志清,还是普实克抑或安敏成都没有真正认识到的。

以往我们认为曹禺的第二部剧作《日出》(1936)是一出暴露半殖民地大都市黑暗糜烂面,向往未来光明的一部进步作品。但从顾彬的分析来看,我们看得出来这是一部彻头彻尾描写现代性的作品:"这里并不是简单地指资本社会通过其工作制造黑暗,也不是指将要来的社会主义的太阳,这里更多地指的是现代性中的无家可归状态,即一个把旧的抛在身后,以便从纯粹乌托邦中无任何先决条件地建立起一个新世界的人的无家可归状态。"④现代性赋予《日出》的世界性意义,远非用所谓控诉了"损不足以奉有余"的黑暗社会的意识形态话语就可以说明的。

顾彬认为,通过中国现代作家我们可以了解20世纪文学发展的所有问题,亦即上帝死了之后人该怎么办的问题。不论是郭沫若在《天狗》中以"我是"的句式表现出的自我主体,还是鲁迅在《彷徨》和《野草》中描写的在路上追求理想的人,这些绝不仅仅是当时中国知识分子的悲剧,同样也是欧洲知识分子的悲剧。因此顾彬认为,中国现代文学不仅代表着20世纪的中国,也代表着这一时代的欧洲,是具有世界代表性的。⑤

现代性在现代文学的诗歌创作中体现得更加明显,顾彬在分析戴望舒

---

① 上揭顾彬著,范劲等译《二十世纪中国文学史》,第126页。
② 出处同上,第149页。
③ 上揭顾彬《德国的忧郁和中国的彷徨:叶圣陶的小说〈倪焕之〉》,第76页。
④ 上揭顾彬著,范劲等译《二十世纪中国文学史》,第177页。
⑤ 请参考:顾彬《郭沫若语翻译的现代性》,载《中国图书评论》2008年第1期,第116—120页。

的一首诗时指出:"《寻梦者》表现的主题是一切存在的碎片性。戴望舒不光是表达流逝的诗人,也是碎片性的诗人。"①没有最终意义的碎片性本身,正是现代性的主题。

顾彬认为1937年以来的战争文学同样也可以视作现代性的延伸。他指出:"毛泽东的事业之所以能够被概括为现代性之一部分就在于,以政治规训为目的的艺术在整个社会的贯彻,原则上只有在一个现代的、受全方位控制的社会架构中才有可能。"②但今天回过头来看这些顾彬所谓"文学的激进化(1937—1949)"的成就,应当像他一样冷静地来思考:"那个年代的文学不光是目的性写作,那种写作在文学史上的地位更多一个归功于共产主义中国的胜利而非艺术上的成熟。"③

对于战争时期的文学,顾彬深刻地指出:"这种启蒙本身却不仅是中国共产党的诉求,它也是国民党的,甚至是日本占领者的,后者试图借一种大亚洲文学在意识形态上给新秩序以保障。写作到处都面临着蜕化为一种公式化的危险,因为知识分子为了政治缘故毫无吝惜牺牲他们的个性。"④由此,顾彬并没有从政治正确性方面对某一种文学发展予以抬高,而是从文学性出发做出了清醒的分析。

这种革命文学实际上延续到1949年以后。顾彬举了"时代的鼓手"田间的例子来予以说明:"就像战争诗篇《给战斗者》中所突出地显示的,那种对暴力和仇恨毫无遮掩的宣扬,在中国数十年里都留有痕迹,它应该被理解成一种诺斯替式净化的一部分。这种宣传差不多体现了对于所有传统的、建立在和谐基础上的中国社会价值的颠覆。后来这股破坏性的怨气转向了内部,因为外敌已被战胜,取而代之的是阶级敌人。"⑤顾彬认为,田间诗中所蕴含的暴力和仇恨,是对中国传统儒家价值的颠覆,完全是在断裂处发展的结果。但田间诗歌在艺术上的成功,"归功于传统和现代派的隐喻技巧,作者对这两者的运用转化同样擅长"。⑥

延安整风运动(1941—1942)之后,作家胡风尽管是马克思主义者,但

---

① 上揭顾彬著,范劲等译《二十世纪中国文学史》,第160页。
② 出处同上,第178—179页。
③ 出处同上,第179页。
④ 出处同上,第180—181页。
⑤ 出处同上,第187—188页。
⑥ 出处同上,第188页。

依然提出作家应当独立于主流意识形态之外的主张,1955年重又被揪出来批判。在此,顾彬非常深刻地指出:"把导致一种遵命文学的责任全盘推到共产党身上可能并不正确。党虽然造成了审查和自我审查的精神氛围,可作家们的责任也不是可以简单推卸掉的。"①在这里顾彬指的是运动来了之后,中国作家很快自愿地和普遍地开始实施自我审查的事实。

顾彬以《黎明的通知》(1943)这首诗,说明了作为革命诗人的艾青,在他的诗中如何加入了大量基督教的主题的:"他(艾青——引者注)的象征体系交织着基督教母题。十字架、牺牲和复活成为对他而言最重要的描写中国人民的形象:她就像耶稣基督被钉死在十字架上,且在经过自愿不自愿的牺牲后期待着其复活。这当中,诗人作为宗教领袖得到了一个重要角色。……《新约》里显而易见的主题在文本中俯拾即是,它们根本不需要特别去指明。"②作者将这些影响追溯到了1929—1932年间诗人在法国学习艺术的经历。

顾彬认为,钱锺书《围城》(1947)的标题影射了战争、婚姻和生活不同层面的内容,其中一层的含义是:"作家关注的是'人类',所以他反对当时对文学发出的政治指示,而设计了一幅具有普遍效力的生活的形象,在这种生活内,一切都像是闭锁于堡垒之中。"③顾彬并不认为《围城》能重现传统的情节,"钱锺书勾勒出现代人的模型来"。"小说背景似乎就具有超验性的无家可归的意识。……人类作为命运的傀儡,生活在一个没有救赎和解脱希望的盲目而狂躁的世界里。"④因此,对顾彬来讲,《围城》充斥着现代性的意识。

冯至由于其留学德国的背景而对德语中国文学史来讲有了特别重要的意义:深受德国文化尤其是受到歌德、里尔克和雅斯贝尔斯的影响。⑤ 顾彬曾经将冯至的27首《十四行诗》翻译成了德文。⑥ 顾彬对冯至的十四行诗赞赏有加,认为"他(指冯至——引者注)成功地做到了词汇的

---

① 上揭顾彬著,范劲等译《二十世纪中国文学史》,第190页。
② 出处同上,第211—212页。
③ 出处同上,第207页。
④ 出处同上,第209页。
⑤ 出处同上,第213页。
⑥ Feng Zhi, Übersetzung der 27 Sonette ins Deutsche. Prof. Dr. Wolfgang Kubin, Inter Nationes Kunstpreis 1987. Bonn, 1987.

简单和思想的成熟、中国遗产和西方传统的令人惊叹的统一"。① 实际上,不仅仅是文学的形式,通过顾彬的分析,我们可以知道,十四行诗中的第五首(《威尼斯》)所谈论的是20世纪一个重大的哲学主题:交流(Kommunikation)。顾彬在此举出了冯至明显受到的雅斯贝尔斯、马丁·布伯、伽达默尔等人的影响的例子。最终他认为,"冯至在其十四行诗中探讨的最终是人的实存(Existenz),即使他就像在这里一样将此问题仅限于写作领域。"②现代性提出了人的"实存"问题,冯至希望通过文学的意象对此进行回答。

顾彬用对张爱玲小说的分析,结束了中国现代文学阶段论述。他认为,张爱玲所被指责的颓废倾向,正是张爱玲作品现代性的体现。"她(指张爱玲——引者注)不仅将两性间斗争当作是现代社会的标志来写,而且还谈到了妇女可能拥有的毁灭力量……。"③在张爱玲身上所体现的是传统与现代、通俗与先锋的统一。④

在顾彬那里,现代性仿佛是他中国文学史的第四根红线,贯穿着整个的中国现代文学。

3. 1949年以后的政治话语文学——现代性的延续

顾彬认为,1949年以后中国文学已经不仅仅限于中国大陆了,因此他更倾向使用"华语文学"(chinesischsprachige Literatur)的概念。他拿作家白先勇和郑愁予为例,说明这两位出生于中国大陆的作家,成长于台湾,定居于美国,并且加入了美国国籍。"虽然他们(指白先勇和郑愁予——引者注)在华语地区用中文发表作品,而且也在那里有着主要的读者群,但他们作为世界公民不隶属于任何政治意义上的中国——无论这个中国如何定义。"⑤很显然,华语文学已经走向了世界,不再只隶属于某一个政治区域。除了中国大陆(内地)之外,台湾、香港、澳门等地区也都在从事着华语文学的创作,而在冷战的一段时间中"中国帝国的边缘地带成为文学史研究的中心"。⑥

---

① 上揭顾彬著,范劲等译《二十世纪中国文学史》,第214页。
② 出处同上,第216页。
③ 出处同上,第226页。
④ 出处同上,第228页。
⑤ 出处同上,第233页。
⑥ 出处同上,第233页。

在冷战时期,台湾和大陆都经历了意识形态影响下的文学发展。顾彬认为,现代文学的特点是"歧义性"(Ambivalenz),并不适合表达鲜明的观点。① 他指出,台湾 1987 年之前的文学境遇跟大陆 1979 年之前的境遇相差无几,但"一些人处于众所周知的原因,着重强调台湾和大陆之间的区别。这些人大多主张'反共就是民主'"。②

顾彬并不否认社会主义中国是一个现代国家,"只是中国的现代概念有别于西方。中国需要一种集约性的(totalitaristisch)现代,而不是一个暧昧含混(ambivalent)的现代。"③他认为,1949 年之后一直到"文革"期间的中国文学,"从形式上看,当年中国的文艺美学和西方大众文化的诉求相去不远,后者要求取消精英和大众之间的差别。"④新中国的一些文学艺术作品后来对包括沃霍尔·安迪在内的西方艺术家都曾产生过影响,因此对于顾彬来讲,也难以得出这些年的文学作品没有美学价值的判断。⑤

顾彬认为,如果说 1949 年以后中国希望通过一种从苏联翻译过来的文化来改造其自身的话,但不到十年的时间,便希望通过"大跃进"来发展自己的美学观了:社会主义现实主义发展成为革命现实主义和革命浪漫主义理论,中国的现代性也由政治领域扩展为一种美学上的宗教。"党的自我表述具有一种宗教般的自我崇高感",⑥顾彬对此深刻地分析,指出,从鸦片战争到新中国成立,西方的冲击使得中国分崩离析,中国的传统思想不再是放之四海而皆准。如果没有永恒的社会形态,那么我们的共同体要靠何种观念来维系呢? 中国的当务之急是重建曾经拥有的统一性:"主流思想只有赋予自身神话和宗教色彩,才能够取代从前的意识形态。它为此有意识地借用了中国传统以及基督教的元素。对社会进行系统的'神学化'属于全面规划,这使得中华人民共和国从一开始就具有现代国家的特征。"⑦在这其中,文学也发挥了作为社会意识形态的功用。从这个角度就比较容易理解 1979 年以后"失落的一代"的"我不相信"(北岛)和"太阳,

---

① 上揭顾彬著,范劲等译《二十世纪中国文学史》,第 247 页。
② 出处同上,第 252 页。
③ 出处同上,第 253 页。
④ 出处同上,第 253 页。
⑤ 出处同上,第 253 页。
⑥ 出处同上,第 254 页。
⑦ 出处同上,第 255 页。

我在怀疑"(翟永明)的呼号。①

因此,如果撇开意识形态来谈论这一时期所谓纯粹的文学,基本上是不可能的。顾彬在谈到翟永明1984年的组诗《女人》的时候指出:"太阳,我在怀疑"不仅是对郭沫若代表的太阳崇拜,也是对官方话语中的光明隐喻提出质疑。"如果人们不了解这一点,就会把翟永明在组诗序言中所谓'黑夜的意识'诗论看作是德国浪漫主义的延续。"②顾彬也承认,除此之外,似乎没有其他阐释的可能性。

顾彬在分析周立波的长篇小说《山乡巨变》(1957)时不无道理地认为,其中有一些所谓的"隐含文本"需要我们重新去思考、分析:"这些隐含的文本恰恰是当年风靡一时、如今无人问津的所有作品值得重读的原因,因为这些作品的表层文本很容易让人产生政治应景之作的印象。"③也正是基于今天对类似隐含文本的深层分析,才可以深入理解其文学价值。

对在西方颇受重视的张爱玲的英文小说《秧歌》(Eileen Chang, *The Rice-Sprout Song*, 1954)的分析中,顾彬认为,将之归于"反共作品",这种解读过于简单化了。"作者并没有采用非黑即白的手法……"④因此,"读者也不应该草率地做出共产主义或反共产主义等口号式结论……"⑤实际上,顾彬依然希望读者能够从饥饿等文学性主题来理解《秧歌》,而不是仅仅对其做政治性的解读。

在论述1956—1957年的文学作品时,顾彬不无道理地指出,这些作品从文学的角度来看,其实早已过时了,"但是它们至今仍旧为了解毛主义内部权力和知识界的关系提供了范例——而且这一关系远远超过了50年代或者中国的范围"。也就是说,这些作品对后来的时代以及中国之外的当时的此类社会依然起到了范例的作用。

针对在百花齐放期间毛泽东发表的18首旧体诗词,顾彬认为在形式上的不合时宜背后实际上有着深刻的政治含义:"这是为了抵制国际上的现代派(社会主义现实主义也要算在其中),树立一种体现中国传统形式的美学范例。所有的艺术都将披上中式的外衣,同时服从于国家意识形态

---

① 上揭顾彬著,范劲等译《二十世纪中国文学史》,第255页。
② 出处同上,第255页。
③ 出处同上,第267页。
④ 出处同上,第269页。
⑤ 出处同上,第270页。

的需要。无论是政治上还是美学上,中国必须积极重构自己的历史、社会和自然环境,以最终实现社会和艺术意义上的调和。"①顾彬分析了毛泽东在武汉游完泳之后所写的《水调歌头·游泳》,指出其中所体现的已经不是传统的儒家士大夫对自然的敬畏:"传统文人闲庭信步、面水参禅的闲情逸致一去不复返了。自然风光也不再是观察或膜拜的对象,而是要接受人的改造,臣服于人,而不是作为障碍。……人不再畏惧神女,神女反倒惊慌失措,因为她看到自己一度熟悉的世界已经变得陌生无比。"②现代性的另一面,是使人们盲目相信科学的万能和超越自然的力量。

有关"文革"时期的文学作品的分析,顾彬特别举了浩然的例子,除了文学和意识形态的分析之外,他同时指出了浩然作品中主人公在引用毛泽东的话的时候,马上就从普通字体换成粗体字的做法,"这种做法也许是借自《圣经》,耶稣和保罗的重要话语也是通过改变字体以示突出。浩然小说标题中'道'和'光'等用语也具有某些《圣经》色彩,符合认知过程的叙述结构以及'寻找'叙述技巧也是如此。"③

总体上来讲,顾彬认为,1949年以后的社会主义的政治话语文学,依然是现代文学的现代性延续。

4. 当代文学与市场

如今顾彬尽管可谓名声大噪,但他依然保持着书生本色,显得与当今社会是那么格格不入。他对中国当代文学的批评,跟他作为一位崇尚高雅品位的唯美主义者有关。举例来讲,尽管他在波鸿大学跟随霍福民学习过多年的汉学,但他依然无法容忍这座大学和所在城市的平庸风格。他曾在伯尔尼的一次演讲中,非常委婉地说了他"对这所大学及所在城市的建筑充满了困惑和不解"。④

顾彬在大学跟霍福民所学的是唐代的诗歌和宋代的散文,正是由于他对这两个时代的文学成就情有独钟,致使他会用中古和近代的文学审美来看待当代的文学成就,这其中必然存在断裂。他认为,"自法国大革命以来,人们曾经走过这样的歧路。从这个意义上来讲,《二十世纪中国文学

---

① 上揭顾彬著,范劲等译《二十世纪中国文学史》,第282页。
② 出处同上,第283—284页。
③ 出处同上,第294—295页。
④ 请参考:顾彬《绝望之虚妄,正与希望相同——一位文学史家的心声》,载《学习与探索》2009年第4期(总第183期),第179页。

史》所描述的也是一段步入歧途的历史,而这是东西方现代性的产物。"①

2010年12月4日的《法兰克福汇报》刊登了驻京评论员西蒙·马克对顾彬与杨锐在中央九套英语对谈的报道和评论,顾彬对中国当代文学的市场化提出了尖锐的批评。② 他一直认为,1949年以前的中国现代文学乃是20世纪中国文学的辉煌时期,1949年以后,很多作家就把自己的灵魂卖给了政治,而1992年以后,他们又把自己卖给了市场,这时的文学是被市场腐蚀了的文学。在中国摆脱了计划经济的桎梏走向市场经济后,由于市场给人们带来了巨大的财富,很多人便天真地认为市场是万能的,是值得信赖的,而没有看到"市场是一个吞噬一切的怪兽"。③ 实际上,正是这所谓的市场经济社会破坏了文化传统和生活方式,毁掉了人类伦理道德的底线。随着语言的商业化,知识分子也逐渐消失于公共空间的舞台上,这当然不仅仅在中国,只不过在中国表现得更为明显而已。令顾彬不能容忍的是,中国作家变成了这些消遣文化的参与者,"将自己那灰暗的躯体作为献祭的牺牲"。④ 由于过度商业化和意识形态作祟,作家的批判精神逐渐遭到抛弃。因此,顾彬祈盼发自当代作家心声的中国的声音。

顾彬也指出,中国官方确实对很多价值不高的文学作品不满,但是"西方新闻记者在相关报道中每每喜欢用'禁书'一词,这实际是把复杂的情况过度简单化了"⑤。顾彬清楚地认识到,当代的"中国和流亡,政治投入和纯语言之间并不构成简单的对立。各种事物间老早就混杂在一起:无论是说,诗人们来来往往的旅行,并将东西方的经验定格在一类'移民文学'上,还是说,即便一首公认的'纯诗'也可以从政治上加以阐述"。⑥ 实际上,批评家应当从多个层面来思考这一问题,当然作家进行创作时的市场因素也应包括在内。

有关当代文学的是市场化、商业化,李公明也指出:"最大的问题是一些中国作家缺乏意志力,不能为他们的艺术忍受磨难,而是为商业世界服

---

① 上揭顾彬《绝望之虚妄,正与希望相同——一位文学史家的心声》,第181页。
② Siemons, Mark, "Beim Markt hört der Spaß auf", in: *Frankfurter Allgemeine Zeitung*, 04.12.2010.
③ 格罗尼迈尔·赖默尔著,梁晶晶、陈群译,李雪涛校《21世纪的十诫——新时代的道德与伦理》,北京:社会科学文献出版社,2007年,第212页。
④ 出处同上,第99页。
⑤ 上揭顾彬著,范劲等译《二十世纪中国文学史》,第259页。
⑥ 出处同上,第366页。

务。这里可以看出顾彬教授对中国当代文学的一种忧虑：商业化销蚀了文学的灵魂和规范。"①令顾彬稍感安慰的是,中国的很多诗人没有过多受到商业化的冲击,因为他们的作品不可能得到市场的推崇,他们依然生活在社会的边缘,所以不会出卖自己,仍会专注于语言和艺术的价值。

顾彬认为美国汉学家葛浩文的翻译,在很大程度上是创造了一本畅销书,而不是严肃的文学翻译。他发现,作为犹太人的葛浩文删去了《狼图腾》的最后一部分,因为从政治正确上来讲,这一部分有"法西斯主义"的倾向。"因为他(指葛浩文——引者注)决定了该书的英文版应该怎么样,他根本不是从作家原来的意思和意义来考虑,他只考虑到美国和西方的立场。"②

顾彬对当代中国文学某些作家的痛斥,对文学市场化和商业化的非难,我以为都直击要害。鲁迅晚年曾引用郑板桥的两句诗赠给准备为他写传的增田涉:"抓痒不着赞何益,入木三分骂亦精",我想这也正是顾彬为很多中国学者所不能容忍的最主要的原因吧。他犀利的言论似乎触动了某些中国人民族自尊的敏感神经。

但是,无论如何由于当代文学还处在没有完成的时代,因此很难给出一个比较公允的评价。顾彬也明确认为:"当代不允许特别的距离存在,因此一个最终评价常常很难以做出。"③

三、中国文学的特质

从顾彬对鲁迅的定位,可以看出《20世纪中国文学史》,乃至他主编的整套十卷本的《中国文学史》,都是力图将以往人们认为是游离于世界文学之外的中国文学,重新放入整个世界文学之中去理解。也就是说,顾彬希望借此让一般的德语世界的知识界和民众来认识一个真正的中国文学,一个有着西方人同样认同的具有一般文学特征的文学。由于意识形态和政治问题的原因,西方常常忽略中国文化的深层问题,在译介中国文学作品时,很少真正根据作品的审美和艺术标准去选择,而更多的是根据作者

---

① 李公明《让当代文学成为一种生活方式的开端》,载《上海文化》2009年第1期,第9页。
② 顾彬《从语言角度看中国当代文学》,载《南京大学学报》(哲学、人文科学、社会科学版)2009年第2期,第73页。
③ 上揭顾彬著,范劲等译《二十世纪中国文学史》,第325页。

的政治立场来取舍。因此,在西方读者眼中,中国的文学作品只能是作为国家的意识形态和民族寓言来加以解读,他们所肯定的常常是这些文艺作品外部的、非文学的意义和价值。顾彬希望借助于翻译中国现当代文学的文本以及在文学史中运用作品分析的方法向德语世界的读者说明,中国文学所固有的艺术价值和世界意义,从而改变在地球那端的陌生和误解氛围。顾彬通过古代(宗教与礼仪)、中世纪(宫廷与艺术、宫廷与四方)以及近代(诗与官、事业心与家庭生活),在《诗歌史》中向德语读者展示了中国固有的宇宙、自然和人的观念所拥有的独特的诗学性质,及其与西方文化之间有着不同的精神和美学意蕴。而这是仅用政治寓言或西方的小说诗学理论作简单处理很难达到的。

20世纪80年代以来,波鸿大学的马汉茂教授组织翻译了一系列的有关"文革"后的中国当代的文学作品,但一般的德国人并不将这些包括"伤痕文学"在内的"小说"看作是文学作品,他们只是在想要了解中国的现代史、当代社会的时候,才去阅读这些书。顾彬也从所谓的"说理文学"指出了其中的问题:"这一类'说理文学'目的有三:说明社会状况;唤醒青年起来行动;改造中国社会。对真实生活的实际找寻是文学的专门职能,文学没有自身的价值。……不仅是当时还有1949年以后很久的许多作品都倾向于为了内容缘故牺牲审美塑造。"①实际上,20世纪70—80年代西德的中国文学研究更多是从社会学的视角展开的,当时将社会主义文学仅仅看作是为了了解中国社会结构的素材而已。② 因此,德语读者并不将这些译本看作是文学本身,而是他们想要了解中国、认识中国的渠道。正是基于这样的一个反面的教训,顾彬在《20世纪中国文学史》中基本上只介绍了他认为具有文学价值的作家,这样才能让德语读者真正认识到中国文学中的文学性而不是其他。

顾彬借用了夏志清"对中国的执迷"(obsession with China)对20世纪中国文学现代性的问题进行了探讨:

---

① 上揭顾彬著,范劲等译《二十世纪中国文学史》,第27页。
② 其中的代表作有:Wagner, Rudolf G.(Hg.), *Literatur und Politik in der Volksrepublik China*, Frankfurt a. M.: Suhrkamp 1983(=es; 1151) 这是具有开创性的一个研究。同时也请见1978年在柏林举办的一次有关中华人民共和国文学讨论会的论文集:Kubin u. Wagner(ed.), *Essays in Modern Chinese Literature and Literary Criticism*. Bochum: Brockmeyer, 1982. 上揭顾彬著,范劲等译《二十世纪中国文学史》,第253页,注1。

"对中国的执迷"表示了一种整齐划一的事业,它将一切思想和行动统统纳入其中,以至于对所有不能同祖国发生关联的事情都不予考虑。作为道德性义务,这种态度昭示的不仅仅是一种作过艺术加工的爱国热情,而且还是某种爱国性的狭隘地方主义。政治上的这一诉求使为数不少的作家强调内容优先于形式和以现实主义为导向。于是,20世纪中国文学的文艺学探索经常被导向一个对现代中国历史的研究。现代中国文学和时代经常是紧密相连的特征和世界文学的观念相左,因为后者意味着一种超越时代和民族,所有人都能理解和对所有人都有效的文学。而想在为中国目的写作的文学和指向一个非中国读者群的文学间做到兼顾,很少有成功的例子。①

　　顾彬通过他的这部《20世纪中国文学史》,也借助整个这一套文学史的著作,特别是通过对中国文学作品的分析,让德语世界的知识界真正了解到,中国文学并不是脱离了世界文学之外的一个怪物,从而改变他们对中国文学的一些基本认识和判断。在此,顾彬更注重的是那些具有文学特性的作家和作品。他认为,抗战时期的梁实秋在面对战争的时候,只能默默受难,因为"优先考虑'抗日'主题只会对文学造成损害"。"他(指梁实秋——引者注)把人性理解为文学的真正要务。作为新月社创始人之一,对他来说重要的始终是人的精神自由。"②中国文学当然是世界文学大家庭中的一员,并不只是想了解中国的时候它才起作用,阅读中国文学作品同样能感受到一般文学作品所给予的心灵震撼。我想这是这部十卷本中国文学史巨著的深刻性和文学性本身所决定的。

　　顾彬的《中国文学史》除了对中国文学进行阐释之外,他也希望借此对文学史的普遍问题提出自己的看法。顾彬认为,鲁迅小说中的叙事范式,如"吃人和被吃"实际上"属于世界文学传统主题",这当然还包括"还乡者的图式,他回到了一个改变了的世界:某人离开家乡远行,重归故里,然后永远地离去"。③ 这些已经完全超越了中国现代文学的范畴,"现代性是意识到了这种矛盾性的:回到过去的退路已不再有,但是滞留在当下也

---

① 上揭顾彬著,范劲等译《二十世纪中国文学史》,第7页。
② 出处同上,第220页。
③ 出处同上,第42页。

不可能,未来更是渺不可及。幽默起源于他对几乎没有出路的处境的洞见,在这样的处境下个人只有作为旷野中的呼喊者发出长啸,为的仅是不让自己被苦闷情绪全然吞没。"①顾彬认为湘西作家沈从文的自传"就是西方教育小说在中国的变种"。② 也正因为此,顾彬将 20 世纪的中国文学置于世界文学的大背景下予以观照。

中国文学的影响也是世界性的。以 20 世纪中国文学史为例,顾彬在论述到鲁迅散文(Essayistik,包括杂文)的特征时,提到其"双层性"(doppelbödiger Charakter),举了鲁迅的《记念刘和珍君》(1926)一文:"这篇杂文最终与其说是两个学生被当时的北京政府枪杀,不如说更多地关系到在暴力时代能否谈政治的问题:在所有谈论都无意义,而所有沉默都意味深长的情况下,我们是沉默还是开口? 反抗如何可能? 类似这样的杂文之所以对所谓'68 年'一代产生了巨大的影响,是因为在中国和德国方面都有着相近的思考。"③鲁迅当时提出的问题,实际上是一个世界性的问题,直到欧洲 1968 年的学生运动依然受到鲁迅精神的鼓舞。

顾彬同样对中国当代文学批评提出了批评。他在分析巴金小说《寒夜》(1947)时就认为,巴金在后记说明"被生活拖死的人断气时已经没有力量呼叫'黎明'了",以表明"抗日战争是如何将悲观主义带回到了文学中"。④ "中国的文学批评迄今为止对此现象有两种反应:或者把 1949 年之前的所有时期看作黑暗年代,抑或使之完全适应于毛泽东思想的理想主义。两种情况下文学批评都错失了本来任务,没有从文学角度找出作品成功与不成功之所在。"⑤他实际上在呼吁文学批评重新回到文学的审美中来。顾彬同时反对一种所谓的"干预性文学",这也是他对诗人艾青不满的地方:"似乎有了延安经验后,艾青总是想加入胜利者的行列,而对于诗人来说失败其实更有好处。"⑥

文学作品是需要沉淀的,是需要时代检验的。有关天才女作家萧红的《呼兰河传》,顾彬写道:"它同艾伯哈·莱默特所讲的渲染环境气氛的小

---

① 上揭顾彬著,范劲等译《二十世纪中国文学史》,第 42 页。
② 出处同上,第 126 页。
③ 出处同上,第 165 页。
④ 出处同上,第 206 页。
⑤ 出处同上,第 206 页。
⑥ 出处同上,第 210 页。

说以及弗朗兹·斯坦泽尔意义上的全景描绘都有相通之处。"①"她(指萧红——引者注)的名声姗姗来迟。她在中国文学史上所占的分量只是在现在才清楚地显露出来,与此同时,批评的眼光却让那个时代一些当时被叫好的作品和强势作家不可挽回地没落下去。"②顾彬颠覆了对一些作家所谓正统的定位。

2009年6月,我们在波恩举办的德国汉学百年的会议上,顾彬提到像他一样的汉学家现在更多的是为中文世界的学者而写作,他们的大部分著作和文章都被翻译成了中文,并且影响着中国。而这是大部分德国汉学家所没有想到的。同时他也提到,正是因为他的《二十世纪中国文学史》被译成了中文,耶鲁大学曾专门为他组织了一场讨论会,因为大部分美国汉学家没有办法读懂德文,但他们都可以读中文。因此,这部书的中文译本成为这次耶鲁讨论会的"底本"。因此,中文译本的意义绝不仅仅限于中国!

正如夏志清在中国现代文学中重新"发现"钱锺书和张爱玲一样,顾彬文学史也彰显了以往被意识形态所遮蔽的一些作家和观点。在谈到林语堂的文学成就时,顾彬指出:"然而可悲的是,几十年来的文学批评全都集中在鲁迅身上,常常是遮蔽了而非发掘出现代中国文学的非主流场域。老大师笔下的《记念刘和珍君》非常有名,而林语堂为这位被枪杀的女学生所感到和所谱写的哀伤尽管也感人至深,却少有评论。"③同样,对于周作人,顾彬也认为,我们以往把他归于小品文作家,实际上是不恰当的。顾彬以周作人的散文《入厕读书》(1935)为例,据此认为周作人将日本的厕所设想为特别适合闲散生活的场所时,他的称赞就隐含了一种政治基调;而在中国就不(再)是这样。因此,顾彬认为:"人们一直把'转向'后的周作人归入非政治的作家一类。在此我们也看到,这一类判断是多么的不适当。"④

顾彬绝不人云亦云,在他的文学史中,他的结论是通过细读和分析文本得出的。在谈到丁玲的作品时,顾彬指出:"在今天如果想做到符合当时情境的处理,只有通过一种不迎合时势的批判性阅读和对时代的同情理解

① 上揭顾彬著,范劲等译《二十世纪中国文学史》,第225页。
② 出处同上,第225页。
③ 出处同上,第167页。
④ 出处同上,第169页。

才可能。"①在谈到艾青的诗歌时,他也认为"没有人能责怪艾青的信念,但不能原谅他公开的自欺欺人。"②因此,我们既要具有批判精神,同时也要尽可能地从文本所处的时代背景出发,去理解和体会作品的精神。

正是由于这是一部卷帙浩繁的中国文学史著作,十部由九人编著,因此每一部的情况不尽相同:既有像《诗歌史》《20世纪中国文学史》这样深刻的研究性专著,也有《中国中短篇叙事文学史》《中国古典散文》等介绍性的写法。前者的对象仅仅是那些对东亚文化传统有足够修养,或对思想史感兴趣的读者,而后者能为中等程度以上的所有非专业读者所看懂。尽管各卷的文字表达与可读性、深浅度、客观性和精确性等各有差异,但无论如何,这套文学史丰富了我们对文学史这一概念的认识。

---

① 上揭顾彬著,范劲等译《二十世纪中国文学史》,第196页。
② 出处同上,第213页。

第十八章
20世纪上半叶德国汉学家对中国科技史的研究①

一、汉学、德国汉学及中国科技史

如果将"汉学"(Sinologie)定义为是人们借助于中文的原始资料,用语文学的方法来进行的中国历史和文化方面的研究的话,由于中国文献对地处中亚和东亚的、其周边的民族和文化也至关重要,常常是这些国家史料的唯一来源,因此中文文献的意义远远超越了中国固有的疆界。而从汉学研究的诸多学科领域来看,它也一再跨越其界限,从内容上来讲包括:从语言学、文字学到各种文献学,从宗教到哲学和科学,从政治、经济和社会史到民族学;从时间上来讲,纵跨三千多年的岁月。从这一方面来讲,汉学跟欧洲早期的"古典古代学"(Klassische Altertumswissenschaft)的范围相当,在那里,考古学、古代史以及古典语文学还没有分离出来。很明显,没有任何一位汉学家会感到他会同时对所有的领域都很熟悉,不过汉学对研究者来说也有其有利的一面,至少作为崇高的目标,它要求其研究者认识包括人类四分之一文化世界的全貌。

尽管与英法等老牌帝国主义国家相比,德国汉学在时间上错后很久,学科建制上也较晚,但德国汉学还是取得了巨大的成就。这些成就不仅表现在德国学者在国际汉学发展进程中所占据的显著地位,同时也表现在他

---

① 此文得到了阿梅龙(Iwo Amelung)教授(法兰克福)、我的硕士生张雪洋(北京)的启发和帮助,在此一并表示感谢。本文参考了傅海波教授的《汉学》一书的相关章节(Herbert Franke, *Sinologie*, A. Francke AG. Verlag Bern, 1953),特此说明。

们对中国哲学、文学、语言和政治、经济和社会史以及物质文化的认知上。德国汉学在语文学以及中国思想史的研究方面成就卓著,这些跟它与近现代学科的发展有着密切的关联。汉学置身于德国近现代的学科传统之中,因此它的发展得益于其他现代学科的理论和方法,以及研究成果。如果没有马克思的"亚细亚生产方式"(Asiatische Produktionsweise)这一概念的话,当然也不会有汉学家魏特夫的"水利社会"(hydraulische Gesellschaft)。

除了文化中国、历史中国之外,中国科学史的研究,当然也属于汉学研究的范畴。从今天的学科分类来看,中国科学史的研究内容丰富,研究领域广泛,分科缜密,其研究成果不仅出现于各科学史专业期刊,更散见于自然科学以及人文社科的各学术刊物。20世纪上半叶,德国汉学家在中国科学史研究方面取得了重要的成就。本文中所论述的这些德国汉学家,既包括在德国本土研究中国科技史的德国学者,他们用德文或英文发表他们的学术成就,同时也包括当时在中国或美国以及其他国家从事这方面研究的德裔学者,这批学者的大部分成就是用英文发表的。

二、德国汉学家在中国科技史方面的研究成就

(一)有关中国为什么没有产生现代科学的争论

有关中国为什么没有像西方一样产生自然科学,早在1922年哲学家冯友兰撰文〈中国为什么没有科学——对中国哲学的历史和后果的一种解释〉,① 认为应当从中国人的价值观以及中国人失去征服自然的理想来进行类似的考察。其后德裔美国汉学家魏特夫在1931年出版了具有划时代意义的名著《中国的经济与社会:对一个大亚细亚农业社会的科学分析尝试》。② 该书第二部分的第四章论述了"前资本主义中国式生产过程在工业方面的体现"(Die industrielle Seite des vorkapitalistischen chinesischen Produktionsprozesses),包括:中国农业社会的工业需求、中国工业(历史性的)、中国的作坊与手工业、社会之中的劳工分工与工业企业的劳动分工、手工小企业、家庭工业,最后一部分提出早期资本主义的萌芽——但却没

---

① Fung, Yu-Lan, "Why China has No Science–An Interpretation of the History and Consequences of Chinese Philosophy". In: *The International Journal of Ethics*, Vol. 32, No. 3(April, 1922), pp. 237-263.

② Wittfogel, Karl August, *Wirtschaft und Gesellschaft Chinas. Versuch der wissenschaftlichen Analyse einer grossen asiatischen Agrargesellschaft*. Leipzig: Verlag von C. L. Hirschfeld, 1931.

有产生自然科学。①

正是在运用马克思有关"亚细亚生产方式"的理论对中国历史的分析,也使得魏特夫提出了这样的一个问题,亦即中国为什么没有产生自然科学?魏特夫认为,中国从未脱离所谓亚细亚生产方式,自秦汉以降仍用农奴制,不促进手工业的发展,因此并没有形成15世纪以前在欧洲的自然科学的基础,故近世科学不发达。

魏特夫的这本书早在第一部分出版了之后,就引起了中国学者的关注。1931年陈翰笙在书评中就指出:"本书只是叙述中国社会经济的上册,限于中国的生产状态。来年可以出版的下册便分析中国的生产关系。"②1944年吴藻溪从日译本翻译了《中国为什么没有产生自然科学》一文,③这在中国学界产生了很大的影响。1944年在贵州湄潭举办的中国科学社成立三十周年纪念大会上,著名中国科学史家李约瑟指出:"近世科学之不能产生于中国,乃以囿于环境,即地理上、气候上、经济上和社会上的四种阻力。地理方面,中国为大陆国,向来是闭关自守,故步自封,和西方希腊、罗马、埃及之海洋文化不同。气候方面,亦以大陆性甚强,所以水旱灾患容易发生,不得不有大规模的灌溉制度,而官僚化封建势力遂无以扫除。中国经济与社会方面,秦朝以来,官僚士大夫专政阶段停留甚长,社会生产少有进展,造成商人阶级的没落,使中产阶级人民无由抬头,初期资本主义无由发展。而近世科学则与资本主义同将产生。"④这便是著名的李约瑟之谜(The Needham Puzzle)。

1945年3月26日,中国著名气象学家、地理学家竺可桢在中央大学的

---

① Wittfogel, Karl August, *Wirtschaft und Gesellschaft Chinas. Versuch der wissenschaftlichen Analyse einer grossen asiatischen Agrargesellschaft*. S. 494-685.

② 陈翰笙,*Wirtschaft und Gesellschaft Chinas*: Erster Teil. Von K. A. Wittfogel,载《国立武汉大学社会科学季刊》(*Quarterly Journal of Social Science*, Wuhan University, Wuchang, China)1931年第2卷第2号,第427页。

③ 魏特夫著,吴藻溪译《中国为什么没有产生自然科学》,载《科学时报》(复刊)第1期(1944年10月1日);此外,此文亦被收入吴藻溪编著《科学运动文稿》,北京:农村科学出版社,1946年。

④ 转引自:竺可桢《为什么中国古代没有产生自然科学》,载《科学》第28卷第3期(1946年4月),第137—141页,此处引文见137页。李约瑟之谜更确切的表达方式是:为什么在公元前1世纪至公元16世纪之间,在将人类的自然知识应用于实用目的方面,中国人的方法较之西方更为有效。而为什么近代科学没有产生在中国,而是在17世纪文艺复兴之后的欧洲?

演讲"为什么中国古代没有产生自然科学",①便是以介绍陈立、钱宝琮以及魏特夫、李约瑟的观点开始,对这个问题展开来的论述。此后,李约瑟之谜,成为中国科学史界很重要的一个议题。

(二)汉语科学技术术语的创制

科学史的研究和展开很重要的是对科学词汇在中国的形成有一个了解。1911年德国同善会传教士卫礼贤出版了《德英华文科学字典》,②这部词典对规范中文的科学词汇起到非常重要的作用。词典是由当时在青岛的德华高等专科学堂(Die Hochschule für Spezialwissenschaften mit besonderem Charakter in Tsingtau,简称:Deutsch-Chinesische Hochschule)出版发行的,目的显然是为了让学堂中的中国学生迅速掌握西方语言(主要是德语)的科学技术术语(technical terms)。

从明末来华天主教传教士,到19世纪末来华新教传教士,他们承担了科学技术新概念的引入以及汉语词汇化的工作。他们在科学技术方面的著述、翻译、创办刊物以及外汉词典等的出版物对近代新词,特别是科学技术名词的形成发挥了巨大的作用。伦敦会(London Missionary Society, LMS)的马礼逊就开始有意识地系统地将中西双方的概念加以对应和规范,同样为伦敦会的传教士医生合信在《医学英华字释》(1858)对西医的大部分专用名词做了最初翻译成汉字医学术语的尝试。其后德国礼贤会(Rhenish Missions, RM)传教士罗存德的《英华字典》(1866—1869)对汉字科学技术词汇的形成起到了非常重要的作用。其后的傅兰雅、博医会(China Medical Missionary Association, 1886)等都对科学词汇的翻译和制定做出了巨大的贡献。1904年益智书会(School and Textbook Series Committee)的狄考文出版了《术语词汇》(Technical Terms)一书,可谓是对传教士百年科技术语的总结。③

而卫礼贤的这部《德英华文科学字典》,是在上述的基础之上的集大

---

① 见上揭竺可桢《为什么中国古代没有产生自然科学》一文。此文亦转载于《读书通讯》第122期(1946年),第10—13页。

② Te-Ying-Hua-wen k'o-huïeh tzu-tien 德英華文科學字典. Deutsch-englisch-chinesisches Fachwörterbuch. German-English-Chinese dictionary of technical terms. Von Richard Wilhelm. Hrsg. von der Deutsch-Chinesischen Hochschule. Tsingtau 1911. 576 Seiten.

③ Mateer, Calvin Wilson(Ed.), Technical Terms. English and Chinese. Prepared by the Committee of the Educational Association of China. Shanghai: Printed at the Presbyterian Mission Press, 1904.

成者。很遗憾,本书没有前言、后记。根据所收词汇的情况,可以知道此书是在狄考文《术语词汇》的基础上,加入德文,并以德文为序排列的科学技术词典。全书共 576 页,共收录 20,000 余个德文、英文的科技词汇,以及相应的汉语译词。从最早的用所谓造新字的方式翻译西方的新词汇,到后来采用复合词的方式创建新词,卫礼贤的《德英华文科学字典》基本上已经将大部分科技词汇固定了下来。

(三)天文学、历法、气象学

第一次世界大战期间在美国加州大学伯克利分校(University of California, Berkeley)担任中文教授的佛尔克当时用英文撰写了一篇有关中国天文学的长篇论文《中国人的世界观:他们对天文学、宇宙论和自然哲学的思考》(The world-conception of the Chinese. Their astronomical, cosmological and physico-philosophical Speculations, London: Probsthan, 1925)。① 尽管书中对中国的宇宙、天、阴阳、五行依据中文的文献做了详细的介绍,但很难将这部著作归为科技史方面的研究,作为哲学史家的佛尔克,所介绍的更多的是作为哲学史基础的中国人的世界观。因此,作为科学史之父的萨顿·乔治在书评中认为,佛尔克的学术论文对于我们了解中国思想的知识具有重大的贡献。(As it is, Forke's memoir is an important contribution to our knowledge of Chinese thought.)②

中国文化跟科学和技术有着特殊的关系。李约瑟指出:"对于中国人来说,天文学曾经是一门很重要的科学,因为它是从敬天的'宗教'中自然产生的,是从那种把宇宙看作是一部统一体,甚至是一部'伦理上的统一体'的观念产生的,……这是从最早的时期开始就已贯穿在中国历史中的一条连续的线索。"③实际上对于古代中国人来讲,并没有西方所谓纯粹自然科学意义上的天文学,中国古代的农业文明与天文历法之间有着密切的关联,因此中国古代对天文的探讨,其目的大都落在了人事上。

很多科学家已经注意到了,尽管在中国有许多发现与发明要比在西方早得多,但在中国并没有在此基础上发展出现代意义上的自然科学。也许

---

① 此书 1937 年出版了日译本:アルフレット・フォルケ著,小和田武紀譯『支那自然科學思想史』,生活社,1939 年。

② Isis (published by University of Chicago Press on behalf of History of Science Society), Vol. 8, No. 2(May, 1929), p. 375.

③ 李约瑟《中国科学技术史》第四卷《天学》,北京:科学出版社,1975 年,第 1—2 页。

是由于中国人习惯于满足经验得来的认识(Empire)的缘故,其中的原因是错综复杂的。

天文和历法构成了汉学研究的一个重要部分。对天文、历法文献和数据的利用,不仅仅对研究自然科学史,也会对交织在古代编年学之中的诸多问题的澄清,起到不可替代的作用。这样便要求一位汉学家,不仅要有语文学上的知识,也同样要有数学、天文学方面的训练。

依据甲骨文的内容来重塑商代的历法系统,在这方面中国学者做出了许多贡献。莫非斯对殷、周历法的描述①受到了德国汉学家艾伯华的反驳。② 真正科学的天文学直到汉代才形成,艾伯华在另外一篇文章中对此做了简短且清晰的描述。③ 跟前代不同的是,汉代的天文学家尝试着致力于用公式来计算天体的运行。艾氏除了对前汉的天文学做了系统梳理之外,④也对后汉的情况予以了研究,⑤他与助手同样对三国的天文学也有所涉猎。⑥ 除此之外,艾伯华还研究过佛教大藏经中所反映出的中国民间的历法情况。⑦ 六朝和唐代的佛教历法受到过西方(印度和伊朗)的很大影响,这是艾伯华所一再强调的。1942年的《华裔学志》(*Monumenta Serica*)上刊载了艾伯华有关历法的散见在不同学术刊物上的论文题目,并附有非常详细的主题词索引。⑧

在中国历史文献中,有丰富的气象学资料。德国汉学家们也致力于从中分析出几百年前,甚至千余年前的气候情况。魏特夫从甲骨文的内容中

---

① 《燕京学报》20(1936), pp. 263—329。

② Eberhard, Wolfram, in: *Orientalische Literaturzeitung*. 1939, S. 73-76.

③ Eberhard, Wolfram, „Das astronomische Weltbild im alten China". In: *Die Naturwissenschaften* 24 (1936). S. 517-519.

④ Eberhard, Wolfram, „Beiträge zur Astronomie der Han-Zeit". In: *Sitz. Ber. Pr. Akad. d. Wiss., phil.-hist. Kl*., 1933, Nr. 5, S. 209-229; Nr. 23, S. 937-979.

⑤ Eberhard, Wolfram, "Contributions to Astronomy of the Han Period III. Astronomy of the Later Han Period". In: *Harvard Journal of Asiatic Studies* 1(1936), pp. 194-241.

⑥ Eberhard, Wolfram, "Contributions to the Astronomy of the San-kuo Period", in: *Monumenta Serica* 2(1936/37), pp. 149-164. 马伯乐详细的批评见:*Journal Asiatique* 231(1939), pp. 459-468.

⑦ Eberhard, Wolfram, „Chinesische Volkskalender und buddhistisches Tripitaka", in: *Orientalische Literaturzeitung.* 1937, S. 346-349; Ders., *Untersuchungen an astronomischen Texten des chinesischen Tripitaka*, in: *Monumenta Serica* 5(1940) S. 208-262.

⑧ Eberhard, Wolfram, „Index zu den Arbeiten über Astronomie, Astrologie und Elementenlehre", in: *Monumenta Serica* 7(1942) S. 242-266.

找出了资料,分析出在殷商时期的气候比现代中国北方的情况更热、更潮湿。① 魏特夫的这篇论文也引起了甲骨学家董作宾的详细回应。② 而在中国历史上的一些自然现象常常被看作是政治倾向的表现。傅海波在一篇论文中分析了在近代开端(北宋)时历史著作中所记载的非同寻常的自然现象的情况。③

(四)地理学

地理学方面的著作《山海经》中尽管充满了怪异的神话记载和民间的传说,但还是为汉学家们提供了中国古代地理方面的丰富素材。德国汉学家黑尔芬在这方面的论文,依然是这方面研究的最好成就。④

有关蒙古时期中国地图最重要的著作乃是福克司于1946年在北平出版的《朱思本绘制的中国〈蒙古地图〉与〈广舆图〉》一书。⑤ 这部地图集可以追溯到蒙古时代的道教徒朱思本那里,福克司对此做了非常详细的解释并附上了许多参考文献。有关清时期的地理研究,福克司也写有重要的论文。⑥ 他在文章中对清代的地图学进行了概述,特别对1718年出版的耶稣会士的地图集的来历进行了非常详细的讨论。福克司对耶稣会传教士地图的研究,堪称这一领域的典范之作。耶稣会士地图集本身所取得的地图学成就,一直到今天也是难以超越的。1943年福克司将这部地图集——《康熙时代耶稣会士地图集》——重新校订出版了。⑦

(五)医学及药物学

德国汉学家在中国丰富的医学和药学文献方面,取得了一些翻译和研究的成就。术语的困难以及初看上去让人感到荒谬绝伦的理论——很多的东西只有与中国的宇宙论以及道家的冥想结合起来才能够理解——使

---

① Wittfogel, Karl August, "Meteorological Records from the Divination Inscriptions of Shang", in: *The Geographical Review* 30(1940), pp. 110-133.
② 《中国文化研究集刊》,第3卷第1—4期(1943年),第81—88页。
③ Franke, Herbert, in: *Orien*s 3, 1(1950), S. 113-122.
④ Maenchen-Helfen, "The Later Books of the Shan-hai king", in: *Asia Major* 1(1924), pp. 550-586.
⑤ Fuchs, Walter, *The "Mongol Atlas" of China by Chu Ssu-pen and the Kuang-yü-t'u*. Peiping 1946 (= Monumenta Serica Monogr. 8). 书评:*T'oung Pao* 39(1950), pp. 197-199(Duyvendak); *Bulletin of School of Oriental and African Studies* 12(1948), pp. 478-479(L. Giles).
⑥ *Monumenta Serica* 1(1935/36), S. 387-427, 3(1938), S. 189-231.
⑦ Fuchs, Walter, *Der Jesuiten-Atlas der Kanghsi-Zeit*. Peking 1943(= Monumenta Serica Monogr. 4). 书评:*Bulletin of School of Oriental and African Studies* 12(1948), pp. 480-481(L. Giles, *Monumenta Serica* 9(1944), pp. 259-261(Weng Tu-chien).

许多汉学家望而止步。

1907年德国在上海建立了同济大学德文医学堂,虽然1928年毕业于此的罗荣勋用德语翻译了《寿身小补》(J. H. Lo [Übers.], Schou Schen Hsiau Bu. Kleine Hilfe zur Verlaengerung des Lebens),并于1930年在中山大学出版社出版。① 但中西医学在这里呈现的主要是"由西向东"的单方向传播。但是19世纪欧洲对中国医学学术上的研究僵局,在20世纪上半叶主要被两位学者打破:一位是法国外交官和学者乔治·苏利·耶·德莫朗,另一位则是德国汉学家医生许宝德。

德莫朗的巨大成就在于在1939年、1941年和1955年出版了三卷本的《中国针灸》(L'acupuncture chinoise)的巨著,影响至今。② 许宝德于1906年获得了医学博士学位。在学医学的同时,他也学习中文和满语,并在柏林做助理医师期间完成关于《战国策》(Chan-kuots'e)的哲学博士论文,1912年在莱比锡大学获得哲学博士学位。当他在伦敦跟随霍斯利·维克多进修脑外科时,他同时在巴黎跟随沙畹学习汉学。1907—1912年许宝德在柏林奥古斯塔医院(Augusta-Hospital)做助手,1913年出版了《寿世编》的德文翻译,③1913年他凭借资格论文:《论中国和藏蒙药物学的知识》获得了柏林大学医学史专业教授资格。④ 在担任柏林大学医学系医学史讲师的同时,他一直计划到远东传教士医院,并且已学习了汉语和日语。⑤

1921年许宝德到了日本,在东京通过了日本医师资格考试,并且从1921年到1925年一直在日本九州岛的熊本大学(Hochschule Kumamoto)做医学讲师和德语教师,同时供职于法国传教士麻风病医院(Lepra-Krankenhaus)⑥。1925年开始在中国湖南益阳的挪威医院做传教士医生。1927年

---

① *Schou Schen Hsiau Bu* 寿身小补. *Kleine Hilfe zur Verlaengerung des Lebens*, von Wang Dui Me 黄兑楣. Ins Deutsche uebertragen mitsamt den angefuehrten Rezepten von J. H. Lo 德医罗荣勋, Assistent der Klinik mit einer kurzen Einfuehrung von G. Frommolt. Sonderabdruck aus Abhandlungen der Medizinischen Fakultaet der Sun-Yatsen-Universitaet Canton. II. Band, 1. Heft, S. 19. Verlag der Sun Yatsen-Universitaet Canton. 1930.

② Morant, George Soulié de, *L'acupuncture chinoise*. Mercure de France 1939, 1941, 1955.

③ Hübotter, Franz, *Shou-shi-pien. Ein chinesisches Lehrbuch der Geburtshülfe*. Berlin/Wien 1913. 94 Seiten.

④ Hübotter, Franz, *Beiträge zur Kenntnis der chinesischen sowie der tibetisch-mongolischen Pharmakologie*. Berlin/Wien 1913. 324 Seiten.

⑤ *Schweiz Zeitschrift für Ganzheitsmedizin* 2010; 22: S. 157-165. Hier S.157

⑥ Schroers, Fritz D., *Lexikon deutschsprachiger Homöopathen*. Georg Thieme Verlag, 2006. S.66.

由于中国的内乱,被召回德国。1929 年他出版了具有划时代意义的德文专著《20 世纪初的中国医学及其发展历程》,①在这本中医的集大成著作中,《难经》第一次被完整地翻译成德语。此外,在这本书中还包括两部脉学著作的翻译:李时珍的《濒湖脉诀》以及张世贤的《图注难经脉诀》。书中论述脉学、运气学等内容时,还经常引用《内经》和《针灸甲乙经》里面的例子。

许宝德 1930 年又去了中国青岛,并在那里行医 21 年,直到 1951 年 8 月被红卫兵以"资本主义"和"反共产主义"的罪名逮捕并且关押了 16 个月,并于 1953 年被遣送回德国。之后许宝德作为柏林自由大学的名誉教授,教授顺势疗法和东亚医学史的课程。行医与授课之余,他投入了大量时间研究中医史,1957 年出版了德文版的《番汉药名》,②1964 年出版了《针灸甲乙经》的翻译。③

除了许宝德之外,在德语世界哈特纳的论文对中国古代医学作了非常清晰的概述。④

(六)植物、动物及矿产方面

美国公理会(Congregational Church)传教士富路德,系著名传教士富善之子。富路德曾对李时珍的《本草纲目》进行过补充和订正。⑤ 富氏并参考当时的各种研究成就,探讨了土豆、花生、棉花在中国的种植和传播的情况,以及在 1600 年左右当时禁止进入中国的烟草,后来在明末、清初时的情景。⑥ 其中对有关烟叶在东北的早期种植史,福克司主要依据朝鲜的历史文献,在《华裔学志》上撰文做了补充。⑦

1935 年《通报》上发表了劳费尔有关黑麦的遗著,这种作物在中国只是偶尔被种植的。⑧ 有关从中亚传到中国的植物"茉莉"的名称,薛爱华专

---

① Hübotter, Franz, *Die chinesische Medizin zu Beginn des XX. Jahrhunderts und ihr historischer Entwicklungsgang.* Leipzig: Verlag der Asia Major. 1929. 356 Seiten.

② Hübotter, Franz, *Chinesisch-Tibetische Pharmakologie und Rezeptur.* Mit 2 Portr. U. 43 Abb. Ulm 1957, 180 Seiten.

③ Hübotter, Franz(Übers.), *Chia I ching.* Berlin 1964, 97 Seiten.

④ Hartner, Willy, „Heilkunde im alten China", in: *Sinica* 16(1941), S. 217-265, 17(1942), S. 27-89.

⑤ *Journal of the American Oriental Society* 59(1939), pp. 138-142; 60(1940), pp. 258-260.

⑥ *Journal of the American Oriental Society* 58(1938), pp. 648-657.

⑦ *Monumenta Serica* 5(1940), S. 81-102, S. 479-484.

⑧ *T'oung Pao* 31(1935), pp. 237-273.

门撰文予以讨论。①

有关古代中国的家畜研究,叶乃度写有一系列的专题论文,涉及马、鸟、犬、猪、蜂。② 这些论文所依据的材料主要是先秦的经典,同时又补充以考古发现以及后世的民俗材料,从中考察了动物在祭礼和神话中的用途。而薛爱华则运用丰富的史料,详细地研究了在中国元代的骆驼。③

有关中国的矿藏的研究,劳费尔的英文名著《钻石》(Diamond)一书依然是这方面最重要的专著。由于这部著作出版于1915年,黑尔芬对有关钻石的情况做了补充,他认为也许在《淮南子》第二章中就已经暗示了中国人知道了钻石。④

（七）狩猎、农业、技术

1938年艾士宏发表了一篇介绍中国古代狩猎的文章,⑤不过这只是一篇简单的介绍而已(文中没有具体注明参考文献)。在这方面的权威著作依然是1869年帕拉特的名著《古代中国人的活动》。⑥

有关中国农业技术方面,出现了一系列论文。早在1913年福兰阁就将《耕织图》译成了德文。⑦ 1947年福克司又在《汉学研究》上撰文,对《耕织图》进行了深入的研究。⑧

有关食谱的研究,艾伯华曾于1940年发表文章,对随园(袁枚)的烹饪

---

① Schafer, Edward Hetzel, "Notes on a Chinese Word for Jasmine". In: *Journal of the American Oriental Society* 68(1948), pp. 60-65.

② Erkes, Eduard, „Das Pferd im alten China", in: *T'oung Pao* 36(1940), S. 26-63; „Vogelzucht im alten China", in: *T'oung Pao* 37(1944) S. 15-34; „Der Hund im alten China", in: *T'oung Pao* 37(1944), S. 186-225; „Das Schwein im alten China", in: *Monumenta Serica* 7(1942) 68-84; „Die Biene im alten China", in: *Forschungen und Fortschritte* 24(1948), S. 147-148.

③ Schafer, Edward Hetzel, "The Camel in China down to the Mongol Dynasty". In: *Sinologica* 2 (1950), pp. 164-194, pp. 263-290.

④ Laufer, Berthold, "Two Notes on the Diamond in China". In: *Journal of the American Oriental Society* 50(1950), pp. 187-188.

⑤ Eichhorn, Werner, „Die Jagd im alten China". In: *Ostasiatische Rundschau* 东方舆论 19(1938), S. 416-417.

⑥ Plath, Johann Heinrich, „Die Beschäftigungen der alten Chinesen". In: *Abh. d. Kgl. Akad. d. Wiss*. 1. Kl. 12. Bd. 1.Abt.(1869).

⑦ Franke, Otto, *Ackerbau und Seidengewinnung in China*. Hamburg 1913 (= Abh. des Hamburger Kolonialinst. Bd. 11).

⑧ Fuchs, Walter, "Rare Ch'ing Editions of the Keng-chih-t'u". In: *Studia Serica* 中国文化研究所集刊 6(1947), pp.149—157.

技术进行了研究,并且翻译了袁枚的食谱。①

尽管劳费尔在他的研究中提到中国技术机制史的概念,但这一领域一直未得到过系统的研究。学者们关注的对象是在耶稣会时代,中国人对西方发明的接受情况。1944年颜复礼曾发表文章,对这一专题进行了非常详细的探讨。②

(八)服饰、体育及游戏

在服饰方面的研究,德国学者 W. Eberhard(艾伯华)和 A. Eberhard 合写了一部介绍汉晋时尚的著作,③此书主要依据的是当时的中文文献。

在体育方面,霍福民编辑的体育词汇德-汉对照表,为对在这面的进一步研究打下了基础。④

(九)印刷及书籍

有关铜版印刷,福克司进行过深入的研究,并且将研究的时间范围扩大到了10—19世纪。⑤ 而谢礼士对故宫武英殿中的活字印刷技术也做了系统的研究。⑥

三、结　论

20世纪以来德国在汉学与中国学研究方面发展迅速,汉学家们对中国科学技术史的研究,也做出了诸多贡献。中国有着丰富的科学技术史方面的文献资料,这些对于对科技史感兴趣的德语国家的汉学家来讲,无疑提供了巨大的用武之地。20世纪上半叶德国汉学界有关中国科技史的研究

---

① Eberhard, Wolfram, „Die chinesische Küche. Die Kochkunst des Herrn von Sui-yüan(d.i. Yüan Mei)". In: *Sinica* 15(1940), S. 190-228.

② Jäger, Fritz, „Das Buch von den wunderbaren Maschinen. Ein Kapitel aus der Geschichte der abendländisch-chinesischen Kulturbeziehungen". In: *Asia Major* Neue Folge 1, 1(1944), S. 78-96.

③ Eberhard, W. und Eberhard, A, *Die Mode der Han- und Chin-Zeit*. Anterpen 1946. 书评:*Monumenta Serica* 12(1947), S. 322-325(Consten, 坚决反对); *Journal of the American Oriental Society* 67(1947), pp. 223-225(Dubs); *Asiatische Studien* 1(1947), pp. 149-150(v. Tscharner); *Oriental Art* 1(1948), pp. 192.

④ Hoffmann, Alfred, „Die wichtigsten deutschen und chinesischen Sportausdrücke". In: *Mitteilungen des Seminars für Orientalische Sprachen* 39(1936), S. 1-32.

⑤ Fuchs, Walter, „Der Kupfer-Druck in China vom 10. bis 19. Jahrhundert". In: *Gutenberg-Jahrbuch* 1950, S. 67-87.

⑥ Schierlitz, Ernst, „Zur Technik der Holztypendrucke aus dem Wu-ying-tien in Peking". In: *Monumenta Serica* 1(1935), S. 17-38.

可以说刚刚起步,但在诸多领域已经取得了相当可观的成就。魏特夫提出了中国为什么没有产生现代科学的问题;卫礼贤编写了《德英华文科学字典》,首创了以德文专用名词为序的德英汉科技词汇;佛尔克对中国天文学、宇宙论等一般知识的介绍,艾伯华对先秦和汉代天文学的关注,魏特夫从甲骨文卜辞对殷商时期其后的推测;福克司的地图研究;许宝德的中医典籍德译以及相关的研究等等,均为德国的中国科学技术史研究做出了贡献。尽管在中文资料的占有、考证方面,德国学者并不占优势,但他们更加重视外史的研究,并且善于收集多种文字的文献以及图像资料,其研究成果的表现形式也多种多样。当时的学者与中国学界有着密切的交流,并且形成良性的互动。魏特夫有关从甲骨文卜辞论述殷商气候的文章,马上就引起了中国考古学家董作宾的详尽回应;莫非斯对殷周理发的描述也受到了艾伯华的反驳……。无论如何,包括德国汉学家在内的诸多国外学者在科技史方面取得的成就,丰富了中国科技史研究的新理论和新方法,扩大了研究的深度和范围。而源于德国学术传统的汉学家们所掌握的理论、方法,跟掌握大量原始文献并谙熟自己文化经典的中国学者之间的沟通与对话,无疑也促成中国的学术成为当时世界学术的一个重要组成部分,同时也使中国学者逐渐具有了世界的胸怀。

  从中国的方面来看,传统的学术如果要获得新生,就必须适应西方近现代学科的体系,适应国际学术发展的趋势。传统学术在向近现代学术的转换过程中,既要考虑到传统学术如何吸收西方学术及其发生的嬗变,又要考虑到如何将传统学术纳入西方学术体系。在用西方的现代学术理路将传统中国知识纳入近现代的西方学科体系和知识系统方面,德国汉学家们的研究实际上是第一步的尝试,他们的研究方法和问题意识,都引起了中国学术界的极大关注。如果说晚清的中国知识分子将旧学纳入近代西方新知识体系的尝试属于被迫的话,进入民国之后,学者们早已自觉地认为,建立中国的现代学术体系是他们的历史使命。竺可桢等一批具有科学史意识的现代科学家,也已经开始运用现代的方法对中国科学史进行研究。20世纪上半叶德国汉学家对中国科技史的研究,也迅速反哺到了中国学术界。

第十九章
半个世纪以来德国汉学发展之我见
——以德国中国历史研究为例的几点认识

一、半个世纪以来汉学发展趋势

范式转换（Shift of paradigm）概念的提出唤起了人们关注时代思潮的更深层次的结构。时代的进步势必形成与过去的典范不相符的新学说，从而使一种标准的形态发生动摇，最终造成典范的转变。对中国研究的范式转换，是时代的思想和社会处境变化的必然结果。德国汉学及其有关中国的知识、文化传统，从一开始就是在阐释和翻译，在传统中国、文化中国与当代中国、现实中国，也是在中国的精神、文化等人文的传统，以及中国社会的各个方面之间交错进行的。根本不存在所谓孤立的德国汉学的翻译时期、阐释时期，或者截然分开的汉学研究时代，这些从一开始就是纵横交错、交织在一起的。德国汉学滥觞是从实用目的出发的"东方语言学院"（Seminar für Orientalische Sprachen, SOS, 1887年在柏林建立）开始的，很多的汉学家也是从重视实际工作的传教士、外交官的身份转变成为学者的。汉学学术史本身就是范式转换的历史。考察每一个范式转换的事例，都是了解德国乃至西方对中国认识的基本前提。

实际上，德国汉学除了注重自身的发展和传统之外，也会对中国社会的变革做出相应的反应来。早在20世纪50年代，联邦德国已经开始建立了一些大学之外的中国研究机构。1956年由联邦德国政府外交部与汉堡市共同成立了亚洲情报所（Institut für Asienkunde, IFA），[①]其中最重要的是

---

① 请参考：Schütte, Hans-Wilm(Hrsg.), *Fünfzig Jahre Institut für Asienkunde in Hamburg*.（Mitteilungen des Instituts für Asienkunde; Nr. 398）, Hamburg 2006.

有关中国大陆现实政治问题的研究,并出版杂志 China aktuell(中国要闻);1959 年德国外交部在波恩大学恢复了 1887 年建于柏林的"东方语言学院",以培养实用的包括汉语在内的东方语言为主;1967 年在大众基金会和福特基金会的支持下,在当时联邦德国的首都波恩建立了德国亚洲学会(Deutsche Gesellschaft für Asienkunde, DGA),使德国从汉学和日本学研究,向政治、经济、法律多领域研究拓展,促进德国与东亚的交流与合作,提供当代东亚研究方面的咨询服务等。

最近十年左右退休的德国汉学系的教授们,大都是 1968 年欧洲学生运动的参与者,多数也都是左派,因此他们也都受到当时中国的"文革"和毛主义的影响。68 年学生运动在一定程度上解构了当时传统的汉学研究,学生们要求与时俱进地研究中国的革命形势,因此单纯的语文学方法的古典学研究,显然不能适应诸如毛主义的研究,必然要引进社会科学的各种方法。设在西柏林的自由大学东亚系率先开始相关的革新,德国其他大学的汉学系也都积极响应。1970 年代末中国的改革开放,使得中国成为西欧特别是当时联邦德国的潜在市场,中国可能在经济方面给德国带来巨大的利益,而当时德国的汉学界根本无法培养相应的人才,因此很多的大学开始开设汉学与经济学相结合的专业。比较早的有蒂宾根大学(Eberhard-Karls-Universität Tübingen)开设的区域研究组合课程,包括国民经济学(Volkswirtschaftslehre)与东亚文化学的结合。近年来,相关的组合课程愈来愈多,很多汉学系除了提供传统的专业课程之外(被称作"汉学 I"Sinologie I),也增加了所谓的中国研究课程(被称作"汉学 II"Sinologie II),以便于同国民经济或企业经济(Betriebswirtschaftslehre)等热门专业相结合,这同时也是适应中国研究的需要。

今天,在中国研究中所遇到的挑战和问题是以往纯粹的汉学(Sinologie, sinology)所无法解决的,因此必然会出现所谓的汉学/中国研究(Chinawissenschaften, Chinese Studies)。汉学与中国学是一对既有区别又有联系的研究,对文化中国、历史中国进行的古典学、语文学、历史学的解读依然需要,并且永远不会消失,同时只可能是德文中所谓的"幽兰专业"(Orchideefach);而关涉到中国现实问题的汉学,所关注的是中国社会的不同方面,如政治、经济、军事、外交、法律、医疗等等,其所使用的方法当然来自社会科学乃至自然科学的各个领域。

对于汉学的中国学倾向,很难作价值的判断。有很多在一百年前从未听说过的专业,现在却成了热门的专业,也不在少数。有的学者认为美国汉学向中国学的转向,实际上是从阳春白雪之学,转向了从之者众的大众专业:"费正清则在将汉学研究重心由古代下移到近现代并应用社会科学方法的同时,本质上有全面退回沙畹以前欧洲传统汉学的弊端,尽管表面看来更具现实感。"①"费正清面临的问题,与其说是将汉学研究推进一步,不如说是如何使少数天才的事业变成多数凡人的职业。批量培养标准化的学位获得者,正是其方法的成功标志与应用价值。"②也就是说,跟汉学培养出的人文大家不同,汉学培养出的人才是多学科多层次的研究群体。实际上,曾在汉堡创立第一个汉学教席的福兰阁,他的弟子白乐日于1932年所撰写的博士论文《唐代(618—906)经济史论集》③就已经开始借用马克斯·韦伯的社会经济学的方法研究中国唐代的经济问题了。白乐日在论文中从中国官僚制度的角度来阐释中国社会之发展,中国社会中学者-官员阶层及其与占统治地位的制度的复杂关系,是他考察中国社会结构的重点所在。从韦伯的方法论和研究范式出发,借以考察中国社会变迁过程中各种普遍性和特殊性,这是白乐日对中国隋唐以来经济史研究的重要范式。这对当时以语文学为主流的古典式汉学研究,无疑是一种革命式的宣言。

美国中国学是美国全球战略支配下的区域研究(Area Studies)的一个组成部分,由于在冷战时期受到美国政府和各种基金会的支持,其自身带有对策性和意识形态的特征,并且需要在短时期内取得可以看得见的成绩,于是集团协作式的团队工作(Teamwork)成为其运作的主要方式。这种方式当然可以在某些方面,如政治学、社会学、经济学、人类学等社会科学领域,乃至在大型辞书的编纂方面在短时间内取得成效,但真正有创造性的人文成就,往往是个人苦心孤诣中创造的。况且作为国家意志的研究项目,往往会成为功利目的的工具。在这种情况下,即便是历史研究也会成为现实关怀的投影。实际上,用社会科学方法从事的汉学研究,永远也代替不了以古典学、历史学为主的汉学研究。因此,欧洲的汉学家们,对于美国汉学一味追求方法模式的更新、理论阐释的前沿特征而忽略对文本本

---

① 桑兵《国学与汉学——近代中外学界交往录》,杭州:浙江人民出版社,1999年,第15页。
② 上揭桑兵《国学与汉学——近代中外学界交往录》,第17页。
③ Balazs, Stefan, *Beiträge zur Wirtschaftsgeschichte der T'ang-Zeit* (618-906), Dissertation, 1932. (Tag der Promation: 15. Februar 1932.)

身的深入解读,也多有批评。

归根结底,西方的现实境遇促成了其汉学的问题意识,汉学的最终目的是为了其自身的发展。但西方学者出于自身的需求而进行的他者研究,在萨义德看来是不正当的,是理应受到批判的。后来的学者认为,无论是东方还是西方,都应当进行平等的研究和比较,并不存在西方的唯一中心。

二、德国汉学的专业特征以及中国历史研究的发展

19世纪下半叶已经有一种现象,亦即专业领域的学者进入中国研究的某一方面,最典型的例子莫过于德国著名的地质学家、地图学家以及考察旅行者李希霍芬了。1868至1872年间,李希霍芬曾到中国做过七次远征,正是在这段时期中,他指出古楼兰遗址旁边的罗布泊的位置,甘肃走廊南缘的祁连山脉的英文名称就是依他的名字命名的:Richthofen Range。李希霍芬依据其在华考察的资料,完成了巨著《中国——亲身旅行和据此所作研究的成果》(*China. Ergebnisse eigener Reisen und darauf gegründeter Studien. 5 Bände mit Atlas*)。全书正文共五卷,并附有两册地图集。其中第一卷出版于1877年,"丝绸之路"(Seidenstraße)一词便首次出现于本书中。1872年李希霍芬从中国回到德国后,于1873—1878年担任柏林地理学会(Berliner Gesellschaft für Erdkunde)的会长。1875年他在波恩大学从事他的著作撰写工作,之后到了莱比锡大学,1886年后则转到柏林洪堡大学。在他的弟子之中,最为有名同时也与中国研究相关的是瑞典探险家斯文·赫定。在近代地理学的诸多领域中,李希霍芬被视为重要的先驱者,他在中国的地质记录与观察结果、文献备受专业学者推崇。但德国汉学家们认为李希霍芬属于"非汉学的中国通"(eine nicht-sinologische Chinakompetenz),尽管福兰阁等对他的批评尤其严厉,不过对他的成就福兰阁也说了公道的话:"由李希霍芬的著作而获得的普遍声誉会使人期待,大量的学术教育机构将会更加关注这个新的巨大的研究领域。政治和学术二者以同样令人难忘的方式指向了远东。"[1]公正地讲,李希霍芬的著作对于全面考察和理解中国的地理地貌有着重要的启示,不能以其汉语水平不够、中文引用的

---

[1] Franke, Otto, „Die sinologischen Studien in Deutschland", in: Ders., *Ostasiatische Neubildungen*. Hamburg: Verlag von C. Boysen, 1911. S. 361.

部分错误而抹杀其结论的正当性。

实际上从 20 世纪下半叶以来，各个学科专业化的倾向愈来愈明显，汉学领域当然也不例外。如果还一味强调汉学的古典语文学特征，仅仅致力于所谓中国文史哲通才培养的话，德国汉学很可能跟不上世界汉学发展的步伐。而汉学系根本容纳不下有关中国研究的各个学科。早在 20 世纪 60 年代就已经有个别在汉学以外专业取得巨大成就的学者，如柏林自由大学就有以政治学教授、右派反共分子杜莫斯为主的对中国大陆政治进行研究的团体。① 而在 20 世纪 70 年代末改革开放以来，这一发展趋势愈来愈明显，越来越多在汉学学术研究领域取得卓越成就的学者在非汉学的领域任教：文树德教授于 1986—2006 年任慕尼黑大学医史研究所所长，之后他出任柏林医学中心——夏洛特医院（Charité）中国生命科学理论、历史及伦理研究所（Horst-Görtz-Stiftungsinstitut für Theorie, Geschichte und Ethik Chinesischer Lebenswissenschaften, HGI）所长，研究所是由霍斯特·格尔茨基金会赞助设立的；从民族学和政治学角度对中国进行研究的王海教授，自 1998 年以来他任杜伊斯堡-艾森大学政治学和东亚学的教授；科隆大学"现代中国研究所"的法学家何意志是研究中国法律制度的专家，其活动领域主要是在法学界；奥斯特哈默尔教授自 1999 年执教于康斯坦茨大学，是近现代史研究所（Institut für Neuere und Neueste Geschichte, Universität Konstanz）的教授等等。这些在各专业领域任教的学者，为汉学和汉学术进入真正的西方学术领域做出了贡献。

拿有关中国历史的著作来讲，由汉学家撰写的几部重要的中国历史著作，大都是"世界史"（Weltgeschichte）中的一本。18 世纪德意志哥廷根历史学派的创始人伽特勒在他于 1761 年出版的著名的《普遍史手册》第一卷（全名为 Handbuch der Universalhistorie nach ihrem gesamten Umfange von Erschaffung der Welt bis zum Ursprunge der meisten heutigen Reiche und Staaten, 1761，以从创世到今天的绝大部分帝国与国家起源整体为依据而编纂的普遍史手册，第一部分出版于 1761 年，第二部分出版于 1764 年）的专著中，就以 345 页的篇幅来描述中国。依据耶稣会传教士的史料，伽特勒将中国历

---

① Jürgen Domes 教授的著作主要涉及国共两党的历史与现实，包括：*Politik und Herrschaft in Rotchina*（红色中国的政治与统治）. Stuttgart 1965；*Vertagte Revolution. Über die Politik der Kuomintang von 1923 bis 1937*（推迟了的革命——论国民党 1923—1937 年的政策）. Berlin 1969；*Politische Landeskunde der Volksrepublik China*（中华人民共和国的国情政治）. Berlin 1982.

史分为三个时期:一、始自中华帝国的起源至耶稣降生前四世纪;二、耶稣降生前第四世纪和第三世纪;三、耶稣降生前第二世纪以降,此时的中国历史真正丰沛和意趣盎然起来。① 1910 年孔好古出版了他的《中国历史》(*Geschichte Chinas*, 1910),这是德国著名的三卷本《乌尔施泰因世界史》(*Ullsteins Weltgeschichte*)的一部分。孔好古运用民族志学的方法,对先秦史做了比较全面的考察。莱比锡的另一位汉学家叶乃度,于 1948 年在柏林出版了《中国历史》(*Die Geschichte Chinas*. Berlin, Volk und Wissen, 1948)。这是一家出版教科书的出版社,当然中国历史只是其整体世界史的一部分。慕尼黑的汉学家福赫伯和陶德文所撰写的《中华帝国》(*Das chinesische Kaiserreich*. 1968)。这本书是"费舍尔世界史"系列中的第 19 本(Fischer Weltgeschichte, Band 19)。

这一系列的有关中国历史的德文著作,都是当时所认为的世界史的一部分。尽管这些世界史著作卷帙浩繁,但基本上都存在三个方面的局限性:一是在叙述的时候以欧洲为中心,以一种线性的发展逻辑否认世界的异质性和文明的多元化;二是将各地历史简单地叠加在一起,缺乏相互的关联性,更谈不到相互间的互动;三是基本上以地区、民族或文化的历史现象为研究对象,读者很难对所谓的世界史有一个整体观。

奥斯特哈默尔的研究才真正将近代以来的中国放在全球史的范畴中来看待,他强调将打破民族国家界限的研究对象置于广阔的相互关系情境中来理解和考察,并从互动来理解历史,强调互动者互为主体。《世界的演变:19 世纪的历史》(*Die Verwandlung der Welt. Eine Geschichte des 19. Jahrhunderts*. München 2009)一书并不是简单地对 19 世纪各国的历史进行罗列,而是要对当今世界的起源予以追溯,向读者展示为什么 19 世纪是使全世界走向现代的决定性的历史时期。奥斯特哈默尔的高超之处并不在于"宏大叙事"的研究,他也不遵守事件的时间顺序。相反,他把世界发展到现代的丰富资料,分成三个主要方面,下面又细分为 18 个主题,来做准确的阐述。这些全球史的主题包含了范畴(例如:时间或者空间),问题领域(例如:边境),对转变的情况的调查(例如:生活水平),进程(例如:革

---

① Gatterer, Johann Christoph, *Handbuch der Universalhistorie nach ihrem gesamten Umfange bis auf unsere Zeiten fortgesetzt; des zweyten Theils erster Band: Nebst einer vorläufigen Einleitung, worin das Verzeichnis der Geschichtsschreiber bis auf die neuern Zeiten fortgeführt worden*. Göttingen: Vandenhoeck, 1764. Einleitung, S. 4.

命),结构(例如:城市或者国家)或者生产和再生产的定义范围(例如:工作或者知识)。通过这种方式,可以避免忽视对历史人物或逸事/叙事的外在逻辑的分析。奥斯特哈默尔认为:全球史是全球系统的互动史。他尽管是汉学家,但他清楚地认识到,源自欧洲本身的史学发展已经不可能只靠其自身说明清楚了。奥斯特哈默尔的影响显然并不仅仅局限于汉学领域,他的著作基本上都是以全球史的视野展开的,他也因此获得过德国著名的莱布尼茨奖。2014 年 7 月 17 日,总理默克尔六十大寿的时候,奥斯特哈默尔应邀到总理府,在 1000 位被邀请的客人面前做了一场题为"各种过去:论历史的时间之线"(Vergangenheiten: Über die Zeithorizonte der Geschichte)的全球史报告,中国当然也是其中重要的一个方面。

三、对新世纪的展望

法国年鉴学派著名的历史学家费弗尔意识到,一种封闭的学科在当代是毫无价值、毫无生命力的,他指出:"所有的发现都不是发生于每个学科的内部及核心,而是发生于学科的边界、前沿、交叉处,正在这些地方,各个学科互相渗透。"①费正清在他的自传中在描述自己在答辩时的表现时写道:"我已经学会了如何成为历史学家中的汉学家,以及稍加变化,又成为汉学家中的历史学家。很像一个不易被抓住的中国土匪,处在两省辖地的边缘,一边来抓便逃到另一端。"②在历史学和汉学的交界处、边缘进行研究,这其实也是费正清之所以能另辟蹊径,成就美国汉学的原因所在。

从目前德国汉学的发展来看,由于文化教育的大权掌握在各个州政府手中,因此各个汉学系的发展也是极不平衡的,研究的方向与教学的内容一般也会根据教授的兴趣和专业知识来予以确定。如波恩大学在顾彬教授离开了之后,历史学家廉亚明接替了这一教席,波恩的研究重点也从中国文学、思想史,转到了中国历史,特别是元代以来中国与波斯帝国的关系史上。汉堡大学更关注中国古代哲学、以及晚清以来的近现代史;柏林大学强调当代社会科学研究的内容;慕尼黑大学则偏向中国思想史和哲学史的内容;埃尔兰根-纽伦堡大学、法兰克福大学则为中国科技史和观念史的

---

① Febvre, Lucian, *Combats pour l'histoire*. Paris: Armand Collin, 1953, p. 30.
② 费正清著,黎鸣等译《费正清自传》,天津:天津人民出版社,1993 年,第 170 页。

研究提供了很好的交流平台;有关东亚艺术史的研究在海德堡大学有很好的研究所……。此种情景跟美国汉学比较起来,既有优势也有弱点:优势是为学术自由发展提供了空间,弱点是很难有计划地统筹比较大型的汉学项目。

尽管如此,在欧洲汉学的整合方面,德国也做了一些努力,例如由海德堡大学汉学系瓦格纳教授牵头,于1998年建立起了"欧洲中国研究数字资源中心"(European Center for Digital Resources in Chinese Studies)。今天欧洲的汉学资源得到了进一步的整合,如EVOCS(European Virtual OPAC for Chinese Studies 欧洲中国研究虚拟图书馆联合编目),其中就包括了奥地利、德国、瑞士,德国联合目录,比利时、荷兰、法国、英国以及斯堪的纳维亚各重要汉学图书馆的馆藏。

2003年以来,欧盟尝试着希望通过引进以美国为样板的、在欧洲和世界范围内普遍得到承认的学士和硕士课程(Bologna-Prozess,"博洛尼亚进程"),来实现欧盟统一化的规定。这些年来,此项政策性义务在德国的汉学界和汉学界一直争论不断。拿汉学系的学士生来讲,因为在四个学期内既要学一定的汉语语言知识,又要对中国文化有比较深入的认识,这完全是不可能的。

进入21世纪以来,德国汉学的专业化倾向更加明显,同时也更加专注于用社会科学的方法进行的中国研究(Chinawissenschaften)。2006年,汉堡的"亚洲情报所"(IFA)更名为"德国全球及区域研究所"(German Institute of Global and Area Studies, GIGA),大开本的德、英文的China aktuell(中国要闻)也改版为小开本的全英文的刊物Journal of Current Chinese Affairs(当代中国期刊)。而墨卡托基金会(Stiftung Mercator)也于2013年11月宣布,将在未来5年内斥资1840万欧元在柏林建立欧洲最大的中国问题研究中心,从而打造研究中国的"新智库",以便让德国更好地与"世界第二大经济体"中国打交道,赢得未来。

而在大学方面一种跨学科的串联也早已开始了。海德堡大学就设立了"雅斯贝尔斯高等跨文化研究中心"(Karl Jaspers Centre for Advanced Transcultural Studies)。这个中心属于"全球背景下的亚洲与欧洲:文化流动的不对称性"卓越研究群(Cluster of Excellence "Asia and Europe in a Global Context: Shifting Asymmetries in Cultural Flows"),由联邦政府所赞助。这个计划能获得批准是因为连接跨学科和跨文化的做法——德国政府所赞助的大型卓越计划都是要凸显跨学科、跨领域、跨文化的基本方向。这种学术政策恰好要打破学科的封闭性。这样,汉学就融入跨学科的架构里,同时在这个架构中获得新的意义。知识结构的变迁使得传统汉学系关起门来做学问的方式加速终结,当然也使得以思想和文学的文献为核心的经典研究进一步解体。

早在20世纪90年代埃克哈德就曾以在波鸿鲁尔大学(Ruhr-Universität Bochum)为例,对以区域研究的方式建立起来的东亚研究的未来做了前瞻。她指出亚洲研究/中国研究的三个方向性前景:1.区域间具有相互"渗透性",它们很少被界定在固定的范围内,而是处于不断变化之中;2.区域研究不再是出于自身的目的,而是理解全球性的、跨国家论题的基础;3.跨学科之间的交流不仅仅局限于理论方面,而是更加注重实际运用。① 因此,以去中心化和互动为核心理念的汉学必然成为这一学科未来发展的趋势。

不论是汉学还是中国学都已经超越了纯粹的某一专业的研究范畴,而开始呈现出一种跨学科交叉的综合研究态势。正是包括德国汉学家/中国学家的参与,使得汉学学术和问题的研究具有世界性意义。对于汉学界来讲,德国学者的这些研究无疑为中国文化以及中国的现代化发展道路提供了另外一种解读的视角,一种批判和反思的路向。全球化时代的到来,使得占世界人口五分之一的中国既离不开世界,同时也必然会对世界产生巨大的影响!

---

① 埃克哈德《东亚学在鲁尔区波鸿大学——以中国学为例阐述其历史渊源》,收入:上揭马汉茂等编,李雪涛等译《德国汉学:历史、发展、人物与视角》,第357—365页,此处引文见第364页。

参考文献

1. 本"参考文献"分为两个部分：一、中日文参考文献；二、西文参考文献。

2. "中日文参考文献"包括中日文的论著、论文、译著等，日文的排在中文之后；中文图书的作者用西文名的，一律放在最后。

3. "西文参考文献"主要收录了书中德文、英文、法文、西班牙文等文种的相关书目，也包含极少数俄文书目。其中也有个别并非书籍、论文的文献，如 Robert Schumann（舒曼）的 *Frühlingssinfonie*，1841（《春天交响曲》），因为在书中涉及，也一并列在"参考文献"之中。本参考文献中有德国汉学家"傅吾康"（Wolfgang Franke）其他时段的著作和论文，而 1937—1950 年间傅吾康汉学论著的完整目录（西文-中文对照），则附在了本书之第十六章《傅吾康及其在中国的十三年》一文之后。

一、中日文参考文献

阿夫拉阿米神父辑，柳若梅译《历史上北京的俄国东正教使团》，郑州：大象出版社，2016 年。

艾伯华《古代中国的天文学》，载《研究与进步》，第 1 卷第 2 期（1939 年 7 月），第 27—31 页。

埃克哈德《东亚学在鲁尔区波鸿大学——以中国学为例阐述其历史渊源》，收入：马汉茂等编，李雪涛等译《德国汉学：历史、发展、人物与视角》，第 357—365 页。

巴尔登斯伯格著，徐鸿译《比较文学：名称与实质》，见干永昌等选编《比较文学研究译文集》，上海：上海译文出版社，1985 年。

巴佩兰《〈华裔学志〉及其研究对西方汉学的贡献》，收入：魏思齐编辑《有关中国学术性的对话：以〈华裔学志〉为例》，第 87—131 页。

巴斯蒂著，胡志宏译《19、20 世纪欧洲中国史研究的几个主题》，收入

《国际汉学》第八辑(2003年5月),第286—296页。

班固著《汉书》,北京:中华书局,1962年。

蔡元培《中国伦理学史》,上海:商务印书馆,1919年。

柴赫林《葡萄牙人初抵中国》,载《研究与进步》第一卷第一期(1939年4月),第9—15页。

陈翰笙, *Wirtschaft und Gesellschaft Chinas*: Erster Teil. Von K. A. Wittfogel, 载《国立武汉大学社会科学季刊》(*Quarterly Journal of Social Science*, Wuhan University, Wuchang, China)1931年第2卷第2号。

陈平原、钱理群、黄子平《"二十世纪中国文学"三人谈·缘起》,载《读书》1985年第10期,第3—11页。

陈垣《陈垣集》,北京:中国社会科学院出版社,2000年。

陈柱《中国散文史》,《民国学术经典文库》,北京:东方出版社,1996年。

德林《处在文化主义和全球化十字路口的汉学》,收入:马汉茂等主编《德国汉学:历史、发展、人物与视角》,郑州:大象出版社,2005年,第52—73页。

丁光训、金鲁贤主编《基督教大辞典》,上海:上海辞书出版社,2010年。

丁建弘、李霞《中德学会和中德文化交流》,收入:黄时鉴主编《东西交流论谭》,上海:上海文艺出版社,1998年,第265—289页。

丁文江《玄学与科学》,收入:张君劢等著《科学与人生观》,沈阳:辽宁教育出版社,1998年。

——、翁文灏、曾世英编制《中华民国新地图》(*New Atlas of China*),上海:申报馆,1934年。

杜赫德编,郑德弟、朱静等译《耶稣会士中国书简集——中国回忆录》,郑州:大象出版社,2001—2005年。

《法国汉学家伯希和莅平》,载《北平晨报》,1933年1月15日。

方维规《西方"文学"概念考略及订误》,载《读书》2014年第5期,第9—15页。

方志渺《佛尔克教授与其名著中国哲学史》,载《研究与进步》第一卷第一期(1939年4月),第36页。

——,《卫礼贤教授及其著作》,载《进步与研究》第一卷第四期(1940

年 1 月),第 21—28 页。

费赖之著,冯承钧译《在华耶稣会士列传及书目》,北京:中华书局,1995 年。

费正清著,黎鸣等译《费正清自传》,天津:天津人民出版社,1993 年。

福克司《德汉学家福兰克教授逝世》,载《燕京学报》第 32 期(1947 年 6 月),第 251—254 页。

福兰阁《中国历史学的要质》,载《研究与进步》第一卷第一期(1939 年 4 月)。

——,《现下在德国之中国学》,载《研究与进步》第一卷第二期(1939 年 7 月)。

——,《莱勃尼兹与中国》,载《中德学志》第二卷第一期(1940 年 4 月)。

《辅大欢宴伯希和》,载《北平晨报》,1933 年 1 月 22 日。

傅海波著,胡志宏译《欧洲汉学史简评》,收入《国际汉学》第七辑(2002 年 4 月,郑州:大象出版社),第 80—93 页。

傅吾康著,胡隽吟译《德国青年汉学家》,载《中德学志》第三卷第一期(北平 1941 年 3 月),第 78—91 页。

——著,陈燕、袁嫄译:《十九世纪的欧洲汉学》,收入《国际汉学》第 7 辑(2002 年 4 月,郑州:大象出版社),第 68—79 页。

——著,王启龙译补《抗战期间(1937—1945)中国后方的学术研究》,载《国际汉学》第 15 辑(2007 年 4 月),郑州:大象出版社,2007 年,第 105—131 页。

——著,欧阳甦译,李雪涛等校《为中国着迷:一位汉学家的自传》,北京:社会科学文献出版社,2013 年。

伽达默尔著,洪汉鼎译《真理与方法——哲学诠释学的基本特征》,上海:上海译文出版社,1999 年。

高叙平编《蔡元培全集》,北京:中华书局,1984 年。

格林德《卫礼贤——德国的自由派帝国主义者和中国的朋友》,收入:孙立新等编《东西方之间——中外学者论卫礼贤》,济南:山东大学出版社,2004 年,第 85—97 页。

格罗尼迈尔·赖默尔著,梁晶晶、陈群译,李雪涛校《21 世纪的十诫——新时代的道德与伦理》,北京:社会科学文献出版社,2007 年。

葛懋春、蒋俊编选《梁启超哲学思想文选》,北京:北京大学出版社,1984年。

故宫博物院编《故宫博物院藏乾隆年编华夷译语》(共18卷),北京:故宫出版社,2017年。

顾彬著,马树德译《中国文人的自然观》,上海:上海人民出版社,1990年。

——著,梁展译《绝望之为虚妄,正与希望相同——〈鲁迅文集〉后记》,载《鲁迅研究月刊》,2001年第5期,第41—57页。

——,《德国的忧郁和中国的彷徨:叶圣陶的小说〈倪焕之〉》,载《清华大学学报(哲学社会科学版)》,2002年第2期(总第17卷)。

——著,李雪涛译《幻想与幻灭之间——二十年来汉语学习实践经验谈》,见《国外汉语教学动态》(Overseas Chinese Language Teaching and Learning Report),2004年第1期(3月),第45—49页。

——,《汉学,何去何从?试论汉学状况》,收入林志明、魏思齐编《其言曲而中:汉学作为西方的新诠释——法国的贡献》(辅仁大学华裔学志丛书系列之三),台北:辅仁大学出版社,2005年,第303—311页。

——著,范劲等译《二十世纪中国文学史》,上海:华东师范大学出版社,2008年。

——,《郭沫若语翻译的现代性》,载《中国图书评论》,2008年第1期,第116—120页。

——,《从语言角度看中国当代文学》,载《南京大学学报》(哲学、人文科学、社会科学版),2009年第2期。

——,《绝望之虚妄,正与希望相同——一位文学史家的心声》,载《学习与探索》,2009年第4期(总第183期)。

——,《从语言角度看中国当代文学》,载《南京大学学报》(哲学、人文科学、社会科学版),2009年第2期,第73页。

——著,蒋锐译《有关卫礼贤的八个论点》,收入:李雪涛等编《跨域东西方的思考——世界语境下的中国文化研究》,北京:外语教学与研究出版社,2010年,第32—39页。

——,《我看德国哲学》,《读书》2011年第2期。

——著,刁承俊译《中国诗歌史》,上海:华东师范大学出版社,2013年。

顾颉刚编《古史辨》(7册),北平:朴社,1926—1941年。

海尼士著,王光祈译《汉学》,收入:冯至编《五十年来的德国学术》(四卷)"中德文化丛书之六",上海:商务印书馆,1937年。

何寅、许光华主编《国外汉学史》,上海:上海外语教育出版社,2002年。

贺昌群《悼洛佛尔氏》,载《国立北平图书馆月刊》,第8卷第5号(1934年9—10月)。

——著,《贺昌群文集》第三卷(文论及其它),北京:商务印书馆,2003年。

贺麟《康德黑格尔哲学东渐记》,收入《中国哲学》第2辑,北京:三联书店,1980年。

胡隽吟《中德学会与中德文化》,收入:胡隽吟译编《德国学术论文选译》,香港:和记印刷有限公司,1981年,第23—34页。

胡适《中国哲学史》,上海:商务印书馆,1919年。

——,《发刊宣言》,载《国学季刊》第一卷(1923年)第一号。

——,《胡适文存》(四集),台北:远东图书公司,1968年。

季羡林主编《胡适全集》(共44卷),合肥:安徽教育出版社,2003年。

计翔翔《十七世纪中期汉学著作研究——以曾德昭的《大中国志》和安文思的《中国新史》为中心》,上海:上海古籍出版社,2002年。

甲柏连孜著,姚小平译《汉文经纬》,"海外汉语研究丛书",北京:外语教学与研究出版社,2015年。

康德著,尉礼贤、周暹译《人心能力论》(封面署《康德人心能力论》)上海:商务印书馆,1914年。(1916年第3版。1987年曾以1916年的第3版重新影印出版。)

——著,苗力田译《道德形而上学原理》,上海:上海人民出版社,1986年。

柯马丁《德国汉学家在1933—1945年的迁移:重提一段被人遗忘的历史》,收入:马汉茂、汉雅娜、张西平、李雪涛主编《德国汉学:历史、发展、人物与视角》,郑州:大象出版社,2005年,第217—258页。

柯慕安《鲍润生神父(Franz Xaver Biallas SVD, 1878—1936)《华裔学志》(*Monumenta Serica*)的创办者——他的生平与事业》,收入:魏思齐编辑《有关中国学术性的对话:以〈华裔学志〉为例》,台北:辅仁大学出版社,

2004年,第18—86页。

柯劭忞《诰授光禄大夫劳公墓志铭》,见上揭桐乡卢氏校刻《桐乡劳先生(乃宣)遗稿一、二》,收入:沈云龙编《近代中国史料丛刊357》,第72页。

莱布尼茨著,梅谦立、杨保筠译:《中国近事——为了照亮我们这个时代》,郑州:大象出版社,2005年。

莱因伯特《德国对话文化政策的开端与德国汉学家的作用》,收入:马汉茂等主编,李雪涛等译《德国汉学:历史、发展、方法和视角》,郑州:大象出版社,2005年,第164—175页。

劳乃宣《青岛尊孔文社建藏书楼记》,载桐乡卢士校刻:《桐乡劳先生(乃宣)遗稿》,见:劳乃宣《桐乡劳先生遗稿》(第一册),沈云龙主编,台北文海出版社影印,近代中国史料丛刊第三十六辑第357种,台湾文海出版社印行,第511—512页。

雷赫完《孔子老子学说对于德国青年之影响》,载《学衡》第54期(1926年6月)。

雷立柏编《在华SVD传教士列传(1879—1955年)》,ad usum internum tantum 内部使用,2008年。

李炳英选注《孟子文选》,北京:人民文学出版社,1957年。

李凤苞《使德日记》,收入钟叔河主编"走向世界丛书"之曾纪泽著《使西日记(外一种)》,长沙:湖南人民出版社,1981年。

李公明《让当代文学成为一种生活方式的开端》,载《上海文化》2009年第1期。

李光地著《容村全集》,台北:大西洋书局,1969年。

——《容村语录/容村续语录》(上、下),北京:中华书局,1995年。

李清馥编《容村谱录合考》,北京:北京图书馆出版社,1998年。

李思纯《与友论新诗书(节录)》,载《学衡》第19期(1923年7月),"文苑"第5页。

李文潮等编《莱布尼茨与中国》,北京:科学出版社,2002年。

李新总主编,中国社会科学院近代史研究所中华民国史研究室编《中华民国史》(全16卷),北京:中华书局,2011年。

李雪涛《日耳曼学书谱系中的汉学——德国汉学之研究》,北京:外语教学与研究出版社,2008年。

——,《论雅斯贝尔斯"轴心时代"观念的中国思想来源》,载《现代哲学》2008 年第 6 期,第 86—96 页。

——编,《民国时期的德国汉学:文献与研究》,北京:外语教学与研究出版社,2013 年。

——,《误解的对话——德国汉学家的中国记忆》,北京:新星出版社,2014 年。

——,《一本汉语教科书所反映的近代中德关系——薛葭、康慕羲《新式中文书面语入门——练习册》初探》,载《文化杂志》中文版第 92 期(2014 年秋季刊),第 37—50 页。

——编,《东亚研究与全球建构——德语东亚文化史的几个研究路径》,上海:华东师范大学出版社,2018 年。

李约瑟《中国科学技术史》第四卷《天学》,北京:科学出版社,1975 年。

利玛窦著,何高济等译《利玛窦中国札记》,北京:中华书局,1983 年。

利奇温著,朱杰勤译《十八世纪中国与欧洲文化的接触》,北京:商务印书馆,1962 年。

梁启超的文章《近世第一大哲康德之学说》,收入:葛懋春、蒋俊编选《梁启超哲学思想论文选》,北京:北京大学出版社,1984 年,第 151—169 页。

林语堂《语言学论丛》,上海:开明书店,1933 年。

林则徐全集编辑委员会编《林则徐全集》(第 10 册·译编卷),福州:海峡文艺出版社,2002 年。

刘大钧《读〈周易折中〉》,载《周易研究》1997 年第 2 期(总第 32 期),第 10—19 页。

刘锡鸿《英轺私记》,收入钟叔河编《刘锡鸿:英轺私记;张德彝:随使英俄记》("走向世界丛书 VII"),长沙:岳麓书社,2008 年。

刘耘华《孙璋《性理大全》对"太极"的诠释》,载《盐城师范学院学报(人文社会科学版)》,第 27 卷第 3 期(2007 年 6 月),第 75—77 页。

刘正《图说汉学史》,桂林:广西师范大学出版社,2005 年。

龙榆生《忍寒诗词歌词集》,上海:复旦大学出版社,2012 年。

吕克特著,刘梅译《稀有而价值连城的中文文献数据——巴伐利亚国家图书馆中文书籍馆藏的创建者:卡尔·弗里德里希·诺依曼》,载《国际汉学》第 23 辑(2012 年 11 月),郑州:大象出版社,第 132—156 页。

罗家伦《蔡元培先生与北京大学》,收入:钟叔河、朱纯编:《过去的大学》,武汉:长江文艺出版社,2005年,第48—54页。

罗梅君《世界观·科学·社会:对批判性汉学的思考》,收入前揭马汉茂等主编《德国汉学:历史、发展、人物与视角》,第13—29页。

罗哲海著,陈咏明、瞿德瑜译《轴心时期的儒家伦理》,郑州:大象出版社,2009年。

马汉茂、汉雅娜、张西平、李雪涛主编,李雪涛等译《德国汉学:历史、发展、人物与视角》,郑州:大象出版社,2005年。

马军译注《德国东方学泰斗——克拉普罗特传》,载:阎纯德主编《汉学研究》第三集(1999年1月),北京:中国和平出版社,第363—387页。

——,《"1949年前中国学术界对德国汉学的译介"篇目初编》,收入:张西平、郎宓榭编《德国汉学的回顾与前瞻——德国汉学史研究论集》,北京:外语教学与研究出版社,2013年,第179—193页。

门多萨著,何高济译《中华大帝国史》,北京:中华书局,1998年。

孟华主编《比较文学形象学》,北京:北京大学出版社,2001年。

米歇尔·梅拉妮著,唐璐译《复杂》(*Complexity: A Guided Tour*),长沙:湖南科学技术出版社,2013年。

莫东寅《汉学发达史》,上海:上海书店,1989年(据北平文化出版社,1949年版影印)/郑州:大象出版社,2006年。

莫非斯《春秋周殷历法考》,载《燕京学报》第20期(1936年),第263—329页。

莫芝萱佳著,马树德译《〈管锥编〉与杜甫新解》"钱锺书研究丛书第二集",石家庄:河北教育出版社,1998年。

裴古安:"德语地区中国学历史取向的起源",收入马汉茂等主编,李雪涛等译《德国汉学:历史、发展、人物与视角》,郑州:大象出版社,2006年,第95—130页。

溥仪《我的前半生》,北京:群众出版社,1980年。

冉云华《胡适与印度友人师觉月》,载《中华佛学学报》第6期(1993年7月,台北),第263—278页。

阮元校刻《十三经注疏》,北京:中华书局,1980年。

芮克里夫-布朗著,夏建中译《社会人类学方法》,台北:久大文化公司/桂冠图书联合出版,1991年。

钱锺书著《围城》("钱锺书集"),北京:三联书店,2002年。

桑兵《国学与汉学——近代中外学界交往录》,杭州:浙江人民出版社,1999年。

狩野直喜《回忆王静安君》,收入:陈平原、王枫编《追忆王国维》,北京:中国广播电视出版社,1997年。

斯宾格勒著,陈晓林译《西方的没落》,哈尔滨:黑龙江教育出版社,1988年,第15页以下。

司马迁著《史记》,北京:中华书局,1959年。

宋庆龄《为新中国奋斗》,北京:人民出版社,1952年。

苏精辑著《林则徐看见的世界:〈澳门新闻纸〉的原文与译文》,桂林:广西师范大学出版社,2017年。

桐乡卢氏校刻《桐乡劳先生(乃宣)遗稿一、二》之"劳山草",收入:沈云龙编《近代中国史料丛刊357》,台北县:文海出版社,1966—1973年。

万明坤等主编《旅德追忆——二十世纪几代中国留德学者回忆录》,北京:商务印书馆,2000年。

王光祈《王光祈旅德存稿》,上海:中华书局,1936年。

——,《中国音乐史》,桂林:广西师范大学出版社,2005年。

王国维《二十世纪之法国汉学及其对于中国学术之影响》,载《(国立)华北编译馆馆刊》,第2卷第8期(1943年)。

王令著,沈文倬校点《王令集》"中国古典文学丛书",上海:上海古籍出版社,2011年。

王钟陵《文学史新方法论》,苏州:苏州大学出版社,1993年。

王祖望编著《德国篇》,收入:黄长著、孙越生、王祖望主编《欧洲中国学》,北京:社会科学文献出版社,2005年,第446—651页。

《为德国法西斯压迫民权摧残文化向德国领事馆抗议书》,载《申报》1933年5月14日。

卫德明主编《德华大辞典》(Deutsch-Chinesisches Wörterbuch. In Gemeinschaft mit chinesischen Fachgelehrten ausgearbeitet von Hellmut Wilhelm),上海:璧恒图书公司(Schanghai: Max Nößler & Co.),1945年。

卫匡国著,何高济译《鞑靼战纪》,收入:安文思著,何高济等译《中国新史》,郑州:大象出版社,2004年,第189—247页。

卫礼贤《哥德与中国文化》,载《小说月报》第17卷号外,1927年6月。

——,《孔子的意义》,收入蒋锐编译《东方之光——卫礼贤论中国文化》，北京：外语教学与研究出版社，2007年，第140—152页。

尉礼贤著，鹏程译《在胶澳租借地的晚清官员印象记》，收入：刘善章等主编《中德关系史译文集》，青岛：青岛出版社，1992年，第305—310页。

魏若望《汤若望和明清之际的变迁》，收入：《国际汉学》第11辑（2004年，郑州：大象出版社），第132—144页。

魏时珍《旅德日记》，载《少年中国》第3卷第4期（1921年11月1日）。

魏思齐《德国汉学研究的现状》，收入：魏思齐编辑《"位格和个人概念在中国与西方：Rolf Trauzettel教授周围的波恩汉学学派"》，台北：辅仁大学出版社，2006年，第259—386页。

魏特夫著，吴藻溪译《中国为什么没有产生自然科学》，载《科学时报》（复刊）第1期（1944年10月1日）；此外，此文亦被收入吴藻溪编著《科学运动文稿》，农村科学出版社，1946年。

吴宓著《吴宓日记》（共10册），北京：三联书店，1998年。

吴素乐《卫礼贤——传教士、翻译家和文化诠释者》，收入：马汉茂等编《德国汉学：历史、发展、人物与视角》，郑州：大象出版社，2005年，第454—487页。

忻剑飞《世界的中国观——近二千年来世界对中国的认识史纲》，上海：学林出版社，1991年。

夏晓虹编《梁启超文选》（上、下），北京：中国广播电视出版社，1992年。

萧公弼（四川工业专修学校正科一年生）《读康德人心能力论书后》，见《学生杂志》1915年第6期。

《小方壶斋舆地丛钞》（铅印本），上海：著易堂，1891年。

谢无量《中国哲学史》，上海：中华书局，1916年。

熊月之《清末哲学译介热述论》，收入《西学东渐与东亚近代知识的形成与交流》（论文集，未出版，2011年）。

徐宗泽编著《明清耶稣会士译著提要》，北京：中华书局，1989年。

许乐《卫礼贤的科学著作》，收入孙立新、蒋锐主编《东西方之间——中外学者论卫礼贤》，济南：山东大学出版社，2004年，第11—25页。

薛福成《出使英法义比四国日记》之《出使日记续刻》，收入：钟叔河编"走向世界丛书"之第8册，长沙：岳麓书社，2008年。

雅斯贝尔斯著，李雪涛等译《大哲学家》，北京：社科文献出版社，2010

年第 2 版。

阎纯德《汉学和西方的汉学研究》,收入:阎纯德主编《汉学研究》第一集(1996 年,北京:中国和平出版社),第 1—14 页。

杨伯峻译注《孟子译注》,北京:中华书局,1960 年。

杨森《北京中德学会在 1933 年至 1945 年间所从事工作的几点说明与质疑》,见:马汉茂等编,李雪涛等译《德国汉学:历史、发展、人物与视角》,郑州:大象出版社,2005 年,第 176—193 页。

姚士鳌《欧洲学者对匈奴的研究》,载《国学季刊》第 2 卷(1930 年)第 3 号。

——,《德国佛郎克教授对中国历史研究之贡献》,载《新中华》第 4 卷(1936 年)第 1 期。

——,《余玠评传》,收入:《庆祝李济先生七十岁论文集》,台北:清华学报社印行,1967 年,第 627—668 页。

——,《代序——国史扩大绵延的一个看法》,收入:姚从吾编著《东北史论丛》(上下卷),台北:正中书局,1968 年第二版,第 1—26 页。

——,《姚从吾先生全集》(共七册),台北:正中书局,1971—1982 年。

耶捷(颜复礼)在《德国"支那学"的现状》,载"燕京大学"《文学年报》第三期,1937 年。

叶隽《另一种西学——中国现代留德学人及其对德国文化的接受》,北京:北京大学出版社,2005 年。

曾纪泽著《使西日记(外一种)》(钟叔河主编"走向世界丛书"),长沙:湖南人民出版社,1981 年。

詹启华《在倒坍的偶像与高贵的梦想之间:中国思想史领域的札记》,收入:田浩编《宋代思想史》,北京:社会科学文献出版社,2003 年。

张德彝著,钟叔河点校《五述奇》,收入:钟叔河、曾德明、杨云辉主编"走向世界丛书"("十二五"国家重点出版物出版规划项目),长沙:岳麓书社,2016 年。

张国刚《德国的汉学研究》,北京:中华书局,1994 年。

——,《陈寅恪留德时期柏林的汉学与印度学——关于陈寅恪先生治学道路的若干背景知识》,收入:胡守为主编《陈寅恪与二十世纪中国学术》,杭州:浙江人民出版社,2000 年,第 210—220 页。

——,《柏林德意志国立图书馆中国古文献调查记——以鸦片战争前的图书及其编目为主》,收入:天津师范大学中国古典文献学信息研究中心、天津师范大学古典文献研究所编《中国古典文献学》(第二卷),北京:国际炎黄文化出版社,2003年,第40—51页。

张晖《龙榆生先生年谱》(增订本),上海:上海古籍出版社,2020年。

张君劢《卫礼贤——世界公民》,收入:孙立新等编《东西方之间——中外学者论卫礼贤》,济南:山东大学出版社,2004年,第26—29页。

张隆溪著《钱锺书谈比较文学与"文学比较"》,载《读书》1981年第10期,第132—138页。

张西平、叶向阳《关于海外汉学的对话》,收入:张西平编《他乡有夫子——汉学研究导论》,2005年,第159—168页。

张星烺编《中西交通史料汇编》(六卷),北平:辅仁大学,1930年/朱杰勤校订,增补本,北京:中华书局,1978年/2003年。

张玉法著《中华民国史稿》,台北:联经出版事业公司,2001年(修订第二版)。

张中行《负暄琐话》,北京:中华书局,2006年。

章学诚《校雠通义·自序》,见王重民通解:《校雠通义通解》,上海:上海古籍出版社,1987年。

赵尔巽等撰《清史稿》,北京:中华书局,1977年。

《真本续金瓶梅》,上海:卿云书局,1933年。

《正教奉褒》,上海:上海慈母堂第三次排印,1904年。

郑寿麟《卫礼贤的生平和著作》(未刊资料),见:鲁海《卫礼贤在青岛》一文,收入:孙立新等编《东西方之间——中外学者论卫礼贤》,济南:山东大学出版社,2004年,第67—77页。

郑天挺《五十自述》,收入:《天津文史资料选辑》第28辑,天津:天津人民出版社,1984年。

《中国历代禁毁小说海内外珍藏秘本集粹》,台北:双笛国际事务有限公司出版部,1995年。

中国史学会主编《鸦片战争(二)》"中国近代史资料丛刊",上海:上海人民出版社,1954年。

周一良《怀念敬爱的父亲》,收入《周一良集》第5卷《杂论与杂记》,沈阳:辽宁教育出版社,1998年,第178—179页。

周振鹤《大英图书馆所藏〈红毛通用番话〉诠释》,收入:荣新江、李孝聪主编《中外关系史：新史料与新问题》，北京：科学出版社，2004年，第405—410页。

——《马伯乐对中国历史地理学的贡献》，该文系周振鹤2004年2月27日在北京大学的演讲稿，转引自王毅《亚洲文会与中西文化交流》，见：《国际汉学》第十二辑（2005年，郑州：大象出版社），第111—137页。

朱幼文《析利玛窦对理学的批判及其影响》，载《华东师范大学学报（哲学社会科学版）》，1977年第5期，第46—51页。

朱熹《四书章句集注》（新编诸子集成），北京：中华书局，1983年。

竺可桢《为什么中国古代没有产生自然科学》，载《科学》第28卷第3期（1946年4月），第137—141页。

庄超然《国势学与历史书写——论内曼（Karl Friedrich Neumann）的东亚历史研究》北京外国语大学博士论文，2019年。

邹振环在《19世纪早期广州版商贸英语读本的编刊及其影响》，载《学术研究》2006年第8期，第92—99页。

左玉河文《中国旧学纳入近代新知识体系之尝试》，收入：郑大华、邹小站主编《思想家与近代中国思想》，北京：社会科学文献出版社，2005年，第214—252页。

O. Franke著，王光祈译《三国干涉还辽秘闻》，上海：中华书局，1929年。

ゲオルク・フォン・デァ・ガーベレンツ『言語学―その課題、方法、及びこれまでの研究成果』川島淳夫訳、同学社、2009年。

——，『中国語文法：低級文体と現代の日常語を除く』川島淳夫訳、IPC出版センター・ビブロス、2015年。

フイエー著、中江篤介（中江兆民）訳『理学沿革史』全2巻，文部省編輯局, 1886年。

アルフレット・フォルケ著，小和田武紀譯《支那自然科學思想史》，生活社, 1939年。

村上哲見：[書評] ホフマン「李煜の詞：中國歌詩の藝術性についての手引きとして」「春花秋月：宋代の詞を附せる木版畫集」，吉川幸次郎、小川環樹編集『中國文學報』第二冊（1955.04），第132—140頁。

二、西文参考文献

Abel-Rémusat, Jean-Pierre, "Examen critique de l'edition du dictionnaire chinois du P. Balise de Glemona", in: Klaproth, Heinrich Julius, *Supplément au Dictionnaire Chinois-Latin du P. Basile de Glemona*, 1819.

————, *Mélanges Asiatiques. Ou choix de morceaux de critique et de mémoires relatifs aux religions, aux sciences, aux coutumes, à l'histoire et à la géographie des nations orientales*. Librairie orientale de Dondey-Dupré père et fils, Paris 1825.

Abhandlungen sinesischer Jesuiten, über die Geschichte, Wissenschaften, Künste, Sitten und Gebräuche der Sinesen. Erster Band. Aus dem Französischen; mit Kupfern. Mit Anmerkungen und Zusätzen versehen von Christoph Meiners, Professor der Weltweisheit in Göttingen. Leipzig: Weygand 1778.

Ampère, Jean-Jacques, "Du théâtre chinois". In: *Revue des deux mondes IV*, 15(15. Sept.) 1838, pp. 737—771.

————, *Histoire littéraire de la France avant le XIIe siècle*. 3 Bände, 1839.

————, *Histoire de la littérature au moyen âge. De la formation de la langue française*, 3 Bände, 1841.

Arendt, Carl, *Handbuch der nordchinesischen Umgangssprache. Mit Einschluss der Anfangsgründe des neuchinesischen officiellen und Briefstils von Prof. Carl Arendt, Lehrer des Chinesischen am Seminar. Erster Theil. Allgemeine Einleitung in das chinesische Sprachstudium*. Stuttgart & Berlin: W. Spemann, 1891.

Arntzen, Helmut, *Der Literaturbegriff. Geschichte, Komplementärbegriffe, Intention. Eine Einführung*. Münster: Aschendorff, 1984.

Artelt, Walter, *Christian Mentzel — Leibarzt des großen Kurfürsten, Botaniker und Sinologe*, Leipzig: Johann Ambrosius Barth Verlag, 1940.

Atsume Gusa, Pour Servir A La Connaissance De L'extreme Orient. Recueil Publie Par F. Turrettini. Depuis 1871.

Auster, Guido, „Orientalische Abteilung". In: *Deutsche Staatsbibliothek 1661—1961. I*. Leipzig 1961.

Les Avadânas. Contes et apologues indiens inconnus jusqu'à ce jour, suivis de fables, de poésies et de nouvelles chinoises. Traduits par M. Stanislas Julien, membre de l'Institut, professeur de langue et de literature chinoise, administrateur du Collège de France, etc. Paris: Benjamin Duprat 1859.

Bahr, Florian, *Allerneueste chinesische Merkwürdigkeiten*, Augsburg und Innsbrugg: Joseph Wolff 1758.

Balazs, Stefan, *Beiträge zur Wirtschaftsgeschichte der T'ang-Zeit*（618—906）. Berlin 1932.（Dissertation, Tag der Promation: 15. Februar 1932.）

Ballade Ni-Kou-sse-fan, ou la religieuse qui pense au monde.-Kouan-fou-youan. Élégie sur la mort d'une épouse. S. Julien: *Orphelin de la Chine*. 1834, Anhang.

Ballin, Ursula, „Colonial Imperialism and Christian Mission in China. The Cases of the German Missionaries Gützlaff, Anzer and Wilhelm", in: Kuo/Leutner（Hrsg.）, *Deutschland und China: Beiträge des Zweiten Internationalen Symposiums zur Geschichte der deutsch-chinesischen Beziehungen Berlin* 1991, München: Minerva Publikation［Berliner China-Studien 21］1994, S. 191—213.

Bauer, Wolfgang, „Zeugen aus der Ferne. Der Eugen Diederichs Verlag und das deutsche China-Bild", in: *Versammlungsort Moderner Geister: Der Eugen Diederichs Verlag-Aufbruch ins Jahrhundert der Extreme*, Köln 1996, S. 450—485.

Bayer, Gottlieb Siegfried, *Museum sinicum*, Petropoli: Academia imperatorial, MDCCXXX（1730）.

Bayly, Sir Christopher Alan, *The birth of the modern world*, 1780—1914: *global connections and comparisons.* Malden MA: Blackwell Pub, 2004.

Bazin, Antoine-Pierre-Louis, "Le siècle des Youên, ou tableau historique de la literature chinoise, depuis l'avénement des empereurs Mongols jusqu'à la restauration des Ming". In: *Journal asiatique*, band 16 und 17.

————, "Tchao-meï-hiang, ou les intrigues d'un soubrette". In: *Journal asiatique* 25. 1834, pp. 433—469, pp. 509—539; 27. 1835, pp. 70—92, pp. 152—187.

————, *Théâtre chinois; ou, Choix de pièces de théâtre, composées sous les empereurs mongols, Traduites pour la première fois sur le texte original, précédées d'une introduction et accompagnées de notes.* Paris: Imprimerie royale, 1838.

Bertuch, Friedrich Justin, „Der Garten des Seeh-Ma-Kouang", in: *Allgemeines Teutsches Garten-Magazin* 2. 1804, S. 55—59.

Bhatti, Anil, „August Wilhelm Schlegels Indienexperiment. Kulturtransfer und Wissenschaft". In: Mix,York-Gothart und Strobel, Jochen(Hrsg.), *Der Europäer August Wilhelm Schlegel. Romantischer Kulturtransfer - romantische Wissenswelten.* Berlin: Walter de Gruyter, 2010. S. 237—253.

Blätter zur Kunde der Literatur des Auslandes, 1837.

Бичурин, Никита Яковлевич, *Описание Чжургария и Восточного Туркестана* , 1829 года.

Bois-Reymond, Claude du, „Mu Lan, die chinesische Heldenjungfrau". Herausgegeben von der Witwe des Verfassers. Übersetzt von Liu Tjing-yü. In: *Artibus Asiae* 2. 1927, S. 213—217.

The Book of the Way and of Virtue. Composed in the Sixth Age before the Christian Era by the Philosopher Lao Tseu. 1856.

Böttger, Adolf, *Die Pilgerfahrt der Blumengeister.* Leipzig 1851.(?)

Boym, Michel, *Flora sinensis, fructus floresque humillime porrigens serenissimo et potentissimo Leopoldo Ignatio, Hungariae regi florentissimo, &c. Fructus saecul promittenti Augustissimos.* Viennae, Austriae,Typis M. Rictij, 1656.

Brandt, Jakow J., *Introduction to Literary Chinese,* Peking 1927.

Brollo, Basilio, *Dictionnaire chinois, francais et latin.* 1813.

Bodde, Derk, *The I Ching or Book of Changes. The Richard Wiilhelm Translation.* Rendered into English by Cary F. Baynes. Reviewed by Derk Dodde. In: *Journal of the American Oriental Soiciety* (JAOS), 70:4(1950), pp. 326—329.

Bukva ґ kitajskoj sostojaščej iz dvuch kitajskich knižek, služit u Kitajcev dlja načaľnago obučenija maloletnych detej osnovaniem: pisan na stichach, i soderžit v sebě mnogo kitajskich poslovic / Perevel s Kitajskago i Manžurskago na Rossijskoj jazyk prozoju nadvornyi sovetnik Aleksěj Leontiev. Sanktpeterburg: Imp. Akademija nauk 1779.

A Catalogue of the Chinese Translation of the Buddhist Tripitaka by Bunyu Nanjio, Oxford, 1883.

Ch'en Yüan, „Johann Adam Schall von Bell S. J. und der Bonze Mu Tschen-wen", übersetzt v. D. W. Yang, in: *Momumenta Serica* 5 (1940), S.

316—328.

Chiang, Hsüeh-wen, „Hua Mu Lan, eine Amazone aus der Zeit der Tang-Dynastie". In: *Sinica* 14. 1939, S. 28—29.

China. Kultur, Politik und Wirtschaft. Festschrift für Alfred Hoffmann zum 65. Geburtstag. Hrsg. v. Link, Hans, Leimbigler, Peter und Kubin, Wolfgang. Tübingen u. Basel: Horst Erdmann Verlag, 1976.

The Chinese Classics: with a Translation, Critical and Exegetical Notes, Prolegomena, and Copious Indexes, 5 vols., Hong Kong: Legge; London: Trubner, 1861—1872.

Volume 1: *Confucian Analects, the Great Learning, and the Doctrine of the Mean*, 1861. Revised second edition, 1893.

Volume 2: *The works of Mencius*, 1861, Revised second edition, 1895.

Volume 3: *The Shoo King* (Book of Historical Documents), 1865.

Volume 4: *The She king* (Classic of Poetry), 1871.

Volume 5: *The Ch'un ts'ew* (Spring and Autumn Annals), with the *Tso chue* (Commentary of Zuo), 1872.

Chinese Repository 8. 1839/40.

Chinesische Blätter für Wissenschaft und Kunst. Veröffentlichung des China-Instituts zu Frankfurt am Main; hrsg. von Richard Wilhelm. Darmstadt: Otto Reichl Verlag. I. Bd., 2. Teil, S. 28—35, 1926 und I. Bd., 4. Teil, S. 59—73, 1927.

Chinesische Erzählungen. Herausgegeben durch Abel Remusat und deutsch mitgetheilt von *r. Leipzig: Ponthieu, Michelsen &Comp. 1827. 3 Bde.

Chinesische Gärten, Geschichte, Kunst und Architektur. Übers. v. Stopfel, Ulrike. Stuttgart: DVA 1989.

Chinesische Gedanken nach der von Herrn Alexjei Leont'ev, Secretair bey dem rußisch-kaiserlichen Collegio der auswärtigen Geschäfte aus der manshurischen Sprache verfertigten rußischen Übersetzung ins Deutsche übersetzt. Weimar: Karl Ludolf Hoffmann 1776.

Chinesische Lyrik aus zwei Jahrtausenden. Hamburg: Marion von Schröder 1951: Die Ballade von Mulan.(*Chinesische Lyrik*, von Arthur Waley. Ins Deutsche übertragen von Franziska Meister. München: Goldmann o.J., 102—104).

Chinesische Novellen. - Die seltsame Geliebte, das Juwelenkästchen - deutsch, mit einer bibliographischen Notiz von Eduard Grisebach. Leipzig: Fr. Thiel 1884.

„Eine chinesische Romanze". In: *Ausland* 1832, S. 527—528.

„Chinesisches Theater. Si-siang-ki oder die Geschichte des westlichen Pavillons". [Von Herrn Stanislaus Julien in der Europe littéraire mitgetheilt.] In: *Das Ausland* 1833.

Chiu Ch'ang K'ang, *Die Kultur der Miao-Tse nach älteren chinesischen Quellen*, Hamburg 1937(Dissertation).

Choix de contes et nouvelles traduits du chinois par Théodore Pavie. Paris: Benjamin Duprat 1839.

Cibot, Pierre-Martial, *Mémoires concernant les Chinois*, 2. 1777.

Cleyer, Andreas, *Specimen Medicinæ Sinicæ, sive Opuscula medica ad mentem Sinensium*, Francofurti 1682.

Confucius. Tá-hio. Die Erhabene Wissenschaft. Aus dem Chinesischen übersetzt und erklärt von Reinhold von Plaenckner. Leipzig: F. A. Brockhaus 1875.

Conrady, August, „*Die chinesische Literatur*", in: Joseph Kürschner(Hg.), *China. Schilderung aus Leben und Geschichte, Krieg und Sieg. Ein Denkmal den Kämpfern und der Weltpolitik*, Berlin: Hermann Zieger, 1901, Erster Teil, Spalte 324.

—————, *Acht Monate in Peking*, Halle: Gebauer u. Schwetsche, 1905, S. 14. Ders., „*Einleitung*", in: Stenz, Georg M., *Beiträge zur Volkskunde Süd-Schantungs*(hg. v. Conrady), Leipzig: R. Voigtländer, 1907, S. 1—23.

Contes et apologues indiens inconnus jusqu'à ce jour. Suivis de fables et des poésies chinoises. Traduction de M. Stanislas Julien, membre de l'Institut, professeur de langue et de littérature chinoise, administrateur du Collège de France, etc. Paris: B. Duprat 1860.

Cordier, Henri, "Karl Himly", in: *T'oung Pao*, Vol. 5, 1904, pp. 624—625.

Couplet, Philippe, *Tabula chronologica monarchiæ sinicæ juxta cyclos annorum LX*. Parisiis MDCLXXXVI(1686).

Couplet, Philippe & Intorcetta, Prospero, *Confucius Sinarum philosophus, sive Scientia sinensis latine exposita*. Parisiis: Apud Danielem Horthemels ... 1687.

Couvreur, Séraphin, *Les Quatre Livres*, Ho Kie Fou. 1895.

Dapper, Olfert, *Gedenkwürdige Verrichtung der niederländischen Ost-Indischen Gesellschaft in dem Käiserreich Taising oder Sina*. Amsterdam: Jacob von Meurs 1676.

Davis, John Francis, "On the Poetry of the Chinese 汉文诗解". In: *Transactions of the Royal Asiatic Society of Great Britain and Ireland* 2.1(1829): pp. 393—461.

——, *The Chinese: A general description of the Empire of China and its inhabitants*, 2 vols. London: Charles Knight, 1836.

——, *La Chine ou desription générale des mœurs et des coutumes, du gouvernement, des lois, des religions, des sciences, de la littérature, des productions naturelles, des arts, des manufactures et du commerce de l'empire chinois*. Ouvrage traduit de l'anglais par A. Pichard; revu et augmenté d'un appendice par Bazin ainé, de la Société asiatique de Paris. T. II. Paris: Paulin 1837.

Debon, Günther, *China zu Gast in Weimar*. Heidelberg: Guderjahn 1994.

Dennys, N. B., *Notes und Queries on China and Japan*. Hong Kong: C.A. Saint, 1867—1870. vol. I.

Díaz, Francisco, *Diccionario de lengua mandaria*. 1638.

Domes, Jürgen, *Politik und Herrschaft in Rotchina*. Stuttgart 1965.

——, *Vertagte Revolution. Über die Politik der Kuomintang von 1923 bis 1937*. Berlin 1969.

——, *Politische Landeskunde der Volksrepublik China*. Berlin 1982.

Du Halde, Jean-Baptiste, *Description géographique, historique, chronologique, politique, et physique de l'empire de la Chine et de la Tartarie chinoise, enrichie des cartes générales et particulieres de ces pays, de la carte générale et des cartes particulieres du Thibet, & de la Corée; & ornée d'un grand nombre de figures & de vignettes gravées en taille-douce*. Paris: J.-B. Mercier, 1735.

——, *Description de la Chine et de la Tartarie chinoise*. La Haye: Henri Scheurleer MDCCXXXVI(1736).

——, *Ausführliche Beschreibung des chinesischen Reichs und der grossen Tartarey*. Rostock : Johann Christian Koppe 1747—1756.

Duden. *Deutsches Universalwörterbuch*. Mannheim: Bibliographisches Institut, Dudenverlag, 1983.

Džungin ili kniga o vernosti. Perevedennaja s Manžurskogo i kitajskogo jazyka na Rossijskoj Gosudarstvennoj Kollegii Inostrannych Del perevodčikom Alekseem Agafonovym. V Irkutske 1874 goda, po otkrytii togo namestničestva. Moskva: Tipografija Kompanii tipografičeskoj 1788.

Eberhard, Wolfram, „Beiträge zur Astronomie der Han-Zeit", in: *Sitz. Ber. Pr. Akad. d. Wiss., phil.-hist. Kl.*, 1933, Nr. 5, S. 209—229; Nr. 23, S. 937—979.

————, „Das astronomische Weltbild im alten China", in: *Die Naturwissenschaften* 24(1936), S. 517—519.

————, "Contributions to the Astronomy of the Han Period III. Astronomy of the Later Han Period", in: *Harvard Journal of Asiatic Studies* 1 (1936), S. 194—241.

————, "Contributions to the Astronomy of the San-kuo Period", in: *Monumenta Serica* 2(1936/37), S. 149—164.

————, „Chinesische Volkskalender und buddhistisches Tripitaka", in: *Orientalische Literaturzeitung* 1937, S. 346—349.

————, in: *Orientalische Literaturzeitung* 1939, S. 73—76.

————, „Untersuchungen an astronomischen Texten des chinesischen Tripitaka", in: *Monumenta Serica* 5(1940), S. 208—262.

————, „Die chinesische Küche. Die Kochkunst des Herrn von Sui-yüan (d.i. Yüan Mei)". In: *Sinica* 15(1940), S. 190—228.

————, „Index zu den Arbeiten über Astronomie, Astrologie und Elementenlehre", in: *Monumenta Serica* 7(1942) S. 242—266.

Eberhard, W. und Eberhard, A., *Die Mode der Han- und Chin-Zeit*. Anterpen 1946.

Ecke, Gustav and Demiéville, Paul, *The twin pagodas of Zayton. A study of later Buddhist sculpture in China*. Cambridge, MA: Harvard University Press, 1935.

————, *Chinese painting in Hawaii, in the Honolulu Academy of Arts and in private collections*. 3 vol. Honolulu: University Academy of Arts, 1965.

Ecke, Tseng Yuho, "Gustav Ecke", in: *Orientations* 22.11(November 1991).

Eichhorn, Werner, „Die Jagd im alten China". In: *Ostasiatische Rundschau* 东方舆论 19(1938), S. 416—417.

————, *Kulturgeschichte Chinas*, Stuttgart: Kohlhammer 1964.

————, *Die Religionen Chinas*, Stuttgart: Kohlhammer, 1973.

————, *Die alte chinesische Religion und das Staatskultwesen*, Leiden: EJ Brill, 1976.

Eight dynasties of Chinese painting. The collections of the Nelson Gallery-Atkins Museum, Kansas City, and the Cleveland Museum of Art. Published by the Cleveland Museum of Art in cooperation with Indiana University Press 1980.

Eitel, Ernst Johann, *A Chinese-English Dictionary in the Cantonese Dialect*, Hongkong 1877.

Emmerich, Reinhard (Hrsg.), *Chinesische Literaturgeschichte*. Stuttgart, Weimar: Verlag J. B. Metzler, 2004.

„Die Encyklopädie der chinesischen Jugend". In: C. F. Neumann: *Lehrsaal des Mittelreiches*. Zum ersten Mal in Deutschland herausgegeben, übersetzt und erläutert. München: Dr. Carl Wolf'sche Buchdruckerei 1836, S. 19—26.

Erkes, Eduard, „Das Pferd im alten China", in: *T'oung Pao* 36(1940), S. 26—63.

————, „Das Schwein im alten China", in: *Monumenta Serica* 7(1942) 68—84.

————, „Vogelzucht im alten China", in: *T'oung Pao* 37 (1944) S. 15—34.

————, „Der Hund im alten China", in: *T'oung Pao* 37 (1944), S. 186—225.

————, „Die Biene im alten China", in: *Forschungen und Fortschritte* 24 (1948), S. 147—148.

————, „Georg von der Gabelentz und August Conrady", in: *Karl-Marx-Universität Leipzig, Beiträge zur Universitätsgeschichte*, Erster Band, Leipzig 1959, S. 439—442.

Ersch u. Gruber, *Allgemeine Encyclopädie der Wissenschaften und Künste* (43 Bände), 1827—1889.

Ezawa, Kennosuke und Vogel, Annemete von (Hrsg.), *Georg von der Gabelentz. Ein biographisches Lesebuch*. Tübingen: Gunter Narr Verlag, 2013.

Faber, Ernst, *Lehrbegriff des Confucius*, Hongkong, 1872.

————, *A Systematical Digest of the Doctrines of Confucius*. 1875.

————, *Eine Staatslehre auf ethischer Grundlage oder Lehrbegriff des chinesischen Philosophen Mencius*. Elberfeld: Friedrichs 1877.

————, *Introduction to the Science of Chinese Religion*, 1879.

————, *China in the Light of History*, 1897.

————, *The Principal Thoughts of the Ancient Chinese Socialism, or the Doctrine of the Philosopher Mencius*. Translated from the German by C. F. Kupfer, 1897

————, *The Mind of Mencius, or Political Economy Founded upon Moral Philosophy*. 1897.

Febvre, Lucian, *Combats pour l'histoire*. Paris: Armand Collin, 1953.

Felber, Roland, „Zwischen Anpassung und Widerstand. Notizen über Schicksale von Ostasienwissenschaftlern in der NS-Zeit", in: Helmut Martin und Maren Eckhardt(Hrsg.), *Clavis Sinica. Zur Geschichte der Chinawissenschaften*. Bochum 1997. S. 75—85.

Feng Zhi, *Übersetzung der 27 Sonette ins Deutsche*. Prof. Dr. Wolfgang Kubin, Inter Nationes Kunstpreis 1987. Bonn, 1987.

Findeisen, Raoul (Hrsg.), *Lu Xun: Texte, Chronik, Bilder, Dokumente*. Basel 2001.

Forke, Alfred, *Blüten chinesischer Dichtung*. Magdeburg: Faber 1899.

————, *Yamen und Presse. Handbuch der Neuchinesischen Schriftsprache. Eine Sammlung von Schriftstücken des amtlichen Schriftverkehrs nebst Zeitungsausschitten mit Erläuterungen und Übersetzungen*. Von Prof. Alfred Forke, Lehrer des Chinesischen am Seminar. I. Abteilung: Chinesischer Text. II. Abteilung: Deutscher Text. Band 21,Teile 1—2 von Lehrbücher des Seminars für Orientalische Sprachen zu Berlin. Berlin: G. Reimer, 1911.

————, Wilhelm, Richard, *I Ging, das Buch der Wandlungen*, aus dem Chinesischen verdeutscht und erläutert. Angezeigt von A. Forke. In: *Zeitschrift der Deutschen Morgenländischen Gesellschaft*, 1925(Bd. 79), S. 325—333.

————, *Geschichte der alten chinesischen Philosophie*, Berlin 1927.

————, *Die nicht idealisierte Wirklichkeit*. Leipzig: Karl Döring, o. J. [1930]

―――, *Geschichte der mittelalterlichen chinesischen Philosophie*, Berlin 1934.

―――, *Geschichte der neueren chinesischen Philosophie*, Berlin 1938.

The fortunate union, a romance. Translated from the Chinese original, with notes and illustrations, to which is added, a Chinese tragedy. 2. London: Oriental Translation Fund, J. Murray 1829, pp. 214―243.

Fouillee, Alfred, *Histoire de la Philosophie*, 1886.

Fourmont, Étienne, *Lingua Sinarum Mandarinicae Hieroglyphicae Grammatica Duplex, Latine Et Cum Characteribus Sinensium. Item Sinicorum Regiae Bibliothecae Librorum Catalogus*. Lutetia Parisorum, 1742.

Franke, Herbert, *Sinologie, Orientalistik* 1. *Teil*, Bern: A. Francke AG. Verlag 1953.

―――, *Zur Biographie von Johann Heinrich Plath*, München: Verlag der bayerischen Akademie der Wissenschaften, 1960.

―――, „Heinrich Kurz(1805―1873), der erste Sinologe an der Universität München". In: *Studia Sino-Altaica. Festschrift für Erich Haenisch zum 80. Geburtstag*. Wiesbaden: Steiner 1961, S. 58―71.

―――, *Sinologie an deutschen Universitäten. Mit einem Anhang über die Mandschustudien*. Wiesbaden: Franz Steiner Verlag 1968.

―――, „Chinakunde in München. Rückblick und Ausblick", in: *Chronik der Ludwig-Maximiliams-Universität München* 1967―1968, München 1970.

―――, „Zur Geschichte der westlichen Sinologie", in: *Forschung und Information ― China*, Berlin: Colloquium Verlag, 1980, S. 9―16.

―――, „Sinologie im 19. Jahrhundert", in: Ladstätter, Otto, Linhart, Sepp (Hrsg.), *August Pfizmaier und seine Bedeutung für die Ostasienwissenschaften*, Wien: Verlag der Österreichischen Akademie der Wissenschaften, 1990. S. 23―39.

Franke, Herbert u. Trauzettel, Rolf, *Das Chinesische Kaiserreich*, Frankfurt: Fischer, 1968.

Franke, Otto, „*Die sinologischen Studien und Professor Hirth*" in: *T'oung Pao*, Nr. 7, 1896.

―――, „Die sinologischen Studien in Deutschland", in: Ders., *Ostasiatische Neubildungen, Hamburg: 1911.

—————, Ostasiatische Neubildungen. Beiträge zum Verständnis der politischen und kulturellen Entwicklungs-Vorgänge im Fernen Osten. Mit einem Anhange: Die sinologischen Studien in Deutschland, Hamburg: C. Boysen, 1911.

—————, Ackerbau und Seidengewinnung in China. Hamburg 1913 (= Abh. des Hamburger Kolonialinst. Bd. 11).

—————, Die Großmächte in Ostasien von 1894—1914. Ein Beitrag zur Vorgeschichte des Krieges. Braunschweig und Hamburg, 1923.

—————, Geschichte des chinesischen Reiches. 5. Bde. Berlin 1932—1952.

—————, „Die Chinakunde in Deutschland", in: Forschungen und Fortschritte, 13, 1937. S. 83—88.

—————, „Das chinesische Geistesleben im 16. Jahrhundert und die Anfänge der Jesuiten-Mission", in: Orientalische Literaturzeitung 41(8—9, 1938).

—————, Erinnerung aus zwei Welten: Randglossen zur eigenen Lebensgeschichte, Berlin: Walter de Gruyter & Co., 1954.

Franke, Wolfgang, „Die Staatspolitischen Reformversuche K'ang Yuwei's und seiner Schule. Ein Beitrag zur geistigen Auseinandersetzung Chinas mit dem Abendland", in: Mitteilungen des Seminars für Orientalische Sprachen zu Berlin, 38(1935), S. 1—83(Dissertation).

—————, „Der Ursprung der Ju und ihre Beziehung zu Konfuzius und Lau-Dsi von Hu Shi", in: Sinica-Sonderausgabe 1935, S. 141—171; 1936, S. 1—42.

—————, "Patents for hereditary ranks and honorary titles during the Ch'ing Dynasty", in: Monumenta Serica, Vol. VII(1942), S. 38—67.

—————, "Chinese Documentary Publications concerning the Foreign Policy of the Last Hundred Years", in: The XXth Century, Shanghai 1943, pp. 311—313.

—————, „Zur Kompilation und Überlieferung der Ming-Shih-lu", in: Sinologische Arbeiten 1(1943), S. 1—46. Chinesische Inhaltsangabe 明各朝实录的纂修及现存抄本考 in: Chung Teh Hsüeh Chih V(1943), S. 373—380.

—————, „Juan Yüan (1764—1849)", in: Monumenta Serica, Vol. IX (1944), S. 53—80.

—————, „Weitere Beiträge zur Kompilation und Überlieferung der Ming

Shih-lu", in: *Sinologische Arbeiten* 2(1944), S. 1—29.

—————, „Yunglo's Mongoleifeldzüge", in: *Sinologische Arbeiten* 3(1945), S. 1—54.

—————, „Nachtrag zur Kompilation und Überlieferung der Ming Shih-lu", in: *Sinologische Arbeiten* 3(1945), S. 165—168.

—————, "Sinological Research Work in Free China During The War Period 1937—1945", in: *Bulletin of Chinese Studies* (*Chung-kuo wen-hua yen-chiu hui-k'an* 中国文化研究汇刊) 6(1946), pp. 137—171.

—————, „Yü Ch'ein, Staatsmann und Kriegsmeister", in: *Monumenta Serica* XI(1946), S. 87—122.

—————, „Ein Dokument zum Prozeß gegen Yü Ch'ien i. J. 1457", in: *Studia Serica* VI(1947), S. 193—208.

—————, „Chinesische Quelle zur auswärtigen Politik des 19. und frühen 20. Jahrhunderts", in: *Sinologica* Vol. 1, No. 3, Basel 1948, S. 210—230.

—————, *An Introduction to the Sources fort the History of the Ming Dynasty (1368—1644)*, *Studia Serica*, Monogr. Ser. A, No. 2, Chengtu 1948, 118 S.

—————, *Addenda and Corrigenda to Pokotilov's „History of the Eastern Mongols during the Ming Dynasty from 1368 to 1634"*, Studia Serica, Monogr. Ser. A, No. 3, Chengtu-Peiping 1949.

—————, „Die Rolle der Tradition im heutigen China", in: *Moderne Welt* 1961/62:2, S. 146—165.

—————, „The Role of Tradition in Present-Day China", in: *Modern World* 1963/64, pp. 75—92.

—————, „Die Entstehung der Chinakunde in den letzten 50 Jahren", in: Martin, H. und Eckhardt, M.(Hrsg.), *Clavis Sinica: zur Geschichte der Chinawissenschaften*. Bochum 1997. S. 45—55.

—————, *Im Banne Chinas: Autobiographie eines Sinologen 1912—1950*, Dortmund: project verlag, 1997.

—————, *Reisen in Ost- und Südostasien 1937—1990*, hrsg. von Hartmut Walravens, Biblio Verlag, Osnabrück 1998.

—————, *Im Banne Chinas. Autobiographie eines Sinologen 1950—1998*, Dortmund: project verlag, 2000.

Freudenberg, Michael, *Frauenbewegung in China am Ende der Qing-Dynastie*,(Diss.). Bonn 1985.

Freya Illustrierte Familien-Blätter. 1. 1861.

Fuchs,Walter, *Die politische Geschichte des Turfangebietes bis zum Ende der Tang-Zeit*. Berlin, 1925(Dissertation).

————, „Das erste deutsch-chinesische Vokabular vom P. Florian Bahr", in: *Sinica*, Sonderausgabe 1937 I, S. 68—72.

————, „Fan Wen-ch'eng und sein(1597—1666) Diplom", in: *Shigaku kenkyū* Vol.10(1939), No. 3, pp. 14—36.

————, *Der Jesuiten-Atlas der Kanghsi-Zeit. Seine Entstehungsgeschichte mit Namensindices für die Karten der Mandschurei, Mongulei, Ostturkestan und Tibet mit Wiedergabe der Jesuiten-Karten in Originalgröße*, Peking 1943.

————, *The "Mongol Atlas" of China by Chu Ssu-pen and the Kuang-yü-t'u*. Peiping 1946(= *Monumenta Serica* Monogr. 8).

————, "Rare Ch'ing Editions of the Keng-chih-t'u". In: *Studia Serica* 中国文化研究所集刊 6(1947), pp.149—157.

————, „Der Kupfer-Druck in China vom 10. bis 19. Jahrhundert". In: *Gutenberg-Jahrbuch* 1950, S. 67—87.

Fung, Yu-Lan, "Why China has No Science — An Interpretation of the History and Consequences of Chinese Philosophy". In: *The International Journal of Ethics*, Vol. 32, No. 3(April, 1922), pp. 237—263.

Gabelentz, Hans Conon von der, *Eléments de la grammaire mandchoue*, Altenburg 1833.

————, *Sse-schu, Schu-king, Schi-king in Mandschuischer Uebersetzung mit einem Mandschu-Deutschen Wörterbuch*, Leipzig 1864.

————, *Geschichte der großen Liao, aus dem Mandschu übersetzt*, Sankt Petersburg 1877.

————, "*Jin Ping Mei* 金瓶梅, *chinesischer Roman* ", übers. v. Hans Conon v. d. Gabelentz, herausgegeben und bearbeitet v. Martin Gimm, Berlin, Staatsbibliothek, Teil I—X, 2005—2013.

Gabelentz, Hans Georg Conon von der, *Thai-kih-thu, des Tscheu-tsi Tafel des Urprinzipes, mit Tschu-hi's Commentare nach dem Hoh-pih-sing-li*. Chinesisch mit mandschuischer und deutscher Übersetzung, Einleitung und Anmerkungen. (Promotionsschrift) Dresden: Im Commission-Verlag Bei R. v. Zanh, 1876.

—————, "Kin Ping Mei, les aventures galantes d'un épicier. Roman réaliste, trad. du Mandchou" (Auszug). In: *Revue orientale et américaine*, hrsg. von L. de Rosny, 3, Paris, 1879. S. 169—197.

—————, „Zur chinesischen Philosophie". In: *Wissenschaftliche Beilage der Allgemeinen Zeitung*, Nr. 92. 1880. S. 545—547.

—————, *Chinesische Grammatik, mit Ausschluss des niederen Stils und der heutigen Umgangssprache*. Leipzig: Weigel. 1881. Reprograph. Nachdruck: Berlin: Deutscher Verlag der Wissenschaften, 1953.; 4., unveränd. Aufl. Halle (Saale): Niemeyer, 1960.

—————, „Das taoistische Werk Wên-tsi". In: *Königlich-Sächsische Gesellschaft der Wissenschaften. Philologisch-Historische Klasse: Berichte über die Verhandlung*, 39,14. 1887.

—————, „Über den chinesischen Philosophen Mek Tik". In: *Königlich-Sächsische Gesellschaft der Wissenschaften. Philologisch-Historische Klasse: Berichte über die Verhandlung*, 40, 3, 1888, S. 62—70.

—————, „Der Räuber Tschik, ein satirischer Abschnitt aus Tschuang-tsi". In: *Königlich-Sächsische Gesellschaft der Wissenschaften. Philologisch-Historische Klasse: Berichte über die Verhandlung*, 41, 4, 1889, S. 55—69.

—————, *Die Sprachwissenschaft. Ihre Aufgaben, Methoden und bisherigen Ergebnisse*. Leipzig: Weigel Nachf., 2. Aufl.; 1.: 1891. Nachdruck: Tübingen, Narr, 1972 (TBL, 1).

—————, „Die ostasiatischen Studien und die Sprachwissenschaft". In: *Georg von der Gabelentz. Ein biographisches Lesebuch*. Herausgegeben von Ezawa, Kennosuke und Vogel, Annemete von. Tübingen: Gunter Narr Verlag, 2013.

Gassmann, R. H., „Sinologie", in: Helmut Martin und Maren Eckhardt (Hrg.), *Ein Wendepunkt der deutschen Chinawissenschaften*, 1997, S. 29—30.

Gatterer, Johann Christoph, *Handbuch der Universalhistorie nach ihrem gesamten Umfange bis auf unsere Zeiten fortgesetzt; des zweyten Theils erster*

Band: Nebst einer vorläufigen Einleitung, worin das Verzeichnis der Geschichtsschreiber bis auf die neuern Zeiten fortgeführt worden. Göttingen: Vandenhoeck, 1764.

Gaubil, Antoine, *Traitè de Chronologie etc.*, Paris 1814.

„Der Geizhals", in: *Blätter zur Kunde der Literatur des Auslands* 1837, S. 169—170.

Gervinus, Georg Gottfried, *Geschichte der poetischen National-Literatur der Deutschen*, 5 Bde., 1835—1842.

Geschichte der chinesischen Literatur und ihrer gedanklichen Grundlage, nach Nagasawa Kikuya, Shina Gakujutsu Bungeishi. *Monumenta Serica* Monograph VII by P. Eugen Feifel, Peking 1945.

Glossar der heute gültigen chinesischen Vogelnamen. Ein lexikographischer Beitrag zur modernen chinesischen Sprache. Chinesisch-deutsch und deutsch-chinesisch, mit einer systematischen Übersicht über die Vögel Chinas. Wiesbaden 1975.(=Veröffentlichungen des Ostasien-Instituts der Ruhr-Universität Bochum. Bd. 13.)

Der goldene Spiegel oder die Könige von Scheschian, 1772.

Gothein, Marie-Luise, *Geschichte der Gartenkunst*. Jena 1926.

Greel, Herrlee Glessner, "Berthold Laufer: 1874—1913", in: Monumenta Serica, Vol. I., 1935, pp. 487—496.

Grimm, Tilemann, „China und das Chinabild von Leibniz", in: Bargenda, Wilhelm, Udo und Blühdorn, Jürgen (Hrsg.): *Systemprinzip und Vielheit der Wissenschaften, Studia Leibnitiana, Sonderheft* 1, Wiesbaden 1969.

Grube, Wilhelm, *Geschichte der chinesischen Literatur*, Leipzig: C. F. Amelangs Verlag, 1902/1909 Zweite Ausgabe.

————, *Religion und Kultus der Chinesen*, Leipzig: Rudolf Haupt, 1910.

Grube, W., Laufer, B. u. Krebs, E., *Chinesische Schattenspiele*. Leipzig: Harrassowitz, 1915.

Gulik, R. H. van, *Chinese maze murders*. The Hague: Hoeve 1956.

Gützlaff, Carl, *Missionar Karl Gützlaff's ausführlicher Bericht von seinem dreijährigen Aufenthalt in Siam und seiner Reise längs der Küste von China bis nach Mantschu-Tartarei*: nach dem zu Canton in China gedruckten Englischen Original übersetzt: mit einer gedrängten Lebensgeschichte Gützlaffs / Gützlaff. Elberfel: Hassel, 1834.

————, *Geschichte des chinesischen Reiches von den ältesten Zeiten bis auf den Frieden von Nanking*, hrsg. v. Neumann, Karl Friedrich, Stuttgart und Tübingen: Cotta, 1847.

————, *Über die Handelsverhältnisse im östlichen Asien*, Berlin 1850.

————, *The Life of Taou-Kwang, late Emperor of China, with Memories of the Court of Peking*, 1852.

Hackmann, Heinrich, *Chinesische Philosophie*, München: Verlag Ernst Reinhardt 1927.

Haenisch, Erich, „Sinologie", in: Harnack, Gustav Adolf von (Hrsg.), *Aus fünfzig Jahren deutscher Wissenschaft. Die Entwicklung ihrer Fachgebiete in Einzeldarstellungen, Festschrift für Friedrich Schmidt-Ott*, Berlin 1930.

————, *Untersuchungen über das Yüan-ch'ao Pi-shi*. 1931.

————(Übers.), *Manghol un Niuca Tobca'an [Yüan-ch'ao pi-shi] aus der chinesischen Transkription im mongolischen Wortlaut wiederhergestellt. Die geheime Geschichte der Mongolen.* I: Text. 1933.

Haller, Johannes, *Die Epochen der deutschen Geschichte*, Cotta, Stuttgart, 1928.

"Han koong tsew, or the Sorrows of Han: a Chinese tragedy", translated from the original, with notes. By John Francis Davis, F. R. S., &c. London: Oriental Translation Fund, J. Murray 1829.

Handler, Sarah, *Austere luminosity of Chinese classical furniture*. Berkeley: University of California Press, 2001.

Harnisch, Thomas, *Chinesische Studenten in Deutschland. Geschichte und Wirkung ihrer Studienaufenthalte in den Jahren von 1860 bis 1945*. Mitteilungen des Instituts für Asienkunde Hamburg, 1999.

Hartner, Willy, „Heilkunde im alten China", in: *Sinica* 16(1941), S. 217—265, 17(1942), S. 27—89.

Hauser, Otto, *Die Chinesische Dichtung. Mit 9 Vollbildern in Tonätzung.*

Berlin: Marquardt & Co. Verlag-Anstalt (= Die Literatursammlung illustrierter Einzeldarstellungen, hrsg. v. Georg Brandes. 34. Bd.), 1921.

Heidegger, Martin, *Sein und Zeit*, Tübingen: Max Niemeyer Verlag, 1979.

Hildebrand, Heinrich, *Der Tempel Ta-chüeh-sy bei Peking*, Berlin 1897.

Hing-lo-thou, ou la peinture mystérieuse; Histoire traduite du chinois par Stanislas Julien, sous-bibliothécaire de l'Institut. *Gazette littéraire*, 9., 16. und 23. Dez. 1830.

Hirth, Friedrich, *China and the Roman Orient: Researches into their ancient medieval Relations as represented by old Chinese Records*, Leipzig/München: Georg Hirth; Shanghai/Hongkong: Kelly & Walsh, 1885.

―――, *Über fremde Einflüsse in der chinesischen Kunst*, 1896.

Hirth, Friedrich and Rockhill William (trans.), *Chau Ju-Kua: His Work on the Chinese and Arab Trade in the twelfth and thirteenth Centuries, Entitled Chu-fan chih*. St. Petersburg, 1911.

Histoire générale de la Chine, 1777—1783.

"Ho-lang-tan, ou la chanteuse, drame en quatre actes. Sans nom d'auteur". In: *Théâtre chinois; ou, choix de pièces de théâtre, composées sous les empereurs mongols, traduites pour la première fois sur le texte original, précédées d'une introduction et accompagnées de notes*. Paris: Imprimerie royale, 1838. pp. 257—320.

Hoeï-Lan-ki ou l'histoire du cercle de craie. Drame en prose et en vers, traduit du chinois et accompagné de notes. Par Stanislas Julien. London: Printed for the Oriental Translation Fund of Great Britain and Ireland 1832.

Hoffmann, Alfred, „Die wichtigsten deutschen und chinesischen Sportausdrücke". In: *Mitteilungen des Seminars für Orientalische Sprachen* 39(1936), S. 1—32.

―――, *Nanking. Eine Beschreibung der Stadt*. Mit 200 Aufnahmen von Hedda Hammer. Shanghai: Max Noessler, 1945.

Honey, David B., *Incense at the Altar: Pioneering Sinologists and the Development of Classical Chinese Philology*. New Haven: Conn., 2001.

Hsiung, Wei, *Über das Unausprechliche*, [Diss. Phil. Bonn], Bonn: Kölben, 1938.

Hsüh, Shen und Kammerich, Adolf, *Einführung in die neuchinesische Schriftsprache. Übungsstücke.* Gesammelt und bearbeitet von Hsüh Shen, Adolf Kammerich. Lehrbücher des Seminars für orientaische Sprachen zu Berlin. Herausgegeben von dem Director des Seminars. Band XXII. Berlin: Verlag von Georg Reimer, 1912.

Hu, Shih, „Der Ursprung der Ju und ihre Beziehung zu Konfuzius und Lau-dsï". Übers. von W. Franke. In: *Sinica-Sonderausgabe* 1935, S. 141—171; 1936, S. 1—42.

————, „Ursprung und Entstehung der Tsï-Dichtung". Aus dem Chinesischen übersetzt und mit Anmerkungen versehen von Alfred Hoffmann. In: *Sinica-Sonderausgabe, Forke-Festschrift*, Frankfurt 1937, Heft I, S. 88—107.

Hübotter, Franz, *Shou-shi-pien. Ein chinesisches Lehrbuch der Geburtshülfe.* Berlin/Wien 1913.

————, *Beiträge zur Kenntnis der chinesischen sowie der tibetisch-mongolischen Pharmakologie.* Berlin/Wien 1913.

————, *Die chinesische Medizin zu Beginn des XX. Jahrhunderts und ihr historischer Entwicklungsgang.* Leipzig: Verlag der Asia Major. 1929.

————, *Chinesisch-Tibetische Pharmakologie und Rezeptur.* Mit 2 Portr. U. 43 Abb. Ulm 1957.

————(Übers.), *Chia I ching.* Berlin 1964.

Huc, Évariste Régis and Gabet, Joseph, *L'empire chinois* faisant suit à l'ouvrage intitulé Souvenirs d'un voyage dans la Tartarie et le Thibet par M. Huc, ancien missionnaire apostolique en Chine. Paris: Imprimerie nationale 1854. 2 vols.

————, *The Chinese Empire, forming a sequel to recollections of a journey through Tartary and Thibet.* By M. Huc, formerly Missionary Apostolic in China. Tr. Mrs. Percy Sinnett. London: Longmans, 1855.

————, *Wanderungen durch die Mongolei und Thibet zur Hauptstadt des Tale Lama.* Von Huc und Gabet. In deutscher Bearbeitung herausgegeben von Karl Andree. Leipzig: Lorck, 1855.

————, *Das Chinesische Reich von Huc,* früherem apostolischen Missionar in China. Leipzig: Dyksche Buchhandlung 1856.

————, *Das Chinesische Reich.* Hrsg. v. Wolfgang Rieland. (2 Teile in 1

Band). Basel/Frankfurt: Stroemfeld/Roter Stern, 1987.

Hufeland, Christoph Wilhelm, *Die Kunst, das menschliche Leben zu verlängern*, 1796.

——, *Von der Kunst, das menschliche Leben zu verlängern*, Jena: In der akademischen Buchhandlung, 1797.

Hundhausen, V., *Die Rückkehr der Seele*, 3 Bde. Peking 1937.

Ideler, Ludwig, *Zeitrechnung der Chinesen*. Berlin 1839.

Ides, Everard Isbrand, *Dreyjährige Reise nach China*. Frankfurt: Thomas Fritsch 1707.

Index Librorum Manuscriptorum et Impressorum quibus Bibliotheca Regia Berolinensis aucta est Anno MDCCCXXXVI(1836). Erolini. Typis Petschii

Jäger, Fritz, *Das Studium der Klassiker im Neuen China. Zwei aktuelle Aufsätze von Fu Sï-nien und Hu Schï*. Glückstadt 1935.

——, „Der gegenwärtige Stand der Sinologie in Deutschland", in: *Orientalische Rundschau*, 17(1936), S. 561—563.

——, „Das Buch von den wunderbaren Maschinen. Ein Kapitel aus der Geschichte der abendländisch-chinesischen Kulturbeziehungen". In: *Asia Major* Neue Folge 1, 1(1944), S. 78—96.

Jandesek, Reinhold, *Das fremde China: Berichte europäischer Reisender des späten Mittelalters und der frühen Neuzeit*, Pfaffenweiler: Centaurus, 1992, S. 31—45.

Jaspers, Karl, *Die großen Philosophen*. München: Piper, 1957.

——, *Philosophische Autobiographie*. Erweiterte Neuausgabe. München: R. Piper & Co. Verlag, 1977.

Journal des savans 1860.

Ji, Cheng, Hardie, Alison(trans.) and Keswick Maggie(forword), *The craft of gardens*. New Haven, London 1988.

Julien, Stanislas, *Meng Tseu vel Mencium inter Sinenses Philosophos, ingenio, doctorina, nominisque claritate Confucio proximum*, edidit, latina intertretatione, ad interpretation Tartaricam utramque recensita, instruxit, et perpetuo commentario, e sinicis deprompto, illustravit Stanislaus Julien. Lutetiae Parisiorum: Societas Asiatica et Comes de Lasteyrie MDCCCXXIV-XXIX. XXXI(1824—1829/1831).

——, *Thaï-chang. Le livre des récompenses et des peines, en français, accompagné de quatre cents légendes*. Paris, 1835.

——, "La visite du Dieu du Foyer à Iu-kong. Traduit du chinois". In: *Revue de l'Orient et de l'Algérie* 16. 1854, pp. 267—276.

——, *Syntaxe nouvelle de la langue chinoise, fondée sur la position des mots, suivie de deux traités sur les particules et les principaux termes de grammaire, d'une table des idiotismes, de fables, de légendes et d'apologues, traduits mot à mot par M. Stanislas Julien.-Syntaxe nouvelle de la langue chinoise, confirmée par l'analyse d'un texte ancien, suivie d'un petit dictionnaire du roman des deux cousines et de dialogues dramatiques*. 2 volumes, 1869—1870.

Jung, Carl Gustav, „Vorwort zum *I Ging* ". In: Diederichs, Ulf (Hrsg.), *Erfahrungen mit dem I Ging. Vom kreativen Umgang mit dem Buch der Wandlungen*. Köln: Diederichs, 1984. S. 148—168.

Kämpfer, Engelbert, Engelbert Kämpfers Weyl. D. M. und Hochgräfl. Lippischen Leibmedikus, *Geschichte und Beschreibung von Japan*. Aus den Originalhandschriften des Verfassers herausgegeben von Christian Wilhelm Dohm. Erster Band. Mit Kupfern und Charten. Lemgo, im Verlage der Meyerschen Buchhandlung, 1777; Zweyter und lezter Band. Mit Kupfern und Charten. Lemgo, im Verlage der Meyerschen Buchhandlung, 1779.

Kant, Immanuel, *Die Metaphysik der Sitten*. Königsberg: Nicolovius, 1797.

——, *Von der Macht des Gemüths durch den bloßen Vorsatz seiner krankhaften Gefühle Meister zu sein*. Jena, in der academischen Buchhandlung, 1798; Dritte Auflage. Leipzig: Wilhelm Lauffer, 1836; Vierte verbesserte Auflage. Leipzig: Carl Geibel, 1851.

Karlgren, Bernhard, *Analytic Dictionary of Chinese and Sino-Japanese*, Paris 1923.

Kasakevich, "Sources to the History of the Chinese Military Expeditions into Mongolia", in: *Monumenta Serica* 8(1943), pp. 328—335.

Kaun, Matthias, „Brüche und Überbrückungen. Eine ostasiatische Sammlung in neuem Gewand ". In: *Seit 100 Jahren für Forschung und Kultur. Das Haus Unter den Linden der Staatsbibliothek als Bibliotheksstandort 1914—2014*. Hrsg. v.

Martin Hollender. Berlin: Staatsbibliothek zu Berlin — Preußischer Kulturbesitz 2014. S. 121—129.

„Chin-ku ch'i-kuan". In: *Kindlers Literatur Lexikon*. Sonderausg. 1970.

Die Kaiserliche Ku-wen-Anthologie von 1685/6 Ku-wen yüan-chien in mandjurischer Übersetzung. Hrsg. von Martin Gimm. Bd. 1. Wiesbaden: Harrassowitz(1969), Nr. 280.

Kin-ku Ki-kuan. Neue und alte Novellen der chinesischen 1001 Nacht. Deutsch von Eduard Grisebach. Stuttgart: Gebrüder Kröner 1880.

Китайские поучения изданные от Хана Юнджена для воинов и простого народа, во 2 году царстваваия его (в 1724). Перевел с Китайского на Российский язык Секретарь Леотьев. 1778 года.

Kircheri, Athanasii e Soc. Jesu China monumentis qua sacris qua profanis, nec non variis naturae & artis spectaculis, aliarumque rerum memorabilium argumentis illustrata, auspiciis Leopoldi primi, Roman. Imper. semper augusti munificentißimi mecænatis. *A solis ortu usque ad occasum laudabile nomen Domini*. Amstelodami : Jan Jansson & Elizeus Weyerstraet MDCLXVII(1667).

Kittler, Friedrich, *Optische Medien. Berliner Vorlesung* 1999. Berlin: Merve Verlag, 2002.

Klaproth, Julius Heinrich, *Specimen characterum sinicorum jussu Alexandri primi lingo excisorum*. Cura Kulii de Klaproth, Cons. aulic. et academ. Petrop. Soc. [Petropoli](Februar) 1811.

————, *Verzeichniss der chinesischen und mandschuischen Bücher und Handschriften der Königlichen Bibliothek zu Berlin*, ... Paris, 1822

————, *Asia Polyglotta*, Paris, 1823.

————, *Tableaux historiques de l'Asie depuis la monarchie de Cyrus jusqu'à nos jour* …, Paris: Libraire de Pontieu Royal Galerie de Bois; Stuttgart: Cotta, 1826.

————, *Chrestomathie mandchou ou recueil de textes mandchou*. Paris: Imprimerie royale 1828, pp. 48—62.

Knaul, Livia, *Leben und Legende des Chen Tuan*, Frankfurt am Main und Bern: Peter Lang, 1981.

"Kouan-Fou-Yuan. Élégie sur la mort d'une épouse". In: *Europe littéraire* 1.

1833, pp. 74—75.

Kollár, Miroslav, *Ein Leben im Konflikt: Franz Xaver Biallas SVD*（1878—1936）. *Chinamissionar und Sinologe im Licht seiner Korrespondenz*. Nettetal: Steyler Verlag, 2011.

Kramer, Stefan（Hrsg.）, *Sinologie und Chinastudien. Eine Einführung*（= Narr-Studienbücher）. Tübingen: Narr Verlag, 2013.

Kreiner, Josef, „Zur 100. Wiederkehr der Gründung des Seminars für Orientalische Sprachen, Berlin/Bonn", in: *ORIENTierungen*, 1/1989, S. 2—24.

Krieger, Silke und Trauzettel, Rolf（Hrsg.）, *Konfuzianismus und die Modernisierung Chinas*, Mainz 1990.

Kriegeskorte, Magnus Michael, *Yu Ji*（1272—1348）: *Ein Literaten-Beamter unter der Mogolenherrschaft*,（Diss.）Bonn 1984.

Krüßmann, Ingrid, *Zur Struktur des ‚Lyrischen Ich' in der chinesischen Dichtung der zwangziger und dreißiger Jahredes 20. Jahrhunderts: Analysen der Theoriebildungen zu dieser Redesituation in der chinesischen Literaturwissenschaft und empirische Untersuchungen bei Dai Wangshu*（1905—1950）*und einigen Zeitgenossen*,（Diss.）Bonn 1993.

Kubin, Wolfgang, *Das lyrische Werk des Tu Mu*（803—852）. *Versuch einer Deutung*. „Veröffentlichung des Ostasien-Instituts der Ruhr-Universität Bochum 19", Wiesbaden: Harrosowitz, 1976.

——, *Die Entwicklung der Naturanschauung in der chinesischen Literatur*, Wiesbaden: Franz Steiner Verlag, „Münchener Ostasiatische Studien 39", 1985.

——, „Die Verzweiflung trügt wie die Hoffnung", in: Lu Xun, *Werke in sechs Bänden*, Bd. VI. Zürich: Unionsverlag, 1994. S. 167—216.

——（Hrsg.）, *Lu Xun. Werke in sechs Bänden*. Zürich: Unionsverlag, 1994.

——（Hrsg.）, *Mein Bild in deinem Auge. Exotismus und Moderne: Deutschland-China im 20. Jahrhundert*. Darmstadt 1995.

——, „Nachruf auf Alfred Hoffmann", in: Deutsche China-Gesellschaft e.V.（Köln）, *Mitteilungsblatt* 2, 1. 2. 1997.

——, *Die Chinesische Dichtkunst*. München: K. G. Saur, 2002.

————, *Die chinesische Literatur im 20. Jahrhundert*. München: K. G. Saur Verlag, 2005.

————, „Furor Sinensis", in: Ulrich Bergmann u. Doris Distelmaier-Haas, *Meine Hand malt Worte*. Schiedlberg: Bacopa, 2015.

Kubin u. Wagner(ed.), *Essays in Modern Chinese Literature and Literary Criticism*. Bochum: Brockmeyer, 1982.

Kuhn, Franz, „Das geheimnisvolle Bildnis". In: *Chinesische Blätter für Wissenschaft und Kunst* 1, 2. 1926, S. 36—60.

————(Übers.), *Chinesische Meisternovellen*. Leipzig: Insel Verlag 1926.

————(Übers.), *Kin Ping Mei oder Die abenteuerliche Geschichte von Hsi Men und seinen sechs Frauen*, Leipzig 1930.

————(Übers.), *Fräulein Tschang(Hsieh p'u-ch'ao). Ein chinesisches Mädchen von Heute*. Roman. Berlin, Wien, Leipzig: Paul Zsolnay Verlag, 1931.

————(Übers.), *Mondfrau und Silbervase*, Berlin: Steiniger-Verlag im Dom-Verlag, 1939.

————(Übers.), *Die dreizehnstöckige Pagode*. Altchinesische Liebesgeschichten. Bavaria-Verlag, Gauting, Verlag der Zwölf, München, 1949.

————(Übers.), *Der Traum der roten Kammer*. Aus dem Chinesischen übertragen von Franz Kuhn. Wiesbaden: Insel-Verlag Zweigstelle, 1951.

————(Übers.), *Blumenschatten hinter dem Vorhang*. Aus dem Chinesischen verdeutscht von Franz Kuhn. Verlagsanstalt Hermann Klemm, Erich Seemann, Freiburg im Breisgau, 1956.

————(Übers.), *Altchinesische Liebesgeschichten*. Vier Turmnovellen aus der Sammlung Schi örl loh. Wilhelm Heyne Verlag, München, 1961.

————(Übers.), *Li Yü. Jou Pu Tuan. Ein erotisch-moralischer Roman aus der Ming-Zeit*. Büchergilde Gutenberg. Frankfurt am Main, Wien, Zürich, 1977.

————(Übers.), *Altchinesische Novellen*. Leipzig: Insel Verlag 1979.

Kuhn, Hatto(Hrsg.), *Dr. Franz Kuhn(1884—1961). Lebensbeschreibung und Bibliographie seiner Werke*. Bearbeitet von Hatto Kuhn. Wiesbaden: Franz Steiner Verlag GmbH, 1980.

Kühnel, Paul, *Das geheimnisvolle Bild und drei andere Novellen*. Berlin:

Steinitz 1902.

Kuo, Heng-yü(Hrsg.), *Deutsch-chinesische Beziehungen 1928—1938. Eine Auswertung deutscher diplomatischer Akten*. Berliner China-Studien 17. München: K. G. Saur GmbH & Co. KG, 1989.

Kwa, Shiamin and Idema, Wilt L., *Mulan: Five Versions of a Classic Chinese Legend, with Related Texts*. Indianapolis/Cambridge: Hackett, 2010.

Lach, Donald. F., "The Chinese Studies of Andreas Müller", in: *Journal of the American Oriental Society* 60(1940), pp. 564—575.

Ladstätter, Otto, „Die Moderne Chinesische Hochsprache und ihre Probleme im Studium". In: *Lebende Sprachen* 12(1967), S. 17—25.

——, „Zur Integration abendländischen Begriffs- und Wortgutes ins Chinesische". In: *Oriens Extremus*. Vol. 14, No. 1(1967), S. 1—26.

Laing, Ellen Johnston, "Qiu Ying's depiction of Sima Guang's Duluo yuan and the view from the Chinese garden". In: *Oriental art* 33. 1987, pp. 375—380.

Lao-tse, Tao Te King. Aus dem Chinesischen übersetzt und kommentiert von Victor von Strauss. Bearbeitung und Einleitung von Willy Y. Tonn. Zürich: Manesse Verlag, 1959.

Lao-Tse's Tao Te King. Aus dem Chinesischen ins Deutsche übersetzt, eingeleitet und commentiert von Victor von Strauss. Leipzig: Verlag von Friedrich Fleischer, 1870.

Laufer, Berthold, "Two Notes on the Diamond in China". In: *Journal of the American Oriental Society* 50(1950), pp. 187—188.

Lauterbach, Wilhelm, *Dr. Wilhelm Schotts vorgebliche Übersetzung der Werke des Confucius aus der Ursprache: eine litterarische Betrügerei*, 1828.

Le Livre de la voie et de la vertu, composé dans le VIe siècle avant l'ère chrétienne, par le philosophe Lao-Tseu, traduit en français et publié avec le texte chinois et un commentaire perpétuel par Stanislas Julien, 1842.

Legge, James(trans.), *The Yî King*. Sacred Books of the East Vol. 16. The Sacred Books of China, vol. 2 of 6, Part II of The Texts of Confucianism. Oxford, the Clarendon Press, 1882.

——(trans.), The Chinese Classics Vol. II, *The Works of Mencius*. 1861/1895.

Leibfried, Christina, *Sinologie an der Universität Leipzig. Entstehung und*

Wirken des Ostasiatischen Seminars 1878—1947, Leipzig: Evangelische Verlagsanstalt, 2003 (Beiträge zur Leipziger Universitäts- und Wissenschaftsgeschichte, Reihe B, Bd. 1).

Lepsius, Karl Richard, *Über chinesische und tibetische Lautverhältnisse und über die Umschrift jener Sprachen*. Akademie der Wissenschaften, Berlin 1861.

Libro chino intitulado *Beng Sim Po Cam*, que quiere decir Espejo rico del claro corazón o Riquezas y espejo con que se enriquezca y donde se mire el claro y límpido corazón. Traducido en lengua castellana por fray Juan Cobo, de la orden de Santo Domingo. Dirigido al príncipe Don Felipe nuestro Señor. Manila, 1593.

Liebenthal, Walter (trans.), *The Book of Chao*. Monumenta Serica, Series XIII 8 vol. Peking 1948.

Die Lieder des Li Yü (937—978), Herrschers der Südlichen T'ang-Dynastie. Als Einführung in die Kunst der chinesischen Lieddichtung aus dem Urtext vollständig übertragen und erläutert von Alfred Hoffmann. Köln: Greven Verlag, 1950.

Liu, Mau-Tsai, *Die Chinesischen Nachrichten zur Geschichte der Ost-Türken*, „Göttinger Asiatische Forschungen Bd. 10", Wiesbaden 1958.

————, *Deutsch-chinesische Syntax: ein praktisches Handbuch der modernen chinesischen Umgangssprache*, Berlin: De Gruyter, 1964.

————, *Kucha und seine Beziehungen zu China vom 2. Jahrhundert v. Chr. bis zum 6. Jahrhundert n. Chr.*, I. Bd. (Texte) und II. Bd. (Anmerkungen, Anhänge, Index), Wiesbaden: Otto Harrasowitz, 1969.

Lin, Yü-t'ang, "A survey of the phonetics of ancient Chinese", in: *Asia Major*, MCMXXIV, pp. 134—146.

"Longing for worldly pleasures". In: A. C. Scott: *Traditional Chinese plays*. 2. Madison: University of Wisconsin Pr. 1969, pp. 3—37.

Lou, Y, *Wen Fei-ch'ing und seine literarische Umwelt*, [Diss. Phil. Bonn], Würzburg: Triltsch, 1938.

Lu Hsün, „Kun I-gi", Novelle. Aus dem Chinesischen übersetzt von Alfred Hoffmann. In: *Orientalische Rundschau* 16(1935). S. 324—326.

Lühmann, Werner, *Konfuzius in Eutin: Confucius Sinarum Philosophus – Die* frühste lateinische Übersetzung chinesischer Klassiker in der Eutiner Landesbibliothek, Eutin 2003.

MacGillivray, Donald, *A Century of Protestant Missions in China, 1807—1907*, 1907.

Maenchen-Helfen, "The Later Books of the Shan-hai king", in: *Asia Major* 1 (1924), pp. 550—586.

Malek, Roman, *Das Chai-chieh li: Materialien zur Liturgie im Taoismus*, Frankfurt am Main: Peter Lang, 1985.

Martin, Bernd, „Die deutsche Hochschule im Nationalsozialismus", in: *Wissenschaftliche Zeitschrift der Technischen Universität Dresden*, 41 (1992).

Martin, Helmut, „Der Graben und die Einebnungsbestrebungen", in: Franke, Wolfgang, *Im Banne Chinas: Autobiographie eines Sinologen 1912—1950. 2., bearb. Aufl.*-Dortmund: Projekt-Verl., 1997 (Edition Cathay; Bd. 11).

Martin, Helmut und Eckhardt, Maren (Hrsg.), *Clavis Sinica: zur Geschichte der Chinawissenschaften. Ausgewählte Quellentexte aus dem deutschsprachigen Raum. Generelle Darstellungen, Institutionengeschichte, Wissenschaftler-Biographien und Bibliographie* (Materialien für die 8. Jahrestagung der Deutschen Vereinigung für Chinastudien 24.—26. 10. 1997 in Berlin zum Thema „Chinawissenschaften-Probleme und Perspektiven der deutschsprachigen Entwicklung"), 2. Aufl., Bochum.

Martin, Helmut und Hammer, Christiane (Hrsg.): *Chinawissenschaften — deutschsprachige Entwicklungen, Geschichte, Personen, Perspektiven*, Hamburg 1999

Martin, Helmut und Merker, Peter, „Der Sinologe Alfred Hoffmann (1911—1997)", in: cathay skripten, Heft 8, 9/1998, S. 7—23.

Martini, Martino, *De bello tartarico historia*, Antverpiæ MDCLIV (1654).

——, *Historie von dem Tartarischen Kriege*, Amsterdam MDCLIV (1654).

Mateer, Calvin Wilson (Ed.), *Technical Terms. English and Chinese.* Prepared by the Committee of the Educational Association of China. Shanghai: Printed at the Presbyterian Mission Press, 1904.

May, Karl, „Der Kiang-lu". In: *Deutscher Hausschatz* 7. 1880, S. 172—173.

Mayers, William Fredrick, *Chinese Reader's Manual. A Handbook of*

Biographical, Historical, Mythological, and General Literary Reference. London/Shanghai, 1874.

Melle, W. von, *Dreißig Jahre Hamburger Wissenschaft 1891—1921*. Hamburg, 1923—1924.

Mendoza, Juan Gonzales de, *Die „Geschichte der höchst bemerkenswerten Dinge und Sitten im chinesischen Königreich" des Juan Gonzales de Mendoza. Ein Beitrag zur Kulturgeschichte des ming-zeitlichen China*, hrg. v. Margareta Griessler, Sigmaringen: Thorbecke, 1992.

Milne, William, *The Sacred Edict, containing sixteen maxims of the Emperor Kang-Hee, amplified by his son, the Emperor Yoong-Ching: Together with a paraphrase on the whole by a Mandarin*. London 1817.

minima sinica. Zeitschrift zum chinesischen Geist. Hrsg. v. Kubin, Wolfgang. Seit 1989.

Möllendorf, Paul Georg von, *Manual of Chinese Bibliography*, 1876.

————, *Praktische Anleitung zur Erlernung der hochchinesischen Sprache*, 1880, ⁶1906.

————, *Essay on Manchu Literature. Journal, North China Branch, Royal Asiatic Society*, vol. xxiv. Shanghai, 1889.

————, *A Manchu Grammer*, 1892.

————, *Das Chinesische Familienrecht*, 1895.

————, *The Family Law of the Chinese* (Ⅰ), in: *Journal, North China Branch, Royal Asiatic Society*, vol. xiii, 1896.

————, *Classification des dialectes chinois*, 1899.

————, *The Family Law of the Chinese* (Ⅱ), in: *Journal, North China Branch, Royal Asiatic Society*, vol. xxvii, 1925.

Möller, Hans-Georg, *Bedeutung der Sprache in der frühen chinesischen Philosophie*, Aachen: Shaker Verlag, 1994.

Montucci, Antonio, *Arh-Ckhih-Tsze-Teen-Se-Yin-Pe-Keaou: Being a Parallel drawn between the two intended Chinese Dictionaries*. London, Berlin 1817.

Morant, George Soulié de, *L'acuponcture chinoise*. Mercure de France 1939, 1941, 1955.

Morrison, Robert, *Dictionary of the Chinese Language*. Macao: The

Honorable East India Company's Press, 1815.

―――――, *View of China*. Macao 1817.

―――――, *Horæ sinicæ: translations from the popular literature of the Chinese*. London 1818.

Motsch, Monika, *Mit Bambusrohr und Ahle - Von Qian Zhongshus Guanzhuibian zu einer Neubetrachtung Du Fus*, Frankfurt am Main: Peter Lang, 1994.

Müller, Andreas, *Basilicon sinense*, ⋯. O. O. u. J.

―――――, *Imperii sinensis nomenclator geographicus ...* O. O. u. J.

―――――, *Catalogus librorum sinicorum Bibliothecae electoralis Brandenburgicae*. Cölln(1683?).

―――――, *De Sinarum magnaeque tartariae rebus commentatio alphabetica* (um 1690).

Neef, Hans, *Die im Tao-ts'ang erhaltenen Kommentare zu Tao-tê-ching-Kapitel VI*.(Diss. Bonn). Bochum-Langendreer 1938.

Neuhof, Johann, *Die Gesandtschaft der Ost-Indischen Gesellschaft*. Amsterdam: Jacob Mörs 1666.

Neumann, Karl Friedrich, *Ostasiatische Geschichte. Vom ersten chinesischen Krieg bis zu den Verträgen in Peking(1840—1860)*, Leipzig: Engelmann, 1861.

The New Webster's International Encyclopedia. Trident Press, 1998.

"Observations critiques sur la traduction anglaise d'un drame chinois", publiée par M. Davis. Par Klaproth. In: *Nouveau Journal asiatique* 4. 1829, pp. 3—21.

Oelrichs, Johann Carl Conrad, *Entwurf einer Geschichte der Königlichen Bibliothek zu Berlin*. A. Hauden, 1752.

Olbricht, Peter, *Von der Einstellung des Herrschers zu seinen Beratern. Nach einer Schrift des chinesischen Staatsmannes und Historikers Ouyang Siu aus dem 11. Jahrhundert*, Berlin 1939.

―――――, *Postwesen in China unter der Mogolenherrschaft im 13. und 14. Jahrhundert*, Wiesbaden: Otto Harrassowitz „Göttinger asiatische Forschungen, 1", 1954.

―――――, *Meng-ta pei-lu und hei-ta shih-leh. Chinesische Gesandtenberichte über die frühen Mogolen 1221 und 1237*, „Asiatische Forschungen, Bd. 56",

Wiesbaden: Otto Harrassowitz, 1980.

The orphan of China, 1759.

Opitz, Fritz, *Die Asienforschung in der Bundesrepublik Deutschland*, Hamburg 1971.

Orientierungen. Neue Mitteilungen des Seminars für Orientalische Sprachen. Hrsg. v. Kubin, Wofgang. Seit 1989.

Osiander, Anji und Döring, Ole, *Zur Modernisierung der Ostasienforschung: Konzepte, Strukturen, Empfehlungen*, Mitteilungen des Instituts für Asienkunde 305, Hamburg, 1999.

Osterhammel, Jürgen, „Forschungsreise und Kologialprogramm. Ferdinand von Richthofen und die Erschließung Chinas im 19. Jahrhundert", in: *Archiv für Kulturgeschichte*, Nr. 69(1987) 1, S. 150—195.

Pfizmaier, August(Übers.), *Sechswandschirme in Gestalten der vergänglichen Welt*. 1847.

„Die Philosophie des Kong-dsy(Confucius) auf Grund des Urtextes". Ein Beitrag zur Revision der bisherigen Auffassungen von Dr. Fr. Kühnert, I. Das Hjo. In: *Sitzungsberichte der philosophisch-historischen Classe der k. Akademie der Wissenschaften* 132. 1895.

Pelliot, Paul, "Le *Kin kou k'i kouan* ". In: *T'oung Pao* 24. 1925/6. pp. 54—60.

Pigulla, Andreas, „Die Anfänge der historisch orientierten Chinawissenschaften im deutschsprachigen Raum", in: Martin, Helmut und Hammer, Christiane(Hrsg.): *Chinawissenschaften — deutschsprachige Entwicklungen, Geschichte, Personen, Perspektiven*, Hamburg 1999. S. 117—145.

Pippon, Toni, *Beitrag zum chinesischen Sklavensystem. Eine juristisch-soziologische Darstellung*. Tokyo 1936.

Plath, Johannes Heinrich, *Quaestionum Aegyptiacarum Specimen*. Gottigiae, typis Dieterichianis, 1829.

————, *Geschichte der östlichen Asiens*. Erster Theil: *Die Völker der Mandschurey*, 1.—2. Band. 1830.

————, *Die Religion und der Cultus der alten Chinesen*, Bd. I u. II, Münchener Akademie der Wissenschaften, 1862.

————, *Die Religion und der Cultus der alten Chinesen*, 1862—1864.

————, *Nahrung, Kleidung und Wohnung der alten Chinesen*, 1868.

————, *Die Beschäftigung der alten Chinesen*, in: *Abh. d. Kgl. Akad. d. Wiss*. 1. Kl. 12. Bd. 1.Abt., 1869.

Pokotilov, *History of the Eastern Mongols during the Ming Dynasty from 1368 to 1634*, Studia Serica, Monogr. Ser. A, No. 1, Chengtu 1947.

Polo, Marc, *Il Milione. Die Wunder der Welt*. Übers. v. Elise Guignard, Zürich: Manesse, 1983.

Quirin, Michael, *Liu Zhiji und das Chun Qiu*, Frankfurt am Main: Peter Lang, 1987.

Raabe, J., *Die Donnergipfelpagode* (Diss. Bonn). 1940.

Raff, Diether, *Deutsche Geschichte, vom Alten Reich zur Zweiten Republik*. München 1985.

Reichsgesetzblatt(1871—1945 [Teil I], 1922—1945 [Teil II]), München: C.H. Beck'sche Verlagsbuchhandlung, 1984 (Mikrofiche-Edition). Jahrgang 1933.

Reichwein, Adolf, *China und Europa. Geistige und künstlerische Beziehungen im 18. Jahrhundert*. Berlin 1923.

————, Powell, J. C. (trans.), *China and Europe. Intellectual and artistic contacts in the eighteenth century*. London: K. Paul, Trench, Trubner & Co. Ltd., 1925/ New York: A. A. Knopf, 1925.

Reismüller, Georg, „Karl Friedrich Neumann: Seine Lehr- und Wanderjahre, seine chinesische Büchersammlung" In: *Aufsätze zur Kultur- und Sprachgeschichte vornehmlich des Orients*. Ernst Kuhn zum 70. Geburtstage am 7. Februar 1916 gewidmet von Freunden und Schülern, München, 1916. Breslau 1916, S. 437—456.

Remarque, Erich Maria, *Im Westen nichts Neues*. Berlin: Propyläen, 1929.

"Réponse à quelques passages de la préface du roman chinois intitulé Hao Khiou Tchhouan", traduit par M. J. F. Davis (par J. Klaproth). Sonderdruck aus *Nouveau Journal asiatique* 4. 1830, pp. 97—144.

Rheinische Friedrich-Wilhelms-Universität Bonn, *Vorlesungsverzeichnis für das Sommersemester 1999*. Bonn: Bonner Universitäts-Buchdruckerei, 1999.

————, *Vorlesungsverzeichnis für das Wintersemester 2002/2003*. Bonn:

Bonner Universitäts-Buchdruckerei, 2002.

Ricci, Matteo, *Historia von Einführung der Christlichen Religion, in das grosse Königreich China* ..., Köln: Hierat, 1617.

――――, *The True Meaning of the Lord of Heaven(T'ien-chu Shih-i)*. St. Louis: The Institute of Jesuit Sources. 1985.

Ricci-Trigault, *De Christiana expeditione apud Sinas*. Augsburg 1615.

Richthofen, Ferdinand von, *Atlas von China. Orographische und geologische Karten von Ferdinand Freiherr von Richthofen. Zu des Verfassers Werk: China, Ergebnisse eigener Reisen und darauf gegründeter Studien.* Erste Abtheilung: Das nördliche China(zum zweiten Textband gehörig), Berlin 1885.

――――, *China. Ergebnisse eigener Reisen und darauf gegründeter Studien*. 5 Bde. Berlin: Dietrich Reimer, 1877——1911.

Ritter, Carl, *Die Erdkunde von Asien*. Berlin: Reimer, 1848.

Roetz, Heiner, *Die chinesische Ethik der Achsenzeit. Eine Rekonstruktion unter dem Aspekt des Durchbruchs zu postkonventionellem Denken*. Frankfurt am Main: Suhrkamp Verlag, 1992.

――――, *Confucian Ethics of the Axial Age. A Reconstruction under the Aspect of the Breakthrough toward Postconventional Thinking*. State University of New York Press, 1993

"Romance de Mou-lan". In: *Revue de Paris* 37. 1832, pp. 193——195.

Rückert, Ingrid, „Karl Friedrich Neumann, ein vollkommener Freigeist: Werden und Wirken des Gelehrten", in: Yan Xu-Lackner(Hrsg.), *Die Bücher des letzten Kaiserreichs*. Erlangen: FAU Unversity Press, 2012. S. 17——38.

Rudolph, Jörg-Meinhard, „ *Moderne Chinaforschung in Deutschland* ", in: *Das neue China*, Nr. 1, 2, 3, 4(1988), 1(1989). Teil 1, S. 37.

Сань дзы гин, то есть книга троесловная. Букварь Китайской. В Санктпетербурге. 1779 года.

Sachau, Eduard (Hrsg.), *Denkschrift über das Seminar für Orientalische Sprachen an der Königlichen Friedrich-Wilhelms-Universität zu Berlin von 1887 bis 1912*. Berlin 1912.

San-tse-king, die Fibel der Chinesen. Ins Deutsche übertragen, mit

Einführung und Schlußwort von Dr. Julius Maeder. Zürich: Hofmann, 1945. 61 S. (Hofmann-Bibliothek 111.)

„San-Tzu-Ching, der Drei-Zeichen-Klassiker". Von Wilhelm, Richard. In: *Der ferne Osten* 1. 1902: 2, S. 169—175.

Sañ-czy-czin ili troeslovie s litografirovannym kitajskim tekstom. Perevedeno s kitajskago Monachom Iakinfom. St. Petersburg 1829.

Schafer, Edward Hetzel, "Notes on a Chinese Word for Jasmine". In: *Journal of the American Oriental Society* 68(1948), pp. 60—65.

————, "The Camel in China down to the Mongol Dynasty". In: *Sinologica* 2(1950), pp. 164—194, pp. 263—290.

Schall von Bell, Adam, *Historica narratio de initio et progressu missionis societatis Jesu apud Chinenses ac praesertim in regia Pequinensi ex literis R. P. Joannis Adami Schall, ex eadem societate, Supremi ac regii mathematum tribunalis ibidem praesidis. Collecta Viennae Austriae anno 1665, typis Matthaei Cosmerovii, S. C. M. aulae typographi.*

————, *Geschichte der chinesischen Mission unter der Leitung des Pater Johann Adam Schall, Priester aus der Gesellschaft Jesu*. Aus dem Lateinischen übersetzt und mit Anmerkungen begleitet von Jg. Sch. von Mannsegg, Wien, 1834.

Schang Tscheng-Tsu, *Der Schamanismus in China. Eine Untersuchung zur Geschichte der chinesischen „wu"*, Hamburg 1934(Dissertation).

Scharlau, Windfried, „Der Missionar und Schriftsteller Karl Gützlaff", in: *Gützlaffs Bericht über drei Reisen in den Seeprovinzen Chinas* 1831—1833, Hamburg: Abera [Abera Network Asia-Pasific Edition 1], 1997.

Schierlitz, Ernst, „Zur Technik der Holztypendrucke aus dem Wu-ying-tien in Peking", in: *Momumenta Serica* 1(1935—1936), S. 17—38.

————, *Das chinesische Bibliothekswesen der Gegenwart*, (Zentralblatt für Bibliothekswesen), Jahrg. 54, Heft 3, Verlag O. Harrassowitz 1937.

————, „Das Wen-yüan-ko der Ming-Zeit. Materialien zu einer Geschichte der chinesischen Palastbibliotheken", in: *Monumenta Serica* 3(1938), S. 528—564,

————, „Anfänge der Druckkunst in China und Deutschland", in: *China-Dienst* III, 2, Shanghai 1934. S. 100—104 mit 6 Abb.

Schindler, Bruno, *Das Priestertum im alten China. I. Teil. Königtum und Priestertum im alten China. Einleitung und Quellen* (= Abhandlungen des Staatlichen Forschungsinstitutes für Völkerkunde zu Leipzig. I. Reihe, Band 3). Leipzig 1919.

Schlyter, Herrmann, *Der China-Missionar Karl Gützlaff und seine Heimatbasis*, Lund: CWK Gleerup, 1976.

Schmidt-Glingtzer, Helwig(Hrsg.), *Die Identität der buddhistischen Schulen und die Kompilation buddhistischer Universalgeschichte in China. Ein Beitrag zur Geistesgeschichte der Sung-Zeit*, Wiesbaden: Franz Steiner Verlag, 1982.

————, „Sinologie in der Bundesrepublik Deutschland, Westberlin und in der Deutschen Demokratischen Republik", in: *European Association of Chinese Studies Newsletter*, No. 3, 1990.

————, *Geschichte der chinesischen Literatur. Die 3000 jährige Entwicklung der poetischen, erzählenden und philosophisch-religiösen Literatur Chinas von den Anfängen bis zur Gegenwart*. München 1990.

Schmitt, Erich, *Taoistische Klöster im Lichte des Universismus*, Berlin 1916.

————, *Die Chinesen*. „Religionsgeschichtliches Lesebuch. 6", Tübingen: Mohr 1927.

————(Übers.), *Seltsame Geschichten aus dem Liao-chai*, Berlin 1924.

Schmitt, Erich und Lou, Y, *Einführung in das moderne Hochchinesisch. Ein Lehrbuch für den Unterrichtsgebrauch und das Selbststudium nebst chinesischem Zeichenheft*. Schanghai 1939.

Schott, Wilhelm, *De indole linguae Sinicae*, Halle, 1826.

————, *Abfertigung der verläumderischen Insinuation eines angeblichen Wilhelm Lauterbach*. Halle, 1828.

————, *Werke des tschinesischen Weisen Kung-Fu-Dsü und seiner Schüler*, Erster Theil, *LUN-Yü*, Halle 1826; *Werke des tschinesischen Weisen Kung-Fu-Dsü und seiner Schüler*, Zweiter Theil, Berlin 1832.

————, „China. Über eine chnesische Encyklopädie auf einem Boden", in: *Magazin für die Literatur des Auslandes*. 1834. Mai-Heft. No. 61. S. 241—242.

————, *Versuch über die tatarischen Sprachen*, 1836

————, *Verzeichnis der Chinesischen und Mandschu-Tungusischen Bücher und Handschriften der Königlichen Bibliothek zu Berlin*, Berlin 1840.

————, *Über den Buddhismus in Hochasien und in China*. Berlin 1844.

————, *Älteste Nachrichten von Mongolen und Tataren*. Berlin 1846

————, *Das Reich Karachitai oder Si-Liao*, 1849

————, *Entwurf einer Beschreibung der chinesischen Litteratur*. Eine in der König. Preuß. Akademie der Wissenschaften am 7. Februar 1850 gelesene Abhandlung. Von Wilhelm Schott. Berlin: Ferd. Dümmler's Verlagsbuchhandlung 1854.

————, *Chinesische Sprachlehre*, Berlin 1857.

————, *Zur chinesischen Sprachlehre*. Berlin 1857.

————, *Zur Litteratur des chinesischen Buddhismus*. Berlin 1873.

Schou Schen Hsiau Bu 寿身小补. *Kleine Hilfe zur Verlaengerung des Lebens*, von Wang Dui Me 黄兑楣. Ins Deutsche uebertragen mitsamt den angefuehrten Rezepten von J. H. Lo 德医罗荣勋, Assistent der Klinik mit einer kurzen Einfuehrung von G. Frommolt. Sonderabdruck aus Abhandlungen der Medizinischen Fakultaet der Sun-Yatsen-Universitaet Canton. II. Band, 1. Heft, S. 19. Verlag der Sun-Yatsen-Universitaet Canton. 1930.

Schroers, Fritz D., *Lexikon deutschsprachiger Homöopathen*. Georg Thieme Verlag, 2006.

Schubarth-Engelschall, Karl, „Orientalistische Bibliothekare und Asien-Afrika-Abteilung". In: *Kostbarkeiten der Deutschen Staatsbibliothek*. Hrsg. V. Hans-Erich Teitge u. Eva-Maria Stelzer. Wiesbaden: Dr. Ludwig Reichert Verlag, 1986. S. 169—176.

Schück, Richard, *Brandenburg-Preußens Kolonial-Politik unter dem Großen Kurfürsten und seinen Nachfolgern* (1647—1721). Bd. I. Leipzig 1889.

Schumann, Robert, *Frühlingssinfonie*, 1841.

Schulz, Günter, *Der Schriftleiter. Das Schriftleitergesetz vom 4. Oktober 1933 als richtungweisendes Gesetz im neuen Deutschland*. Greiswald 1935 (Dissertation).

Schütte, Hans-Wilm, *Die Asienwissenschaften in Deutschland. Geschichte, Stand und Perspektiven*. Hamburg: Mitteilungen des Instituts für Asienkunde, Nr.

253. 2002./ Nr. 380. 2004(Auflage: 2., bearb. u. erw.).

————(Hrsg.), *Fünfzig Jahre Institut für Asienkunde in Hamburg.* (Mitteilungen des Instituts für Asienkunde; Nr. 398), Hamburg 2006.

"Si Siang-Ki, ou l'histoire du Pavillon d'Occident", in: *L'Europe littéraire* 1. 1833

Si-siang-ki ou l'Histoire du Pavillon d'Occident. Atsume Gusa 1——5(1873——1878).

Siemons, Mark, „Beim Markt hört der Spaß auf", in: *Frankfurter Allgemeine Zeitung*, 04.12.2010.

Sirén, Osvald, *Gardens of China*. New York 1949.

Spengler, Oswald, *Untergang des Abendlandes*, 1918——1922.

Spielmanns-Rome, Elke und Kubin, Wolfgang (Hrsg.), *Wörterbuch der chinesischen Sagwörter(Xiehouyu)*. Nach einem Manuskript von Barbara Chang. Hamburg: Helmut Buske Verlag, 2009.

Stange, Hans O. H., „Die deutsche Chinakunde", in: *Deutsche Kultur im Leben der Völker*, Jahrg. 1941, 1. Heft, S. 49——56.

Staunton, Georg Thomas, *Miscellaneous Notices relating to China*. Second edition, London 1822.

Stöcklein, Joseph und Probst, Peter und Keller, Franciscus, *Der Neue Welt-Bott* mit allerhand Nachrichten deren Missionarien Soc. Iesu: *Allerhand So Lehr- als Geistreiche Brief, Schrifften und Reis-Beschreibungen, Welche von denen Missionariis der Gesellschaft Jesu Aus Beyden Indien, und andern Über Meer gelegenen Ländern Seit An. 1642. biß auf das Jahr 1726 in Europa angelangt seynd. Jetzt zum erstenmal Theils aus Handschrifftlichen Urkunden, theils aus denen Französischen Lettres Edifiantes verteutscht und zusammen getragen von Joseph Stöcklein* (Fortgesetzt von Petrus Probst und Franciscus Keller). Augspurg und Grätz: In Verlag Philips, Martins, und Joh. Veith seel. Erben 1726——1758.

Szondi, Peter, *Theorie des modernen Dramas*. Suhrkamp, Frankfurt am Main 1956. Ab 7. Auflage(1970) unter dem Titel: *Theorie des modernen Dramas. 1880——1950.*

Ta Tsing Leu Lee, being the Fundamental Laws and Supplementary Statutes of the Penal Code of China. London: Printed for T. Cadell and W. Davies, in the Strand, 1810.

„Ta-hsüeh". In: *Kindlers Literatur Lexikon*. Sonderausg. 1970. S. 9210—9211(R. Trauzettel).

Taube, Erika, „Erich Haenisch-ein Beispiel für Zivilcourage", in: Moritz, Ralf(Hrsg.), *Sinologische Traditionen im Spiegel neuer Forschungen*, Leipzig: Leipziger Universitätsverlag, 1993, S. 179—189.

Tchao-chi-kou-eul ou L'Orphelin de la Chine, drame en prose et en vers, accompagné des pièces historiques qui en ont fourni le sujet, de nouvelles et de poésies chinoises. Traduit du chinois par Stanislas Julien, membre de l'Institut, professeur de langue chinoise au Collège de France. Paris: Moutardier 1834, pp. 193—262.

"Tchao-mei-hiang, ou les intrigues d'une soubrette. Comédie en prose et en vers composée par Tching-Té-hoei". In: Bazin, *Théâtre chinois*, pp. 1—134.

Tchao-mei-hiang, ou les intrigues d'une soubrette. Comédie en prose et en vers, traduite du chinois, précédée d'une préface et accompagnée de notes, par M. Bazin aîné, membre de la Société asiatique de Paris. Paris: Imprimerie royale 1835.

Théâtre de Plaute. Traduction nouvelle, accompagnée de notes par J. Naudet, membre de l'Institut (Inscriptions et Belles-Lettres). T. 2. Paris: C. L. P. Pankoucke 1833.

Thee- und Asphodelos-Blüten. Chinesische, neugriechische und andere Gedichte. Herausgegeben von Adolf Ellissen. Göttingen: Vandenhoeck & Ruprecht 1840.

Thoms, Peter Perring, *Chinese Courtship in Verse*, 1824.

T'ien Hisa Monthly. Shanghai, 1935—1941.

T'oung Pao ou Archives pour servir à l'étude de l'histoire, des langues, la geographie et l'ethnographie de l'Asie Orientale(Chine, Japon, Corée, Indo-Chine, Asie Centrale et Malaisie). Leiden: Brill, 1890—.

Die treulose Witwe. Eine chinesische Novelle und ihre Wanderung durch die Weltliteratur von Eduard Grisebach. Wien: L. Rosner 1873. 137 S. Dritte umgearbeitete Auflage. Stuttgart: A. Kröner 1877.

Tulišen(1667—1741), *Narrative of the Chinese Embassy to the Khan of the*

Tourgouth Tartars. London: John Murray 1821.

Ulrichs, Friederike *Johan Nieuhofs Blick auf China (1655—1657). Die Kupferstiche in seinem Chinabuch und ihre Wirkung auf den Verleger Jacob van Meurs*.(Sinologica Coloniensia 21) Wiesbaden: Harrassowitz Verlag, 2003.

Väth, Alfons, S. J., *Johann Adam Schall von Bell S. J. Missionar in China, kaiserlicher Astronom und Ratgeber am Hofe von Peking 1592—1666. Ein Lebens- und Zeitbild*. Nettetal: Steyler Verlag, 1991.

Verbiest, Ferdinand, *Grammaticae Mungalicae pars prima*

Das verlorene Paradies. Ein Gedicht in 12 Gesängen. Milton, John. Deutsch von Böttger, Adolf. Leipzig: Druck und Verlag von Philipp Reclam jun., ca. um 1890.

„Das Vermächtnis". In: Kühnel: *Chinesische Novellen*. München: Georg Müller 1914, S. 183—231.

Verzeichniss der im Winter-Halbjahre 1878/79 auf der Universität Leipzig zu haltenden Vorlesungen.

Vissière, Arnold, *Premières leçons de Chinois*, Leiden 1928.

Voltaire, *L'Orphelin de la Chine*, 1755.

Wagner, Rudolf G.(Hg.), *Literatur und Politik in der Volksrepublik China*, Frankfurt a. M.: Suhrkamp 1983(=es; 1151).

Walley, Authur, "Notes on the history of Chinese popular literature". In: *T'oung Pao* 28. 1931, pp. 346—354.

Walker, Richard L., "August Pfizmaier's Translation from the Chinese", in: *Journal of the American Oriental Society* 69(1949), pp. 215—223.

Walravens, Hartmut, *China illustrata – Das europäische Chinaverständnis im Spiegel des 16. bis 18. Jahrhunderts*. Weinheim: Acta Humaniora, VCH 1987.

————, *Iakinf Bičurin, russischer Mönch und Sinologe. Eine Biobibliographie*. Berlin: Bell 1988.(Han-pao tung-Ya shu-chi mu-lu 34.)

————, „Aleksej Leont'ev und sein Werk. Eine Bibliographie". In: *Aetas Manjurica* 3. 1992, S. 404—431.

————, „Deutsche Ostasienwissenschaften und Exil(1935—1945)", in: Martin, Helmut und Eckhardt, Maren(Hrsg.), *Clavis Sinica. Zur Geschichte der Chinawissenschaften*. Bochum 1997. S. 75—85.

————, *Zur Geschichte der Ostasienwissenschaften in Europa. Abel Rémusat* (17888—1832) *und das Umfeld Julius Klaproths* (1783—1835). Wiesbaden: Harrassowitz 1999.(Orientalistik Bibliographien und Dokumentationen 5.)

————, *Vincenz Hundhausen* (1879—1955). *Das Pekinger Umfeld und die Literaturzeitschrift „Die Dschunke"*. Wiesbaden: Harrassowitz 2000.

————, *Wilhelm Schott* (1802—1889). *Leben und Wirken des Orientalisten*. Wiesbaden: Harrassowitz 2001.

————, „Bibliothek im Wandel", in: *China heute*, Jahrgang XXV(2006), Nr. 6(148), S. 219—221.

————, „Zur Biographie des Sinologen Walter Fuchs(1902—1979)", in: *Nachrichten der Gesellschaft für Natur- und Völkerkunde Ostasiens*, 177—178(2005), S. 117—149

————(Hrsg.), *Richard Wilhelm* (1873—1930) *Missionar in China und Vermittler chinesischen Geistesguts. Schriftenverzeichnis. Katalog seiner chinesischen Bibliothek. Briefe von Heinrich Hackmann. Briefe von Ku Hung-ming.* Zusammengestellt von Hartmut Walravens. Collectanea Serica. Institut Monumenta Serica. Sankt Augustin-Nettetal 2008.

————, *Chinesische und manjurische Handschriften und seltene Drucke. Teil 8. Mandschurische Handschriften und Drucke im Bestand der Staatsbibliothek zu Berlin*. Bearbeitet von Hartmut Walravens. Stuttgart: Franz Steiner Verlag, 2014.

————, *Mandschurische Handschriften und Drucke im Bestand der Staatsbibliothek zu Berlin*. Stuttgart: Steiner 2014.

————(Hrsg.), *Chinesische Singspiele, Novellen, Essays und Gedichte in deutscher Sprache im 18. und 19. Jahrhundert. Zur frühen Kenntnis chinesischer Literatur in Deutschland*. Asien- und Afrika-Studien 44 der Humboldt-Universität zu Berlin. Wiesbaden: Harrossowitz Verlag, 2016.

————, „Karl Friedrich Neumanns (1798—1870) chinesische Büchersammlung in Berlin", in: Kubin, Wolfgang und Li, Xuetao(Hrsg.), *minima sinica* 30.2(2018), S. 105—140.

Wang, Chêng-ju, „Lu Hsün. Sein Leben und Werk−Ein Beitrag zur chinesi-schen Revolution", in: *Mitteilungen der Auslandshochschule an der Universität Berlin, Erste Abteilung: Ostasiatische Studien,* 1939.

―――, *Lu Hsün. Sein Leben und Werk*, [Diss. Phil. Bonn], Berlin: Reichsdruckerei, 1940.

Wang Keaou Lwan Pih Neen Chang Hen or The Lasting Resentment of Miss Keaou Lwan Wang, A Chinese Tale: founded on fact. Translated from the original by Sloth(R. Thom). The Canton Press Office, 1839.

Wang Keaou Lwan Pih Nëen Chang Han oder die blutige Rache einer jungen Frau. Chinesische Erzählung. Nach der in Canton 1839 erschienenen Ausgabe von Sloth, übersetzt von Adolf Böttger. Verlag von Wilhelm Jurany, Leipzig 1846.

Wang, Kwangchi, *Über die klassische chinesische Oper*, [Diss. Phil. Bonn], Genf [Sonderdruck aus *Orient et Occident*], 1934.

Weber, Max, *Gesammelte Aufsätze zur Religionssoziologie*, Tübingen: J.C.B. Mohr, 1920―21. *Die Wirtschaftsethik der Weltreligionen: 1.Konfuzianismus und Taoismus*.

Weiß, Johann Bapt. von, *Weltgeschichte*, Graz, Leipzig: Styria, 1890―1898³.

Werner, Michael and Zimmermann, Bénédicte, „Vergleich, Transfer, Verflechtung. Der Ansatz der Histoire croisée und die Herausforderung des Transnationalen" In: *Geschichte und Gesellschaft* 28(4), 2002, S. 607―636.

Westermann's illustrierte deutsche Monats-Hefte. Ein Familienbuch für das gesamte geistige Leben der Gegenwart. 1858.

Das Westzimmer. Ein chinesisches Singspiel in deutscher Sprache. Mit 21 Bildern nach chinesischen Holzschnitten. Peking, Leipzig: Pekinger Verlag 1926.

Wilhelm, Hellmut, *Gu Ting Lin der Ethiker*. Darmstadt : L. C. Wittich'sche Hofbuchdruckerei, 1932(Dissertation, Tag der Prüfung : 21. Juli 1932).

―――, "A Selected List of Sinological Books Published in China Since 1938", in: *Monumenta Serica* 7(1942), pp. 92―174; Second List etc. *Monumenta Serica* 8(1943), pp. 336―193; Third List etc. *Monumenta Serica* 11(1946), pp. 151―189.

―――, *Die Wandlung, Acht Vorträge zum I Ging*, Peiping 1944.

―――(Hrsg.), *Deutsch-Chinesisches Wörterbuch*, Shanghai 1945.

―――, "German Sinology Today", in: *Far East Quarterly*, 8(1949), pp. 319―322.

―――, trans. by C. F. Baynes, *Change, Eight Lectures on the I Ching*,

NY: Pantheon Books, 1960.

Wilhelm, Richard(Hrsg.), *Te-Ying-Hua-wen k'o-huüeh tzu-tien* 德英華文科學字典. *Deutsch-englisch-chinesisches Fachwörterbuch. German-English-Chinese dictionary of technical terms.* Von Richard Wilhelm. Hrsg. von der Deutsch-Chinesischen Hochschule. Tsingtau 1911.

————(Übers.), *Mong Dsi(Mong Ko)*. Aus dem Chinesischen verdeutscht und erläutert von Wilhelm, Richard. Jena: Eugen Diederichs 1916.

————(Übers.), *Mong Dsï. Die Lehrgespräche des Meisters Meng K'o*. Aus dem Chinesischen übertragen und erläutert von Richard Wilhelm. München: Eugen Diederichs Verlag, 1994.

————(Übers.), *I Ging. Das Buch der Wandlungen*. Aus dem Chinesischen übertragen und herausgegeben von Richard Wilhelm. Diederichs. 1924/2004; Neu hrsg. von Diederichs, Ulf, Deutscher Taschenbuchverlag, München 2005.

————, *Die Chinesische Literatur*. Wildpark-Potsdam, 1930.

————, *Die Seele Chinas*. Berlin 1925/Neu gesetzt und behutsam revidiert: Wiesbaden: Marixverlag, 2009.

Wilhelm, Richard(übersetzt und erläutert) / Jung, C. G., *Das Geheimnis der Goldenen Blüte. Ein chinesisches Lebensbuch*. München, Dornverlag Grete Ullmann, 1929.

Wilhelm, Salome (Hrsg.), *Richard Wilhelm – Der geistige Mittler zwischen China und Europa*, Düsseldorf/Köln 1956.

Wilken, Friedrich, *Geschichte der Königlichen Bibliothek zu Berlin*. Berlin: verlegt bei Duncker und Humblot, 1828.

Williams, Wells, *A syllabic dictionary of the Chinese language: arranged according to the Wu-fang Yuen Yin, with the pronunciation of the characters as heard in Peking, Canton, Amoy, and Shanghai*（汉英韵府）. Shanghai: American Presbyterian Mission Press. 1874.

————, *A tonic dictionary of the Chinese language in the Canton Dialect* （英华分韵撮要）. Canton: Printed at the Office of the Chinese Repository 1856.

Wittfogel, Karl August, *Wirtschaft und Gesellschaft Chinas. Versuch der wissenschaftlichen Analyse einer grossen asiatischen Agrargesellschaft*. Leipzig:

Verlag von C. L. Hirschfeld, 1931.

————, "Meteorological Records from the Divination Inscriptions of Shang", in: *The Geographical Review* 30(1940), pp. 110—133.

Xu-Lackner, Yan(Hrsg.), *Die Bücher des letzten Kaiserreichs*. Katalog zur Ausstellung über das Leben des China-Forschers Karl Friedrich Neumann mit Exponaten aus seiner Sammlung seltener Sinica. Erlangen: FAU University Press. 2012.

Yüan, T'ung-li, "Sinological Literature in German 1939—1944: A Selected Bibliography", in: *Quarterly Bulletin of Chinese Bibliography* 7 (1947), pp. 21—46.

Zeitschrift der Deutschen Morgenländischen Gesellschaft. Wiesbaden: Harrassowitz, 1857—.

Zimmer, Thomas, *Baihua: zum Problem der Verschriftung gesprochener Sprache im Chinesischen. Dargestellt anhand morphologischer Merkmale in den bianwen aus Dunhuang*, Sankt Augustin: Institut Monumenta Serica, 1999.

————(Übers.), *Zeng Pu: Blumen im Meer der Sünde*, München: iudicium, 2001.

Zürcher, Erik, "Jesuit Accommodation and the Chinese Cultural Imperative", in Mungello, D. E.(ed.), *The Chinese Rites Controversy. Its History and Meaning*. Monumenta Serica Monograph Series XXXIII, Sankt Augustin-Nettetal, 1994, pp. 31—64.

人名索引

1. 本人名索引收了书中所涉及的,除神话传说、小说、宗教创始人之外的所有中外人名,也包括注释中的中外人名。

2. 所有中国、日本人名,按照姓氏汉语拼音的首字音序排列;所有西方人名,按照姓氏的汉语译名首字音序排列,括号中注明西文原名的"名"+"姓",以及生卒年。生卒年不详的未予以列出。

3. 有些外国人名,汉语中尽管习惯放在一起称呼,如"马可波罗""斯文赫定""马丁路德",但在"人名索引"中,依然放在"波罗""赫定"和"路德"下。

4. 其中有个别名字直接是外文名,一般列在每一个字母中文名字、译名之后,如 Sloth(懒惰生),就在 S 下中文名字、译名排完之后。

5. 部分中国人名因为经常出现在西文的文献中,因此也附上了西文名。

6. 有些人名的笔名或其他译名,通过"→"可以找到主条目中的相关信息。

A

阿登纳(Konrad Adennauer, 1876—1967) 271

阿恩德(Carl Arendt, 1838—1902) 282-284

阿尔滕堡(Felix Altenburg, 1889—1970) 124,311

阿尔滕施坦因(Karl Siegmund Franz von Altenstein, 1770—1840) 59

阿加福诺夫(Aleksej S. Agafonov, 1764—1794?) 168

阿梅龙(Iwo Amelung, 1962—) 464

阿诺德,马太(Matthew Arnold, 1822—1888) 373

阿勿雷脱→富耶 223

阿英(1900—1977) 349

埃克哈德(Maren Eckhardt, 1964—) 11,484

埃里森,阿道夫(Adolf Ellissen,

1815—1872） 159,160

艾伯华（Wolfram Eberhard, 1909—1989） 285,310,326,327,345,416,469,473-475

艾锷风（Gustav Ecke, 1896—1971） 312,313,332,333,335,388,389,391,394-396,398-403,405-407,417

艾克哈特大师（Meister Eckhart, 1260—1327） 131

艾伦坡（Edgar Allan Poe, 1809—1849） 248

艾默力（Reinhard Emmerich, 1954—） 434

艾青（1910—1996） 452,461,463

艾儒略（Jules Aleni, 1582—1649） 70,89

艾士宏（Werner Eichhorn, 1899—1990） 276,473

安乐哲（Roger T. Ames, 1947—） 375,376

安敏成（Marston Anderson, 1953—1992） 450

安培,安德烈·玛丽（André-Marie Ampère, 1775—1836） 150

安培,让-雅克（Jean-Jacques Ampère, 1800—1864） 150

安文思（Gabriel de Magalhaens, 1610—1677） 5,18,63

奥斯特哈默（Jürgen Osterhammel, 1952—） 46,480-482

奥托（Rudolf Otto,1869—1937） 221

B

巴多明（Dominicus Parennin, 1665—1741） 28

巴尔登斯伯格（Fernand Baldensperger, 1871—1958） 173

巴尔杜,冯·席拉赫（Baldur von Schirach, 1907—1974） 351

巴尔扎克（Honoré de Balzac, 1799—1850） 248

巴范济（Francesco Pasio, 1554—1612） 17

巴亨,贝勒（Bele Bachem, 1916—2005） 248

巴金（1904—2005） 461

巴佩兰（Barbara Hoster） 329

巴斯蒂（Marianne Bastid-Bruguiére, 1940—） 49

巴泰勒米-升-希莱,朱尔斯（Jules Barthélemy-Saint-Hilaire, 1805—1895） 159

巴伊尔（Gottlieb Siegfried Bayer, 1694—1738） 27,28,166

巴赞（Antoine-Pierre-Louis Bazin, or A. P. L. Bazin, 1799—1863） 145,149-151,153,432

白迟客（Petschke） 411

白晋（Joachim Bouvet, 1656—1730） 321

白乐日（Stefan/Etienne Balázs, 1905—1963） 14,263-265,310,478

白乃心（Johann Grüber, 1623—

1680） 20,21

白先勇（1937—） 453

柏应理（Philippe Couplet, Philip Couplet, Philippus Couplet, 1623—1693） 19,26,27

拜伦（George Gordon Byron, 1788—1824） 155,156

抱瓮老人（明代文人） 154

鲍润生（Franz Xaver Biallas, 1878—1936） 313,314,324,325,329,330,332,333

鲍吾刚（Wolfgang Bauer, 1930—1997） 4,440

北岛（1949—） 443,454

贝尔图赫,弗里德里希（Friedrich Justin Bertuch, 1747—1822） 164

贝纳斯（Cary F. Baynes, 1883—1977） 188

本笃十四世（Benedictus PP. XIV, 1675—1758） 321

本雅明,瓦尔特（Walter Benjamin, 1892—1940） 374

比丘林,尼基塔·雅科夫列维奇（Nikita Jakovlevi Bi urin, 1777—1853） 167

彼德尔（Hans Bidder） 390,397

俾斯麦（Otto von Bismarck, 1815—1898） 3,281,429

毕汉斯（Hans Bielenstein） 419

宾格尔（Karl Bünger, 1902—1997） 392,416,417

冰心（谢婉莹,1900—1999） 349

波罗,马可（Marco Polo, 1254—1324） 6,17,21

波特格,阿道夫（Adolf Böttger, 1815—1870） 155

伯林（Horst Böhling, 1908—1999） 351

伯梅（Jakob Böhme, 1575—1624） 131

伯希和（Paul Pelliot, 1878—1945） 177,256,303,304,324,343,345,399

博郎（H. Octavius Brown） 74

卜德（Derk Bodde, 1909—2003） 188,189,419

卜恩礼（Heinrich Busch, 1912—2002） 414

卜弥格（Michael Boym, 1612—1659） 20,21,26

卜松山（Karl-Heinz Pohl, 1945—） 293,435

布伯,马丁（Martin Buber, 1878—1965） 453

布赫（Hans Christoph Buch, 1944—） 446

布克哈特（Jakob Burckhardt, 1818—1897） 156,271

布莱希特（Bertolt Brecht, 1898—1956） 146,148,173

布罗克豪斯,弗里德里希·阿诺德（Friedrich Arnold Brockhaus, 1772—1823） 123

布罗克豪斯,赫尔曼（Hermann Brockhaus, 1806—1877） 123,125,140

C

蔡元培（1868—1940） 177,193, 217,259,309,311,312,320,324, 344,349

蔡仲勋（字五石） 352,353

曹操（155—220） 439,440

曹锟（1862—1938） 304

曹丕（187—226） 439

曹禺（1910—1996） 450

曹植（192—232） 439,440

策姆林斯基（Alexander Zemlinsky, 1871—1942） 148

查赫特（Herbert Zachert） 413

柴赫（Erwin von Zach, 1872—1942） 404

柴赫林（Egmont Zechlin, 18996—1992） 340

长泽规矩也（Nagasawa Kikuya, 1902—1980） 433

陈观胜（Kenneth Chen, 1907—1993） 418

陈翰笙（1897—2004） 466

陈立（1902—2004） 467

陈平原（1954—） 342,442

陈铨（1903—1969） 386,388

陈受颐（1899—1978） 147

陈寅恪（字鹤寿，1890—1969） 305,307,342,388,418

陈应选（字子性，清代著名藏书家） 112

陈垣（Ch'en Yüan, 1880—1971） 314,329,331,333,335,339, 343,353

陈柱（1890—1944） 196

程天放（原名学愉，字佳士，号少芝，1899—1967） 306

程釜（方苞门人） 92

仇英（1494—1552） 165

储皖峰（1896—1942） 353

褚人获（1635—1682） 106

椿园→七十一 92

淳安商（15世纪的中国文人） 86

D

达庇时（John Francis Davis, 1795—1890） 93,149,153,170

达波尔（Olfert Dapper, 1635—1689） 30

大慧宗杲普觉禅师（1089—1163） 236

戴进贤（Ignatius/Ignanz Kögler, 1680—1746） 19,28

戴密微（Paul Henri Demiéville, 1894—1979） 312

戴望舒（1905—1950） 280,450,451

戴闻达（J. J. L. Duyvendak, 1889—1954） 387

戴震（1724—1777） 172

道忞→木陈忞 339

德博（Günther Debon, 1921—2005） 164

德林（Ole Döring, 1965—） 12,269

德莫朗,乔治·苏利·耶（George

Soulié de Morant, 1878—1955) 471

邓玉函（Johannes Terentius, 1576—1630） 89

狄尔泰（Wilhelm Dilthey, 1833—1911） 228, 373

狄考文（Calvin Wilson Mateer, 1836—1908） 467, 468

迪德里希斯（Eugen Diederichs, 1867—1930） 191

迪亚兹，弗兰西斯科（Francisco Díaz, 1606—1646） 60

笛卡尔（René Descartes, 1596—1650） 222, 436

丁玲（1904—1986） 286, 462

丁文江（1887—1936） 332, 340, 415

董敦（董遂曾） 394

董作宾（1895—1963） 470, 475

杜甫（712—770） 104, 439

杜赫德（Jean-Baptiste Du Halde, 1674—1743） 22, 23, 147, 154

杜鲁门（Harry S. Truman, 1884—1972） 408

杜莫斯（Jürgen Domes, 1932—1999） 480

杜牧（803—852） 285, 363

杜威（John Dewey, 1859—1952） 320

杜维明（Tu Wei-ming, 1940—） 287

多耳城阿索（d'Assaut） 162

F

法勒斯莱本（Hoffmann von Fallersleben, 1798—1874） 270

范承谟（字觐公，号螺山，1624—1676） 108, 171, 172

范佛（或译作：丰浮露、法菲尔，Eugen Feifel, 1902—1999） 433

范立本（明代学者，著有《明心宝鉴》） 99

范螺山→范承谟 108

范文程（1597—1666） 171

方苞（号望溪，1668—1749） 92, 96

方处厚（明万历年间[1573—1620]文人、医家） 87

方君璧（1898—1986） 359

方志浵（原名金淳谟，Achilles Chih-t'ung Fang, 1910—1995） 180, 328, 336, 337, 339 - 341, 384, 394, 401, 418

斐霞（Martin Fischer, 1882—1961） 332

费弗尔（Lucian Febvre, 1878—1956） 482

费赖之（Louis Pfister, 1833—1891） 17, 28, 63, 68, 89, 90, 154, 162, 163, 172

费乐仁（Lauren Pfister, 1951—） 195, 296

费正清（John King Fairbank, 1907—1991.） 478, 482

费子智（Charles Patrick Fitzgerald, 1902—） 419

芬格莱特（Herbert Fingarette, 1921—2018） 375

丰浮露→范佛　394

冯秉正（Joseph Anne Maria Moyriac de Mailla, 1669—1748）　91, 171, 172

冯梦龙（1574—1646）　154

冯铁（Raoul David Findeisen, 1958—2017）　434, 435, 444

冯友兰（Fung Yu-Lan, 1895—1990）　189, 340, 384, 419, 465

冯兆张（清代医家）　108

冯至（1905—1993）　10, 389 - 392, 417, 418, 428, 452, 453

佛尔克（Alfred Forke, 1867—1944）　9, 38, 49, 174, 188, 259, 266, 283 - 285, 324, 336, 339, 345, 348, 367 - 369, 384, 386, 404, 468, 475

弗莱舍尔（Heinrich Leberecht Fleischer, 1801—1888）　123, 125

弗兰茨（Rainer von Franz）　280

弗里德里希三世（Friedrich III., 1657—1713）→弗里德里希一世（Friedrich I.）　55, 57

弗里德里希一世（Friedrich I. 从 1701 年至 1713 年为普鲁士国王）　56

弗里德里希一世（Friedrich I. 从 1701 至 1713 年为普鲁士国王）　24, 57

弗罗依登贝尔格（Michael Freudenberg）　279

伏尔泰（Voltaire, 1694—1778）　146, 147, 158, 173, 175

福格尔（Annemete von Vogel）　122, 124

福赫伯→傅海波　481

福克司（福华德, Walter Fuchs, 1902—1979）　28, 310, 315, 316, 332, 333, 337, 346, 350, 355, 390 - 392, 394 - 396, 398 - 403, 405 - 407, 410, 416, 417, 420, 470, 472 - 475

福兰阁（Otto Franke, 1862—1946）　9, 10, 13, 14, 38, 42, 46, 52, 53, 174, 200, 255, 257 - 259, 261 - 263, 265 - 267, 269, 283, 305, 306, 315, 316, 318, 319, 321, 325, 330, 345, 346, 350, 362, 368, 369, 381 - 387, 393, 394, 402 - 404, 408, 410 - 412, 415, 416, 421, 426, 429, 473, 478, 479

傅尔蒙（Étienne Fourmont, 1683—1745）　27, 85, 147

傅海波（福赫伯, Herbert Franke, 1914—2011）　3, 5, 8 - 11, 16, 37, 48, 51, 59, 255, 267, 278, 285, 310, 322, 336, 464, 470

傅兰雅（John Fryer, 1839—1928）　75, 467

傅圣泽（Jean F. Foucquet, 1663—1740）　23

傅斯年（1896—1950）　307, 318, 328, 331, 332, 339

傅吾康（Wolfgang Franke, 1912—2007）　9, 10, 13, 265 - 267, 310, 316, 332, 338, 339, 348 - 353, 355,

362,381-421,430

富路德（Luther Carrington Goodrich, 1894—1986） 472

富善（Chaucey Goodrich, 1836—1925） 472

富耶（Alfred Fouillée, 1838—1912） 223

G

伽达默尔（Hans-Georg Gadamer, 1900—2002） 238,268,269,373,446,453

伽马，达（Vasco da Gama, 1469—1524） 17

伽斯曼（Robert H. Gassmann, 1946—） 7

伽特勒（Johann Christoph Gatterer, 1727—1799） 480

盖文诺斯（Georg Gottfried Gervinus, 1805—1871） 144,433

钢和泰（Alexander von Staël-Holstein, 1876—1937） 317,335,388

高本汉（Klas Bernhard Johannes Karlgren, 1889—1978） 317,383

高利克（Marian Gálik, 1933—） 295,443,444

高罗佩（Robert Hans van Gulik, 1910—1967） 158,402

高母羡（Juan Cobo, 1546—1592） 99

高杏佛（Cordula Gumbrecht） 54

高延（哥罗特, Jan Jakob Maria de Groot, 1854—1921） 4,9,14,267,315,324

高一志（Alphonsus Vagnoni, 1566—1640） 89

歌德（Johann Wolfgang von Goethe, 1749—1832） 78,146,164,216,240,294,314,319,320,406,413,418,428,434,440,452

格里泽巴赫（Eduard Grisebach, 1845—1906） 155,157

格列高利十三世（Gregorius XIII, 1572—1585） 17

格林德（Horst Gründer, 1939—） 186,349

格罗贝（顾路柏、顾威廉, Wilhelm Grube, 1855—1908） 14,40,42,48,145,275,281,432

格罗尼迈尔，赖默尔（Reimer Gronemeyer, 1939—） 457

葛浩文（Howard Goldblatt, 1939—） 458

葛兰言（Marcel Granet, 1884—1940） 303,342

葛林（Tilemann Grimm, 1922—） 268

葛柳南（Fritz Gruner） 11

龚廷贤（1522—1619） 87

龚信（明代医家，龚廷贤之父） 87

姑苏如莲居士（清朝乾隆年间［1736—1795］文人） 106

古伯察（Évariste Régis Huc, 1813—1860） 163

谷应泰(1620—1690) 91

顾安达(Andreas Guder, 1966—) 13

顾彬(Wolfgang Kubin, 1945—) 190,284-295,297,347,355,362,363,366,369-374,431-463,482

顾华(Gu Hua) 337,390,394,406,418

顾颉刚(1893—1980) 189,256,327-329,331,349

顾路柏→格罗贝 432

顾赛芬(Séraphin Couvreur, 1835—1919) 193,209

顾亭林→顾炎武 318,399

顾威廉→格罗贝 432

顾炎武(顾亭林,1613—1682) 182,317

顾英莉(Ingrid Krüßmann) 279

桂林(关桂林,字竹君,1843—1897) 83,283

郭茂倩(1041—1099) 158

郭沫若(1892—1978) 327,444,450,455

郭实腊(Karl Friedrich August Gützlaff, 1803—1850) 43,44,46,48-50,112-114,116,117,259

郭嵩焘(1818—1891) 72,75

H

哈尔贝格(M. Edme d'Halberg) 170

哈克曼(Heinrich Hackmann, 1864—1935) 174,183,215

哈曼,赫达(Heddar Hammer, 1908—1991,后改名为莫里逊[Morrison]) 352

哈纳克(Adolf von Harnack, 1851—1930) 76

哈斯(Wilhelm Haas, 1896—1981) 399,420

哈特(Dietrich Harth, 1934—) 288

哈特纳(Willy Hartner, 1905—1981) 472

海德格尔(Martin Heidegger, 1889—1976) 238,274,346

海尼士(Erich Haenisch, 1880—1966) 10,12,40,266,267,283,305,306,309,310,315,325,331,345,353,383,386,398,402,420

海涅(Heinrich Heine, 1797—1856) 270

海上说梦人→朱瘦菊 240

海陶玮(James R. Hightower, 1915—2006) 356,402

海西希(Walter Heissig, 1913—2005) 392,400-402,417

韩百诗(Louis Hambis, 1906—1978) 418

韩国英(Pierre-Martial Cibot, 1727—1780) 162,165

韩克龙(Henning Klöter, 1969—) 13

韩奎章(？—？) 321,322,331,341

韩尼胥(Thomas Harnisch, 1952—2003) 307,339

韩愈(768—824) 199,230

汉雅娜(Christiane Hammer, 1956—) 11,308

豪泽(Otto Hauser, 1876—1944) 432

郝大维(David L. Hall, 1937—2001) 375,376

浩然(1932—) 286,456

合信(Benjamin Hobson, 1816—1873) 467

何莫邪(Christoph Harbsmeier, 1946—) 27

何其巩(1899—1955) 405

何意志(Robert Heuser) 480

何寅(1938—) 7

贺昌群(1903—1973) 40,41,303

贺麟(1902—1992) 238,332,427

赫尔茨费尔德(Johanna Herzfeldt, 1886—1977) 445

赫尔德(Johann Gottfried Herder, 1744—1803) 36,49,173,216,445

赫美里(Karl Georg Friedrich Julius Himly, 1836—1904) 72

黑尔芬(Otto John Maenchen-Helfen, 1894—1969) 470,473

黑格尔(Georg Wilhelm Friedrich Hegel, 1770—1831) 36,49,218,238,365,366,372,375,377,448

黑塞(Hermann Hesse, 1877—1962) 177,187

洪安瑞(Andrea Riemenschnitter, 1958—) 13

洪堡,威廉·冯(Wilhelm von Humboldt, 1767—1835) 270

洪堡,亚历山大·冯(Alexander von Humboldt, 1769—1859) 34,106,117

洪钧(1839—1893) 282

洪涛生(Vincenz Hundhausen, 1878—1955) 148,332-334,337,406

洪业(号煨莲、畏怜,William Hung, 1893—1980) 331,404,418

侯宝璋(1893—1967) 420

胡安国(1074—1138) 95

胡恩(Pieter van Hoorn, 1619—1682) 30

胡斐兰,克里斯托弗·威廉(Christoph Wilhelm Hufeland, 1762—1836) 215

胡风(1902—1985) 451

胡广(1369—1418) 70

胡隽吟(1910—1988) 396,397,399,404,406,407,411,413,415,419,429

胡三省(1230—1302) 91

胡适(1891—1962) 41,177,193,217,259,317,327,331,332,339-341,349,353,354,358,384,387

花之安(又名:化之安,Ernst Faber, 1839—1899) 43-45,48,49,170,186,193

华希闳(明朝万历年的官员、医学

家,华希闵的弟弟) 103

华希闵(1672—1751) 103

黄贝岭→贝岭 295

黄汴(明代后期人,著有《天下水陆路程》) 94

黄成东(明万历年间[1573—1620]刻工) 90

黄东发(1213—1280) 96

黄家遵(民国时期燕京大学和中山大学社会学系教授) 329

黄庭坚(1045—1105) 439

黄子平(1949—) 442

霍布理(Peter Olbricht, 1909—2001) 276-278,296

霍夫曼,约翰·约瑟夫(Johann Joseph Hoffmann, 1851—1878) 4,48

霍福民(Alfred Hoffmann, 1911—1997) 268,332,347-353,355-364,391,392,397-399,417,456,474

霍古达(Gustav Haloun, 1898—1951) 276,310

霍斯利,维克多(Victor Alexander Haden Horsley, 1857—1916) 471

J

基尔(Wilhelm Gier, 1867—1951) 244,329

基特勒(Friedrich Kittler, 1943—2011) 22

基歇尔(Athanasius Kircher, 1601—1680) 20,21,24,26

嵇穆(Martin Gimm, 1930—) 115,136,168

吉本贝尔格,安同(Anton Kippenberg, 1874—1950) 240

计成(1579—?) 164

计翔翔(1950—) 5

纪君祥(约元世祖至元年[1264—1294]间在世) 147,173

纪理安(Bernard-Kilian Stumpf, 1655—1720) 19

季理斐(Donald MacGillivray, 1862—1931) 44

季羡林(1911—2009) 307,317,318,419,420

加斯特(Moses Gaster, 1856—1939) 309

甲柏连孜(Hans Georg Conon von der Gabelentz, 1840—1893) 12,39,40,48,49,51,121-143,267,404,429

甲柏连孜,汉斯·克农·冯·德(Hans Conon von der Gabelentz, 1807—1874) 136

贾德纳(Charles S. Gardner, 1900—1966) 402

榎一雄(Enoki Kazuo, 1913—1989) 412,413

江雪雯(Chiang Hsüeh-wen) 160,175

蒋复璁(1898—1990) 392

蒋介石(1887—1975) 306,310

焦循(1703—1760) 192,195,196

今西春秋（Imanishi Shunjū, 1907—1979） 419

金守拙（George Kennedy） 418

鸠摩罗什（Kumārajīva, 344—413） 227,235

觉月（师觉月，Prabodh Chandra Bagchi, 1898—1956） 334

K

卡恩施达特，路德维希·谢林·冯（Ludwig Schilling von Canstadt, 1786—1837） 169

卡尔莫（Joseph Kalmer, 1889—1959） 445,446

卡勒（Paul Ernst Kahle, 1875—1964） 272,275

卡萨莱罗（Lidia Kasarello） 295

卡扎克维奇（Kasakevich / Казакевич A.B.） 401,404

凯慕夫尔（Engelbert Kaempfer, 1651—1716） 23

凯热几林→凯瑟琳 323

凯瑟琳（凯热几林，Hermann Graf Keyserling, 1880—1946） 221

康德（Immanuel Kant, 1724—1804） 211,212,214-216,218,220-231,233-238,376,377

康德谟（Max Kaltenmak, 1910—） 418

康慕義（Adolf Kammerich） 284

康有为（1858—1927） 220,386

考德（Erich Kordt） 412

考赫，玛丽（Marie Koch） 382

柯大卫（又名"柯利"、"种德"，David Collie, ?—1828） 116

柯嘉敏（Shiamin Kwa） 158

柯理（Clemens Treter, 1971—） 434

柯利→柯大卫 116

柯马丁（Martin Kern, 1962—） 308,434

柯慕安（Miroslav Kollár） 313,324,325,330

柯若朴（Philip Clart, 1963—） 13

柯劭忞（1848—1933） 179

科恩，威廉（William Cohn, 1880—1961） 310

科尔伯格（Lawrence Kohlberg, 1927—1987） 375

科翰斯基（Adam Kochanski, 1631—1700） 31

科瓦洛夫斯基（Ossip Kowalewski, 1801—1878） 97

克和夫（Karl Kerkhof） 393

克拉普洛特（Heinrich Julius Klaproth, 1783—1835），笔名：劳特巴赫，威廉（Wilhelm Lauterbach） 33

克拉普洛特（Heinrich Julius Klaproth, 1783—1835），笔名：劳特巴赫，威廉（Wilhelm Lauterbach） 33,34,38,39,48,55,58,60,61,63-66,79,81-91,106,136

克莱尔（Andreas Cleyer, 1634—

1697/1698) 64,87,88

克莱门蒂妮（Clementine v. d. Gabelentz, 1849—1913) 140

克莱孟十一世（Clemens PP. XI, 1649—1721) 321

克莱默（Stefan Kramer, 1966—) 13

克莱因，伯尔尼哈德（Bernhard Klein, 1793—1832) 74

克莱因，伊丽莎白（Elisabeth Klein, 1828—1899) 74

克里格（Silke Krieger) 279,286

克瑙（Livia Knaul, 1956—) 279

孔舫之（库恩，弗兰茨, Franz W. Kuhn, 1884—1961) 239 - 252, 267,283

孔好古（August Conrady, 1864—1925) 12,14,38,40,50,305, 309,317,324,481

孔悦庭 179

库恩，蒂洛（Tillo Kuhn) 241

库恩，弗兰茨→孔舫之 239

库恩，哈托（Hatto Kuhn) 241

库尔茨（Heinrich Kurz, 1805—1873) 151,168

奎灵（Michael Quirin) 279

L

拉伯（J. Raabe) 275

拉姆斯菲尔德（Donald Henry Rumsfeld, 1932—) 366

拉森（Christian Lassen, 1800—1876) 272

莱波修斯（Karl Richard Lepsius, 1810—1884) 74

莱布弗丽德（Christina Leibfried) 12

莱布尼茨（莱勃尼兹, Gottfried Wilhelm Leibniz, 1646—1716) 8, 19,20,25,30,31,37,189,319, 321,482

莱默特,艾伯哈（Eberhard Lämmert, 1924—2015) 461

莱姆比科勒，彼得（Peter Leimbigler) 347

赖尔（Gilbert Ryle, 1900—1976) 374

兰克（朗克，栾克, Leopold von Ranke, 1795—1886) 318

兰普雷希特（Karl Lamprecht, 1856—1915) 50

兰史→潘飞声 283

朗克→兰克 318

朗宓榭（Michael Lackner, 1953—) 4

劳琛（Hans-Jürgen von Lochow, 1902—1989) 400

劳费尔（洛佛尔, Berthold Laufer, 1874—1934) 9,41,42,48,275, 303,323,324,368,369,472- 474

劳乃宣（1843—1921) 177 - 182, 187,192 - 194,209,211,215,217- 223,227,236,238,314,328

雷赫完（Adolf Reichwein, 1898—1944) 323,325,343

雷立柏（Leopold Leeb, 1967—） 409

雷马克（Erich Maria Remarque, 1898—1970） 412

雷兴（Ferdinand Diedrich Lessing, 1882—1961） 285, 386, 415, 416, 419, 420

李白（701—762） 440

李炳英（1889—1969） 196

李尔, 冯（Arnold Gijsels van Lier, 1593—1676） 57

李范观（Li Fong Hok） 273

李昉（925—996） 103

李凤苞（1834—1887） 71-76

李公明（1957—） 457, 458

李光地（1642—1718） 181, 182, 192

李鸿章（1823—1901） 45, 218, 221, 260

李华德（Walter Liebenthal, 1886—1982） 315, 333, 334, 419

李慧（?—） 54

李嘉乐（Alexis Rygaloff, 1922—?） 418

李建元（李时珍之子） 85

李沛霖（清代康熙年间[1662—1722]学者） 95

李时珍（1518—1593） 85, 472

李思纯（1893—1960） 256, 303

李嗣京（明朝政治人物, 万历四十七年[1619]进士） 103

李太白→李白 104

李特曼（Enno Littmann, 1875—1958） 272

李维义 419

李希霍芬（Ferdinand Freiherr von Richthofen, 1833—1905） 45, 46, 50-52, 272, 479

李献民（徽宗年间[1101—1125]文人） 68

李协（李仪祉, 1882—1938） 312

李雪涛（1965—） 4, 11, 13, 16, 46, 63, 65, 131, 190, 260, 261, 284, 292, 294, 308, 316, 348, 349, 351, 357, 365, 371, 387, 427, 438, 457, 484

李渔（1611—1680） 248-250

李煜（937—978） 353, 354, 356, 357, 360-362

李约瑟（Joseph Needham, 1900—1995） 466-468

李祯（清代康熙年间[1662—1722]学者） 95

李之藻（1565—1630） 89

李贽（1527—1602） 84, 291, 401

里白休士→莱波修斯 73, 74

里勃夫佐夫（Stephan Lipowzow） 116

里尔克（Rainer Maria Rilke, 1875—1926） 452

理雅各（James Legge, 1815—1897） 133, 186-189, 193, 195, 200, 209, 341

利奥波德一世（Leopold I., 1640—1705, 其中1658—1705在位） 25

利类思（Ludovic Bugli, 1606—1682）

63,70

利玛窦(Matteo Ricci,1552—1610) 6,17,18,22,70,143,200,226,237

廉亚明(Ralph Kauz,1961—) 297,482

梁启超(1873—1929) 222-224,325,327,340,384,445

梁实秋(1903—1987) 460

列昂季耶夫,阿列克谢(Aleksej Leont'ev,1716—1786) 166

林克,汉斯(Hans Link) 347

林语堂(林玉堂,1895—1976) 305,309,317,462

林则徐(1785—1850) 35,36

铃木大拙(1870—1966) 340

凌濛初(1580—1644) 154

刘伯详(明万历年间[1573—1620]医家) 87

刘茂才(Liu Mau-Tsai,1914—2007) 277

刘少奇(1898—1969) 414

刘师培(1884—1919) 327

刘守真(1110—1200) 88

刘锡鸿(?—1891) 73,74

刘小枫(1956—) 292,296

刘正(1963—) 5

柳若梅(1966—) 54,166,167

龙华民(Nicolas Longobardi,1559—1654) 70

龙沐勋→龙榆生 352,361

龙雅宜(龙榆生四女,1932—) 357,359

龙榆生(原名:龙沐勋[Lung Mou-hsün],1902—1966) 347,351-353,356-362,364

卢卡奇(Georg Lukács,1885—1971) 449

鲁道夫(Richard Rudolph) 419

鲁斯特,约翰(John Lust) 54

鲁迅(1881—1936) 268,274,286,309,327,349,351,356,443-448,450,458,460-462

鲁雅文(Erwin Rousselle,1890—1949) 397

陆安德(Andre-Jean Lobelli,1610—1683) 70

陆九渊("象山先生",陆象山,1139—1193) 96,227

陆务观→陆游 105

陆象山→陆九渊 227

陆懿(Lou Y,1910—1938) 273,274

陆游(字务观,1125—1210) 105,107,108

吕德斯(Heinrich Lüders,1869—1943) 305

吕洞宾(798—?) 97

吕海寰(1842—1927) 181

吕克特(Ingrid Rückert) 59

吕祖→吕洞宾 97

栾克→兰克 325

罗伯聃(笔名Sloth[懒惰生],Robert Thom,1807—1846) 156,157

罗存德(Wilhelm Lobscheid,1822—1893) 467

罗贯中（约1330—约1400） 84,106

罗家伦（1897—1969） 307,312

罗雷科（Heinrich Carl Franz Röhreke, 1910—2001） 244

罗懋登（约1596年前后在世，明代文人） 106

罗梅君（Mechthild Leutner, 1948— ） 14,289

罗明坚（Michele Ruggieri, 1543—1607） 17,143

罗姆夫（Georg Eberhard Rumpf, 1627—1702） 64

罗荣勋（J. H. Lo, 1906—1966） 471

罗如望（Juan da Rocha, 1566—1623） 89

罗儒望→罗如望 89

罗斯蒙特（Henry Rosemont Jr., 1934— ） 375

罗素（Bertrand Russell, 1872—1970） 320

罗文达（Rudolf Löwenthal, 1904—1996） 400,401,404,416,417

罗颖男（1987— ） 54

罗越（Max Loehr, 1903—1988） 332,351,390-392,397,398,402,417,418,420

罗云山（清代顺德文献学家） 107

罗哲海（Heiner Roetz, 1950— ） 287,374-376

罗祯（明代文人） 152

罗织田（Otto Ladstätter, 1933—2005） 277,285

洛佛尔→劳费尔 41,304

M

马伯乐（Henri Maspero, 1883—1945） 310,326,469

马丁, 伊尔泽（Ilse Martin, 后改名为方马丁 Fang-Martin） 332

马端临（1254—1323） 100,103

马汉茂（Helmut Martin, 1940—1999） 4,5,11,12,14,16,39,40,46,186,209,269,308,348,351,357,368,411,421,427,459,484

马建忠（1845—1900） 45

马君武（1881—1940） 312

马可·波罗（Marco Polo, 1254—1324） 25

马克思（Karl Marx, 1818—1883） 271,465,466

马克斯, 韦伯（Max Weber, 1864—1920） 478

马雷凯（Roman Malek, 1951—2019） 279

马礼逊（Robert Morrison, 1782—1834） 64,84,85,94,100,113-116,161,467

马凌诺斯基（Bronisław Kasper Malinowski, 1884—1942） 325

马融（79—166） 168

马若瑟（Joseph de Prémare, 1666—1736） 147

马歇尔（George Catlett Marshall, 1880—1959） 408

迈,卡尔(Karl May, 1842—1912) 163,165,169

麦促伊克尔(Joan Maetzuyker, 1606—1678) 29

麦都思(Walter Herny Medhurst, 1796—1857) 112,114-116,129

满恩礼神父(Pater Heinrich Maas, 1890—1968) 409

毛高格(梅勒,Hans-Georg Möller, 1964—) 280,291,292,295

毛晋(1599—1659) 107

毛子水(毛准,1893—1988) 307

茅盾(1896—1981) 286,434,437,446

梅德,尤里乌斯(Julius Maeder, 1928—2000) 170

梅文鼎(1633—1721) 182

梅薏华(Eva Müller, 1933—) 11

梅膺祚(字诞生,1553—1619) 26,82,101

门采尔,克里斯蒂安(Christian Mentzel, 1622—1701) 57

门采尔,约翰·克里斯蒂安(Johann Christian Mentzel) 57

门多萨(Juan Gonzalez de Mendoza, 1545—1618) 17

蒙塔努斯(A. Montanus) 30

蒙图齐(Antonio Montucci, 1762—1829) 84

孟子(前372—前289) 166,191,193-202,204,205,207,208,226,229,230,436

弥尔顿(John Milton, 1608—1674) 155

米勒,安德烈亚斯(Andreas Müller, 约1630—1694) 12,24,57-60

米怜(William Milne, 1785—1822) 83,113-116

米歇尔,梅拉妮(Melanie Mitchell, 1969—) 436

缪钺(1904—1995) 414

摩尔(Mohr) 311

莫泊桑(Guy de Maupassant, 1850—1893) 248

莫东寅(1914—1956) 6,7,282

莫非斯(Mo Fei-ssu) 326,469,475

莫里逊,赫达(Hedda Morrisson,娘家姓 Hammer) 391

莫芝萱佳(Monika Motsch, 1942—) 280,293

墨柯(Peter Merker, 1963—) 351,357

默克尔(Angela Merkel, 1954—) 482

慕兴立(Heinrich Mootz,德占青岛时期的翻译官) 194

穆勒,弗里德里希·威廉·卡尔(Friedrich Wilhelm Karl Müller, F. W. K. Müller, 1863—1930) 283,305

穆勒,马克斯(Max Müller, 1823—1900) 187

穆麟德(Paul Georg von Möllendorf, 1847—1901) 43-45,48,49

穆麟多夫,奥托·弗兰茨·冯(Otto Franz von Möllendorff,

1848—1903） 45

穆天民（Joseph Baumgartner, SVD, 1913—） 414

N

娜奥美（Naomi） 241

南怀仁（Ferdinand Verbiest, 1623—1688） 28,63

南条文雄（1849—1927） 388

内弗（Hans Neef） 275

内曼（Karl Friedrich Neumann, 1793—1870） 35-37,43,48,59,71,151,169,170

尼博尔（尼布尔，Barthold Georg Niebuhr, 1776—1831） 325

尼采（Friedrich Nietzsche, 1844—1900） 271,418

聂崇义（997—？） 101

纽豪夫（Johan Neuhof, 也写作：Niuehof, Nijhov, Nijhoff 或 Nieuhoff, 1618—1672） 29,30

纽豪夫，亨德里克（Hendrik Nieuhof） 29

诺代（Joseph Naudet, 1786—1878） 148

诺尔特（Heinrich Northe） 397

O

欧彼茨（Fritz Opitz） 12

欧德理（Ernst Johann Eitel / Ernest John Eitel, 1838—1908） 5,44

欧塞得（Anji Osiander） 12

P

帕盖特（Alfons Paquet, 1881—1944） 220

帕拉特（Johann Heinrich Plath, 1802—1874） 36-39,48,50,151,473

帕森斯（James Bunyan Parsons, 1921—） 418

帕斯卡（Blaise Pascal, 1623—1662） 372

帕维亚（Théodore Pavie, 1811—1896） 154

潘飞声（字兰史，1858—1934） 283

潘克甫（Boris Ivanovi Pankratoff / Панкратов Б.И., 1892—1979） 402

培根（Francis Bacon, 1561—1626） 222

裴古安（Andreas Pigulla, 1957—） 5,10,16

裴鹏（Toni Pippon） 274

屏科斯（E. Pinks） 278

璞科第（Pokotilov / Покотилов Д.Д., 1865—1908） 401,416,418

普菲茨迈尔（August Pfizmaier, 1808—1887） 46,47

普劳图斯（Plautus, 前254?—184） 148

普实克（Jaroslav Pr šek, 1906—1980） 450

Q

齐赫文斯基（Tichvinskij / Тихвинский

СЛ, 1918—) 402, 419

齐思和（1907—1980） 418

钱宝琮（1892—1974） 467

钱伯斯，威廉（William Chambers, 1723—1796） 162

钱理群（1939— ） 442

钱谦益（1582—1664） 104

钱锺书（1910—1998） 280, 441, 452, 462

乔伟（Chiao Wei, 1926— ） 285

秦噶毕（Joseph Gabet, 1808—1853） 163

秋瑾（1875—1907） 158

R

荣格（Carl Gustav Jung, 1875—1961） 177, 186-188

柔克义（William W. Rockhill, 1854—1914） 41

儒莲（Stanislas Julien, 1797—1873） 97, 129-131, 145, 153, 154, 157, 159-161, 170, 171

阮元（1764—1849） 208, 403, 424

芮克里夫-布朗（Alfred Radcliffe-Brown, 1881—1955） 325

芮玛丽（Mary Wright） 402

芮沃寿（Arthur Wright） 402

S

萨顿，乔治（George Sarton, 1884—1956） 468

萨美懿（Salome Wilhelm，娘家姓 Blumhardt, 1879—1958） 221

萨纳尔（Hans Saner, 1934—2017） 354

萨义德（Edward Said, 1935—2003） 346, 479

三曹→曹操，→曹丕，→曹植 439

桑兵（1956— ） 41, 302, 343, 478

森纳特（Andreas Sennert, 1606—1689） 24

沙尔平（Thomas Scharping, 1948— ） 287

沙尔施密特（Clemens Scharschmidt, 1880—1945） 285

沙畹（Emmanuel-Édouard Chavannes, 1865—1918） 303, 304, 328, 471, 478

山口察常（1882—1948） 419

山尚德（Dominicus Schröder, SVD, 1910—1974） 414

商博良（Jean-François Champollion, 1790—1832） 21

商承祚（1901—1991） 384, 414

商衍鎏（1874—1963） 382, 384

绍特（Wilhelm Schott, 1802—1889） 38, 39, 42, 48, 49, 51, 79, 96, 100, 140, 141, 145, 151, 152, 169-172, 432, 434

申德勒（Bruno Schindler, 1882—1964） 309, 310, 334

沈从文（1902—1988） 419, 449, 450, 461

沈德符（1578—1642） 104

沈兼士（Shen Lien-shih, 1887—1947） 329, 333, 335

圣女贞德（Jeanne d'Arc, 1412—1431） 158

师觉月→觉月 334

施多克兰（Joseph Stöcklein, 笔名：Panthalus Rauracus, 1676—1733） 22

施寒微（Helwig Schmidt-Glintzer, 1948—） 11, 279, 434

施翰基（Hans O. H. Stange, 1903—1978） 10

施莱尔马赫（Friedrich Schleiermacher, 1768—1834） 372

施莱格尔（August Wilhelm von Schlegel, 1767—1845） 270, 272

施密特，威廉（Wilhelm Schmidt, 1868—1954） 314

施密特，伊萨克·雅克布（Isaak Jacob Schmidt, 1779—1847） 97

施皮曼斯-罗姆（Elke Spielmanns-Rome） 292

施维耐（Werner Speiser, 1908—1965） 353

石方西（Francesco de Petris, 1563—1593） 200

石眉鸣（时眉鸣，Gerhard Schreiber, SVD, 1911—1972） 414

石密德（Erich Schmitt, 1893—1955） 268, 272-274, 276, 293, 296

石坦安（Diether von den Steinen, 1903—1954） 316, 332

石田幹之助（1891—1974） 303, 304

史奔格列儿→斯宾格勒 323

史达林（Stählin） 323

史凯（1980—） 54

史克礼（Christian Schwermann, 1967—） 290

史禄国（Sergei Mikhailovich Shirokogorov, 1887—1939） 325

史沫特莱（Agnes Smedley, 1892—1950） 309

史陶斯（Victor von Strauss, 1809—1899） 130, 131

守温（五代梁时［907—923］僧人） 100

狩野直喜（1868—1947） 342

叔本华（Arthur Schopenhauer, 1788—1860） 222

舒尔茨，格奥尔格（Georg Schultze） 58

舒曼，罗伯特（Robert Schumann, 1810—1856） 156

司马光（1019—1086） 91, 161, 162, 164, 165

司马迁（前145—前90） 208, 436

司马涛（Thomas Zimmer, 1959—） 280, 291, 293-295, 435

司徒资（Joseph Stulz, 1877—1940） 397

斯宾格勒（史奔格列儿，Oswald Spengler, 1880—1936） 322

斯丛狄（Peter Szondi, 1929—1971） 437

斯坦泽尔，弗朗兹（Franz Stanzel,

1923— ） 462

斯特林（Stehlin） 162

斯文，赫定（Sven Anders Hedin, 1865—1952） 385

斯文，赫定（Sven Hedin, 1865—1952） 479

松溪先生→王纁堂 104

宋君荣（Antoine Gaubil, 1689—1759） 28,91

宋骏业（？—1713） 101

宋庆龄（1893—1981） 309

苏东坡（1037—1101） 292,435,439

苏精（1945—） 36

随园→袁枚 473

孙丹林（1886—1971） 353

孙德昭→孙璋 68,69,98

孙东宿→孙一奎 108,109

孙贯文 352,353

孙楷第（字子书,1898—1986） 352,353

孙一奎（号东宿,1522—1619） 108

孙岳颁（1639—1708） 101

孙璋（Alexandre de La Charme, 1695—1767） 68,70,98

索比斯基（Jean Sobieski, 1631—1700） 31

索尔波尔里希（Wolfgang Seuberlich, 1906—1985） 285

索尔茨（Adam von Trott zu Solz） 389

泰戈尔（Rabindranath Tagore, 1861—1941） 315

汤姆斯（Peter Perring Thoms, 1791—1855） 107

汤若望（Johann Adam Schall von Bell, 1591/1592—1666） 18,62,63,70,81,89,255,339

汤若望（Johann Adam Schall von Bell,1591/1592—1666） 8

汤芗铭（1885—1975） 405

唐复礼（民国时期中国驻法国公使馆参赞） 328

陶德文（Rolf Trauzettel, 1930—2019） 278, 286-291, 295, 297, 372,435,481

特蕾莎，玛丽娅（Maria Theresia, 1717—1780） 281

田德望（1909—2000） 420

田汉（1898—1968） 437

田浩（Hoyt C. Tillman） 14

田间（1916—1985） 410,451

田清波（Ant. Mostaert, 1881—1971） 333,335

图勒蒂尼（François Turrettini, 1845—1908） 148

图里琛（Tuli en, 1667—1741） 149

吐温，马克（Mark Twain, 1835—1910） 248

托恩（Willy Y. Tonn） 131

T

太素→张太素 87

W

瓦德施米特（Ernst Waldschmidt,

1897—1985） 419

瓦德西（Alfred Graf von Waldersee, 1832—1904） 304

瓦格纳（Rudolf Wagner, 1941—2019） 370,483

汪昂（1615—1695） 109

汪精卫（1883—1944） 310,352, 356,357,362,363

王安石（1021—1086） 161,162

王伯厚（王应麟,1223—1296） 168

王昶（1724—1806） 101

王澄如（Wang Chêng-ju, 1909—?） 268,274,444

王光美（1921—2006） 413

王光祈（Wang Kwangchi, 1891—1936） 10,262,263,273,307,331

王国维（1877—1927） 222,256, 331,342

王海（Thomas Heberer, 1947—） 480

王吉（？—前48） 166,167

王锦第（？—1983） 337,392,393, 400,428

王锦民（1963—） 291,292,296

王肯堂（字宇泰,约1552—1638） 87

王圻（1530—1615） 90

王钦若（962—1025） 103

王铨（明末文人） 101

王纕堂（松溪先生,清代学者） 104

王世贞（1526—1590） 85,86

王叔和（201—280） 87,88

王韬（1828—1897） 328

王阳明（1472—1529） 107,224

王应麟→王伯厚 168

王宇泰→王肯堂 87

王原祁（1642—1715） 101

王兆符（1681—1723,方苞门人） 92

王致诚（Jean-Denis Attiret, 1702—1768） 162

王祖望（1928—） 7,8

望溪→方苞 92,96

威尔肯（Friedrich Wilken, 1777—1840） 55,57-59,64

威廉,弗里德里希（Friedrich Wilhelm, 1620—1688,其中1640—1688年作为勃兰登堡选帝侯在位） 24,26,55,56,58,64,65, 79,270

威廉,萨洛莫（Salome Wilhelm）→萨美懿 13,221

威廉,约翰·格尔拉赫（Joh. Gerlach Wilhelmi, 1636—1687） 64

威斯纳,菲利克斯（Felix M. Wiesner, 1920—2005） 250,251

韦伯,马克斯（Max Weber, 1864—1920） 263,264,296,366,444

韦利（Authur Walley, 1889—1966） 160,189

韦斯（Johann Baptist von Weiß, 1820—1899） 37

韦元甫（？—771） 159
维辰（Niklaas Witsen, 1641—1717） 30
维尔贝格（Erich Wilberg, 1895—1948） 337
维柯（Giovanni Battista Vico, 1668—1744） 173
卫德明（Hellmut Wilhelm, 1905—1990） 10, 285, 316, 332, 334, 337, 338, 344, 389, 398-402, 417, 420
卫方济（François Noël, 1651—1729） 70
卫匡国（Martino Martini, 1614—1661） 18, 20, 22, 27, 70
卫礼贤（中文名亦作尉礼贤、卫理贤，字希圣，Richard Wilhelm, 1873—1930） 13, 131, 169, 170, 176-211, 214-224, 226, 234-236, 259, 276, 314, 316, 317, 319, 320, 324, 328, 337, 341, 385, 389, 397, 432, 467, 468, 475
卫三畏（Samuel Wells Williams, 1812—1884） 134, 139
尉礼贤→卫礼贤 176, 178, 180, 191, 201, 214
魏汉茂（Hartmut Walravens, 1944—） 10, 54, 114, 115, 144, 146-148, 152, 157, 158, 160-163, 165, 166, 168, 170-172, 174, 175, 192, 215, 333
魏继晋（字善修，Florian Bahr, 1706—1771） 27, 28
魏若望（John W. Witek, 1933—2010） 18
魏思齐（Zbigniew Wesołowski, 1957—） 324, 329, 330, 333, 335, 355, 366, 370
魏嗣銮（字时珍，1895—1992） 307, 320
魏特夫（Karl August Wittfogel, 1896—1988） 329, 342, 465-467, 469, 470, 475
温庭筠（约812—866） 274
文树德（Paul U. Unschuld, 1943—） 480
闻宥（1901—1985） 414-416, 418, 426
翁独健（1906—1986） 418
翁子敬（19世纪上半叶的清代文人） 104
倭铿（Rudolf Christoph Eucken, 1846—1926） 320
沃尔法特（Günter Wohlfahrt, 1943—） 371
沃霍尔·安迪（Andy Warhol, 1928—1987） 454
吴德明（Yves Hervouet, 1921—） 418
吴德耀（Wu Teh Yao, 1915—1994） 287
吴尔铎（Albert d'Orrille, 1622—1662） 21
吴丰培（玉年, 1909—1996） 402, 407

吴晗(1909—1969)　420
吴暻(1662—?)　101
吴敬所(万历年间[1573—1620]文人)　99
吴崐(1551—1620)　87
吴梅村(1609—1672)　104
吴宓(1894—1978)　256,343
吴勉学(明万历年间[1573—1620]年间著名刻书家、藏书家)　88
吴佩孚(1874—1939)　182,304
吴淑(947—1002)　102
吴素乐(Ursula Ballin, 1939—)　186,209
吴璇(清代文人)　106
吴虞(1872—1949)　415
吴藻溪(1904—1979)　466

X

西伯德(Philipp Franz von Siebold, 1796—1866)　48
西克曼(Laurence Sickman, 1907—1988)　313
西门华德(Ernst Julius Walter Simon, 1893—1981)　310,385,419
西蒙,马克(Mark Siemons, 1959—)　457
希圣→卫礼贤　259
希特勒(1889—1945)　308,310,350,389,398,411
锡乐巴(Heinrich Hildebrand, 1854—1925)　404,429
席勒(Friedrich von Schiller, 1759—1805)　78,216
喜龙仁(Osvald Sirén, 1879—1966)　164
夏德(Friedrich Hirth, 1845—1927)　9,41,46,48,51,303,304
夏尔,约翰·亚当(Johann Adam Schall)→汤若望　62
夏礼辅(Emil Krebs, 1867—1930)　42,275
夏志清(1921—2013)　450,459,462
向达(1900—1966)　331,420
萧公弼　236,237
萧公权(1897—1981)　414
萧红(1911—1942)　286,461,462
萧一山(1902—1978)　402
萧友梅(字思鹤,又字雪明,1884—1940)　304,312
小埃尔曼(Erman d. J.)　97
小斯当东(Georg Thomas Staunton, 1781—1859)　83,93
肖鹰(1962—)　292,296
谢国桢(1901—1982)　407
谢礼士(谢理士, Ernst Schierlitz, 1902—1940)　332,333,335,474
谢理士→谢礼士　389,390,393,396,397,405,406
谢林(Friedrich Wilhelm Joseph Schelling, 1775—1854)　375
忻剑飞(1952—)　6
熊三拔(Sabbathinus de Ursis, 1575—1620)　88
熊伟(Hsiung Wei, 1911—1994)

273,274

熊月之(1949—) 222

熊宗立(1409—1482) 86,87

徐光启(1562—1633) 88,226

徐世昌(1855—1939) 221

徐世光(？—1929) 221

徐中舒(1898—1991) 415,416

徐宗泽(1886—1947) 70

许宝德(Franz Hübotter, 1881—1967) 471,472,475

许洞(字洞夫,一作渊夫,976—1015), 111

许光华(1939—) 7

许翰为(Hans-Wilm Schütte, 1948—) 12

许浚(1546—1615) 108

许勒(Wilhelm Schüler, 1869—1935) 285,385

许理和(Erik Zürcher, 1928—2008) 226,237

许真君→许逊 111

轩尼诗爵士(Sir John Pope Hennessy,？—1890) 44

薛爱华(Edward Hetzel Schafer, 1913—1991) 472,473

薛福成(1838—1894) 76

薛葭 284

Y

雅斯贝尔斯(Karl Jaspers, 1883—1969) 130,131,174,240,313,346,354,365,377,378,387,452,453,483

亚金夫(Iakinf)→比丘林 166

严复(1854—1921) 222,311

严嘉乐(Karel Slavíek, 1678—1735) 28

阎纯德(1939—) 6,33

颜复礼(耶捷, Fritz Jäger, 1886—1957) 10,266,267,322,331,338,349,353,383,384,420,474

阳玛诺(Emanuel Diaz, 1574—1659) 60,89

杨丙辰(Yang Bing-dschen, 原名杨震文,字丙辰,1892—1966?) 304,332,337,339,391,394,407,428,429

杨伯峻(1909—1992) 190,195

杨昌济(后改名怀中,字华生, 1871—1920) 304

杨联陞(1914—1990) 414

杨锐(1963—) 457

杨森(Thomas Jansen, 1965—) 332

杨先春(明万历年间[1573—1620]刻工) 86

杨宪益(1915—2009) 445,446

杨杏佛(1893—1933) 309

杨亿(974—1020) 103

杨宗翰(Yang Dsung-han, 1901—1992) 337,391,392,401,404,405,418

姚从吾(Yao Shih Ao 姚士鳌, 1894—1970) 273,305-307,325,345,388,392

姚士鳌→姚从吾 273,306

耶捷→颜复礼 322

叶道胜(Immanuel Gottlieb Genähr, 1856—1937) 44

叶德礼(Matthias Eder, SVD, 1902—1980) 398

叶翰(Hans van Ess, 1962—) 13,434

叶灵凤(1905—1975) 450

叶乃度(Eduard Erkes, 1891—1958) 9,12,39,40,267,473,481

叶宗贤(又名叶尊孝, Basilio Brollo, 1648—1704) 114

叶尊孝→叶宗贤 114

伊德斯(Everard Isbrand[Ysbrants]Ides, 1657—1708) 30,31

伊维德(Wilt L. Idema, 1944—) 158,159

殷弘绪(François-Xavier Dentrecolles, 1664—1741) 154

英敛之(1867—1926) 336

英千里(Ying Ts'ien-li, 1900—1969) 314,333,336

永嘉玄觉(665—713) 98

于连(François Jullien, 1951—) 52, 371,372

于谦(1398—1457) 404,416,426

于儒伯(Robert Ruhlmann, 1921—1984) 417,418

余嘉锡(1884—1955) 333

鱼玄机(844—868) 363

俞大维(1897—1993) 307

虞集(1272—1348) 279

羽田亨(Haneda Tōru, 1882—1955) 413

袁宏道(1568—1610) 443

袁枚(随园,1716—1707) 443, 473,474

袁枢(1131—1205) 91

袁同礼(守和,Yüan T'ung-li, 1895—1965) 332,338,392,418

Z

曾一新(Dseng I-sin) 337,393

曾佑和(Betty Ecke, Tseng Yu-ho, 1924—2017) 312

增田涉(Matsuda Wataru, 1903—1977) 458

翟理斯(Herbert A. Giles, 1845—1935) 41,328

翟永明(1955—) 455

詹姆森,弗雷德里克(Frederic Jameson, 1934—) 373

詹启华(Lionel Jensen) 14

詹森,阿诺德(Arnold Janssen, 1837—1909) 314

詹森,托马斯(Thomas Jansen, 1965—) 411

张爱玲(1920—1995) 453,455,462

张充和(1914—2015) 419

张德彝(1847—1918) 73,74, 282,283

张鼎思(1543—1603) 86

张东荪(1886—1973) 238,336

张尔田(1874—1945) 405

张贵永(1908—1965) 386
张国刚(1956—) 7,55,81,306
张华(232—300) 234
张晖(1977—2013) 347,357
张君劢(Carsun Chang Chia-sen,张嘉森,字君劢,号立斋,别署世界室主人,笔名君房,1887—1969) 187,188,304,340,341
张霖(1976—) 347
张路玉→张璐 108,109
张璐(字路玉,1637—1699) 108
张士珩(1857—1917) 211,218-221,224-227,236,238
张树声(1824—1884) 419
张西平(1948—) 6,7,11,296,308,339
张相文(1866—1933) 340
张燮(1574—1640) 112
张星烺(Chang Hing-lang,字亮尘,1888—1951) 275,304,314,331,333,335,340,345,393
张雪洋(1991—) 464
张燕卿(1898—?) 405
张颐(1887—1969) 238
张之洞(1837—1909) 404,405
张资平(1893—1959) 450
张子和→张从正 88
章太炎(1869—1936)、 327
招子庸(1793—1846) 105
赵岐(约108—201) 195,205,208,209
赵万里(1905—1980) 407

郑板桥(1693—1765) 458
郑愁予(1933—) 453
郑德辉→郑光祖 150
郑光祖(号德辉,1264—?) 150
郑寿麟(1900—1990) 186,307,332
郑天挺(1899—1981) 343,418
中江笃介→中江兆民 223
中江兆民(原名中江笃介,1847—1901) 222,223
种德→柯大卫 116
周敦颐(1017—1073) 39,125,127,129,130,135,138,140,423
周馥(1837—1821) 177,178,181,183,218,219,221
周珏良(1916—1992) 214,215,218,220,224
周立波(1908—1979) 455
周叔弢(原名:周暹,1891—1984) 211,214,215,218,220,221,224,236,238
周暹→周叔弢 214-216,218
周一朋(明嘉靖年间[1522—1566]年间文人、医家) 87
周振鹤(1941—) 6,71
周子→周敦颐 39,125-129,138,220
周作人(1885—1967) 446,462
朱棣(1360—1424,其中1403—1424在位) 70
朱家骅(字骝先,1893—1963) 304,306
朱瘦菊(20世纪20、30年代上海著

名小说家、剧作家） 240
朱思本（1273—1333） 470
朱熹（1130—1200） 39,65,83,91,
　　95,96,125-128,132,135,136,
　　138-140,181,195,196,205,207,
　　209,223
朱震亨（1281—1358） 88
朱自清（1898—1948） 349

竹君→桂林 282
竺可桢（1890—1974） 466,467,475
祝和甫（宋代文人） 102
庄超然（1990— ） 35,54
宗白华（1897—1986） 294,307,320
左奈，保罗（Paul Zsolnay,1895—
　　1961） 240
左丘明（前502—前422） 92

中文典籍题名索引

本索引将书中所涉及中国文化的典籍(包括汉译的佛典)题名悉予列出。此处的"典籍"是有关文史哲等方面、大都用文言编纂的著作,从先秦一直持续到民国时期(1912—1949)。"索引"按照书名的汉语拼音顺序排列,作者名等其他信息在后。由于很多典籍的出版社和出版年代并不清楚,这些信息就不再单独列出。这一部分主要涉及的其实是克拉普洛特《柏林王室图书馆中文和满文图书与手稿目录》所收中文图书,绍特《御书房满汉书广录》所收满汉图书,以及卫礼贤中文藏书的书目。其中也包括个别篇名,如《今古奇观》中的〈王娇鸾百年长恨〉,由于被作为单行本译为英文、德文,在此表中也单独列出。此外,这一部分也包括部分汉-外双语词典,以及部分满-汉合璧的典籍。

A

《阿弥陀经》 97
《暗室灯》→《暗室灯注解》 99,100
《暗室灯注解》 100

B

《八旗敕书》(满文)→《八旗通志》 81
《八旗通志》 81
《白兔记》 107
《百福图》 90
《百家姓》 84,110
《百局象棋谱》(1801) 111
《百句譬喻经》 157,159,160
《宝镜图》 111
《保婴书》 109
《报身篇》(1820) 99
《本草必要》(1694) 109
《本草纲目》(李时珍) 85,86,472
《本草炮制》 86
《本经》(张璐) 109
《笔阵图》 111
《濒湖脉诀》(李时珍) 472
《博古图》 101
《博物志》(张华) 234
《卜筮正宗》(王洪绪,1904) 183

C

《才子》 106
《参同契集注》（仇兆鳌，1708） 183
《残唐五代史演义》（罗贯中） 106
《册府元龟》（王钦若、杨亿，1013/1754） 103
《察世俗每月统计传》（1815/1816） 112
《禅定正指》 98
《禅宗永嘉集》 98
《忏法传》 98
《陈子性藏书》（陈应选，1684/1820） 112
《赤道南北两总星图》（汤若望） 89
《赤水玄珠》（孙一奎，1596） 108
《崇真实弃假谎》→《崇真实弃假谎略说》 113
《崇真实弃假谎略说》（米怜，1816） 113
《筹算浅释》（劳乃宣，1893） 182
《出三藏记集》 227
《传习录》（王阳明） 233
《春秋传》（胡安国，1790） 95
《春秋繁露》（董仲舒） 225
《春秋》→《五经》 95
《慈悲道场忏法》（1416） 90,98

D

《达生篇》（1826） 109
《大宝积经·迦叶品》 315
《大观本草纲目全书》（唐慎微，1114/1579） 86
《大品般若经》 227
《大清会典》 73,93
《大清律例》 93
《大清五朝会典》→《大清会典》 93
《大学》→《四书》 19,27,95,165,166,180,191
《道德经》 102,129-131,275,325
《道德兴发于心》→《道德兴发于心篇》 114
《道德兴发于心篇》（麦都思，1826） 115
《道行经》 227
《道原精粹》（1917/1926） 89,90
《道之本源》 113
《邸报》 94
《订补古今医鉴》（龚信，1589） 87
《东西史记和合》（麦都思） 112
《东西洋考》（1617） 112
《东西洋考每月统纪传》（郭实腊） 112
《东医宝鉴》（许浚，1766） 108
《东园杂字》 110
《痘疹全集》→《冯氏锦囊秘录痘疹全集》 109
《窦娥冤》 149,150
《独乐园记》（司马光） 161-165
《读易汇参》（和瑛，1823） 182
《赌博明伦略讲》（米怜，

1819) 116

E

《二度梅传》(1797) 107

F

《范公文集》(范承谟) 108
《范螺山忠烈传》 171
《范忠贞传》 172
《飞龙全书》(吴璇,1815) 106
《分韵》 100
《风雨象生货郎旦》 151
《冯氏锦囊秘录痘疹全集》(冯兆张,1702) 109
《冯氏锦囊秘录杂症》(冯兆张,1702) 108,109
《佛母咒经》 98
《佛山街略》 71,93
《佛说》→《佛说四十二章经》 98
《佛说四十二章经》 98
《福音之箴规》(郭实腊,1836) 116

G

《感应篇》→《太上感应篇》 97
《纲鉴甲子图》 81
《纲鉴》→《袁了凡纲鉴》 81,85
《隔帘花影》 242,243,250,251
《耕织图》(1699) 111,473
《功过格》 153
《共和正解》 180
《古本竹书纪年》 102

《古筹算考释》(劳乃宣,1883) 182
《古今纪史录》 92
《古今圣史记》(米怜) 113
《古今事文类聚》(1246/1604/1763) 102
《古今万国纲鉴》(郭实腊) 112
《古文典义解》(章禹功,1687) 83
《古文广集》(1703/1797) 102
《古文渊鉴》(满文) 167,168
《关觉世》→《关圣帝君觉世真经》 99
《关圣帝君觉世真经》(1829) 99
《官话正音》 100
《官话总论》 100
《鳏夫怨》 161,175
《管子》 95,102,276
《广东名人》 71,92
《广东文献》(罗云山,1815) 72,107
《广事类赋》(华希闵,1699/1801) 103
《广舆图记》(陆应阳) 63,81
《广玉匣记》(许真君,1798) 111
《闺门必读》 110
《鬼神之德》 67,107
《国色天香》(吴敬所) 99
《国语》 92

H

《汉宫秋》 151,152
《汉西字汇》(*Vocabulario de Letra*

China,迪亚兹） 60,82
《汉字西译》(叶宗贤) 114
《翰林风月》 150
《红楼梦》 244,246,251,289
《红毛话》 71,101
《虎钤经》(许洞) 111
《花笺记》 106
《花木兰》 175
《华严经》 97
《华英字典》(*Dictionary of the Chinese Language*,马礼逊,1815) 84,94,100,114
《淮南子》 473
《寰宇记》→《太平寰宇记》 92
《皇历》(1802) 111
《黄氏日抄》(黄东发,1337/1767) 96
《灰阑记》 146,148,151,152,173
《惠发》 102
《浑盖通宪图说》(邓玉函) 89
《货郎旦》→《风雨象生货郎旦》 150,151

J

《季条例》 94
《家语》 102
《监本易经》 183
《剑南诗稿》(陆游) 105
《江湖分韵》 100
《解梦书》 112
《解罪条》→《解罪条文》 114
《解罪条文》(叶宗贤) 114

《芥子园画传》 111
《今古奇观》 146,154,155,157,247
《金丹真传》(1615) 97
《金帝国史》→《金史》 81
《金刚经》 97,235
《金光经》 97
《金瓶梅》 136,239,240,252
《金雀记》 107
《金石萃编》(王昶,1805) 101
《金史》(脱脱) 62,81
《进小门》→《进小门走窄路解论》 113
《进小门走窄路解论》(米怜,1816) 113
《京报》 94
《经馀秘书》(1806) 102
《精选名儒草堂诗馀》→《名儒草堂》 105
《景德传灯录》 174
《景行录》 99
《敬信录》(1824) 98,99
《靖逆记》(兰簃外史,1821) 91
《旧约全书》→《圣经》 115

K

《开辟传》(1827) 105
《看钱奴》 148
《康熙字典》(张玉书、陈廷敬,1716) 82,100
《科场条例》(1825) 94
《魁本正文》→《新刻易经》 82

L

《劳公墓志铭》 179

《老子》 129,176,191,227,275,323

《乐府诗集》 158

《乐府雅词》 105

《雷公药性炮制》(1714) 109

《礼记》→《五经》 95

《李卓吾先生批评三国志》(李贽) 84

《历代帝王》 92

《莲花经》 97

《梁皇宝忏》→《慈悲道场忏法》 90

《两广盐法志》(1723) 71,93

《列国志》 85

《列仙传》 92

《列子》 176,191

《灵魂观》→《灵魂篇大全》 115

《灵魂篇大全》(米怜,1824) 115

《岭南史》(1812) 71,107

《六十种曲》(毛晋) 107

《六十重曲》→《六十种曲》 107

《龙舒净土文》(王日休,1658) 98

《吕氏春秋·适威》 224

《吕祖功过格》(1817) 99

《吕祖功过记》→《吕祖功过格》 99

《吕祖全书》(吕洞宾,1744) 97

《论语》→《四书》 19,38,138,176,191,196,197,201,202,220,225

M

《妈祖婆生日论》(麦都思,1826) 114

《妈祖婆生日》→《妈祖婆生日论》 114

《卖油郎独占花魁》 251,267

《脉诀附方》 88

《脉诀》(王叔和) 87,88

《满汉合璧词典》 82

《满汉合璧性理》 126,127,134-136,138

《满汉合璧朱子节要》(五卷,高攀龙,满汉对照,1676) 136

《满汉经文成语》 83

《满汉字清文启蒙》(舞格) 82

《没垃》 115

《梅花诗》 105

《孟子编年》(狄子奇,1887) 192

《孟子章句》(赵岐) 195,208,209

《孟子赵注》(赵邠卿,1908) 192

《孟子正义》(焦循,1825) 192,195

《孟子注疏》 208

《名儒草堂》(1811) 105

《明朝纪事》→《明史纪事本末》 91

《明史》 81,412,420

《明史纪事本末》(谷应泰) 91

《明心宝鉴》(范立本) 99

《牡丹亭》 107,334

《木兰诗》 159,175

N

《南唐书》 91
《难经》→《医学六经》 87,90,472
《内经》 472
《尼姑思凡》 160,161
《年中每日早晚祈祷》→《年中每日早晚祈祷叙式》 113
《年中每日早晚祈祷叙式》(马礼逊,1818) 113
《女儿经》 110

P

《佩文韵府》 100
《佩文斋书画谱》(王原祁、孙岳颁、宋骏业、吴暻、王铨) 101
《琵琶记》 106

Q

《奇门阐易》(韦汝霖,1927) 182
《祈祷真法注解》(米怜,1818) 115
《千佛名经》 98
《千家诗图书》 110
《千金记》 107
《千字经》→《千字文》 110
《千字文》 110
《倩女离魂》 150
《清汉对音字》 100
《清史稿·范承谟传》(1914—1927) 172
《清土文》→《龙舒净土文》 98

《清文鉴》→《御制增订清文鉴》 82
《清文启蒙》→《满汉字清文启蒙》 82
《全人矩蒦》(1752/1800) 99
《全唐诗》(1707) 104
《劝世要言》(郭实腊) 113

R

《日记古事》 83
《肉蒲团》(中文/满文) 85,249-251
《儒林外史》 256
《入蜀记》(陆游) 107,108

S

《三宝开港西洋记》→《西洋记》 106
《三宝太监西洋记通俗演义》→《西洋记》 106
《三宝太监西洋记》→《西洋记》 106
《三才图会》(王圻) 73,90
《三才一贯图》 117
《三官妙经》 96
《三国演义》 106,246,247
《三国志》 84,106
《三礼图》(聂崇义,1676) 101
《三字经》 64,84,110,168-170
《伤寒大成》(张璐,1667) 108
《伤寒舌鉴》 67,109
《上帝生日之论》(麦都思,1840)

116
《上言得失书》 166
《神理》→《神理总论》 114
《神理总论》 114
《神天圣诗》(《圣经》全译本,马礼逊,1823/1828/1832) 115
《神天十条圣诫注解》(麦都思,1826) 115
《神天为无所不知》 114
《神仙鉴》 96
《神之眼无所不在》 115
《圣经》(《旧约全书》、《新约全书》) 17,32,43,116,203,206,209,234,443,456
《圣经释义》(种德,1825) 116
《圣诗书》→《神天圣诗》 115
《圣谕广训》 83
《盛世刍荛》(满文译本) 171,172
《诗经》→《五经》 27,95,134,195,208,439
《诗篇》→《神天圣诗》 115
《诗学》(1697/1801) 105
《十二楼》 246-249
《十三层塔》 246,247
《史记补注》→《史记注补正》 92
《史记·李斯列传》 224
《史记注补正》(方苞) 92
《事类赋》(吴淑,992/1816) 102,103
《受灾》→《受灾学义论说》 114
《受灾学义论说》(米怜,1819) 114

《书单》 112
《书画谱》(1708) 101
《书经》→《五经》 95,134,195
《数表》 88
《双珠记》 107
《水浒传》 84,85,252
《思凡下山》 160
《四十二章经》 174
《四书白话句解》(1924) 193
《四书备旨》(1886) 192
《四书古注群义十一种》(1900?) 192
《四书合讲》(1730/1821) 95
《四书集注》(1919?) 193
《四书》(《论语》、《孟子》、《大学》、《中庸》) 82,95,209
《四书诗书内语》(抄本) 193
《四书疑言》(王廷植,1889) 192
《四书章句集注》(朱熹) 195,205,207,226
《四书朱子异同》→《四书朱子异同条辨》 95
《四书朱子异同条辨》(李沛霖、李祯,1705) 95
《宋刊孟子》(1924) 192
《算法》 111
《算法通书》 111
《隋唐演义》(褚人获,1802) 106

T

《太极图集解》 135
《太极图说》(周敦颐) 39,121,

125－127,129,130,132,138,140,141

《太平广记》(李昉,978/1753/1806) 103

《太平寰宇记》(1803) 92

《太上感应篇》 97,153,154

《太素脉》(张太素) 87

《太乙金华宗旨》 314

《泰西水法》(熊三拔) 88

《汤诀歌》(汪昂,1694) 109

《唐五代传》(1782) 106

《唐演传》→《异说反唐演传》 106

《特选撮要每月纪传》(麦都思) 112

《滕大尹鬼断家私》 157

《天下水陆路程》(黄汴) 94

《天下水路程》→《天下水陆路程》 94

《天主降生出像经解》(艾儒略) 89

《天主圣教圣人行实》(高一志) 89

《天主圣教著略》(叶宗贤) 114

《天主圣像略说》(罗儒望) 89

《通鉴纲目》(胡三省) 91

《通鉴纪事本末》(袁枢) 91

《通鉴纪事》→《通鉴纪事本末》 91

《通天晓》(王纕堂,1816) 104

《图注难经脉诀》(张世贤) 472

W

《万宝全书》(1758) 104

《万病同春》(龚廷贤,1641) 87

《王粲登楼》 150

《王娇鸾百年长恨》 154

《王娇鸾》→《王娇鸾百年长恨》 146,154-156

《王阳明全集》(1673) 107

《望溪先生文集》(方苞,1746) 96

《卫济余编》→《通天晓》 104

《渭南文集》(陆游) 107,108

《文献通考》(马端临,1764) 73,103

《问答浅注》→《问答浅注耶稣教法》 113

《问答浅注耶稣教法》(马礼逊,1812/1832) 113

《吴诗集览》(吴梅村,1781) 104

《五代残唐》→《残唐五代史演义》 106

《五经》(《诗经》、《书经》、《礼记》、《易经》、《春秋》) 95

《悟真篇》(吕洞宾,1075) 97

X

《西厢记》(1782) 148

《西洋记》(罗懋登,1597) 106

《西域闻见录》(椿园,1778) 79,92

《昔时贤文》 84

《熙朝新语》 104

《系传说卦辑义》(黄福,1922) 182

《仙佛合宗》 98

《象棋局》 111
《象山先生全集》(陆九渊) 96
《孝经》 102,168,234
《孝经、小学》(满文) 83
《歇浦潮》(海上说梦人) 240
《新镌陈子性廿四山向造葬修方日用事宜藏书》(陈应选,1782) 112
《新刻易经》 82
《新三字经》 113
《新遗诏书》(麦都思,1837) 116
《新约全书》→《圣经》 116
《行山诗》 105
《性理大全》 68,69,128
《性理精义》《雄拳法》 128
《性理真诠》(1753) 68,70,71,73,98
《性命圭旨》 96
《性命主旨》→《性命圭旨》 96
《学易笔谈》(杭辛斋,1922) 183
《血滴子》 247
《荀子》 95
《训俗遗规》(陈弘谋、桂林,1766) 83

Y

《演义三国志》(罗贯中) 84
《养心神诗》(马礼逊,1818) 115
《药性主治》(冯兆张) 109
《耶稣之训》(郭实腊,1836) 113
《野获编》(沈德符,1606/1828) 103

《医案》 109
《医方考》(吴崐) 87
《医统正脉》(王宇泰) 87
《医志》(孙东宿,1573) 109
《异说反唐演传》(姑苏如莲居士) 106
《异域录》 149
《易教偶得》(杭辛斋,1922) 183
《易经次序大略》(手稿) 183
《易经通注》(曹本荣等,1886) 182
《易经》→《五经》 95,96,176-189,192,217,314,328,400
《易类》(手稿) 183
《易理汇参臆言》(周馥,1921) 183
《易楔》(杭辛斋,1922) 182
《易箴》(吴佩孚,1926) 182
《音汉清文鉴》 82
《音学五书》(顾炎武) 182
《咏物诗》(1707) 105
《幼学故事琼林》 110
《幼学浅解问答》(米怜,1816) 113
《幼学诗》 110
《俞公遇灶神记》→《俞净意公遇灶神记》 152
《俞净意公遇灶神记》 152
《愚一录易说订》(杭辛斋,1922) 183
《玉环记》 107
《玉娇梨》 107

《玉历传》(1814) 99
《御制增订清文鉴》 62,81
《御纂周易折中》(李光地,1715) 181-183
《元人百种曲》 148,149,151
《袁了凡纲鉴》(袁黄) 81
《粤讴》(招子庸,1821) 71,105
《韵府拾遗》(17111/720) 100

Z

《增补字汇》(1705) 101
《占卜》 111
《张氏医通》(张路玉,1709) 108,109
《张远会交》→《张远两友相论》 114
《张远两友相论》(米怜,1819) 114
《赵氏孤儿》 146-148,150,159,160,173,175
《针灸甲乙经》 472
《针灸穴位图》(1597) 88
《诊宗三昧》(张璐) 109
《正字通》(1719) 100,101
《指南八十一难经》(熊宗立,1573) 86
《中国诸兄庆贺新禧文》(麦都思,1826) 115
《中华诸兄》→《中国诸兄庆贺新禧文》 115
《中庸》→《四书》 19,95,180
《忠经》 168

《忠贞范公文集》 171,172,175
《钟声》 115
《周公摄政》 150
《周濂溪集》 135
《周易本义》(朱熹) 181
《周易大全》 181
《周易大义》(吴闿生,1923) 182
《周易费氏学》(马其昶,1904) 183
《周易》(恭亲王手书,1914) 182
《周易恒解》(刘沅,1918) 182
《周易介》(单维宗,1816) 182
《周易折中》→《御纂周易折中》 180,181
《周易遵程》(1890) 182
《周子全书》 135
《㑳梅香》 150
《朱熹文集》(1532) 127
《朱子节要》→《满汉合璧朱子节要》 65,83,136
《朱子全书》(朱熹著,李光地等编,1714) 96,182,192
《朱子语类》 126,134
《庄子》 176,191,235,320,328,385
《资治通鉴》(司马光) 81,91,227
《字汇》(梅膺祚,1705) 26,82,100,101
《字音源》 100
《字源》 100
《左传》(左丘明) 92,326
《左国辑要》(1758) 92